개혁주의 해석 에베소서

하나님의 경륜, 그리스도의 교회

김상훈

목 차

머리말

처음 에베소서를 강의할 때의 감격을 잊을 수 없다. 1989년, 일선 목회자들과 신학생들을 대상으로 하는 귀납적 성경연구, 강해훈련 강좌에서 에베소서 본문을 하나씩 다루며 12-14회 정도에 걸쳐 연속 강의를 진행한 바 있다. 이런 집중 강좌를 두세 번 진행했다. 또 몇 교회와 모임에서(특히 젊은이들을 대상으로) 연속 설교를 했고, 이와 함께 성경공부 GBS 교재를 제작해 젊은이들과 함께 나누기도 했다. 그때 이런 강의, 설교, 성경공부를 준비하는 과정에서, 그리스도의 교회에 대해 안목을 조금씩 갖출 수 있었다. 교회란 무엇인가? 왜 교회를 세우셨나? 교회를 통해 이루시고자 하시는 것이 무엇인가? 이런 말씀의 의미를 곱씹게 되던 시기였다. 그래서 좋은 교회 사역자가 되고 싶었다. 그 소원은 유학 중에도 이어졌고, 유학 시절의 거의 끝자락에 이르게 될 때까지 마음 깊은 곳에 떠나지 않는 소망이었다.

그러나 주님은 부족한 내게 일선 교회 목회자 대신 신학교 교수의 역할을 하게 하셨다. 그리스도의 훈련 학교에서 미래 목회자인 신학생들이 좋은 목회자가 되는데 섬기는 일을 감당하게 하셨다. 일선 현장의 '선수'가 아니라 배후의 '코치'가 되게 하셨다. 그런 소명에 응해 나름대로 좋은 사역 코치 역할을 하고 싶었다. 내게 연구하게 하신 말씀들을 가르치며, 그 말씀을 따라 사역하는 것이 어떻게 하는 것인지 나름대로 알리려 했다. 이런 과정에 에베소서의 교회론은 주님의 교회를 바라보는 내 생각의 뼈대였고 그 말씀에 그려진 그리스도의 교회의 모습을 보는 것이 늘 나의 변함 없는 꿈이었다.

오랜 기간 숙원이던 안식년을 가게 된 것은 하나님의 은혜였다. 그 기간, 이제까지 교수 사역을 통해 연구하고 가르쳐온 한 분야에 대해 정리하는 책(요한복음에 대한)을 쓸 수 있는 시간과 기회가 주어졌다. 또 함께 감사할 수 있던 것은 주님의 말씀을 깊이 묵상하고 연구할 수 있는 시간이 확보되었다는 점이다. 특히 에베소서를 다시 묵상하다가 이 말씀을 좀더 정리해서 가르치고 싶다는 생각이 들었다. 20여년 전, 젊은 사역자 시절에 읽었던 그 에베소서를 학자의 눈으로 새롭게 읽으면서 좀더 정확한 구조와 구성, 그리고 문체를 이해할 수 있게 되었다. 바울이 어떤 내용을 어떤 식으로 써 내려가는지 읽을 수 있었고 그에 따라 영혼 깊은 곳에서 말씀에 대한 감탄과 찬사가 자연스럽게 터져 나왔다. 그와 함께 말씀의 의미도 좀더 분명하게 이해됐다.

안식년에서 돌아와, "에베소서 해석"이라는 선택강의를 열 수 있었다. 하나씩 본문을 강의해 가면서, 사랑하는 제자들과 그리스도의 교회에 대해 함께 연구해 나갔고, 에베소서를 통해 내게 허락하셨던 그리스도 교회의 꿈을 다시 나눌 수 있었다.

또 그와 더불어 20년 만에 에베소서를 다시 설교할 수 있는 기회도 얻게 됐다. 여러 해 협동목사로 섬기던 부평동부교회에서 한 달에 한 차례 정도 이 본문으로 설교하게 됐고, 때마침 3개월에 걸쳐 신용산 교회에서 이 본문을 연속적으로 설교하게 됐다. 이런 설교 준비와 설교하는 시간을 통해 본문에 대한 해석과 연구를 다시 점검하게 되었을 뿐 아니라 실제적인 말씀의 역할에 대해 확인할 수 있는 기회를 얻게 됐다. 주님의 은혜이다.

'개혁주의 해석'은 총신신대원 교수가 되면서 갖게 된 연구 테마였다. 유학 중 석박사 과정에서 해석학 연구와 해석방법론 개발에 주력했던 내가, 모교인 총신에 오면서 어떻게 하면 우리의 개혁주의 신학적 전제와 어우러지는 해석방법론을 개발할 수 있을까 고민하기 시작했고 그 연구 결과를 2003년부터 조금씩 [신학지남] 등을 통해 내놓기 시작했다.

전통적인 방법론인 '문법-역사적 해석'과 많이 다른 것은 아니다. 그러나 '문법'(본문 연구) 부분에 훨씬 많은 진전이 최근 20세기 이후에 일어났다. 언어적, 문학적, 수사적 방법론들이다. 이들 방법론들 가운데 유용한 것들이 많다. 또 특히 구약을 중심으로 문체/구성 연구가 활발히 전개되고 있다. 이 모든 것은 본문의 의미를 찾는 노력에 무척 중요하다. 고전적인 '문법'의 틀로는 다 감당할 수 없는 본문 해석의 길들이 제시되고 있다.

'역사'(배경 연구)의 부분에도 그렇다. 단순히 역사적 사실을 이해하고 이를 바탕으로 본문을 찾으려는 노력에서 그치지 않고 역사적 패턴과 틀을 가지고 역사적, 사회적으로 접근하는 방법들이 제안되고 있다. 그러나 문제는 이러한 본문 연구와 배경 연구의 과정과 열매가 꼭 긍정적이지만은 않다는 것이다. 이들 학자들 중에는 성경에 대해 왜곡된 전제와 부정적인 관점을 깔고 연구에 임하는 이들이 있다. 왜곡된 전제와 관점은 반드시 왜곡된 결과를 산출한다. 그런 전제와 관점을 버리고 부분적으로 유용한 것들을 골라 활용해 쓸 수 있다. 그런데 이런 해석 방법들 가운데 어떤 것을 추려내야 할까?

'개혁주의 해석' 또는 '개혁적 해석'이란 무엇인가? 기존의 '문법-역사적 해석'을 어떻게 더 '개혁주의적으로' 발전시킬 수 있을까? 우리의 바른 신학적 전제와 관점을 유지하면서 어떻게 풍요로운 해석적 노력의 결과를 얻을 수 있을까? 이런 노력과 개발이 계속되어야 한다.

'성경 영감론'(축자, 만전, 유기)을 개혁주의 전제로 볼 뿐 아니라, 이를 통해 해석학적 전개를 시도하는 것은 분명히 새로운 해석 방법론적 제안이다. 보수 개혁주의(Conservative Reformed Theology)는 성경의 권위와 가치를 존중하며 '영감론'을 해석학적 전제로 받아들인다. 그러나 해석 방법에 이를 적용해왔던 것은 아니다. '영감론' 자체에서 출발해서 이를 동력화하여 구체적인 해석 방법론으로 활성화하는 것은 일종의 발상의 전환, 즉 '패러다임의 변화'(paradigmatic shift)이다. 그래서 '개혁적'이다. 이렇게 해보면, 여러 유용한 방법들을 개혁주의적 관점에서 재구성할 수 있다.

개혁주의 해석이 이래야만 하는 것인가? 그건 아니다. 이 책에서 제안하고 있는 '개혁주의 해석'은 우리 개혁주의 진영이 내놓는 하나의 자산이 된 것으로 족하다. 개혁주의 전제와 관점이 중심이 되는 한, 해석들과 방법론 개발의 노력이 계속 되었으면 한다. 이 책의 것(방법론)이 무결한 것도, 완전한 것도 아니다. 이를 넘어서는 도전과 노력을 환영한다. 내가 믿기로는 '개혁주의'는 성령으로 영감된 본문의 말씀(어구) 하나 하나를 존중하며 그 어느 것도 의미 없이 쓰여진 것이 없다고 보고 그 뜻을 주의 깊게 연구하려는 신학이다. 그 말씀을 통해 하나님을 알아가며 그분의 뜻을 깨닫는다.

모교인 총신대신대원 교수로 있으며 강의하고 연구한 사역들이 이 책의 토대가 됐다. I부 1장의 "개혁주의 해석"과 III부 2장의 "개혁주의 설교"는, [신학지남]에 실렸던 "개혁주의 해석학을 세우기 위한 영감 해석의 제안"(2004),[1)]

---

1) 본래 이 글은 *CTJ*에 "A Biblical Interpretation Attempt Based on the Inspiration Theories of the Bible"(2003)로 실렸던 내용을 수정-보정하여 일선 목회자, 신학생들에게 읽혀지게 하기 위해 [신학지남]에 재수록한 것이다.

"영감해석의 방법론, 평면적 관점에서 입체적 관점으로의 전환"(2005), 그리고 이들 논문의 종결편인 [개혁논총]의 "개혁주의 해석학에 근거한 개혁주의 설교의 가능성 연구"(2007)의 내용을 재정리한 것이다. III부의 1장 "에베소서의 교회론에 근거한 선교전략"은 [신학지남](2002), IV부 1장 "신약 헬라어 구문 배열"은 [신약연구](2007)에 각각 실렸던 것을 재정리, 또는 요약했다.

감사해야 할 분들이 많다. 함께 같은 길을 가며 동역하고 있는 선배(선임), 그리고 동료 교수님들께 감사를 드린다. 이분들과 함께 모교 총신에 있다는 것이 내게 영광이다. 늘 도전과 힘이 되는 관련 학회 회원님들께도 감사를 드린다. 안식년을 허락해 주신 학교에도 감사를 드린다. 값진 안식년 때문에 학문적 진전이 한 단계 더 이뤄질 수 있었다. 수업을 통해 좋은 피드백을 해준 제자들에게 고마운 마음을 표한다. 그들을 보면 늘 힘이 나고 소망을 갖게 된다. 몇 년간 협동 목사로 있으면서 내가 섬긴 것보다는 도리어 받는 게 늘 많았던 부평동부교회의 모든 분들께 감사를 드린다. 이 책을 출간하는 데 도움을 주신 인쇄소 분들, 총신출판부의 김동진 목사님과 이유진 자매에게 감사를 드린다. 책을 쓰느라 집중하는 남편을 부족함 없게 돌봐준 아내와 내게 주신 아름다운 자녀(주성, 주은)에게도 사랑과 고마움을 표한다. 또한 늘 사랑과 관심으로 함께 해 주시는 양가 보모님께도 감사를 드린다.

책을 쓰는 과정 중에 깊은 슬픔을 경험했다. 오랜 기간 우리 신약학과의 선임 교수님, 큰 기둥의 역할을 해주시던 정훈택 교수님께서 하나님께로 떠나가셨다. 그 일은 남겨진 우리 모두에게 큰 슬픔이 되었다. 이렇게 인사말 속에라도 먼저 떠나신 그분을 기억하지 않을 수 없다. 그런데 내게는 남겨진 시간이 얼마나 될까? 깊이 생각하게 되는 때이다.

이 책은 일반 성도들도 읽고 도움을 받을 수 있다. 그렇지만 사역자, 목회자, 신학생들을 주로 생각하며 이 책을 썼다. 헬라어 음독 없이 헬라어 어구들을 있는 그대로 해석과정에 넣은 이유는 이미 신학 교육을 받은 사역자들이 본문을 좀더 철저하게 읽는 일을 돕고자 한 때문이다. 그리스도의 교회가 그 영광을 회복하기 위해서는 먼저 사역자들이 철저하게 말씀으로 돌아가는 길밖에 없다. 하나님의 말씀이 바르게 해석돼야 하고 바르게 전달되어야 한다. 말씀에 대해 알기는 대강 알고 그대신 화려한 말로 그 빈 것을 감추려는 것이 아니라, 진리의 말씀에 대해 성실한 자세로 연구하며 주어진 계시의 말씀을 하나라도 온전히 깨달아 알고자 하는 그런 진지한 설교자에게 이 책이 작은 도움이 되길 소원한다. 그래서 칼빈의 "설교는 살아계신 하나님의 말씀을 가르치는 것이다"[2]는 말이 실감나는 교회들이 되었으면 한다. 이 땅에 그리스도의 교회들이 그 영광을 회복하기를 기도한다.

양지골에서

2013.10.

김상훈

---

2) Calvin, *Sermon on the Epistle to the Ephesians*, xiii.

약자

AB	The Anchor Bible
ABCS	Asia Bible Commentary Series
AJT	*Asia Journal of Theology*
AJPS	*Asian Journal of Pentecostal Studies*
ANTC	Abingdon New Testament Commentaries
BBR	*Bulletin for Biblical Research*
BECNT	Baker Exegetical Commentary on the New Testament
BibInt	*Biblical Interpretation*
BLT	*Brethren Life and Thought*
BNTC	Black's New Testament Commentaries
BSac	*Bibliotheca Sacra*
CBQ	*Catholic Biblical Quarterly*
CGR	*Conrad Grebel Review*
ConJ	*Concordia Journal*
ConTJ	*The Conservative Theological Journal*
CTJ	*Chongshin Theological Journal*
CTM	*Concordia Theological Monthly*
EvQ	*Evangelical Quarterly*
EXpTim	*The Expository Times*
HTR	*Harvard Theological Review*
IRM	*International Review of Mission*
Int	*Interpretation*
JBL	*Journal of Biblical Literature*
JETS	*Journal of the Evangelical Theological Society*
JFM	*Journal of Family Ministry*
JPT	*Journal of Psychology & Theology*
JRT	*Journal of Religious Thought*
JSNT	*Journal for the Study of the New Testament*

JSNTSup	Journal of the Study of the New Testament Supplement
JTSA	*Journal of Theology for Southern Africa*
KJV	King James Version
LBC	The Layman's Bible Commentaries
L-N	Louw and Nida, *Greek-English Lexicon of the New Testament Based on Semantic Domains.*
LNTS	Library of New Testament Studies
LS	Liddell-Scott Lexicon
LTQ	*Lexington Theological Quarterly*
MSJ	*Master's Seminary Journal*
NA	Nestle-Aland
NCB	New Century Bible
NIBC	New International Biblical Commentary
NIV	New International Version
NovT	*Novum Testamentum*
ResQ	*Restoration Quarterly*
RevExp	*Review & Expositor*
RSB	*Religious Studies Bulletin*
RSV	Revised Standard Version
SJT	*Southwestern Journal of Theology*
SNTSMS	Society of New Testament Studies Monograph Series
TheEd	*Theological Educator*
TrinJ	*Trinity Journal*
TynBul	*Tyndale Bulletin*
Thayer	Thayer's Greek Lexicon
USQR	*Union Seminary Quarterly Review*
ZNW	*Zeitschrift für die Neutestamentliche Wissenshaft*
WBC	Word Bible Commentary
WTJ	*Westminster Theological Journal*
WeslTJ	*Wesleyan Theological Journal*

I

개혁주의 해석, 에베소서 소개

1. 개혁주의 해석

개혁주의 해석의 필요

전통적 문법-역사적 방법을 고수해온 개혁주의(보수) 해석은 새로운 시대적 사조와 함께 도전하는 다양한 해석학들과 해석 방법론들의 도전을 받아 왔다. 이들 해석학에는 역사 비평, 문학 비평, 구조주의, 서사 비평, 사회과학 비평, 수사 비평, 독자 반응 비평, 언어적 접근 등이 있다. 이런 해석적 방향들에 대해 개혁주의 해석학 진영은 그 입장이 나뉜다. 이들에 대해 그 공과를 따지지 않고 거부하거나, 또는 필요에 따라 그 일부를 (비평적으로) 활용했다.

기존 해석학을 단지 거부하는 것으로 충분하지 않다. 기존 해석학의 어떤 부분이 문제가 있고, 어떤 부분이 유용할 수 있는지를 판별하는 노력이 필요하다. 그렇다고 기존 해석학의 비신앙적 전제나 신앙적으로 용납할 수 없는 해석 과정에 대해 입을 다물 수 없다. 옳지 않은 것은 거부하되, 해석학 전반에 대한 편견과 몰이해는 바람직하지 않다. 비판적인 접근과 활용이 필요하다.

기존 해석학을 무비판적으로 받아들여서도 안 된다는 점 또한 사실이다. 복음적 개혁주의가 받아들일 수 없는 것들에 대한 것들은 경계해야 한다. 단지 유용하다고 해서 그 전제의 문제나 과정상, 또는 방법상의 오류를 파악하지 않고 그대로 수용해 버린다면 개혁주의 해석학은 없다. 지난 세기들의 그릇된 역사 비평의 질곡에서 벗어나지 못했던 교회들을 답습하는 결과를 낳을 수 없다.

전통적 방법이 아니면 아예 받지 않거나, 전통적 방법의 한계만을 지적하고, 새롭고 일부 유익하다는 점 때문에 무비판적으로 수용하는 것은 새로운 세계에 응전해 나갈 '개혁주의' 정신은 아닐 것이다. 또 계속하여 새롭게 도전해 오는 여러 다양한 해석 방법론들을, 필요에 따라 일부 차용하는 것으로 우리 개혁주의 해석학은 만족할 수 있는가?

개혁주의 해석은 문법-역사적 방법 외에 방법론적 모색이 필요 없는 것인가? 개혁주의에 근거하여 보다 전진된 해석학, 또는 해석 방법론을 '개혁적으로' 세워나가고자 한다면 어떻게 할 수 있을까?[1)]

개혁주의 영감론(靈感論)에 근거한 개혁주의 해석 방법이 필요하다. 먼저 성경 자체에 대한 인식에 있어, 기초가 되는 개혁주의 영감론에서 출발하자는 것이다. 영감론을 우리 교회의 신학적, 신앙고백적 전제로 삼고 난 후, 거기서 끝마쳐선 안 되는 이유는, 개혁주의 영감론은 자체적인 해석적 요구와 해석적 방향을 갖고 있기 때문이다.

영감론에 의한 개혁주의 해석의 방향

개혁주의 영감론은 세 가지이다. 축자 영감론(verbal inspiration), 유기 영감론(organic inspiration), 만전 영감론(plenary inspirationi)[2]이다. 이들 세 영감론에 대해 그림으로 나타내면 그림1과 같이 된다.

1. 개혁주의 세 영감론

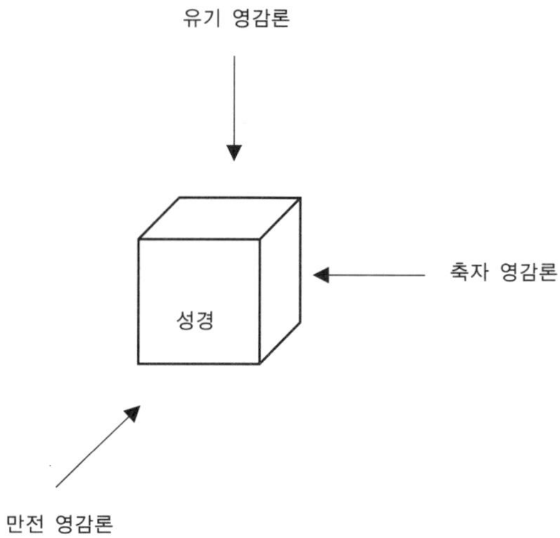

이들 영감론을 나타내는 그림을 평면적으로 그리지 않고 입체적으로 그린 이유는 세 영감론이 완전히 분리되지 않고 서로 중복되는 점이 많기 때문이다. 어느 쪽으로도 성경 영감의 특성을 드러낼 수 있다.

그러면 어떻게 이들 세 영감론에서 개혁주의 해석 방향을 얻을 수 있을까?

첫째, 축자(逐字) 영감론은 성경을 하나님께서 영감하신 모든 세부적인 조각(부분)들의 집합으로 묘사한다. 이 조각들은 단어, 구, 문장, 단락, 장 등 본문의 언어적 요소들이다. 하나님과 인간 저자는 적절한 문법 단위(요소)들을 선택했고 이들을 적절히 본문에 배열했다. 이런 의미에서 한 단어나 구 또한 본문 해석에서 중요한 것이다. 본문 생성의 과정에서, 이 단어와 구는 저자에 의해 주의 깊게 선택된 것이기 때문이다. 이 선택된 어구는 비록 다른 더 큰 언어 단위(문장, 단락 등)에 비해 상대적으로 작은 부분이라 해도, 어떤 특정한 의미를 전달하기 위한 저자의 의도를 반영한다. 그래서 선택된 것이다.

본문에서 특정한 어구가 선택된 이유가 무엇인지 찾는 것이 바르게 해석하는데 귀중한 단서가 된다. 연항적으로(syntagmatically) 그리고 계열적으로(paradigmatically)[3] 여러 연관된 어구들 가운데 그 자리에 특별히 선택된 어구는 어떻게 본문에 대해 이해해야 하는지 알려주는 본문의 소스들이다.

이 축자 영감론은 두 가지 레벨(차원)을 강조한다. 하나는 마이크로(micro, 미시적), 즉 본문의 좀더 작은 단위의 레벨이고, 또 하나는 매크로(macro, 거시적), 즉 본문의 더 큰 단위의 레벨이다. 마이크로 레벨에서, 영감론은 본문의 세밀한 표현(wording)에 초점을 둔다. 반면에 매크로 레벨에서, 영감론은 보다 큰 주제(thought)의 흐름, 또는 문장, 단락간의 관계에 중점을 둔다.

둘째, 유기(有機) 영감론은 성경 본문의 생성에 하나님과 인간 저자들간의 동역에 있어 완벽한 조화가 있었음을 말해준다. 성경 본문이 하나님과 인간 저자간의 이상적인 협력의 결과로 나왔다는 점에서 유기적이다. 하나님께서 친히 인간 저자들이 성경을 기록하는 모든 과정을 감독하셨다. 하나님께서 인간 저자들이 그 무엇과도 대체할 수 없는 그 분의 말씀을 기록하도록 영감을 주셨고, 그들의 특정한 방법으로 기록하도록 허락하셨고 (또한 이끄셨고), 그의 백성들을 위한 이 말씀의 사역을 완성하는 일에 그들을 사용하시는 것을 기뻐하셨다.

유기 영감과 관련하여 본문을 볼 수 있는 틀은 내용(contents)과 형식(form, style)이다. 하나는 본문의 내용에, 또 하나는 의사 소통의 방식에 초점을 각각 둔다. 다시 말해, 본문의 신학적 내용의 해석과 함께 본문에 나타난 커뮤니케이션 방식의 방법론적 이해 모두에 중점을 둔다는 것이다. 본문의 내용만 아니라, 본문의 의사소통 방식도 하나님에 의해 허용되었고, 이끌어졌고, 영감되었다고 보는 것이 중요하다. 이 둘을 요약하면, '신학적 내용'과 '언어적 표현'이라 할 수 있다.

셋째, 만전(萬全) 영감론은 성경의 모든 범위가 성령에 의해 영감되었다는 개념에 근거한다. 성경 전체에 있어 예외 되는 것은 없다. 이는 하나님의 영감에 의해 성경의 큰 부분이나, 작은 부분이나 모두 정경에 포함되었다는 것을 의미한다. 만전으로 영감되었다는 것은 성경의 전체 내용과 부분적 단편(segmant) 모두 신적인 기록물, 즉 하나님의 영감된 부분으로 받아들여야 한다는 뜻이다. 하나님 자신이 그의 걸작을 성경의 형태로 만들어내셨다. 전체적으로 또는 부분적으로 성경은 그의 백성에게 주시는 그 분의 메시지이다. 이는 성경이 그 전체적인 내용의 설계, 즉 '신학' 에 있어 하나님의 일관적인 계획성[4]을 보여주고 있으면서 동시에 성경 안의 특정한 표현의 진실성, 즉 본문의 신뢰성[5]을 또한 드러낸다는 것이다.

따라서 만전 영감론은 해석 과정에서 시스템(system)과 단편(segment)의 관계에 초점을 둔다. '시스템'은 전체의 일관성, 즉 신학적 체계(theological system)을 반영하고, '단편'은 부분적 진리성(의미, theological sense)을 반영한다. 성경의 시스템은, 성경이 하나님에 의해 의도적으로 디자인된 것으로 전제하는 체계적인 성경 신학에 반영된다. 부분적 단편은 영감된 전체에 대한 부분적 반영이다. 이 또한 성경 저자들(하나님과 인간 저자)에 의해 특정한 의미가 심겨진 것이다. 하나님과 인간 저자의 협력은 성경 본문에서 통합된 신학 시스템을 성공적으로 만들어내었다. 그런데 이 시스템은 또한 신학적 개념들의 여러 단편들로 구성되었다는 점을 잊어서는 안 된다. 단편들이 모여 축적된 전체로서 성경은 신학의 통합된 시스템과 부분적, 단면적 진리들 모두를 함께 포함한다. 이런 이해는 해석자로 성경의 통일성을 추구하도록 하면서 동시에 이 성경 신학에 근거한 신학적 단편(또는 부분)들의 상호 연계성을 함께 추구해 나가도록 한다.

요약하면, 세 가지 영감론은 모두 각기 두 가지 측면의 상호 보충적인 면을 지닌다. 축자 영감론은 마이크로와 매크로 레벨에 집중한다. 유기 영감론은 내용과 형식에 중점을 둔다. 만전 영감론은 시스템(신학)과 단편(센스, sense)에 우선적인 초점을 맞춘다. 각각은 그 자체로 독특한 관점과 방향을 가진다. 그러나 한편으로 해석의 실제에 있어서는 서로 상호적인 관계를 가지거나 어느 정도의 중복성을 가지기도 한다.

아래의 그림 2는 세 영감론에 근거한 본문의 해석적 요구를 입체적으로 보여준다. 이 그림은 이들 이론의 상호적인 연계를 보여준다. 육면체는 성경 본문(BIBLE)을 가리킨다. 본문에서 세 축(X-축자, Y-유기, Z-만전)이 나온다. 각 축이 양 면을 가지고 있다. 각 면에서는 하나의 방향성이 나온다.

2. 본문의 해석 요구

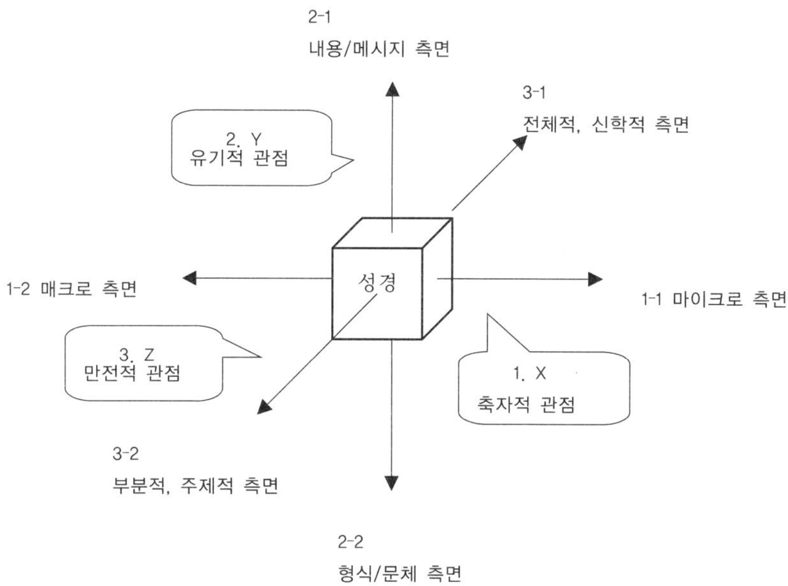

세 영감론 자체도 X, Y, Z 축으로 서로 입체적으로 연계되어 있다. 이들 영감론은 세 축을 이뤄 성경 본문을 제각기 관통하는 세 관점이 된다. 각 축이 분리되어 있지 않고 서로 연계되어 있으나, 특정한 관점이라는 측면에서 독자성을 가진다. 세 관점의 축은 각기 두 측면의 방향을 갖는다. 한 축에 각기 양면적인(또는 쌍 방향의) 특징이 있다.

영감 해석의 출발은 영감론, 즉 하나님께서 그의 말씀을 성령으로 영감하셨다는 사실에서 비롯된다. 그런 이유로 성경 본문에는 해석자와 독자가 그런 개념을 가지고 읽고 해석할 것을 요구하는 해석적 힘(interpretive forces)이 작용하고 있다고 본다. 그림 2의 세 축과 그에 따른 해석적 방향을 가리키는 화살표 방향은 본문이 요구하고 있는 해석적 의무(interpretive duties)를 가리킨다. 즉, 해석자가 본문을 해석할 때 마땅히 그래야 한다고, 하나님의 말씀인 성경 본문이 요구하는 해석적 동인(動因, interpretive motives)이다.

이를 정리하면 다음과 같다.

하나, 관점의 축은 셋이고, 각 축은 양 방향을 가진다. 한 축의 양 방향은 그 해석 관점의 양면을 알려주는 것으로 해석의 쌍을 이룬다.
둘, 본문에 대해 서로 다른 관점과 그에 따른 양면의 방향을 알려주고 있으나 이들 관점과 방향이 서로 완전히 분리될 수 있는 것은 아니다.
셋, 본문 전체에 이들 여섯 측면의 이해가 모두 필요하다. 각 측면이 모두 본문 해석의 중요한 방향을 보여준다.
넷, 어느 측면에서든 본문을 이해할 수 있는 길이 열려 있다. 어느 방향을 보더라도 본문이 주는 특별한 의미가 있다.
다섯, 그러나 그 결과는 똑 같지 않을 수 있다. 관점과 방향이 다르기 때문이다. 중복되는 부분이 있으나 각기 독특한 방향을 가지고 있기 때문에 서로 다른 결과를 얻을 수 있다.
여섯, 모든 해석 결과를 종합해야 하는 것은 아니다. 그러나 종합하면 풍성한 결과, 총체적인 데이터를 얻을 수 있다.
일곱, 전체의 합은 각 부분들의 합보다 적을 것이다.[6] 그것은 각 부분의 결과(데이터)들 가운데 서로 중복된 부분이 있을 수 있기 때문이다.[7]

첫째 축: 축자 영감론에 근거한 X 관점(Verbal perspective)의 축은 성경 본문이

두 가지 방향의 요구를 가지고 있음을 보여준다. 본문의 언어 단위와 관련하여 영감성을 강조하는 것이므로, 작은(마이크로) 단위의 본문이나, 큰(매크로) 단위의 본문 모두 중요하게 다뤄진다. 단어, 어구, 문장 하나 하나가 중요하고(1-1 마이크로 측면), 이들의 더 큰 단위의 결합인 단락과 장과 권 역시 중요하다(1-2 매크로 측면). 본문은 해석자에게 그 어느 것도 소홀히 하지 말 것을 요구한다. 평범하게 주어진 인간의 기록(또는 고백)이 아니라, 영감된 하나님의 말씀이므로 그렇다. 말씀 자체가 이런 양(마이크로와 매크로) 방향의 축을 갖고 있다. 이 축자 관점의 축은 작은 단위의 본문 하나 하나에 주목하게 한다. 그러면서 동시에 큰 단위의 본문의 의도를 부각하여 연구하게 한다.

둘째 축: 유기 영감론에 근거한 Y 관점(Organic perspective)의 축은 하나님과 인간 저자가 손잡고 두 가지 방향으로 본문을 기록하였음을 알려준다. 하나는 본문의 내용(contents, 메시지, 2-1)이고 또 하나는 본문의 형식(style, 표현, 2-2)이다.[8] 둘 다 하나님과 인간 저자로부터 나왔다. 그 어느 것도 하나님의 것으로, 인간 저자의 것으로 구분할 수 없다.[9] 영감의 실제에 있어 영감의 영역을 사실상 구분할 수 없기 때문이다. 그러므로 내용도 중요하고, 형식도 중요하다. 본문은 해석자에게 두 방향 모두 주목할 것을 요구한다. 내용과 형식이라는 양 방향의 축은 유기 관점에서 본문이 생성되었음을 되새기게 한다.

셋째 축: 만전 영감론에 근거한 Z 관점(Plenary perspective)의 축은 본문 자체가 해석자에게 양 방향의 면을 강조하고 있음을 보여준다. 성경은 저자이신 하나님에 의해 영감된 것이기 때문에 본문 전체는 성경 전체를 관통하는 신학적 체계를 가진다(3-1). 본문들을 모아 연구할 때, 그 안에 일관된 사상적(신학적) 체계를 발견할 수 있다. 그 신학적 주제 내에 점진적 발전의 형태[10]를 가진다 해도 하나님의 계시라는 특성상 성경은 전체적으로 일관성과 체계성의 특징을 가진다. 본문은 그렇게 제시된다. 한편, 제한된 본문에 나타난 주제(또는 내용)도 영감의 부분이므로 참되다(3-2). 본문의 참됨은 부분적인 것에도 드러난다. 물론 그 부분은 전체적인 맥락을 떠나 임의적이거나 작위적으로 발췌되어 주장되는 것이 아니라, 전체의 맥락에서 관찰되고 해석될 때 더욱 그렇다.

본문은 만전적인(전체적인 범위의) 관점에서 볼 때, 해석자에게 두 가지를 요구한다. 먼저, 성경 신학적인 이해, 즉 체계적이고 일관성 있는 신학적 이해를 하라는 것이다. 또한 이런 전체적인 틀 속에 있는 각 부분의 참됨도 존중하여 해석하라는 것이다. 어느 한 부분도 소홀히 다뤄질 수 없다. 이것이 본문의 요구이다.

개혁주의 해석의 제안

따라서 영감된 성경인 본문의 이 같은 해석적 요구를 귀담아 듣는다면 해석자는 세 축의 여섯 방향을 감안하여 해석하지 않을 수 없다.[11)]

첫째 축(축자 관점)은 해석자의 마이크로(미시) 접근과 매크로(거시) 접근을 가능하게 한다. 표현된(기록된) 말씀(본문)에 대한 보다 세밀한 연구는 마이크로 접근의 몫이다. 한 단어, 한 어구, 한 문장의 특성에 주목하게 한다. 교회의 오래된 해석법인 문법적, 주경적 접근이 이런 해석과 관련이 있다. 마이크로 접근은 특히 현대 언어학의 발전적 연구에 도움을 받을 수 있다. 언어의 작은 단위에 초점을 두고 단어와 어구를 하나씩, 하나씩 해석하는 이 태도는 특히 언어학의 구문론과 의미론과 밀접하다.

그런데 단어와 어구, 그리고 문장을 하나씩 세밀하게 연구하는 것은 언어학적 동기(본문이 언어라는 점에서) 때문이 아니다. 언어를 통한 의사소통의 메카니즘을 규명하기 위해 구문론과 의미론의 의미 있는 발전이 있었다. 그러나 성경 본문에 대한 마이크로 접근의 근본 동기는 성경 원본의 한 단어, 한 단어에 영감적 선택이 있었다는 신학적 믿음과 전제 때문이다. 그래서 문장의 작은 단위에 그렇게 주목한다. 그들 단어들이 선택된 이유가 무엇인지 찾고자 한다. 좀더 성경 저자의 의도를 잘 알기 위해서이다.

축자 관점의 축의 다른 측면은 매크로 접근이다. 문장의 작은 단위를 넘어서는 문장과 문장의 결합(단락), 더 나아가 단락과 단락의 결합과 본문 전체적인 구도에 주목하는 것이다. 이것을 매크로 해석이라 하는데, 단락 연계 해석이라 말할 수 있을 것이다. 단락과 단락의 관계를 파악하는 해석 작업을 통해 본문의 의도를 파악하려는 것이기 때문이다. 매크로 해석은 현대 언어학의 담론 분석(DA, Discourse Analysis) 연구와 관련이 있다. 언어학의 구문론과 의미론이 본래 한 문장 내의 구성 요소에 주로 주목했다면, DA는 문장의 단위를 넘는

더 큰 단위의 요소들(단락 등)에 대해 관심을 갖게 했다.[12]

본문에 대해 축자 관점을 가질 때 본문의 작은 단위(단어, 어구, 문장)를 소홀히 할 수 없는 것처럼, 본문의 큰 단위(단락, 장)에도 주목하지 않을 수 없다.[13] 왜 그런 특정 요소들이 그런 특정한 방식으로 저자에 의해 선택되었는지, 그리고 어떻게 본문의 뜻을 드러내는 데 활용되고 있는지 묻는 것이 축자 관점에 근거한 해석의 초점이다.

작은 단위의 본문을 철저히 분석하는 마이크로 해석은 주해와 강해 설교를 하기 위해 필수적이다. 반면에, 좀더 큰 단위인 문맥과 구조를 염두에 두고 본문을 이해하는 매크로 해석은 본문을 전체적으로 보게 하고, 또한 (저자) 논리를 따라 이해할 수 있게 한다는 점에서 마이크로 해석의 한계를 보완하는 역할을 한다.

둘째 축(유기 관점)은 본문의 내용(메시지)과 형식(표현)에 대한 연구를 하게 한다. 두 측면에서 본문에 접근할 수 있다. 하나님과 인간 저자는 본문의 내용과 본문의 형식을 만들어내는데 함께 했다. 내용도 영감되었고, 형식도 영감되었다. 그 어느 것도 하나님께만, 또는 인간 저자에게만 귀속시킬 수 있는 것이 없다. 그러므로 내용과 형식을 해석해 내는 방법은 특히 유기 관점에서 비롯된 방법론이라 할 수 있다. 유기 관점을 잘 살리면서 실제적인 해석 작업을 해나갈 수 있게 하는 방법적 도구가 될 수 있다.

내용은 본문의 메시지를 말한다. 저자(하나님-사람)가 본문에서 독자에게 알리고자 하는 메시지가 무엇인가 하는 것이다. 이 때 주 메시지와 부 메시지가 어떤 관계를 가지고 전달되고 있는가 묻는다. 누구에게, 무엇을, 그리고 왜 전달하려고 하는지에 초점을 맞춘다.

반면에 표현의 측면은 의사전달의 형식에 대한 것이다. 내용이 형식보다 중요할 수 있지만, 형식은 내용을 담는 틀일 뿐 아니라, 형식에 따라 내용의 질이 달라지기 때문에[14], 언어의 수단인 표현 형식을 이해하는 노력은 본문 해석에 있어 무척 중요하다.

셋째 축(만전 관점)은 먼저 해석자로 본문에 접근할 때 신학적(성경신학적)이고 체계적(한편으로 조직신학적)인 해석 방향을 가질 것을 요구한다.[15] 특정 주제에 대한 성경 전체의 말씀을 고려해야 한다는 뜻이다. 성경신학적 접근이라 요약하여 말할 수 있다. 넓게는 조직신학적 연구도 이에 속한다. 이런 관점을 가지고 본문을 연구하고 해석하는 방법이 실제적으로 가능하다[16]

전체적인 접근(시스템)은 부분적인 접근을 배제하지 않는다. 만전 관점의 축의 다른 방향은 특정 주제나 부분적인 내용에 대한 것이다. 전체적인 신학적 접근이 한 면이라면 다른 한 면은 부분적인 내용(또는 특정 주제)에 대한 접근이다. 전체적인 연구(3-1) 없이 어떤 제한된 주제나 한정된 본문에 대한 접근(3-2)을 할 수 없는 것은 아니다. 3-1의 전체적 이해가 기반이 되고 해석의 큰 맥락으로 자리잡아야 하지만, 3-2의 부분적 이해 또한 가치 있는 것 또한 사실이다. 다만, 부분적 이해는 전체적 해석과 상충될 수 없다. 전체적인 맥락과 해당 문맥을 벗어난 단편적인 해석은 본문에 대한 그릇된 해석과 오해에서 비롯되는 경우가 많다. 그것은 본문의 왜곡이다. 그렇지만 한정된 본문(범위)에 대한 것일지라도 그것에 대한 진지한 관심(3-2)은 만전 영감의 한 특성을 반영하는 것이다. 전체와 함께 부분도 영감되었다. 전체와 부분이 배타적일 수 없다. 전체적 이해와 부분적 고려는 모두 중요하다. 이런 관점은 해석자로 하여금 특정 부분을 대할 때 더욱 진지하게 하고 그 본문의 가치를 존중하게 한다.

한편 방법적인 측면에서 볼 때, 부분에 대한 접근은 성경신학적 해석에서 한층 작은 단위에 대한 해석 접근이라 간주될 수 있다. 전체적 해석의 작은 부분인 것이다. 그런 점에서 전체와 부분은 서로 분리되지 않는다. 다만, 전체적 접근은 통합적 특색을 띄는 반면, 부분에 대한 접근은 특정 부분(그것이 주제이든, 본문이든)에 대한 깊은 관심을 불러온다. 부분에 대한 관심과 전체에 대한 관심을 함께 가져야 한다.[17]

이렇게 세 관점(축)의 여섯 해석 방향이 모두 해석 방법론화(methodologized)될 수 있다. 이를 그림으로 표현해 보았다(그림 3). 해석적 접근을 다시 정리한 그림이다.

3. 해석의 방향과 방법

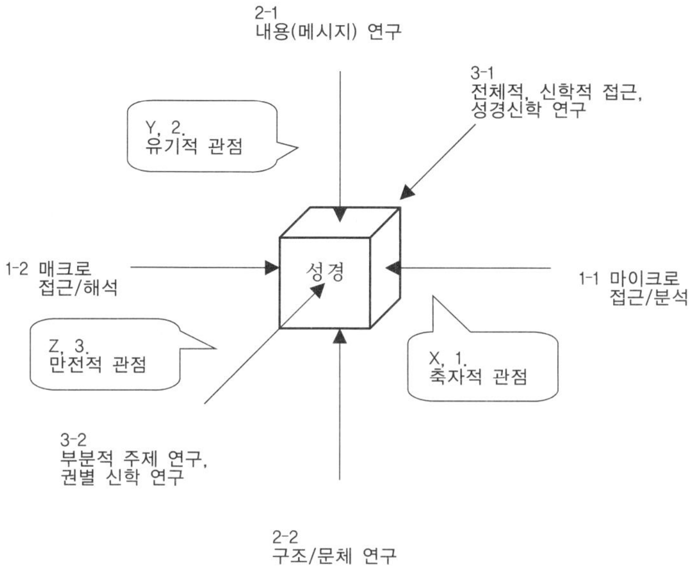

그림에서 나타난 특징은 다음과 같다. 앞의 그림 2가 본문 자체에서 나오는 해석적 요구를 그렸다면, 이 해석적 요구를 따라 해석자가 취해야 할 해석 방식을 보여주는 것이 그림 3이다. 다시 말해, 그림 2는 영감된 성경이 해석자에게 요구하는 것을, 그림 3은 그에 대한 역(逆)으로 성경적 요구에 부응하여 해석자가 본문을 해석해야 하는 방법이 어떠해야 하는 것인지 보여준다. 성경 본문의 요구에 따르고 순종하는 해석법인 셈이다.[18]

첫째, 세 축은 모두 두 가지씩의 해석 접근을 가능하게 한다. 그러므로 모두 여섯 가지의 접근이 가능하다. 물론 이들 접근 방식은 서로 중복될 수 있다. 비슷한 측면일 수도 있으나 세가지 영감이 서로 똑 같은 것이 아니듯이, 이들 접근 방식도 똑 같은 것은 아니다. 비슷한 측면이 있고 또 중복되는 요소가 있을 뿐이다.

둘째, 여섯 가지 해석 접근 중에서 어느 한가지를 가지고 해석해도 본문에 대한 풍성한 결과를 얻을 수 있다. 그런데 서로 마주보는 면은 상호 양면적인 것이다. 서로를 보완하는 역할을 한다. 마이크로 - 매크로가 그렇다. 내용-형식 연구 방식도 그렇다. 떨어져 놓기 보다는 함께 놓는 것이 좋다. 다만, 전체적-부분적 연구는 조금 다르다. 하나('전체')가 다른 하나('부분')를 포함한다. 그럼에도 이 둘이 보완적 측면이 없는 것은 아니다.

셋째, 모든 축의 양면을 모두 활용하고 모든 것을 종합하는 것도 좋다. 그러나 특정한 축의 두 방향을 활용하면서, 다른 축들의 관점을 잊지 않는 것, 또는 다른 축들을 보완하는 것도 필요하다.[19)]

개혁주의 세 영감론은 여섯 방향의 해석학을 가능하게 한다. 가능하게 할 뿐 아니라, 그런 방식의 해석을 해석자에게 요구한다. 해석자는 성경 본문 연구에 이처럼 여섯 방향의 해석적 노력이 가능하다는 점을 이해해야 한다. 개혁주의 세 영감론에 근거한 여섯 방향의 해석 방법론을 개혁주의 것으로 인정한다면, 개혁주의 해석학의 폭이 매우 넓어지고 개혁주의 영감론에 근거한 성경 본문의 다층적 해석이 가능해진다. 그러면서 영감론의 중심성이 훼손되지 않는다.

2. 해석 과정과 단락별 집필 순서

해석 과정

개혁주의 해석적 관점이라 할 때, 필자는 우선 개혁주의 영감설에 기초한 세 가지 전제에서 출발한다. (1) '축자 영감'은 본문에 대해 꼼꼼한 마이크로(미시적) 해석과 매크로(거시적) 해석을 요구한다. (2) '유기 영감'은 본문의 내용(메시지)과 쓰기 방식, 즉 구조와 문체에 대해 바른 해석을 요구한다. (3) '만전 영감'은 전체적인 신학적 맥락의 이해와 부분적인 주제에 대한 해석(즉, 성경신학적 해석)을 요구한다.

축자 영감과 유기 영감의 전제는 본문 해석의 실제 과정에 자연스럽게 포함된다. 한 단락씩 해석해 나갈 때, '마이크로-매크로 해석'이 필요하고, 또 '형식(form)과 내용(contents)'에 대한 깊은 이해가 요구되기 때문이다. 반면에 만전 영감은 전체적인(성경신학적) 연구와 관련해서는 에베소서를 넘어가는 연구가 필요하고 부분적인 측면(에베소서 주제 연구)에서 철저한 본문 연구와 중복되는 면이 있다. 따라서 이 책에서는 앞의 두 가지 관점에 초점을 맞출 것이다. 그렇지만 '주제적 연구'(만전 영감과 관련해서)를 보충하기 위해 권말에 하나의 글("에베소서의 교회론에 근거한 선교전략 제안")을 실었다.

첫째, 본문을 헬라어 본문의 순서대로 꼼꼼하게 읽도록 했다(축자 영감의 마이크로 해석 관련). 이를 위해 어구별로 나눠 배열한 헬라어 구문을 제공하고 어구별로 그 밑에 한글과 영어 직역을 해놓았다. 본문을 한 단어, 한 어구라도 주의깊게 살피는 일 없이 지나가지 않게 했다. 헬라어 "구문 배열" 다음에 한 절씩 한글과 영어로 "직역"했다. 특히 "절별 해석"은 원문의 헬라어 배열의 순서에 따라 하나씩 상세하게 해석하고자 했다.

둘째, 한 그룹(묶음) 내의 "절별 해석"이 끝나면 해당 그룹을 전체적으로 묶는 "단락 해석"을 제공한다. 이 부분은 '매크로 해석'과 관련된 부분이다. 그뿐 아니라, 한 단락 해석의 마지막 부분에 해당 단락 전체의 "해석 종합"을 제공한다.

셋째, '유기 영감'과 관련해서 '내용'에 대한 이해를 돕기 위해 "절별 해석"과 "단락 해석"이 마치면 "메시지" 부분을 넣었다. 설교 활용을 위해 실제적인 도움이 되게 하려는 측면도 있으나 부분적 내용에 대해 정리하려는 목적도 있다. 단락 내의 중심 되는 내용과 부수적인 것에는 차등을 두지 않았다. 대신 "구조"와 "해석 종합"을 보면 어떤 주제가 우선되는지 살필 수 있을 것이다.

넷째, '유기 영감'과 관련된 핵심적인 것은 글의 형식(형태)과 문체를 보는 것이다. 형식은 내용을 담고 있을 뿐 아니라, 그 내용에 영향을 준다. 따라서 내용과 형식, 모두 의미에 있어 중요하다. 단락 전체의 구조를 파악하는 일이 특별히 주목된다.[20] "전체 구조"는 단락 전체의 구조에 대해 살핀 것이고 그에 대한 해석은 "해석 종합"에서 찾을 수 있다. 특히 소단락별로 "구성/문체" 부분이 따로 나와 있는데, 해당 소단락의 구성적, 문체적 특징을 찾는 것이다. 이 부분에 대한 해석은 "단락 해석"(때로는 "절별 해석"에도)에 반영이 된다. "구성/문체"에 소개되지 않은 문체 구성(주로 세부적인 절 구성에 해당되는)에 대한 이해는 때로 "절별 해석"에 나오기도 한다.

축자 영감	마이크로 해석	"구문 배열"; "직역"; "절별 해석"
	매크로 해석	"단락 해석"; "해석 종합"
유기 영감	내용(메시지)	"메시지"
	구조와 문체(형식)	"전체 구조"; "구성/문체"
만전 영감	성경신학적 연구	해석 부분에 포함
	주제 연구	해석 부분에 포함; "교회론"(선교)

각 단락별 집필 순서

각 단락(총 17개 단락) 안에 기술하고 있는 순서와 그 의미는 다음과 같다.

단락 제목

해당되는 단락의 본문과 제목이 나온다(예, "4:17-24, 새사람과 옛사람").

전체 구조

해당 단락의 전체 구조를 소개한다. 본문에서 각 구절들이 어떻게 구성되어서, 전체적으로 묶여 어떤 구조(짜임새)를 만드는지, 또 이런 점에서 단락을 어떻게 나누고 구분할 수 있는지 도표를 제시하며 설명한다. 그와 함께 단락 구조를 통해 나오는 전체적(단락적) 의미가 어떤 것인지도 밝히고자 한다.

소단락

"전체 구조"에서 알려진 구분에 따라 소단락별로 차례대로 하나씩 해석하기 위해 작은 단락의 나눔이 있다. 해당 부분에 대한 구절과 제목이 나온다(예, "I. 17-19절, 이방인들의 행위와 같지 말라.").

구문 배열

헬라어 본문을 구문론적(syntactic) 배열 방식으로 배열한다. 구문론 배열 방식은 주어, 술어(동사), 목적어, 보어 등의 문법적 요소들을 입체적으로 보기 쉽게(visualized) 배열한 것이다. 이를 통해 문장 구성을 바르게 이해할 수 있고 문법 요소들의 관계를 좀더 명료하게 파악할 수 있게 된다. 그뿐 아니라, 입체적으로 배열되어 있으므로 저자 자신의 문체적 구성(특성)을 찾는 데도 비교적 용이하다. 구문으로 배열된 헬라어 어구마다 바로 밑의 행간에 한글과 영어를 직역해 놓아 해당 어구의 뜻이 어떻게 되는지를 독자들이 쉽게 알아볼 수 있게 했다. 헬라어 본문 이해를 돕기 위해 권말에 "에베소서 어휘"와 "절별 어형변화"(parsing)을 실었다(구문 배열의 원리는 권말의 "헬라어 성경 구문 배열"을 참고하라).

[예]

17	18
Τοῦτο οὖν 그러므로 이것을 Therefore, this λέγω 내가 말하고 I say καὶ μαρτύρομαι 강권한다 and exhort solemnly ἐν κυρίῳ, 주 안에서 in the Lord μηκέτι ὑμᾶς 더 이상/이제부터는 너희는 that you ~ no longer περιπατεῖν, 행하지 않기를 walk/ live ~ καθὼς καὶ τὰ ἔθνη 이방인들이 ~것처럼 as the Gentiles περιπατεῖ 행하는~ walk/ live ἐν ματαιότητι 헛되게/무익하게 in the futility/ vanity τοῦ νοὸς 마음의 of ~ mind αὐτῶν 그들의 their ~	ἐσκοτωμένοι 어두워지고 having been darkened τῇ διανοίᾳ 생각이 in [their] understanding ὄντες, 그들은 (they) ἀπηλλοτριωμένοι 떠나/분리되어 있다 and alienated/ excluded τῆς ζωῆς 생명에서 from the life τοῦ θεοῦ 하나님의 of God διὰ τὴν ἄγνοιαν 무지 때문에/무지와 because of the ignorance τὴν οὖσαν ~ 있는 that is ἐν αὐτοῖς, 그들 안에 ~ in them διὰ τὴν πώρωσιν 굳어짐 때문에 because of the hardness τῆς καρδίας 마음의 of ~ heart αὐτῶν, 그들 their ~

직역

한글과 영문 직역, 두 가지의 직역을 제시한다. 둘 다 헬라어 어구의 의미에 따라 직역하는 것을 원칙으로 했다. 헬라어 본문의 의도(의미와 순서)에 맞게 직역하고자 했다.

구성/문체

소단락(sub-unit) 안에서의 문체적 구성이 어떻게 이뤄지는지 살핀다. 또한 의미의 배열도 각 절별로 어떻게 이뤄져 있는지도 보게 된다. “전체 구조”가 단락 전체의 짜임새를 본 것이라면, “구성/문체”(Structures/Styles) 는 소단락 내의 문체적, 의미적 짜임새를 찾고자 한 것이다.

절별 해석

해당 절별로 세세히 주해(해석)를 한다. 헬라어 본문 자체가 배열된 어구

순서대로, 위에서 직역된 내용을 기초로 해서 한 어구(phrase)씩, 또는 한 절(clause)씩 해석한다. 마지막 부분에서 각 절의 문법적 구성을 재확인하고 그같이 쓰여진 표현의 뜻을 찾게 된다. 여기서 먼저 어구별 의미(What) 해석에 중점을 두고 한 어구씩 해석한다. 그 다음 각 어구들을 '어떻게'(How) 쓰고 있고 또 '왜'(Why) 그렇게 쓰고 있는지에 대한 설명이 있다. '어떻게'는 문법적 기능이 주가 되고, '왜'는 수사적 목적이 중심이 된다.

단락 해석

절별 해석된 내용을 묶어 단락 내의 맥락적 의미, 연계된 의미, 집합적 의미를 산출한다. 단락 내의 내용을 순차적으로, 또는 짝을 묶어 해석하고 그 뜻을 밝힌다. 이 때, 앞의 "구성/문체"에 따라 해석하게 되고 "절별 해석" 데이터가 참고된다.

메시지

해당 단락(또는 소단락) 내의 메시지가 될 내용을 정리한다. 이렇게 정리하는 이유는 해석된 내용을 설교 등의 내용으로 활용할 때 참고할 수 있게 하기 위한 것이다.

해석 종합

처음에 제시된 "전체 구조" 해설과, 각 소단락 부분에 추론된 해석들을 종합적으로 정리해서 단락 전체적 의미를 찾아 해석해 놓는다. 이 부분에는 이전 단락과의 맥락적 연계, 에베소서 전체 내에서의 해당 단락의 역할과 기능 등이 총체적으로 제시된다.

3. 에베소서 소개

에베소서 가치

바울 서신 13권 가운데 에베소서의 위치는 특별하다. 에베소서에는 그리스도의 교회에 대한 최고의 계시가 드러난다. "인간 최고의 신적 작품", "바울 신학의 정수"[21]라는 말이 이에 적절한 찬사다. 사도 바울의 생애 마지막 시기에 그의 영광스러운 사역이 마무리 되어가고 그리스도로부터 받은 하늘의 계시가 최종적 정점을 찍을 즈음 기록된 것으로 이해된다.[22] 따라서 교회론에 대해 총체적이고 종국적인 계시의 말씀을 기록할 수 있었을 것이다. 그리스도 교회에 대한 깊은 이해와 명료한 해설은 읽는 이들로 하여금 찬사를 자아내게 한다.[23] 또 하나님의 깊은 지혜의 말씀에 빠지게 하고 그 진리의 빛이 현재를 사는 우리 교회에 비춰지길 간구하게 한다. '그리스도의 교회'로 총칭되는 신앙 공동체의 실재와 전망에 대한 계시의 말씀과 함께, 개인 정결, 사회적 정의, 차별 문제, 가정 문제 등 삶의 실제적이고 중요한 원리가 이곳에 있다. 교회와 세상의 희망이 이곳에 있다.[24]

그의 언어는 웅변적이고 아름답다. 세밀한 병행 문체와 예술적인 구성은 주의 깊게 본문을 살피려 하는 해석자에게 감탄의 언사를 내게 한다. 많은 역교차적 구성과 병행적 배열의 예술성은 바울이 얼마나 주도 면밀하게 글을 쓰는 분인지 알게 한다. 그 배열과 구성의 '길'(ways)을 이해할 때, 에베소서의 의미가 더 깊이, 더 정확히 다가온다. 한 문장(복합문장)으로 된 하나님에 대한 축원(1:3-14)은 외면상 복잡해 보인다. 그러나 깊이 들여다 보면 그 구성과 배열의 짜임새(조직)가 얼마나 치밀하고 탁월한지 알 수 있다. 에베소서 전체를 통해, 그 어느 곳 한 부분도 의미 없이 쓰여진 어구, 우연한 배열, 불필요하게 사용된 어구를 찾을 수 없다.

옥중서신과 에베소서

바울의 '옥중서신'은 에베소서, 빌립보서, 골로새서, 빌레몬서를 가리킨다. 바울의 후기 서신인 디모데후서 등도 로마 감옥에서 쓰여진 것으로 알려져 있으나, 옥중서신의 범주에 들지 않고 목회서신으로 분류가 된다. 그것은 앞의 네 서신이 사도행전 28장의 첫 번째 로마 감옥 생활(A.D. 61-63년경)인 2년여의 동일 기간에 쓰여진 서신으로 일반적으로 인정되고 있기 때문이다.

그리스도를 위해 갇힌 자로서 바울의 목회적 관심과 열정이 여전히 특별했음을 이 서신들을 통해 보여주고 있다. 아니 옥에 매여 있으면서 이 같은 서신을 쓰고 있는 것 그 자체가 그의 목회적 열심과 최선의 노력을 대변해 주고 있다. 교회와 성도를 사랑하며 그들에게 은혜와 사랑, 그리고 바른 말씀을 늘 전하려는 바울의 애씀은 우리 모두가 본받아야 할 부분이다.

고난이 걸림이 될 수 없는 사람, 그리고 닥친 고난을 오히려 그리스도의 복음과 하나님의 말씀을 전할 기회로 삼는 사람, 이 사람이 바울이다. 어떻게 하든지 성도로 유익을 얻고 믿음과 소망으로 세움을 받도록 모든 노력을 다하는 사람이다. 사역자 바울의 옥중서신은 우리에게 이것을 보여주고 있다.

각 서신이 쓰인 정확한 연대는 알 수 없지만, 옥중서신 중에 에베소서가 가장 마지막에 쓰였을 가능성이 많다. 그것은 소위 쌍둥이 서신이라 할 수 있는 내용이 유사한 골로새서의 그리스도론이 에베소서에서는 그리스도의 교회론으로 그 다음 단계의 사상이 나타나는 것으로 볼 수 있기 때문이다. 반면에 빌립보서는 그가 빌립보 교회를 방문하고 싶은 뜻을 비치고 있는 것(참고, 2:24)으로 보아 상대적으로 바울의 옥중 초기의 서신이 아닌가 추측하게 된다.

에베소서와 골로새서

에베소서는 골로새서와 함께 쌍둥이 서신으로 불리워진다. 같은 옥중서신인 두 서신이 비슷한 주제와 구조를 담고 있기 때문이다. 그렇지만 골로새서의 내용이 에베소서에 와서 새롭게 발전되었거나 보충된 부분이 적지 않다. 그것은 골로새서는 특정 지역(골로새)에 보낸 서신인 반면, 에베소서는 회람용 서신의 특성이 더 강하기 때문일 것이다.[25)]

특히 골로새서는 골로새 지역의 이단 문제와 관련해서 기독론에 많은 비중을 두고 기록한 반면, 에베소서는 기독론 보다는 교회론에 더 비중을 둔 서신이다. 다시 말해, '그리스도로'부터 '그리스도의 교회'로 초점이 옮겨진 것이다. 이 부분에서 주제의 발전이 이뤄졌다고 볼 수 있는 이유는 기본적으로 교회론은 기독론에 근거해서 세워지기 때문이다. 즉, 기독론 다음에 교회론이 등장하는 것은 자연스런 순서이다. 이런 점에서 골로새 교회에 보낸 기독론 중심의 서신(골로새서)에서 비롯된 바울의 사상이 한층 발전한 교회론(또는 하나님의 경륜을 더욱 깨달은 결과 얻게 된 교회론)으로 나타나면서, 에베소서를 포함한 소아시아의 여러 교회[26]에 이것을 전해야겠다는 바울의 생각이 편지로 쓰였다고 보는 것이 자연스러울 것이다. 그래서 골로새서에 있는 부분과 중복된 부분이 많은 것이라 본다.[27]

바울의 후기에 쓰여진 에베소서만큼 교회론이 정립되어 나타나는 성서가 없을 것이다. 교회와 관련된 그의 이해(깨달음)가 완성된 형태로 나타난 것이 에베소서이다. 그러므로 교회를 섬기는 모든 이들이 에베소서를 깊이 이해해야 한다. 그리스도께서 의도하셨던 교회 사역의 목표와 실체가 이 서신 안에 드러나기 때문이다. 그런 점에서 그리스도의 사역은 바울을 통해 계속되고 있다.

바울 저작권

에베소서는 바울의 작품이 아니라는 주장이 많이 제기된다. 제일 먼저 에베소서의 위작설을 주장했던 사람은 1792년의 에반슨(Evanson)이다.[28] 그 이후로 비평학자들에 의해 바울의 저작권이 의심 받아 왔다. 페인(Feine) 등은 "에베소서의 신학은 바울 작품이라는 것을 철저히 불가능하게 만든다"고 했다.[29] 보이스(Boice)는 현대 가장 인기 있는 이론은 녹스(Knox)의 견해로 에베소서가 바울 서신집의 서론 역할을 하기 위해, 90년경에 바울 서신집으로 묶어 편찬한 자가 기술했다는 것이라 했다.[30] 왜 이처럼 바울의 저작권이 의심이 된 것일까? 에베소서에 바울 자신의 이름이 분명히 기재되어 있고(1:1; 3:1) 교회 역사에서 바울의 저작권이 의심된 바 없는데 왜 현대 비평학자들은 바울의 저작권에 문제를 제기하는 것일까?

첫째, 적지 않은 어휘가 다른 바울 서신에 쓰이지 않은 것들이라 주장한다. 예컨대, "하늘에 있는"(ἐν τοῖς ἐπουρανίοις 1:3, 20; 26; 3:10; 6:12),"선한 일들"(ἔργοις ἀγαθοῖς, 2:10), "살과 피"(αἷμα καὶ σάρκα, 6:12) 등이다. 또 문체가 다른 서신에 비해 어구가 길고 더 복잡하다고 주장한다.[31]

그러나 파울(Fowl)은 모르겐탈러(Morgenthaler)의 통계를 인용한다. 어휘가 바울서신과 다르다는 견해에 대해 이같이 반박한다. 에베소서는 2,420 단어로 쓰였고, 모두 530 개의 어휘를 가진다. 그 중 41 개는 신약 어디에서 나오지 않는 단어이고, 84 단어는 바울 서신에서 쓰이지 않는 단어이다. 갈라디아서는 2,200 단어로 쓰였고, 모두 526 개의 어휘를 가진다. 이 중, 35 개는 신약 어디에도 나오지 않고, 80 단어는 바울 서신에서 쓰이지 않는 단어이다.[32] 통계로 볼 때, 에베소서가 갈라디아서보다 더 독특한 어휘를 갖는 것이 아니다. 어휘의 차이로 에베소서가 위작이라는 견해는 상당히 불확실한 주장이다.[33] 에베소서의 복잡한 문체는 찬송시적인 성격(특히 1-3장)이 강하기 때문이기도 하고, 바울의 역교차식 글쓰기에 기인하는 면이 크다(이에 대해서는 본문 해석의 "구조"와 "구성/문체" 부분을 참고하라).

둘째, 에베소서와 골로새서의 유사성 때문이다. 에베소서가 골로새서와 유사한 것은 앞에 설명한 것처럼 골로새 교회에 문제들을 해결하기 위해 기독론이 중심이 된 골로새서를 쓴 바울은 기독론에서 교회론으로 그의 계시적 사상이 발전된다. 그리스도의 교회에 대해 완성된 이해를 갖게 된 바울은 이제 이런 내용에 대해 에베소를 포함한 소아시아 지역을 중심으로 알리고 싶었다(3:2-12). 골로새서의 내용이 근간이 되고, 좀더 발전된 신학적 내용을 담아 에베소서를 썼을 것이다.

셋째, 개인 인사가 없는 문제가 있다. 개인 인사가 없는 것은 이 서신이 회람용 서신으로 처음부터 의도되었기 때문이다. 바울이 처음부터 장소를 기재된 부분("에베소에")을 빼고 기록했을 가능성이 있다. 더 많은 교회, 성도들이 이 편지를 읽기를 원했을 것이다.

넷째, 신학적으로 다른 바울 서신들과 차이가 있다는 주장이다. 신학적인 차이는 기본적으로 없다. 오히려 '바울 신학의 정수'라 할 수 있다.[34] 다만, 교회론과 같은 최종적 계시의 내용은 그의 서신 가운데 마지막 때에 갖게 된, 진전된 통찰(점진적 계시, progressive revelation)이므로 이와 관련해서 그 이전의 주제들과 다른 면이 있다고 이상할 것이 없다.[35]

누군가 말한 것처럼, "바울 저작권은 그렇지 않다는 것이 증명되지 않는 한 유지되는 것이 마땅하다."[36] 그러나 그런 소극적인 면이 아니라, 바울 외에 이렇게 아름답고 놀라운 계시의 글, 그것도 그의 신학의 최종적 정수라 할 수 있는 글을 바울 이후 시대에 쓸 수 있는 자가 있을 것이라 생각할 수 없다.[37] 더군다나 에베소서의 글은 전형적인 유대인의 글 솜씨이다. 사상적이고 신학적인 면만 아니라,[38] 그 구조와 문체에 있어서도 유대인의 글 솜씨가 분명하다.[39] 바울 외에 이런 구조와 문체를 사용해서 바울의 이름으로 위대한 신학을 써내려 갈 수 있는 인물이 있을 수 있을까?[40] 스코트(Scott)의 말처럼, "위작자가 이렇게 놀라운 글을 쓸 수는 없다."[41] 최근 바울 저작권을 지지하는 비중이 높아지고 있는 점은 반가운 일이다.[42]

에베소서 전체 구조

에베소서의 구조는 전체적으로 역교차 구조를 가진다.[43] 바울은 역교차 구조에 상당히 능할 뿐 아니라, 그의 글에 대표적인 글쓰기 방식으로 채택하고 있다.[44] 전체를 1-3장(이론, 교리)과 4-6장(실제, 삶)으로 나누는 구분은 많은 학자들의 지지를 받고 있으나 바울이 그려주고 있는 그의 역교차 개념을 잘 드러내고 있지 못한다.[45] 1-3장, 4-6장으로 나누기 보다는 1-2장, 3장, 4-6장, 이렇게 삼등분으로 나누는 것이 낫다. 그 이유는 다음과 같다.

첫째, 시작 부분(1:1-2)과 마지막 부분(6:21-24)이 수미쌍괄식 쌍(inclusio)을 이루고 있는 것에 먼저 주목해야 한다. 인사말(기원)뿐 아니라, 바울 자신에 대한 소개(1:1)와 두기고에 대한 소개(6:21-22)까지 서로 대응되는 짝이 된다.

둘째, 다른 부분보다 좀더 뚜렷하게 서로 연관된 단락은 2:1-10과 4:17-24이다. 전자는 예전에 죽었던 '너희'-'우리'가 이제 살아났다는 점을 말씀한다. 후자는 예전의 옛사람과 지금의 새사람을 대조한다. 이 두 부분은 개인 구원 전의 과거와 구원 이후의 현재를 그려준다는 점에서 공통된다.

셋째, 2:11-22과 4:1-16이 교회와 관련해서 공통된 부분이다.[46] 전자는 그리스도의 교회가 어떻게 세워졌고 어떻게 성장해 가는지 그 모습을 그려준다. 후자 역시 그리스도의 교회의 하나 됨과 성장해 나가는 모습을 담고 있다. 이 두 단락은 모두 교회의 목적을 상세히 알려준다. 교회에 대해 직접적이고, 구체적으로 알려주는 대표되는 두 단락이다.

넷째, 1:3-23은 '하나님이 하시는 일(구원과 계시)'을 말씀하고 있다면 4:25-6:20은 '우리' 성도가 해야 할 일을 다루고 있다. 이렇게 보면, '하나님이 하신 일'(1:3-23)에 대한 '우리의 대응'(4:25-6:20)이라는 점에서 짝을 이룬다. 좀더 세분해서, 1:3-14이 '영적 복'(택함과 예정, 인치심)을 그리고 있는데, 이에 대해 6:10-20은 '영적 전투'를 그려주고 있다는 점[47]에서 서로 짝이 된다. 하나님의 영적인 복을 한 없이 받은 우리가 이제는 영적 전투를 싸워야 하는 것은 너무도 당연하다.

다섯째, 또 1:15-23이 하나님의 영적 계시('깨닫게 하심', 17-19절)와, 이와 관련된 그리스도에 대한 하나님의 구체적인 역사(20-23절)를 말씀하는 부분이라면, 4:25-6:9은 하나님의 부르심을 받은 우리 그리스도인들이 어떻게 살아야 하는지를 구체적으로 말씀하고 있는 부분이다. 하나님께서 그의 뜻을 행하시고 하나씩 이뤄가시듯, 우리도 그 뜻을 따라 살아야 한다는 것이다.

여섯째, 에베소서의 중간에 위치한 3장은 두 부분(3:1-13과 3:14-21)으로 나뉘고, 전자는 하나님의 경륜과 관련된 바울의 역할을, 후자는 하나님께서 해주실 일에 대한 바울의 기도를 담고 있다. 주제로 볼 때, 전자('하나님의 경륜의 나타남과 전파')는 그 앞의 1:3-2:23과 좀더 가깝고 후자('그리스도의 내주와 사랑에 대한 기도')는 4:1-6:20과 좀더 가깝다.[48]

일곱째, 따라서 좀더 크게 보면 도표의 첫 번째 칼럼처럼 ABC-X-C'B'A'의 역교차 구조가 되고, 좀더 세밀하게 나누면 다섯 번째 칼럼처럼 ABCDEF-FE'D'C'B'A'의 역교차 구조가 된다. 4:25-6:9은 두 개(삶1, 4:25-5:21; 삶2, 5:22-6:9)[49]로 나뉘고, 다시 4:25-5:21은 네 개의 단락으로 나뉘어, 서로 병행되는 짝(ab-a'b')을 갖게 된다. '참된 삶'(4:25-31)과 '빛 된 삶'(5:3-14)이 짝이 되고, '하나님을 닮은 삶'(4:32-5:2)과 '지혜 있는 삶'(5:15-21)이 짝을 이룬다.[50]

<table>
<tr><td>A</td><td>1.</td><td>1:1-2</td><td>시작하는 인사</td><td>A</td><td colspan="2" rowspan="9"></td></tr>
<tr><td rowspan="2">B</td><td>2.</td><td>1:3-14</td><td>하늘의 복, 하나님의 구원</td><td>B</td></tr>
<tr><td>3.</td><td>1:15-23</td><td>바울의 기도, 지혜와 계시</td><td>C</td></tr>
<tr><td rowspan="2">C</td><td>4.</td><td>2:1-10</td><td>죽었던 사람들, 살리신 사람들</td><td>D</td></tr>
<tr><td>5.</td><td>2:11-22</td><td>새로운 인류, 교회의 정체성</td><td>E</td></tr>
<tr><td rowspan="2">X</td><td>6.</td><td>3:1-13</td><td>하나님의 경륜, 바울의 역할</td><td>F</td></tr>
<tr><td>7.</td><td>3:14-21</td><td>바울의 기도, 그리스도의 내주와 사랑</td><td>F'</td></tr>
<tr><td rowspan="2">C'</td><td>8.</td><td>4:1-16</td><td>하나된 부르심, 교회의 목적</td><td>E'</td></tr>
<tr><td>9.</td><td>4:17-24</td><td>새사람과 옛사람</td><td>D'</td></tr>
<tr><td rowspan="7">B'</td><td>10.</td><td>4:25-31</td><td>참 된 삶</td><td rowspan="6">C'</td><td rowspan="4">삶1</td><td>a</td></tr>
<tr><td>11.</td><td>4:32-5:2</td><td>하나님을 닮는 삶</td><td>b</td></tr>
<tr><td>12.</td><td>5:3-14</td><td>빛 된 삶</td><td>a'</td></tr>
<tr><td>13.</td><td>5:15-21</td><td>지혜 있는 삶</td><td>b'</td></tr>
<tr><td>14.</td><td>5:22-33</td><td>서로 복종하는 관계1(부부)</td><td rowspan="2">삶2</td><td rowspan="4"></td></tr>
<tr><td>15.</td><td>6:1-9</td><td>서로 복종하는 관계2(부모-자녀, 상전-종)</td></tr>
<tr><td>16.</td><td>6:10-20</td><td>하나님의 전신갑주</td><td>B'</td><td rowspan="2"></td></tr>
<tr><td>A'</td><td>17.</td><td>6:21-24</td><td>마지막 인사</td><td>A'</td></tr>
</table>

미주

1) 다만, 그럴 때 네 가지 전제가 존재한다. (1) 성경의 영감성을 전제로 할 수 있는가? (2) 본문 중심의 해석 노력을 요구하는가? (3) 이론적, 논리적, 신학적으로 타당한가? (4) 실제적으로 활용할 수 있는 것인가? 김상훈, [해석매뉴얼], 249-250.

2) 고 박형룡 박사는 plenary inspiration을 '완전 영감'이라 했다. 여기서 plenary는 성질(완전한) 보다는 범위(전체를 뜻하는)를 가리키는 말로 사용된 것으로 보아, '완전'(完全) 보다는 '만전'(萬全) 또는 '전체'로 번역하는 것이 좋지 않을까 한다. 그러나 사실 '만전'이란 단어도 '완전'이라는 뜻으로 통용된다는 점에서 단어 선택의 한계가 있다. 박형룡, [교의신학 서론], 320, 328-331.

3) Syntagmatic(연항적, 의미구조적, 연속적)과 paradigmatic(계열적, 병렬적)은 언어학자 Saussure의 유명한 용어이다. 이 두 단어를 번역하기도 어렵지만, 이를 번역한 용어들도 통일되어 있지 않다. 특히 syntagmatic의 번역이 다양하게 소개되어 있는데, 그 중 '통합적'이라 번역하는 것은 매우 모호한 것으로 보인다. '연속적'이라는 말도 충분한 의미를 전달하지 않는다.

4) 이 개념에 근거해서 성경 신학은 끊임 없이 연구될 수 있다. Packer는 성경 신학의 개념을 다음과 같이 말한다, "성경 신학은 주해로 인해 발견된 것들을 주제에 따라, 또 역사적인 측면에 따라 통합하고 배열하는 학문이다. 이 신학은 다음과 같은 질문을 던진다: "이 문제와 관련하여 성경 전체의 총체적인 메시지는 무엇인가? 어떤 단계에서 이 메시지는 드러나는가? 전체의 계시 가운데 얼마만큼의 부분이 그 주제를 기록하는 각 저자들에게 전제되어 있는가?" 말씀의 어떤 부분이 다른 부분의 말씀과 연계되는 모든 질문은 성경 신학의 세밀한 내용 아래 놓여 있다. 성경 신학은 통합적, 포괄적 학문이다." Packer, "Theology and Bible Reading," 65-87, 특히 68.

5) Grudem은 확언하기를, "성경 말씀은 하나님의 말씀이고, 하나님께서는 거짓을 말하거나 그릇되게 말하실 수 없으므로, 성경 말씀의 어떤 부분도 틀릴 수 없고 진리일 수 밖에 없다는 결론은 옳다." Grudem, *Bible Doctrine*, 40. 또한 다음을 참고하라. G. J. Spykman, *Reformational Theology*, 123, "모든 범위에서, 그리고 모든 부분에서 성경은 영감되었기 때문에 또한 무오하며 권위 있는 하나님의 말씀인 것이다."; Hayes의 언급도 주목하라. "누구도 어떤 부분이 영감된 것이고 어떤 것이 그렇지 않은지 뽑아낼 수 없다. 영감은 모든 성경에 해당이 된다. 성경에 있는 모든 정보가 믿을 만한 것이다." Hayes, "The Evangelical Doctrine of Inspiration—Restated," 18.

6) 세 축의 해석 데이터 전체의 합은 X∪Y∪Z로 나타낼 수 있다. 세 관점(축)의 해석을 모두 합친 결과(합집합)는 세 관점 각각의 해석 결과를 모두 합친 것에서 서로 중복되는 부분(교집합의 내용)을

뺀 것이 될 것이다. 이것을 식으로 나타내면 다음과 같다. $X \cup Y \cup Z = (X+Y+Z) - (X \cap Y + Y \cap Z + Z \cap X) + X \cap Y \cap Z$

7) 각 축의 해석 방향들의 부분적인 상호 결합 관계를 생각하는 것도 의미가 있다. X, Y, Z 축의 플러스 방향과 마이너스 방향을 설정한 후에 특정한 해석 결과가 어느 위치에 자리잡는지 확인하는 것이다. 그것은 특정 해석 데이터가 어떤 측면을 강조하는지, 어떤 특질(어떤 측면이 어느 배율로 합쳐진 것인지)의 데이터인지, 그래서 어떤 결과를 얻게 되는지 등을 살필 수 있다. 이런 연구는 앞으로의 과제 중 하나가 된다.

8) 유기 관점의 방향으로 처음 제시된 것은 본래 일반성(generality, 공통점)과 특수성(particularity, 차별점)이었다("영감 해석의 제안", 252-253, 257). '내용-형식'의 틀은 영감 해석의 전체적인 해석 방법으로 제시된 바 있다. 그러나 본문에서 일반적인 것과 특수한 것을 별도로 카테고리화하여 따로 찾아가는 작업은 쉽지 않다. 그런 관점을 갖고 해석 작업을 하는 것이 불가능한 것도 아니고 유익한 면도 있지만, 특정 본문에 대한 해석을 하려 할 때, 그때마다 그같이 하는 것은 바람직해 보이지 않는다.
실제로 공통점과 차이점을 찾으려면 다른 본문과 비교해야 한다. 다른 것들과 비교나 대조가 필요하다. 그런데 어떤 본문(들)과 비교해야 하는가? 또 어느 정도 분량(범위)의 본문들과 비교해야 하는가? 또 어떤 점들을 비교할 것인가? 이런 문제들이 해석의 실제 과정에 쉽지 않다. 또 이 같은 개념은 상당 부분, 만전 관점의 성경 신학적 해석 개념과 중복된다. 성경 신학에서는 '통일성'(unity)과 '다양성'(diversity)이라는 용어를 사용하는데, 이런 유의 연구는 간본문(또는 본문간의, intertextual) 연구와도 관련이 있다. 간본문 연구는 해석학에서 비중 있게 다뤄지고 있는 이슈이다. 유기 관점을 고려하면서 특정 본문의 해석법으로 전환할 수 있는 틀은 '내용-형식'의 틀이다. '일반성-특수성'의 관점은 '내용-형식'의 연구에 포함될 수 있을 것이다.

9) 유기 관점의 축과 관련된, '내용'의 영역과 '형식'의 영역 가운데 어느 것이 하나님에게 속한 것이고, 또 어느 것이 인간 저자에게 속한 것인지 단정할 수 없다. 두 가지 모두 하나님과 인간 저자 모두에게 속하는 것이기 때문이다. 이것을 구분한다면 Berkhof의 이분법적인 문제에 빠질 수 있다. 이에 대한 논의는 "영감 해석의 제안", 246-247을 참고하라. Berkhof, *Principles of Biblical Interpretation*, 67, 133-134 부분을 보라. 문법-역사적 방법을 사용해야 하는 필요성에 대해 논하는 Poythress도 본문의 인간적 요소(human factor)에 주목해야 한다는 식으로 말한다. 물론 하나님적인 것과 인간적인 것을 구분하기 어렵다는 말을 잊지 않는다. Poythress, "What Does God Say Through Human Authors?," 98-99. 이와 비슷한 개념은 Gerstner, "Jonathan Edwards and the Bible," 265에도 나타난다.

10) 성경의 점진적 계시의 특징에 대해서 Ladd, *A Theology of the New Testament*, 27-28을 보라.

11) 그렇다고 해석의 실제 과정에 그들 여섯 방향의 개념 모두를 한꺼번에 집어 넣어야 한다는 뜻은 아니다. 특정 방법을 독자적으로 또는 필요한 방법들을 결합하여 활용할 수 있다. 축자 관점은 해석의 특징(방식, 하나 하나 주목하고 연결하여 해석해 가기)에 중점을 두고, 유기 관점은 해석의 역동성(어떻게, 그리고 왜 그렇게 쓰여졌는가)에 초점을 두며, 만전 관점은 해석의 범위(어느 만큼의 범위를 두고 해석할 것인가)를 강조한다.

12) Noam Chomsky 이전의 언어학인 형태론, 음성론, 음운론 등은 주로 단어 단위의 특질을 연구하는 데 치중했다면, 그의 보편 문법과 변형 생성 연구는 문장 단위의 분석에 중점을 둔 것이다. 그에 반해, Zellig Harris와 Mitchel에 의해 시작된 DA는 문장을 넘어선 단위에 초점을 맞춘 것이다. Hatt, *The Reading Process*, 56과 Reed, *A Discourse Analysis of Philippians*, 19을 보라.

13) 단락의 연계에 주목하여 해석하는 매크로 해석과 관련된 기본적인 방법의 틀은 [해석 매뉴얼]의

7-8과(155-208)에 나타난다. 이 매크로 해석 방법으로 마태복음 읽기에 적용한 책이 [숲의 해석 마태복음]이다.

14) 의사소통의 형식에 따른 의미의 변화를 연구하는 학문은 화용학(pragmatics)이다. 화용학에 대한 대표적인 연구자로는 Leech을 꼽는다. Leech, *The Principles of Pragmatics*. Leech의 이론을 성경 해석학에 접목하려 한 글로는 Du Plessis, "Speech Act Theory and New Testament Interpretation," 129-142이 있다.

15) 성경 신학은 조직 신학과 구별하여 스스로 'descriptive discipline'으로 이해한다. Ladd, *A Theology of the New Testament*, 20-21; Caird, *New Testament Theology*, 1-3. 그러나 성경 신학도 신학적 짜임새와 전체적인 체계성이 필요한 점은 조직신학과 같다. 성경 신학이 점진적 계시의 특성을 강조한 신학인 점에 대해서는 Zuck, *A Biblical Theology of the Old Testament*, 2와 Bock, *A Biblical Theology of the New Testament*, 9-13을 참조하라.

16) 적어도 세가지 방법이 있다. 첫째, 특정한 성서(성경의 어떤 책)를 택하거나 성서의 그룹(바울서신이나 요한 문헌 등)을 택해 특정한 주제를 연구하는 것이다. 둘째, 성경 전체에서 특정 주제에 대해 통합적으로 연구하는 것이다. 셋째, 전체적으로 주제를 연구하지만 그 주제의 성경적 흐름과 발전에 주목하는 것이다. 김상훈, [해석 매뉴얼]의 9과 "통합된 주제 해석"을 참고하라. 성경 신학의 다양한 방법론적인 대안에 대해서는 Hafemann, *Biblical Theology: Retrospect & Prospect*을 참고하라.

17) 기존의 성경 신학적 해석은 이미 학자들에 의해 상당한 수준에 놓여 있다. 이 관점을 설교자와 일반인들이 성경 연구에 접목할 수 있게 하기 위해 '통합적인 주제 해석'이라는 해석 방법론을 제안한 바 있다([해석 매뉴얼], 209-238). 이 방법론은 당연히 성경의 모든 부분이 영감되었다는 '만전 관점'이 전제된다. 관심이 있는 분들이 특정 주제에 대한 통합적 해석을 시도해 볼 수 있는 방법론적인 절차를 제시했다.

18) Brueggemann의 '해석적 복종'(interpretive obedience)의 개념과 다소 다르다. Brueggermann, *Interpretation and Obedience*, 1. Brueggemann의 성경에 나타난 하나님의 요구에 대한 해석적 복종("하나님의 요구에 주목하는 해석의 행위")이라기 보다는 성경 자체의 해석 요구에 대해 부응하는 해석법이라는 점에서 차이가 있다. 전자는 해석 내용에, 후자는 해석 방식에 초점이 있다.

19) 성경신학적 주제 해석을 하든, 마이크로-매크로 해석을 하든, 내용-형식 연구를 하든 서로 교호적으로 활용할 필요가 있다.

20) 한 어구, 한 어구의 묵상적 해석은 Exell의 주석, *The Biblical Illustrator: Ephesians* 등을 보라. 얼마나 자세하고, 깊이 있는가? 그러나 그에게 구조와 구성/문체에 대해 인식은 없었다.

21) Bruce, *The Epistle to the Ephesians*, 11. Van Ryn은 신약 계시의 최고의 진리이고 기독교적 복의 '히말라야'라 소개했다. Van Ryn, *Ephesians*, 9; Brown, "Ephesians Among the Letters of Paul," 373; Baker, "Living the Dream: Ethics in Ephesians," 39. 또한 종교개혁자 Bucer 역시 '성경 가운데 가장 위대한 책 중의 하나'로 에베소서를 손꼽았다. Bray (ed.), *Galatians, Ephesians, Reformation Commentary on Scripture*, 234에서 인용.

22) Sanders에 의하면, 사도의 생애와 작품과 사상을 최종적으로 모은 것이다. Sanders, "The Case for Pauline Authorship," 16.

23) 갈라디아서가 루터가 좋아하는 서신이라면, 에베소서는 칼빈이 좋아하는 서신이었다. 에베소서에 하나님의 예정과 그리스도의 교회에 대한 부동의 말씀이 나타났기 때문일 것이다. Eedman, *The Epistle of Paul to the Ephesians*, 14; Hunter, *Galatians, Ephesians, Philippians, Colossians*, 43; Patzia,

Ephesians, Colossians, Philemon, 128; Arnold, "Introducing Ephesians," 4. 특히 Trites는 교회론의 관점을 잘 부각하고 있다. Trites, "Proclaiming Ephesians," 43, 47.

24) Eedman, *The Epistle of Paul to the Ephesians*, 5.

25) 에베소서가 '회람용 서신'(circular letter)이라는 주장은 다음과 같은 점에 근거한다. 첫째, 1:1에 "에베소에"란 부분이 없는 사본이 많다. 2-3세기의 사본인 P[46], 초기의 바티칸 사본(B), 시내 사본(א)에 없다. 즉 바울이 에베소에만 이 편지를 보내지 않았을 가능성을 말해준다. 둘째, 다른 바울 서신과 달리 에베소서에는 문안하는 개인 목록이 없다. 바울은 2차 여행에서 이곳에서 2년이 넘게 사역한 바 있다. 셋째, 특정 교회 내에 해당되는 문제가 주축이 되지 않고 보편적인 교회적 이슈를 다루고 있다. 따라서, 전령 두기고가 소아시아 지역의 교회들에 순회하며 전달했을 가능성이 크다. "에베소에"가 사본에 없는 주제와 관련해서 Westcott, *Saint Paul's Epistle to the Ephesians*, 19-20을 참조하라. 이에 대해 좀더 오래된 논의는 Meyer, *Critical and Exegetical Handbook*, 2-18; Cf. Thomas, "The Seal of the Spirit and Religious Climate of Ephesus," 159; Keener, "One New Temple in Christ, 78-79; Best, *Essays on Ephesians*, 1-24; Martin, "Reconciliation and Unity in Ephesians," 203-204을 보라.

26) 에베소는 로마 제국에서 로마를 제외한 삼대 도시(에베소, 안디옥, 알렉산드리아)에 속한다. 소아시아 지역에서 에베소의 위치는 매우 중요하다. 당 시대의 에베소의 위상에 대해 Arnold, *Ephesians: Power and Magic*, 13-14을 참고하라.

27) 에베소서와 골로새서의 유사 구절은 엡1:1-2과 골1:1-2; 엡1:3-18과 골1:3-11; 엡3:1-13과 골1:24-2:5; 엡4:17-6:9과 골3:5-4:1; 엡6:18-20과 골4:2-4; 엡6:21-22과 골4:7-9이다. 좀더 자세한 논의는 Talbert, *Ephesians and Colossians*, 3-6을 참조하라. O'Brien, *The Letter to the Ephesians*, 9-13. Cf. Polhill, "The Relationship between Ephesians and Colossians," 439-450.

28) Evanson, *A New Testament: or the New Covenant*. Boice & Wood, *Galatians, Ephesians*, 105에서 재인용.

29) Feine, Behm, and Kümmel, *Introduction to the New Testament*, 254. Verhey & Harvard, *Ephesians*, 23에서 재인용. 또한 Talbert, *Ephesians and Colossians*, 10-11. Talbert도 바울 계열(Pauline circle)의 신학자들이 썼다고 생각한다. Cf. Patzia, *Ephesians, Colossians, Philemon*, 121-12; Best, "Ephesians: Two Types of Existence," 39.

30) Boice and Wood, *Galatians, Ephesians*, 109; Know, *Chapters in a Life of Paul*, 19-20; Mitton, *The Epistle to the Ephesians*, 261; Cf. Hoch, "The Significance of the Syn-compounds For Jew-Gentile Relationship," 176.

31) Boice and Wood, *Galatians, Ephesians*, 107. 긴 문장은 1:15-23; 2:3-14; 3:1-7; 3:14-19; 4:11-16; 4:17-24; 6:14-20이다. 그러나 바울 서신에서 긴(복합) 문장은 자연스러운 현상이다. 롬1:1-7, 28-32; 빌3:8-11; 살전 1:2-5; 2:14-16; 살후1:3-10; 골1:9-20이다. Polhill, "An Introduction to Ephesians," 468.

32) Fowl, *Ephesians*, 20-21. Morgenthaler, *Statistik der neutestamentlichen Wortschatzes*. 다음 것들을 역시 참고하라. Hoehner, *Ephesians*, 24; O'Brien, *The Letter to the Ephesians*, 5-6. Polhill은 좀더 구체적으로 말한다. 바울 서신 중에 한 번만 사용된 용어(hapax legomena)가 로마서 100, 고전 108, 고후 98, 빌 41이고 엡은 42이다. 이런 용어를 쓴 확률은 엡은 10.6% 고전 11.1%, 빌은 12.7%이다. Polhill, "An Introduction to Ephesians," 468.

33) Houden, *Paul's Letters from Prison*, 249; Boice and Wood, *Galatians, Ephesians*, 109.

34) "에베소서는 바울 신학의 발전이다." Verhey and Harvard, *Ephesians*, 24. 에베소서 교회론이 '점진된 계시'(progressive revelation)의 결과라는 점을 이해하지 못한 Sabourin은 에베소서의 교회론이 다른

바울 서신과 다르다고 주장한다. Sabourin, "Paul and his Thought in Recent Research III," 90.

35) Hammer가 '기업'(κληρονομία)의 의미가 일반 바울 서신에서는 현재적 의미로 쓰이지만 에베소서에서 미래적 의미로 쓰이고 있다는 점을 지적하며 에베소서가 바울의 실제 작품이 아니라고 한 것은 바울 계시의 점진성을 이해하지 못한 데서 기인한다. Hammer, "A Comparison of Kēronomia in Paul and Ephesians," 267-272.

36) Mitton, *The Epistle to the Ephesians*, 7; Cf. Arnold, "Introducing Ephesians," 4-13.

37) Barth는 바울 외에 다른 저자를 찾는 작업이 얼마나 쓸모 없는 것인지 언급한다. 바울의 제자 중에 바울을 넘을 수 있는 제자가 있을 수 있었을지 지극히 회의적이다. Barth, "Conversion and Conversation," 3.

38) 비유대인, 헬라 계열 그리스도인이 저자라는 Milton과 Goodspeed의 주장에 대한 Yee의 반박을 보라. Yee, *Gentiles and Ethnic Reconciliation*, 33, 113-125. Milton, *The Ephesians to the Ephesians*, 264. Goodspeed, *The Meaning of Ephesians*, 32.

39) 본문의 구조와 구성/문체의 글쓰기 방식은 역교차를 중심으로 하되, 병행법을 겸비해서 사용하는 글쓰기 방식으로 바울의 저작인 로마서와 매우 유사하다. 역교차와 병행법 사용은 특히 구약에 흔히 나타나는 셈족 계열의 유대인식 글 쓰기 방식이다. 로마와 헬라 문학에도 역교차가 수사학적 목적으로 종종 쓰이긴 했지만 유대인만큼 많이 쓴 것 같지 않다. 특히 병행법은 유대식 문학 기법의 대표적인 것이다. Avishur, *Stylistic Studies of Word-Pairs*, 1; Lund, *Chiasmus in the New Testament*, xxiv. 역교차와 병행법이 어떤 구조를 형성하게 되는지 각 단락의 "전체 구조"와 "구성/문체" 부분을 보라. 따라서 에베소서에 병행법 등이 없다고 판단하고 이를 토대로 셈족 계열의 문체가 아니라고 본 Best는 본문의 문체를 심각하게 오해하고 있는 것이다. Best, *Ephesians*, 108. 그런 점에서 골로새 교회의 멤버인 어떤 자가 골로새서를 모방해 에베소서를 기록했고 Hierpolis 회중에게 주어진 편지라는 Kreitzer의 가설은 전혀 합리적이지 않다. Kreitzer, "'Crude Language' and 'Shameful Things Done in Secret' (Ephesians 5.4, 12)," 51.

40) Strauss는 에베소서에 나오는 신학적 진전이 말년에 바울이 더 진전된 신학을 펼쳤을 가능성을 보여준다고 했다. Strauss, *Devotional Studies in Galatians and Ephesians*, 44-45; Thielman, *Ephesians*, 1-5.

41) Scott, *The Epistles of Paul*, 119; Exell, *The Biblical Illustrator: Ephesians*, ix-x.

42) 흥미롭게도 바울의 저작설 주장이 최근 들어 비중이 높아지는 과정에 있다는 통계가 나왔다. 1971-1980에는 바울 저작권 주장자와 반대자의 비율이 43% 대 54%인데, 1981-1990에는 31% 대 58%였다가, 1991-2001에는 50% 대 50%가 되었다고 한다. Hoehner, *Ephesians*, 20. 바울 저작권에 대한 자세한 토론은 그의 책 2-61을 보라. 저작권 문제가 긍정적이 되면서 에베소서가 더 주목 받게 된 면도 있다. Newman, "An Annotated Bibliograph of Ephesians," 271을 참고하라.

43) Muddiman은 그 어떤 바울 서신도 에베소서만큼 그 형태(form)와 구조(structure)에 대해 혼란스런 서신이 없다고 했다. Muddiman, *The Epistle to the Ephesians*, 7. Dahl도 이에 동의한다. Dahl, "Gentiles, Christians, and Israelites in the Epistle to the Ephesians," 38. 그러나 이런 견해들은 바울식 역교차(또는 병행법)적 구성을 제대로 살피지 못하기 때문에 나온 생각이다.

44) 로마서에 대한 필자의 연구 논문을 참고하라. 김상훈, "로마서 6:1-15의 이중 역교차 구조와 병행 문체 연구," 949-984; "A Pauline Chiastic Structure in Romans 3:19-31," 54-83; Kim and Kim, "Re-Structuring Romans 6:1-23 and Its Implication: A Study in the Duplex Chiastic Structure and Parallelism."

45) 예컨대, Strauss의 "교회의 부르심과 계획"(1-3장); "교회의 행동과 의무"(4-6장), Westcott의 "그리스도인의 제도"(1-3장); "그리스도인의 삶"(4-6장). Strauss, *Devotional Studies*, 114, 166; Wescott, *Saint Paul's Epistle to the Ephesians*, lxvii-lxviii. 역시 Bruce, *The Epistle to the Ephesians*, 21; Liefeld, *Ephesians*, 14 (교리적, 1:3-3:21; 실천적, 4:1-6:20); Cf. Hoehner, *Ephesians*, 61; Corley, "A Teaching Outline of Ephesians," 51-55; Corley, "The Theology of Ephesians," 26-28; Roark, "Interpreting Ephesians 4-6," 32-42; Howard, "An Introduction to Ephesians," 21-23; Polhill, "A Study Outline of Ephesians," 481-483. Gore는 4:1-16을 전반부에 둔다. Gore, *St. Paul's Epistle to the Ephesians*, ix-x. Muddiman은 아무런 연계성 없이 단락을 나눴다. 1:1-23, 2:1-3:13, 3:14-21, 4:1-16, 4:17-5:20, 5:21-6:9, 6:10-20의 구분이다. 그는 에베소서를 기본적으로 첨가/확장(additions/expansions)의 것이라 보고 그래서 복잡하게 되었다고 생각했기 때문에 전체적인 구조에 대한 이해를 하지 않는다. Muddiman, *The Epistle to the Ephesians*, 20-24, 55. Reinhard는 1-3장을 '서술적'(indicative)이고 반면에 4-6장은 '명령체'(imperative)의 권면이라 했다. Reinhard, "Ephesians 6:10-18," 521-522. 그러나 명령체 문장은 4:25까지 나오지 않는다. 그전에는 '청유형'이 나타나는데, 이는 3:13("구한다"), 4:1("부탁한다"), 4:17("권한다")이 나올 뿐이다. Cf. Miller, "Translating Paul's Words about Women," 69. 이 보다는 1장(구원의 영화), 2:1-4:16 (교회론), 4:17-6:9(신자가 마땅히 행할 도덕), 6:10-24(결론)으로 구분한 박윤선 박사의 구분이 더 일리가 있다. 박윤선, [성경주석 바울서신].

46) Talbert가 2:11-22와 4:1-16의 연계성을 본 것은 잘한 일이다. A. 2:1-10; B. 2:11-22, 3:2-13; B'. 4:1-16; A'. 4:17-6:20. 그러나 이 부분에 3:2-13을 포함시켰다는 것과 2:1-10을 4:17-6:20 전체에 연결한 것은 그의 오류이다. Talbert, *Ephesians and Colossians*, 107.

47) Hoehner가 '영적 복'(1:3-14)과 '영적 전투'(6:10-20)로 구분했다. 적절한 연결이다. Hoehner, *Ephesians*, 64. Lincoln은 6:10-20의 수사적 기능(peroratio)을 연구하며 이 부분이 '권면' 부분의 종결이 아니라, 전체 서신의 종결적 기능이 있다는 점을 강조한다. Lincoln, ""Stand, Therefore…"", 113-114.

48) 흥미롭게도 형식은 반대이다. 기도형식을 가진 3:14-21이 전반부(1:3-2:22)와 비슷하고, 권면(청유) 형식의 3:1-13이 후반부(4:1-6:20)와 좀더 비슷하다.

49) '삶2'인 5:22-6:9은 유명한 '가정 규범'(household codes, Haustafel)이라 불리는 부분이다. 당시 가정 안에서의 세 가지 관계, 부부, 부모-자녀, 주종 관계에 대해 말씀하기 때문이다.

50) Verhey and Harvard처럼 4:17-5:2을 묶어서 "그리스도를 배움"(Learning Christ)이라 할 수 없다. Verhey and Harvard, *Ephesians*, 178. 그 이유는 17-24절과 4:32-5:2이 이와 관련 있는 반면, 25-31절은 그리스도가 거의 나오지 않기 때문이다. 역시 Chapell이 4:25-32를 묶어 "은혜의 증거"(Witness of Grace)라 했는데, 이것도 32절을 떼내서 보는 것이 옳았다. Chapell, *Ephesians*, 217. Miller는 5:1의 "하나님을 닮으라"와 5:18의 "성령의 충만을 받으라"를 4:25-33의 핵심이 되는 명령법 문장으로 이해한다. Miller, "Translating Paul's Words about Women," 69-70. 그러나 이는 4:32-5:2과 5:15-21의 연계성 때문으로 보아야 한다.

Ⅱ

에베소서 해석

1:1-2, 시작하는 인사

구조

1. 바울의 인사말은 세 부분으로 되어있다. 첫째는 바울 자신에 대한 부분("하나님의 뜻으로 말미암아 그리스도 예수의 사도된 바울은"), 둘째는 독자들에 대한 부분("[에베소에] 있는 성도들과 그리스도 안에 있는 신실한 자들에게"), 그리고 마지막으로 기원의 내용("하나님 우리 아버지와 주 예수 그리스도로부터 오는 은혜와 평화가 너희에게")이다.

2. 흥미롭게도 이 세 부분이 각각 두 개씩 구성된다. 첫째, 바울 자신의 부분에서, 바울은 자신의 이름("바울")과 자신이 사도인 것("사도")을 소개한다. 두 단어가 다 주격이다. 둘째, 독자들도 두 가지 명칭으로 부른다("성도들"과 "신실한 자들"). 둘 다 여격이다. 셋째, 기원의 내용도 둘이다("은혜"와 "평화"). 이 때 이 두 단어는 주격이다.

구문 배열

1	2
Παῦλος 바울은 Paul ἀπόστολος 사도(된/인) an apostle Χριστοῦ Ἰησοῦ 그리스도 예수의 of Christ Jesus διὰ θελήματος 뜻으로 말미암아/뜻으로 인하여 by the will θεοῦ 하나님의 of God τοῖς ἁγίοις 거룩한 이들에게/성도들과 to the saints/ holy ones τοῖς οὖσιν 있는 who are [ἐν Ἐφέσῳ] [에베소에] [in Ephesus] καὶ πιστοῖς 신실한 자들에게 and the faithful(s) ἐν Χριστῷ Ἰησοῦ, 그리스도 예수 안에 (있는) in Christ Jesus	χάρις 은혜와 Grace ὑμῖν 너희에게 to you καὶ εἰρήνη 평화가/평강이 and peace ἀπὸ ~로부터 from θεοῦ πατρὸς 하나님 아버지와 God the Father ἡμῶν 우리의 of us/ our καὶ κυρίου Ἰησοῦ Χριστοῦ. 주 예수 그리스도~ and the Lord Jesus Christ

직역

1. 1. 하나님의 뜻으로 말미암아 그리스도 예수의 사도된 바울은 [에베소에] 있는 성도들과 그리스도 안에 있는 신실한 자들에게 2. 하나님 우리 아버지와 주 예수 그리스도로부터 오는 은혜와 평화가 너희에게 있기를.

2. 1. Paul, an apostle of Christ Jesus by the will of God, to the saints who are [in Ephesus] and the faithful in Christ Jesus. 2. Grace to you and peace from God our Father and the Lord Jesus Christ.

절 해석

1절

1. "바울은"(Παῦλος): 가장 선두에 나오는 단어이다. 바울은 본래 '사울'(Σαῦλος, Saul)이라는 유대식 이름을 갖고 있었다(행7:60; 13:9). 사울이라는 이름은 바울 집안이 속한 베냐민 지파의 고대 영웅 '사울 왕'의 이름에서 따온 것이다. 그가 언제 바울이 되었는지 분명하지 않다. '바울'(Paulus)이라는 이름은 로마(라틴)식 이름이다. 알렉산더 이후, 헬라화가 상당히 진전되어 있던 길리기아(Cilicia)의 수도 다소(Tarsus)에서 바울 가문이 로마 시민권을 획득한 때는 BC. 66년경일 것이다. 바울은 후에 예루살렘에서 가말리엘(랍비 힐렐의 손자, 랍비 시므온의 아들)의 문하생으로 랍비식 교육을 받았다(행22:3). 그 이전에 다소에서 로마-헬라식 수사학을 배웠을 것으로 보인다. 그의 글은 학문을 제대로 배우지 않고 쓸 수 있는 글이 아니다. 그때 로마-헬라 학교에서 그는 로마인에게 친숙한 이름인 '바울'로 불렸을(썼을) 가능성이 높다(Paphos의 총독의 이름이 서기오 바울[Sergius Paulus]이다, 행13:7). 집안과 회당에서 그의 이름은 '사울'이었고 일반 사회에서 그의 이름은 비슷한 발음의 '바울'이었을 것이라 추정된다. 사도행전에서 유대인들과 함께 일할 때 그의 이름은 당연히 '사울'이었다(행7:58; 8:1, 3; 9:1). 주님을 만난 후에도 한 동안 그의 이름은 '사울'이었다(9:18-28, 11:25-30; 12:25; 13:1-2). 그러다가 이방인들을 위해 복음을 전파하려 할 때 '사울'과 '바울'을 같이 쓰기 시작한다(행13:9). 이때쯤 바울이라는 이름을 새로 짓게 된 것이 아니라, 이미 그 이름을 가지고 있었던 것으로 보인다(Σαῦλος, ὁ καὶ Παῦλος, "사울, 바울이라고도 하는", 행 13:9). 그런 점에서 그가 본래 자신의 히브리식 이름인 '사울'을 쓰지 않고

'바울'이라는 이름을 쓰게 된 것은 자신이 이방인들을 위해 부르심을 받았다는 의식과 관련이 있을 것이다.

"사도(된)"(ἀπόστολος)는 예수 그리스도께서 직접 뽑아 '보내신'(동사 '보내다' [ἀποστέλλω]에서 나온다) 사람들이다(마10:2; 눅6:13; 행1:2). 주님께서 승천하신 후에 배반한 가룟 유다 대신 맛디아를 뽑아 열두 사도의 수에 넣었다(행1:26). 이렇게 그 열둘을 '사도'라 했다. 누가는 사도행전에서 '사도'라는 말을 주로 이들 열두 사도에게 쓰고 있다. 그러다가 바나바와 바울도 사도라 불렀다("두 사도", 행13:43; 14:1, 3-5, 14, 26). 사도행전 회의에 나오는 '사도들'은 앞의 열두 사도들을 가리키는 것(행15:2, 4, 6, 22-23)이다. 바울은 자신을 '사도'라 부르는데, 이는 자신이 그 열두 명의 제자들처럼 주님으로부터 직접 사도로 임명 받았고, 자신은 특별히 '이방인의 사도'로 세워졌다고 보았기 때문이다(롬11:13; 갈1:1, 17; 2:8; 딤전2:7). 바울이 자신을 "사도"라 할 때 그 자신의 부르심과 소명을 강하게 인식하고 있는 것이다.

"그리스도 예수의"(Χριστοῦ Ἰησοῦ): "그리스도 예수의"를 붙여 "사도"를 꾸며주는(수식하는) 것은 그의 사도직이 그리스도 예수께 속하며(소속), 따라서 그리스도 예수를 위해 이뤄져야 하는 직(목적)인 것과, 또한 그리스도 예수의 '방식'으로 그 직을 수행해야 한다는 뜻이 포함된다. 다시 말해, 그리스도 예수와 분리할 수 없는 사도라는 직분은 철저히 그리스도의 방법으로, 그리스도의 뜻을 살려, 그리스도를 위해 섬겨야 하는 직분이다. 그래서 사도는 그리스도를 따르는 자였고 그분을 닮는 자였다(고전11:1; 빌3:17).

"하나님의 뜻으로 말미암아"(διὰ θελήματος θεοῦ): 자신의 사도 직분이 또한 하나님의 뜻으로 되었다고 선언한다. 그리스도 예수의 사도가 된 것이 '하나님의 뜻'이라는 확신은 그에게 주신 분명한 계시 때문이다. 이 말은 또한 사람의 뜻이나 계획으로, 또는 우연히 그의 직분을 받게 된 것이 아니란 뜻이다. 따라서 그 어떤 난관과 몰이해, 또는 역경과 비난이 있어도 그 직에 대한 부르심과 사역의 열정이 흔들리지 않았던 것이다.

"[에베소에] 있는 성도들과"(τοῖς ἁγίοις τοῖς οὖσιν [ἐν Ἐφέσῳ]): "에베소에"(ἐν Ἐφέσῳ)라는 어구가 없는 사본들(P[46], ℵ*, B*)도 있고 있는 사본들(ℵ[2], B, D, F, G, Ψ)도 있다. 이 서신이 에베소를 중심으로 하되, 소아시아 지역 교회들이 회람해서 읽도록 보내진 '회람용 서신'이라 보면 "에베소서에"가 없는 이유를 이해할 수 있다. 사본들에 따라 그 부분이 있다 해도 나중에 덧붙였을 가능성이 있다. 다만, 에베소 외에 다른 장소에 대해 쓰여 있는 사본은 발견되지 않는다. 바울은 그들을 "성도들"(οἱ ἁγίοι)이라 부른다. '거룩한 자들'이라는 뜻이다. '성도'란 말이 가장 많이 쓰인 곳이 바울 서신이다. 그들이 '거룩한 자'가 된 것은 하나님으로 말미암았다(5:26-27; 행20:32; 롬1:7; 고전1:2; 살전4:7; 5:23; 히2:11). 그들 자신 때문이 아니다. 수신자들이 이상적으로 거룩한 수준에 도달했기 때문에 그같이 부른 것은 아닐 것이다. 그러했다면 이 서신을 쓸 필요가 없었거나 '거룩'과 관련된 내용(5:3-14)이 기재하지 않았을 것이다.[1)]

"그리스도 안에 있는 신실한 자들에게"(καὶ πιστοῖς ἐν Χριστῷ Ἰησοῦ): "신실한 자들"(οἱ πιστοί)은 '믿음을 가진 자들'(the faithful), '신뢰할만한 자들'(the trustful)을 뜻한다. 두 가지 의미가 다 가능하다. 바울이 그들을 이같이 부를 수 있는 것 역시 그들의 믿음이 그리스도로부터 말미암았다는 사실을 알고 있었기 때문이다. 그래서 "그리스도 안에 (있는)"(ἐν Χριστῷ Ἰησοῦ)이란 말을 포함한 것이다. 바울은 여기서 그 믿음의 수준을 말하고 있지 않다. 믿음의 근원이 어디서 비롯되었는가에 주목한다.

2. 바울은 1절에서 두 가지를 강조한다. 하나는 바울 자신에 대한 정체성(identity)의 확인이다. 자신이 누구고, 어떤 직을 어떻게 받았는가 하는 것이다. 둘째는 상대에 대한 존중이다. 처음부터 상대를 '성도'와 '신실한 자'로 부른 것은 그들의 배후에 계신 하나님과 그리스도의 행하신 일과 관련해서 그들을 인정하고 존중하는 것이 된다. 짧은 바울의 인사말에 이 두 가지 내용이 담겨 있다.

2절

1. "은혜와 평화가"(χάρις … καὶ εἰρήνη): 바울의 기원 부분이다. 먼저 "은혜"(χάρις)가 있기를 기원한다. 본래 당시의 인사말은 '기뻐하다'(χαίρω)라는 말을 활용해서 사용했다. 일반 인사에는 명령형 단수(χαίρε), 또는 복수(χαίρετε)를 사용했다. 관용어로 'Welcome, hail, hello'의 뜻이다. 편지 서두에는 부정사 형태(χαίρειν)를 썼는데 '문안하다', 인사하다' (Greetings)의 뜻이었다. 당시의 이런

관례를 버리고 바울은 같은 어원이지만 다른 뜻의 명사 '은혜'를 기원한다. 일반적인 인사 보다는 신앙적 인사말로 대체한 것이다. "은혜"(grace)는 '하나님의 값 없이 주시는 사랑, 선하신 베품'을 가리킨다. 바울의 모든 서신에 예외 없이 "은혜"가 "평화"와 함께 인사말에 사용된다. 디모데전후서에서만 여기에 '긍휼'이 덧붙여진다("은혜와 긍휼과 평화"). 하나님의 사랑, 긍휼, 자비, 돌봄, 용서, 인자 등의 모든 의미가 이 은혜 안에 포함된다. 바울은 에베소서에서 은혜에 대해 많은 말씀을 하고 있다(1:6, 7; 2:7, 8; 3:7, 8 등). 그가 하나님의 은혜를 말할 때, 그 '은혜의 영광'(1:6)과 '은혜의 부요하심'(1:7; 2:7; 3:8)을 함께 거론한다. 하나님의 은혜는 '영광스러운 은혜'이고 '부요하게 주시는 은혜'이기 때문이다. 하나님의 은혜를 받은 사람이 그 은혜를 다른 이에게 나눌 수 있다. 하나님의 은혜가 없다면, 나눌 은혜도 없다. 그래서 그 은혜가 있는 곳에 은혜의 나눔이 있다.

"평화"(εἰρήνη)는 유대식 인사 '샬롬'(שָׁלוֹם)에서 나온다. 헬라어로 쓴 것뿐이다. '평화'(peace)는 '은혜'와 더불어 기독교 신앙의 핵심적 주제이다. 바울은 에베소서에서 '평화'와 관련된 중요한 말씀들을 기록하고 있다. 주로 2장에서 하나님과의 평화, 서로간의 평화에 대해 말씀한다(2:14, 15, 17; 4:3; 6:15). 하늘의 평화는 우리 서로의 관계에 개입해 화목과 평화의 관계로 나아가게 한다. 그리스도와의 평화를 경험하지 못할 때 이 평화의 관계를 우리 안에 적용할 수 없다.

"너희에게 있기를"(ὑμῖν): 바울은 이 은혜와 평화가 수신자들에게 있기를 기원한다. 그것은 '은혜와 평화'가 성도에게 참으로 중요하기 때문이고, 이것이 없이는 제대로 된 신앙과 삶이 유지되지 않기 때문이다. 기원하는 술어 "있기를"은 원문에 없다.

"하나님 우리 아버지와 주 예수 그리스도로부터 오는"(ἀπὸ θεοῦ πατρὸς ἡμῶν καὶ κυρίου Ἰησοῦ Χριστοῦ): "은혜와 평화"는 세상 다른 곳에서 나오지 않는다. 그 어느 곳에서도 얻을 수 없다. 오직 하늘에서 온다. 오직 "하나님 우리 아버지와 주 예수 그리스도로부터" 온다. 따라서 "은혜와 평화"의 출처는 하나님과 그리스도뿐이다. 우리 아버지이신 하나님과 우리 주님이신 예수 그리스도로부터 오는 은혜와 평화가 진정 필요했다.

2. 바울은 당시의 관례가 되는 인사말 용어를 기독교적 용어인 "은혜"로 전환할 뿐 아니라, "평화"란 유대식 인사말을 함께 사용해서 그의 인사말로 쓰고 있다. 이 두 용어는 기독교 신앙의 중심적인 용어이면서 동시에 에베소서의 중심적인 주제로도 기능한다.

단락 해석

1. 바울은 인사말에서 세 가지를 강조했다. 첫째, 그는 자신이 어떤 존재인지 그 자신의 정체성(identity)을 분명히 한다. 자신의 이름("바울")과 함께 직분("사도"), 소속("그리스도 예수의"), 직분의 기원 또는 동기("하나님의 뜻으로 말미암아")에 대해 쓴다. 자신에 대한 분명한 인식과 인정 없이 하나님의 사역을 감당할 수 없다.

2. 둘째, 독자에 대해서도 영적 정체성을 인정한다. 그들을 "에베소에 있는 성도들", 그리고 "그리스도 예수 안에 있는 신실한 자들"로 인정한다. '성도들'과 '신실한 자들'이라는 정체성은 독자들에 대한 존중에서 비롯된다. 무엇보다 그들을 그리스도 안에 있는 특별한 존재로 인정하지 않고는 처음부터 이렇게 부르고 격려할 수 없다.

3. 셋째, 기원 내용의 중요함이다. "은혜"와 "평화"는 복음의 두 메시지가 된다. 특히 에베소서에서 이 두 용어는 핵심적인 가치를 가지고 있다. '은혜와 평화'는 세상에서 얻을 수 없고, 우리 자체에서 나오는 것도 결코 아니다. 이 '은혜와 평화'는 오직 하나님 우리 아버지와 주 예수 그리스도로부터 오는 것이다.

메시지

1. **우리 자신의 정체성**: 바울처럼, 자기 자신에 대한 정체성을 분명히 하는 일은 매우 중요하다. 그래야 자신이 어떤 부르심을 받았고(직분 또는 사역), 또 누구에게 속해 사역하는지("그리스도 예수의"), 이 일이 하나님의 뜻과 어떤 관계가 있는지를 바로 이해할 수 있기 때문이다. 자신의 부르심에 대해 모르고, 또 자신이 무엇을 해야 하는지도 모른다면 마땅해 해야 할 바를 감당할 수 없다. 또한 자신이 그리스도 예수에게 속해서 그분의 방식대로, 그분을 위해 일을 하려 하지 않는다면 불필요한 권위의식에 사로잡혀 있거나 그리스도와 사실상 무관한 일을 행할 수 있다. 그리고 하나님의 뜻에 의해 사역하고 하나님의 뜻을

위해 하려 한다면, 그 어떤 일이 있어도 흔들림이 없을 것이다. 그러나 그러지 않는다면, 작은 일에 낙담하고 주위의 영향에 너무 쉽게 굴복하게 될 수 있다. 바른 정체감의 인식은 그래서 중요하다.

2. **상대에 대한 인정**: 자신에 대해 바른 인식을 하는 것 못지 않게 중요한 것은 상대에 대한 존중과 인정이다. 바울은 이런 면에 인색함이 없었다. 그런 인정은 그리스도 예수 안에 이뤄진 하나님의 사역에 대한 순전한 믿음에서 나온다. 상대에 대한 자신의 시각과 판단이 아니라, 하나님의 하신 일에 근거하여 믿음의 눈으로 바라볼 때, 형제가 거룩한 자가 된 것, 그리고 그가 신실한 자 된 것을 인정할 수 있게 된다. 이런 인정이 먼저 있고 나서야, 그들이 더 성장할 수 있도록 돕고 세워주는 일이 가능해진다.

3. **은혜와 평화1**: 하나님의 은혜를 받은 자가 서로에게 그 은혜를 나눌 수 있고, 하나님의 평화를 경험한 사람만이 우리 안에 평화를 이루시는 하나님의 사역에 동참할 수 있다. 신적 은혜가 없을 때 우리의 심령이 메말라가고 서로에 대해 관심을 더 이상 가질 수 없게 된다. 하나님의 은혜의 공급이 있을 때, 우리는 우리 안에 흘러 넘치는 그 은혜를 우리 밖으로 흘려 보낼 수 있게 되고 우리의 형제에게 우리가 받은 은혜를 나눌 수 있게 된다. 하나님의 평화는 또한 하나님과 우리의 관계를 회복시킬 뿐 아니라, 우리 사이의 갈등도 해결하면서 평화의 관계로 이끌어가는 그런 신적 평화이다. 우리 안에 평화가 없는 것은 하나님의 평화를 우리가 제대로 체험하지 못하기 때문이거나, 그 평화의 능력을 깊이 인식하지 못하기 때문이다. 세상에서 얻을 수 없는 이런 은혜와 평화는 하늘에서 내려오는 신적 선물이다. 하나님 만이 주실 수 있다.

4. **은혜와 평화2**: 은혜가 먼저이고 그 다음이 평화이다. 순서가 바뀔 수도 있겠지만, 은혜 다음에 평화가 오는 것이 아무래도 자연스럽다. 우리와 평화를 이루기 위해 하나님께서 먼저 은혜를 값없이 주셨다. 그리스도를 통해 베푸신 은혜로 인해 하나님과의 평화의 길을 터셨던 것이다. 이 은혜가 없었다면 평화도 없었을 것이다. 하나님의 은혜와 평화가 우리의 은혜 나눔과 평화 이루기에 우선되는 것이 맞다. 그러면서 한편으로, 우리 사이의 평화도 먼저 은혜의 순환이 밑바탕이 되는 것이 필요하다. 서로에게 은혜를 나눠줄 때 비로서 우리는 평화의 관계를 갖게 된다. 은혜를 나누는 것은 비용을 지불하는 것이다. 서로를

용서하고 이해하고 긍휼을 베풀고 사랑을 나누는 일은 대소간 자신을 내주고 희생하는 없이 이뤄지지 않는다. 이런 은혜의 일이 없이 평화 관계를 이루기 어렵다. 평화를 이루는 데는 은혜의 비용(costs)이 먼저 필요하다.

1:3-14, 하늘의 복, 하나님의 구원

전체 구조

1. 본문은 전체적으로 볼 때, 특히 문법적으로는 문장과 문장간 접속사와 관계대명사 등으로 이어져, 하나의 묶음이 되었고 분리할 수 없어 보인다.[2] 그러나 세밀하게 보면, 크게 세 부분으로 된 것을 확인할 수 있다. 즉, 시작하는 절(3절)과 중간에서 핵심적인 내용을 담고 있는 부분(4-12절)과 이 부분을 보충하고 마무리하는 부분(13-14절)이다.

2. 3절을 그 다음 구절(4-14절)과 분리할 수 있는 이유는 3절이 하나님에 대해(특히 그가 주신 하늘의 모든 복과 관련해서) 송축하는 구절이라는 점이다. 반면에 4절 이하는 하나님이 하신 일, 그의 영적인 복(하나님의 구원)이 어떤 것인지 좀더 구체적으로 말해주는 구절들이다.

3. 4-14절이 두 부분(4-12절과 13-14절)으로 나뉘는 이유는 세 가지이다. 첫째, 대명사가 '우리'(4-12절)에서 '너희'(13-14절)로 전환된다. 둘째, 하나님의 사역(그리스도를 통한, 4-12절)에서 성령의 사역(13-14절)으로 흐른다. 셋째, 4-12절은 바울식 역교차(ab-b'a')로 자체적으로 묶인 부분이다. 반면에 13-14절은 따로 떨어져 있다. 4-12절이 어떻게 역교차로 묶이는지 다음의 표를 보라. 4-6a절(a)이 11-12절(a')과 어떻게 짝을 이루는지는 11-12절의 "구성/문체"의 설명을, 그리고 6b-7절이 8-10절과 어떻게 짝을 형성하는지는 6b-10절의 "구성/문체"의 설명 부분을 참고하라.

<table>
<tr><td>4-6a절</td><td>a</td><td colspan="2">선택하셨다, 예정하셨다: 하나님의 거룩한 아들들로</td><td colspan="2">택함 받았다. 예정 받았다: 하나님의 목적을 따라</td><td>a'</td><td>11-12절</td></tr>
<tr><td colspan="2">6b-7절</td><td>b</td><td>거저 주신 은혜: 구속, 죄 사함</td><td>넘치게 주신 은혜: 그의 비밀, 경륜을 알려주신 것</td><td>b'</td><td colspan="2">8-10절</td></tr>
</table>

3절은 서론적인 역할을 하고 4-12절이 본론이 되는데, 13-14절은 4-12절에 대해 보완적 관계를 가진다. 4-12절과 13-14절은 '우리의 구원'과 '너희의 구원'이라는 구원의 두 가지 측면을 말해준다. 그렇게 보면, 3절과 4-14절, 또는 3절, 4-12절, 13-14절로 나뉘는 단락이라 할 수 있다. 단, 한 가지 더 고려해야 할 점은 마지막 절(14절)이 3절과 어우러져 수미쌍괄(首尾雙括)적 짝(inclusio)의 부분이 되기도 한다(13-14절의 "구성/문체" 참조)는

점이다. 그러므로 다음과 같이 구조를 말할 수 있다.[3)]

I.	3절	하늘의 모든 복을 주신 하나님을 송축함	3절	A
II.	4-12절	하나님의 구원1: '우리'에 대한 선택과 예정, 하나님의 은혜	4-12절	B
III.	13-14절	하나님의 구원2: '너희'가 듣고 믿음, 성령의 인치심	13절	B'
		성령의 보증	14절	A'

바울이 3절(A)과 14절(A')를 쌍괄적 짝으로 구성하면서, 4-12절을 '우리'와 13절의 '너희'를 하나님의 구원의 두 부분(B-B')으로 고려했을 수 있다. 이 때, 전체적으로, AB-B'A'의 구조가 된다.[4)]

Ⅰ. 3절, 하나님을 송축함

구문 배열

3
Εὐλογητὸς
송축합니다 Blessed be/ Praise be
ὁ θεὸς
하나님 (to) the God
καὶ πατὴρ
그리고 아버지께서 and Father
τοῦ κυρίου
주, of the Lord
ἡμῶν
우리(의) our
Ἰησοῦ Χριστοῦ,
예수 그리스도의 Jesus Christ
ὁ εὐλογήσας
복 주신 분 the One who blessed
ἡμᾶς
우리를 us
ἐν πάσῃ εὐλογίᾳ
모든 복으로 with every ~ blessing
πνευματικῇ
영의/영적인 spiritual~
ἐν τοῖς ἐπουρανίοις
하늘에 있는 in the heavenly places/ realms
ἐν Χριστῷ,
그리스도 안에서 in Christ

직역

1. 3. 하나님, 우리 주 예수 그리스도의 아버지, 송축합니다. 하나님께서 그리스도 안에서 하늘에 있는 모든 영적인 복으로 복을 주셨기 때문입니다.

2. 3. Blessed be the God and the Father of our Lord Jesus Christ, the One who has blessed us with every spiritual blessing in the heavenly realms in Christ.

구성/문체

1. 하나님께 송축하는 내용으로, 하나님에 대한 세 가지 명칭이 중심이 된다. 이 가운데, 첫째("하나님")와 둘째("아버지")는 묶이는 부분이고, 셋째("복 주신 분")는 따로 떨어져 있다.

2. 앞의 두 명칭은 하나님께서 예수 그리스도의 아버지 되심을 강조한다면, 뒤의 이름은 우리에게 하늘의 모든 복을 주시는 '복 주시는 분'이심을 강조한다. '복 주시는 분'(마지막 부분)이시므로 그 하나님께 복이 있기를 찬송한다(처음 부분).

절 해석

3절

1. "하나님, 우리 주 예수 그리스도의 아버지, 송축합니다"(Εὐλογητὸς ὁ θεὸς καὶ πατὴρ τοῦ κυρίου ἡμῶν Ἰησοῦ Χριστοῦ): "하나님, 송축합니다"(Εὐλογητὸς ὁ θεὸς)는 '하나님께 복이 있으시기를' 하는 말이다. 형용사 '복이 있는'(εὐλογητός)은 '복된'(blessed), '찬양 받으시는'(praised)의 뜻을 갖는데 이 말은 하나님께 쓰인다(눅1:68; 롬1:25; 9:5; 고후1:3; 11:31; 벧전1:3; 시68:20 등). 구약(LXX)에서는 사람에게도 쓰여지곤 하는데(창24:31; 26:29; 신7:14; 사17:2 등) 신약에서는 이 단어를 사람에게 쓴 예가 없다. 하나님을 "우리 주 예수 그리스도의 아버지"로 부르고 있다. 바울은 이미 주님을 "주 예수 그리스도"라 한 바 있다(1:2). 하나님을 부를 때 그 아들 그리스도와의 관계를 특별히 부각하는 것은, 바울이 앞으로 말하고자 하는 하나님의 사역(3-12절)이 모두 "그리스도 안에서" 이뤄졌기 때문이다.

"하나님께서 그리스도 안에서 하늘에 있는 모든 영적인 복으로 복을 주셨기 때문입니다"(ὁ εὐλογήσας ἡμᾶς ἐν πάσῃ εὐλογίᾳ πνευματικῇ ἐν τοῖς ἐπουρανίοις ἐν Χριστῷ): 이 부분은 '하나님은 복 주시는 분이시다/이십니다'하는 내용이다. 하나님을 분사형 '복 주시는 분'(ὁ εὐλογήσας, He who blessed)으로 소개한다. 여기서 '복주다'(εὐλογέω)라는 동사가 사용된다. "그리스도 안에서", 즉 하나님께서 복 주시는 모든 일은 다 그의 아들 예수 그리스도 안에서 하신 일이었다(4, 6, 7,

9, 10, 11, 12, 13절). "영적인 복"(εὐλογία πνευματική)은 '육적인 복'과 구별된다. '세상적인 복'(worldly blessing), 즉 세상에서 잘 되는 복이 아니기 때문에 "하늘에 있는"(ἐν τοῖς ἐπουρανίοις) 복이다.[5] 그러므로 영원한 복이고, 손에 쥐면 사라질 그런 복이 아니다. "모든"(πᾶσα)이란 단어를 쓴 것은 하나님께서 주신 하늘의 복이 한, 두 개가 아니라 부요하게 주셨기 때문이다. 이렇게 해서 '복'이라는 말이 두 개가 더 쓰였다. 동사형(εὐλογέω) 하나, 명사형(εὐλογία) 하나이다.

2. 크게 두 부분으로 나뉜다. 앞 부분은 하나님께 복을 올려 드리는 송축하는 부분이다("하나님 우리 주 예수 그리스도의 아버지께서 찬송 받으시기를"). 뒷 부분은 그 하나님께서 우리에게 하늘의 모든 복을 주셨음을 드러내는 부분이다("그리스도 안에서 하늘에 있는 모든 영적인 복으로 우리를 복 주신 분이시다.") 뒷 부분은 앞의 송축 행위에 대한 이유가 된다. '복'을 '복 주신' 것 때문에 '송축'한다.[6]

바울이 하나님에 대해 송축하는 것으로 그의 글을 시작하는 이유는 하나님께서 주신 많은 것에 대해 감사하는 마음 때문이다. 특히 하나님께서 '하신' 일에 대해 언급하는 말 없이 하나님의 '하실' 일에 대해 말할 수 없었다. 특히 바울은 독자들이 우리가 받은 하늘의 복에 대해 온전히 깨달아 알게 되길 원하고 있다.

메시지

1. **하나님에 대한 송축**: 하나님을 송축하려면, 하나님께서 주신 복을 먼저 알 필요가 있다. 하나님은 하늘의 참 하나님이시므로, 우리에게 무엇을 해주실 때라야 비로서 우리에게 송축 받으시게 되실 분은 아니다. 그러나 우리가 그 분이 무엇을 주셨는지 바로 알 때, 더욱 마음에서 나오는 송축을 드릴 수 있을 것이다.

2. **하나님의 복**: 놀랍게도 하나님의 복은 영적이다. 물질적인 복을 주지 않으신다는 것은 아니다. 그러나 하나님의 가장 큰 복은 영적인 것이고 그 복은 하늘에 속한 복이다. 하나님은 하늘에 속한 모든 복을 그리스도 안에서 주셨다. 그래서 그분은 "우리를 복 주시는 분"이시다. 바울이 하나님을 '복 주시는 분'이라 부를 수 있었던 것은 하나님께서 그리스도 안에서 행하시는 일이 모두 우리에게 복이었기 때문이다.

Ⅱ. 4-6a절, 하나님의 선택과 예정[7)]

구문 배열

4	5
καθὼς ἐξελέξατο 그가 택하신 것 같이 Just as He chose ἡμᾶς 우리를 us ἐν αὐτῷ 그 안에서 in Him πρὸ καταβολῆς 시작/창조 전에 before the foundation/ creation κόσμου 세상의 of the world εἶναι 되게/되도록 to be ἡμᾶς 우리가 us ἁγίους 거룩하고 holy καὶ ἀμώμους 흠이 없게 and blameless κατενώπιον αὐτοῦ 그 앞에서 before Him ἐν ἀγάπῃ, 사랑 안에서 in love	προορίσας 예정하시면서 having predestinated ἡμᾶς 우리를 us εἰς υἱοθεσίαν 아들이 되게 to adoption as sons διὰ Ἰησοῦ Χριστοῦ 예수 그리스도로 인하여/통하여 through Jesus Christ εἰς αὐτόν, 그에게 to Himself κατὰ τὴν εὐδοκίαν 기쁘심을 따라 according to the pleasure τοῦ θελήματος 뜻의 of the will αὐτοῦ, 그(의) of Him/ His 6a εἰς ἔπαινον 찬양이 되도록 to the praise δόξης 영광의 of the glory τῆς χάριτος 은혜의 of the grace αὐτοῦ 그(의) His

직역

1. 4. 창세 전에 우리를 그 안에서 택하시되, 사랑 가운데 그 앞에서 거룩하고 흠이 없이 되게 하셨다. 5. 우리를 예정하시되, 예수 그리스도를 통하여 그분께 아들들이 되게 하셨다. 그의 뜻의 기쁘심을 따라 하셨고, 6a. 그의 은혜의 영광을 찬양하게 하셨다.

2. 4. Just as He chose us in Him before the foundation of the world to be holy and blameless before Him in love. 5. He predestined us to adoption as sons through Jesus Christ to Himself, according to the pleasure of His will, 6a. to the praise of the glory of the His grace.

구성/문체

1. 4절과 5-6절은 구성이 유사하다. 하나의 동사 구문과 이를 보조하는 어구로

되어있다. 보조하는 부분은 앞 부분의 목적이 된다. 4절에, "그가 선택하셨다"(ἐξελέξατο) 구문에 그 목적이 되는 "거룩하고 흠이 없게 되게"가 꾸며준다. 5-6절도, "그가 예정하시면서"(προορίσας)가 중심이 되고, 이의 목적이 되는 "예수 그리스도를 통해 그에게 아들이 되게"가 꾸며준다. 그뿐 아니라, 그 다음 부분에 두 개의 전치사구가 등장한다. 4c절에는 "그 앞에서"와 "사랑 안에서"가 5c-6a절에는 "그 뜻의 기쁘심을 따라"와 "그 은혜의 영광의 찬양이 되도록"이 추가된다.

4절	a	우리를 선택하셨다(직설법).	우리를 예정하셨다(분사).	a'	5절
	b	거룩하고 흠이 없이 되게(목적)	그에게 아들들이 되게(목적)	b'	
	c	그 앞에서, 사랑 가운데(2개의 전치사구)	기쁘심을 따라, 찬양이 되도록 (2개의 전치사구)	c'	6a절

2. 따라서 4-6절은 구성에 있어 병행법을 형성한다. 4절이 직설법 동사가 있고 5-6절이 분사가 쓰인다는 점에서 5-6a절에 비해 4절이 우선순위에 있다고 볼 수 있지만, 이 병행법적 특성 때문에 이 두 부분은 본문 내에서 비슷한 역할을 하고 있다고 판단할 수 있다.

절별 해석

4절

1. "우리를 그 안에서 택하시되"(καθὼς ἐξελέξατο ἡμᾶς ἐν αὐτῷ): 초두에 접속사 "~것같이"(καθώς)가 쓰였는데, 그것은 4절부터 하나님께서 주신 '하늘의 모든 복'의 예(또는 그 내용)를 말하고 있기 때문이다. "그 안에서"(ἐν αὐτῷ)는 '그리스도 안에서'를 뜻한다. 하나님의 모든 구원의 일은 그리스도 안에서 일어난다. 부정과거 "택하셨다"(ἐξελέξατο)는 '뽑아내셨다'(selected), '선택하셨다'(chose)의 의미이다. 우리에 대한 하나님의 택함, '선택하여 뽑아내신 일'이 있었다. '하나님의 택함'에 대한 말씀은 신약에 반복되는 내용이다(마24:22, 24, 31; 눅18:7; 요13:18; 15:16; 행15:7; 롬1:1; 8:33; 9:11; 11:7; 갈1:15; 골3:12; 살전1:4; 살후2:13; 딤후2:10; 딛1:1; 벧전1:2; 2:9; 벧후1:10; 요이1:13; 계17:14).[8]

"창세 전에"(πρὸ καταβολῆς κόσμου): 문자적으로는 '세상(우주)의 기초(foundation)가

있기 전에'이다. 하나님께서 '세상을 창조하신 일이 있기 전에'란 뜻이다(요17:24). '창세 전에' '우리'에 대한 '택함'이 먼저 있었다(롬9:11). 그래서 하나님의 선택이다.9) 이처럼 구원은 우리에게서 나온 것이 아니다.

"그래서 그 앞에서 거룩하고 흠이 없이 되게 하셨다"(εἶναι ἡμᾶς ἁγίους καὶ ἀμώμους κατενώπιον αὐτοῦ ἐν ἀγάπῃ): 형용사 '거룩한'(ἅγιος)과 '흠이 없게'(ἄμωμος)는 기본적으로 동의어이다. 전자는 '거룩한'(holy), '성스러운'(sacred)의 뜻으로 영적으로, 도덕적으로 깨끗한 상태를 말한다. 후자는 본래 제사 드리는 '희생제물'의 흠 없는 상태(레22:21)를 가리킨다. 그리스도의 흠 없는 모습(벧전1:19; 히9:14)이 그랬다. 그리스도의 교회와 성도들도 그같이 '흠이 없는' 존재가 되기를 원하셨다(5:27; 골1:22; 빌2:15; 유1:24). 둘 다 영적인 개념과 도덕적 개념이 함께 있다. "그 앞에서"(κατενώπιον αὐτοῦ)는 '하나님 앞에서'이다. 즉, '거룩하고 흠이 없게' 되는 기준이 '하나님 앞'이다. 사람의 기준과는 비할 나위 없이, 훨씬 높다. '우리'가 그같이 온전한 존재가 되게 하시는 것이 하나님의 택함의 목적이었다.

2. 이 말씀은 첫째, 하나님의 택함이 있었다는 사실을 알려준다. 둘째, 그 택함의 시기가 창세 전이라는 사실을 또한 알려준다. 셋째, 그 택함의 목적이 '그 앞에서 거룩하고 흠이 없는' 존재가 되게 하는 것이란 사실까지 알려준다. 그리고 이 택함이 그리스도 안에 우리에게 주신 '하늘의 복'이었다. 이 복은 택함을 입은 자만이 누릴 수 있는 복이다.

5-6a절

1. "우리를 예정하시되"(προορίσας ἡμᾶς): '예정하다'(προορίζω)는 '미리 정하는 것'(to predetermine, decide beforehand)이다. "예정하셨다"(προορίσας)가 부정과거 분사라는 점이 주목된다. 부정과거 분사는 보통 '~하신/한 후에'로 번역된다. 그렇다면 '예정하신 일'이 '택하신 일'보다 먼저 일어나는 일인가? 그렇게 보기는 어렵다. '택하다'는 '뽑아내다'에 초점을 두고, '예정하다'는 '미리 정하다'에 강조점이 있다. 창세 전에 일어난 하나님의 구원을 묘사하는 이 두 표현은 뉘앙스 차이에도 불구하고 기본적으로 동일한 구원을 표현하는 동의적 용어이다.10) 따라서 이 두 가지(택함과 예정)는 동일한 사건(하나님의 구원)을 반복해서 다른 용어로 표현한 것('이중 표현')으로 이해하는 것이 좋다. 하나님의

예정 또한 신약의 중요한 개념(1:11; 행4:28; 롬8:29; 고전2:7)이다.

"예수 그리스도를 통하여 그분께 아들들이 되게 하셨다"(εἰς υἱοθεσίαν διὰ Ἰησοῦ Χριστοῦ εἰς αὐτόν): 예정의 목적이 제시된다. "그분께"(εἰς αὐτόν) "아들들이 되게"(εἰς υἱοθεσίαν) 하는 것이다. '아들이 되는 것'(υἱοθεσία)이란 단어는 '입양된 것'(adoption)을 말한다. 아들로서 입양되면, 아들로서의 권한도 받게 된다. '우리'를 '하나님의 아들들'이 되게 하신 것(롬8:15, 19, 23; 갈4:5)이다. 그리고 그 일이 "예수 그리스도를 통하여/~ 때문에"(διὰ Ἰησοῦ Χριστοῦ) 이뤄지게 하셨다. 하나님의 예정은 이처럼 '우리'를 그의 아들들이 되게 하시는 놀라운 구원의 일이었다.

"그의 뜻의 기쁘심을 따라 하셨고"(κατὰ τὴν εὐδοκίαν τοῦ θελήματος αὐτοῦ): 그의 뜻의 기쁘심을 강조하는 이유는 하나님의 구원, 특히 그의 예정이 어쩌다 하신 것도, 부득이하게 하게 되신 것이 아니란 점을 강조하기 위해서이다. 그분의 예정, 즉 '우리'를 하나님의 아들들이 되게 하시는 '미리 정하심'은 그의 뜻이었고, 그것도 그분의 기쁘신 뜻이었다. 이 예정의 일을 하시면서 하나님께서 기뻐하셨다.

"그의 은혜를 찬양하게 하셨다"(εἰς ἔπαινον δόξης τῆς χάριτος αὐτοῦ): "그의 은혜의"(τῆς χάριτος αὐτου)라 한 것은 이 예정이 우리가 알기도 전에 이미 이뤄진, 하나님의 값없이 주신 은혜이기 때문이다. "찬양하게"(εἰς ἔπαινον)는 '우리'가 하나님의 은혜에 대해 찬양하게 되는 것이 당연한 일이기 때문이다. 이런 모든 일이 이뤄지고, 그 사실을 알게 될 때, 우리는 마땅히 그 은혜를 찬양하게 된다. "하셨다"는 없다. 헬라어 원문의 위치에 따라, "그의 은혜를 찬양하게"를 뒤에 배치하기 위해 넣은 것이다.

2. 4절이 '택함'(직설법 구문)을 말하고 있고 5절이 '예정'(분사 구문)을 말하고 있으나, 이 둘은 동일하게 '하나님의 영원한 구원'을 말하고 있다는 점에서 함께 보아야 한다. 따라서 '거룩하고 흠이 없게' 하기 위해 택하신 것과 '하나님의 아들들이 되게' 예정하신 것이 합쳐질 필요가 있다. 즉, '하나님의 거룩하고 흠이 없는 아들들'이 되게 하는 택함과 예정인 셈이다. 또 '그의 은혜를 찬양하게"는 택함과 예정을 모두 받는 귀결적 의미의 전치사구이다.

6a절, "그의 은혜의 영광을 찬양하게"는 4-6a절에 연속된 부분이다. 이와 비슷한 표현(εἰς-전치사구)이 12절이 끝나는 부분과 14절이 끝나는 부분에

있다(4-6a절과 11-12절 관계, 4-12절과 13-14절의 관계는 각각 11-12절과 13-14절의 "구성/문체"를 보라).[11]

단락 해석

1. 4-6a절의 병행법적 구성("구성/문체" 참조)은 4절과 5-6a절을 보완적으로 볼 것을 요구한다. 동사와 관련해서 하나님의 하신 일(a-a')이 먼저 나오고, 그 다음 그렇게 하신 목적(b-b')이 밝혀지고, 마지막으로 '어떻게 그같이 하셨는가?'와 관련된 방식에 대해 기술한 두 개의 전치사구들(c-c')이 나타난다.

2. 이와 관련해서, 첫 번째로 해석할 부분은 하나님의 하신 일이다. 4절은 이에 대해, 하나님께서 "우리를 선택하셨다"고 했다(a). 뽑아내셨다는 것이다. 그 방법은 그리스도 안에서 그리하셨고, 시기는 "세상의 시작", 즉 창조 전에 선택이 이뤄졌다고 선언한다. 이것이 하나님께서 주신 하늘의 복이다. 6절에 "우리를 예정하셨다"고 했다(a'). 미리 정하셨다는 것이다. 선택과 예정은 다른 말이 아니라, 같은 뜻의 다른 표현, 즉 동의어이다. 뉘앙스 차이가 있을 뿐이다. 전자는 뽑아내신 것, 후자는 미리 정하신 것에 초점이 있다. 즉, 우리는 '그리스도 안에서, 창세 전에 하나님께서 우리를 택하시고 예정하셨다'고 이 부분을 함께 읽어야 한다.

3. 둘째로, 하나님의 선택은 우리로 거룩하고 흠이 없는 존재가 되게 하는 선택(b, 4b절)이었다. 우리를 뽑아내셔서 그와 같은 아름다운 존재로 만드시는 것이 하나님의 일이셨다. 이 말씀과 병행하고 있는 5b절은 "예수 그리스도를 통해 그에게 아들(들)이 되게"(b', 5b절) 우리를 예정하셨다고 말해준다. 선택의 이유는 거룩한 존재가 되게 하는 것이고, 예정의 이유는 아들들이 되게 하는 것으로 구분할 수 있다. 선택과 예정이 하나님의 같은 행위란 점에서 우리가 '거룩한 존재'가 되는 것과 '그의 아들들'이 되는 것은 기본적으로 같은 것이라 할 수 있다. 이를 합쳐 해석하면, '거룩하고 흠이 없는 존재, 즉 그의 아들들이 되게 하는 것'이 하나님의 선택과 예정의 목적인 것이다. 하나님의 아들들은 거룩하고 흠이 없는 존재가 된다.

4. 셋째로, 하나님의 선택과 관련해서, 거룩하고 흠이 없는 존재가 되는 기준("그 앞에서")과 방법("사랑 안에서")이 더 제시된다(c, 4c절). 반면에 하나님의

예정과 관련해서, 그의 아들들이 되게 하는 동기(또는 기원, "그의 뜻의 기쁘심을 따라")와 목적("그의 은혜의 영광의 찬양이 되도록")이 나온다(5c-6a절). 이를 합쳐서 보면, 선택과 예정대로 하나님의 거룩한 아들들이 될 때, (1) 그 기준은 하나님 앞에서 인정 받는 거룩한 존재라는 점, (2) 그 방법은 "사랑 안에서" 또는 "사랑으로" 된다는 점, (3) 그 동기와 관련해서는 이렇게 되는 것이 하나님의 뜻이라는 점, (4) 그 목적이 하나님께 드려지는 찬양의 존재가 될 것이라는 점이다.

메시지

1. 하나님의 선택과 예정: 하나님의 선택과 예정은 창세 전에 이뤄진 것이다. 영원하신 하나님에게서 나온 이 영원하신 계획은 영원 전에 시작된 것이다. 그리스도 안에 이뤄진, 이 하나님의 일은 우리에게 하나님의 선택과 예정이라는 내용으로 전달된다. 따라서 하나님의 선택과 예정 교리는 영원하신 하나님이라 믿는 데에서 출발한다.

2. 거룩하고 흠이 없는 아들들: 하나님의 선택과 예정은 단지 우리를 구원하시는 데 끝나지 않는다. 우리를 거룩하고 흠이 없는 존재, 하나님의 아들들로 삼는 데 그 목적이 있다. 우리가 이같이 되는 것은 하나님의 선택과 예정의 내용이기도 하다. 이런 점에서, 구원의 목표는 하나님의 아들들이 되는 것이다.

3. 거룩함의 수준: "그 앞에서" 거룩하고 흠이 없는 존재가 된다는 것은 하나님의 기준에 따른 거룩함과 흠이 없음을 갖는 것을 의미한다. 거룩함의 종국은 '영화'(glorification)이다. '영화'는 본래 구원의 마지막 단계란 점에서, 지상에서 얻을 수 없는 것일 수 있다. 그러나 바울은 "은혜의 영광의 찬양이 되도록"이라는 목표를 제시하여, 우리 구원의 '성화'(sanctification)의 단계에서부터 우리의 존재가 하나님께 영광이 될 것을 강조하고 있다. 우리가 거룩해지면 거룩해질수록, 흠이 없는 존재로 나아가면 나아갈수록 하나님께 찬양이 되는 존재가 될 것임은 분명하다.

III. 6b-10절, 두 가지 은혜: 구속과 계시

구문 배열

6b

ἧς
(그 은혜는) which

ἐχαρίτωσεν
그가 거저 주셨다/자비를 베푸셨다
He bestowed freely/ showed kindness

ἡμᾶς
우리에게 on us/ to us

ἐν τῷ
ἠγαπημένῳ.
사랑하시는 자 안에서
in the Beloved

7

ἐν ᾧ
그 안에서 in whom/ Him

ἔχομεν
우리가 가진다/받는다 we have

τὴν ἀπολύτρωσιν
구속, redemption,

διὰ τοῦ αἵματος
피로 말미암아/인하여
by the blood

αὐτοῦ,
그의 His

τὴν ἄφεσιν
즉 용서를/사함을 the forgiveness

τῶν
παραπτωμάτων,
죄/과실(들)의
of trespasses

κατὰ τὸ πλοῦτος
풍성함/부요함을 따라
according to the riches

τῆς χάριτος
은혜의
of the grace

αὐτοῦ
그의 His

8

ἧς
이것(은혜)을 which

ἐπερίσσευσεν
그가 넘치게 하셨다 He lavished

εἰς ἡμᾶς,
우리에게 on us

ἐν πάσῃ
모든 ~으로/~안에 in every

σοφίᾳ
지혜와 wisdom

καὶ φρονήσει,
총명/현명함~
and prudence

9

γνωρίσας
(그가) 알리셨다 Having made known

ἡμῖν
우리에게 to us

τὸ μυστήριον
신비를/비밀을 the mystery

τοῦ θελήματος
뜻의 of the will

αὐτοῦ,
그의 His

κατὰ τὴν εὐδοκίαν
기쁘심을 따라
according to the pleasure

αὐτοῦ
그의 His

ἣν προέθετο
미리 세우신
which He purposed

ἐν αὐτῷ
그 안에서 in Him

10

εἰς οἰκονομίαν
경영/운영/경륜을 위하여
toward an administration/ management

τοῦ πληρώματος
충만/가득 채움의 of the fullness

τῶν καιρῶν,
때(들)의 of the times

ἀνακεφαλαιώσασθαι
모으기 위해서/통일하게 하기 위해
to unite/ to sum up

τὰ πάντα
모든 것을 all things,

ἐν τῷ Χριστῷ,
그리스도 안에서
in Christ

τὰ ἐπὶ τοῖς οὐρανοῖς
즉, 하늘에 있는 것들과
things in the heaven

καὶ τὰ ἐπὶ τῆς γῆς
땅에 있는 것들
and things in the earth

ἐν αὐτῷ.
그 안에서 in Him

직역

1. 6b. 그 은혜를 그의 사랑하시는 자 안에서 우리에게 거저 주셨다. 7. 그 안에서 우리가 그의 피로 말미암아 구속, 곧 죄 사함을 받는다. 그의 은혜의 풍성함을 따른 것이다. 8. 그 은혜를 모든 지혜와 총명으로 우리에게 넘치게 하셨다. 9. 우리에게 그 뜻의 비밀을 알리셨다. 그 안에서 미리 세우신 그의 기쁘심을 따른 것이다. 10. 때가 차서 이뤄질 경륜을 위해서, 다시 말해, 그리스도 안에서 모든 것, 즉 하늘에 있는 것들과 땅에 있는 것들을 그 안에서 통일하는 것을 위해서이다.

2. 6b. which He bestowed freely on us in the Beloved, 7. in whom we have redemption, by His blood, the forgiveness of trespasses according to the riches of His grace, 8. which He lavished on us in every wisdom and prudence, 9. having made known to us the mystery of His will according to His pleasure which He purposed in Him, 10. toward an administration of the fullness of the times, to unite all things in Christ, things in the heaven and things in the earth in Him.

구성/문체

1. 6b-10절은 두 그룹의 내용으로 구성된다. 6b-7절, 그리고 8-10절이다. 두 그룹의 형식이 비슷하다. 첫째, 모두 그 앞 부분의 '은혜의'(소유격)를 선행사로 받는 동일한 관계대명사(ἧς)로 시작한다. 둘째, 두 개씩의 동사로 구성되어 있다. 6b-7절은 직설법 동사 두 개("그가-거저 주셨다"와 "우리-가진다")이고, 8-10절은 직설법 동사 하나("그가-넘치게 하셨다")와 분사 하나("알리셨다")의 구문이다. 뒤에 있는 동사(또는 분사) 구문은 앞의 동사 구문의 결과이거나 그 내용을 보충한다. 6b절의 "거저 주셨다"의 결과는 7절의 "우리가 가진다"이다. 8절의 "넘치게 하셨다"의 결과가 9절 "알리셨다"일 수 있다. 셋째, 각기 하나씩의 κατά-구를 갖는다. 그 내용(7절, "그의 은혜의 풍성함을 따라"; 9절, "그의 기쁘심을 따라")에 유사점이 있다.

2. 6b절과 8절은 세 가지의 병행된 내용으로 구성되어 있다. "그 은혜를 거저 주셨다"(a1)와 "그 은혜를 넘치게 하셨다"(a'1). 그 다음은 "우리에게"(목적어, a2)와 "우리에게"(전치사구, a'2), 그리고 마지막은 동일한 ἐν-전치사구(a3-a'3)이다. 그리고 7절과 9-10절도 서로 병행적 관계(혼합 병행법)가 있다. "우리가 그 피의 구속을

가진다"(b1)와 "우리에게 그 뜻의 비밀을 알리셨다"(b'1)는 모두 그 앞의 동사 구문, 즉 "그 은혜를 거저 주셨다"(a1)와 "그 은혜를 넘치게 하셨다"(a'1)에 대한 각각의 보충 내용(또는 결과)이다. 7절에, '그 피의 구속'(b1)에 대해 보충 설명하는 "죄 사함"(b2)이 있듯, 10절의 '통일의 경륜'의 내용(b'2)은 9절의 '그 뜻의 비밀'(b'1)이 무엇인지 설명하는 내용이다. 한편 하나씩 있는 κατά-구는 형태나 의미적으로 서로 짝(b3-b'3)이 된다. 7절과 9-10절이 혼합 병행법이라 한 것은 전체적으로는 병행법 형태이지만, b1-b2b3-b'1-b'3b'2로 뒤의 짝인 b2b3와 b'3b'2의 순서가 역교차(b2b3-b'3b'2)가 되기 때문이다.[12)]

<table>
<tr><td colspan="2" rowspan="3">6b절</td><td>a1</td><td>그 은혜를(ἧς) 거저 주셨다.</td><td>그 은혜를(ἧς) 넘치게 하셨다.</td><td>a'1</td><td colspan="2" rowspan="3">8절</td></tr>
<tr><td>a2</td><td>우리에게</td><td>우리에게</td><td>a'2</td></tr>
<tr><td>a3</td><td>사랑하시는 자 안에서(ἐν-구)</td><td>모든 지혜와 총명으로(ἐν-구)</td><td>a'3</td></tr>
<tr><td rowspan="3">7절</td><td>b1</td><td colspan="2">우리가 그 피의 구속을 가진다.</td><td colspan="2">우리에게 그 뜻의 비밀을 알리셨다.</td><td>b'1</td><td rowspan="2">9절</td></tr>
<tr><td>b2</td><td colspan="2">즉, 죄 사함을</td><td colspan="2">그의 기쁘심을 따라(κατά)</td><td>b'3</td></tr>
<tr><td>b3</td><td colspan="2">그 은혜의 풍성함을 따라(κατά)</td><td colspan="2">즉, 통일의 경륜을 (위해)</td><td>b'2</td><td>10절</td></tr>
</table>

3. 그렇게 보면 은혜에 대한 두 가지 내용이다. 6b-7절은 그 첫 번째로 하나님께서 거저 주신 은혜에 대한 것이다. 그것은 그 피로 인한 구속, 즉 죄 사함을 받는 것이다. 그 두 번째의 내용은 8-10절에 있다. 하나님께서 은혜를 넘치게 하셨다. 그래서 우리에게 그 뜻의 비밀을 알려주셨다. 그 뜻은 만물을 통일하는 것이다. 각각 그 은혜의 풍성함을 따라, 그의 기쁘심을 따라 그리하셨다.

절별 해석

6b-7절

1. "그 은혜를 그의 사랑하시는 자 안에서 우리에게 거저 주셨다"(ἧς ἐχαρίτωσεν ἡμᾶς ἐν τῷ ἠγαπημένῳ): "그 은혜를"이라 번역한 부분은 본래 관계대명사(ἧς, 여성단수소유격)이다. 6a절의 '은혜'를 선행사로 받는다(앞의 은혜가 소유격이어서

관계대명사 소유격이 됐다). "거저 주셨다"(ἐχαρίτωσεν)의 목적어가 된다. '거저 주다'(χαριτόω)가 '은혜'(χάρις)에서 나온 말이란 점에서 '거저 주는 은혜를 거저 주다'가 됐다. 관계대명사 "그 은혜를"에서 끊어서 새롭게 시작하는 소단락으로 봐야 하는 이유는 이 부분에서 시작하는 소단락(6b-7절)이 역시 같은 관계대명사(ἧς)로 시작하는 8-10절과 병행적 관계를 갖고 있기 때문이다("구성/문체" 참고). "그의 사랑하시는 자 안에서"(ἐν τῷ ἠγαπημένῳ)는 '그리스도 안에서'이다. "사랑하시는 자"(ὁ ἠγαπημένος)가 완료수동태로 쓰인 것은 '하나님에 의해 변함없이 사랑을 받으시는 그리스도'라는 뜻을 알려주기 위해서이다. 주님도 자신을 아버지의 사랑을 받는 자로 묘사하셨다(요3:35; 10:17; 15:9).

"그 안에서 우리가 그의 피로 말미암아 구속을 … 받는다"(ἐν ᾧ ἔχομεν τὴν ἀπολύτρωσιν διὰ τοῦ αἵματος αὐτοῦ): "그 안에서"(ἐν ᾧ)[13] '그리스도 안에서'를 말한다. "그의 피로 말미암아"(διὰ τοῦ αἵματος αὐτοῦ), 즉 그리스도의 피에 의해 구속함을 "받는다"(ἔχομεν)는 점(벧전1:18-19)을 강조한다. "구속"(救贖, ἀπολύτρωσις, 속량[贖良])은 '풀려나는 것'(release)이다(골1:14; 딛2:14; 히2:17; 9:15; 계14:3-4). 그리스도의 피로 값을 치르시고 '우리'를 사망의 사슬에서 풀어내신 것이다.

"곧 죄 사함을"(τὴν ἄφεσιν τῶν παραπτωμάτων): 우리가 받게 된 '풀려남'은 죄에서 풀려난 것이므로, '죄 사함'(ἡ ἄφεσις τῶν παραπτωμάτων)이 된다. 더 이상 죄값을 지불할 필요가 없이 죄책에서 풀려났다는 말이다. 여기서 '죄'(παράπτωμα)는 본래 '그릇된 발걸음, 위치 이탈, 옆으로 떨어짐'(false step, transgression, fall beside)을 말하지만 일반적인 의미의 '죄'(ἁμαρτία)와 동의적으로 쓰인 것이다.

"그의 은혜의 풍성함을 따른 것이다"(κατὰ τὸ πλοῦτος τῆς χάριτος αὐτοῦ): '은혜를 거저 주셨다'는 것과 관련된 마지막 부분에 이 κατά(따라)-절을 두어, 그 은혜의 풍성함과 부요함을 강조한다. 거저 준 은혜일 뿐 아니라, 풍성한 은혜이기도 했다. 이 부분은 그 은혜의 크기에 대한 말씀이면서, 우리가 얻게 된 구속, 죄 사함의 근거가 되기도 한다.

2. 6b-7절은 '그의 은혜'에 대해 말씀하는 첫 부분이다. 두 개의 직설법 동사("그가 거저 주셨다"와 "우리가 가진다") 구문으로 구성되어 있다. 이 둘은 유사한 점과 다른 점이 함께 있다. 첫째, 두 부분 모두 관계대명사로 시작한다(ἧς, "그 은혜는"; ἐν ᾧ, "그 안에서"). 둘째, 둘 다 직설법 동사이다. 셋째, 앞의 것은 3인칭단수

즉 ‘그’(하나님)가 주어가 되고, 뒤의 것은 1인칭복수 ‘우리’가 주어이다. 넷째, 둘 다 그리스도와 관련이 있다(“사랑하시는 자 안에서”; “그의 피로 말미암아”). 다섯째, 앞의 것은 ‘그가 은혜를 주셨다’라면, 뒤의 것은 그래서 우리가 무언가를 가지게 되었음을 말한다. 따라서 후자는 전자의 결과이다.

그러므로 하나님께서 우리에게 은혜를 거저 주신(6b절) 결과는 7절, 우리가 구속, 곧 죄 사함을 받는 것이다. 그렇게 은혜를 주실 수 있는 것은 그분의 풍성함 때문이다.

8절

1. “그 은혜를 … 우리에게 넘치게 하셨다”(ἧς ἐπερίσσευσεν εἰς ἡμᾶς): 6b절과 같이 앞의 ‘은혜’를 선행사로 받는 관계대명사(ἧς, 여성단수소유격)로 시작한다. 이번에는 “넘치게 하셨다”(ἐπερίσσευσεν)이다. 타동사 “넘치게 하셨다”는 관계대명사 ‘은혜’를 목적어로 받는다. 따라서 하나님의 넘치는 은혜(고후9:8)를 가리킨다. 넘치는 은혜를 “우리에게”(εἰς ἡμᾶς) 이미 주셨다고 말씀한다.

“모든 지혜와 총명으로”(ἐν πάσῃ σοφίᾳ καὶ φρονήσει): 이 전치사구(ἐν-구)는 ‘~으로’로 번역하는 것이 맞다. 이 부분이 “넘치게 하셨다”의 목적어가 될 수 없다.[14] “지혜”(σοφία)와 “총명”(φρόνησις)은 유사어이다. 전자는 ‘깨닫는 것’(understanding)에, 후자는 ‘생각하는 것’(thinking; ‘생각하다’[φρονέω]에서 나왔다)에 초점이 있다. 이 두 가지는 모두 무엇인가를 ‘알게 되는 것’을 이중적으로 표현한 것이다. 거기에 “모든”(πᾶσα)이 더해서 그 의미가 강조된다(1:17). 즉, ‘다 깨닫고 생각할 수 있게’ 넘치는 은혜를 주셨다는 뜻이다.

2. 6b절이 ‘거저 주신 은혜’를 말했다면, 8절은 ‘넘치게 주신 은혜’에 대해 말하고 있다. ‘거저 주신 은혜’는 ‘사랑하는 자 안에서’(ἐν-구) 주셨다면, ‘넘치게 주신 은혜’는 ‘모든 지혜와 총명으로’(ἐν-구) 주셨다.

“모든 지혜와 총명으로” 은혜를 넘치게 주셨다는 말은 결국 무엇인가 중요한 것을 알게 하신 것이 된다. 즉, 계시를 주셨다는 뜻이다. 그렇게 해서 ‘구속(죄 사함)의 은혜’에서 ‘계시의 은혜’로 나아간다.

9절

1. "우리에게 그 뜻의 비밀을 알리셨다"(γνωρίσας ἡμῖν τὸ μυστήριον τοῦ θελήματος αὐτοῦ): "알리셨다"(γνωρίσας)는 부정과거 분사이다. 8절 "넘치게 하셨다"의 결과적 의미이다. 사실상 '모든 지혜와 총명으로 은혜를 넘치게 주신' 내용이 된다. "우리에게"(ἡμῖν)이므로 모든 이에게 주어진 것이 아니다. 택함과 예정을 입은 '우리'에게 알려주셨다. 하나님께서 알려주신 것은 "그 뜻의 비밀"(τὸ μυστήριον τοῦ θελήματος αὐτοῦ)이다. "비밀"(τὸ μυστήριον)이라 한 것은 그것이 하나님의 '신비'(mystery)이자, 본래 '감춰진 것'(hidden secret)이기 때문이다(3:4-5, 9; 롬16:25-26; 골1:26-27). 그러나 이제 '우리'에게 하나님의 뜻의 비밀이 알려졌다. 이것이 넘치는 은혜이다. 비밀의 계시가 '넘치는 은혜'가 되는 것은 아무나 그런 계시를 받지 못하는 것 때문이고, 또한 그 뜻을 알게 되는 데 끝나지 않고 그 뜻을 알 때 그 일에 참여하게 되기 때문이다(예, 3:7-9).

"그 안에서 미리 세우신 그의 기쁘심을 따른 것이다"(κατὰ τὴν εὐδοκίαν αὐτοῦ ἣν προέθετο ἐν αὐτῷ): "그의 기쁘심을 따라"(κατὰ τὴν εὐδοκίαν αὐτοῦ)는 이렇게 계시로 알게 하시는 일은 하나님의 기쁘심으로 되어진 것임을 말해준다. 택함과 예정도 하나님의 기쁘심에서 비롯된 것이지만(5절) 비밀의 계시도 하나님의 기쁘심 때문에 이뤄졌다. "그 안에서 미리 세우신"(ἣν προέθετο ἐν αὐτῷ)은 이런 계시의 일이 하나님께서 '그리스도 안에서' '미리 계획하신' 것('기쁘심의 일')임을 말해준다. 하나님께서 그리스도 안에서 기뻐하시며 미리 계획해 놓으셨다가, 이제 그의 은혜를 넘치게 주셔서 그 뜻의 비밀을 알려주시게 된 것이다.

2. 6b절의 '거저 주신 은혜'가 7절에서 '구속 곧 죄 사함'이듯이, 8절의 '넘치게 주신 은혜'가 9절에서 '그의 뜻의 비밀을 알리신 일'로 나타난다. 택함 받고 예정된 하나님의 아들들(4-5절)은 거저 주신 은혜, 즉 죄의 속량(6b-7절)을 받는 데서 끝나지 않고 하나님의 특별한 지식(비밀)을 알게 되는 데(8-9절)까지 나아가게 된다.

10절

1. "때가 차서 이뤄질 경륜을 위해서"(εἰς οἰκονομίαν τοῦ πληρώματος τῶν καιρῶν): "경륜"(οἰκονομία)은 '계획'(planning)과 '운영'(administration, management)을 함께 뜻하는 단어이다. 사람의 일과 관련해서 말할 때는 '청지기 직'(stewardship)의 의미가

있다(눅16:2-4; 고전9:17; 골1:25). 그러나 하나님과 관련할 때는 '경륜'이 된다(3:2, 9; 딤전1:4). 하나님의 계획과 그에 대한 운영과 관련된 말이다. "때가 차서 이뤄질"(τοῦ πληρώματος τῶν καιρῶν)은 하나님께서 정하신 때가 될 때까지 나타나지 않다가 그 때가 '충분히' 될 때 그 일이 이뤄진다는 뜻이다.

"다시 말해 … 통일하는 것을 위해서이다"(ἀνακεφαλαιώσασθαι): 하나님의 계획은 "통일되는 것"(ἀνακεφαλαιώσασθαι)이다. 부정과거 중간태 부정사 '통일하는 것'은 '요약하는 것'(to sum up) 또는 '모이게 하는 것, 하나되게 하는 것'(to gather up, unite)이다. 중간태로 쓰일 때는 후자의 경우이다. 전자의 예는 로마서 13:9(수동태, '요약된다')에 있다. 하나로 만드는 것, 하나로 묶는 것이 하나님의 계획이었다.

"그리스도 안에서 모든 것, 즉 하늘에 있는 것들과 땅에 있는 것들을 그 안에서"(τὰ πάντα ἐν τῷ Χριστῷ τὰ ἐπὶ τοῖς οὐρανοῖς καὶ τὰ ἐπὶ τῆς γῆς ἐν αὐτῷ): 하나로 묶는 대상은 "모든 것"(τὰ πάντα), 즉 '만물'이다. 예외 없는 존재가 없다는 뜻이다. 이 일을 "그리스도 안에서"(ἐν τῷ Χριστῷ) 이뤄지도록 계획하시고 이뤄가신다. "모든 것"을 풀어주는 말, "하늘에 있는 것들"(τὰ ἐπὶ τοῖς οὐρανοῖς)과[15] "땅에 있는 것들"(τὰ ἐπὶ τῆς γῆς)은 각기 '하늘에 있는 각종 영적 존재들'(1:21; 3:10; 6:12)과 '땅에 존재하는 족속/민족들'(3:15)을 가리킨다. 여기서 제외되는 예외적 존재는 없다. "그 안에서"(ἐν αὐτῳ) 역시 '그리스도 안에서'를 뜻하는데, 다시 강조하기 위해 반복적으로 사용됐다. 일종의 병행적 강조법이다.

a	모든 것을	하늘에 있는 것들과 땅에 있는 것들을	a'
b	그리스도 안에서	그 안에서	b'

2. 10절은 9절의 '그 뜻의 비밀'에 대해 좀더 상세한 내용을 담고 있다. 첫째, 그 비밀은 '하나님의 경륜', 즉 그의 계획과 실제적인 운영의 내용이다. 둘째, 때가 찰 때까지는 비밀로 있다가 하나님의 때가 될 때 그 실재가 드러나게 된다. 셋째, 모든 것을 그리스도 안에서 하나로 모으시는 일이다. 넷째, 이 일은 하늘에 있는 존재든, 땅 위에 있는 존재든 그 모든 것을 그리스도 안에서 하나되게 하는 일이다.

단락 해석

1. 바울은 하나님의 은혜에 대해 두 가지 내용의 말씀을 주고 있다. 6b-7절과 8-10절에서 각기 나타난다. 첫째는 '은혜를 거저 주셨다'는 말씀(6b-7절)이고, 둘째는 '은혜를 넘치게 주셨다'는 것(8-10절)이다.

2. 첫째, '은혜를 거저 주셨다'에서, 바울은 아버지께서 사랑하시는 아들 안에서, 즉 "사랑하시는 자 안에서" 이같이 값없이 주시는 은혜를 베푸셨다는 점을 말씀해 준다(6b절). 하나님의 은혜는 이렇게 아들 안에서 값없이, 아무런 조건 없이, 거저 베푸시는 은혜였다. 그 은혜는 그 아들의 피로 인해 우리가 받게 되는 구속(속량)이다(7a절). 그리스도의 피가 우리에게 값없이 은혜를 주실 수 있는 대가였다. '구속'(救贖)은 대가가 필요했다. 하나님 쪽에서 아들의 피로 지불하셨다. 그래서 우리에게는 거저 주신 은혜가 됐다. 그 결과 죄 사함을 받을 수 있었다. 그리스도의 직접적인 지불, 그의 피값으로 내주신 그 대가 때문에 우리는 구속, 곧 죄 사함을 얻은 것이다. 이것이 은혜를 거저 주신 내용이다. 7절 마지막 부분에 있는 κατά-절은 그러한 하나님의 은혜가 풍성하고 부요하다는 것이다(7b절). 하나님께서 이러한 은혜를 주신 것이 억지로 하신 것도 아니고 떠밀려서 하신 것도 아니다. 그의 은혜의 풍성함을 따라 그리하셨다.

3. 둘째, '은혜를 넘치게 하셨다'는 말씀은, 앞의 '거저 주시는 은혜' 그 다음 단계의 은혜라 할 수 있다. 8절에 그 넘치는 은혜는 '모든 지혜와 총명'과 관련이 있다. 하나님께서 하늘에서 내려주시는 지혜와 총명이다. 하나님의 은혜는 '구속의 은혜'에서 멈추지 않았다. 그의 풍성하신 은혜(또는 '은혜의 풍성함')는 '하나님의 지식'을 깨닫게 하는 은혜이다. 바울은 9절에서 우리에게 그 뜻의 비밀을 알리셨다고 선언한다. 하나님의 뜻, 그의 특별한 지식을 우리로 깨닫게 하신 것이 이 '넘치게 하시는 은혜'에 해당된다. 8-10절을 정리하면 다음과 같다. (1) '거저 주시는 은혜' 즉 구속과 죄 사함의 은혜를 먼저 주셨다. (2) 그 다음 단계의 은혜, 즉 '넘치게 하시는 은혜'를 주셨다. 이것은 하나님의 비밀을 깨닫게 하는 은혜이다. 따라서 깨달음을 주셔서 하나님의 놀라운 계획에 참여하게 하는 은혜이다. (3) 이 '깨닫는 은혜'를 얻도록 하나님께서는 "모든 지혜와 총명으로" 같이 하셨다. (4) 그렇게 깨닫게 하는 일은 하나님의 기쁘심이셨다("그의 기쁘심을 따라"). 또한 그렇게 하는 일은 하나님께서 미리 계획하신 일이셨다. (5) 하나님의

이 비밀은 "경륜"이라는 말로 나타난다. 하나님의 때가 차게 되면, 이뤄지게 될 하나님의 계획이라는 뜻이다. (6) 그것은 하늘에 있는 것이나, 땅에 있는 것이나 모든 것이 그리스도 안에서 통일(하나됨)을 이루는 것이었다. 이 통일의 사역은 '하나님의 경륜'이자, 그 '뜻의 비밀'(신비)이 된다. (7) 그러므로 하나님의 이 계획을 알고 깨닫게 하셔서 우리로 그 신적 사역에 동참하게 하시는 것이 결국 하나님의 넘치는 은혜가 되는 것이다.

메시지

1. 거저 주신 은혜, 구속의 은혜: 하나님께서 그의 사랑하시는 아들, 예수 그리스도 안에서 이루시는 은혜, 값 없이 주시는 은혜는 구속의 은혜이다. '구속'(redemption)이라는 말이 뜻하듯이, 구속, 즉 죄와 죽음에서 우리를 풀어주시는 일에는 하나님 쪽에서의 대가 지불이 필요했다. 그래서 하나님께서 그 사랑하시는 아들을 십자가에 죽게 하셨다. 그 아들의 핏값으로 우리가 은혜의 속량함을 얻고 죄와 죽음의 사슬에서 풀려나게 됐다. 그 그리스도의 피 때문에 우리의 죄는 용서 받았다. 그리스도 안에서 면죄부를 얻게 되었다. 우리 쪽에서 이 일을 위해 한 것이 없으므로, 그래서 값 없이 주시는 은혜이다.

2. 넘치게 하시는 은혜, 하나님의 경륜에 동참하게 하시는 은혜: 하나님의 은혜는 구속의 은혜에서 끝나지 않고 그의 백성이 된 우리를 이끌어 하나님의 계획에 참여하게 하는 은혜에까지 나아가게 하신다. 그래서 지혜 없는 우리에게 모든 지혜로 함께 하시고, 무지한 우리에게 그의 총명의 은혜를 주신다. 그렇게 해서 '그 뜻의 비밀', '하나님의 경륜'을 깨닫게 하신다. 깨닫게 하신다는 것은 단지 그 비밀의 계시하는 일에 그치는 것이 아니라, 결국 하나님의 사역의 동반자가 되게 하시겠다는 뜻이다. 하나님의 경륜은 모든 것, 즉 하늘에 있는 것들과 땅에 있는 것들이 다 그리스도 안에서 통일을 이루는 일이다. 이것이 그의 신비로운 하나님의 뜻이고 계획이셨다. 이 일을 알려주시기를 기뻐하셨다. 우리가 그분의 아들들이 되었기 때문이다(1:5). 이 은혜는 구속의 은혜를 넘어선, 그 다음 단계의 은혜이다. 하나님의 경륜에 참여하게 하시는 은혜이다.

Ⅳ. 11-12절, 택함과 예정을 받음

구문 배열

<table>
<tr>
<td>11
ἐν ᾧ
그 안에서 in whom/ Him
καὶ ἐκληρώθημεν
우리도 택함이/기업이 되었다 we were also chosen
προορισθέντες
예정을 받아 having being predestined
κατὰ πρόθεσιν
목적을 따라 according to the purpose
τοῦ τὰ πάντα
ἐνεργοῦντος
모든 것을 역사하시는 분의
of whom works out all things
κατὰ τὴν
βουλὴν
의도를/계획을 따라
according to/ after the plan
τοῦ
θελήματος
뜻의 of the will
αὐτοῦ
그의 His</td>
<td>12
εἰς τὸ
되도록 that ~ should
εἶναι
~되게 be
ἡμᾶς
우리를/가 we ~
εἰς ἔπαινον
찬양이 to the praise
δόξης
영광의
of the glory
αὐτοῦ
그의 His
τοὺς προηλπικότας
전부터 소망하던/바라던
who have hoped before
ἐν τῷ Χριστῷ.
그리스도 안에서 in Christ</td>
</tr>
</table>

직역

1. 11. 그 안에서 우리도 예정을 받아 선택함을 입었다. 모든 것을 역사하시는 분의 목적을 따라, 그 뜻의 계획을 따라 그리 된 것이다. 12. 그리스도 안에서 전부터 바라던 우리로 그의 영광의 찬양이 되게 하기 위해서이다.

2. 11. in whom we were also chosen, having being predestined according to the purpose of whom works out all things according to His will, 12. that we should be to the praise of His glory who have hoped before in Christ,

구성/문체

1. 11절에는 하나의 직설법 동사("택함이 되었다")와 하나의 분사("예정을 받아")가 중심이 되고, 이와 관련된 두 개의 전치사구("역사하시는 분의 목적을 따라"; "그 뜻의 의도를 따라")가 나오고, 12절에는 목적을 말해주는 부정사 구문("우리가 되도록")과 이와 관련된 하나의 전치사구("그의 영광의 찬송이")가 나온다.

2. 11-12절의 형식은 좀 축소된 형태라는 것만 빼고는 4-6a절과 그 구성이나 내용 모두 비슷하다. 하나의 직설법 동사, 하나의 분사, 목적의 부정사, 이를

꾸며주는 몇 개의 전치사구 등이 공통적으로 나타난다.

4-6a절	a	[그가] 선택하셨다(직설법 능동), 예정하셨다(분사 능동).	[우리가] 택함이 되었다(직설법 수동), 예정을 받았다(분사 수동).	a'	11-12절
	b	우리가 ~이 되도록(부정사 εἶναι)	우리가 ~이 되도록(부정사 εἶναι)	b'	
	c	(1) 그 앞에서, 사랑 안에서 (2) 그 뜻의 기쁘심을 따라(κατά) (3) 그의 영광의 찬양이 되게(εἰς)	(1) 그의 목적을 따라(κατά) (2) 그 뜻의 계획을 따라(κατά) (3) 그의 영광의 찬양이 되게(εἰς)	c'	

3. 전자(4-6a절)와 후자(11-12절)를 비교할 때, 전자의 '선택과 예정'이 후자에도 그대로 반복되고 있음(a-a')을 알 수 있다. 단, 전자는 능동형(하나님께서 하심)이고 후자는 수동형(우리가 됨)의 차이가 있다. 부정사 구분들(b-b')은 서로 내용은 좀 다르지만 같은 부정사 구문 형식을 갖고 있다는 점이 공통되고, 마지막 부분은 내용뿐 아니라, 전치사구의 형식(c-c'; 특히 특정 전치사[κατά와 εἰς]들을 많이 쓴다는 점)에서도 유사점이 있다. 이것은 바울이 4-6a절과 11-12절을 일부러 짝 지워 구성했기 때문이다.[16)]

절별 해석

11절

1. "그 안에서 우리도 예정을 받아 선택함을 입었다"('εν ᾧ καὶ ἐκληρώθημεν προορισθέντες): "그 안에서"('εν ᾧ)[17)]는 '그리스도 안에서'이다. 직설법 동사는 부정과거수동태 "택함을 받았다/입었다"(ἐκληρώθημεν)이다. 본래 동사 '지명하다/정하다, 할당하다'(κληρόω, appoint, allot)는 수동태가 되면 '지정되다, 정해지다'(be appointed), 또는 '선택되다'(be chosen)가 된다. '선택되다'("we were chosen")로 번역한 NIV가 NAS, KJV("we have obtained an inheritance")나 한글 개역("기업이 되었으니")보다 더 나은 번역이다.[18)] '선택됨'(수동)은 4절의 '택함'(능동)과 연관된다. 둘 다 직설법 동사라는 점을 주목해야 한다. 11절의 '선택하다'와 4절의 '택하다'가 동의적인 목적으로 쓰였다("전체 구조" 참조). "예정을 받아"(προορισθέντες)는 부정과거 수동태 분사이다. 5절의 "예정을 하여/하였다"(προορίσας)는 부정과거 주격단수 능동태 분사로 하나님께서 주체가 되어 '예정'을 하셨음을 말한다면, 11절의 "예정을

받아"는 부정과거 주격복수 수동태 분사로 '우리'가 주어가 되어, '예정'을 받은 것이 된다. 즉, 하나님이 택하셔서(4절) 우리가 선택을 받았다(11절), 하나님이 예정하셔서(5절) 우리가 예정을 받았다(11절). 11절은 4-5절의 구원을 '우리'를 주어로 해서 다시 반복한 것이다.

"모든 것을 역사하시는 분의 목적을 따라"(κατὰ πρόθεσιν τοῦ τὰ πάντα ἐνεργοῦντος): "목적을 따라"(κατὰ πρόθεσιν)는 하나님의 구원의 일이 갑자기 된 것이 아니라 하나님의 특별한 '목적'이 있었음을 밝혀준다. '목적'(πρόθεσις)은 '목적'(purpose)과 '계획'(plan)을 뜻하는 말이다. 동사형 '미리 세우다'(προτίθημι)가 9절("미리 세우신")에 쓰인 바 있다. "모든 것을 역사하시는 분"(ὁ τὰ πάντα ἐνεργῶν)은 주도적으로 그의 하실 일을 그 계획대로 실행하시는 하나님에 대해 말해준다(1:19-20; 3:20). 즉, '우리'가 선택과 예정을 입은 것은 그분의 목적(또는 계획)에 따라 그분의 역사하심으로 얻게 된 것이다.

"그 뜻의 계획을 따라 그리 된 것이다"(κατὰ τὴν βουλὴν τοῦ θελήματος αὐτοῦ): "계획"(βουλή)도 '계획'(plan, 행20:27), '목적'(purpose, 히6:17)으로 쓰이는 단어이다. "그리 된 것이다"는 없다. 이 어구는 가장 마지막에 위치한 이 부분을 살리기 위해 넣었는데, 4-5절과의 병행적 연계성을 살리기 위한 목적 때문이다.

2. 11-12절은 4-6a절과 짝을 이루는 부분이다. 하나님의 택함(선택)과 예정에 대한 반복적인 개념이 나온다. 그뿐 아니라, κατά-전치사구도 병렬적 관계에 맞춰 의도적으로 쓰였다 볼 수 있다. 이렇게 짝을 맞춤으로 적어도 이런 주제를 두 번 반복 강조한 것이 되고, 6b-7절과 9-10절의 두 개인 부분과 어우러져 역교차를 형성하게 된다("전체 구조"와 "해석 종합" 참조).

12절

1. "우리로 그의 영광의 찬양이 되게 하기 위해서이다"(εἰς τὸ εἶναι ἡμᾶς εἰς ἔπαινον δόξης αὐτοῦ): "우리로 되게 하기 위해서"(εἰς τὸ εἶναι ἡμᾶς)는 부정사가 사용된 전치사구이다. 이 전치사(εἰς)는 목적의 의미를 갖는다. 주어는 '우리'가 된다. '우리가 되게 하기 위해서'이다. εἰς-전치사구 "그의 영광의 찬양이 (되게)"(εἰς ἔπαινον δόξης αὐτοῦ)는 이미 나온 바(6a절) 있다. '우리 자체가 그의 영광의 찬양이 되는 것'이라기 보다는 '우리가 그의 영광의 찬양을 위한 존재가 되는 것'이

좀더 정확한 의미이다. 이 부분이 6a절과 비슷한 이유는 4-6a절과 11-12절이 서로 짝을 이루기 때문이다(11-12절의 "구성/문체" 참조).

"그리스도 안에서 전부터 바라던"(τοὺς προηλπικότας ἐν τῷ Χριστῷ): "전부터 바라던 (우리)"(τοὺς προηλπικότας)는 '전부터 소망하던 자(우리)들'을 가리킨다. '전부터 바라다'(προελπίζω)는 접두어 '이전에'(προ-)와 동사 '소망하다/바라다'(ελπίζω)와 합친 단어이다. 여기서는 완료형 분사로 쓰였다. '전부터 소망하던' 자들이 유대계 그리스도인들을 말하는 것일 수도 있고 좀더 오래된 신자들을 가리키는 것일 수도 있다. 그러나 유대계 그리스도인들만을 가리킨다고 보는 것은 3-12절의 맥락을 볼 때 바람직하지 않다. 좀더 '오래 전에'(상대적인 개념으로 보아) 믿게 된 그리스도인들로 보는 것이 좋겠다. 이 어구가 여기에 있는 것은 13-14절에 상대적으로 새로 믿게 된 '너희'와 대조하기 위한 것처럼 보인다. "그리스도 안에서"는 이 모든 일이 '그리스도 안에서' 이뤄졌기 때문이다. 하나님의 모든 일이 '그리스도 안에서' 이뤄진다.

2. 4-6a절과 11-12절과 짝이 되게 하기 위해, 바울은 직설법 동사 하나씩(4절, "택하셨다"; 11절, "선택 받았다"), 분사 하나씩(κατά-5절, "예정하시면서"; 11절, "예정을 받아"), 부정사 하나씩(4절, "우리가 되게"; 12절, "우리가 되게"), κατά-구 또는 관련 전치사구 두 개씩(4절, "세상의 창조 전에", 5절, "그 뜻의 기쁘심을 따라"; 11절, "역사하시는 분의 목적을 따라"; "그의 뜻의 계획을 따라"), 마지막으로 비슷한 εἰς-전치사구 하나씩(6a절, "그의 은혜의 영광의 찬양이 되게"; 12절, "그의 영광의 찬양이 되게") 사용하였다. 이렇게 해서 두 부분(4-6a절과 11-12절)이 짝을 이루며 비슷한 내용(택함과 예정)을 반복하게 하고 서로의 내용을 보완해서 읽게 한다("해석 종합" 참조).

단락 해석

1. 바울은 11-12절에서 4-6a절에서 강조했던 '선택과 예정'에 대한 말씀을 다시 강조하고 있다. 4-6a절에서 하나님께서 하신(능동) '선택과 예정'을 강조했다면, 11-12절에서는 그래서 우리가 받게 된(수동) '택함과 예정'을 말한다. 하나님께서 선택과 예정을 하셨으므로 우리가 그 택함과 예정을 받게 된 것이다.

2. 11절에 나오는 두 개의 κατά-구는 모두 하나님의 계획과 목적을 강조하는 내용이다. "모든 것을 역사하시는 분의 목적을 따라"나 "그의 뜻의 의도를

따라"나 하나님의 목적과 의도, 즉 그의 계획이 분명히 실재한다는 것을 강조한다. 아무렇게나, 또 어쩌다가 된 것이 아니란 얘기다. 하나님의 확실한 계획 속에 이뤄진 우리의 선택과 예정이란 말씀을 한 번 더 강조해야겠다고 생각한 것이다. 4-6a절과의 차이점이 여기에 있다. 4-6a절에서는 하나님의 선택과 예정이 언제 된 것인지("창세 전에"), 또 하나님께서 이를 기쁘게 여기셨는지("그의 뜻의 기쁘심을 따라"), 누구를 통해 하셨는지("그 안에서") 등이 부각된 것이라면, 11-12절에서는 초점이 하나님의 '계획과 목적'에 둔다.

3. 12절에서, '우리가 ~이 되게'라는 부정사 구문을 쓰면서 바울은 우리의 존재 자체가 그의 영광의 찬양이 될 것이라는 점을 말하고자 했다. 4-6a절에서는 우리가 하나님의 거룩하고 흠이 없는 아들들이 되는 것을 강조한 바 있다. 6a절의 "그의 은혜의 영광의 찬양이 되도록"과 12절의 "그의 영광의 찬송이 되게"는 거의 비슷한 어구이다. 6a절은 "은혜의"가 더 들어가 있을 뿐이다. 이것이 6a절은 4-6a절이 전반적으로 강조하고 있는 하나님의 은혜의 행위(예컨대, "사랑 안에서", "기쁘심을 따라" 등)의 맥락 속에 있기 때문이고, 반면에 12절은 하나님의 계획에 초점을 둔 11절과 연관이 있기 때문일 것이다. 그래서 '은혜' 보다는 '하나님의 뜻과 그 결과'가 강조된다.

메시지

1. 선택과 예정을 받음: 하나님의 선택과 예정 때문에 우리가 택함을 입고 예정을 받았음을 알게 된다. 하나님의 행하심이 늘 먼저이고 우리에게 일어나는 것은 그 결과이다. 우리가 택함을 받고 예정을 받은 존재라는 사실은 우리의 구원의 확실성을 담보하고, 이를 계기로 더욱 하나님을 찬양하게 된다.

2. 하나님의 계획과 뜻: 바울은 선택과 예정을 말하면서, 하나님의 계획과 뜻을 강조한다. 하나님의 구원 계획이 아무렇게나 이뤄진 것이 아니란 말이다. 특히 그분은 '역사하시는 분'이시다. 그의 뜻과 계획을 세워 이를 이뤄가시는 하나님이시다.

3. 영광의 찬양이 되도록: 우리의 선택과 예정과 관련해서 우리가 할 수 있는 일은 이같이 그의 영광스러운 사역을 찬양하는 것이다. 무엇보다도 우리 자신이 하나님의 영광의 찬송이 되도록 하나님께서 계획하셨다는 사실을 기억하고 그러한 존재로 부끄러움이 없도록 최선을 다하는 일이다. 특히 우리가 그 같은 존재가 되도록 계획하셨다면 우리가 그같이 될 것은 의심할 필요가 없다.

Ⅴ. 13-14절, 듣고 믿음, 성령의 인치심과 보증

구문 배열

13	14
Ἐν ᾧ 그 안에서 in whom/ Him καὶ ὑμεῖς 너희도 you also ἀκούσαντες 듣고 after listening to τὸν λόγον 말씀, the word τῆς ἀληθείας, 진리의 of truth τὸ εὐαγγέλιον 즉 복음을 the gospel τῆς σωτηρίας 구원의 of salvation ὑμῶν, 너희 your ἐν ᾧ 그 안에서 in whom/ Him καὶ πιστεύσαντες 믿어/믿은 후 and having believed ἐσφραγίσθητε 너희가 인치심을 받았다 you were sealed τῷ πνεύματι 영으로 with the ~ Spirit τῆς ἐπαγγελίας, 약속의 of promise τῷ ἁγίῳ 거룩한 Holy	ὅ ἐστιν 그는 ~이신 분이다 who is ἀρραβὼν 보증/계약금~ the guarantee/ pledge τῆς κληρονομίας 기업/상속의 of the inheritance ἡμῶν, 우리의 our εἰς ἀπολύτρωσιν 구속을 위해 for the redemption τῆς περιποιήσεως, 소유물/얻은 것의 of the possession εἰς ἔπαινον 찬양을 위해 to the praise τῆς δόξης 영광의 of the glory αὐτοῦ. 그의 HIs

직역

1. 13. 그 안에서, 너희도 진리의 말씀, 즉 너희 구원의 복음을 듣고, 그 안에서 믿어, 거룩한 약속의 영으로 인치심을 받았다. 14. 그는 우리 기업의 보증이 되신다. 얻으신 것의 구속을 위해, 그의 영광의 찬양을 위해서이다.

2. 13. in whom you also, after listening to the word of truth, the gospel of your salvation, and having believed in Him, were sealed with the Holy Spirit of promise, 14. who is the guarantee for our inheritance for the redemption of the possession to the praise of His glory.

구성/문체

1. 13절과 14절은 나뉜 부분이 아니다. 14절이, 13절의 '성령'을 선행사로 하는

관계대명사 ὅ(중성단수, "그는/성령은")로 시작하고 있기 때문이다.[19] 13-14절에 그 어떤 병행법적(또는 역교차) 구성이 있는지는 불분명하다. 그런 구성이 없다고 보는 것이 좋겠다. 그보다는 14절의 기능에 대해 다음과 같은 점을 생각할 수 있다.

2. 첫째, 13-14절이 4-12절을 다른 각도로 요약하는 부분이라 볼 수 있다. 즉, 4-12절은 '우리'의 구원을 다루고 있다면, 13-14절은 '너희'의 구원을 다룬다. '우리'의 구원에 대해서는, 하나님의 선택과 예정의 관점, 특히 하나님께서 값없이 은혜를 주셔서 구원하신 점을 강조하고 있다면, '너희'의 구원에 대해서는, '들음과 믿음'을 통해 성령의 인치심을 받는 점을 부각하고 있다. 이 말은 '우리'(유대인)의 구원과 '너희'(이방인)의 구원이 다르다는 것을 말하는 것은 아닐 것이다. 하나님의 시각에서 보는 구원이 '우리'의 구원이고, 사람의 시각에서 보는 것이 '너희'의 구원이다.

3. 둘째, 이렇게 볼 때, 14절 뒷부분에 "그의 영광의 찬양을 위해"라는 표현이 4-12절의 뒷부분에 있는 "그의 영광의 찬양이 되게"(12절, 비록 그 다음에 "그리스도 안에서 전부터 소망하던"이라는 어구가 하나 더 나오지만)와 동일한 이유를 알 수 있게 한다. 이 '영광의 찬양'과 관련된 문구는 세 번 등장한다. 6a절, 12b절, 13b절이다. 6a절과 12b절은 4-6a절과 11-12절의 연결을 위해 사용된다. 즉, 4-12절의 역교차 구성(ab-b'a')에서 a-a'를 연결하기 위한 것이다(11-12절의 "구성/문체" 참조). 그러면서 12b절의 '영광의 찬양'은 동시에 13b절의 것과 짝을 이룬다. 이 때는 4-12절 전체와 13-14절을 병행의 짝으로 놓기 위한 것이다.

4. 셋째, 한편으로 성령의 보증을 다루는 14절(마지막 구절)은 3절(첫 구절)과 의도된 연계성이 있을 수 있다. 특히 성부 하나님(예수 그리스도와 함께)과 그의 하신 일(하늘의 복을 주신 일)이 강조되고 있는 구절인 3절과 성령의 하시는 일(우리 기업의 보증이 되심)을 말해주는 14절과 일종의 쌍괄적 쌍(inclusio)의 역할이 있다고 판단되기 때문이다.

5. 넷째, 그렇게 보면, 14절은 두 가지 기능이 동시에 있다고 볼 수 있다. 하나는 13절과 합쳐서 4-12절의 대응이 되는 소단락의 역할을 하는 것이고, 또 하나는 그와 동시에 14절만이 첫 구절인 3절과 연결되는 쌍괄적 연계로 마무리하는 역할이다.

절별 해석

13절

1. "그 안에서 너희도 진리의 말씀 … 듣고"(Ἐν ᾧ καὶ ὑμεῖς ἀκούσαντες τὸν λόγον τῆς ἀληθείας): "그 안에서"(Ἐν ᾧ)는 12절 뒷부분 "그리스도 안에서"를 받아온다. 대문자로 시작한 것은 13-14절이 앞의 11-12절(또는 4-12절)과 구분이 되기 때문이다. 4-12절은 인칭대명사 '우리'(ἡμεῖς)인 반면, 13절은 인칭대명사 '너희'(ὑμεῖς)로 전환된다. 12절과 관련해서 볼 때, '너희'는 '우리'에 비해 상대적으로 늦게 믿게 된 자들을 가리키는 것이긴 하지만, 반드시 그렇게만 볼 필요는 없다. '우리'의 구원에 대한 내용이 믿는 자 모두에게 해당되는 보편적인 것처럼, '너희'의 구원에 대한 내용도 일반적이다. 분사 "듣고"(ἀκούσαντες)는 '너희'가 보인 첫 번째 행동('들었을 때', 또는 '들은 후에')이다. 그들이 "진리의 말씀"(τὸν λόγον τῆς ἀληθείας), 즉 '진리가 되는 말씀'(동격), 또는 '진리에서 나오는 말씀'(출처)을 들었다.

"즉 너희 구원의 복음을"(τὸ εὐαγγέλιον τῆς σωτηρίας ὑμῶν): "구원의 복음"(τὸ εὐαγγέλιον τῆς σωτηρίας)이라 한 것은 이 '복음'이 구원(salvation)에 이르게 하는 복음이기 때문이다. 소유격 "너희(의)"(ὑμῶν)를 써서 이 복음이 바로 '그들의 구원'에 이르게 하는 것이라는 점을 명확하게 한다. 이렇게 진리는 구원을 일으킨다.

"그 안에서 믿어"(ἐν ᾧ καὶ πιστεύσαντες): 13절 초두의 "그 안에서"(ἐν ᾧ)와 똑 같은 관계대명사의 전치사구를 사용했다. 둘 다 '그리스도'를 선행사(남성)로 하고 있다고 볼 수도 있고, 후자의 경우는 '복음'(τὸ εὐαγγέλιον)을 선행사(중성)로 한다고 볼 수도 있다. 분사 "믿어"(πιστεύσαντες)는 앞의 같은 형태(부정과거 복수주격)의 "듣고"와 병렬을 이룬다. 여기서 믿음의 대상은 '그리스도'가 될 수도 있고 '복음'이 될 수도 있다. 즉, "그 안에서"는 '그리스도 안에서', 또는 '복음 안에서'의 의미 둘 다 가능하다. 그러나 바울이 "듣고"와 "믿고"를 병렬로 해서 배열했기 때문에 이와 맞춰 "그 안에서"도 '그리스도 안에서'를 의도했을 가능성이 높다.

"거룩한 약속의 영으로 인치심을 받았다"(ἐσφραγίσθητε τῷ πνεύματι τῆς ἐπαγγελίας τῷ ἁγίῳ): 부정과거 수동태 "인치심을 받았다"(ἐσφραγίσθητε)는 듣고 믿을 때 '인증을 받았다'(was sealed up, was marked as with a seal)이다. '확실하게 도장이 찍힌 것'(to be stamped with approval, LS)이다. '하나님의 인'이 찍힌 것이다. 이 인침이 구원의 확실한 보장이다(4:30; 고후1:22; 계7:3-8).[20] 성령을 "거룩한 약속의 영"(τὸ πνεύμα τῆς ἐπαγγελίας τῷ ἁγίῳ)이라 한 것은 하나님의 구원의 약속(보증)이 성령을 통해 완결될 것(갈3:14 참고)을 말씀한 것이다.

2. 13절은 '너희'의 듣고 믿음으로 성령의 인치심을 받은 것을 말씀하고 있다. 4-12절이 '우리'에게 이뤄지는 하나님의 구원을 말씀하고 있다면, 13절은 '너희'에게 주어진 하나님의 구원을 말씀한다. 전자는 택함과 예정, 그리고 은혜의 구원이 강조된 반면, 후자는 들음과 믿음, 그리고 성령의 인침이 강조된다. 전자는 구원의 과정(서정)을 하나님의 예정의 관점에서 알려준 것이라면, 후자는 이 구원을 사람의 믿음과 관련해서 말해준 것이다. 이 둘은 함께 간다. 하나님의 예정이 먼저이고 사람의 믿음이 나중에 온다. 사람은 믿음을 통해 성령의 인치심을 받고, 그 후에 비로서 구원자이신 하나님의 택정이 먼저 있었음을 조금씩 이해하게 된다. 영원하신 하나님의 영원한 구원이다.

14절

1. "그는 우리 기업의 보증이 되신다"(ὅ ἐστιν ἀρραβὼν τῆς κληρονομίας ἡμῶν): "우리 기업"(ἡ κληρονομία ἡμῶν)은 우리가 받은 구원을 가리킨다. 하나님의 아들들이 된 사실(5절), 성령의 인치심을 받은 사실(13절)을 말한다. '기업'은 '소유, 자산'(possession, property), '유업'(inheritance)이다. 여기서는 '구원'의 의미가 가장 크다. "보증"(ἀρραβὼν)이란 말은 '계약금'(earnest-money), '착수금'(deposit)의 뜻을 갖는다. 어떤 물건을 사겠다고 할 때 미리 선수금을 주고 그 물건을 확보하는 것과 같다. 즉, 하나님께서 구원하셨다는 것을 보증하는 표로 성령을 주신다는 말이다(고후1:22; 5:5). 따라서 성령이 우리에게 계시는 것은 그 구원이 이미 일어났다는 증거이고 또한 마지막 날에 그 구원을 완성하시겠다는 약속의 표식(sign)이다.

"얻으신 것의 구속을 위해"(εἰς ἀπολύτρωσιν τῆς περιποιήσεως): '풀려난다'는 뜻의 "구속/속량"(ἀπολύτρωσις)이라는 용어는 이미 7절에 쓰였다. 그러나 7절의 '구속'은 '칭의'(justification), 즉 죄 사함과 관련해서 쓰였다면(4:30; 롬3:24; 고전1:30; 골1:14; 히9:15) 14절의 '구속'은 '영화'(glorification)의 뜻으로 쓰인다(4:30; 롬8:23). 즉, 그리스도의

재림의 때에 우리의 구원을 완성하시는 일을 가리킨다. "얻으신 것"(ἡ περιποιήσις)은 '보존'(preservation), '취득'(acquisition, obtaining), '소유'(possession)의 의미를 갖는다. 구원 받은 성도인 '우리'를 가리킨다. 성도가 성령의 소유가 된 것이다.

"그의 영광의 찬양을 위해서이다"(εἰς ἔπαινον τῆς δόξης αὐτοῦ): 이 표현은 이미 두 번, 즉 6b절과 12절에 나왔다. 성령의 이런 모든 일이 하나님의 영광의 찬양이 될 것이라는 의미이다. 4-6b절과 11-12절이 짝을 이루는 것을 완성하는 것이 이 어구였는데("12절 해석" 참조), 13-14절이 다시 4-12절과 병행을 이뤄 서로 대응하게 하는 표시(단지 두 개의 어구가 하나로 요약됨)로 이 어구가 여기서 사용된 것으로 보인다.

2. 그런데 한편으로 14절은 13-14절의 연속된 끝 부분이면서, 또 다른 역할도 있다. 하나님에 대해 말씀하는 3절과 대응하여 성령에 대해 언급하는 부분으로 마무리하는 역할도 하는 것으로 판단된다. 일종의 수미쌍괄식 쌍(inclusio)이다.

단락 해석

1. 4-12절에서 '우리'의 구원을 다루고 있는 반면, 13-14절은 '너희'의 구원을 다루고 있다. 여기서 '우리'와 '너희'의 차이는 본질상 유대인과 이방인의 차이는 아니다. '우리'의 구원은 하나님이 주시는 은혜의 구원, 특히 선택과 예정으로 주어진 구원을 강조하고 있는 반면, '너희'의 구원(13-14절)은 사람이 이해하게 되는 구원, 즉 복음을 듣고 믿게 됨으로 구원 받음(성령의 인치심)을 확인하는 측면을 강조한 것이다. 누구도 듣고 믿지 않고는, 그래서 주의 이름을 부르지 않고서는 구원 받았다고 할 수 없다는 점 또한 사실이기 때문이다(롬10:9-13). 들음과 믿음이 '성령의 인치심' 여부를 확인하는 근거가 된다.

2. 그리고 그 믿음 때문에 '약속의 성령'의 인친 상태임을 확인할 수 있다면, 14절에서 말씀하듯, 우리의 기업의 확실성, 즉 하나님 나라에서 갖게 되는 아들들의 상속권(3:6)이 우리에게 있음을 확신할 수 있다. 왜냐하면 인치신 성령께서 '약속의 성령'이시기 때문이고, 성령 자체가 우리에게 그 인치심과 기업의 상속자 된 것을 보증하시기 때문이다. 우리의 완전한 구속이 일어날 때까지 그 보증이 되신다는 것이다. 13절의 성령께서 '너희'를 인치신 것이 14절에서 성령께서 '우리' 기업의 보증이 되신다는 말씀과 관련해서, 13절의

'너희'가 14절의 '우리'로 바뀐 것에 주목해야 한다. 이것은 결국 13절이 '이방인'의 구원만을 가리키는 것이 아니란 반증이다. '우리'(4-12절)와 '너희'(13절)가 합쳐서 다시 '우리'(14절)가 된 것이다.

3. 그리고 이 모든 결과의 마지막은 결국 그의 영광의 찬양으로 귀결된다. '우리'와 '너희'의 모든 구원의 마지막은 그의 영광에 대한 찬양으로 나타난다는 점이다(12b절, 14b절). 그 이유는 하나님의 구원에 대한 모든 과정이 하나님의 영원하신 계획, 창세 전의 택함과 예정, 구원 프로젝트의 직접적인 운영, 그 아들을 통해 이루시는 구원의 내용 등, 모든 것이 영광스러운 하나님 자신에서 비롯되었고, 이루어지고 있고, 또 그 모든 것을 완성하실 것이므로, 우리가 할 수 있는 것은 그 영광을 찬양하는 것과 새롭게 빚어지는 우리 존재 자체로 그분의 찬양이 되는 것이라 할 수 있겠다.

메시지

1. **들음과 믿음:** 하나님의 구원은 그의 영원하심과 같아서, 창세 전의 택정과 예정으로 시작되는 구원이다. 그 선택과 예정은 우리에게 값없이 은혜를 베푸신 것 때문에 구속, 곧 죄 사함을 받는 일로 인해 우리에게 비로서 드러나게 된다. 그 영원하신 구원이 우리에게 주어졌는지의 여부는 한편으로 우리가 복음을 듣고 믿고 있는가에 달려 있기도 하다. 우리가 믿는다면 그것은 약속의 성령으로 인치심을 받은 것이 확실하다. 하나님의 구원은 하나님께서 섭리하시고 주관하시는 것이다. 그런데 인간 편에서는 듣고 믿음이 있을 때 구원 받은 것임을 확인할 수 있게 된다. 하나님의 예정이 없이 우리의 믿음이 일어나지 않는다. 그러나 우리의 믿음이 있게 될 때 비로서 우리의 구원이 하나님의 예정 속에 있었음을 깨닫게 된다.

2. **영원한 구원의 보증이 되시는 성령:** 우리가 믿게 될 때 약속의 성령의 인치심을 받았다는 것을 알게 되는데, '약속의 성령'이시므로 약속대로 믿는 자에게 오실 뿐 아니라, 그 '약속의 성령'은 또한 완전한 구속의 날까지 영원토록 떠나지 않으시고 신실하게 보호해 주시는 성령이 되신다(요14:16). 그래서 우리 구원의 보증이 되신다.

해석 종합

1. 3-14절 전체가 하나의 복합 문장이라는 점, 그래서 중간에 끊기 어렵다는 점에서 바울은 하나님께서 하신 일, 하나님의 구원에 대해 '한숨에' '끊김 없이' 알려주고 싶었던 것으로 보인다.[21)]

2. 바울은 3절에서 하나님을 송축함으로 시작한다. 우리에게 하늘에 속한 모든 영적인 복(blessing)을 주셨으므로 하나님께서도 우리가 드리는 송축(blessing)을 받으셔야 한다는 것이다. 하나님께서 주신 복에 비하면, 우리가 드리는 '송축'은 작은 것이겠지만 하나님을 찬양하는 것은 너무도 당연한 반응이다.

3. 하늘의 복의 내용은 하나님의 선택과 예정에 대한 것이다(4-6a절). 창세 전에 그리스도 안에서 시작된, 이 선택과 예정은 우리를 하나님의 거룩하고 흠이 없는 아들들이 되게 하시는 일이었다(롬8:29). 이 일은 하나님의 기뻐하시는 일이었다.

4. 선택과 예정에 대한 말씀이 11-12절에서 반복된다. 이번에는 수동형으로 나온다. 우리가 택함을 입었고, 예정을 입었다. 하나님께서 하셨으므로 당연히 우리가 그같이 '된 것'이다. 이 부분에서 함께 강조하는 것은 이것이 하나님의 계획과 목적이었다는 사실이다. 하나님의 선택과 예정은 어느 날 갑자기 이뤄진 것도 아니고 하나님께서 무작정 시작하신 것도 아니다. 철저한 하나님의 신적 계획과 목표 아래, 창세 전에 그의 선택과 예정이 이뤄졌다. 영원하신 하나님의 구원은 이렇게 영원한 계획 속에 이뤄진 것이다.

5. 하나님의 구원은 이렇게 우리에게서 시작하지 않는다. 영원하신 하나님 그분 자신에게서 시작된다. 그래서 구원은 하나님의 일이다. 하나님은 이 일을 기뻐하셨다. 그렇게 하나님의 뜻을 펼치셨다.

6. 하나님의 구원(선택과 예정)은 우리에게 은혜를 주심으로 나타나셨다. 첫째, 하나님께서 우리에게 그의 은혜를 값없이 주셨다(6b-7절). 아무런 조건 없이 주셨다는 뜻이다. 그래서 '은혜'라 한다. 하나님의 사랑하시는 아들을 통해 이 은혜가 주어졌다. 그 아들 자신이 희생제물이 되셨고 그 피가 우리의 죄를 덮었다. 그래서 우리의 구속(벗어남)과 죄 사함이 이뤄졌다. 죄와 죽음에서 풀려났고, 죄의 씻김을 받게 됐다. 이것이 은혜였다. 이 은혜는 겨우 주어진 것도 아니고 어쩌다 주어진 것도 아니다. 그의 은혜의 풍성하심이 그 기원이

된다.

7. 둘째, 하나님의 은혜는 여기에 멈추지 않았다. 그 은혜가 넘치게 주어졌다. 그 은혜의 넘침은 하나님의 비밀을 우리에게 알리시는 것으로 나타났다. 하나님은 그의 모든 지혜와 총명으로 그 은혜를 넘치게 주셨다. 그래서 그 비밀을 알려주셨던 것이다. 비밀을 알려주신 것이 은혜인 이유는 그것이 아들됨의 실질적인 자격이기 때문이다. 아버지의 뜻의 비밀(신비)을 알게 될 때에, 비로서 그 아들들이 이 아버지의 일에 참여할 수 있게 된다. 즉 죄의 사슬에서 풀어주는 일만 아니라, 하나님의 크신 계획의 파트너로 삼으셨다는 뜻이다.

8. 그 비밀은 '하나님의 경륜'이라고 불린다. 하나님의 계획이고 그의 경영이기 때문이다. 그 경륜은 하늘에 있는 것이나, 땅에 있는 것, 그 모든 것이 다 그리스도 안에서 통일, 즉 하나됨을 이루는 것이다. 그의 아들 예수 그리스도 안에서 만물이 하나되는 것, 이것이 하나님의 계획, 하나님의 비밀이었다. 우리를 아들로 삼으신 이유는 그 사역의 파트너로 삼기 위한 것이었다.

9. 4-12절이 하나님께서 이루시는 구원, 즉 하나님 편에서 본 구원이라면, 13-14절은 사람 쪽에서 본 구원일 수 있다. '너희'는 진리의 말씀, 즉 구원의 복음을 듣고 믿게 됐다. 그래서 성령의 인치심을 받았다. 4-12절과 13-14절은 두 가지 점에서 달라지는데, 첫째는 우리 사람의 입장에서 구원을 얻게 된 과정을 말해준다는 점이다. '들음과 믿음'이 없이는 구원이 없다. 또한 성령의 인치심과 그분의 보증이 강조된다. 둘째, 4-12절이 성부 하나님과 성자 하나님의 사역이 중심이라면, 13-14절은 성령 하나님의 사역이 강조된다.[22] 성령께서는 그의 인치심과 보증되심[23]을 '구속의 날', 즉 영원한 구원의 날이 될 때까지 온전히 이루실 것이다.

1:15-23, 바울의 기도, 지혜와 계시

전체 구조

1. 본문은 모두 네 부분의 묶음으로 구성된다. 첫째, 15-16절로 바울이 기도하게 된 계기에 대한 말씀인데 바울을 가리키는 '나도'(I also)가 주어가 된다. 둘째, 17-18a절로 기도를 시작하면서 하나님께 구하는 내용이 담긴다. 당연히 주어는 '하나님'이 된다. 하나님께서 무엇인가를('알아야 할 것을 알게') 해달라고 하는 것이기 때문이다. 셋째, 18b-19절로 그들이 알아야 할 것이 어떤 것인지 나온다. 따라서 주어는 '무엇'(what)이다. 세 가지 내용이 나온다. 넷째, 20-23절로 하나님께서 그 아들 예수 그리스도에게 하신 일에 대해서 나온다. 주어는 '그'(하나님)가 된다. 하나님께서 하신 일은 세 가지이다. 즉, 이 네 부분은 (1) 서론적인 기능(15-16절), (2) 간구하는 내용(17-18a절), (3) 알아야 할 내용(18b-19절), 그리고 (4) 하나님께서 그리스도에게 하신 일(20-23절)이다.

2. 15-16절은 두 개의 절(clauses)로 되어 있다. 15절이 분사 구문("내가 듣고"), 16절이 직설법 구문('감사하는 것과 언급하는 것을 멈추지 않는다')이다. 전자는 종속절이고 후자는 주절이다. 이 두 개의 구성(이중 배열)처럼, 17-18a절도 두 개의 절이라 할 수 있다. 17절이 가정법 구문('하나님이 주시기를')이고, 18a절이 분사 구문("밝히셔서")이다. 전자가 주절이고 후자가 종속절이 된다. 15-16절과 17-18a절이 비슷한 이중 배열이다. 그러나 그 외에 14-18a절 전체의 병행적 구성은 보이지 않는다.

3. 18b-19절은 세 개의 병렬적 배열(즉, 삼중 배열)이다. '무엇'이 세 번 나타난다. 흥미롭게도 그 다음으로 이어지는 20-23절 또한 삼중 배열이다. 그런데 이 세 개씩의 배열, 즉 18b-19절의 세 가지와 20-23절의 세 가지는 합쳐서 역교차 구성이 보인다.[24)]

4. 이 가운데 18b-19절의 마지막 것, 즉 19절의 "그의 능력의 탁월하게 큰 것", "그의 힘의 능력의 역사하심"은 20-23절의 첫째 것, 즉 20-21절의 '하나님의 역사하심, 즉 그리스도를 살리심과 그의 오른 편에 앉히심'과 직접적인 연계가 있다. 하나님의 역사하심이 얼마나 놀라운지를 알게 해달라고 19절에서 말하는데, 20-21절은 그 하나님의 역사하심의 파워가 그리스도에게 어떻게

이뤄졌는지 말씀하고 있다.

5. 그렇다면 두 번째 '무엇'(18c절), 즉 "그의 기업의 영광의 부요함"은 하나님께서 그리스도에게 행하신 두 번째 것, 즉 '그리스도의 발아래 모든 것을 복종하게 하심'(22a절)과 관련이 있을까? 깊은 관련이 있다. 그 발아래 복종하게 하신 것은, 하나님께서 그 아들 그리스도에게 왕권, 통치권을 회복하게 하신 것이다. 우리에게 주신 '기업의 영광의 부요함'은 우리가 하나님의 아들들과 상속자들이 된 것과 관련이 있다. 즉 하나님께서 우리의 신분을 고귀하게 하셨고(신적 신분-아들들-의 수여), 아들들의 권한과 권리를 주신 것이 '영광의 기업'이라는 점에서, 그의 독생자 예수 그리스도의 왕권을 회복하게 하신 22a절의 내용과 서로 상관성이 있다.

6. 마지막으로, 18b절의 '무엇'의 첫 번째 내용이 되는 "그의 부르심의 소망"은 우리를 부르셔서 이끌어가실 미래적 사역과 관련되어 있다. 이 부분은 20-23절의 마지막 부분인 '그리스도와 교회'에 대한 말씀과 짝이 맞는다. 우리 부르심의 소망(최소한 그 소망의 한 가지)은 바로 그리스도의 교회가 되는 것이다(22b-23a절). 그리스도의 교회가 되어서 세상에 그리스도의 충만으로 존재하고 그의 신적 충만을 흘려 보내는 통로가 되는 것이다(23절). 이렇게 18b-23절은 역교차 구성을 가진다.[25)]

18b절	a	부르심의 소망이 무엇인지	교회의 머리가 되게 하심; 교회는 그의 충만의 사역 감당	a'	22b-23절
18c절	b	기업의 영광의 부요함이 무엇인지	만물을 그 발아래 복종하게 하심; 왕권의 회복	b'	22a절
19절	c	그의 능력의 역사하심이 무엇인지	하나님의 역사하심: 살리심과 오른 편에 앉히심	c'	20-21절

Ⅰ. 15-16절, 감사와 기도

구문 배열

15	16
Διὰ τοῦτο 이 때문에 For this reason **κἀγώ** 나도 I also **ἀκούσας** 듣고 having heard of **τὴν καθ' ὑμᾶς πίστιν** 너희 가운데 믿음과 the faith among you ἐν τῷ κυρίῳ Ἰησοῦ 주 예수 안에 있는/~에 대한 in the Lord Jesus **καὶ τὴν ἀγάπην** 사랑을 and the love τὴν εἰς πάντας τοὺς ἁγίους 모든 성도들에 대한 toward all the saints	**οὐ παύομαι** 그치지/멈추지 않는다 I do not cease **εὐχαριστῶν** 감사하는 것을 giving thanks ὑπὲρ ὑμῶν 너희를 위하여/~ 때문에 for you **μνείαν** 언급~/기억~ mention/ remembrance of (you) **ποιούμενος** ~하며 making ἐπὶ τῶν προσευχῶν 기도(들)에/기도할 때에 in prayers μου, 나의 my

직역

1. 15. 이 때문에, 나도 너희 가운데 있는 주 예수에 대한 믿음과 모든 성도에 대한 사랑을 듣고, 16. 너희 때문에 감사하는 것과 나의 기도에 너희를 언급하는 것을 멈추지 않는다.

2. 15. For this reason, I also, having heard of the faith among you in the Lord Jesus and the love toward all the saints, 16 do not cease giving thanks for you and making mention of you in my prayers.

구성/문체

1. 15-16절은 두 개의 절(clauses)로 되어 있다. 15절은 분사 구문의 종속절이고 16절은 주절이다. 15절 분사 구문("나도 듣고", 부정과거분사)은 16절의 이전 상태를 말한다. 따라서 16절은 그 결과가 된다. 바울은 15절, "나도 듣고/듣고 나서", 16절, 두 가지를 멈추지 않는다고 말씀한다. 술어인 "멈추지 않는다"에 걸리는 것은 두 가지 현재분사("감사하는 것"과 "~하는/행하는 것")이다. 즉, 감사하는 것을 멈추지 않고, 언급하는(또는 기억하는) 것을 멈추지 않는다고 말한다.

2. 두 개의 절은 시간적 선후(15절이 선, 16절이 후) 관계에 있고, 구문적으로

종속절(15절)-주절(16절)로 된 부분이지만, 내용으로 볼 때, '듣는 것'와 '감사하고 언급하는 것', 이 두 가지를 함께 말하는 이중(twofold) 배열이라는 점이 관찰된다. 바울이 하는 두 가지 행동이다.

절별 해석

15절

1. "이 때문에"(Διὰ τοῦτο): 3-14절의 하나님에 대한 송축과 관련이 된다. 하나님의 영원한 구원이 어떻게 펼쳐졌는지 말씀한 부분이다. '그와 관련해서'란 뜻이다.

"나도 … 듣고"(κἀγὼ ἀκούσας): "나도"(κἀγώ)란 말은 13절의 "너희도 듣고"(καὶ ὑμεῖς ἀκούσαντες)와 관련이 있을 것이다. 13절의 '너희도'는 하나님의 구원(하나님께서 하신 일)에 대해 '너희도' 무언가 한 일이 있음을 말하는 것이었다. 그런데 15절의 '나도'는 너희가 들은 것처럼 '나도 듣고' 무언가를 한다는 표현이다. '너희'의 일과 '나'의 일을 비교해주고 있다. 15절의 "듣고"(ἀκούσας)와 13절의 "듣고"(ἀκούσαντες)가 모두 부정과거 분사라는 점이 흥미롭다.

"너희 가운데 있는 주 예수에 대한 믿음과 모든 성도에 대한 사랑을"(τὴν καθ' ὑμᾶς πίστιν ἐν τῷ κυρίῳ Ἰησοῦ καὶ τὴν ἀγάπην τὴν εἰς πάντας τοὺς ἁγίους): "너희 가운데 있는 … 믿음"(τὴν καθ' ὑμᾶς πίστιν)은 '너희'가 가지고 있는 믿음을 말한다. "주 예수에 대한"(ἐν τῷ κυρίῳ Ἰησοῦ) 믿음은 '주 예수를' 믿는 믿음이다. 그들이 가지고 있는 주 예수에 대한 신앙을 가리킨다. "모든 성도에 대한 사랑"(τὴν ἀγάπην τὴν εἰς πάντας τοὺς ἁγίους)은 그들이 보여준 성도들에 대한 사랑의 범위가 제한되지 않고 넓다는 것을 말하고자 한다.

2. 바울이 들은 것은 '너희'의 주님에 대한 믿음과 성도에 대한 사랑, 이 두 가지였다. 그 '믿음과 사랑'은 그리스도인이라면 당연히 가지게 되는 가장 보편적인 특질이다. 그러나 한편으로 이 두 가지는 하나님의 구원이 그에게 이미 일어났다는 표식이기도 하다. 하나님의 구원이 먼저 일어나지 않고는 이 같은 믿음과 사랑을 가질 수 없기 때문이다.

16절

1. "멈추지 않는다"(οὐ παύομαι): 15-16절의 대표되는 술어(직설법 동사)이다. 바울이 '너희'의 믿음과 사랑에 대해 들었을 때 한 행동이다. 이 말에 그 다음 나오는 두 가지 분사("감사하는 것"과 "언급하는 것")가 연결된다.

"너희 때문에 감사하는 것과"(εὐχαριστῶν ὑπὲρ ὑμῶν): 멈추지 않은 첫 번째 일은 '감사하는 것'(εὐχαριστῶν)이었다. 바울은 '너희' 때문에('너희로 인해', because of you) 감사하기를 그치지 않았다고 말해준다.

"나의 기도에 너희를 언급하는 것을"(μνείαν ποιούμενος ἐπὶ τῶν προσευχῶν μου): "나의 기도에"(ἐπὶ τῶν προσευχῶν μου)는 '내가 기도할 때', 또는 '나의 기도 중에'로 번역해도 좋다. "언급"(μνεία)은 '언급'(mention)과 '기억'(memory)의 뜻이 있다. 이 구절에는 두 가지 의미가 모두 가능하다. '기억하고 언급한다'로 이해된다. 바울이 두 번째 멈추지 않은 것은 바로 그의 기도에 '너희'를 위한 언급, 즉 그들을 위해 기도하는 것이었다.

2. 이 말씀은 바울이 그들에 대해 감사하는 일과 그들을 위해 기도하는 일을 쉬지 않고 계속했다는 말씀이다. 바울이 그들의 믿음과 사랑을 들었을 때 왜 감사하기를 쉬지 않았을까? 15절의 "이 때문에"는 그 이유에 대한 답이 된다. 그 믿음과 사랑이 3-14절에 나타난 하나님의 구원의 결과라고 보았기 때문이다. 그들에게 주님에 대한 믿음과 성도에 대한 사랑이 있는 것은 하나님께서 그들을 만나지 않으셨다면 그런 일이 없었을 것이다. 따라서 바울은 그들에 대해 계속해서 감사할 수 있었다.

바울이 그들을 위한 기도를 쉬지 않았다는 말은 최소한 두 가지의 의미가 있다. 첫째, 그들이 보여준 믿음과 사랑의 단계보다 더 나아가야 할 영적 단계가 있다는 사실이다. 따라서 그들을 위해 이제 기도하게 된 것이다. 둘째, 사역자인 바울이 성도들의 영적 성장에 대한 목양적 열정과 심정이 컸음을 보여준다. 성도들을 위해 기도하는 것을 쉬지 않는 목회자의 모습을 보게 된다. 셋째, 이 말은 또한 그가 늘 기도에 힘쓰는 분이었음을 보여준다. 하나님에 대해 깨어 있는 모습이다.

단락 해석

1. 3-14절에 말씀한 '하나님의 구원'과 관련해서("이 때문에"), 바울은 독자들에게 더 말하고자 하는 것이 있었다. 무엇보다 그들에게 주님에 대한 믿음과 성도에 대한 사랑이 있다는 말을 듣게 된 때문이다. 이 '믿음'과 '사랑'은 그들이 바로 3-14절의 그 '하나님의 구원'에 참여한 자들임을 증거하는 것이다. 하나님의 선택과 예정의 대상, 은혜 받은 자임을 드러낸 것이다. 그래서 바울이 이것을 들었을 때, 가만 있을 수 없었던 것이다.

2. 바울은 그(들은) 이후 두 가지를 멈추지 않았다. 그들에 대해 감사하는 것을 그치지 않았다. 그렇게 구원이 일어난 것이 큰 은혜였기 때문이다. 하나님의 계획이 지금 그 시대 이뤄지고 있다는 증거이기 때문이기도 했을 것이다. 또 하나는 그들을 위해 기도하는 것을 멈추지 않았다. 그의 기도 시간에 그들에 대한 기도를 빼놓지 않았던 것이다. 그것은 그들에게 주어진 구원이 하나님의 뜻에 따라 더 깊은 단계의 진전 상태로 나아가야 했기 때문일 것이다.

메시지

1. 하나님의 구원과 우리의 할 일: 하나님께서 직접 섭리하시는 하나님의 구원에 대해 우리가 해야 할 일은 먼저 하나님을 송축하는 일이다(3절). 하나님이 하신 일을 바라보는 일에서 끝나지 않고, 바울은 이제 그 시선을 성도들에게 향한다. 구원의 결과 얻게 된 그들의 믿음과 사랑을 주목한다. 그에 대해 바울은 계속 하나님께 감사하고 그들을 위해 기도한다. 그들을 위한 바울의 기도는 계속된다. 하나님께서 하시는 일이 있고, 하나님께서 우리에게 기대하시는 일도 있다. 바울은 그것을 알고 있었다. 바울은 그 일을 수행한다. 사람의 기도와 사역이 없다고 하나님의 일에 모자람이 없겠지만, 하나님께서 바울과 같은 그의 종을 사용하셔서 일하시는 것은 분명하다. 바울은 하나님의 계획의 한 부분이 되어 그의 뜻을 수행하는 일꾼이다.

2. 감사와 기도를 멈추지 않는 일: 바울이, 감사하는 것과 기도에 그들을 언급하는 것을 멈추지 않았다는 것은 그가 그 편지의 수신자들(성도들)을 얼마나 사랑하고 있으며, 어떤 헌신적인 사역을 진행하고 있는지 보여준다. 어떤 형제들을 위한 감사, 단지 그들이 믿음과 사랑의 표식이 있다는 사실에 대해

계속되는 감사는, 하나님의 계획(뜻)에 대한 깊은 안목과 그들 형제들에 대한 깊은 관심이 없이는 불가능하다. 그뿐 아니라, 기도할 때마다 그들을 위해 기도하는 것 역시 그와 같다. 감사 없는 기도도 아니고, 기도 없는 감사도 아니다. 바울에게 이 둘은 함께 간다. 그들의 믿음과 사랑이 매우 뛰어나기 때문에 드려지는 감사였을까? 그들이 이제까지 바울에게 잘해줬기 때문에 그들을 위하여 해주는 계속된 기도였을까? 그렇지 않을 것이다. 그래서 바울이다. 계속되는 감사와 기도는 하나님에 대한 순전한 믿음과 형제들에 대한 진지한 열정 없이 될 일이 아니다.

Ⅱ. 17-18a절, 알게 해주시기를

구문 배열

17

ἵνα
~도록 so that

ὁ θεὸς
하나님, the God,

τοῦ κυρίου
주님, of the Lord,

ἡμῶν
우리 our

Ἰησοῦ Χριστοῦ,
예수 그리스도의 of Jesus Christ

ὁ πατὴρ
아버지께서 the Father

τῆς δόξης,
영광의 of glory

δώῃ
주시~ may give

ὑμῖν
너희에게 you

πνεῦμα
영을 the Spirit of

σοφίας
지혜와 wisdom

καὶ ἀποκαλύψεως
계시의 and revelation

ἐν ἐπιγνώσει
지식으로/ 안에서
in the knowledge

αὐτοῦ,
그의 of Him

18a

πεφωτισμένους
밝히셔서 having been enlightened

τοὺς ὀφθαλμοὺς
눈(들)을 the eyes

τῆς καρδίας
마음의 of heart/ mind

[ὑμῶν]
[너희의] your

εἰς τὸ
~되도록 thay ~ may

ὑμᾶς
너희가 you

εἰδέναι
알게~ know

직역

1. 17. 우리 주 예수 그리스도의 하나님, 영광의 아버지께서 그의 지식으로 너희에게 지혜와 계시의 영을 주셔서, 18a. [너희] 마음의 눈을 밝히시고, 그래서 너희가 알게 되기를 기도한다.

2. 17. so that the God of our Lord Jesus Christ, the Father of glory, may give you the Spirit of wisdom and revelation in His knowledge, 18. having been enlightened the eyes of your heart, that you may know,

구성/문체

1. 17절은 ἵνα-절로 시작하는데 기도의 내용을 담고 있다. 먼저 하나님에 대한 호칭 부분(17a절)과 기도의 중심 내용이 되는 가정법 동사 구문("주사 …", 17b절), 그리고 이를 뒷받침해주는 분사 구문("… 밝히셔서", 18a절)과 목적을 제시하는 εἰς-전치사 구문("너희가 알게 되도록", 18b절)으로 된 부분이다.

2. 구문으로 볼 때, 이 기도의 내용의 중심은 '지혜와 계시의 영을 주시라' 하는 것이다. 그러나 그 뒤의 어구인 "그의 지식 안에서"나, 18절의 '마음의 눈을 밝히는 것', 그리고 '너희로 알게 되는 것'이 모두 유사한 내용을 담고 있다는 점을 주목할 필요가 있다.

3. 가정법 동사 구문과 ἐν-전치사구, 분사 구문과 εἰς-전치사 구문은 그 내용이 유사하다는 점에서 병행법적 짝을 이루고 있다고 할 수 있겠다. 즉, '지혜와 계시의 영을 주시는 것'(a)과 '마음의 눈을 밝히시는 것'(a'), 그리고 '그의 지식 안에서'(b)와 '너희가 알게 되도록'(b')이 짝을 이루는 병행법 구성으로 이해된다.

17절	a	지혜-계시의 영을 주시길	마음 눈을 밝혀 주셔서	a'	18절
	b	그의 지식으로	너희가 알게 되도록	b'	

'지혜와 계시의 영을 주시길'(a) 기도하는 것과 '마음 눈을 밝혀 주시라'(a') 하는 내용이 서로 다른 것이 아니다. 같은 동전의 양면이다. 하나님께서 지혜-계시의 영을 주실 때, 우리 마음 눈이 밝혀질 것이다. 그 일이 '그의 지식 가운데'(b), 또는 '그의 지식으로' 이뤄질 것이다. 그 결과 '너희가 알게' 될 것(b')이다. '너희'가 알게 될 것은 결국 '그의 지식'이란 말이기도 하다.

절별 해석

17절

1. "우리 주 예수 그리스도의 하나님, 영광의 아버지께서"(ἵνα ὁ θεὸς τοῦ κυρίου ἡμῶν Ἰησοῦ Χριστοῦ, ὁ πατὴρ τῆς δόξης): 기도의 내용이 ἵνα-절로 나온다. 여기서 바울은 기도의 대상이신 하나님을 먼저 "우리 주 예수 그리스도의 하나님"(ὁ θεὸς τοῦ κυρίου ἡμῶν Ἰησοῦ Χριστοῦ)이라 부른다. 성부 하나님과 성자 그리스도는 이미 구원의 사역에 함께 하셨다(4-12절). 바울은 3절에서도 하나님을 "하나님 곧 우리 주 예수 그리스도의 아버지"라 불렀다. 새로운 부분이 "영광의 아버지"(ὁ πατὴρ τῆς δόξης)인데 그분 자신의 영광으로 빛나시는 '영광스러운 아버지'(1:12, 14; 3:16; 행7:2)이심과 함께 그의 성도들에게 그 영광된 것을 주시는 하나님이심(1:18)을 동시에 의미할 수 있다.

"너희에게 지혜와 계시의 영을 주셔서"(δώῃ ὑμῖν πνεῦμα σοφίας καὶ ἀποκαλύψεως): 가정법 동사 "주셔서"(δώῃ)가 이 부사절의 핵심 되는 술어이다. "지혜와 계시의 영"(πνεῦμα σοφίας καὶ ἀποκαλύψεως)은 '성령'(the Spirit, NIV)을 가리킬 수도 있고, 어떤 '영적인 것'(a spirit or spiritual;, NAS, KJV)을 뜻할 수도 있다. 8절의 하나님의 뜻을 깨닫게 하는 "지혜와 총명"과 비슷한 의미이다. "지혜"(σοφία)는 '깨달음'(understanding)과 관련이 있고 "계시"(ἀποκάλυψις)는 '드러난 것'(being revealed)과 관련있다. 두 가지 단어가 다 알게 하는 것에 대한 것이다. 이중적 표현이다.

"그의 지식으로"(ἐν ἐπιγνώσει αὐτοῦ): ἐν-전치사구로 한글 개역(또는 NRS, NIV)처럼 "하나님을 알게 하시고"로 번역하기 보다는 "그의 지식으로" 번역하는 것(NAS, KJV)이 맞다. 이 말씀은 '하나님 알기'(knowing God)의 이슈가 아니라 '하나님의 지식을 깨닫기'(understanding His knowledge)에 대한 것이기 때문이다. 하나님을 인격적으로 알게 해달라는 기도가 아니라, 하나님의 뜻, 계획, 경륜에 대해 깨닫게 해달라는 기도이다.

2. 바울의 기도는 이처럼 하나님의 지식과 관련된 무언가를 알게 해달라는 기도이다. "지혜와 계시의 영"을 달라는 기도는 어떤 성령의 은사를 구하는 기도가 아니다. 성령을 통해서 깨달음을 달라는 기도이다. "그의 지식으로"도 그런 맥락에서 이해해야 한다. 하나님의 지식에 대한 깨달음을 강조하는 내용이다.

'깨달아야 할 것'의 목록(list)이 18b절에서부터 나온다. 세 가지 '무엇'(τίς)이다. 그들이 알아야 할 것을 알게 해달라고 기도하는 것은 이 깨달음의 지식('신적 지식')이 무척 중요한 것이기 때문이다. 이 '신적 지식'(또는 '신적 계시')을 통해 하나님의 계획에 동참할 수 있기 때문일 것이다.

18a절

1. "[너희] 마음의 눈을 밝히시고"(πεφωτισμένους τοὺς ὀφθαλμοὺς τῆς καρδίας [ὑμῶν]): "너희"(ὑμῶν)가 어떤 사본(P46, B)에는 있고 또 다른 사본(א, A, D, F, G, Ψ)에는 없다. 그러나 의미의 차이는 거의 없다. 완료수동태 분사 "밝히시고" (πεφωτισμένους)는 '빛이 비춰진 상태'(being illuminated, englightened)를 가리킨다. 15절의 결과절이 된다. "마음의 눈(들)"(οἱ ὀφθαλμοὶ τῆς καρδίας)은 육체로 볼 수 있는 눈이 아니다. '영적인 눈', 깨달음의 눈이다. 결국 이 말씀은 17절의 "지혜와 계시의 영"을 주시는 것과 깊은 관련이 있다. 지혜와 계시의 영을 주심으로 결과적으로 '마음의 눈'이 밝혀지기 때문이다.

"그래서 너희가 알게 되기를 기도한다"(εἰς τὸ εἰδέναι ὑμᾶς): "기도한다"는 동사는 없다. "알게 되기를"(εἰς τὸ εἰδέναι)이 된다. 전치사로 시작하며 목적을 말하는 부사절에서 목적어로 쓰인 "너희가"(ὑμᾶς)가 주어 역할을 한다. 이 부분은 17절의 전치사구 "그의 지식으로"와 전치사로 시작된다는 점에서 유사성이 있다. 서로 연관하면, 결국 '너희가' 그(하나님)의 지식으로 알게 될 것에 대해 말하고 있는 것이 된다.

2. 17절이나 18a절이나 성도들이 깨달아야 할 것을 깨닫게 해달라고 간구하는 내용을 반복적으로 쓰고 있다. 그것은 어떤 면에서 '지혜와 계시'의 내용이고, 또한 '마음 눈'의 밝아짐으로 알 수 있는 것이고, '하나님의 지식'에 대한 것이고, 그들이 알아야 할 어떤 것이다.

이렇게 '아는 것', '깨닫는 것'과 관련한 반복된 어구의 사용은 성도들이 알아야 할 것들(특히 그 다음에 연속해서 나오는 세 개의 '무엇')이 너무도 중요한 것들이고 하나님의 적극적인 개입과 허락이 없으면 아무도 능히 알 수 없는 것이라는 점을 강조한 것이다.

단락 해석

1. 17절에, 바울은 먼저 하나님을 "우리 주 예수 그리스도의 하나님"이라 부른다. 그의 아들 예수 그리스도와 하나님의 불가분리의 관계를 강조하고 싶었기 때문이다. 그 하나님은 또한 "영광의 아버지"가 되심을 말씀한다. 하나님의 영광과 그분의 아버지 되심을 함께 강조하는 표현이다. "영광의 아버지"는 우리에게 그 어떤 것도 주실 수 있는 분이시다.

2. 17-18절에서, 바울이 하나님께 기도하고 있는 내용은 '너희' 성도들이 하나님의 특별한 지식을 깨닫게 해달라는 것이었다. 바울은 이런 목적을 위해 적어도 네 차례, 이런 류의 표현을 반복한다. 특히 두 개씩 짝을 이뤄 강조한다. 첫째, 지혜와 계시의 영, 즉 진리의 성령을 주실 것을 강조한다. 이것은 성령이 그들 안에 없다는 말이 아니라, 성령의 이 같은 역할(지혜와 계시의 영으로서)이 특별히 그들과 함께 있게 될 것을 원하는 것이다. 성령을 '지혜와 계시의 영'이라 한 것은 그들로 깨달아야 할 중요한 것을 깨닫게 하시는 영이 되시기 때문이다. 이와 함께 바울은 '그들의 마음 눈을 밝혀 주실 것'을 말씀한다. 이 말은 지혜와 계시의 영이 주어질 때, 그 마음 눈이 밝혀지게 될 것이라는 점에서 동일한 내용을 다른 각도로 표현한 것이라 할 수 있다.

3. 둘째, 그와 함께 두 개의 전치사구가 등장하는데, 이 내용들도 앞의 내용과 유사하다. "그의 지식으로"와 "너희가 알게 되도록"이란 어구인데, 그들이 하나님의 지식을 얻게 될 것을 원한다는 것이다. 즉, '하나님의 지식으로 그들이 알게 되는 것'을 강조하는 표현이다. 이렇게 바울은 네 번에 걸쳐, 반복해서, 그들로 알아야 할 것을 꼭 알게 해줄 것을 강조하는 내용을 기도하고 있는 것이다. 무엇을 깨닫게 해달라는 것일까? 그들이 알아야 할 '하나님의 지식'은 무엇일까?

메시지

1. 우리 주 예수 그리스도의 하나님, 영광의 아버지: 하나님이 어떤 분이신가를 제대로 인정하지 않고 기도할 수 없다. 바울은 이 짧은 표현에서 하나님과 그리스도의 관계, 그리고 그분의 영광과 아버지 되심을 먼저 고백하며 그의 기도를 시작하고 있다.

2. 하나님의 지식을 알게 해 주시길: 바울이 이곳에서 가장 먼저 기도하는 내용은 그들이 특별한 하나님의 지식을 얻게 되는 것이다. 지혜와 계시의 영을 통해 그들의 마음이 밝혀지는 것이고, 하나님의 지식으로 그들이 알아야 할 것을 알게 되는 것이다. 이 하늘의 지식이 너무도 중요했다. 가슴이 뜨거운 것(열정)과 머리로 깨닫게 되는 것(참 지식)이 함께 간다. 하나님의 지식이 소홀히 될 수 없다. 그 지식을 위해 하나님의 말씀, 성경이 쓰여졌다. 바울은 그 지식을 에베소서에 기록한다.

Ⅲ. 18b-19절, 알아야 할 세 가지 '무엇'

구문 배열

18b

τίς ἐστιν
무엇이 ~인지 what is

ἡ ἐλπὶς
소망인지~ the hope

τῆς κλήσεως
부르심의/소명의 of the calling

αὐτοῦ,
그의 His

τίς
무엇이 (~인지) what (is)

ὁ πλοῦτος
부요함/풍성함~ the riches

τῆς δόξης
영광의 of the glory

τῆς κληρονομίας
기업의/상속의 of the inheritance/ heritage

αὐτοῦ
그의 His

ἐν τοῖς ἁγίοις,
성도들 안에 (있는) in the saints

19

καὶ τί
또한 무엇이 (~인지) and what (is)

τὸ ὑπερβάλλον μέγεθος
탁월하게 큰/위대한 것 the surpassing/ exceeding greatness

τῆς δυνάμεως
능력의 of the power

αὐτοῦ
그의 His

εἰς
~에게 (향한) toward

ἡμᾶς
우리 us

τοὺς πιστεύοντας
믿는 자들~ who believe

κατὰ τὴν ἐνέργειαν
역사하심/작용을 따라 according to the working

τοῦ κράτους
능력/전능의 of the strength

τῆς ἰσχύος
힘의 of the might

αὐτοῦ.
그의 His

직역

1. 18b. 그의 부르심의 소망이 무엇인지, 성도들 안에 있는 그의 기업의 영광의 부요함이 무엇인지, 19. 또한 그의 힘의 능력의 역사하심을 따라 믿는 우리에게 미치는 그의 위력의 탁월하게 크심이 무엇인지에 대한 것이다.

2. 18b. what is the hope of His calling, what is the riches of the glory of His inheritance in the saints, 19. and what is the surpassing greatness of His power toward us who believe according to the working of the strength of His might,

구성/문체

1. 18b-19절의 구문은 비교적 간단하다. 세 개의 '무엇'(τίς)이 나오는 부분이다. 첫째, "그의 부르심의 소망"이 무엇인지(τίς ἐστιν), 둘째, "… 그의 기업의 영광의 부요함"이 무엇인지(τίς), 셋째는 "… 그의 능력의 탁월하게 큰 것"이 무엇인지(τί)가 나온다. 첫째 '무엇'은 여성("소망"이 여성)이므로 τίς이고, 둘째 '무엇'은 남성("부요함"이 남성)이므로 역시 τίς이고, 셋째의 '무엇'은 중성("큰 것"이 중성)이므로 τί이다. 첫째의 '무엇' 구문에 동사 ἐστιν(~이다)이 나왔으므로 둘째와 셋째 부분에는 이 동사가 생략된다.

2. 이 세 가지는 18a절의 "너희가 알게 되기를"과 관련된다. 따라서 이것들은 그들이 알게 되기를 바라는 바울의 기도 내용이다. 이 세 가지가 '하나님 지식'에 속하고, 이 세 가지를 알기 위해, '지혜와 계시의 영'이 주어져, 그들 마음의 눈이 밝혀져야 한다고 했던 것이다.

절별 해석

18b절

1. "그의 부르심의 소망이 무엇인지"(τίς ἐστιν ἡ ἐλπὶς τῆς κλήσεως αὐτοῦ): 첫 번째 알아야 할 '무엇'(τίς)이다. 첫 번째는 "그의 부르심의 소망"(ἡ ἐλπὶς τῆς κλήσεως αὐτοῦ)이다. 즉, 하나님께서 '우리'를 부르신 그 '부르심'(κλῆσις)의 목적이 된다. '소망'(ἡ ἐλπὶς)은 미래적인 것이므로 부르신 목적과 방향에 대해 말씀하는 것이라 볼 수 있다.

"성도들 안에 있는 그의 기업의 영광의 부요함이 무엇인지"(τίς ὁ πλοῦτος τῆς

δόξης τῆς κληρονομίας αὐτοῦ ἐν τοῖς ἁγίοις): 두 번째 알아야 할 '무엇'은 "그의 기업"(ἡ κληρονομία αὐτοῦ)과 관련이 있다. '그의 기업'은 하나님이 주신 '자산, 유업'(inheritance)이다. '하나님의 나라'에 속한 그 '무엇'이다(5:5). 우리 자신이 하나님의 기업이 되기도 한다(1:14). 우리가 하나님의 아들들이 되어 그의 나라의 상속자가 되었기 때문이다(3:6). 그 기업의 '영광의 부요함'(ὁ πλοῦτος τῆς δόξης)은 하나님이 주신 그 기업의 '영광스러움'(gloriousness)과 '풍성함'(plentifulness)을 함께 말하는 것이다. 그 자체가 하나님으로부터 기원하는 '신적 기업'(divine inheritance) 이므로 영광스러운 것이고 부요하신 하나님께서 넘치게 주신 것이므로 풍성한 것이다. 그런데 이 '기업'은 "성도들 안에"(ἐν τοῖς ἁγίοις) 있는 것이다. 즉 세상에서 찾을 수 있는 것이 아니라, 바로 우리 성도들에게 주어진 것이란 뜻이다.

2. '부르심의 소망'과 '기업의 영광의 부요함'이 무엇인지 아는 것이 중요한 이유는, 그것을 알 때 우리가 향방 없는 자 같지 않고 제대로 된 방향을 따라 나아갈 수 있기 때문이다(고전9:26). 또한 우리에게 있는 영광스러운 것과 부요한 것을 알게 되어 그 어떤 부족함도 없이 전진할 수 있기 때문이다.

19절

1. "또한 … 그의 위력의 탁월하게 크심이 무엇인지에 대한 것이다"(καὶ τί τὸ ὑπερβάλλον μέγεθος τῆς δυνάμεως αὐτοῦ): 세 번째 알아야 할 '무엇'은 "그의 위력"(ἡ δυνάμις αὐτοῦ)과 관련이 있다. 하나님의 위력, 즉 그분의 힘이 "탁월하게 크심"(τὸ ὑπερβάλλον μέγεθος)은 '큼'(μέγεθος, greatness)과 관형어로 쓰인 분사 '탁월한'(ὑπερβάλλον, surpassing)이 합쳐진 어구이다. 즉, '크다'와 '탁월하다'의 두 의미가 중첩되어 '더 탁월하게 큰 것'을 표현한다. 그의 능력이 얼마나 상상할 수 없이 큰지 알게 해달라는 내용이다.

"그의 힘의 능력의 역사하심을 따라 믿는 우리에게 미치는"(εἰς ἡμᾶς τοὺς πιστεύοντας κατὰ τὴν ἐνέργειαν τοῦ κράτους τῆς ἰσχύος αὐτοῦ): "그의 힘의 능력"(τό κράτος τῆς ἰσχύος αὐτοῦ)에서 "능력"(κράτος)은 같은 '힘'(power)이지만 주로 '지배력'(the power to rule or control, LN)을 말하고, "힘"(ἰσχύς)도 '능력'(strength), '힘'(power)의 의미이지만, 특히 '해낼 수 있는 특별한 능력'(exceptional capability with potentiality)을 말한다. 또 처음에 쓰인 '위력'(δυνάμις)도 '힘'(power), '능한 일'(mighty deed)의 뜻이다. 조금씩

뉘앙스는 다르지만, 사실상 이 세 단어는 비슷한 뜻의 동의어이다. 지금 바울은 사실상 '힘과 힘과 힘'을 반복해서 말하고 있다. 하나님의 힘의 큼과 그 힘의 역사를 강조하기 위해서이다. "역사하심"(ἐνέργεια)은 말 그대로 '역사'(working, activity), '작용'(operation)이다. 하나님께서 우리 믿는 자, 즉 신자들에게 그 강력한 힘으로 작용하신다는 뜻이다. 그 강력하고 탁월한 힘의 역사(energia)가 '무엇'인지 알게 해달라는 것이다.

2. 하나님이 어떤 힘으로 우리 믿는 자에게 작용하고 역사하시는지를 이해하는 것은 매우 중요하다. 우리는 비록 약해도 하나님의 강력한 힘이 운행하고 있다는 사실을 알 때, 우리는 그 힘을 의지하거나, 그 힘의 작용을 요청할 수 있다. 그리고 그 어떤 상황에도 불안하지 않고 하나님을 바라볼 수 있게 될 것이다.

단락 해석

1. '너희'로 알게 되길 원하는 내용이 18b-19절에 세 가지로 나왔다. 첫째, "그의 부르심의 소망"이 무엇인가 하는 것이다. 이 말은 하나님의 부르심이 미래 어떤 목표, 어떤 방향으로 진행될 것인가에 대한 것이다. 하나님의 부르심에 미래적 목표가 있다는 얘기다. 그래서 '소망'이다. 앞 부분에서 찾으면, '거룩하고 흠이 없는 아들들'이 되는 것(1:4-5)이다. 또한 하나님의 '통일'의 비밀과 계획(1:9-10)을 알고 이에 참여하게 되는 것이다. 그래야 미래를 바라보며 나아갈 수 있기 때문이다.

2. 둘째, "성도들 안에 있는 그의 기업의 영광의 부요함"이 무엇인지 아는 것이다. 하나님의 아들들이 되는 성도된 '우리'가 하나님 나라의 기업을 얻게 되는데, 그 기업의 영광이 어떠한지, 그 영광의 부요함이 어떠한지 알게 해달라는 내용이다. 우리에게 주신 '기업', 우리가 소유하게 된 바가 얼마나 놀라운 것인지 깨닫는 것이 중요하다. 바울은 나중에 우리가 '함께 된 상속자'(3:6)임을 선언한다. 아들들인 우리를 그 나라의 후사, 곧 상속자로 삼으셨다(롬8:17). 우리가 가진 것의 영광과 그 부요함을 이해할 때, 이 때문에 영광과 부요함을 누리고 넉넉함과 담대함이 생기게 될 것이다.

3. 셋째, "그의 능력의 탁월하게 큰 것"이 무엇인가 하는 것이다. 그것은 또한

그 다음의 "그의 힘의 능력의 역사하심"과도 관련이 있다. '하나님의 힘'을 가리키는 말이 세 차례 이상 반복된다. 그 힘이 얼마나 큰지, 그리고 그 능력이 어떻게 역사하는지, 그 역사하는 정도가 엄청나다는 뜻이다. 그리고 그 힘이 '우리 믿는 자들'에게 역사하고 있다는 말이다. 우리의 애씀이 있기 전에 하나님의 이 힘의 역사가 먼저 존재한다. 그 힘의 무한대적 능력 때문에 하나님의 역사가 이 땅에 이뤄진다. 그 역사하는 힘을 깨닫게 될 때, 우리는 그 어떤 난관도, 어려운 상황도 극복하지 못할 것이 없음을 인정하게 된다.

메시지

1. 부르심의 소망: 하나님의 부르심은 목표가 있다. 부르심 자체로 끝나지 않는다. 그래서 그 미래적 소망에 대해 깨닫는 것이 필요하다. 하나님께서 우리를 부르셔서 무엇이 되도록 하셨을까? 또 우리를 어느 곳으로 이끌어 가시는가? '거룩하고 흠 없는 하나님의 아들들'(1:4-5)이 되는 것과 그의 경륜의 사역에 참여하는 것(1:9-10)을 바울은 이미 말씀한 바 있다. 구속, 즉 죄 사함에서 시작해서 더 큰 소망으로 이끌어가시는 미래가 있다.

2. 우리의 기업, 그 영광의 부요함: 그의 아들들이 되는 것은 곧 그의 나라의 상속자가 되는 것이기도 하다. 우리에게 모든 영적인 복을 주신 것(1:3) 자체도 우리가 얻게 된 많은 것이다. 우리가 기업으로 얻게 된 것과 앞으로 얻게 될 것은 너무도 영광스러운 것이고 그 풍성함은 마름이 없다. 우리에게 있는 것이 없어 메마르고 부족해 하는 게 아니라, 그 있는 것들, 그 받은 것들을 깨닫지 못하고 그래서 활용하지 못하고 또 바라보지 못하므로 마음이 궁핍해진다.

3. 그의 능력의 탁월한 역사: 세 번째 기도 내용은 하나님께서 지금 성도들에게 그의 놀라운 힘으로 역사하고 계시다는 것을 알게 해달라는 것이다. 하나님의 움직임과 역사하심이 성도에게 있다는 것이다. 그는 손을 뒤로 묶고 계신 분이 아니고, 다른 일에 바빠서 손을 내밀 수 없는 그런 분도 아니시다. 우리 하나님은 우리 성도에게 지금도 역사하신다. 지금도 일하신다. 일하시되, 놀라운 능력, 그 힘의 탁월한 능력으로 그 일을 하신다. 이 사실을 제대로 깨닫게 될 때, 우리는 안심할 수 있고 그 품에 잠시 쉴 수 있다. 그리고 주께서 하시도록 내맡기고 온전히 의지할 수 있다. 또 우리 손의 범위가 넘을 때라도 믿음으로 바라볼 수 있다.

Ⅳ. 20-23절, 하나님이 그리스도에게 하신 일 세 가지

구문 배열

20 ἣν (그 힘을) which ἐνήργησεν 역사하셨다 He worked/ operated ἐν τῷ Χριστῷ 그리스도 안에 in Christ ἐγείρας 일으키실 때/일으키시며 when He raised αὐτὸν 그를 Him ἐκ νεκρῶν 죽은 자들로부터 from the dead καὶ καθίσας 그리고 앉히실 때 and seated (Him) ἐν δεξιᾷ 오른 편에 at the right hand αὐτοῦ 그의 His ἐν τοῖς ἐπουρανίοις 하늘/하늘의 자리에서 in the heavenly places ὑπεράνω ~위에(있게) far above πάσης ἀρχῆς 모든 우두머리(앞섬)와 all rule(r) καὶ ἐξουσίας 권세(자)와 and authority καὶ δυνάμεως 능력(자)와 and power καὶ κυριότητος 주권(자)~ and dominion/ lordship καὶ παντὸς ὀνόματος 그리고 모든 이름~ and every name ὀνομαζομένου, (이름으로) 불리는 that is called οὐ μόνον ἐν τῷ αἰῶνι ~세상/세대뿐아니라 not only in the age τούτῳ 이~ this ἀλλὰ καὶ ἐν τῷ μέλλοντι· 오는 세상/세대에도 but also in the one to come	22 καὶ ὑπέταξεν 또한 그는 복종하게 하시고 and He put πάντα 모든 것을 all things ὑπὸ τοὺς πόδας 발(들) 아래 under the feet αὐτοῦ 그의 His καὶ αὐτὸν 그를 Him ἔδωκεν 주셨다 and gave κεφαλὴν 머리로 as the head ὑπὲρ πάντα, 모든 것 위에 over all things τῇ ἐκκλησίᾳ 교회의 of the church 23 ἥτις ἐστὶν ~인 which is τὸ σῶμα 몸, the body αὐτοῦ, 그의 His τὸ πλήρωμα 즉 충만/채움/완성~ the fullness/ completeness τοῦ ~ 분의 of Him τὰ πάντα 모든 것을 all ἐν πᾶσιν 모든 것 안에서 in all πληρουμένου. 충만하게 하시는/이루시는 who fills/ completes

직역

1. 20. 그 힘을 그리스도 안에 역사하셨다. 즉, 죽은 자들로부터 그를

일으키셨고 하늘에 그의 우편에 앉히셨다. 21. 모든 우두머리와 권세자와 능력자와 주권자, 그리고 이 세상뿐 아니라 오는 세상에서도 불려지는 모든 이름 위에 있게 그리하셨다. 22. 또한 모든 것을 그 발 아래 복종하게 하셨다. 그리고 그를 모든 것 위에 교회의 머리로 주셨다. 23. 교회는 그의 몸, 즉 모든 것 안에서 모든 것을 충만하게 하시는 분의 충만이다.

2. 20. which He worked in Christ when He raised Him from the dead and seated Him at His right hand in the heavenly places, 21 far above all rule and authority, power and dominion, and every name that is called, not only in this age but also in the one to come, 22. and He put all things under His feet and gave Him as the head of the church over all things, 23. which is His body, the fullness of Him who fills all in all.

구성/문체

1. 20-23절은 세 부분으로 나뉜다. 세 개의 직설법 동사("역사하셨다", "복종하게 하셨다", "주셨다")가 각 부분의 중심이 된다. 모두 하나님께서 하신 일, 특히 그리스도에 대해 행하신 일을 말해준다.

2. 첫째, 20-21절은 하나님께서 '그 힘을'(관계대명사 여성형으로 19절의 '힘', ἰσχύς 또는 '역사하심', ἐνέργεια를 선행사로 한다) 그리스도 안에서 "역사하셨다." 즉, 그리스도에게 하신 역사이다. 이 역사하신 내용을 두 개의 분사("살리실 때", "앉히실 때")로 뒷받침한다. 그리스도에게 행하신 하나님의 역사(energia)는 그리스도를 죽은 자 가운데서 살리시는 일로 나타났고, 또한 그분의 오른 편에 그를 앉히시는 일로 나타났다. '살리는 일'과 '하늘에 앉히신 일'을 하나님의 역사의 대표적인 두 사건으로 말해준다.[26)]

3. 둘째, 22절의 "복종하게 하셨다"가 하나님께서 그리스도에게 행하신 두 번째 행위셨다. "복종하게 하셨다"가 20절의 "역사하셨다"에 이은 두 번째 행위(직설법)라는 점에서, 그의 역사하심, 즉 '살리시고 앉히신 일'과는 다른 영역의 의미라 할 수 있다. 20b-21절의 그리스도의 승귀(높혀지심)와 22절의 만물이 그분께 복종하는 것이 비슷한 내용이 아니란 얘기이다. 만물이 그리스도 발 앞에 복종하는 것은 그리스도께서 만물에 대한 통치권을 획득(또는

재획득)하셨음을 말하는 것이다.

4. 셋째, "교회의 머리로 주셨다"는 말씀은 하나님께서 그리스도에게 행하신 세 번째 행위셨다(22b절). 23절에 나오는 그리스도와 교회, 그리고 세상(만물)과의 관계는 이 부분에 대한 보충이다.

5. 그러니까 20-21절은 그리스도의 부활과 승귀를 하게 해주신 하나님의 역사하심을, 22a절은 그 아들 예수 그리스도에게 통치권을 회복하게 하시는 일을, 22b-23절은 교회와 관련해서 그리스도를 교회의 머리로 세우신 하나님의 일을 각기 말해주고 있다.

절별 해석

20절

1. "그 힘을 그리스도 안에 역사하셨다"(῝Ην ἐνήργησεν ἐν τῷ Χριστῷ): 관계대명사 여성단수 목적격 "그것을"(῝Ην)은 앞의 여성단수 명사형인 '힘'(ἰσχύς)을 선행사로 받으므로 '그 힘을'이라 할 수 있다. 즉, 하나님의 힘이다. 하나님께서 그 힘을 "그리스도 안에" 역사하셨다. 그리스도 안에 그 힘의 역사가 이뤄지게 하셨다는 뜻이다. "역사하셨다"는 19절의 "역사"(ἐνέργεια)의 동사형 단어(ἐνεργέω)의 부정과거 직설법(ἐνήργησεν)이다. 바로 그 힘의 '역사'를 작용하셨다는 것이다. 명사를 동사로 바꿨을 뿐, 같은 어원의 단어를 쓴 이유는 19절의 하나님의 힘의 역사와 20절의 하나님께서 그 힘을 그리스도에게 역사하신 일을 서로 연계하기 위한 것이다. 즉 동일한 힘의 역사란 뜻이다.

"즉, 죽은 자들로부터 그를 일으키시고"(ἐγείρας αὐτὸν ἐκ νεκρῶν): 하나님의 '역사하심'과 관련된 첫 번째 분사형(부정과거) 동사는 "일으키시고"(ἐγείρας)이다. 개역성경은 "다시 살리시고"로 번역했는데, "일으키시고"라 해야 한다. 그래야 2:6에 "함께 일으키사" (συν-ήγειρεν)가 맞기 때문이다(2:5의 "함께 살리셨고"는 다른 단어 συν-εζωοποίησεν이다). 그리스도의 부활 사건을 가리킨다. 하나님께서 그리스도를 죽은 자들 가운데서 일으키셨다(롬4:24; 8:11; 10:9). 십자가에서 죽으시고 무덤에 안치되셨던 그를 죽은 자 가운데서 일으키시는 하나님의 힘의 역사가 바로 믿는 '우리'에게 역사하시는 하나님의 힘이었다.

"하늘에 그의 우편에 앉히셨다"(καὶ καθίσας ἐν δεξιᾷ αὐτοῦ ἐν τοῖς ἐπουρανίοις):

하나님의 역사하심의 두 번째 하신 일은 역시 동일한 분사형으로 사용된 "앉히실 때/앉히셨다"(καθίσας)이다. 하나님은 그리스도를 그의 "우편에"(ἐν δεξιᾷ) 앉히셨다. "하늘에" (ἐν τοῖς ἐπουρανίοις) 있는 그의 우편은 성부 하나님 외의 최고의 영광의 자리이고 그분을 대신해 통치할 수 있는 자리이다(시110:1 참조). 이 일은 그리스도의 '승귀'(昇貴, exaltation)를 가리킨다. 부활 후 그의 승천과 하늘 보좌에 앉으시는 사건은 그리스도의 '높아지심'을 의미한다(롬8:34; 빌2:9; 골3:1).

2. 직설법 동사 "역사하셨다"에 그 역사하심의 내용을 말해주는 분사(부정과거) 두 개가 나왔다. "일으키시고" "앉히셨다"이다. 이 두 분사 구문은 모두 하나님께서 그 힘으로 역사하신 내용이 된다. 그리스도의 부활과 승귀 사건을 언급하는 이유는 분명하다. 하나님께서 그의 힘으로 그리스도에게 그 같이 역사하셨다는 것이다. 하나님의 힘의 역사가 얼마나 크고 놀라운지를 말해주는 대표적인 예이다. 이런 힘의 역사를 '우리' 믿는 자들에게 동일한 능력으로 작용하신다, 하시겠다는 것이다.

21절

1. "모든 우두머리와 권세자와 능력자와 주권자 … 위에 있게 그리하셨다" (ὑπεράνω πάσης ἀρχῆς καὶ ἐξουσίας καὶ δυνάμεως καὶ κυριότητος): "위에 있게"(ὑπεράνω)라는 '위에'(above, up)란 뜻을 비슷하게 갖는 두 개의 단어(전치사 ὑπερ와 부사 ἄνω)가 합쳐진 말이다. "우두머리"(ἀρχή)는 '머리가 되는 존재'이다. '통치자'라 번역할 수 있다(3:10; 6:12, "통치자들", 복수). "권세자"(ἐξουσία)는 '권세'(authority) 있는 존재이고(역시 6:12, "권세들", 복수), "능력자"(δύναμις)는 '능력'(power) 있는 존재이다. "주권자" (κυριότης)는 '지배권'(dominion) 또는 '주인 됨'(lordship)을 가진 존재이다. '주인/주/주님' (κύριος)에서 나온 말이다. 이들은 모두 영적 존재(집단 또는 계층)를 의미한다.[27] 3:10과 6:12와 달리 단수로 사용된 것은 앞에 '모든'(πάσης)이란 말이 있기 때문이다. '이런 존재들 중 그 어떤 존재, 그 모든 존재보다도 위에'란 의미가 된다. '우두머리', '권세자', 능력자', '주권자' 중에 앞의 두 개는 3:10과 6:12에 동일하게 나온다. 반면에 '능력자'와 '주권자'는 나오지 않는데, 6:12에는 그대신 '세상 주관자들'과 '악한 영'이 대신 나온다. 이들 모두는 공중에 권세 잡은 영적 존재들을 가리키는 말로 선한 천사 집단을 포함하는 말인지, 그들을 제외한

악한 영적 존재들만을 가리키는 것인지 알려져 있지 않다. 여기서 중요한 것은 이런 강력한 영적 존재들보다 더 위에 그리스도를 높이셨다는 점이다. 21절에는 술어가 없다("그리하셨다"는 번역을 위해 넣은 것이다.)

"그리고 이 세상뿐 아니라 오는 세상에서도 불려지는 모든 이름"(καὶ παντὸς ὀνόματος ὀνομαζομένου, οὐ μόνον ἐν τῷ αἰῶνι τούτῳ ἀλλὰ καὶ ἐν τῷ μέλλοντι): "이 세상뿐 아니라"(οὐ μόνον ἐν τῷ αἰῶνι τούτῳ) 한 것은 현재의 세상에 있는 그 어떤 존재를 일단 다 포함하고 그뿐 아니라 그 다음에 오는, 즉 "오는 세상에서도"(καὶ ἐν τῷ μέλλοντι) 이름을 가진 모든 존재들(영적 존재든, 일반 사람들이든)을 다 포함해서 그리스도가 그 위에 높이 계심을 말하고자 한다(빌2:9-11 참조). 하늘에서, 성부의 오른편에 앉게 된 그리스도의 승귀의 결과이다.

2. 21절은 술어가 없는 부분으로 20절, "앉히실 때/앉히셨다"와 관련된 전치사구이다. 이 구절은 20절과 직접 관계가 되면서, 동시에 그 다음 나오는 22절의 배경이 되기도 한다. 모든, 그 어떤 영적 존재보다 높이 계신 그리스도는 22절에서 만물의 경배를 받으시는 존재가 되신다.

하나님께서 그의 아들을 이렇게 높이셨다는 점을 강조하는 이유는 대개 그의 아들만 아니라, 그 아들로 인해 양자들로 입적된 '하나님의 아들들'(1:5)도 높이시겠다는 약속의 말씀을 하시는 것과 관련이 있다(빌2:9-11).

22절

1. "또한 모든 것을 그 발 아래 복종하게 하셨다"(καὶ πάντα ὑπέταξεν ὑπὸ τοὺς πόδας αὐτοῦ): 하나님께서 그리스도에게 행하신 두 번째 일("역사하셨다"에 이어 두 번째 직설법 동사)이다. "모든 것"(πάντα) 또는 '만물'이다. 그렇게 되지 않은, 예외가 되는 존재가 없다는 뜻이다. "복종하게 하다"(ὑποτάσσω)는 '종속시키다'(subject, subordinate)는 뜻을 갖는데, 수동태로 사용되면 '복종하다'의 의미가 된다(5:21, 24). 여기서는 능동태로 하나님께서 만물을 그에게 "복종하게 하셨다"(ὑπέταξεν). '복종하게 하다'라는 말 자체에 '아래'(ὑπο-)가 있는데, 이와 함께 전치사 '아래'(ὑπό)를 써서 그 의미가 강화됐다. "그 발 아래"(ὑπὸ τοὺς πόδας αὐτοῦ) 복종하게 되는 것은 신하가 황제나 왕에게 무릎 꿇는 행위나 신앙적 경배 행위로 이해된다(시110:1; 고전15:27; 빌3:21; 히2:8 참고). 그리스도의 통치권(sovereignty)과 주재권

(lordship), 그리고 왕권(kingship)이 그에게 회복되었음을 뜻한다.

"그리고 그를 모든 것 위에 교회의 머리로 주셨다"(καὶ αὐτὸν ἔδωκεν κεφαλὴν ὑπὲρ πάντα τῇ ἐκκλησίᾳ): 하나님께서 그리스도에게 행하신 세 번째 일(세 번째 직설법 동사)이다. "모든 것 위에"(ὑπὲρ πάντα), '만물 위에'의 주체가 누군지 분명하지 않다. 그리스도께서 '만물 위에' 계신 것으로 볼 수도, 교회가 '만물 위에' 존재하는 것으로 볼 수도 있다. 교회를 '만물 위에' 있는 존재로 보는 견해는 중세 카톨릭 교회의 주장에 나타난다. 세속 권력 위에 교회의 힘이 있다고 주장하고 일반 권력과 패권(hegemony)을 다투었다. 그보다는 그리스도께서 만물 위에 계신 분으로 보는 것이 좋을 것이다(4:10; 요3:31; 롬9:5). "교회의 머리"(κεφαλὴ ἐκκλησίᾳ)라는 의미는 교회의 주권을 가지셨고 교회를 이끄시는 주체란 뜻이다. 그리스도가 '만물 위에' 계시고, 또한 '교회 위에' 계신다는 점에서 그리스도와 만물 관계와 그리스도와 교회 관계는 비슷한 점이 있다. 그러나 가장 큰 차이는 그리스도와 만물은 '위 아래'의 관계가 되지만, 그리스도와 교회의 관계는 '머리와 몸', 즉 유기적인 관계를 갖는다.

2. 22절의 두 개의 직설법 동사("복종하게 하셨다", "주셨다") 구문은 모두 하나님께서 그리스도에게 행하신 일을 말씀한다. 하나는 만물과 그리스도의 관계이고, 또 하나는 교회와 그리스도의 관계이다. 하나님께서 만물은 그 발 아래 복종하게 하셨고, 교회에는 그 머리로 그리스도를 주셨다. 그리스도와 교회의 관계를 유기체(머리와 몸)로 만드신 것은 그 둘을 떼어 놓지 않겠다는 하나님의 의지였다.

20-21절에 나온 첫 번째 하나님께서 하신 일('일으키심과 앉히심에 역사하셨다')에 비해 두 번째 일('만물을 그 발아래 복종하게 하셨다')의 분량이 적다. 반면에 세 번째 일('교회의 머리로 주신 일')은 23절이 추가되기 때문에 분량에서 20-21절과 어느 정도 균형을 이루게 된다.

23절

1. "교회는 그의 몸"(ἥτις ἐστὶν τὸ σῶμα αὐτοῦ): 그리스도와 교회가 유기체적 관계를 가지고 있다는 점을 더욱 분명하게 하는 것은 '교회가 그리스도의 몸'이라는 사실이다(5:30; 롬12:5; 고전12:13; 골1:18, 24). 그리스도가 교회의 머리가

되신다면 교회가 그의 몸이 되는 것은 너무도 당연하다.

"즉 모든 것 안에서 모든 것을 충만하게 하시는 분의 충만이다"(τὸ πλήρωμα τοῦ τὰ πάντα ἐν πᾶσιν πληρουμένου): "모든 것 안에서"(ἐν πᾶσιν), '만물 안에서'라 할 때, 만물 안에 있는 존재가 그리스도인지, 교회를 말하는 것인지 명확하지 않다. 하나님께서 만물 안에 계신다는 개념이 있는 것(고전15:28)으로 보아, 그리스도께서 만물 안에 계신다는 '편재적'(omnipresent), 또는 '내재적'(immanent) 의미로 보지 못할 이유는 없다. 그렇지만 그리스도의 편재적 의미가 여기서 거론될 이유가 있는 것 같지 않다. 이 구절은 그리스도와 관련해서 교회의 역할을 가리키는 부분이기 때문이다. 따라서 교회의 위치가 "만물 안에" 있다는 점을 말하는 것이 자연스럽다. 22절의 내용과 연관해서 교회는 '만물 위에' 있지 않고, 오히려 '만물 안에' 있다는 것이다. 만물 안에 있으면서 그리스도의 몸으로서 해야 할 일이 있다. "모든 것을 충만하게 하시는 분"(ὁ τὰ πάντα πληρουμένος)은 그리스도 자신이시다. 즉, 그리스도는 만물을 충만하게 채우려는 분이시다는 뜻이다. 골로새서 1:19에서 하나님께서 "모든 충만으로"(πᾶν τὸ πλήρωμα) 그리스도 안에 거하게 하셨다고 했다. 모든 신적 충만이 먼저 예수 그리스도에게 존재했다. 그리고 이 충만을 가지고 그리스도는 만물을 충만하게 하려 하신다. 교회가 그의 '충만'(τὸ πλήρωμα)이라는 것은 첫째, 그리스도의 충만이 그에게 채워진다는 뜻이고, 둘째, 이제 만물을 충만하게 하시는 분의 뜻을 따라 해야 할 역할('만물을 충만하게 하는 일')이 있다는 뜻이다. 그리스도께서 만물에 그의 신적 충만을 채우려 할 때, 그의 몸 된 교회를 통해 그 일을 하신다는 것이다. 즉 그 교회에 그의 충만을 부으시고 그 충만이 만물(세상)에게로 흘려가게 하시는 일이 그리스도의 '만물을 충만하게 하시는 일'인 것이다.

2. 그래서 이 일('그리스도의 충만이 되어 만물을 충만하게 하는 일')이 우리를 부르신 하나님의 '부르심의 소망'(18b절)과 관련된다. 교회의 역할은 하나님을 예배하는 일이 다가 아니다. 예배와 훈련(양육)을 통해 그리스도의 신적 충만이 채워져야 할 그리스도의 몸이다. 그러나 충만하게 채움 받는 일에서 끝나는 것도 아니다. 그 받은(또는 받고 있는) 충만을 세상과 지역에 흘려 보내는 역할을 하도록 부름 받았다.

그리스도의 신적 충만은 복음, 빛, 사랑, 진리, 은혜, 평화, 용서, 긍휼, 정직,

의 등 하늘에 속한 모든 선한 것과 관련된다. 이런 것들이 교회를 통해 세상에 흘러 가는 것이 교회를 그리스도의 몸으로 삼으신 하나님의 뜻이다.

단락 해석

1. 19절에서 말한 "그 힘의 능력의 역사하심", 또 "그의 능력의 탁월하심"은 20절에서 하나님께서 이전에 그리스도에게 역사하셨던 바로 그 힘이셨다. 하나님의 이 힘은 그리스도에게 두 가지로 나타났다. 첫째는 그를 죽은 자들 가운데서 '살리신' 역사였다. 그리스도를 죽음에서 부활시킨 하나님의 능력이 바로 이 힘이다. 둘째는 부활하신 그의 아들을 하늘의 자리, 즉 그의 오른편에 앉히신 것이 하나님의 역사, 그의 힘의 능력이었다. 그의 오른편에 앉히셨다는 것은 그리스도를 그만큼 높이셨다는 뜻이다. 그에 대해 보충하는 내용이 21절에 나온다. 하늘의 모든 존재, 그 어떤 존재보다 훨씬 더 높이신 것, 또 그 어떤 세대의 존재보다 훨씬 더 높이신 것, 이 높임이 하나님의 역사하심이었다. 그러니까, 우리를 대신하여 저주를 받아 십자가에 피 흘려 죽으셨던 예수 그리스도, 그렇게 낮아지신 그분께 역사하셔서, 그를 다시 살리실 뿐 아니라, 다시 하나님의 버금 자리, 그의 오른편에 앉히실 때, 이 하나님의 힘이 작용하셨던 것이다. 이 힘은 죽음을 이기는 부활의 힘이고, 이 힘은 한 없이 높이는 하나님의 힘이다.

2. 22a절의 '복종하게 하신 것'은 하나님께서 그의 아들에게 행하신 두 번째 행위이다. 만물을 그의 발 아래 복종하게 하시는 일은 그리스도가 만물을 통치하는 권한을 취하게 하셨다는 뜻이다. 그리스도께서 하늘의 왕권을 얻으신 것이다. 성부 하나님께서 그의 아들의 순종과 섬김과 희생의 일에 대해 모든 것에 대한 통치권으로 보상하신 셈이다.

3. 22b절은 "만물 위에 교회의 머리로 그를 주셨다"고 한다. 20-21절의 하나님의 역사(살리심과 높이심), 그리고 22a절의 그 발아래 복종하게 하신 일은 연속성이 있다. 즉, 살리심-높이심과 통치권을 얻게 하신 일은 그리스도의 승귀(exaltation)라는 점의 공통점이 있고 또 점차 그 승귀의 단계가 높아지는 과정을 그려주고 있다고 할 수 있다. 그런데 '교회의 머리'가 되게 하신 것은 그런 과정과는 다소 어긋난다. 어떤 이유에서인지 이 구절만으로는 답을 얻을

수 없다. 분명한 것은 교회의 머리가 되신 그리스도에 대한 언급이 마지막에 있어야 할 이유가 있다고 말할 수는 있다. 그것은 이 부분과 역교차 구조의 짝이 되는 첫 번째 '무엇', 즉 '부르심의 소망'(18절)과 관련이 있기 때문이다(이에 대해 "해석 종합"을 참조하라).

4. 한편으로 부활과 승귀가 일어나게 역사하신 것, 만물을 그 발아래 복종하게 하신 것, 교회의 머리로 두신 것은 그리스도의 부활 이후 일어난 시간적인 순서라 할 수도 있다. 그렇다면 그리스도는 만물을 장악하신 이후에 교회의 머리가 되신 것이 된다.

5. 23절은 교회에 대해 보충되는 부분이다. 교회는 그리스도의 몸으로 소개된다. 그리스도의 몸 된 교회는 그의 "충만"이기도 하다. 즉, 그리스도의 신적 은혜와 능력을 그 안에 가득히 담게 되는 특별한 존재란 뜻이다. 특히 그리스도는 "모든 것을 충만하게 하시는 분"이시다. 그리스도는 그의 신적 충만을 만물, 세상에 내보내시는 일을 하신다. 그리스도는 이 충만의 일을 그의 교회를 통해, 즉 그의 교회에 그의 충만을 채워, 그 교회를 통해 그의 충만이 세상으로 흘러가게 하시기를 원하시고, 또 그렇게 실제로 하시기 때문에, 교회를 '그의 충만'이라 하는 것이다. 이렇게 그리스도의 교회는 그의 충만으로 이 세상에 있다.

메시지

1. 하나님의 역사, 그리스도를 살리신 일과 높이신 일: 하나님께서 성도에게 역사하신 그 힘이 얼마나 큰 것인지(19절), 그것을 알게 해주실 것을 간구한 바 있다. 그 하나님의 힘의 역사는 그리스도를 다시 살리시고 하늘의 자리에 앉히신 힘의 역사였다. 죽음에서 일으키신 능력, 그리스도를 다시 하늘 최고의 자리에 앉히신 능력은 하나님의 힘을 대표하는 '역사하심'이다. 그러므로 하나님의 이 힘은 그 어떤 것과도 비교할 수 없이 큰 능력의 역사이다. 우리 성도에게 역사하는 힘은 그리스도에게 이렇게 행사하셨던 바로 그 힘이다. 그 힘이 얼마나 놀라운지 우리는 알아야 한다.

2. 그리스도의 통치권: 만물이 그리스도 발 아래 복종하게 하신 일은 그리스도의 왕권을 회복하게 하는 하나님의 일이셨다. 그리스도의 통치권의 획득은 그리스도께서 하신 순종에 대해 성부 하나님께서 해주신 일종의

보상이라 할 수 있다. 하나님께서 그리스도에게 그같이 해주셨다면 하나님의 아들들이 된 우리에게 주실 믿음의 보상("기업의 영광", 18c절)은 어떤 것일까?

3. 그리스도의 충만인 교회: 그리스도는 교회의 머리가 되시고, 교회는 그리스도의 몸으로 존재한다. 이 말은 그리스도와 교회가 분리될 수 없는 관계라는 뜻이다. 교회는 그리스도에게 온전히 순종하고, 그리스도의 사역은 몸 된 교회를 통해 이뤄진다. 특히 교회가 그리스도의 충만으로 있다는 것은 교회가 그리스도의 신성의 충만을 채움 받아야 한다는 뜻이고, 그 충만을 통해 '만물을 충만하게 하시는 분'의 일을 감당해야 한다는 뜻이다. 다시 말해, 그리스도의 교회는 자신에게 채워진 그리스도의 충만을 세상에 내보내는 역할(그리스도의 뜻을 따라)을 하기 위해 세상에 존재한다는 것이다. 그렇게 할 수 없다면 교회는 그의 존재 이유를 잃게 된다. 세상에 그리스도의 충만의 빛을 비출 수 없는 교회는 그 역할을 포기한 교회이다. 우리의 부르심("부르심의 소망", 18b절)은 이처럼 교회의 충만 사역으로 나아가게 한다.

해석 종합

1. 하나님의 하신 일, 그의 구원에 대한 말씀(1:3-14)에 이어, 바울은 그의 독자들을 위해 그 자신도 하고 있는 것이 있음을 밝힌다. 하나님이 하실 일과 함께 우리 편에서도 해야 할 일이 있기 때문일 것이다. 15절의 "나도 듣고"는 13절의 "너희도 듣고"와 관련이 된다. '너희'는 복음을 듣고 믿은 바 있다. 그래서 성령의 인치심을 받았다고 했다. 그런데 15절에서, 바울이 "나도 듣고"라고 했을 때, 그것은 '너희'가 듣고 해야 할 일('믿는 것')을 한 것처럼, 그도('나도') 듣고는 그가 해야 할 일(감사와 기도)을 하겠다는 것이라 이해된다.

2. 바울은 그들의 믿음과 사랑을 들었다. 믿음은 주 예수에 대한 믿음이고, 사랑은 모든 성도에 대한 사랑이다. 주님에 대한 믿음과 형제에 대한 사랑, 이 두 가지는 그들이 성령의 인치심, 즉 하나님의 구원을 받았다는 표식(marks)이다. 그래서 바울은 두 가지를 멈추지 않게 된다. 하나는 그들에 대해 감사하는 것이고, 또 하나는 그들에 대해 기도하는 것('그의 기도에 그들을 기억하는 것')이다. 이 두 가지 일을 그는 '멈추지 않았다.' 계속되는 감사와 계속되는 기도는 그의 사랑하는 마음과 헌신의 열정을 보여준다.

3. 바울의 기도가 17절에서 시작되는데, 그는 먼저 하나님을 부른다. '우리 주 예수 그리스도의 하나님', 그리고 '영광의 아버지'라 부르며 시작한다. 하나님과 그 아들('우리 주 되시는')과의 관계, 하나님의 아버지 되심, 그의 영광에 대한 내용이 담긴 것이다. 그 '영광의 아버지'는 그의 기도를 능히 들어주실 것이다. 그 영광 때문에, 아버지 되시므로, 또 '우리'가 믿고 고백하는 주 예수 그리스도의 하나님 되시기 때문이다.

4. 바울의 간구는 모두 그들이 깨닫게 되는 데 초점을 둔다(17-18a절). '지혜와 계시의 영을 주시는 것'과 '그들의 마음 눈을 밝히시는 것'은 같은 내용의 주제이다. 또한 전치사구로 나타난, '그의 지식 안에서'와 '너희가 알게 되기를'이 같은 방향의 내용이다. 즉, 지혜와 계시의 영을 통해 그들의 마음 눈이 밝아지는 것을 기도한 것이고, 그렇게 해서 그들이 알아야 할 하나님의 지식에 대해 기도한 것이다.

5. 알아야 할 '하나님의 지식' 세 가지는 첫째, '하나님의 부르심의 소망'에 대한 것이다. 성도의 부르심(구원)이 어디에까지 나아가는가 하는 것이다. 하나님의 구원의 방향이 무엇인가 하는 점이다. 둘째, '그의 기업의 영광의 부요함'에 대한 것이다. 그의 아들들이 된 성도들에게 주신 기업, 그 기업의 영광과 부요함에 대한 것이다. 진정 얼마나 놀라운 것을 주셨고, 누리게 하셨는가, 풍성하게 하셨는가에 대한 말씀이다. 셋째, 이런 일들을 이뤄가시는 하나님의 '역사하심'은 그 어떤 힘과 능력의 역사인가에 대한 것이다. 그의 파워가 얼마나 탁월한지 알게 해달라는 것이다.

6. 하나님께서 그리스도에 대해 하신 세 가지 일이 20-23절에 나타난다. 첫째, '하나님께서 어떻게 그의 힘의 역사를 그리스도에게 행하셨는가'이다. 둘째, 하나님께서 만물을 그리스도의 발 아래 복종하게 하셨다는 것이다. 셋째, 하나님께서 그리스도를 교회의 머리로 주셨다는 것이다. 이 세 가지는 앞의 알아야 할 '하나님의 지식'과 역순으로 짝을 이룬다("전체 구조" 참조).

7. 첫 번째 내용, 즉 '그의 부르심의 소망'이 무엇인지와 관련된 내용은 하나님께서 그리스도에게 하신 일 가운데 셋째 것, 즉 그리스도를 교회의 머리로 주신 일과 연관된다.[28] 성도의 구원은 개인 구원에서 끝나지 않고 영광된 그리스도의 교회에 참여하는 데까지 나아간다. 실상은 단순히 교회의 멤버가

되고 마는 것이 아니라, 그리스도의 교회를 통한 하나님의 계획과 경륜에 깊이 참여하는 것이다. 그리스도를 교회의 머리로 주심으로 그리스도께서 그의 교회를 책임지고 이끌어가실 수 있게 하셨다. 또 그리스도를 통해 교회가 그의 신적 채움(충만)을 받게 하신 것이다. 그리스도의 교회는 그리스도의 충만을 받으면서 점차 세상(만물)을 충만하게 하시는 분의 도구로 준비된다. 그리스도는 그의 충만을 교회에 부으셔서 교회로 하여금 세상을 충만하게 하시는 사역을 하신다. 그리스도를 대신해서 그리스도의 교회는 세상에 존재하는 그의 몸, 그의 충만이다. 그리스도로 인해 충만하게 될수록 세상에 그 충만을 흘려 내보낼 수 있다.

8. 하나님께서 그리스도에게 행하신 두 번째 일은 그리스도의 발아래 만물을 복종하게 하시는 것이다. 이것은 하나님께서 그리스도의 왕권을 회복하게 하신 일이다. 그리스도에게 왕권(통치권), 또는 그의 주되심(Lordship)을 회복하게 하신, 이 하나님의 일은 성도가 알아야 할 두 번째 내용('무엇')과 연계된다. 성도에게 주신 그의 기업의 영광과 그 부요함은 하나님의 아들들이 된 우리에게 주신 상급이다. 자격 없는 우리를 그의 아들들로 만들고 그런 상급을 주셨다는 점에서 하나님의 은혜이다. 반면에 그의 아들 그리스도에게 주신 보상은 그리스도께서 마땅히 받아야 할 것에 대한 보상이다. 우리는 은혜로 받았고 그리스도는 합당하게 받으셨으나, 어떤 점에서 공통점도 일부 있다. 우리의 상급(기업)이 아들들의 상급이란 점, 그리고 그분의 보상도 독생자의 보상이란 점이다. 우리 성도들이 언젠가 그리스도의 왕권에 참여하게 되는 것도 하나님께서 우리에게 주신 약속이다(롬5:17; 계20:4).

9. 마지막 셋째와 관련해서 바울은 하나님의 역사하심의 예를 그리스도와 관련해서 들어준다. 하나님의 역사는 먼저 그리스도에게 역사하셨다. 두 가지로 나타나는데, 하나는 그를 죽은 자 가운데서 살리실 때 바로 이 '하나님의 힘'이 역사하셨다. 그리고 그를 하늘의 자리, 그의 오른편에 앉히실 때, 그래서 그 모든 존재들보다 더 뛰어나게 하실 때, 이 '하나님의 힘'이 역사하셨다. 그러므로 우리가 알아야 할, 지금도 성도들에게 역사하시는 하나님의 힘(세 번째 '무엇')은 바로 이 힘이다. 즉, 그리스도를 살리고 앉히실 때 역사하셨던 바로 그 능력이다. 따라서 하나님은 우리를 그같이 살리실 수 있고, 그 같이 높이실 수도 있으시다.

2:1-10, 죽었던 사람들, 살리신 사람들

전체 구조

1. 본문은 1-3절과 4-10절로 나뉜다.29) 전반부(1-3절)는 '너희'와 '우리' 모두 허물과 죄로 죽은 존재였음을 말씀하는 부분(구원 전의 상태)이고 후반부(4-10절)는 하나님께서 죽었던 이들을 살려 구원하셨음(하나님의 구원과 그 이후)을 말씀한다. 하나님께 대해 죽은 '너희-우리'(1-3절)가 어떻게 구원을 얻게 된 것인지, 그리고 어떤 목적으로 구원된 것이지(4-10절) 말씀하는 단락이다.

I.	1-3절	죄로 죽은 너희와 우리
II.	4-10절	하나님께서 우리를 은혜로 구원하셨다. 구원의 목적이 있다.

Ⅰ. 1-3절, 죄로 죽은 너희와 우리

구문 배열

1
Καὶ ὑμᾶς
(그리고) 너희를 And you
ὄντας
~은 who were
νεκροὺς
죽~ dead
τοῖς παραπτώμασιν
과실(들)/허물(들)과
in trespasses
καὶ ταῖς ἁμαρτίαις
죄(들)로 and sins
ὑμῶν,
너희의 your

2
ἐν αἷς
그 (죄들) 가운데서 in which
ποτε
그 때 once/ at that time
περιεπατήσατε
너희는 살았다/행했다 you walked
κατὰ τὸν αἰῶνα
풍습을/세태를 따라
according to the way(s)/ the course
τοῦ κόσμου
세상의 of the world
τούτου,
이 this
κατὰ τὸν ἄρχοντα
지배자를 따라 according to the ruler

3
ἐν οἷς
그 (아들들) 가운데서 among whom
καὶ ἡμεῖς
우리도 also we
πάντες
모두 all
ἀνεστράφημέν
살았다 lived
ποτε
그 때 once/ at that time
ἐν ταῖς ἐπιθυμίαις
정욕(들) 안에서 in the lusts
τῆς σαρκὸς
육체의 of the flesh
ἡμῶν
우리 our
ποιοῦντες
행하며 conducting/ following
τὰ θελήματα
뜻(들)을 the wills/ desires
τῆς σαρκὸς
육체와 of the flesh
καὶ τῶν
διανοιῶν,
생각/정신의
and of the mind(s)
καὶ ἤμεθα
그리고 ~이었다 and were

τῆς ἐξουσίας 권세의 of the power τοῦ ἀέρος, 공중(의) of the air τοῦ πνεύματος 영의 of the spirit τοῦ νῦν ἐνεργοῦντος 지금 역사하는 which is now working ἐν τοῖς υἱοῖς 아들들 가운데서 in the sons τῆς ἀπειθείας· 불순종의 of disobedience	τέκνα 자녀들 children φύσει 본래/본성적으로 by nature ὀργῆς 진노/분노의 of wrath ὡς καὶ οἱ λοιποί· 다른 이들처럼 just as the others

직역

1\. 1. 너희의 허물과 죄로 죽은 너희를. 2. 그 가운데서 너희는 그 때, 이 세상의 풍습을 따라, 공중 권세의 지배자, 곧 지금 불순종의 아들들 가운데서 역사하는 영을 따라 살았다. 3. 그 가운데서 우리 모두도 그때 우리 육체의 정욕 안에서, 육체와 정신의 뜻을 행하며 살았다. 우리도 다른 이들처럼 본성으로 진노의 자녀들이었다.

2\. 1. And you who were dead in your trespasses and sins, 2. in which you formerly walked according to the ways of this world, according to the ruler of the power of the air, the spirit which is now working in the sons of disobedience, 3. among whom we also lived once in the lusts of our flesh, following the wills of the flesh and of the mind, and we were by nature children of wrath, just as the others.

구성/문체

1\. 2절과 3a절이 짝이다. 첫째, 둘 다 ἐν + 관계대명사(ἐν-전치사구)로 시작해서 '너희'와 '우리'의 문제점을 지적했다. 둘째, '그 때' 그랬다는 점이 강조된다. 셋째, 2절은 '너희가 살았다/행했다', 3a절은 '우리도 살았다'를 쓴다. 넷째, 2절은 '너희'의 행태로 비슷한 의미의 두 개의 κατά-구를 사용했다. 그리고 3a절은 비슷한 의미로, ἐν-구와 분사구문 (ποιοῦντες)을 사용했다. 다섯째, '너희'와 '우리' 모두 결국 죄로 죽었던 점이 같다는 사실을 강조한다.

2\. 1절은 '허물과 죄로 죽은 너희'를(Καὶ ὑμᾶς ὄντας로 시작), 2b절은 '우리가 본래

진노의 자녀들’이었음을(καὶ ἤμεθα로 시작) 강조한다.

3. 이 네 부분은 A(1절), B(2절), B'(3a절), A'(3b절)의 구조다.

<table>
<tr><td>1절</td><td>A</td><td colspan="2">너희-허물과 죄로 죽은 존재</td><td colspan="2">우리-본성으로 진노의 자녀들</td><td>A'</td><td>3b절</td></tr>
<tr><td>2절</td><td></td><td>B</td><td>그때 너희는 세상 풍습과 공중 지배자를 따라 살았다.</td><td>그때 우리는 육체의 정욕과 육체-마음의 뜻을 따라 살았다.</td><td>B'</td><td></td><td>3a절</td></tr>
</table>

결국 ‘너희’(이방인)’와 ‘우리’(유대인)가 ‘그 때’ 모두 죽은(죽어 있던) 존재였고, 죄의 죽음과 관련해서 아무런 차이가 없었다는 점을 강조하는 말씀이다. 하나님의 역사가 있기 전에 이 둘이 이같이 같았다는 점을 말한다.

절별 해석

1절

1. “(그리고) 죽은 너희를”(Καὶ ὑμᾶς ὄντας νεκροὺς): “그리고”(Καὶ)는 접속사이지만 앞 단락과 의미적 연결은 없다. “죽은/죽어 있던 너희”(ὑμᾶς ὄντας νεκροὺς): 분사구문으로, 독자들, ‘너희’의 죽은 상태를 그려준다.

“너희의 허물과 죄로”(τοῖς παραπτώμασιν καὶ ταῖς ἁμαρτίαις ὑμῶν): 허물과 죄는 모두 복수로 쓰였다. “허물”(παράπτωμα)은 ‘옆으로 떨어진 것’(falling beside, false step)을, “죄”(ἁμαρτία)는 ‘과녁을 맞추지 못하는 것’(falling to hit the mark, Thayer)을 뜻하지만 여기서는 이런 의미를 구별하기 위해 쓰지 않았다(5절). ‘허물과 죄’는 인간이 가진 모든 죄, 즉 모순과 부족과 문제, 어둠의 죄 등을 가리킨다. 이런 이유 때문에 죽어 있었다. ‘죽어 있다’는 것은 하나님과 그의 영원한 세계에 반응할 수 없었다, 생명이 없었다는 뜻이다.

2. 분사구문의 주어와 동사, “너희를/는”(ὑμᾶς)와 “~은/인”(현재분사, ὄντας)가 모두 목적격이라는 점은 이 구문(특히 ‘너희를’)이 어떤 특정 동사(주절의)의 목적어로 쓰였다는 점을 알려준다. 주절은 생략되어 있다. 목적어로 쓰인 분사구문이므로 문장이 완성되지 않았다. ‘너희’가 어떤 존재였는지(또는 존재인지)를 알려준다. ‘너희’는 철저히 많은 허물과 죄로 죽은 존재였다.

2절

1. “그 가운데서 … 그때 … 살았다”(ἐν αἷς ποτε περιεπατήσατε): “그 가운데서”(ἐν αἷς): 선행사로 1절의 “죄들”(여성복수)을 받는다. 즉 ‘그 죄들 가운데서’이다. “그 때”(ποτε): 예전에, 한 때를 뜻한다. 믿고 그리스도인이 되기 전의 때를 말한다. “너희는 살았다”(περιεπατήσατε), 즉 그들이 그렇게 살고(lived), 행하고(conducted), 그 가운데 거닐었다(walked)는 뜻이다.

“이 세상의 풍습을 따라”(κατὰ τὸν αἰῶνα τοῦ κόσμου τούτου): 첫 번째 κατά-구로, 그들이 좇았던 것이 ‘이 세상 풍습’, 즉 세상과 이 세대의 방식(the ways, NIV), 코스(the course, RSV)로, 세상이 하는 대로 따라 살았다는 뜻이다.

“공중 권세의 지배자를 따라”(κατὰ τὸν ἄρχοντα τῆς ἐξουσίας τοῦ ἀέρος): 두 번째 κατά-구로, 그들이 좇았던 대상을 가리키고 있다. 공중 권세(the power of the air)는 땅에 있는 인간의 힘(권세)에 비해 더 큰 힘을 가리킨다. 그 지배자(‘머리, 지배자-ruler’라는 뜻)는 당연히 사탄을 가리킨다. 사탄의 힘이 인간에 비해 크다는 점을 강조한다. 그러나 ‘공중’은 ‘하늘’(1:20)보다는 낮다는 점에서, 공중의 권세는 하늘의 권세에 비해 상대적으로 약하다고 할 수 있다.

“지금 역사하는 영”(τοῦ πνεύματος τοῦ νῦν ἐνεργοῦντος): 공중 권세자인 사탄이 영적 존재임을 말해준다. 따라서 육체로 존재하는 인간(human beings)과의 차이가 크다. “역사하는”이란 말은 1:22-23에서 말씀했던, ‘하나님의 역사’(energia of God)와 비견된다. 하나님께서 역사하시듯, 사탄도 역사한다는 뜻이다. 그러나 그 역사함의 대상, 내용, 파워에서 다를 것은 틀림 없다.

“불순종의 아들들 가운데서”(ἐν τοῖς υἱοῖς τῆς ἀπειθείας): 사탄, 즉 공중의 권세 가진 지배자가 역사하는 대상이 ‘불순종의 아들들’임을 보여준다. 이들을 불순종의 아들들로 부른 이유는 하나님과 하나님의 말씀에 불순종하기 때문이다.

2. 1절과 2절을 연결하기 위해, 관계대명사가 포함된 αἷς-전치사구(그 가운데서)를 2절 초두에 사용했다. 2절은 직설법 동사가 하나(περιεπατήσατε)만 있고 두 개의 κατά-전치사구를 가진다. 이 두 개의 κατά-구는 그들이 과거에 무엇을 좇아 살았는지 알려준다.

2절은 그들이 왜 1절에서처럼 죄와 허물로(특히 죄들로) 죽어 있던 자들이었는지 말해준다. 두 개의 κατά-구는 사실상 의미가 같다. 즉, 이 세상 풍습을 따라 사는 것이 곧 공중의 지배자 사탄을 따라 사는 삶이다. 또는 후자가 원인이고, 전자가 결과일 수 있다. 공중의 지배자 사탄을 따르는 것이 결국 이 세상 풍습을 따르게 된 결과로 나타날 수 있다. 또한 그 역도 가능하다. 이 세상 풍습을 따르다 보니(원인) 결국 사탄을 따르는 것(결과)이 될 수 있기 때문이다. 중요한 것은 이 둘이 분리되지 않는다는 점이다. 허물과 죄로 죽은 존재라는 점은 이렇게 사탄을 따르고 세상을 따라 사는 삶으로 나타난다. 특히 사탄의 권세와 그 영향력이 얼마나 큰지, 또 하나님이 역사하시듯 그도 지금 무언가 (비록 제한된 형태지만) 역사하고 있다는 점을 말씀한다. 하나님께 대해 불순종하며 세상 풍습을 따라 사는 삶은 바로 허물과 죄로 죽은 모습이고 사탄을 따르는 생활이다.

3절

1. "그 가운데서 우리 모두는 그 때에 살았다"(ἐν οἷς καὶ ἡμεῖς πάντες ἀνεστράφημέν ποτε): "그 가운데서"(ἐν οἷς): 선행사(남성복수)는 2절의 "불순종의 아들들"이다. '그들 속에서', 또는 '그들처럼'이라 말할 수 있다. "우리 모두도"(ἡμεῖς πάντες)는 이 가운데 제외되는 '우리'는 없다는 것을 강조하는 표현이다. "살았다/거했다"(ἀνεστράφημεν)는 이 단어(ἀναστρέφω)는 이처럼 수동으로 쓰일 때 '어떤 곳에 있다, 거하다'(to be or dwell in a place)의 뜻이다. 특정한 곳에 머물러 있는 것을 가리킨다. "그 때에"(ποτε)는 예전에 그랬다는 것이다. 2절에 이어 두 번째 사용됐다.

"우리 육체의 정욕(들) 안에서"(ἐν ταῖς ἐπιθυμίαις τῆς σαρκὸς ἡμῶν): 또는 '우리 육체의 정욕으로'라 할 수 있는데, 육체가 원하는 욕구, 정욕을 추구하며 살았다, 즉, 정욕에 파묻혀, 정욕대로 지냈다는 뜻이다(롬3:9-18; 사64:6-7).

"육체와 정신/생각의 뜻을 행하며"(ποιοῦντες τὰ θελήματα τῆς σαρκὸς καὶ τῶν διανοιῶν): '육체'는 외적 몸을, '정신/생각'은 몸의 내면을 각각 가리킨다. 몸의 안과 밖이 하고자 하는 일이 다 죄, 즉 바로 전에 말한 '육체의 정욕'임을 말한다.

"우리도 … 본성으로 진노의 자녀들이었다"(καὶ ἤμεθα τέκνα φύσει ὀργῆς): "우리도 ~이었다"(καὶ ἤμεθα)는 3절의 두 번째 직설법 동사이다. 우리가 또 어떤 존재였는지 다른 면에서 말한다. "본성으로 진노의 자녀들"(τέκνα φύσει ὀργῆς)에서 본성(nature)은 인간의 자연 상태를 가리킨다. '우리'도 원래의 존재 자체로 하나님의 진노를 받을 수 밖에 없는 '타락한 죄인'이라는 뜻이다.[30) '자녀들'이라는 표현은 그 일에 종속된 존재라는 뜻이다. '진노의 자녀들'이 진노를 받을 수 밖에 없는 사람들을 가리킨다면, '불순종의 아들들'(2절)은 불순종하는, 불순종에 매여 있는 자들을 가리킨다.[31]

"다른 이들처럼"(ὡς καὶ οἱ λοιποί): '우리'가 아닌 다른 이들과 관련 짓는다. 1-2절의 '너희'와 '불순종의 아들들'을 포함한다.

2. 1-2절의 '너희'에서 '우리'로 대명사 변화가 생겼다. 2절의 "살았다"(περιεπατήσατε)와 3절의 "살았다/거했다"(ἀνεστράφημεν)는 유사어이다. 두 개의 직설법 동사는 그들('우리')의 행위(살았다)와 그들의 존재(거했다)를 그려준다. "육체의 정욕 안에" 있는 것이나 '육체와 생각의 뜻을 행하는 것'은 기본적으로 같은 내용으로 반복적인 효과를 가지며 강조된 부분이다.

바울은 '우리'도 그같이 1-2절의 '너희'처럼 살았다는 점을 말하고자 했다. 그래서 2절의 '살았다/행했다'(περιεπατήσατε)와 비슷한 동사 '살았다/거했다'(ἀνεστράφημεν)를 3절에 사용했다. 2절에 '어떻게' 살았느냐를 알려주는 κατά-구를 두 개 사용한 것처럼, 형식은 좀 바뀌지만, 3절에서 '우리'가 어떻게 살았는지, 비슷한 뜻의 두 개의 구(ἐν ταῖς …구와 ποιοῦντες …분사구문)를 사용한다. 이렇게 2절과 3a절은 서로 형식이 비슷한 병행적 짝이 된다. 이렇게 해서 말하고자 하는 것은 '너희'나 '우리'나 그 때는 같았다, 즉 죽어 있었다는 것이다.

단락 해석

1. 만일 3절에서 '육체와 생각/마음의 뜻을 행하는 것'이 결국 '육체의 정욕대로 사는 것'이라면(즉, 이 둘을 같은 의미로 본다면), 2절의 두 개의 κατά-구, 즉 '세상 풍습을 따르는 것'과 '공중 권세의 지배자를 따르는 것'을 같은 것으로 볼 수 있다.

2. 2절 초두의 관계대명사 역할을 하는 ἐν αἷς는, 1절의 죄를 선행사로 하고 있고, 비슷한 기능을 하는 3절의 ἐν οἷς는 '불순종의 아들들'을 선행사로 하지만, 엄격한 문법적인 기능과 의미 보다는 1절과 2절을 연결시키려는 바울의 의도, 2절과 함께 형태적인 짝을 맞추려는 언어적 표식(marker)으로 이해하는 것이 더 좋을 것이다.

3. 결국 2절과 3a절을 일종의 병행 관계로 놓아, 과거 '너희'와 '우리'가 같은

상태임을 그리고자 한 것이라면, 2절과 3a절을 연관된 유사 의미로 볼 수 있다. 즉, 이 세상 풍습과 공중 지배자를 따르는 것이나, 육체와 마음의 원하는 정욕을 행하는 것이 같은 의미라고 생각할 수 있다.

4. 2절의 이방인을 가리키는 '너희'는 세상 풍습을 따르는 것, 하나님에 대한 불순종, 결국 사탄을 따르고 있는 점이 강조된 반면, 3절의 유대인을 가리키는 '우리'는 부패한 육체의 정욕과 마음/생각의 자의적인 뜻대로 살고 있는 점이 부각된다. 즉, '우리'라도 온전히 하나님을 따라 변화된 영적 존재로 살지 못했다는 것이다.

5. 또 1절과 3b절을 병행적 관계로 볼 때, 바울은 '허물과 죄로 죽은 너희'와 '다른 이들처럼 본래 진노의 자녀인 우리'를 연결하고 있다. 허물과 죄로 죽은 존재가 사실상 진노의 자녀들이다. 허물과 죄로 죽었으므로 결국 하나님의 진노의 대상이 된다는 말이다. 3b절의 "다른 이들"은 1절의 '허물과 죄로 죽은 너희' 이방인들을 가리키는 말이다. 그런 '너희'가 진노의 자녀임이 전제된다. 그러나 이제 바울은 유대인들인 '우리'도 그같이 진노의 자녀임을 강조한다.

메시지

1. **'너희'와 '우리':** 본래 '너희'(이방인)와 '우리'(유대인)는 과거에('그 때에') 다른 점이 없었다. 모두 하나님 앞에서 죽은 존재였고(1절), 따라서 하나님의 진노의 대상이었다(3b절). 본문은 '너희'와 '우리'를 병행해서 서로 비교해주며 이 주제(죄와 죽음, 그리고 심판)와 관련해서 얼마나 같은지 강조한다.

2. **죽은 '너희':** '너희'는 이 세상 풍습을 따라, 그리고 공중 권세의 지배자를 따라 살았다. 그것이 죄 가운데 산 증거이고, 모습이다.

3. **죽은 '우리':** '우리'도 기본적으로 같았다. '우리'는 육체의 정욕 안에서, 즉, 육체와 생각의 뜻을 따라 살았다. 그래서 불순종의 아들들과 같은 존재였다.

Ⅱ. 4-10절, 하나님의 은혜의 구원, 그 구원의 목적

구문 배열

4
ὁ δὲ θεὸς
그러나 하나님이 But God
πλούσιος
풍성~/부요~ rich
ὢν
~하신 who is
ἐν ἐλέει,
자비에/로 in mercy
διὰ τὴν πολλὴν ἀγάπην
큰/많은 사랑 때문에
because of great mercy
αὐτοῦ
그의 His
ἣν ἠγάπησεν
사랑하신
with which He loved
ἡμᾶς,
우리를 us

5
καὶ ὄντας
~은 who were
ἡμᾶς
우리도 ~ us also
νεκροὺς
죽~ in dead
τοῖς παραπτώμασιν
과실(들)/허물(들)로
in trespasses
συνεζωοποίησεν
그가 ~함께 살리셨다
He made ~ alive together
τῷ Χριστῷ,
그리스도와~ with Christ
χάριτί
은혜로 by grace
ἐστε
우리가 ~것이다 we are/ have been
σεσῳσμένοι
구원된~ saved

6
καὶ συνήγειρεν
또한 함께 일으키시고
and raised up with [Him]
καὶ συνεκάθισεν
함께 앉히셨다 and seated with [Him]
ἐν τοῖς ἐπουρανίοις
하늘에/하늘의 자리에
in the heavenly places
ἐν Χριστῷ Ἰησοῦ,
그리스도 예수 안에서
in Christ Jesus

7

8
τῇ γὰρ χάριτί
은혜로 (때문이다) For ~ by grace
ἐστε
우리가 ~ 것이다 we are/ have been
σεσῳσμένοι
구원된~ saved
διὰ πίστεως·
믿음을 통해서 through faith
καὶ τοῦτο
그리고 이것은 and this
οὐκ ἐξ ὑμῶν,
너희에게서 난 것이 아니다
is not of yourselves
θεοῦ
하나님의 of God
τὸ δῶρον·
선물이다 but the gift

9
οὐκ ἐξ ἔργων,
행위/행동(들)에서 난 것이 아니다
is not of works
ἵνα μή τις
누구도 ~하지 않게 하기 위해
lest no one
καυχήσηται.
자랑하지~ should boast

10
αὐτοῦ γάρ
그의 His
ἐσμεν
우리가 ~이다(이기 때문이다) For we are
ποίημα,
작품~/만드신 것~ workmanship
κτισθέντες
창조되어/된 created
ἐν Χριστῷ Ἰησοῦ
그리스도 예수 안에서
in Christ Jesus
ἐπὶ ἔργοις
일들을 위해 for works
ἀγαθοῖς
선한 good
οἷς
(~ 것들) which
προητοίμασεν,
준비하신/예비하신
prepared beforehand
ὁ θεὸς
하나님께서 God
ἵνα
~도록 that ~
ἐν αὐτοῖς
그 (일들) 안에서
in them

ἵνα ἐνδείξηται 보여주시려고 in order that He might show ἐν τοῖς αἰῶσιν 세대(들)에 in the ages τοῖς ἐπερχομένοις 오는 to come/ the coming τὸ ὑπερβάλλον πλοῦτος 탁월한 풍성함/부요함을 the surpassing/ exceeding riches τῆς χάριτος 은혜의 of grace αὐτοῦ 그의 His ἐν χρηστότητι 자비하심/인자하심으로 in kindness ἐφ' ἡμᾶς 우리에 대한 toward us ἐν Χριστῷ Ἰησοῦ. 그리스도 예수 안에서 in Christ Jesus	περιπατήσωμεν. 우리가 살~/행하~ we should walk

직역

1. 4. 그러나 자비에 풍성하신 하나님이 우리를 사랑하신 그 큰 사랑 때문에 5. 허물로 죽은 우리를 그리스도와 함께 살리셨다. 너희가 은혜로 구원받았다. 6. 그리스도 예수 안에서 함께 일으키시고 하늘에 함께 앉히셨다. 7. 그리스도 예수 안에서 우리에 대한 자비하심으로 그의 은혜의 탁월한 풍성함을 오는 세대들에 보여주시려고 그리하셨다. 8. 너희가 믿음을 통해 은혜로 구원을 받았다. 이것이 너희에게서 난 것이 아니라 하나님의 선물이다. 9. 행위에서 난 것이 아니다. 누구도 자랑하지 않게 하기 위해서였다. 10. 우리는 그리스도 예수 안에서 하나님께서 미리 준비하신 선한 일(들)을 위해 창조된 그의 작품이다. 이 일들 안에서 살게 하셨다.

2. 4. But God, who is rich in mercy because of His great mercy with which He loved us, 5. who were in dead in trespasses, made us alive together with Christ- by grace you have been saved- 6. and raised up with [Him] and seated with [Him] in the heavenly places in Christ Jesus, 7. in order that in the ages to come He might show the surpassing riches of His grace in kindness toward us in Christ Jesus. 8. For by grace you have been saved through faith, and this is not of yourselves but

the gift of God, not of works lest no one should boast. For we are His workmanship, created in Christ Jesus for goo works which God prepared beforehand, that we should walk in them.

구성/문체

1. 5절과 8절에서 '은혜로 구원을 받았다'는 어절이 반복된다. 5절이 세 부분(허물로 죽었던 우리; 함께 살리셨다; 은혜로 구원을 받았다)으로 되어 있고, 8-9절도 세 부분(은혜로 믿음을 통해 구원을 받았다; 너희에게서 난 것이 아니라 하나님의 선물이다; 행위에서 난 것이 아니다, 자랑하지 않게 함이다)되어 있다. 따라서, 5절과 8-9절이 병행이 되는데, 각 세 부분이 역교차(abc-c'b'a')를 이룬다.

5절	a	허물로 죽은 우리	행위에서 난 것이 아니다. 자랑하지 않게 하기 위해서이다.	a'	9절
	b	(하나님께서) 그리스도와 함께 살리셨다.	우리에게서 난 것이 아니고 하나님의 선물이다.	b'	8절
	c	너희가 은혜로 구원을 받았다.	우리가 은혜로 믿음을 통해 구원을 받았다.	c'	

8-9절의 세 부분은 5절의 세 부분과 짝을 이룬다. 은혜의 구원이 반복된 부분인, 5절의 셋째('너희가 은혜로 구원을 받았다')와 8절의 첫째('우리가 은혜로 믿음을 통해 구원을 받았다')가 짝이 된다. 또 5절의 둘째('그리스도와 함께 살리셨다')와 8-9절의 둘째('우리에게서 난 것이 아니고 하나님의 선물이다')가 짝을 이룬다. 두 부분 모두 하나님의 행위(하신 바)를 강조한다.

따라서, 각기 남은 부분인, 5절의 첫째('허물로 죽은 우리')와 9절('행위에서 난 것이 아니다. 자랑하지 않게 하기 위해서이다')은 서로 짝일 수 있다. 이 짝은, 허물로 죽었던 우리는 당연히 우리 자신의 행위(또는 행위 구원)를 자랑할 수 없다, 그렇게 해서는 안 된다는 뜻을 담고 있다.

구원은 하나님께서 하신 일이고 그래서 은혜와 선물이다. 그러므로 죽었다가 그리스도와 함께 살아나는 구원을 얻은 우리는 자신의 행위에서 비롯된 것이 아니므로 그 어떤 자랑도 할 수 없다는 말씀이다. 구원과 관련해서, 은혜와 행위가 대조되며, 믿음과 자랑이 대조된다.

2. 5절과 8-9절이 병행되는 점을 염두에 두고, 4-10절을 좀더 세분하면, 4절(사랑하신 하나님), 5절(하나님의 은혜의 구원), 6절(구원의 내용-일으키심과 앉히심), 7절(구원의 이유/목적), 8-9절(하나님의 은혜의 구원), 10절(하나님의 새 창조와 그 목적/방향)로 나뉜다.[32]

3. 다섯 개의 소단락(sub-units)에서, 5절과 8-9절이 병행이 될 때, 6절을 중심으로 해서 역교차를 이룬다. 즉, 4절(A), 5절(B), 6절(C), 7절(C'), 8-9절(B'), 10절(A')이다.

<table>
<tr><td>4절</td><td>A</td><td colspan="3">구원 동기: 하나님께서 우리를 사랑하셨다.</td><td colspan="3">구원 목적/방향: 선한 일을 위한 새로운 피조물(작품)</td><td>A'</td><td>10절</td></tr>
<tr><td>5절</td><td rowspan="2"></td><td>B</td><td colspan="2">은혜 구원: 죽은 우리를 그리스도와 함께 살리셨다. 은혜로 구원을 받았다.</td><td colspan="2">은혜 구원: 행위에서 난 것이 아니므로 자랑하지 못한다. 하나님의 선물, 은혜로 믿음을 통해 구원을 받았다.</td><td>B'</td><td rowspan="2"></td><td>8-9절</td></tr>
<tr><td>6절</td><td></td><td>C</td><td>구원 내용: 함께 일으키셨고 함께 앉히셨다.</td><td>구원 이유: 은혜의 부요함을 보여주시려고</td><td>C'</td><td></td><td>7절</td></tr>
</table>

5절과 8-9절이 유사한 내용(은혜의 구원)을 담으며 서로 병행된 짝이 된다. 단락을 시작하는 4절이 구원의 동기라 할 수 있는 하나님의 사랑을 담고 있다면, 마지막 부분인 10절은 구원의 목적과 방향을 담고 있다. 우리를 사랑하셔서 구원하셨던 하나님께서 우리의 구원 자체로 끝나지 않는 더 큰 구원의 방향을 제시하고 그 일에 참여하게 하신 것이다. 하나님의 선한 일의 파트너로 삼으셨음을 말씀한다. 단락의 중간 부분에 위치한 6절과 7절은 우리 구원의 내용과 구원의 이유를 함께 다룬다. 7절에서 하나님의 자비와 은혜의 드러냄을 강조하는 것은 이를 통해 구원의 확장(오는 세대에까지)이 이뤄지기 때문이다. 따라서 구원의 목적에 대한 구절은 7절보다는 10절이라 보는 것이 좋겠다.

절별 해석

4절

1. "그러나 자비에 풍성하신 하나님이"(ὁ δὲ θεὸς πλούσιος ὢν ἐν ἐλέει): "그러나 하나님이"(ὁ δὲ θεὸς)는 하나님의 선제적인 행동(initiative action)임을 보여준다. 1-3절에서 말한 것처럼, 죄로 죽은 존재인 사람은 구원에 대해 할 수 있는 것이

없다. 그러나 하나님 자신이 먼저 행하셨다. "자비에 부요하신/풍성하신"(πλούσιος ὢν ἐν ἐλέει)은 이 구원의 일이 하나님의 자비로운 품성에서 시작되었고 또한 그 자비가 얼마나 풍요하고 부요한지 말씀한다.

2. "우리를 사랑하신 그 큰 사랑으로(때문에)"(διὰ τὴν πολλὴν ἀγάπην αὐτοῦ ἣν ἠγάπησεν ἡμᾶς): 하나님의 사랑이 하나님의 행동의 근거가 된다. 바울은 부정과거형을 사용해서, 하나님께서 "우리를 사랑하셨다(ἠγάπησεν)"라고 선언한다.

하나님의 사랑에 대한 반복된 표현, 즉 '풍요한 자비', '큰(많은) 사랑, '우리를 사랑하심'이 모두 하나님의 행하심의 동기가 그분의 사랑임을 말해준다. 동사가 포함된 두 개의 어구, '자비에 풍요하심'(분사, a)과 '우리를 사랑하셨다'(관계대명사절 부정과거, a)가 짝을 이루며, 중간에 위치한 전치사구 '그 큰/많은 사랑 때문에'(διὰ τὴν πολλὴν ἀγάπην αὐτοῦ, x)를 부각시킨다.

하나님의 사랑과 관련된 유사한 표현을 최소한 세 번 반복 사용했고, 강조하는 수식 표현, '풍요로운', '큰/많은'을 첨가해서 하나님의 사랑의 크기를 강조했다. 4절은 이처럼 하나님의 사랑이 얼마나 놀랍고 큰 것인지 강조한다. 우리의 구원을 이야기할 때, 하나님의 그 큰 사랑을 빼고 말할 수 없다. 그 사랑이 구원의 출발이다.

5절

1. "허물로 죽은 우리를"(καὶ ὄντας ἡμᾶς νεκροὺς τοῖς παραπτώμασιν): "죽은 우리를"(καὶ ὄντας ἡμᾶς νεκροὺς)이라는 표현은 1절의 '죽은/죽어 있던 너희를'(ὑμᾶς ὄντας νεκροὺς)과 대명사만 바뀌고('우리'에서 '너희'로), 정확히 같은 표현이다. 즉 1-2절의 '너희'와 3절의 '우리'를 합쳐서 5절의 '우리'가 나오게 됐다. 1절의 '허물과 죄'에서 '허물'(παράπτωμα)만 남았으나, 그 의미가 같게 사용되고 있다는 것을 알 수 있다. 2절 초두에서 1절의 '허물과 죄' 중에, 여성명사인 '죄'만을 관계대명사로 받은 바 있다. 5절에서는 '허물과 죄' 중에서 '허물'만 사용한다. 결국 이렇게 '허물'과 '죄'는 각각 두 번씩 사용된 셈이다.

"그리스도와 함께 살리셨다"(συνεζωοποίησεν τῷ Χριστῷ): 죽었던 '우리'를 그리스도의 부활과 함께 살리셨다는 뜻이다(골2:13; 벧전1:3). 사랑의 하나님께서 우리를 어떻게 하셨는지 강조한다. 하나님의 구원은 죽음의 속박에서 '우리'를 풀어 놓으신 사역이다. 특히 그리스도의 부활에 참여하게 하시는 영광의 구원이다. 이 모든 일이 하나님의 사랑으로 이뤄진 일이므로 하나님의 은혜이다. 우리는 하나님에 의해 구원이 된(수동) 것이다.

"너희가 은혜로 구원받았다"(-χάριτί ἐστε σεσῳσμένοι-): 5절의 '우리'(1인칭복수)에 대한 얘기 중에 갑자기 '너희'(2인칭복수)에 대한 말로 전환하는 것은 자연스럽지 않아 보인다. 그러나 이 부분은 주요 사본들의 지지를 받는다. 몇 사본에는 관계대명사 οὗ(그의, whose)가 첨가된다. '우리'에서 '너희'로 전환한 것은 5절을, 뒤에 8-9절로 이어지는 부분과 밀접한 짝을 맞추기 위한 이유 때문일 것이다. 5절의 이 마지막 부분은 8절의 시작 부분과 정확히 일치한다.

2. 5절은 세 어절로 구분된다. 첫째, '우리가 죽어 있었다.' 둘째, '하나님께서 살리셨다.' 셋째, '우리가 은혜로 구원을 받았다.' 그런데 이 세 부분은 역교차를 이루지 않는다. '죽어있던'(첫째)과 '살리셨다'(둘째)가 '죽어있던'(첫째)과 '구원받았다' 셋째) 관계 보다 더 밀접하기 때문이다. '함께 살리셨다'(둘째)와 '구원받았다' 셋째)가 비슷한 의미를 가진다. 구원에 대한 다른 표현이다.

'은혜로'는 4절, 하나님의 자비(사랑)를 다시 상기하게 한다.[33] 하나님의 살리심에 은혜라는 단어를 첨가한 것은 그 구원이 전적으로 하나님께서(편에서) 행하신 것임을 말하려고 했기 때문이다. '죽은 우리를'이 1절의 '죽은 너희를'의 구문 형식을 그대로 가져온 이유는 이 부분을 1-3절과 연결하기 위한 것이다. 1절 초두에서 목적어('죽은 너희를')만 사용하고 주어와 동사가 생략된 상태로, 이와 연계된 관계대명사 문장(2-3절)으로 이어갔다. 그러다가 그 목적어 형태에서 '너희'를 '우리'로 바꾼 후, 5절에서 다시 잇고 있다. 즉, 1-3절의 죽은 '너희-우리'를 이제 하나님께서 살리셨다는 점을 강조한 것이다. 그렇게 철저히 죽었던 '너희-우리'를 하나님께서 은혜로 살리셨다. 1절에서 목적어만 쓰고 중단한 이유를 다시 정리하면, 첫째, '너희'와 '우리'를 결합하는 일이 필요했다(1-3절). 둘째, 어떻게, 그리고 왜 그 때 죽어있었는지 좀더 상세히 설명한(2-3a절) 후에, 이 구절들과 대비해서 하나님의 살리신 구원을 말하려 했다.

6절

1. "함께 일으키시고 하늘에 함께 앉히셨다"(καὶ συνήγειρεν καὶ συνεκάθισεν ἐν τοῖς

ἐπουρανίοις): "함께 일으키셨다"(συνήγειρεν)와 "함께 앉히셨다"(συνεκάθισεν)는 5절의 "함께 일으키셨다" (συνεζωοποίησεν)처럼 접두어 συν-(함께)과 결합된 동사이다. '일으키셨다'는 죽은 자 가운데서, 또는 죽음에서 일으키셨다는 뜻(1:20; 골2:12)이다.[34] '앉히셨다' 역시 그리스도의 승귀를 표현할 때 사용했다(1:20). '함께 앉히셨다'에는 전치사구 ἐν-이 두 번 나온다. 하나는 앉힌 자리('하늘에')를 가리킨다.[35]

"그리스도 예수 안에서"(ἐν Χριστῷ Ἰησοῦ): 또 하나는 '그리스도 예수 안에서'(in the Christ Jesus) 또는 '그리스도와 함께'(with Christ Jesus)이다. 접두어 συν-을 빼면, 이 두 단어는 1:20에서, 하나님께서 그의 힘으로 그리스도에게 역사하셨을 (ἐνήργησεν) 때 쓰인 두 개의 동사(ἐγείρω; καθίζω)라는 점을 기억하자.

2. 6절에서 συν-로 시작하는 두 개의 동사가 1:20에서 하나님께서 예수 그리스도에게 역사하실 때 쓴 두 단어였다. 5-6절에서 세 개의 συν-동사(함께 살리셨다; 함께 일으키셨다; 함께 앉히셨다)를 사용했는데, 처음의 것보다 뒤의 두 단어의 관계가 훨씬 밀접하다. 첫째, 뒤의 두 단어('함께 일으키셨다'와 '함께 앉히셨다')는 함께 붙어 있고, 첫 단어('함께 살리셨다')는 떨어져 있다. 둘째, 이 두 단어는 1:20에 그리스도와 관련해서 쌍으로 나온 용어이다.

죽으셨던 그리스도를 다시 살리셨던 하나님의 그 놀라운 역사(1:20)는, 이제 그와 동일하게 죽었던 우리를 다시 살리시는 그 역사임을 알게 해준다. 6절의 이 두 동사만으로도, 우리가 하나님의 강력한 역사하심으로 그리스도와 함께 죽은 상태에서 새롭게 살아났을 뿐 아니라, 하늘에서 누리는 그리스도의 영광의 자리에 함께 참여하게 되었다는 사실을 다 표현할 수 있다. 그렇다면, 5절의 "함께 살리셨다"는 6절의 "함께 일으키셨다"와 "함께 앉히셨다"를 모두 포함한 말, 또는 이를 요약한 말로 이해된다. 즉, 그리스도와 함께 살리신 구원은 그리스도의 부활에 동참하는 일과 그와 함께 하늘에 앉게 되는 일, 이 두 가지로 나타난다.

7절

1. "오는 세대들에 보여주시려고"(ἵνα ἐνδείξηται ἐν τοῖς αἰῶσιν τοῖς ἐπερχομένοις): "보여주시려고"(ἵνα ἐνδείξηται)에서 ἵνα-절은 6절의 구원의 이유/목적을 말해준다.

우리의 구원을 이루시는 과정을 통해 하나님께서 무언가를 드러내려 하신다는 것이다. "오는 세대들에"(ἐν τοῖς αἰῶσιν τοῖς ἐπερχομένοις)서, '오는 세대'는 바울 시대 이후의 세대들(인류)을 가리킨다.

"그의 은혜의 탁월한 풍성함을"(τὸ ὑπερβάλλον πλοῦτος τῆς χάριτος αὐτοῦ): '탁월한'(ὑπερβάλλον)은 하나님의 능력의 큼을 가리킬 때 사용했던 단어이다(1:19). '탁월한'과 '풍성함'을 함께 쓴 것은 하나님의 은혜의 크기를 강조하기 위해서이다.

"우리에 대한 자비하심으로, 그리스도 예수 안에서"(ἐν χρηστότητι ἐφ' ἡμᾶς ἐν Χριστῷ Ἰησοῦ): 하나님의 은혜가 우리에 대한 하나님의 자비, 즉 우리를 사랑하신 하나님의 긍휼하심에서 비롯되었다는 것을 말씀한다. 그리고 그 모든 것이 "그리스도 예수 안에서" 이뤄진다. 그리스도 예수 없이 이뤄지는 구원의 역사는 없다.

2. "보여주시려고"의 목적은 "그의 은혜의 탁월한 부요함"이고 이와 관련해서 세 개의 전치사구 ἐν-이 등장한다. 하나는 보여주는 대상(오는 세대), 또 하나는 동기(우리에 대한 자비하심), 마지막은 수단 또는 범위(그리스도 안에서)이다.

7절은 우리'의 구원의 이유/목적이 '우리'의 구원에서 머물지 않는다는 것을 알려준다. 그의 은혜의 탁월함, 그 부요함을 오는 세대에 알리려 하시는 이유는 무엇일까? 구원의 확장 때문이라 이해된다. 바울 이후의 많은 세대도 이 하나님의 큰 구원에 계속하여 참여할 수 있게 하기 위한 것이다.[36]

8절

1. "너희가 믿음을 통해 은혜로 구원을 받았다/받았기 때문이다"(Τῇ γὰρ χάριτί ἐστε σεσῳσμένοι διὰ πίστεως): '너희가 은혜로 구원을 받았다'는 말은 이미 5절에 등장했다. 여기서 접속사 γάρ가 사용된 것은 우리가 은혜로 구원 받은 것이 그의 은혜의 탁월함과 부요함(7절)을 드러내는 것임을 강조하기 위한 것이다. 우리는 단지 "믿음을 통해"(διὰ πίστεως) 구원을 받았을 뿐이다. 우리가 한 것이 없다는 것이다.[37]

"이것이 너희에게서 난 것이 아니다"(καὶ τοῦτο οὐκ ἐξ ὑμῶν): 즉 구원의 시작이 우리에게서 시작된 것, 비롯된 것(우리로부터 나온 것)이 아니란 말이다.

"하나님의 선물이다"(θεοῦ τὸ δῶρον): 구원이 하나님께서 주신 것이고, 하나님으로부터 나온 것임을 말한다. 그래서 하나님의 선물이다. 선물은 값을 받지 않고 주는 것이므로 은혜라는 말과 비슷한 뜻이다.

2. '우리가 은혜로 구원 받았다'는 수동(신적 수동태)이고 '너희에게서 난 것'과 '하나님의 선물'(즉, 하나님에게서 난 것)이 대조된다. 5절과 두 가지가 비슷하다. 첫째, "은혜로 구원을 받았다"라는 표현이다. 차이는 8절에 "믿음을 통해"가 추가됐다. 둘째, "그가 함께 살리셨다"와 "하나님의 선물"이 하나님이 하신 일로 공통된다.

두 어절, '은혜로 구원 받았다'와 '너희에게서 난 것이 아니고 하나님의 선물이다'는 함께 구원의 기원이 사람인 우리에게 있지 않고 하나님께 있다는 점을 강조한다.

9절

1. "행위에서 난 것이 아니다"(οὐκ ἐξ ἔργων): 8b절의 "너희에게서 난 것이 아니다"(οὐκ ἐξ ὑμῶν)와 비슷한 표현(형태)과 의미를 가진다. 우리가 무언가를 해서 그 대가로 구원을 받게 된 것이 아니란 뜻이다.

"누구도 자랑하지 않게 하기 위해서"(ἵνα μή τις καυχήσηται): 무언가 일을 하거나, 스스로 값을 지불해서 구원을 취한 것이 아니기 때문에 아무도 자랑할 수 없다(롬3:27). 아무도, 그 누구도 그렇게 할 수 없다는 것이다.

2. 9절은 8절, 특히 8b절과 서로 밀접해서 이 두 절을 분리하지 않는 것이 좋다. 그렇게 볼 때, 8-9절은 세 개의 어절로 구성된다. 첫째, "우리가 은혜로, 믿음으로 말미암아 구원을 받았다." 둘째, "이것이 너희에게서 난 것이 아니라, 하나님의 선물이다." 셋째, "행위에서 난 것이 아니다. 누구도 자랑하지 않게 하기 위한 것이다." 첫째의 은혜-믿음은 셋째의 행위-자랑과 대조된다. 둘째 자체는 '너희에게서 난 것'과 '하나님의 선물'이 대조된다. 따라서 첫째(a)-둘째(x)-셋째(a')의 구성이 될 수 있다.

8a절	은혜와 믿음	a	긍정
8b절	‘너희에게서 난 것’ vs. ‘하나님의 선물’	x	긍정 vs. 부정
9절	행위와 자랑	a'	부정

긍정 vs. 부정

은혜-믿음은 둘 다 행위-자랑과 대조된다. 특히 8a절과 9절의 짝을 보면, 은혜와 행위가, 그리고 믿음과 자랑이 서로 대조된다. 다시 말해, 하나님의 은혜와 우리의 행위가 서로 대립되고, 그 구원을 믿음으로 받는 것과 그 행위에 대해 자랑하는 것이 서로 반대된다. 그래서 은혜와 믿음을 함께 하고, 행위와 자랑 또한 함께 있다. 우리의 구원은 우리에게서, 우리로부터, 우리에 의해 나온 것이 아니다. 철저히 하나님의 선물, 즉 하나님께서 허락하시고, 내려주신 것이다.

10절

1. “우리는 그의 작품이다/이기 때문이다”(αὐτοῦ γάρ ἐσμεν ποίημα): 10절은 9절만의 이유(자랑하지 말아야 하는)라기 보다는, 8-9절 전체, 즉 하나님의 은혜의 구원에 대한 이유 또는 목적으로 보는 것이 좋다. 자랑하지 말아야 할 이유 자체는 이미 9절(‘행위에서 난 것이 아니다’)에 나와있다. 우리는 그의 ‘작품’(만드신 바, His masterpiece, His work of art)이다.

“그리스도 예수 안에서 창조된”(κτισθέντες ἐν Χριστῷ Ἰησοῦ): 우리의 새로운 창조(재창조, recreation)를 말한다. 즉, 우리의 구원은 그리스도 예수 안에서 이뤄진, 새로운 창조가 된다.

“선한 일을 위해”(ἐπὶ ἔργοις ἀγαθοῖς): 우리가 새롭게 창조된 목적이 하나님의 ‘선한 일들’(복수)을 하는 것이란 뜻이다. 구원에 있어, 우리의 행위를 부각하지 않고 하나님의 독자적인 은혜를 강조하는 것은, 우리에게 갚아야 할 무엇이 아직 남아 있다는 뜻이거나, 아니면 어떤 특별한 하나님의 목적이 우리 앞에 있다는 뜻이다.[38] 그것은 하나님의 ‘선한 일’이다. 만일 우리가 자신의 행위로 구원을 취한 것이라면, 우리의 구원 이후에 또 무엇인가를 해야 할 필요가 없을 것이다.

“하나님께서 미리 준비하신”(οἷς προητοίμασεν ὁ θεὸς): 하나님께서 우리의 구원

이후를 구원이 있기 전에 미리 계획하시고 예비해 두셨다는 뜻이다. 구원 이후에 하나님의 선한 일을 감당하게 섭리하셨음을 말씀한다.

"우리로 그 일들 안에서 살게/행하게 하심이라"(ἵνα ἐν αὐτοῖς περιπατήσωμεν): '우리가 선한 일들 안에서 행한다/산다'는 것은 어떤 특정한 선한 일 하나를 하게 하신다는 뜻이 아니라, 우리가 해야 할 많은 선한 일들(복수)을 감당해 내고 이뤄낼 수 있게 하신다는 뜻이다. 그런 점에서 우리는 하나님의 선한 일(들)의 파트너가 된다.

2. 10절은 세 부분으로 나눌 수 있다. 첫째, 우리가 선한 일을 위해 새롭게 창조된 작품이라는 부분이다. 둘째, 하나님께서 그 선한 일을 예비하셨다는 말씀이다. 셋째, 우리로 그 안에서 행하도록 하셨다는 부분이다.

여기서 첫째와 셋째를 묶어 이해하면(역교차로 보고), 우리는 선한 일을 위해 지음 받은 새 피조물이고(a) 따라서 그 선한 일 가운데 살게 되어 있다(a'). 둘째는 그 선한 일이 하나님이 미리 준비하신, 계획하신 일임(x)을 강조한다.

a	우리는 선한 일을 위해 지음 받은 새 피조물이다.	
	x	하나님께서 선한 일들을 미리 준비하셨다.
a'	우리는 그 선한 일 가운데 살게 되어 있다.	

문법적으로 10절은 접속사 γάρ(때문에)로 인해 8-9절의 이유가 된다. 그러나 주제로 볼 때, 10절은 4-10절의 단락의 목적에 해당되는 부분이 된다. 따라서 10절은 구원의 이유이자, 목적이 된다. 그렇게 볼 때, 구원의 이유와 목적을 함께 말씀하는 구절은 두 군데, 7절과 10절이다.

단락 해석

1. 4-10절의 역교차 구조에서, 5절과 8-9절의 병행 짝을 통해, 하나님께서 행하신 구원이라는 점에서 그의 은혜(또는 선물)가 반복 강조된다. 우리는 본래 죽은 존재로 어떤 행위(일)를 해서 우리 편에서 그 구원을 취할 수 있는 것이 없었다. 그래서 이 구원이 우리에게서 나오지 않고 하나님으로부터 온 것임을 인정해야 한다. 은혜와 행위가 대조되고, 믿음과 자랑이 대조되므로, 이렇게 말할 수 있다. 우리가 할 수 있는 한 가지는 무언가의 자랑이 아니라 단지

하나님의 큰 구원을 겸허히 받아 들이는 순전한 믿음이다.

2. 4절(A)과 10절(A')을 묶어서 이해하면, 다음과 같다. 첫째, 하나님께서는 우리를 사랑하셨다(4절, A). 둘째, 그리고 그 사랑으로 우리를 구원하셨다(5-9절). 셋째, 그런데 하나님은 그 다음의 계획을 가지고 계셨다. 우리를 선한 일의 파트너로 삼고자 하신다(10절, A'). 우리를 사랑하신 하나님께서(4절) 또한 우리를 그의 선한 일의 동역 파트너로 이끄신다(10절).

3. 6-7절은 그의 구원의 내용이 무엇이고, 이 구원을 통해 무엇을 또한 뜻하셨는지 보여주는 내용으로 4-10절의 중심(X)에 위치한다. 그 구원은 그리스도처럼 일으키시고 그처럼 하늘에 앉히시는 일이다. 그리스도는 이미 죽은 자 가운데서 일으켜지셨고 하늘에 앉히셨다. 이제 우리를 그분과 함께 그같이 일으키셨고 앉히셨다. 하나님의 그 크신 힘의 강력한 역사하심(1:19-20)이 동일하게 우리에게 있었고, 또한 그리스도와 함께 우리도 그분의 동일한 영광을 누리게 되었다는 말이다. 이런 영광의 구원은 그대로 하나님의 은혜의 부요함을 보여주는 증거일 수 밖에 없다. 오는 세대에 이것이 드러나야 하는 것은 그들로 이 영광스러운 구원에 참여하게 하기 위해서이다. 그리고 그들도 영광의 구원에서 끝나지 않고, 하나님의 계획에 따라, 예비된 그의 선한 일들에 참여하는 하나님의 파트너가 되어갈 것이다.

메시지

1. 사랑의 하나님: 하나님은 우리를 사랑하셨다. 그분은 자비에 부요하신 분이시다(4절). 자비와 사랑을 빼놓고 그분을 말할 수 없다.

2. 사랑의 표현, 은혜의 구원: 하나님의 사랑은 우리를 구원하신 은혜로 나타난다(5, 9절). 하나님의 사랑은 이렇게 목적과 과정과 결과가 있다. 사람이 할 수 없는 것을 하나님께서 사랑 때문에 하셨다.

3. 은혜와 행위, 믿음과 자랑: 우리는 철저히 죽었던 존재였다. 구원과 관련하여 우리가 할 수 있는 것은 아무 것도 없었다. 그러므로 은혜고, 그 어떤 행위가 아니다. 단지 우리는 그 구원에 믿음으로 반응했을 뿐이다(5, 8-9절).

4. 구원의 두 가지 내용: 그리스도와 함께 살리시는 구원은 그리스도와 함께 일으키시고 함께 앉히시는 놀라운 하나님의 역사이다(6절). 그래서 우리는

하늘의 시민권을 가졌다(빌3:20). 그렇게 우리는 구속과 영광을 누린다. 이 은혜의 영광을 드러냄으로 다른 이들도 이 구원에 참여하게 되는 것이 필요하다(7절).

5. 구원의 목적: 이렇게 우리를 사랑하셔서(4절) 구원하셨던(5-9절) 하나님은 우리를 그의 새 피조물로 빚으신다(10절). 그의 선한 일을 감당하는 사역의 파트너로 만들기 위함이다. 우리는 선한 일을 할 수 없던, 세상 속에서 죽었던 존재였다(1-3절). 선한 일보다는, 우리의 정욕과 세상 풍습을 따라 살던 존재였다. 그러나 이제는 은혜로 새롭게 되었다. 하나님의 선한 일에 참여하게 되었다. 이 일에 하나님의 짙은 땀이 배어 있다.

해석 종합

1. 1-3절에서 '너희'와 '우리'의 죽었던 상태를 철저하게 드러내고, 반복해서 강조하는 이유는 4절 이하에서, 하나님의 역사, 그분의 살리심의 크신 은혜를 부각하기 위한 것이다.

2. 4절에서, 하나님께서 자비에 풍성하신 분이라는 사실은 그 다음 이어진 구원의 역사(5-9절), 그리고 선한 일을 하는 새 피조물로 우리를 이끌어 가시는 일(10절)의 근거가 된다. 또 그의 은혜의 탁월함과 부요함을 드러내는 7절과도 관련이 있다. 사랑과 자비가 풍성하신 분이라는 속성은 자기 과시와 자만과 반대된다. 그 은혜의 드러냄(7절) 조차도 그 동기는 자비하심이다.

3. 반복해서 하나님의 은혜를 강조하면서, 우리의 죽었던 상태와 하나님의 살리심을 대조하고, 또한 은혜와 행위를 대조하는 이유는 이 놀라운 구원을 받은 우리 사람이 자만하거나 우쭐하지 않고 구원의 그 다음 단계로 전진하도록 하기 위함이다. 그것이 하나님께서 계획하신 선한 일(들)이다.

4. 10절에서 우리가 '그의 작품'이라는 것은 하나님의 구원이 하나님의 특별한 애쓰심으로 이뤄진 것임을 말해준다. 새 창조가 어느 날 우연히 된 것이 아니라, 하나님의 영원한 계획 속에 하나씩 그 뜻대로 이뤄진 것이었다. 하나님의 계획과 노력, 투자와 집중, 역사와 애씀이 개입되어 있다.

2:11-22, 새로운 인류, 교회의 정체성

전체 구조

1. 본문은 세 부분으로 나뉜다. 11-12절, 13-18절, 19-22절이다. 첫 부분(11-12절)은 '너희' 이방인들이 과거에 얼마나 유대인들과 분리되어 있었는지 기억하게 한다. 두 측면, 즉 육체적 분리와 신앙적 분리가 강조된다. 둘째 부분(13-18절)은 분리되었던 '너희'(이방인들)와 '우리'(유대인들)를 그리스도께서 어떻게, 하나님께 나아가는 하나된 교회로 만드셨는지를 말씀한다. 셋째 부분(19-22절)은, 이제 '너희'는 과거의 외인(낯선 자)이 아니라 같은 시민과 하나님의 가족으로 변화되었고, 특히 하나된 교회로 함께 모여 하나님의 거주하시는 집으로 계속 세워지는 모습을 그려준다. 11-12절과 19-22절은 문제된 '과거'와 변화된 '현재'로 서로 짝을 이루고, 중간에 위치한 13-18절은 어떤 '과정'으로 그같이 변화되었는지 알려준다. 따라서 전체적으로 역교차 구조로 이해된다.

11-12절	A	육체적으로, 신앙적으로 분리돼 있던 이방인들, 외인들	
13-18절		X	평화이신 그리스도께서 '너희'와 '우리'를 하나되게 하셨다.
19-22절	A'	동일한 시민과 가족이 됨. 모두 함께 하나님의 거룩한 전으로 건축된다.	

Ⅰ. 11-12절, '너희'가 이방인이던 때를 기억하라.

구문 배열

11
Διὸ
그러므로 Therefore
μνημονεύετε
생각하라/기억하라 remember
ὅτι
~ 것을 that
ποτὲ
전에 formerly
ὑμεῖς
너희가 you (were)
τὰ ἔθνη
이방인(들)~ Gentiles
ἐν σαρκί,

12
ὅτι ἦτε
너희는 ~자였다/이었다 that you were
τῷ καιρῷ
~ 때에 at the time
ἐκείνῳ
그~ that
χωρὶς Χριστοῦ,
그리스도가 없는 without Christ
ἀπηλλοτριωμένοι
떨어져서 alienated from
τῆς πολιτείας
시민권에서 citizenship
τοῦ Ἰσραὴλ
이스라엘의 of/ in Israel

육체로 in the flesh
οἱ λεγόμενοι
불리는 자들~ who are called
ἀκροβυστία
무할례자로 the uncircumcision
ὑπὸ τῆς
λεγομένης
불리는 자에 의해서
by the so-called
περιτομῆς
할례자로
the circumcision
ἐν σαρκὶ
육체로/에
in the flesh
χειροποιήτου,
손으로 한
made by hands

καὶ ξένοι
(또한) 외인/국외자들~ and foreigners
τῶν διαθηκῶν
언약(들)의/에 대해
to the covenants
τῆς ἐπαγγελίας,
약속의 of promise
ἐλπίδα
소망이 hope
μὴ ἔχοντες
없고 having no
καὶ ἄθεοι
하나님도 없는 자들~
and the ones who are without God
ἐν τῷ κόσμῳ.
세상에서 in the world

직역

1. 11. 그러므로 생각하라. 너희가 전에 육체로 이방인들이고 육체에 손으로 한 할례자라 불리는 자들에 의해 무할례자들로 불리는 자들이었다. 12. 또 너희는 그때에 그리스도가 없었고, 이스라엘의 시민권에서 떨어졌고, 약속의 언약들에 대해 외인들이었고, 소망이 없고, 세상에서 하나님도 없던 자들이었다.

2. 11. Therefore remember that you were formerly Gentiles in the flesh and the ones who are called "the uncircumcision by those who are called "the circumcision" made in the flesh by hands 12. and that you were at that time without Christ, alienated from citizenship in Israel, and foreigners to the covenants of promise, having no hope, and the ones who are without God in the world.

구성/문체

1. 11-12절에는 두 개의 ὅτι-절이 있다. (1) 두 번째를 첫째 것의 이유(because)절로 보면, 12절의 이유/근거 때문에 11절에서 그들이 이방인과 무할례자로 규정된다고 이해하게 된다. (2) 또는 11절과 12절의 ὅτι-절을 동격으로 보면, 두 번째 절이 첫째 절을 풀어주는 것이 된다. 이 때 12절을 번역할 때 초두에 '즉'이라는 말을 덧붙이는 것이 좋겠다. (3) 두 ὅτι-절은 서로 보완하는 내용으로도 볼 수 있다. 이럴 때, 전자는 육체의 이방인 됨을, 후자는 그들의 신앙적 비특권(非特權)을 말하는 것이 된다.

2. (1) 보다는 (2)와 (3)이 더 타당한 이유는 첫째, 11절의 ὅτι-절의 두 내용(육체로

이방인들, 무할례자로 불리는 자들)이 서로 다른 것이 아니라, 비슷한 것을 다른 말로 반복 강조하는 이중적 표현(dual expressions), 또는 이중 배열(dual arrangement)이라는 점에서, 11절과 12절의 ὅτι-절도 그같이 두 절의 반복된 효과를 위한 것일 가능성이 있다. 둘째, 실제로 12절의 ὅτι-절이 11절의 ὅτι-절의 근거나 이유로 보기는 어렵다. 유대인들이 이방인들을 그리스도가 없고 이스라엘 시민권에서 떨어진 것 등의 이유로, 11절처럼 그들을 무할례자로 부르거나 이방인으로 부르는 것은 아니기 때문이다. 그들을 이방인과 무할례자로 간주하는 이유 자체가 11절에 있다. 육체로 이방인이기 때문이고, 손으로 하는 할례를 받지 않았기 때문이다.

바울이 "생각하라/기억하라"고 할 때, 첫째 그들의 이방인 됨과 둘째 그들에게 신앙적 특권이 없는 점을 강조했다. 바울은 이방인들이 유대인들과 달랐던 최소한 두 가지 특징을 기억할 것을 말씀했다.

절별 해석

11절

1. "그러므로 생각하라"(Διὸ μνημονεύετε): 접속사 "그러므로"를 사용하여 1-10절과 연계하고 있다. 은혜로 주신 하나님의 구원 이후 선한 일을 하는 '하나님의 작품'으로 우리가 존재하게 됐음을 강조한 바 있다(10절). 그러므로(그런 연유로) 바울은 무엇인가 "생각하라/기억하라"고 명령한다. 이제는 선한 일을 하는 특별한 존재가 되었으므로 예전의 그렇지 않을 때(구원 받기 전) 어떤 존재였는지 말해주려 한다.

"전에 너희는"(ὅτι ποτὲ ὑμεῖς): "전에"(그 때)는 이미 2-3절에 두 번 나왔던 단어(ποτέ)다. 2-3절에서는 구원 전, 개인의 죽음의 상태를 가리키기 위해 사용됐다면, 11절에서는 공동체적 과거 상태를 가리키기 위해 사용된다. 이 부분에서 동사(ἦτε)가 생략된 반면 인칭대명사 2인칭복수 "너희는"을 썼다. '너희'가 집단적으로 어떤 존재였는지 강조한다.

"육체로 이방인들"(τὰ ἔθνη ἐν σαρκί): 독자들(너희)이 본래 이방인들이었음을 기억하게 한다. "육체로"란 말을 덧붙여서 그들이 육체적으로 그렇게 출생했고 그같이 존재했다는 점을 강조한다. 3절에서 "육체의"(τῆς σαρκὸς)를 두 번 사용한 바 있는데, 영적 상태에서 죽어 육체적 정욕에 붙잡혀 있는 상태를 가리킬 때 쓰였다.

"무할례자로 불리는 자들"(οἱ λεγόμενοι ἀκροβυστία): 할례자와 반대된 개념이 무할례자이다. 할례자가 하나님의 언약에 따라 특별히 선택 받은 이들의 특징이라면, 무할례자는 그런 것이 없다. "불리는 자들"은 그들(너희)이 무할례자로 존재했을 뿐 아니라, 그렇게 유대인들에 의해 불리기도 했다는 점이다. 할례를 특권으로 여기는 자(할례자)에게 이들은 그런 특권에서 제외된 자들로 취급되었다.

"육체에 손으로 한 할례자로 불리는 자에 의해"(ὑπὸ τῆς λεγομένης περιτομῆς ἐν σαρκὶ χειροποιήτου): 그들 할례자는 결국 손으로 한(만든) 것에 불과하고 또 육체에 한 것에 불과한 점을 강조한다. 육체와 손은 영(spirit)과 같이 영속적인 것이 아님을 말하는 표현이다. 11절에 등장한 두 번째 "육체로/에"(ἐν σαρκί)는 육체로 '무할례자'(the uncircumcised)로 불린 자들과 대비할 때, 유대인인 그들도 비슷하게 육체로 '할례자'(the circumcised)로 구분된 것에 불과하다는 점을 말해주려는 뜻이 담겨 있다.[39] "손으로 한"(done by hands) 할례는 하나님에 의해 "창조된 작품"(10절, created masterpieces)과 반대된 개념을 가진다.

2. "기억하라"에 이은 ὅτι(that)-절은 기억해야 할 내용을 담는다. 주동사는 생략되었고 '너희'의 정체를 두 가지로 밝힌다. 그러나 두 표현, "육체로 이방인들" 그리고 "무할례자로 불리는 자들"은 본질상 서로 다른 내용이기보다는 비슷한 내용의 반복적 표현으로 이해된다. "육체로"를 두 번 사용하여, 유대인들에 의한 이방인들의 차별이 모두 '육체로' 이뤄진 것임을 강조한다.

바울은 1-2절처럼 먼저 그들 이방인들이 전에(그 때) 어떤 존재였는지 밝혀준다. 다른 점은 1-2절이 개인의 죽음의 상태를 말했다면, 11절은 집단적, 신분적 구별에 대한 것이다. 유대인과 이방인의 서로 다른 것이 기본적으로 '육체로' 인한 구별임이 강조된다. "불린다"(분사)는 표현이 두 번 반복되어, 두 집단(유대인들과 이방인들)이 서로를 차별해서 말(표현)하고 있음을 강조했다.

12절

1. "너희는 그 때에 ~자였다"(ὅτι ἦτε τῷ καιρῷ ἐκείνῳ): 11절의 ὅτι(that)-절에서는

동사 ἦτε(이었다)가 생략된 반면, 12절의 ὅτι(that)-절은 인칭대명사(ὑμεῖς)를 생략했다. 11절의 “전에” 대신 “그 때에”로 바꿨다.

“그리스도가 없는/없었고”(χωρὶς Χριστοῦ): 이방인들은 그리스도와 관련이 없었다. 그리스도라는 개념도, 그에 대한 기대도 없는 이들이었다.

“이스라엘의 시민권에서 떨어져서”(ἀπηλλοτριωμένοι τῆς πολιτείας τοῦ Ἰσραὴλ): ‘시민권’(πολιτεία)은 ‘시민으로서의 여건과 권리’(the condition and rights of a citizen, LS), 또는 ‘시민 생활’(the life of a citizen)을 뜻한다. 하나님의 선택된 백성 이스라엘에 속하지 못한, 그 나라 시민의 권리와 혜택에서 멀리 ‘떨어진’, 그로부터 분리되고 소외된 존재였다.[40)]

“약속의 언약들에 대해 외인들”(καὶ ξένοι τῶν διαθηκῶν τῆς ἐπαγγελίας): 이방인들은 하나님의 특별한 선택을 받은 조상들과 그 후손인 이스라엘에게 주셨던 하나님의 약속, 그 언약에 있어 전혀 상관이 없는 외국인, 낯선 자들이었다.

“소망이 없는”(ἐλπίδα μὴ ἔχοντες): 그러므로 하나님과 그 나라와 관련해서 그 어떤 미래적 소망이 없는 자들이었다. “약속의 언약들에 대해/~언약들의”라는 어구를 앞의 “외인들”이 아니라, 그 뒤의 “소망”을 수식하는 것으로 볼 수도 있다. 그럴 때 소망은 하나님의 약속과 그 언약에 대한 미래적 기대로 이해된다.

“세상에서 하나님도 없는”(καὶ ἄθεοι ἐν τῷ κόσμῳ): 그들은 세상에서 많은 신들을 따랐으나 실상 참 하나님이 없는 자들이었다. 하나님과 아무런 관련이 없고 하나님께 속하지 않은 족속이라는 뜻이다.

2. 12절에서 이방인들을 묘사하는 다섯 가지 내용은 순서 없이 열거된 것은 아니다. 다섯 가지가 역교차를 이룬다.

<table>
<tr><td>a</td><td colspan="3">그리스도가 없는 자들</td><td colspan="3">세상에서 하나님도 없는 자들</td><td>a'</td></tr>
<tr><td></td><td>b</td><td colspan="2">이스라엘의 시민권에서 떨어진 자들</td><td colspan="2">소망이 없는 자들</td><td>b'</td><td></td></tr>
<tr><td></td><td></td><td>x</td><td colspan="3">약속의 언약들에 대해 외인들</td><td></td><td></td></tr>
</table>

첫째, “그리스도가 없는 자들”(a)와 “세상에서 하나님도 없는 자들”(a')이 짝을 이룬다. 하나님과 그리스도와 무관했던 그들의 삶(신앙)을 말해준다. 둘째, “이스라엘의 시민권에서 떨어진 자들”(b)와 “소망이 없는 자들”(b') 역시 짝을

이룬다. 이스라엘이 누리는 현재의 권리(시민권)와 미래의 보상(소망)과 관련이 없었다는 말이다. 셋째, 이럴 때 '약속의 언약'은 이스라엘이 가지는 모든 좋은 것을 가리킨다. 이방인들은 이 모든 것과 관련해서 "외인들"이라는 것이다. 이 부분은 전체의 요약이 된다.

12절의 ὅτι-절은 11절의 ὅτι-절과 동격 또는 보충적인 내용으로 이해된다. 이 두 구절은 이들 이방인들이 유대인들과 어떤 차이를 가지고 있고 또 어떻게 구별되는지를 반복적으로 강조해서 보여준다. 이방인들, 그들은 그렇게 육체적으로 유대인들과 달랐다. 또 신앙적 특권에 있어 아무런 상관이 없었다.

단락 해석

1. 바울은 1-10절에서 하나님의 은혜로 인한 구원과 그 목적(선한 일을 위해 만드신 존재)을 강조했다. 이제 그들 이방인들이 어떻게 집단적으로 유대인들과 다른 존재였는지 말하고자 한다. 1-10절이 개인적인 구원에 초점을 두었다면, 11절 이하는 집단적 측면을 강조한다.

2. 두 개의 ὅτι-절은 둘 다, 과거에(그 때에) 어떤 점에서 이방인들이 유대인들과 달랐는지 반복 강조하는 방식으로 말해주고 있다.[41] 11절 ὅτι-절의 두 가지 내용(육체로 이방인들, 무할례자로 불리는 자들)은 모두 그들이 생체적, 관습적으로 이방인들이었음을 드러낸다. 12절의 ὅτι-절의 다섯 가지 내용은 그들이 신앙적, 사회적 특권에 있어 어떻게, 또 얼마만큼 무관한 존재였는지를 역교차 형식을 사용해서 알려준다.

3. 과거의 그들이 어떤 존재였는지를 알려준 다음에 13절 이하에서 그들이 이제 어떻게 변화된 관계를 가지게 되었는지 말해주고자 한다. 이것은 개인적 구원을 강조했던 1-10절이 과거의 묘사(1-3절)에서 현재의 변화(4-10절)로 나아갔던 것과 비슷한 형식이다.

메시지

1. 먼저 기억해야 할 것: 현재 어떤 관계, 어떤 존재가 되었는지를 알기 전에 먼저 기억하고 생각해야 할 것은 이방인이었던 '너희'의 과거의 신분, 과거의 상태이다.

2. '너희'의 육체적 신분: '너희'는 육체적 신분에 있어 이방인이었다. 혈통적, 육체적, (신앙)관습적 차이는 컸다. 이런 점에서 유대인들과 같을 수 없었다.

3. '너희'의 신앙적 신분: '너희'는 신앙적 특권에 있어 국외자들이다. 하나님과 그리스도에 대해 무관했고, 이스라엘에 속한 자들의 현재적 특권과 미래적 소망, 모두 해당사항이 없는 자들이었다. 그래서 국외자들이고 외국인들이다. 과거에 그런 존재들이었던 것을 기억하자. 그 기억이 13절 이후에 말씀하는 변화를 더 강렬히 인식하는 계기가 된다.

Ⅱ. 13-18절, 그리스도께서 어떻게 하나가 되게 하셨는가?

구문 배열

13
νυνὶ δὲ
그러나 이제 But now
ἐν Χριστῷ Ἰησοῦ
그리스도 예수 안에서 in Christ Jesus
ὑμεῖς
너희가 But you
οἵ ποτε ὄντες
전에 ~ 있던 who were formerly
μακρὰν
멀리 far off
ἐγενήθητε
졌다/되었다 have been brought
ἐγγὺς
가까워 near
ἐν τῷ αἵματι
피로 in/ by the blood
τοῦ Χριστοῦ.
그리스도의 of Christ

14
Αὐτὸς γάρ
(왜냐하면) 그는/그 자신이 For He Himself
ἐστιν
~이시다 is
ἡ εἰρήνη
화평/평화~ peace
ἡμῶν,
우리의 our
ὁ ποιήσας
만드신 분~ who made
τὰ ἀμφότερα
둘을 (both) the two
ἓν
하나로 one
καὶ τὸ μεσότοιχον
중간의 (나눈) 벽을
the dividing wall

16
καὶ ἀποκαταλλάξῃ
화목하게/화해하게 하시려고
and might reconcile
τοὺς ἀμφοτέρους
그 둘을 both
ἐν ἑνὶ σώματι
한 몸으로 in one body
τῷ θεῷ
하나님과 to God
διὰ τοῦ σταυροῦ,
십자가를 통하여
through the cross
ἀποκτείνας
(그래서) 없애셨다 (thereby) putting to death
τὴν ἔχθραν
원수 된 것/됨을 the enmity/ hostility
ἐν αὐτῷ.
그 안에서 in Him

17
καὶ ἐλθὼν
오셔서 and He came
εὐηγγελίσατο
전하셨다 and preached.
εἰρήνην
평화를 peace
ὑμῖν
너희에게 to you
τοῖς μακρὰν
멀리 있는 자들 who were far off
καὶ εἰρήνην
그리고 평화를 and peace
τοῖς ἐγγύς·
가까이 있는 자들에게
to those who were near

18
ὅτι δι' αὐτοῦ

τοῦ φραγμοῦ,
(막는) 담/울타리의/인
of the barrier/ partition
λύσας
허시고/무너트리시고
and broke down/ destroyed
τὴν ἔχθραν
원수 된 것/됨을
the enmity/ hostility
ἐν τῇ σαρκὶ
육체로 in the flesh
αὐτοῦ,
그의 His

τὸν νόμον
율법을 the law
τῶν ἐντολῶν
계명(들)의
of the commandments
ἐν δόγμασιν,
규율로/규정으로 된
in ordinances
καταργήσας
폐하셨다/폐하시고 Having abolished
ἵνα
~ 위해서 that
τοὺς δύο
둘을 the two
κτίσῃ
지으시기 He might create
ἐν αὐτῷ
그 안에서 in Him
εἰς ἕνα
καινὸν
ἄνθρωπον
한 새 사람으로
into one new man
ποιῶν
이루시며 (so) making
εἰρήνην
평화를 the peace

그를 통하여 through Him
ἔχομεν
가지고 있다 have.
τὴν προσαγωγὴν
나아감/접근함을 access
οἱ ἀμφότεροι
우리 둘은 For we both
ἐν ἑνὶ πνεύματι
한 영 안에서 in one Spirit
πρὸς τὸν πατέρα.
아버지께 to the Father

직역

1. 13. 그러나 이제 그리스도 예수 안에서, 전에 멀리 있던 너희가 그리스도의 피로 가까워졌다. 14. 그분이 바로 우리의 평화이시다. 둘을 하나로 만드신 분이시다. 그는 막는 담인 중간의 벽, 즉 원수 된 것을 그의 육체로 허무셨다. 15. 규율로 된 계명의 율법을 폐하셨다. 그 안에서 둘을 한 새 사람으로 지으시기 위해서였다. (그렇게) 평화를 이루셨다. 16. 십자가를 통하여 그 둘을 한 몸으로 하나님과 화목하게 하시려고 그 안에서 원수 된 것을 없애셨다. 17. 그가 오셔서, 멀리 있는 너희에게 평화를, 또한 가까이 있는 자들에게도 평화를 전하셨다. 18. 그를 통하여 우리 둘이 한 성령 안에서 아버지께 나아감을 가진다.

2. 13. But now in Christ Jesus you who were formerly far off have been brought near by the blood of Christ. 14. For He Himself is our peace, who made the two one, and destroyed the dividing wall of the barriers, that is, the hostility. 15. Having abolished the law of the commandments in ordinances, that He might create one new man out of the two, so making peace, 16. and might reconcile both in one body to God through the cross, thereby putting to death the hostility in Him. 17. And He came and preached to you who were far off and peace to those who were near. 18. For through Him we both have access to the Father in one Spirit.

구성/문체

1. 13-18절은 세 부분으로 나뉜다. 각 부분은 다른 주어를 가진다. 13절은 '너희', 14-17절은 그리스도, 18절은 '우리'가 주어가 된다. 13절과 18절이 쌍괄적 짝(inclusio)이다. 멀리 있던 '너희'는 그리스도로 인해 이제 가까워졌다(13절). 이제 '우리'는 그리스도를 통해 하나님 아버지께 나아가는 자녀들이 되었다(18절). 13절의 '너희'는 18절에서 '우리'가 된다.

2. 중간 부분인 14-17절은 세 가지 주제가 세 번 반복된다. 첫째는 그리스도의 평화에 대한 것이다. "그는 우리의 평화이시다"(14a절), "평화를 이루시고"(15c절), "오셔서 평화를 전하셨다"(17절). 둘째는 둘(두 집단, 유대인과 이방인)을 하나로 만드셨다는 말씀이다. "둘을 하나로 만드신 분"(14b절), "둘을 한 새 사람으로 지으시기 위해"(15b절), "그 둘을 한 몸으로 하나님과 화목하게 하시려고"(16a절). 셋째, 두 집단 사이의 원수 된 것을 없애셨다. "중간의 담, 원수 된 것을 허무시고"(14c절), "규율로 된 계명의 율법을 폐하셨다"(15a절), "원수 된 것을 없애셨다"(16b절).[42]

3. 13절의 "멀리 있던 너희"가 17절에 '멀리 있는 자들'로 다시 나타나고, 18절의 '아버지께 나아감'이 16a절의 '하나님과 화목하게 하려 함'과 연관이 있다. 그러나, 첫째, 13절과 18절은 앞서 말한 것처럼, 14-17절과는 주어가 다른 점이 더 고려될 필요가 있다. 둘째, 14-17절이 세 주제의 세 번 반복적(cycled) 구성으로 이 부분이 하나의 단위(unit)로 묶여 있는 점을 주목해야 한다.[43]

4. 따라서 13절(A), 14-17절(X), 18절(A')의 역교차 구조이다.[44]

13절	'너희'가 가까워졌다.	A
14-17절	'그리스도'가 둘을 하나로 만드셨다: 그의 평화; 벽을 없애심; 하나로 만드심	X
18절	'우리'가 하나님께 나아간다.	A'

절별 해석

13절

1. "그러나 이제 그리스도 예수 안에서"(νυνὶ δὲ ἐν Χριστῷ Ἰησοῦ): 11절의 '전에'와 12절의 '그 때에'와 대조해서 "이제"를 쓴다. 문제 있던 과거에서 해결된 현재의 모습을 그려주려 한다. 이런 변화는 모두 "그리스도 예수 안에서" 일어났다.

"너희가, 전에 멀리 있던"(ὑμεῖς οἵ ποτε ὄντες μακρὰν): "전에"를 한 번 더 사용해, 그전의 상태를 요약한다. 11-12절에서, 이방인들은 유대인들과 육체적, 관습적, 신앙적으로 멀리 떨어져 있었다.

"가까워졌다, 그리스도의 피로"(ἐγενήθητε ἐγγὺς ἐν τῷ αἵματι τοῦ Χριστοῦ): 부정과거 수동태 "되었다"(ἐγενήθητε)는 그들이 그리스도에 의해 그같이 변화되었다는 점을 말씀한다. 첫째, 이방인들이 유대인들처럼 가까워졌다. 둘째, 이방인들이 이제 유대인들이 누리는 그 특권에 개입하게 되었다. 그 일은 "그리스도의 피", 즉 구속 사건으로 이뤄졌다. 그의 피흘림의 결과(효력)를 개인 구원에 제한하지 않고 집단적 하나됨에 적용하는 말씀이다. 그리스도께서 그 피로 이 사역을 이루셨다.

2. '멀리'(μακρὰν)와 '가까워'(ἐγγὺς)는 대조되는 단어다. 이제 그들은 멀리 있는 상태가 아니라, 가까워진 상태가 되었음을 말한다. "그리스도 예수 안에서"와 "그리스도의 피로"를 써서 가까워진 이 상태를 위해 그리스도께서 어떤 노력을 다하셨고 그 결과를 이뤄내셨는지를 강조한다.

"전에 멀리 있던"이 11-12절을 요약한 말이고, "가까워졌다"는 13절 이후의 변화된 상태를 가리킨다. 그 일이 모두 그리스도와 관련해 일어났고, "이제" 그들의 변화된 모습이 되었다.

14절

1. "그분이 바로 우리의 화평이시다/~이시기 때문이다"(Αὐτὸς γάρ ἐστιν ἡ εἰρήνη ἡμῶν): "그는 ~이시다"(Αὐτὸς … ἐστιν)는 특히 '그는'을 강조하는 표현이다.

그리스도 바로 그분께서 평화(화평)가 되신다는 점을 강조한다. 특히 "우리의"를 덧붙여 다른 누구의 평화가 아니라, 바로 '우리의 평화'이심을 말한다. γάρ(때문에)는 이유를 말해주는 접속사인데 14절 이하가 13절의 근거가 된다는 점을 알려준다. 반면에 "그는 우리의 화평이시다"의 근거는 그 다음에 나오는 "둘을 하나로 만드신 분"이 된다.

"둘을 하나로 만드신 분"(ὁ ποιήσας τὰ ἀμφότερα ἕν): '둘'은 유대인과 이방인이라는 두 집단을 가리킨다. 이 둘을 이제 하나로 만드셨다. 그리스도 자신이 이 '둘을 하나로 만드신 분'으로 소개된다. "만드신"(ποιήσας)을 부정과거 분사형으로 그리스도께서 이미 하신 일임을 말한다.

"막힌 담인 중간의 벽을 허시고"(καὶ τὸ μεσότοιχον τοῦ φραγμοῦ λύσας): 역시 "허시고"(λύσας)는 부정과거 분사다. 그리스도께서 이미 이루신 일이다. "벽"(μεσότοιχον) 자체가 중간을 나눈 것이라는 뜻이 담겨 있는데, 수식어로 "담/울타리"(φραγμός)를 더 쓴 이유는 둘을 하나되지 못하게 분리하고 있는 상황을 강조해서 그려주려 했기 때문일 것이다. 이들은 둘이 합하지 못하게 나뉘는 이유들이다. 주님께서는 그 벽과 담을 허무셨다.

"즉 원수 된 것을 그의 육체로"(τὴν ἔχθραν ἐν τῇ σαρκὶ αὐτοῦ): 바울은 두 집단을 나누고 있던 벽을 "원수 된 것"(적대감, enmity)으로 규정했다. 서로를 원수 되게, 서로를 적으로 단정하게 만드는 벽이었다. "그의 육체로"는 앞의 "그의 피로"와 비슷한 뜻이다. 그리스도의 고난과 죽음은 원수 됐던 두 집단을 하나로 만드는 사역이었다. 그들이 서로 '육체로'(11절) 나뉘어 있었으나, 그리스도께서 '그의 육체로' 그 나뉜 벽을 허시고 하나되게 하셨다.

2. 세 가지 내용으로 정리된다. 첫째, 그리스도는 우리의 평화가 되신다. 둘째, 그는 둘을 하나로 만드신 분이시다. 셋째, 그의 육체로 중간의 벽, 원수 된 것을 허무셨다. 위의 세 내용은 셋째가 둘째, 또 둘째가 첫째의 근거가 된다. 즉 그리스도께서는 그의 육체로 원수 된 벽을 허무셔서(셋째), 둘을 하나로 만드신 분이시다(둘째). 그래서(그렇기 때문에) 그는 우리의 평화가 되신다(첫째).

15절

1. "규율로 된 계명의 율법을 폐하셨다"(τὸν νόμον τῶν ἐντολῶν ἐν δόγμασιν

καταργήσας): 규율(δόγμα), 계명(ἐντολή), 율법(νόμος)은, 모두 두 집단이(특히 유대인이 이방인과) 어떻게 다른지를, 그리고 그같이 다르게(구별) 하기 위해 명문화한 것들이다. 율법에 비해 계명과 규율이 좀더 부속 개념이긴 하지만, 비슷한 의미의 세 단어를 반복-강조 효과를 위해 함께 사용한 경우이다. '폐하셨다'는 무효화했다, 효력이 없게 했다는 뜻이다.

"그 안에서 둘을 한 새 사람으로 지으시기 위해"(ἵνα τοὺς δύο κτίσῃ ἐν αὐτῷ εἰς ἕνα καινὸν ἄνθρωπον): "그 안에서" 즉, '그리스도 안에서' 서로 분리되어 있는 두 집단을 하나의 존재, 특히 '한 새 사람'으로 창조해 내시는 것이 그리스도 사역의 목표였다. '한 새 사람'이라는 표현에, 분리되었던 그들이 이제 '하나의 존재'로 합쳐진다는 것과 이전과 달리 '새로운 인류'로 지으셨다는 것이 드러난다.

"평화를 이루시며"(ποιῶν εἰρήνην): 그 결과 평화를 이루셨다. 즉, 평화의 관계를 만드셨다. 그리스도께서 직접 평화의 관계를 실제적으로 만들어 내셨다는 점을 말한다. 평화 관계의 지속성을 말하기 위해 현재분사 "이루시며"를 쓴다.

2. 세 가지 내용을 정리하면 다음과 같다. 첫째, 계명의 율법을 폐하셨다(분사). 둘째, 둘을 한 새 사람으로 지으셨다(ἵνα-목적절). 셋째, 평화를 이루셨다(분사).

계명의 율법을 폐하신(첫째) 목적(이유)은 둘을 한 새 사람으로 창조하기 위해서였다(둘째). 그 결과 평화를 이루신 것이다(셋째). 14절과 15절은 실제적으로 비슷한 내용을 담고 있다. '그는 평화이시다'와 '평화를 이루셨다', '둘을 하나로 만드셨다'와 '둘을 한 새 사람으로 지으셨다', '원수 된 벽을 허무셨다'와 '계명의 율법을 폐하셨다'가 각기 짝을 이룬다. 15절은 14절의 뒤집어진 순서로 쓰였다.

14절					15절
	a	그는 우리의 평화이시다.	평화를 이루셨다.	a'	
	b	둘을 하나로 만드신 분	둘을 한 새 사람으로 지으셨다.	b'	
	c	원수 된 벽을 허무셨다.	계명의 율법을 폐하셨다.	c'	

16-17절

1. "그 둘을 한 몸으로 하나님과 화목하게 하시려고"(καὶ ἀποκαταλλάξῃ τοὺς ἀμφοτέρους ἐν ἑνὶ σώματι τῷ θεῷ): 둘을 '한 몸'으로 만드신(창조하신) 목적은 결국 이들을 하나님과 화목하게, 즉 깨어졌던 하나님-사람 관계를 제대로 회복하게

하기 위한 것이다. "화목하게 하시려고"(ἀποκαταλλάξῃ)가 가정법으로 15절의 "지으시기 위해"(κτίσῃ)와 함께 ἵνα-절에 연결된다. '한 몸'이라는 말은 하나된 그리스도의 몸 된 교회를 가리킨다.

"십자가를 통하여"(διὰ τοῦ σταυροῦ): 둘을 한 몸으로 만들고 하나님과 화목하게 하시는 그리스도의 사역은 비용 없이 되는 일이 아니었다. 십자가 사건이 필요했다. 13절의 "그리스도의 피로"와 14절의 "그의 육체로"와 같은 의미로 쓰인다.

"원수 된 것을 그 안에서 없애셨다"(ἀποκτείνας τὴν ἔχθραν ἐν αὐτῷ): 부정과거분사 "없애셨다"(ἀποκτείνας)의 기본형(ἀποκτείνω)은 '없애다'(abolish), '죽이다'(kill)란 뜻을 가진다. "원수 된 것"을 죽음에 이르게 했다는 것이다. "원수 된 것" 또는 '적대감'이라는 이 단어(ἔχθρα)는 14절에도 나왔다. 두 집단이 하나되는 것을 막은 벽, 울타리를 말했다. 그리스도는 이런 적대감, 서로 원수 되게 한 것을 '그 자신 안에서' 없애셨다.

"오셔서 멀리 있는 너희에게 평화를 전하셨다"(καὶ ἐλθὼν εὐηγγελίσατο εἰρήνην ὑμῖν τοῖς μακρὰν): 그리스도의 '오심'은 그의 성육신과 그 이후의 사역을 다 가리키는 것으로 이해된다. 그리스도의 오심은 그의 평화를 전하기 위한 것이다. 이 부분은 주님께서 부활하신 후에 두려워하며 모여 있던 제자들에게 "평화가 너희에게"(εἰρήνη ὑμῖν)라고 반복해서 말씀하신(요20:19, 21, 26; 14:27) 장면을 기억나게 한다. "멀리 있는 너희"는 이방인들을 가리킨다. 그리스도께서 전해 주신 평화의 메시지에는 이방인들에 대한 것도 포함되어 있었다. "멀리 있는"는 13절에도 이방인들을 가리킬 때 사용된 말이다.

"또 가까이 있는 자들에게도 평화를"(καὶ εἰρήνην τοῖς ἐγγύς): "가까이 있는 자들"은 유대인들을 가리킨다. 주님께서 유대인들에게도 평화를 전하셨다는 말을 굳이 덧붙이는 이유는 그의 평화는 한 쪽만의 평화가 아니기 때문이다. 유대인들은 '가까이 있는' 자들이었으나, 그들에게도 그리스도의 평화가 필요한 것은 같았다.

2. 16-17절은 묶여, 14절, 15절과 같이 세 가지 내용을 담고 있다. 첫째, 둘을 한 몸으로 하나님과 화목하게 하셨다(가정법). 둘째, 원수 된 것을 없애셨다(분사). 셋째, 각기 두 그룹에 평화를 전하셨다(분사).

15b절의 가정법(지으시기 위해)으로 된 절과 16a절의 가정법(화목하게 하기 위해)으로 된 절이 서로 연결된다. 모두 둘(두 집단)을 하나(하나된 교회)로 만드는 그리스도의 사역을 말한다. 전자는 '새로운 존재'라는 면이, 후자는 하나님과의 화목이라는 면이 각각 강조된다. 16a절에서 원수 된 것을 없애신 것은 15b절의 계명의 율법을 폐하신 것과 연관이 있다. 한편으로 15c절 평화를 이루신 것은 17절 평화를 전하신 것과 연계된다. 14절의 세 주제가 15절에 반복됐고, 다시 15절의 세 주제가 16-17절에 또 다시 반복되고 있음을 볼 수 있다. 그러나 14절과 15절이 함께 역교차를 이룬 것처럼, 15절과 16-17절이 같은 규칙을 따라 엮여 있지는 않다. 단지 15절과 16절(17절을 제외한)은 다음과 같은 역교차의 구성을 보여준다.

<table>
<tr><td rowspan="3">15절</td><td>a</td><td colspan="2">계명의 율법을 폐하셨다.</td><td colspan="2">원수 된 것을 없애셨다.</td><td>a'</td><td rowspan="3">16절</td></tr>
<tr><td></td><td>b</td><td>둘을 한 새 사람으로 지으셨다.</td><td>둘을 한 몸으로 하나님과 화목하게 하셨다.</td><td>b'</td><td></td></tr>
<tr><td></td><td>x</td><td colspan="3">평화를 이루셨다.</td><td></td></tr>
</table>

18절

1. "그를 통하여 우리 둘이 나아감을 갖는다"(ὅτι δι᾽ αὐτοῦ ἔχομεν τὴν προσαγωγὴν οἱ ἀμφότεροι): 14-17절에 그리스도를 주어로 하다가, '우리'를 주어로 하는 부분으로 바뀐다. "나아감"(προσαγωγή)은 나아가(approach) 접속되는(access) 것이다. 그리스도를 통해 우리가 하나님께 그같이 나아갈 수 있게 된 사실을 그려준다.

"한 영 안에서, 아버지께"(ἐν ἑνὶ πνεύματι πρὸς τὸν πατέρα): "한 영"은 하나이신 성령(4:4)을 가리킨다. 성령은 그분 자신이 하나이실 뿐 아니라, 우리를 하나되게 하시는 영이시다. 그래서 바울은 "성령의 하나되게 하신 것"(4:3)이라는 말을 사용한다. 또한 우리가 나아가는 대상이 하나님이심을 말한다. 그리스도를 통해 우리 모두, 이방인과 유대인을 함께 포함한 '우리'가 하나님께 나아갈 수 있게 되었다. 16a절에서 십자가를 통해 둘이 한 몸으로 하나님과 화목하게 되었다는 사실과 연관된다. 하나님을 "아버지"로 표현하여 하나님과 우리가 현재 아버지-자녀 관계가 되었음(1:2; 5:20; 6:23)을 말한다. 이같이 아버지께 나아가는 자녀의 특권이다.

2. 18절은 ὅτι-절로 시작한다. 13-17절의 목적(for-)으로 볼 수 있으나, 그보다는 결과를 말하는 절(so that-; NET)로 해석하는 것이 좋다. 13-18절의 결론 부분이기 때문이다. 특히 "나아감을 갖고 있다"(현재)는 말은 현재 우리가 하나님께 나아갈 수 있게 되었고, 또 나아가는 특별한 권리를 지금 가지고 있음을 강조한다. 13절 "그리스도 예수 안에서"와 "그리스도의 피로", 14절 "그의 육체로", 15절 "그 안에서", 16절 "십자가를 통하여"와 "그 안에서", 18절 "그를 통하여" 등 모두 그리스도와 관련된 어구들이 사용된 바 있다. 18절 뒷부분에 "한 영 안에서"를 첨가해서, 하나된 교회로 '성부 하나님'과 화목하게 만드는 '성자 하나님'의 사역에 '성령 하나님'도 함께 하고 계심을 말해준다.

하나님이 받으실, 하나된 교회를 지으시는 그리스도의 사역은 삼위일체 하나님의 합력(合力) 사역이다. 성부는 계획하시고 지휘하셨고 아들은 그 일을 구체적으로 이뤄가셨다. 그리고 성령은 이 모든 과정에 함께 하셨다. 그 결과 우리는 하나님과 평화의 관계를 갖는 그분의 아들들(1:5)인 '우리'가 되었다.

단락 해석

1. 서로 쌍괄적 짝인 13절과 18절을 통해, 전에 멀리 있던 '너희'가 그리스도로 인해 가까워져, 분리되었던 두 그룹(유대인과 이방인)이 이제 하나된 '우리'로 하나님 아버지께 나아가게 되었다는 것을 말해 준다.

2. 14-17절은 세 주제가 반복해 나타나는 부분이다. 그리스도의 평화에 대해 말하는 첫 주제는, 그리스도가 우리의 평화가 되신다(14a절), 그분이 평화를 이루셨다/만드셨다(15c절), 직접 오셔서 평화의 메시지를 전하셨다(17절)의 순서로 쓰였다.[45] 세 어구, 그리스도는 '평화 자체이시다'(존재), '평화를 만드셨다'(사역), '평화의 말씀을 전하셨다'(선포)의 관계는 무엇일까? 평화의 '존재'이신 그분이 그 평화를 '만드신 일'과 '전하는 일'을 직접 하셨다.[46]

<table>
<tr><td>14a절</td><td>그리스도는 우리의 평화이시다.</td><td>1</td><td>2와 3을 통해 1이 이뤄진다. 또는 1이기 때문에 2와 3이 이뤄진다.</td></tr>
<tr><td>15c절</td><td>평화를 이루셨다/만드셨다.</td><td>2</td><td rowspan="2">따라서 1은 2와 3의 전제이고
2와 3은 1의 근거가 된다.</td></tr>
<tr><td>17절</td><td>오셔서 평화의 메시지를 전하셨다.</td><td>3</td></tr>
</table>

3. 둘째 주제는 두 집단을 하나의 교회로 만드셨다는 것이다. 둘을 하나로 만들다(14b절), 둘을 한 새 사람으로 창조하다(15b절), 둘을 한 몸으로 하나님과 화목하게 하다(16a절)는 세 표현은 하나된 존재, 새로운 존재, 하나님과 화목된 존재를 각각 강조된다. 특히 모두 '하나'라는 점이 반복되면서, 내용은 점층법으로 강화된다. 하나, 한 새 사람, 한 몸이 되어 하나님과 화목하게 된다. 이렇게 하나님과 더 깊은 관계로 나아가게 된다.

14b절	둘을 하나로 만들다.	1	1과 2가 비슷한 표현(둘과 하나, 만들다-창조하다)이 반복되면서 더 강화된다.
15b절	둘을 한 새 사람으로 창조하다.	2	2와 3에서 '한 새 사람'이 '한 몸'으로 바뀌면서,
16a절	둘을 한 몸으로 하나님과 화목하게 하다.	3	'창조'에서 '하나님과의 화목'으로 전환된다.

4. 셋째 주제는 두 집단의 분리된 근거를 제거하신 것이다. 원수 된 것을 허무셨다(14c절), 둘을 나누던 율법을 폐하셨다(15a절), 원수 된 것을 없애셨다(16b절). 이 세 표현의 관계는 역교차이다. 원수 된 것을 허무신 것(14c절, a)이나 없애신 것(16b절, a')은 기본적으로 같은 뜻이다. 중간에 위치한 '계명의 율법'을 폐하신 것도 기본적으로 같은 뜻이라 할 수 있지만, 이 부분은 14절과 16절의 '원수 된 것'(이방인과 유대인의 관계에서)이 무엇인지를 알려준다는 점에서 중간 부분을 형성한다.

14c절	원수 된 것을 허무셨다.	a	a와 a'에서 '원수 된 것'이 반복되고, '허무셨다'(a)와 '없애셨다'(a')는 기본적으로 같은 뜻이다.
15a절	계명의 율법을 폐하셨다.	x	'원수 된 것'이 무엇인지 x 부분에서 설명한다. 그것은 그 두 집단을 분리하고 있는 명문화된 규정들이다.
16c절	원수 된 것을 없애셨다.	a'	나눔의 근거를 제거함으로 더 이상 차별이 없게 하신 것이다.

5. 이렇게 세 주제의 제시 방식이 같지 않다. 첫 주제(그리스도의 평화)는 뒤의 두 가지(행하고 전하심)가 앞의 것(평화가 되심)을 설명하고, 둘째 주제(하나되게 하심)는 점층적으로 주제가 발전하며, 셋째 주제(원수 된 것을 폐하심)는 주제의 단순 반복,

또는 역교차로 쓰였다.

6. 14-15절의 세 주제는 역교차(abc-c'b'a')를 이루고(15절 해석) 다시 15-16절이 역교차(ab-x-b'a')를 이룬다(16-17절 해석). 반면에 17절은 이들 역교차에서 제외되는데, 17절을 포함해서 세 주제가 어떤 식으로 반복되고 구성되고 있는지 다시 살펴 본다면, 다음과 같다.

절	메시지	주제	1	2	3	4	5
14a	그리스도는 우리의 평화이시다.	주제 1	a			a	
14b	둘을 하나로 만들다.	주제 2	b			b1	
14c	원수 된 것을 허무셨다.	주제 3	c			b2	
15a	계명의 율법을 폐하셨다.	주제 3	c'	a	a1	b'2	b'2
15b	둘을 한 새 사람으로 창조하다.	주제 2	b'	b	a2	b'1	b'1
15c	평화를 이루셨다/만드셨다.	주제 1	c'	x	b	a'	a'
16a	둘을 한 몸으로 하나님과 화목하게 하다.	주제 2		b'	a'2		b"1
16b	원수 된 것을 없애셨다.	주제 3		c'	a'1		b"2
17	오셔서 평화의 메시지를 전하셨다.	주제 1			b'		a"

15-17절의 구성은 칼럼 3에서 보듯이 혼합 병행법, a1a2-b-a'2a'1-b'로 나타난다. b-b'를 축으로 하고 앞의 두 주제(a1a2)가 그 다음 부분에서 뒤집어서(a'2a'1) 출현한다.

14절을 포함해서, 14-17절 전체의 구성으로 본다면, 두 가지 구성의 가능성이 있다. 첫째 칼럼 1과 3이 의도된 것이라면, 14-15절은 역교차(칼럼 1), 그리고 동시에 15-17절을 혼합 병행법(칼럼 3)으로 썼을 것이다. 둘째, 그렇지 않다면, 칼럼 4와 5처럼, 주제2와 3이 함께 묶여 진행되는 혼합 역교차(칼럼 4)와 혼합 병행법(칼럼 5)을 동시에 쓴 형태이다. 여기서 주제 2와 3은 한 번은 병행법(b1b2-b'2b'1)으로 또 한 번은 역교차(b'2b'1-b"1b"2)로 묶인 것이 된다.

세 주제가 역교차(칼럼 1)와 혼합 병행법(칼럼 3)을 복합적으로 쓰고 있다고 보는 첫째 구성은, 세 주제를 각 절 내의 관계(14절, 15절, 16-17절) 속에 주로 주목한다. 그럴 때, 전체적으로 세 주제의 관계는 주제 3(원수 된 것을 폐함)이 주제 2(둘을 하나로 만듬)의 근거가 되고, 다시 주제 2는 주제 1(평화를 이룸)의 내용이 된다. 즉,

그리스도는 두 집단 사이의 원수 된 것을 폐하셔서 이 둘을 하나의 교회로 만드셨다. 이것이 그리스도께서 이루신 평화이다. 여기서 세 주제는 같은 비중으로 강조된다.

둘째 구성에서 강조하는 것은 주제 2와 3의 묶음이다. 즉, 주제 2(둘을 하나로 만듦)와 주제 3(원수 된 것을 없앰)을 하나로 묶어 주제 1(그리스도의 평화)과 연결한다. 이렇게 볼 때, 그리스도의 평화의 사역(주제 1)은 두 개의 사역(주제 2 와 3, 논리적 순서는 주제 3 다음에 주제 2)으로 나타난다. 즉, 그리스도의 평화 사역은 원수 된 것을 없애는 일과 그렇게 해서 둘을 한 몸으로 만드는 사역이다. 세 주제 가운데 주제 1(그리스도의 평화)이 더 비중을 갖는다.

7. 전체적으로 14-17절을 그리스도의 사역으로 보고, 13절과 18절을 쌍괄 연계로 볼 때, 14-17절의 그리스도의 사역의 결과가 13절과 18절로 나타난다 할 수 있다. 이 때 13절과 18절을 묶으면 14-17절의 사역의 결과, 또는 전체(13-18절)의 요약이라 이해할 수 있다. 결국 멀리 있던 이들이 그리스도의 사역으로 가까워져, 이제 한 영으로 하나님 아버지께 나아갈 수 있게 된 것이다.[47]

메시지

1. 가까워진 관계: '너희'가 전에 멀리 있었으나(11-12절에서처럼) 이제는 그리스도의 피로 가까워졌다(13절). 서로 멀리 있던 존재가 가까워지는 방법은 그리스도의 피이다. 멀리 있던 어느 그룹도 그 안에서 가까워질 수 있다.[48]

2. 함께 하나님께 나아감: 두 집단이 '우리' 하나님의 자녀(아들들)가 되어, 한 영으로 아버지께 나아갈 수 있게 되었다(18절). 하나님께 나아가는 일에 하나됨이 필요한 경우이다.

3. 이를 위해 그리스도께서 하신 일(14-17절): 첫째, 그리스도 자신이 평화이시다. 그는 평화를 이루고 전하는 사역을 하셨다. 둘째, 그의 평화의 사역은 둘(분리된 두 집단)을 한 몸(교회)으로 만드시고, 하나님과 화목하게 하시는 사역이다. 셋째, 이 평화의 사역을 위해, 그의 십자가로 두 집단 사이에 있던, 서로 원수 된 것, 중간에 막힌 담을 없애셨다.

Ⅲ. 19-22절, 성전 된 '너희'

구문 배열

<table>
<tr>
<td>

19
ἄρα οὖν
그러므로 Therefore
οὐκέτι ἐστὲ
너희는 더 이상 ~아니다 you are no longer
ξένοι
외인들과/국외자들와 foreigners
καὶ πάροικοι
이국인들이 and aliens
ἀλλὰ ἐστὲ
도리어 ~이다 but (you are)
συμπολῖται
함께 시민 된 자이고 fellow-citizens
τῶν ἁγίων
성도들과 with the saints
καὶ οἰκεῖοι
가족/가솔~ and the family/household
τοῦ θεοῦ,
하나님의 of God
20
ἐποικοδομηθέντες
건축 된/세우심을 받은 Having built
ἐπὶ τῷ θεμελίῳ
터/기초 위에
upon the foundation
τῶν ἀποστόλων
사도들과
of the apostles
καὶ προφητῶν,
선지자들의
and prophets
ὄντος
~이신 being
ἀκρογωνιαίου
모퉁이 돌~ the conerstone
αὐτοῦ
자신이 Himself
Χριστοῦ Ἰησοῦ,
그리스도 예수 Christ Jesus

</td>
<td>

21
ἐν ᾧ
그 안에서 in whom
πᾶσα οἰκοδομὴ
모든 건물이 the whole building/ structure
συναρμολογουμένη
함께 연결되어 being joined together
αὔξει
성장한다/커간다 is growing
εἰς ναὸν
전으로 into a temple
ἅγιον
거룩한 holy
ἐν κυρίῳ,
주 안에서 in the Lord
22
ἐν ᾧ
그 안에서 in whom
καὶ ὑμεῖς
너희도 you also
συνοικοδομεῖσθε
함께 세워진다/건축된다 are being built
εἰς κατοικητήριον
거하시는/사시는 집으로
into a dwelling place
τοῦ θεοῦ
하나님의/께서 of God
ἐν πνεύματι.
영/성령 안에서 in the Spirit

</td>
</tr>
</table>

직역

1. 19. 그러므로 너희는 더 이상 외인들과 이국인들이 아니라, 성도들과 함께 시민 된 자들이고 하나님의 가족이다. 20. 사도들과 선지자들의 터/기초 위에 건축되었다. 그리스도 예수 자신이 모퉁이 돌이 되신다. 21. 그 안에서, 모든 건물이 주 안에서 거룩한 전으로 함께 연결되어 성장한다. 그 안에서, 너희도 성령 안에서 하나님께서 거하시는 집으로 함께 건축된다.

2. 19. Therefore you are no longer foreigners and aliens but fellow-citizens with

the saints and the family of God. 20. Having built upon the foundation of the apostles and prophets, Christ Jesus Himself being the cornerstone, 21. in whom the whole building, being joined together, is growing into a holy temple in the Lord, in whom you also are being built into a dwelling place of God in the Spirit.

구성/문체

1. 19절은 '너희는 더 이상 A가 아니라 B이다'의 형식으로 '너희'가 이제 어떤 권리를 가지고 있는지 알려준다. 20절은 '너희'가 어떤 기초 위에 세워진(즉, 사도들과 선지자들의 터 위에 세워진, 그리고 그리스도가 모퉁이 돌이 되신) 교회인지 알려준다. 21-22절은 병행구를 이루며 묶인 부분인데, 두 구절이 하나님의 성전으로 함께 결합되고 건축되어 가는 모습을 그려준다.

2. 이렇게 나뉘는 세 부분에서 19절과 21-22절이 짝이라 볼 수 있다. 19절은 '너희'가 지금 하나님과 성도와 어떤 관계를 갖는 존재가 되었는지를, 21-22절은 어떻게 하나님의 집, 성전으로 세워져 가는지를 각기 말씀한다. 19절이 함께 된 신분(a)을 21-22절이 함께 진행되는 방향(a')을 그려준다. 반면에 20절은 교회의 기초(x)를 알려준다.

a	함께 된 신분: 성도들과 함께 시민 된 자들, 하나님의 가족들		19절
	x	교회 공동체의 기초: 사도-선지자들과 예수 그리스도	20절
a'	함께 진행되는 방향: 함께 결합해 하나님의 집으로 건축된다.		21-22절

절별 해석

19절

1. "그러므로 너희는 더 이상 외인들과 이국인들이 아니다"(Ἄρα οὖν οὐκέτι ἐστὲ ξένοι καὶ πάροικοι): 접속사 "그러므로"(Ἄρα)는 19-22절이 13-18절의 그리스도 사역의 결과임을 알려준다. 그리스도의 사역을 통해 하나된 존재(교회)로 하나님께 나아가게 된 결과 19절의 내용이 있게 됐다. "더 이상 ~아니다"(οὐκέτι ἐστέ)는 과거의 모습, 신분 그대로 있지 않음을 말한다. "외인들과 이국인들"(ξένοι καὶ πάροικοι)에서, 12절과 같은 복수형 "외인들"(ξένοι)이 쓰인다. '낯선 자'(stranger), '외국인'(foreigner)이란 뜻이다. '옆(주위)에 거하는 자들'(one who lives or dwell near)이라는

뜻을 가진 "이국인들"(πάροικοι)은 다른 나라 영토에 머물러 살고 있는 거류민(居留民, 시민권이 없는 거류자)을 가리킨다. 비슷한 뜻을 가진 두 단어를 반복 효과를 위해 사용했다.[49]

"도리어 성도들과 함께 시민 된 자들과 하나님의 가족이다"(ἀλλὰ ἐστὲ συμπολῖται τῶν ἁγίων καὶ οἰκεῖοι τοῦ θεοῦ): 'A가 아니라 도리어 B이다' 형식으로 A에서 B로 바뀐 신분의 차이를 강조한다. "함께 시민 된 자들"은 '시민'(πολίτης)에 접두어 συμ(함께)-을 붙인, '함께 된 시민', 또는 '함께 시민 된 자'의 복수형이다.[50] 거룩한 성도들과 같이, 하나님 나라를 상속 받고 함께 그 권리를 누리게 된 동일한 시민(1:18; 3:6)이다.[51] '가족'(οἰκεῖος)은 가족(family) 또는 가정(household)을 말한다. 이제 하나님께 속한 가족인 것이다.

2. 13-18절의 우리의 평화이신 그리스도의 사역을 통해 변화가 일어났다. 더 이상 두 가지(외인과 이국인)로 불릴 수 없고 이제는 새롭게 두 가지(함께 시민 된 자와 하나님의 가족)로 인정된다. 앞의 둘(과거의 신분)은 뒤의 둘(현재의 신분)과 대조된다.

12절에 썼던 '외인'이라는 단어를 19절에 다시 쓰고 있는 이유는 11-12절에서 말했던 '너희'의 과거 신분(이방인)을 다시 기억하게 하기 위한 것이다. 11-12절을 두 단어(외인들과 이국인들)로 요약했다. 그리고 이와 반대되는 두 단어를 뽑아 배열했다. '동일한 시민'과 '하나님의 가족'이다. 이제는 그 누구도 '너희'를 거부하거나 배척할 수 없다. 하나님 나라의 동일한 상속자가 된다. 하나님의 가족 안에 더 이상 차별과 차등은 없다. 한편, 두 개씩 출현된 단어들은 다음과 같이 대조되는 짝으로 나눌 수도 있다: 낯선 외인(a)과 하나님의 가족(a'); 임시 거류민(b)과 함께 시민 된 자(b').[52]

20절

1. "사도들과 선지자들의 터/기초 위에 건축된"(ἐποικοδομηθέντες ἐπὶ τῷ θεμελίῳ τῶν ἀποστόλων καὶ προφητῶν): 그리스도의 하나된 몸은 이제 현재 건축되고 있는 성전에 비유된다. 건축된 건물에 먼저 '모퉁이 돌'(기초석)이 필요하고 그 다음 토대(foundation)가 세워져야 한다.[53] 그리스도의 새 성전의 이 '터'는 사도들과 선지자들이다. 그리스도는 베드로를 가리키며 "이 반석 위에"(ἐπὶ ταύτῃ τῇ πέτρᾳ)

"나의 교회"를 세우시겠다고 하신 바 있다(마16:18). 여기서 '반석'은, 주님께서 '반석'(여성)을 남성적 이름, 베드로(Πέτρος)로 바꿔 부르게 하신 게바를 상징하신 것으로 이해된다. 그래서 주님은 이 말씀 직전에 "너는 베드로다"(σὺ εἶ Πέτρος)라고 하셨다. 그러나 바른 신앙고백을 한 베드로(16:16)라고 해서 그 때문에 베드로 개인 위에 주님의 교회를 세우겠다고 말씀하신 것이라고 해석하는 것은 문제가 있다. 이 때 신앙고백을 한 베드로는 당시 다른 사도들의 신앙고백(바위처럼 견고한)과 사도적 특성(복수의 사도들)을 단지 대표하고 있었다고 보는 것이 옳다. 이 부분의 바울의 이해처럼, 교회의 기초는 한 사람 베드로(단수)가 아니라, 사도들 모두(복수)가 되기 때문이다. 두세 사람이 주님의 이름으로 모인 교회의 권세(18:18-20)가 베드로에게 약속하신 권세(16:19)와 동일한 것을 볼 때, 베드로만이 '천국 열쇠'를 받은 것이 아니다. 한편으로 바울이 사도들과 함께 선지자들을 언급한 것은 바울 당시의 교회 선지자(선지자 역할을 하는 자)들이 특별한 말씀을 맡아, 이를 증언하고 해석하는 역할을 감당했기 때문일 것이다. 이들은 구약의 선지자들이 아니라, 사도들과 함께 하나님의 말씀을 맡아 감당하던 특별한 사역자들(마가와 누가, 또 히브리서 저자 같은)을 가리킨다.[54] 예수 그리스도에 대한 이들 사도들과 선지자들의 증언과 가르침이 신약성경이 된 지금은, 우리에게 남겨진 신약성경이 우리 교회의 기초(토대)가 된다.[55]

"그리스도 예수께서 직접 모퉁이 돌이 되신"(ὄντος ἀκρογωνιαίου αὐτοῦ Χριστοῦ Ἰησοῦ): 사도들과 선지자들이 교회의 토대(기초)가 될 때, 그 토대를 깔 때, 그 토대를 지탱해줄 핵심 되는 돌인 모퉁이 돌(cornerstone)은 그리스도 자신이 되신다.

2. 성전 된 그리스도의 교회를 세우는데 그 출발점이 되는 두 가지를 강조했다. 두 개의 분사, "건축된"(수동)과 "되신/이신"(능동)이 사용된다. 우리는 건축된 존재고, 그리스도는 그 자신 스스로 그같이 존재하시는 분이시다.

이렇게 그리스도께서 모퉁이 돌이 되시고 그리스도를 증언하는 사도들과 선지자들이 터가 된 교회가 그리스도의 교회이다. 하나님 나라의 시민이고, 하나님의 가족이 되었다 할지라도, 성전인 교회가 되는 데에 이 기초 없이 존속할 수 없다. 예수 그리스도와 신약성경(사도들과 선지자들)은 주님의 교회에 없어서는 안 되는 기반이 된다.

21-22절

1. "그 안에서 모든 건물이 함께 연결되어 성장한다"(ἐν ᾧ πᾶσα οἰκοδομὴ συναρμολογουμένη αὔξει): "그 안에서"(ἐν ᾧ)는 20절의 '그리스도 예수'를 선행사로 받는 관계사 어구(전치사구)이다. 그리스도 예수 안에서 이 일이 일어난다는 점을 강조한다. 건물의 모든 부분이 함께 연결되어 있다(분사)는 점, 그리고 연결된(접합된) 상태로 현재 성장하고 있다는 점을 말씀한다. 건축된 건물의 각 부분이, 마치 벽돌과 벽돌이, 또 여러 자재들이 서로 이어져 건축되듯, 서로 밀접히 연결되어 있고, 어떤 목적(방향)을 향해 계속 지어져 가고(발전되고) 있음을 말해준다. '성장하다'(αὐξάνω, grow)는 '확장하다/증진하다'(increase, extend)는 의미도 있다.

"거룩한 성전으로, 주 안에서"(εἰς ναὸν ἅγιον ἐν κυρίῳ): 성장의 목표는 하나님의 '거룩한 전/성전'이고 그 일은 '주 안에서' 이뤄진다.

"그 안에서 너희도 함께 세워진다/건축된다"(ἐν ᾧ καὶ ὑμεῖς συνοικοδομεῖσθε): "그 안에서"(ἐν ᾧ)는 21절의 '주'를 선행사로 해서 쓰인 관계사 어구(전치사구)이다. 21절의 '그 안에서'와 같은 형태인 점이 주목된다. 선행사로 쓰인 단어는 다르지만(20절의 '그리스도 예수'와 21절의 '주'), 둘 다 그리스도를 가리킨다. '함께 세운다/건축한다'(συν-οικοδομέω)는 20절의 '(그 위에) 세운다/건축한다'(ἐπ-οικοδομέω)와 접두어만 다른, 같은 어근의 유사어이다. "함께 건축된다"는 21절의 "함께 연결되어 성장한다"와 기본적인 의미가 같다. 이 말들이 모두 현재 진행의 의미를 가지고 있는데 주목해야 한다. 교회는 계속하여 그같이 신적 목표를 향해 세워져 간다.

"하나님께서 거하시는 집으로, 영 안에서"(εἰς κατοικητήριον τοῦ θεοῦ ἐν πνεύματι.): 함께 건축되는 목표는 "하나님께서 거하시는 집(처소)"이 되게 하는 것이다. "하나님께서 거하시는 집"은 21절의 '거룩한 전, 성전'이다.[56] 이 일은 성령 안에서 이뤄진다.

2. 21절과 22절은 병행법을 이룬다. 구문 형태 뿐 아니라, 의미 배열도 함께 짝을 이루며 병행법을 형성한다.

21절	그 안에서	a	a'	그 안에서	22절
	모든 건물이	b	b'	너희도	
	함께 연결되어 성장한다.	c	c'	함께 세워진다/건축된다.	
	거룩한 전으로	d	d'	하나님이 거하시는 집으로	
	주 안에서	e	e'	영/성령 안에서	

이렇게 해서 비슷한 내용을 두 번 반복하며, (1) 성전으로서의 지속적인 성장(건설됨)과 (2) 누구도 소외되지 않고 함께 하나님의 성전을 이뤄간다는 점, (3) 주님과 성령 안에서 그같이 하나님이 거하시는 집, 성전으로 건축된다는 점(삼위 하나님의 공동 사역)이 강조된다.

단락 해석

1. "그러므로"로 시작한 19-22절은 11-22절의 결론 부분이다. 특히 11-12절의 '너희'(이방인들)의 과거 신분, 온갖 육체적-신앙적 특권에서 떨어져 있던 외인이라는 신분은 지나갔고 '더 이상' 그렇지 않은 존재가 되었음을 강조한다.

2. 19절에서 '외인'과 '이국인'(거류민)과 '성도들과 함께 시민 된 자'와 '하나님의 가족'은 서로 대조되며, 과거의 모습(아무런 권리가 없는)과 현재의 변화(함께 같은 권리를 가진)를 나타낸다. 거류자가 아니라 정당한 시민이며, 낯선 자가 아니라 가족이다. 이런 변화는 13-18절의 그리스도의 사역 때문에 이뤄졌다.

3. 변화된 신분을 갖게 된 '너희'는 새로운 진행형 단계로 나아간다. 그 부분이 21-22절에 나온다. '시민'과 '가족'은 변화된 관계를 말해준다. 서로에 대한 관계의 변화와 하나님에 대한 관계의 변화이다. 모든 건물이 함께 연결되고 또한 하나님의 집으로 성장한다, 건축된다는 말씀은, 첫째, 새로운 공동체인 교회 내의 구성원이 서로 묶여져 있고 함께 진행한다는 점(상호 관계)과 둘째, 하나님의 거하시는 성전, 즉 하나님과 깊은 관계를 갖는 공동체로 계속 전진한다는 점(하나님 관계)을 말해준다. 이같이 19절의 변화된 신분(a)은 21-22절의 발전된 관계(a')로 진행해 간다. 신분의 변화에서 끝나지 않고 신적 공동체로서 그리스도의 유기적 몸의 역할을 하게 된 것이다.

4. 중간에 위치한 20절은 변화된 신분(19절)과 진행되는 관계(21-22절)의 기초가 되는 부분이다. 새롭게 시민과 가족이 된 '너희'는 함께 묶여 하나님의 집(하나님께서

거주하시고, 그 집을 통해 계획하신 그 뜻을 이루시게 될)으로 세워질 것이다. 그런 하나님의 집, 성전이냐, 아니냐의 기준은 20절의 기초이다. 그리스도 예수의 모퉁이 돌 되심과 사도들-선지자들의 터 됨이다. 이 두 가지가 없이는, '너희'(성도라는 이름을 가졌어도)는 그 나라의 시민과 하나님의 가족이 아니며, 공동체(교회라는 이름을 가졌어도)는 결코 하나님의 집이 아니다. 그래서 20절이 교회의 기초가 된다. 신분의 변화(19절)는 교회의 기초 위에(20절) 하나님의 성전으로(21-22절) 전환된다.

메시지

1. **신분과 관계의 변화:** 예전의 '외인'(낯선 자)이 아니라 하나님의 가족이 되었다. 예전의 '이국인'(체류자, 거류민)이 아니라 성도들과 함께 그 나라의 시민이 되었다. 외인-이국인과 시민-가족의 대조를 통해, 새로운 하나님 관계와 성도 관계를 갖게 되었음을 보여준다.

2. **하나님의 집으로 건축되는 교회:** 하나님 나라의 시민과 하나님의 가족이 된 이들은 이러한 신분의 변화로 다 된 것이 아니라, 함께 엮어져 하나님의 집을 건설해 가는 교회가 된다. 하나님께서 거하시는 집, 거룩한 전이 되도록 계속 건축되는 집이다. 그래서 교회는 일반 건물이 아니다. 하나님께서 거주하시는 성도들의 모임이다. 더 나은 하나님의 집으로 계속 건축되는 '시민-가족'의 묶음이다. 이 모든 일은 '주 안에서', 그리고 '성령 안에서' 이뤄진다.

3. **교회의 기초:** 기초가 튼튼하게 세워지지 않은 건물은 제대로 세워질 수 없다. 하나님의 성전인 교회의 기초는 예수 그리스도와 사도들-선지자들이다. 그리스도께서 모퉁이 돌이 되시고, 사도들-선지자들이 터가 된다. 이들 사도들과 선지자들에게 성령으로 특별한 계시의 말씀이 주어졌고(3:5), 이들에 의해 신약성경이 기록되었다. 이들이 떠난 지금, 이제 이 신약성경이 교회의 터가 된다.

해석 종합

1. 1-10절이 개인 구원을 말한다면, 11-22절은 공동체적 변화를 말한다. 이는 개인 구원이 우리의 구원 여정의 끝이 아니라는 것을 말하는 것이다. 그 이상

나아가야 할 단계가 있음을 말해준다. 다시 말해, 하나님의 부르심의 시작은 개인의 구원, 죄로부터의 구속이지만, 그 다음의 부르심의 단계가 있다는 것이다. 하나님께서 예비하신 선한 일(10절)을 하도록 새롭게 창조된 존재로서 우리는 하나님의 이 '일'을 하게 된다. 그 선한 '일' 가운데 대표적인 것은 주님의 교회 사역에 참여하는 것이다. 그래서 1-10절 다음에 이어서, 교회 공동체 사역에 대한 말씀(11-22절)이 나온다. 이것이 11절의 '그러므로'의 뜻이다.

2. 1-10절에서 개인 구원을 말할 때, '너희'(이방인들)와 '우리'(유대인들)의 과거 상태, 즉 죄로 죽은 모습을 먼저 언급했던 것처럼, 11-22절의 교회 사역을 말할 때, 먼저 '너희'와 '우리'의 분리되었던 상태를 상기하게 한다(11-12절). 과거(그때)의 상태를 잊으면 현재의 변화를 인식하지 못한다. 그때 '너희'는 육체로 이방인이고, 신앙적으로도 무관한 자였다. '우리' 유대인들과는 너무 달랐고 떨어져 있었다.

3. 그러나 현재는 달라졌다(19-22절). 더 이상 외인도 이국인도 아니고, 모두 함께 시민이 되었고 하나님의 가족이 되었다. 그리고 이제는 교회로 세워진다. 사도들과 선지자들의 터 위에, 모퉁이 돌이신 그리스도 예수 위에 세워진 주님의 교회에 가입되었다. 이 교회는 구성원들이 서로 결합되어 계속 세워져 간다. 하나님의 거하시는 집, 거룩한 전으로 세워져 가는 공동체가 그의 교회이다. 이 일은 삼위일체 하나님의 사역이다.

4. 그런데 무슨 일이 있어, 현재의 변화가 있게 되었는가? 어떻게 과거 그같이 분리된 두 그룹이 하나의 교회로 묶여 새롭게 전진하게 되었는가? 그 답이 13-18절에 있다. 13-18절은 13절과 18절이 쌍괄적인 짝을 이루고 14-17절에 세 가지 그리스도의 사역이 나타난다.

5. 13-18절의 시작 구절인 13절은 멀리 있던 그들이 그리스도의 피로 가까워졌다고 선언한다. 어떻게 그들이 가까워졌는지는 14-17절의 반복된 말씀으로 나온다. 첫째, 무엇보다 그리스도는 우리의 평화 자체셨다. 그리고 그는 평화를 이루는/만드시는 분이셨다. 평화를 이루신 그는 평화의 메시지를 전하신다.

6. 둘째, 이렇게 평화를 이루시는 그리스도의 사역은 어떤 것인가? '중간의 막힌 담', 원수 된 것을 그의 육체로 허무셨다(14c절). 이 말씀은 16b절에 반복된다.

"그 안에서 원수 된 것을 없애셨다." 원수 된 것(적대감)은 두 집단을 서로 가깝게 하지 못하는 이유이다. 그래서 중간에 막힌 담이다. 이것을 허무셨다, 없애셨다(죽였다)는 말은 매우 강한 표현이다. 15a절에 이와 관련된 말이 있는데, "규율로 된 계명의 율법을 폐하셨다/무효화하셨다"는 것이다. 이것이 중간에 막힌 담의 실체이다. 계명이나 율법 자체가 문제는 아니다. 율법은 이스라엘이 죄 된 세상과 분리되어 이 땅에서 하나님의 백성으로 살게 하기 위해 그 주위에 쌓아 놓은 벽이었다. 그 울타리 안에서 그들은 하나님의 구원에 가까이 있었다. 그러나 이제 이 땅에 오신 하나님의 아들 그리스도를 통해, 그 울타리를 뛰어넘는 세계의 구원이 주어졌다. 그리스도는 유대인의 구주일 뿐 아니라, 온 세상의 구주로 오셨다(요4:42; 요일2:2). 율법의 벽 안에 살 때 얻는 구원이 아니라, 그 벽을 넘어 그리스도 안에 얻게 되는 완전한 구원을 얻게 하신다. 그래서 그리스도는 그의 육체로 그 벽을 무너트리셨던 것이다. 서로 분리되고 막혔던 벽이 없어지고 그리스도 안에 새로운 구원막(幕)이 쳐졌다. 유대인이나 이방인이나 이 구원에 참여할 수 있게 되었다.

7. 셋째, 이렇게 평화를 이루셨다. 그리스도는 단지 중간의 벽을 없애신 것이 아니라, 그 벽에 의해 갈라져 있던 두 집단을 하나로 만드신 분이셨다(14b절). 둘을 하나로 만들 뿐 아니라, 이 둘을 그리스도 안에서 '한 새 사람', 즉 더 이상 분리되지 않는 하나의 새로운 인류로 빚어내셨다(15b절). 그것이 교회이다. 그러므로 교회는 이제 하나가 된 구원 받은 자들의 모임을 가리킨다. 16a절에는, 이 둘을 한 몸, 즉 하나의 교회로 하나님과 화목하게 하셨다고 말씀한다. 하나 된 교회로 하나님께 나아가게 되는 것, 이것이 주님의 십자가 사역의 목표였다.57)

8. 13절과 18절은 이러한 주님의 사역을 요약해준다. 멀리 있던 '너희'가 그리스도의 피로 가까워졌다고 말할 수 있는 것은 바로 그리스도의 이 평화의 사역 때문이다. 18절에서, "그리스도를 통하여 우리 둘이 한 영 안에서 아버지께 나아감을 가진다"라고 말씀한다. 그리스도와 성령, 아버지 하나님, 이렇게 삼위일체 하나님이 모두 나타난다. 이 모든 일이 그리스도를 통해 이뤄졌고, 성령 안에서 진행되었고, 결국 우리가 하나님의 가족과 그의 자녀가 되어, 우리 아버지이신 하나님께 나아가게 된 것이다.

9. 이렇게 둘이 하나가 된 것, 두 집단이 하나의 공동체, 교회가 된 것은 철저히 하나님과 관련이 있다. 아버지 하나님께 나아갈 수 있는 가장 확실한 방법이다. 아버지 하나님과 더욱 깊은 사귐을 갖게 하기 위한 굳건한 토대는 이렇게 그리스도를 통해 하나된 교회이다. 앞서 언급한 것처럼(3번, 21-22절), 교회가 하나님이 거하시는 집, 거룩한 전으로 세워져 간다고 했다. 그런 교회에 하나님의 신적 충만이 담긴다(1:23; 3:19). 그런 교회를 통해 하나님의 통일의 사역이 일어난다(1:10). 하나님께서 거하기를 기뻐하시는 집에서 하나님은 우리네 사람을 만나신다(2:18; 3:12).

10. 19-22절은 11-22절의 결론이면서, 동시에 2장 전체의 결론이기도 하다. 1-3절에서 죽었던 '너희'와 '우리'가 그리스도 안에서 한 몸이 되어 하나님의 전이 되는 것으로 귀결된다. 10절에서 말한, 선한 일을 위해 창조된 존재는 19-22절(특히 21-22절)에서 이제 주님의 하나된 교회로, 하나님께서 거주하시는 거룩한 전으로 세워져 간다. 이렇게 해서 모인 교회는 하나님의 선한 목적(일)을 위해 힘쓰는 공동체로 준비된다.

3:1-13, 하나님의 경륜, 바울의 역할

전체 구조

1. 본문을 네 부분으로 구분한다. 시작(1절)과 마지막 부분(13절)이 있고, 중간 부분을 형성하는 2-12절은 2-6절과 7-12절로 나뉘는 부분이다.

2. 2-12절은 두 부분으로 나뉜다. 2-6절과 7-12절이다. 문장 구성으로만 볼 때는, 2-7절이 끊기지 않고 연속되다가, 8절에 직설법 술어(ἐδόθη)와 함께 새로운 문장이 시작된다. 그리고 이 문장이 관계사 등을 사용하며 12절까지 연속된다. 그러나 의미적으로 7-9절이 분리될 수 없고(8-9절 해석 참조), 이 부분이 묶여 2-4절과 짝이 된 점(4절 해석 참조)을 고려 할 때, 2-6절과 7-12절로 나누는 것이 좋다.

3. 1절은 자신이 '그리스도 예수의 갇힌 자'된 것을 말한다. 13절에 그의 이런 환난 때문에 낙심하지 말라고 한다. 2-12절이 그가 왜 그렇게 권면하는지 알려주는 내용이다. 즉, 그에게 주신 특별한 계시와 이를 전하는 일꾼의 사역이 참으로 영광스럽기 때문이다.

4. 1절(A)과 13절(A')이 쌍괄적 짝(inclusio)이고 그 중간에 있는 2-12절이 계시적 내용을 형성한다. 비록 2-6절과 7-12절로 나뉠 수 있는 부분이지만, 이 두 부분이 합쳐서 병행법(ABC-A'B'C, 7-12절의 "단락 해석" 참조)을 이루기 때문에 B-B'로 구분하기보다는 X1-X2로 보는 것이 좋겠다.[58)]

1절	A	갇힌 자 된 바울	
2-6절		X1	사도에게 알려주신 그리스도의 비밀
7-12절		X2	그리스도의 비밀을 알리는 사도의 역할
13절	A'	낙심하지 않기를 권함	

Ⅰ. 1절, 갇힌 자 바울

구문 배열

1
Τούτου χάριν
이 때문에 For this reason
ἐγὼ
나 I
Παῦλος
바울은 Paul
ὁ δέσμιος
갇힌 자인 the prisoner
τοῦ Χριστοῦ [Ἰησοῦ]
그리스도 [예수]의 of Christ [Jesus]
ὑπὲρ
~위하여 on behalf of
ὑμῶν
너희 you
τῶν ἐθνῶν
이방인들을~ Gentiles

직역

1. 1. 이 때문에, 너희 이방인들을 위하여 그리스도 예수의 갇힌 자인 나 바울은…

2. 1. For this reason, I, Paul, the prisoner of Christ Jesus on behalf of you Gentiles…

구성/문체

1. 문장 구성은 단순하다. 부사어 "이 때문에"는 전 단락과 연결하기 위한 것이고, 주어("나 바울은")와 주어를 수식하는 부분("그리스도 예수의 갇힌 자인"), 그리고 다시 이 수식어를 꾸며주는 전치사구("너희 이방인들을 위하여")로 구성되어 있다.

2. 술어 부분이 생략되었거나, 아직 나타나지 않았다. 1절의 주어의 술어가 될만한 것이 2-12절에 나오지 않고, 13절에 가서야 나타난다.[59]

절별 해석

1절

1. "이 때문에"(Τούτου χάριν): 이 때문에(because of this), 그런 이유로(for this reason). 전 장인 2장, 특히 19-22절의 우리의 변화된 신분, 즉 하나님의 성전으로 지어져 가는 교회라는 말씀과 관련이 있겠다.[60] '그렇게 하나님의 뜻과 계획이 이뤄지기

때문에' 바울이 무엇인가 이어 말하고자 한다.

"그리스도 예수의 갇힌 자인 나 바울은"(ἐγὼ Παῦλος ὁ δέσμιος τοῦ Χριστοῦ ['Ἰησοῦ]): "나 바울은"은 바울 자신을 가리킬 때 다소 강조하는 표현이다. 바울이 자신이 하고 있는 일이나, 특별히 말하고 싶은 것이 있을 때, 강조하며 쓰는 표현이다(고후10:1; 갈5:2; 골1:23; 빌1:19). "그리스도 예수의 갇힌 자(묶인 자/매인 자, ὁ δέσμιος)"라는 말은 두 가지 의미가 가능하다. 첫째, 바울은 그리스도를 위해, 또 그리스도의 사역을 위해, 감옥에 갇힌 자(3:13, 4:1; 빌1:7)가 되었다는 것이다. 둘째, 바울 자신을 그리스도의 종으로 그분의 손에 기꺼이 갇힌 존재가 되었다는 뜻도 가능하다. 이 때 "그리스도 예수의"는 주님께 속해 있다는 표현이다.

"너희 이방인들을 위하여"(ὑπὲρ ὑμῶν τῶν ἐθνῶν): 바울은 이방인의 사도였다(3:8; 행 9:15; 22:21; 갈2:8; 딤전2:7). 바울이 그리스도의 일꾼이 된 것(2:7)이나, 또 그가 감옥의 족쇄에 묶인 것은 이방인들을 위한 사역 때문이었다.

2. 2장에서 개인 구원(1-10절)과 교회 사역(11-22절)을 말했던 바울은 이런 사역을 위해 자신이 특별히 뽑혀 사명을 감당하게 되었음을 3장에서 말하게 된다. 먼저 그는 그리스도 예수를 위해, 그리고 이방인들을 위해, 자신이 사슬에 매인 자가 되었음을 밝힌다.

바울 자신이 "그리스도 예수의 갇힌 자"가 되었음을 먼저 밝히는 것은, 2장에서와 같은 그리스도의 영광스런 사역을 수행하는 자는 자신처럼 비용이 들 수 있다는 점(예, 매인 자가 되는 것), 그러나 그 같은 비용(고난)이 오히려 영광스러운 것임(3:13)을 말해주고자 했기 때문이다.

이 구절에 술어(동사)가 없는데, 두 가지로 볼 수 있다. 첫째, "나 바울"을 주어로, "갇힌 자"는 보어로 보고, 동사 '~이다'(εἰμί)는 생략된 것으로 보는 것이다. 이 때, '나 바울은 갇힌 자이다'가 된다. 둘째, "갇힌 자"는 "나 바울"을 수식하는 것("갇힌 자 나 바울은")으로 보고, 이 구절과 관련된 술어는 13절에 가서야 나타난다고 보는 것이다. 이것은 13절이 왜 1절과 깊게 연계되어 있는지를 알려준다. 중간에 위치하는 2-12절은, 13절 이전에 바울이 중간에 추가해서 말하고자 하는 내용이 담긴다. 후자일 경우가 크다. 비슷한 예가 2:1에 있는데, 그 구절에서는 목적어만 나오고 주어와 술어가 없었다. 이 구절과 상관 있는 주어-술어 부분은 4-5절에 가서야 나왔다.

메시지

1. **그리스도 예수의 갇힌 자:** 바울이 자신이 그리스도 예수의 갇힌 자인 것을 말하는 것은 이것을 그의 훈장처럼 생각하기 때문일 것이다. 그리스도 때문에 받는 고난을 자랑으로 생각하는 바울 사도를 보게 된다.

2. **이방인들을 위한 사도:** 이방인들을 위한 사도라는 바울의 소명 의식은 뚜렷하고 자신의 존재가 그들을 위해 있다는 소명을 늘 분명하게 한다. 이 일에 뒤로 물러간 적이 없었다. 부르심에 따른 열정도 그에게 있었다.

ⅡA. 2-6절, 사도에게 알려주신 그리스도의 비밀

구문 배열

2
εἴ γε ἠκούσατε
너희가 참으로 들었다면
If indeed you heard/ have heard of
τὴν οἰκονομίαν
경영/운영/경륜을
the administration/ management
τῆς χάριτος
은혜의 of the grace
τοῦ θεοῦ
하나님의 of God
τῆς δοθείσης
주어진[주신] that was given
μοι
내게 to me
εἰς ὑμᾶς,
너희를 향하여/ 위하여
toward/ for you

3
[ὅτι]
[즉, ~것] that
κατὰ ἀποκάλυψιν,
계시를 따라/계시로
according to / by revelation
ἐγνωρίσθη
알려지게 된 (it) was made known
μοι
내게 to me
τὸ μυστήριον
비밀이 the mystery
καθὼς προέγραψα
내가 미리 쓴 것과 같이
as I wrote/ have written before
ἐν ὀλίγῳ,

5
ὃ
(그 비밀은) which
ἑτέραις γενεαῖς
다른 세대, to other generations,
οὐκ ἐγνωρίσθη
알려지지 않았다 was not made known
τοῖς υἱοῖς
즉 아들들에게는 to the sons
τῶν ἀνθρώπων
사람(들)의 of men
ὡς νῦν
지금/이제는 것처럼 as now
ἀπεκαλύφθη
드러내어진/나타내신
it has been revealed
τοῖς ἁγίοις ἀποστόλοις
거룩한 사도들과
to the holy apostles
αὐτοῦ
그의 HIs
καὶ προφήταις
선지자들에게
and the prophets
ἐν πνεύματι,
영으로 in the Spirit

6
εἶναι
되게 하기 위해
should be
τὰ ἔθνη
이방인들이 that the Gentiles
συγκληρονόμα
함께 상속자와/기업과
fellow heirs
καὶ σύσσωμα
함께 몸과/지체와

4 πρὸς ὃ 이것(비밀)에 대해 with reference to it 조금/간단히 briefly/ shortly δύνασθε (너희는) ~수 있다/있을 것이다 you can ἀναγινώσκοντες 너희가 읽을 때에 when you read νοῆσαι 알/깨달을~ perceive/ understand τὴν σύνεσίν 아는 것을 the insight/ knowledge μου 나의 my ἐν τῷ μυστηρίῳ 비밀을/에 대해 into the mystery τοῦ Χριστοῦ, 그리스도의 of Christ	and members of the same body καὶ συμμέτοχα 함께 동료/참여하는 자가 and fellow partakers τῆς ἐπαγγελίας 약속의/에 of the promise ἐν Χριστῷ Ἰησοῦ 그리스도 예수 안에서 in Christ Jesus διὰ τοῦ εὐαγγελίου 복음을 통하여 through the gospel

직역

1. 2. 너희를 위하여 내게 주신 하나님의 은혜의 경륜을 너희가 참으로 들었다면, 3. 즉 내가 간단히 미리 쓴 것과 같이, 계시로 (그의) 비밀이 내게 알려지게 된 것을, 4. 너희가 이것에 대해 읽을 때에, 내가 그리스도의 비밀을 알고 있다는 것을 너희가 깨달을 수 있을 것이다. 5. 그 비밀은 지금 그의 거룩한 사도들과 선지자들에게 영으로 나타내신 것처럼, 다른 세대, 사람의 아들들에게는 알려지지 않았다. 6. 이방인들이 그리스도 예수 안에서 복음을 통해, 함께 상속자자 되고, 함께 몸이 되고, 약속에 함께 참여하는 자가 되게 하려는 것이다.

2. 2. If indeed you have heard the administration of the grace of God that was given to me for you, 3. that by revelation the mystery was made known to me, as I wrote before briefly, 4. with reference to it, when you read, you can understand my knowledge in the mystery of Christ. 5. Now this mystery was not made known to other generations, the sons of men, as it has now been revealed to His holy apostles and prophets in the Spirit, 6. that the Gentiles should be fellow heirs and members of the same body and fellow partakers of the promise in Christ Jesus through the gospel.

구성/문체

1. 2-6절은 세 부분으로 나뉠 수 있다. 2-4절과 5절, 그리고 6절이다. 2-4절은 사도 바울에게 하나님의 경륜에 대한 특별한 계시가 주어졌다는 사실을 강조한다. 5절은 그 계시가 바울과 같은 사도들과 선지자들에게만 주어졌고 그 이전에는 누구에게도 알려진 바 없는, 특별한 계시라는 사실을 말씀한다. 6절은 그 계시의 내용/결과를 제시한다. 이방인들이 함께 특별한 신분과 권리를 소유하게 된 것이다.

2. 2-4절은 그 자체 역교차를 구성하는데(뒤의 4절 해석 참조), 그 안에 반복이 많다. 반면 5절은 서로 대조되는 내용('알려주지 않으셨다'와 '나타내셨다/드러내셨다'; '다른 세대 사람의 아들들'과 '사도들과 선지자들' 등)으로 구성된다. 반면 6절은 목적 또는 결과의 부정사(εἶναι) 구문이다.

절별 해석

2절

1. "너희가 참으로 들었다면"(εἴ γε ἠκούσατε): "참으로"(γε)는 강조할 때 쓰는 불변화사로 '진정'(indeed), '참으로'(surely)로 번역한다.

"하나님의 은혜의 경륜을"(τὴν οἰκονομίαν τῆς χάριτος τοῦ θεοῦ): "하나님의 은혜"라 한 것은 그 출처가 하나님의 자비로운 사랑에서 비롯된 것이라는 바울의 인식 때문이다. 그렇다면 하나님의 은혜로 비롯된 '경륜'은 어떤 것인가? '경륜'(οἰκονομία)은 경영(management)이나 운영(administration)을 뜻한다. '하나님의 경륜'은 하나님께서 그 자신의 계획을 어떻게 운영하시며 이뤄가시는지를 말해주는 단어이다. 1:9-10은 3:2의 '하나님의 경륜'이 무엇을 뜻하는 것인지에 대해 빛을 준다. 모든 것, 즉 하늘에 있는 것이나 땅에 있는 것을 그리스도 안에서 통일(하나 됨)하는 그의 계획과 운영을 말했던 구절이다. 그렇다면 이 경륜은 교회와 관련된 하나님의 구상과 경영이다.

"너희를 위하여 내게 주신"(τῆς δοθείσης μοι εἰς ὑμᾶς): "내게 주신"은 하나님께서 바울에게 그의 경륜, 즉 그의 계획과 운영 내용에 대해 알려주셨다는 것을 뜻한다. 3-4절과 연결된다. "너희를 위하여"(εἰς ὑμᾶς)는 (1) 바울에게 하나님의 뜻을 알려주신 이유가 '너희'(독자들)를 위한 것이라는 뜻과 (2) 하나님의 경륜

자체가 '너희'를 위한 것이라는 뜻, 둘 다 가능하지만, 어구의 순서로는 전자가 자연스럽다.

2. 그들이 들은 것은 하나님의 경륜이 바울에게 주어졌다는 사실이다. 조건문(if)이므로 아직 문장이 마치지 않았다. 바울은 독자들에게 하나님께서 바울에게 그의 경륜에 대해 알려주셨다는 것을 그들이 들었다는 것을 전제하고 말하고 있다. 바울에게 주신(알려주신) 하나님의 은혜의 경륜은 특별한 계시였다.

3절

1. "즉 계시로 내게 알려지게 된 것"([ὅτι] κατὰ ἀποκάλυψιν ἐγνωρίσθη μοι): "계시로"(계시를 따라)는 하나님의 경륜이 계시의 형태로 바울에게 알려졌다는 점을 설명한다. 수동형 '알려지게 됐다'(ἐγνωρίσθη)는 2절의 수동태분사 '주어진'(δοθείσης)을 받아온 것이다. 바울은 하나님의 경륜적 계시가 그에게 '주어졌다, 알려졌다'며, 하나님께서 그의 뜻을 사도인 그에게 밝히셨음을 강조한다.

"(그의) 비밀이"(τὸ μυστήριον): 바울에게 알려진 것은 '비밀'(신비, mystery)이다.[61] '비밀'은 2절의 '경륜'(또는 '은혜의 경륜')을 받는 말이다. 2-3절처럼 '경륜'과 '비밀'이라는 단어가 함께 쓰인 구절은 1:9-10이다. 두 단어는 교호적으로 쓰였다. 경륜이 하나님의 계획과 운영에 초점을 둔 단어라면, 비밀은 이의 신적(divine), 신비스러운(mysterious) 면을 부각하는 단어이다.

"내가 간단히 미리 쓴 것과 같이"(καθὼς προέγραψα ἐν ὀλίγῳ): 바울이 이전의 편지를 통해 이미 이런 사실을 알려준 것이거나, 에베소서의 앞 내용(예, 1:9-10)에 대해 언급하고 있는 것일 수 있다.

2. 초두에 접속사 ὅτι가 있는 사본(P^{46}, B, F, G)도 있고 없는 사본(א, A, C, D)도 있다. 접속사가 있다고 보는 것이 자연스러운 이유는 3절이 2절의 '경륜'의 내용이 되기 때문이다. 따라서 3절에 '즉'을 넣어 번역하는 것이 좋다. 이 구절은 '하나님의 경륜'(바울에게 주어진 경륜)에 대해 좀더 보충하여 설명해 준다.

최소한 세 가지를 말해준다. 첫째, 계시로 알려주셨다. 둘째, 그것은 '비밀'(신비)이다. 셋째, 계시를 먼저 받은 바울이 그에 대해 이미 조금 기록한 바 있다. 이렇게 바울은 이 계시에 대해 계속 알려주려 한다.

4절

1. "이것에 대해"(πρὸς ὃ): 관계대명사 중성 '이것'(ὃ)은 3절의 '비밀'을 받는다. 이 '비밀'이 2절의 '하나님의 은혜의 경륜'이라 했다.

"너희가 읽을 때에 깨달을 수 있을 것이다"(δύνασθε ἀναγινώσκοντες νοῆσαι): 바울의 이 편지(에베소서)를 읽을 때 그들이 인식할(perceive, understand) 수 있을 것이란 말이다. 그들이 인식하게 될 일은 무엇인가?

"내가 알고 있다는 것을"(τὴν σύνεσίν μου): 그들이 깨닫게 될 일은 바울이 무언가를 알고 있다는 사실이다. "알고 있다는/있는 것"(σύνεσις)은 '함께 있는 것'(being together), '이해하는 것'(comprehension, understanding)을 말하는데, 신약성경에서는 후자로 쓰인다(막12:33; 눅2:47; 고전1:19; 골1:9, 2:2; 딤후2:7). 바울이 '알고 있는 것'은 물론 그에게 계시로 알려졌기(3절) 때문에 가능해졌다. 그에게 '하나님의 경륜'을 알게 하신 것이다(2절).

"그리스도의 비밀을/에 대해"(ἐν τῷ μυστηρίῳ τοῦ Χριστοῦ): 바울이 알고 있는 것은 '그리스도의 비밀(신비)'이다. '그리스도의 비밀'은 3절의 '비밀', 2절의 '경륜'의 다른 표현이다. 하나님의 경륜의 내용이 그리스도의(그와 관련된) 비밀인 것이다. 그런데 '알고 있는 것'의 내용이 무엇이냐 할 때, 소유격을 써서 그 내용을 말해주지 않고, ἐν-전치사구를 사용해서 바울이 무엇을 알고 있는지를 말해줬다. '아는 것'(지식)의 내용을 가리킬 때 이같이 쓴 용례가 있다(딤후2:7; σύνεσιν ἐν πᾶσιν, 모든 것에 대한 지식/깨달음).

2. 2절의 '하나님의 경륜'과 '그에게 주어진 것'에 대해 3절에서 '비밀'과 '그에게 계시로 알려졌다'고 좀더 부연했다. 다시 3절을 4절이 풀어준다. '비밀'을 '그리스도의 비밀'로 구체화하고 계시로 알려졌으므로(3절), 그래서 그가 알고 있다는 점(4절)을 말해준다. 이렇게 2절과 3절, 다시 3절과 4절로 연속되는데, 한편으로 2절과 4절이 서로 연관된다. 첫째, 두 구절 모두 '너희'가 주어가 된다: "너희가 들었다"(2절), "너희가 알 수 있을 것이다"(4절). 이 부분을 연결하며, 그들이 '듣고' '알게' 된다는 뜻이다. 둘째, '하나님의 경륜'(2절)은 '그리스도의 비밀'(4절)과 관련된 것으로 드러난다. 셋째, 하나님의 계시가 바울에게 주어졌으므로(2절) 이제 그가 알게 되었다(4절).

2절과 3절, 3절과 4절이 연속되면서도 특히 2절과 4절이 좀더 상응되는 점이 깊다는 점에서, 세 구절은 하나의 묶음 부분이면서, 2절(a), 3절(x), 4절(a')의 역교차로 구성된다고 볼 수 있다.

2절	'너희가' 들었다, 하나님의 경륜이 바울에게 주어진 것을.	a
3절	비밀이 계시로 바울에게 알려졌다. 그가 전에 쓴 것과 같다.	x
4절	'너희가' 읽고 깨닫는다, 그리스도의 비밀에 대해 바울이 아는 것을.	a'

2절과 4절은 독자인 '너희'가 듣고 읽고 알게 된 것을 강조한다. 그 내용은 그리스도와 관련된 하나님의 경륜을 바울이 알게 되었다는 사실이다. 3절은 중간에 위치해서 그 신적 경륜인 비밀이 사도 바울에게 계시로 알려졌다는 점을 강조한다.

5절

1. "그것(비밀)은 알려지지 않았다"(ὃ ... οὐκ ἐγνωρίσθη): 관계대명사 중성주격 '그것'(ὃ)은 4절의 '비밀'을 선행사로 받는다. 그 비밀이 "알려지지 않았다"(부정과거수동, οὐκ ἐγνωρίσθη)는 3절의 "알려졌다"(부정과거수동, ἐγνωρίσθη)와 반대된다. 사도에게는 그같이 알려졌으나 다른 이들에게는 알려지지 않았음을 강조한다.

"다른 세대, 사람의 아들들에게는"(ἑτέραις γενεαῖς ... τοῖς υἱοῖς τῶν ἀνθρώπων): "다른 세대"는 시간적으로 신약 시대 이전 세대를 모두 포함하고, "사람의 아들들"은 인류(human beings)를 뜻한다. 특정 사도들에게 알려지기 전에는 구약 시대를 포함해 그 어떤 시대의 사람들에게도 알려진 바 없다는 점을 말씀한 것이다.

"지금 나타내신 것처럼"(ὡς νῦν ἀπεκαλύφθη): 그 비밀이 그 시대 사도들에게 나타나게 됐다(수동)는 사실을 말한다. 이는 하나님께서 계시로 바울에게 알려주셨다는 2절과 관련이 있다. 지금 '나타내셨다'(계시하다, ἀποκαλύπτω의 부정과거수동 3인칭단수)는 이전에는 알려지지 않았던 것이 이제 '드러나게 되었다'(disclosed), '계시되었다'(revealed)는 말이다.

"그의 거룩한 사도들과 선지자들에게"(τοῖς ἁγίοις ἀποστόλοις αὐτοῦ καὶ προφήταις): "사도들과 선지자들"은 2:20에 나온 바 있다. 선지자들은 신약 시대의 선지자들이다. 사도들과 선지자들은 바울과 같이 하나님의 특별한 계시를 받은 자들이다. 그 이전 시대에는 분명하게 계시된 적이 없는 '그리스도의 비밀', '하나님의 경륜'에 대한 계시가 이들에게 특별히 계시된 것이다. 그들은 그렇게 특별한 계시를 받은 자들이고 그래서 그 계시의 말씀에 따라 신약성경을 기록할 수 있었다. 그러므로 "사도들과 선지자들"은 현재 교회의 직분이라 말할 수 없다. 이들이 '교회의 터'(2:20)가 된 이유는 그들에게 특별 계시가 주어졌고 그 결과 신약성경을 기록할 수 있었기 때문이다. 만일 오늘날에도 스스로 사도나 선지자라 주장하는 사람이 있다면 그는 자신이 바울처럼 특별 계시를 받는 자이고 그러므로 교회의 터가 된다고 함부로 말하는 자이다. 자신을 신약성경과 동격으로 만든다. 따라서 그런 주장은 이단적 생각이다. 그리스도의 교회는 성경 외의 다른 계시와 터 위에 '새롭게' 세워지지 않는다. 새로운 교회는 변할 수 없는 '그리스도와 말씀' 위에 늘 새롭게 개혁되는 교회이다.

"영으로"(ἐν πνεύματι): 비밀의 계시가 성령으로 주어진 것임을 강조한다. 하나님의 모든 일에 성령이 깊이 관여하신다(1:13; 2:18, 22; 3:16; 4:3-4, 23).

2. 2-4절에서는 하나님의 경륜 즉, '그리스도의 비밀'이 바울에게 특별히 계시된 사실을 강조했다. 5절은 그 비밀이 바울을 포함한 누구에게 나타내졌는지, 또 알려지지 않은 사람들은 누군지 말해주고자 했다. "알려지지 않았다"와 "나타내졌다"가 대조되고, "다른 세대, 사람의 아들들"과 "거룩한 사도들과 선지자들"이 대조된다.

하나님의 경륜에 대한 특별한 계시는 사도 바울에게만 주어진 것은 아니고, 신약의 사도들과 선지자들에게도 함께 알려졌다. 그러나 그 이전 세대에는 알려진 바 없고 또 이들 외에 다른 이들에게 직접 계시로 알려주신 바 더욱 없었다.62)

6절

1. "이방인들이 함께 상속자가 되고, 함께 몸이 되고, 약속에 함께 참여하는 자가 되게 하려는 것이다"(εἶναι τὰ ἔθνη συγκληρονόμα καὶ σύσσωμα καὶ συμμέτοχα τῆς ἐπαγγελίας): 접두어 '함께'(συν-)를 '상속자'(κληρονόμος), '몸'(σῶμα), '참여자'(μέτοχος)에 각각 붙여 '함께 된 상속자' (συγ-κληρονόμος), '함께 된 몸'(σύσ-σωμος), '함께 참여한 자'(συμ-μέτοχος)가 됐다. 세 단어 모두 복수로 사용된 것은 '함께'를 강조하기

위해서이다.[63] 함께 상속자가 되었다는 것은 그들 이방인들이 이제는 하나님께서 주시는 성도의 영광된 기업(1:18; 상속, κληρονομία)을 함께 얻게 되었다는 뜻이다. 함께 몸이 되었다는 것은 '한 몸'(2:16)인 교회의 책임 있는 일원이 된 것을 뜻한다(2:20-22). 함께 약속에 참여하는 자(fellow partaker/sharer)가 된 것은 '약속의 언약들'에 대해 외인이던 이방인들(2:12)이 이제는 그 약속을 동일하게 받는 자가 되었다는 뜻이다. 이들 말씀은 '함께 시민이 된 자'와 '하나님의 가족'으로 이방인들의 새로운 신분에 대해 말씀한 2:19의 내용을 보완한다. 이 내용은 교회의 모습이다. 하나님이 계획하신 교회는 이런 특징을 가진다.

"그리스도 예수 안에서 복음을 통해"(ἐν Χριστῷ Ἰησοῦ διὰ τοῦ εὐαγγελίου): 이 일은 그리스도 예수 안에서 일어난다. 그리스도와 무관하게 있을 수 없는 일이다. 교회를 위한 그리스도의 사역의 결과이기 때문이다(2:13-18). "복음을 통해"는 그런 일이 복음, 즉 그리스도의 복된 소식을 통해 이방인의 구원이 일어나고 구원의 결과 나타날 일이라는 점을 말해준다.

2. 6절은 계시의 목적(부정사 εἶναι를 사용하므로)이면서, 또한 계시의 내용(교회를 통해 이뤄질 사역이므로; 예, 2:19)이 된다. 세 가지 함께 될 내용은 우리 모두 하나님 나라에서 동일한 특권을 누리게 되며, 함께 그 나라를 건설해 나가는 '하나의 존재'(그리스도의 교회)가 된다는 점을 강조한다.

5절과 관련해서 볼 때, 사도들과 선지자들에게 알려주신 새로운 계시는 6절 말씀이다. 이방인들과 유대인들이 함께 그 나라의 상속자, 몸, 참여자가 된다는 이 사실은 바울 시대에는 특히 유대인들이 받아들이기 힘든 놀라운 신적 메시지였다.

단락 해석

1. 바울은 2-4절에서 자신을 포함한 당시의 사도들과 선지자들에게 특별 계시가 주어졌다고 말씀한다. 이 특별 계시는 하나님의 은혜의 경륜으로 불리는데, 이는 처음부터 하나님께서 계획하셨고 계속해서 이를 이뤄가시기(운영하시기) 때문이다. 또 이 계시는 '그리스도의 비밀'으로도 불리는데 이는 예수 그리스도를 통해 이뤄질 신적 사역(divine ministry)이기 때문이다. 하나님의 아들, 예수 그리스도께서 육체를 입고 오셔서 그의 사람들을 십자가로 구속하시고

이뤄내실 '주님의 교회'(마16:18)는 이렇게 그리스도의 신비(mystery)였다. 그래서 '그리스도의 비밀'이라 불린다.

2. '그리스도의 비밀' 또는 '비밀'이라 불리는 이유 가운데 다른 하나는 5절에 나온다. 이런 그리스도의 교회 사역이 오랫동안 사람들에게 감춰져 있었기 때문이었다. 그리스도께서 승천하신 후, 하나님의 때가 되었을 때, 비로소 그 교회를 통한 그리스도의 신비가 드러나기 시작했다. 주님의 교회가 과연 무엇인지(예, 1:23), 교회를 통해 하나님께서 무엇을 계획하시는지(예, 1:10; 2:19, 21-22 등) 이에 대해 특별한 계시를 받은 바울과 같은 사도들을 통해 알려지기 시작했다.

3. 하나 된 그리스도의 교회의 모습은 6절에서 잘 드러난다. 하나 됨은 존재(신분)와 특권(권리)을 그리스도 안에서 함께 누리는 일에 있다. '함께'는 그것을 강조하는 말이다. 단지 공동체 내에서 의견이 서로 잘 조율되는 그런 모습을 말하는 것이 아니다. 서로 배타적이던 유대인들과 이방인들이, 또는 서로 다른 민족이고 다른 신들을 따르던 이들 이방인들이 이제 함께 하나님 나라의 각종 특권을 누리는 '한 몸'된 인류가 되었다는 사실은 그 시대에 던지는 복음의 충격이었다.

메시지

1. **바울 사도에게 주어진 특별 계시:** 그리스도의 교회와 관련된 특별 계시가 사도 바울에게 주어졌다. 그 계시를 '하나님의 은혜의 경륜', '그리스도의 비밀', '비밀'이라 칭한다. 이 그리스도의 비밀이 바울에게 은혜로 주어졌다는 점을 강조하고 있다. 이 부분은 '넘치게 주신 은혜', 그래서 하나님의 비밀을 알게 하신 것(1:8-10)과 관련이 있다.

2. **감춰져 있던 특별 계시:** 이 특별 계시는 계시의 말씀을 맡은 사도들과 선지자들에게 주어지기 전까지 그 어떤 세대, 그 어떤 이들에게도 알려진 바 없다. 구약 시대에도 유대인들에게도 마찬가지다. 즉, 그리스도를 통한 교회에 대한 계시의 말씀이 바울과 같은 사도들에게 비로서 알려졌다는 뜻이다.

3. **계시의 내용/결과:** 이방인들이 함께 그 나라의 상속자가 되고, 함께 한 몸으로 존재하고, 함께 하나님의 약속에 참여한 자가 된 것이다. 함께 할 수 없던 두 그룹이 하나님의 나라의 일에 함께 참여하게 된 것은 놀라운 일이다.

ⅡB. 7-12절, 그리스도의 비밀을 알리는 사도의 역할

구문 배열

7
οὗ
복음의/복음을 위해 of which
ἐγενήθην
내가 되었다 I became
διάκονος
일꾼/섬기는 자가 the minister/ servant
κατὰ τὴν δωρεὰν
선물을 따라 according to the gift
τῆς χάριτος
은혜의 of the grace
τοῦ θεοῦ
하나님의 God's
τῆς δοθείσης
주신 which was given
μοι
내게 me
κατὰ τὴν ἐνέργειαν
역사하심을 따라 according to the working
τῆς δυνάμεως
힘/능력의 of the power
αὐτοῦ.
그의 His

8
ἐμοὶ
내게 to me
τῷ ἐλαχιστοτέρῳ
가장 작은 자인 who is the very least
πάντων ἁγίων
모든 성도들 중에서 of all saints
ἐδόθη
주어졌다 was given
ἡ χάρις
은혜가 The grace
αὕτη,
그의 this
τοῖς ἔθνεσιν
이방인들에게 to the Gentiles
εὐαγγελίσασθαι
전하라고/전하기 위해 to preach
τὸ ἀνεξιχνίαστον
πλοῦτος
측정할 수 없는/헤아릴 수 없는 풍성/부요함을
the unsearchable/ fathomless riches
τοῦ Χριστοῦ
그리스도의 of Christ

9
καὶ φωτίσαι
또한 드러내라고/드러내기 위해
and to make (all) see
[πάντας]
[모든 것을] [all]
τίς ἡ οἰκονομία
무엇이 경영/운영/경륜인지

10
ἵνα
~도록 that
γνωρισθῇ
알려지게 되~/알려지~
might be made known
νῦν
이제 now
ταῖς ἀρχαῖς
우두머리들/통치자들과
to the rulers/heads
καὶ ταῖς ἐξουσίαις
권세자들에게 and powers
ἐν τοῖς ἐπουρανίοις
하늘에 있는
in the heavenly places
διὰ τῆς ἐκκλησίας
교회를 통하여
through the church
ἡ πολυποίκιλος σοφία
다양한/여러 가지 지혜가 that the manifold wisdom
τοῦ θεοῦ,
하나님의 of God

11
κατὰ πρόθεσιν
목적/계획을 따라
according to the purpose/ plan
τῶν αἰώνων
영원한 eternal
ἣν ἐποίησεν
이루신/행하신
which He did/ accomplished
ἐν
~안에서 in
τῷ Χριστῷ
Ἰησοῦ
그리스도 예수,
Christ Jesus,
τῷ κυρίῳ
주~ the Lord
ἡμῶν,
우리의 our

12
ἐν ᾧ
그 안에서 in whom
ἔχομεν
우리가 가진다 we have
τὴν παρρησίαν
담대함과 boldness
καὶ προσαγωγὴν
나아감을 and access
ἐν πεποιθήσει
확신 안에서/확신으로 with confidence
διὰ τῆς πίστεως
믿음을 통하여/믿음으로 through faith

what the administration/ management is τοῦ μυστηρίου 비밀의 of the mystery τοῦ ἀποκεκρυμμένου 감추어졌던 which has been hidden ἀπὸ τῶν αἰώνων 영원 전부터 for ages/ from the beginning ἐν τῷ θεῷ 하나님 안에 in God τῷ τὰ πάντα κτίσαντι, 모든 것을 창조하신 who created all things	αὐτοῦ. 그의/그를 His/ in Him

직역

1. 7. 내게 주신 하나님의 은혜의 선물을 따라, 그의 힘의 역사하심을 따라, 내가 이 복음의 일꾼이 되었다. 8. 모든 성도들 중에서 가장 작은 자인 내게 그의 은혜가 주어졌다. 이방인들에게 그리스도의 헤아릴 수 없는 풍성함을 전하기 위해, 9. 또(즉) 모든 것을 만드신 하나님 안에 영원 전부터 감추어졌던 비밀의 경륜이 무엇인지 드러내기 위해서였다. 10. 이제 하나님의 다양한 지혜가 교회를 통하여 하늘에 있는 지배자들과 권세자들에게 알려지게 하기 위함이다. 11. 우리 주 그리스도 예수 안에서 이루신 영원한 목적을 따라 하셨다. 12. 그 안에서 우리가 그를 믿음으로, 확신 속에 담대함과 나아감을 가진다.

2. 7. I became the servant of this gospel according to the gift of God's grace by the working of His power. 8. The grace was given to me who is the very least of all saints, to preach to the Gentiles the fathomless riches of Christ, 9. and to make all see what the administration of the mystery which has been hidden for ages in God who created all things, 10. so that the manifold wisdom of God might now be made known to the rulers and powers in the heavenly places through the church, 11. according to the eternal plan which He did in Christ Jesus our Lord, 12. in whom we have boldness and access with confidence through faith in Him.

구성/문체

1. 7-12절은 모두 세 부분으로 나뉜다. 7-9절과 10-11절, 그리고 12절이다. 7-9절은 그 자체 병행법을 구성한다(뒤의 8-9절 해석 참조).[64] 병행법을 통해, 사도

바울이 어떻게 자신이 복음의 일꾼이 되었는지를 밝히고 복음의 일꾼으로서 해야 할 일이 무엇인지 알려준다. 그의 사역은 그리스도에 대한 것과 하나님의 경륜을 전하고 드러내는 것이다.

2. 10-11절은 그런 사역의 결과, 교회를 통한 하나님의 계획이 하늘의 천사들에게까지 알려지게 되고 그 일을 경륜으로 운영해 가시는 하나님의 지혜가 드러나게 된다.

3. 12절은 이 단락의 마지막에 위치해서 결과적으로 '우리'가 얻게 된 것, 즉 하나님께 담대하게 나아가게 된 것을 말해준다. 12절은 7-9절의 바울이 복음의 일꾼이 돼서 전하고 알리는 것, 10-11절의 하나님의 지혜의 계획이 하늘의 천사들에게 알려지게 된 것의 마지막 결과라 할 수 있다.

절별 해석

7절

1. "내가 이 복음의 일꾼이 되었다"(οὗ ἐγενήθην διάκονος): "복음"은 그리스도의 비밀인 교회와 관련이 있다(6절). 복음을 통해 비로소 함께 된 교회가 나타나기 때문이다. "복음의"(οὗ)는 관계대명사 중성단수 소유격인데, 6절의 '복음'을 선행사로 하고(그래서 '복음의'로 번역한다), 일꾼을 꾸며준다(어떤 일꾼인지). "일꾼"(διάκονος)은 '섬기는 자'(servant, the one who serves)를 뜻한다. 주님은 제자들에게 '섬기는 자'가 되라고 말씀하신 바 있다(마20:26; 23:11). 바울은 복음을 전하는 일로 섬기는 일꾼으로 부르심을 받았다.

"내게 주신 하나님의 은혜의 선물을 따라"(κατὰ τὴν δωρεὰν τῆς χάριτος τοῦ θεοῦ τῆς δοθείσης μοι): "내게 주신 하나님의 은혜의"(τῆς χάριτος τοῦ θεοῦ τῆς δοθείσης μοι)는 2절에서 쓴 어구와 정확히 같다. 다만 2절은 '경륜'(οἰκονομία)에 대해 말하고, 7절은 '선물'(δωρεά)에 대해 말한다. '은혜'와 '선물'은 비슷한 의미의 반복이다. 하나님의 자비로 특별히 주신 것임을 강조하기 위한 것이다. 바울은 자신이 복음의 일꾼 된 것을 하나님의 특별한 은혜로 여긴다.

"그의 힘의 역사하심을 따라"(κατὰ τὴν ἐνέργειαν τῆς δυνάμεως αὐτοῦ): 하나님의 힘의 역사는 1:19에서 나온 대로, '역사하시는 하나님의 힘'을 뜻한다. 그 힘은 성도들에게 역사하는 힘(1:19)인데, 먼저 그리스도 예수를 살리신 힘(1:20), 또한 우리를 그리스도와 함께 살리신 힘(2:5-6)이다. 바로 그 힘(δύναμις)에 의해 바울이 복음의 일꾼이 될 수 있었음을 고백한다. 바울은 하나님의 역사(energia)가 예수 그리스도를 죽은 자 가운데서 일으키시는 부활의 역사임을 강조한 바 있다(1:20).

2. 두 개의 κατά(~을 따라)-구는 바울이 복음의 일꾼 된 것의 근거(source)로 제시한다. 먼저, 하나님의 은혜의 선물 때문에 복음의 일꾼이 된 것과, 둘째, 하나님의 힘의 역사하심으로 그가 복음의 일꾼이 된 것을 말씀한다. 하나는 하나님의 은혜를, 또 하나는 하나님의 힘을 각기 강조한다.

바울은 자신이 복음의 일꾼 된 것에 대해 매우 감격스럽게 여긴다. 첫째, 앞 구절들에서 말한 것과 같이, 그 복음이 '하나님의 경륜'과 '그리스도의 비밀'과 깊은 관련이 있기 때문일 것이다. 둘째, 바울이 이 복음을 위한 일꾼이 된 것이 하나님의 특별하신 은혜와 그의 강력한 힘의 작용으로 된 것을 깊이 깨닫기 때문이다. '은혜'는 자격이 없는 자에게 그 같은 사역을 맡겼다는 감사하는 자세와, '역사'는 하나님의 뜻과 힘이 그의 사역을 가능하게 했고 또 계속해서 작용하실 것이라는 그의 인식과 관련이 있다.

8-9절

1. "모든 성도들 중에서 가장 작은 자인 내게"(Ἐμοὶ τῷ ἐλαχιστοτέρῳ πάντων ἁγίων): 바울은 자신을 "성도들 중에서 가장 작은 자"로 불렀다. '가장 작은 자'는 과장법을 사용한 최상급 표현이다. 바울이 자신의 자아상(self-image)을 낮춰 보기 때문이 아니라, 하나님의 은혜를 깊이 생각할 때, 그리고 그가 과거에 교회의 핍박자로 있었던 부족한 때(행8:3; 빌3:6)를 돌아보며 자신의 겸손을 표현하는 말(고전15:9; 딤전1:15)이다. "내게"(Ἐμοί) 다음에 "가장 작은 자"(τῷ ἐλαχιστοτέρῳ) 부분이 뒤이어 나오는 것은 바울이 "내게"라는 말로는 그 은혜와 감사를 다 표현할 수 없다고 생각했기 때문일 것이다.

"그의 은혜가 이방인들에게 주어졌다"(ἐδόθη ἡ χάρις αὕτη τοῖς ἔθνεσιν): '그 은혜' 또는 '바로 그 은혜'(ἡ χάρις αὕτη)는 바울을 복음의 일꾼으로 삼으신 하나님의 은혜이다. 그 은혜가 자신에게 주어졌음을 말한다. 바울이 사역해야 할 대상은 "이방인들"(τά ἔθνη)이다. 그를 이방인의 사도로 부르셨기 때문이다(갈1:16, 2:7, 9).

"그리스도의 헤아릴 수 없는 부요함을 전하기 위해"(εὐαγγελίσασθαι τὸ

ἀνεξιχνίαστον πλοῦτος τοῦ Χριστοῦ): 바울에게 은혜가 주어진 첫 번째 목적이다. '전하다'(εὐαγγελίζω)는 '복음을 전하다'는 말이므로 '복음으로 전하다', 또는 '복되게 전하다'로 이해된다. "헤아릴 수 없는"(ἀνεξιχνίαστος)은 로마서 11:33에도 쓰이는데, '찾고자 해도 찾을 수 없는'(unsearchable, not to be traced), 따라서 '이해하기가 불가한', '헤아릴 수 없는'(impossible to comprehend, unfathomable)을 뜻한다. 그리스도의 부요함(풍성함)이 얼마나 크고 놀라운지 사람으로서는 파악할 수 없다는 것이다.

"모든 것을 드러내기 위해서"(καὶ φωτίσαι [πάντας]): "전하기 위해"(εὐαγγελίσασθαι)에 이은 두 번째 부정사(φωτίσαι)로 바울에게 은혜가 주어진(8절) 두 번째 목적을 말한다. '드러내다'(φωτίζω)는 밝히고 비추는 것(to light, illuminate)이다.

"영원 전부터 감추어졌던 비밀의 경륜이 무엇인지"(τίς ἡ οἰκονομία τοῦ μυστηρίου τοῦ ἀποκεκρυμμένου ἀπὸ τῶν αἰώνων): "비밀의 경륜"은 2절의 "경륜"과 3-4절의 '비밀'이 합쳐진 어구이다. 주어진 계시의 비밀(신비)적인 특성과 하나님의 계획-운영이라는 측면이 결합됐다. "영원 전부터 감춰졌던(ἀποκεκρυμμένου, 현재완료분사)"은, 이 일과 관련된 하나님의 경륜(계획과 경영)이 영원 전에 시작되었다는 점(예, 1:4-5)과 그 뜻이 오랫동안 인류에게 알려지지 않고 때가 찰 때까지 드러나지 않았다는 점(1:9-10; 3:5)을 함께 알려준다.

"모든 것을 창조하신 하나님 안에"(ἐν τῷ θεῷ τῷ τὰ πάντα κτίσαντι): 하나님의 창조 사역을 언급하는 이유는 하나님의 계획(plan)이 창조와 함께, 또는 창조 전에 이미 시작되었고 지금까지 지속적으로 진행돼 오고 있다는 사실을 강조하기 위한 것이다. 그 하나님 안에 감추어졌던 비밀의 경륜을 이제 드러내고자 하셨다.

2. 7절에 자신을 "일꾼/섬기는 자"로 묘사했는데, 8절에서는 "가장 작은 자"라 한다. 7절에서 자신이 섬기는 자가 되었음을 말했다면, 8절에서는 그 은혜가 자신에게 주어졌다고 말한다. 7절에서 자신이 그 같은 일꾼이 된 '두 가지 근거'(두 개의 κατά-구)를 말했는데, 8-9절에서는 자신에게 은혜가 주어진 '두 가지 목적'(두 개의 부정사 구문)을 말하고 있다.

따라서 7절과 8-9절은 병행 관계를 갖는다.

7절	a		내가 복음의 일꾼이 되었다.	내게 그의 은혜가 주어졌다.		a'	8-9절
		b	[두 개의 κατά-구] - 그의 은혜의 선물을 따라 - 그 힘의 역사하심을 따라	[두 개의 부정사 절] - 그리스도의 부요함을 전하게 하시려고 - 그 비밀의 경륜을 드러내시려고	b'		

7절에서 복음의 일꾼이 된 것(a)을, 8절에서 바울은 가장 작은 자인 자신에게 주신 은혜(a')로 보았다. 그는 이를 깊이 인식하고 있다. 또 7절에서 복음의 일꾼이 된 것의 두 가지 근거(b, 하나님의 은혜와 그 힘의 역사)를 제시했다면, 8-9절에서는 그 일꾼이 된 두 가지 목적(b', 그리스도의 부요함을 전하는 것과 하나님의 경륜을 드러내는 것)을 알려주고 있다.

따라서 7-9절은 다음과 같은 내용을 담는다. 첫째, 복음의 일꾼이 된 바울은 그것을 하나님께서 특별히 주신 은혜로 인식하고 있다. 둘째, 그가 어떤 근거로 복음의 일꾼이 되었는지 밝힌다(7절의 두 가지). 셋째, 그가 복음의 일꾼이 된 목적이 무엇인지 밝힌다(8-9절의 두 가지).

10-11절

1. "이제 하늘에 있는 통치자들과 권세자들에게 알려지게 하기 위함이다"(ἵνα γνωρισθῇ νῦν ταῖς ἀρχαῖς καὶ ταῖς ἐξουσίαις ἐν τοῖς ἐπουρανίοις): "통치자들"과 "권세자들"은 천상에서 다스리는 권세를 소유하고 있는 천사들(천사들의 우두머리들)을 가리키는 것(1:21; 6:12)이라 이해된다.[65] 그래서 그들에게 "하늘에 있는"(ἐν τοῖς ἐπουρανίοις, in the heavenly realms)이란 말을 덧붙여 쓰고 있다.

"교회를 통하여"(διὰ τῆς ἐκκλησίας): 사실상 주님의 교회는 하나님의 지혜의 소산(참고 1:8-10)이기 때문에 이 교회를 통해 하나님의 지혜의 탁월성이 천하에 알려지게 된다. 하나님께서 어떻게 계획하셨고 어떻게 이 일을 가능하게 하셨는가? 그리스도의 교회를 이 땅에 세우려 하신 목적이 무엇이고, 교회를 통해 그 뜻의 수행(예, 통일과 충만, 1:10, 23)을 어떻게 이뤄가시는가? 이런 모든 일이 "교회를 통해" 나타나게 된다.

"하나님의 다양한 지혜가"(ἡ πολυποίκιλος σοφία τοῦ θεοῦ): "다양한"은 '다양하고 많은 방식의'(manifold and many-sided)를 말한다. 하나님의 지혜의 풍성함, 그 부요함이 교회를 통해 드러난다는 말씀이다. 그 결과 천상의 존재들조차 그 놀라운 지혜에 찬송을 보내게 될 것이다. 우리 교회(우리가 모여 교회가 됨)의 존재는 그 자체가 하늘의 찬송거리가 된다(1:12). 교회는 하나님의 지혜의 결정(結晶)이기 때문이다.

"영원한 계획을 따라 하셨다"(κατὰ πρόθεσιν τῶν αἰώνων): 풍성하신 그리스도를 통해 이뤄지게 될 하나님의 비밀의 경륜은 교회를 통한 '하나님의 사역'이 그 핵심일 것이다. 그래서 '교회를 통해' 하나님의 지혜가 드러나게 된다. 11절은 이 모든 일이 하나님의 "영원하신 계획"(πρόθεσις)에서 비롯되었음을 알려준다. 하나님께서 우리의 구원을 영원 전에 계획하셨다(1:11). 이것이 예정(predestination)이다. 그의 예정은 개인 구원에 제한되지 않고 교회를 통한 하나님의 '영원한 계획'을 포함한다(11절).

"우리 주 그리스도 예수 안에서 이루신"(ἣν ἐποίησεν ἐν τῷ Χριστῷ Ἰησοῦ τῷ κυρίῳ ἡμῶν): 하나님의 계획(교회 사역)이 예수 그리스도와 함께 이뤄졌을 뿐 아니라, 예수 그리스도를 통해 이뤄지도록 설계되었음을 말해준다. 3인칭부정과거 "이루신"(ἐποίησεν)은 하나님께서 그리스도 안에서 이 일을 이미 이뤄내셨음을 말해준다. 그리스도 안에서 시작되었고, 그리스도 안에서 진행되고 있고, 그리스도 안에서 완성될 것이다.

2. 10절의 ἵνα-절은 목적절(~하도록, ~위하여)로 이해하는 것이 좋겠다. 바울이 은혜로 복음의 일꾼이 되어, 그의 일(전하고 밝히는)을 감당하게 한 것은 10-11절의 목적을 이루기 위한 것이다. 바울 사도를 통해 그리스도의 풍요함과 하나님의 경륜이 드러나게 된다. 이는 모두 그리스도의 교회와 관련이 있다. 그 때문에 결국 교회를 통해 하나님의 지혜가 드러나게 된다.

주님의 교회를 통해 하나님의 다양한 지혜가 천상의 천사들에게 알려지게 되는 일은 어떤 의미일까? 첫째, 교회의 존재가 하나님의 지혜의 결정임을 천하로 인정하게 하신 것이다. 영원하신 하나님의 중대한 프로젝트('계획')가 그리스도의 교회 사역이라는 점이 드러난 것이다. 그의 각종 지혜로 이 일을 추진하셨다. 둘째, 이 말씀은 천사들이라도 (마귀를 포함해서) 교회를 통한 하나님의 경륜을 제대로 알지 못했다는 것을 전제한다. 바울 이전의 세대(인류)에게 알려주지 않았을 뿐 아니라, 천사나 마귀와 같은 다른 영적 존재들에게도 이 하나님의 지혜가 감춰져 있었거나 특정한 때가 될 때까지 계시되지 않았던 것이다. 셋째, 하나님께서 그의 지혜로 계획하셨던 교회 사역을 계속 이뤄가시겠다는 선언이기도 하다. 그의 지혜의 경륜이 되돌려지지 않을 것이다. 따라서 하늘의 천사들에게 이 일(교회를 통한 신적 사역)을 섬기는 데에 집중할 것을 요구하신 셈이다. 넷째, 그러므로 교회의 구성원인 우리도 하나님의 놀라우신 이 지혜가 어떻게 주님의 교회를 통해 나타나는지 제대로 이해하고 따를 필요가 있다.

12절

1. "그 안에서 우리가 가진다"(ἐν ᾧ ἔχομεν): "그 안에서"는 11절의 "그리스도 예수 우리 주"를 선행사로 받는다. '우리'가 그리스도 안에서 가지게 된 것이 무엇인지 말하고자 한다.

"담대함과 나아감을"(τὴν παρρησίαν καὶ προσαγωγὴν): "담대함"(παρρησία)은 용기와 확신에서 나오는 두려워하지 않는 마음이다. 그리스도 안에서 우리가 담대함을 가질 수 있는 이유는, 그리스도를 통해 하나님 앞에 서게 되는 그의 아들들을 만드시는 것이 하나님의 계획(뜻)이기 때문이다(1:5). 즉 '우리'가 그리스도 사역의 결과이기 때문이다. "나아감"(προσαγωγή)은 그분께 나아가는 것인데 그리스도 사역의 결과 이뤄졌다(2:18). "담대함과 나아감"은 모두 하나님과 관련된다. 즉, 하나님께 나아가는 담대함이다. '우리'는 하나된 교회로 하나님께 당당히 나아가게 된다.

"확신으로, 그를 믿음으로"(ἐν πεποιθήσει διὰ τῆς πίστεως αὐτοῦ): "담대함과 나아감", 이렇게 두 단어(명사)를 쓴 것처럼, 부사어로 두 어구(두 개의 전치사구)를 사용한다. '확신'과 '믿음'은 유사어로, 우리가 하나님께 나아가는 담대함이 어떤 확신과 믿음에서 비롯된 것인지 강조한다. 여기서 '그를/의'(αὐτοῦ)는 "그 안에서" 경우처럼 그리스도를 가리키는 것으로 보는 것이 자연스럽다.[66]

2. 12절은 "그 안에서"로 시작하는데, 문법적으로는 11절의 "그리스도 예수 우리 주 안에서"를 받아 그리스도 안에서 어떤 일이 있게 되었는지를 알려주는 내용이 된다. 그러나 의미적으로 7-12절 전체적 맥락에서 볼 때, 12절은 7-11절의 사도 바울의 사역의 결과라 할 수 있다.

그러니까 바울은 하나님의 은혜로 복음의 일꾼이 되었고 그의 사역은 그리스도의 풍성함과 하나님의 경륜, 즉 하나님의 계획인 그리스도의 교회에 대한 하나님의 계시를 천하에 드러내는 것이었다. 그 사역의 결과 12절, '우리'가 그리스도 안에서 하나님께 담대하게 나아갈 수 있게 된 것이다.

단락 해석

1. 2-4절 안에 비슷한 내용이 반복되며, 그 세 절이 역교차(a-x-a')를 형성하여(4절의 해석 참조) 하나의 작은 단위가 된 것과 비슷하게, 7-9절도 하나로 묶이는데(8-9절 해석 참조), 이 때는 병행법(ab-a'b')을 형성한다. 그런데 2-4절과 7-9절은 모두 바울의 사역과 관련이 있다. 2-4절에서 바울은 자신에게 특별한 계시가 주어졌음을 강조한다. 7-9절에서 바울은 자신이 복음의 일꾼이 되었음을 강조한다. 2절과 7절에서 "내게 주신 하나님의 은혜"란 어구가 동일하게 등장한다. 4절의 "그리스도의 비밀"은 8절의 "그리스도의 헤아릴 수 없는 풍성함"과 관계가 있다. 2절의 "경륜", 3절의 "비밀"은 9절에서 "비밀의 경륜"으로 나타난다. 더 추가하면 4절에 '너희가 알 수 있을 것이다'는 8-9절의 '전하고 드러내려고'와 관련이 있다고 할 수 있다. 2-4절(A)과 7-9절(A'), 이 두 부분은 짝이다.

	2-4절	7-10절
구성	역교차: 2절(a) - 3절(x) - 4절(a')	병행법: 7a절(a) - 7b절(b) - 8a절(a') - 8b-9절(b')
연계	"내게 주신 하나님의 은혜"(2절) "그리스도의 비밀"(4절) "경륜"(2절)과 "비밀"(3절) '너희가 알 수 있을 것이다'(4절)	"내게 주신 하나님의 은혜"(7절) "그리스도의 헤아릴 수 없는 풍성함"(8절) "비밀의 경륜"(9절) '전하고 드러내려고'(8-9절)
의미	바울에게 주신 계시	바울에게 주신 복음 일꾼의 사명

2. 반면에 5절(B)과 10-11절(B')이 짝을 이룬다. 5절에서 다른 세대 사람의 아들들에게는 "알려지지 않았다"를 강조하며 사도들과 선지자들에게 "드러내졌다/계시됐다"고 했다. 10-11절에서, 바울은 하늘의 천사들에게 알려졌다("알려지도록")고 했다. 5절의 "알려지지 않았다"와 10절의 "알려지도록" 에는 모두

같은 동사(γνωρίζω) 부정과거 3인칭단수가 쓰였다. 이 두 부분은 그 이전에는 알려지지 않았던 하나님의 계획, 즉 그의 '경륜의 비밀'이 이제 사도들과 선지자들에게 계시됐고 그런 후에 하늘의 천사들에게까지 알려지게 되었다는 것을 알려준다.

3. 그래서 남은 구절인 6절(C)과 12절(C')이 서로 짝이 된다. 6절과 12절 모두 현재 교회의 모습을 그려준다. 6절의 '함께 상속자가 되고, 함께 몸이 되고, 함께 약속에 참여자가 되는 것'이 하나님 나라에서 교회인 우리가 어떤 특권을 누리게 되는지 알려 주고 있다면, 12절의 '확신과 믿음으로 담대함과 나아감'을 가지고 있다는 말씀은 우리로 하나님과 어떤 관계를 갖고 있는지를 알려주는 말씀이다. 이 둘은 모두 하나님의 계획인 그리스도의 교회 프로젝트의 내용이자, 교회 사역의 산출된 결과이다.

이렇게 2-12절은 ABC-A'B'C'의 병행법으로 구성이 된 부분이다.

2-4절	A	바울에게 주신 계시	바울에게 주신 복음 일꾼의 사명	A'	7-9절
5절	B	사도들-선지자들에게 알려짐	하늘의 천사들에게 알려짐	B'	10-11절
6절	C	교회: 함께 특권을 누림	교회: 함께 하나님께 나아감	C'	12절

2-12절은 이렇게 하나님의 경륜과 관련해서 바울에게 주신 것을 먼저 강조하는 첫 부분들이 있다. 즉 사도인 바울에게 특별 계시가 주어졌고(2-4절), 그 계시를 전할 일꾼의 사명을 주셨다(7-9절). 그리고 하나님의 계획 즉, 그리스도의 비밀이 땅의 특정한 자들(사도들-선지자들, 5절)과 하늘의 특정한 천사들에게 알려졌다는 점(10-11절)을 그 다음 강조한다. 마지막으로 하나님 사역의 결과 이뤄진 교회의 두 가지 특권(그 나라의 특권과 하나님께 나아가는 특권)을 제시한다.

메시지

1. **계시와 관련된 사도의 역할:** 바울과 같은 사도들에게 두 가지 역할이 주어졌다. 첫째는 하나님의 특별한 계시를 받는 역할이다(2-4절). 계시를 맡은 자들이 그들이다. 둘째는 그 계시의 말씀(복음)을 전하는 역할이다(7-9절). 이 때

복음은 그리스도의 대속만을 가리키지 않고 그 이후의 그리스도의 교회 사역까지 포함한다. 그래서 그리스도의 부요함이고 그래서 하나님의 경륜과 계획이다.

2. **알려진 계시, 감춰졌던 계시:** 이전 시대에는 알려지지 않았다. 땅에 있는 존재든, 하늘에 있는 존재든 하나님의 계획은 감춰져 있었다. 그러다가 때가 찼을 때, 사도들과 선지자들에게 계시됐다(5절). 또한 하늘의 천사들에게도 알려졌다(10-11절). 하나님의 다양한 지혜가 교회를 통해 드러나게 되었다. 바울 시대부터 지금까지 드러난 하나님의 이 놀라운 계시(교회에 대한)는 오늘날 다시금 온전히 깨닫고 이해할 필요가 있다.

3. **계시된 교회의 목적:** 하나님의 지혜의 산물이자, 그분이 계획하셨던 교회는 사람들이 '함께' 그 나라의 특권(상속자, 몸, 약속의 참여자)을 누리게 된다(6절). 또한 하나님께 당당히 나아가는 '우리'를 만들어낸다(12절). 이것이 새로운 인류 교회의 모습이다. 이것이 1:10에서 말한 '통일' 사역의 단면이기도 하다.

Ⅲ. 13절, 낙심하지 않기를 권함

구문 배열

13
δι὇
그러므로 Therefore
αἰτοῦμαι
(나는) 구한다 I ask
μὴ ἐγκακεῖν
낙심하지 않기를 not to lose your heart
ἐν ταῖς θλίψεσίν
환난들에 대해/가운데 at tribulations/ sufferings
μου
나의 my
ὑπὲρ ὑμῶν,
너희를 위한 on behalf of you/ for you
ἥτις ἐστὶν
(그것은) ~이다 which are
δόξα
영광 glory
ὑμῶν.
너희의 your

직역

1. 13. 그러므로 (나는) 너희를 위한 나의 환난에 대해 너희가 낙심하지 않기를

구한다. 그 환난은 너희의 영광이다.

2\. 13. Therefore I ask you not to lose your heart at my sufferings on behalf of you, which are your glory.

구성/문체

1\. "그러므로"는 2-12절 또는 1절과 관련이 된다(아래 13절 해석 참조). "나의 환난"이 1절의 "갇힌 자" 개념과 관련 있다는 점에서 13절은 1절에 연속된다고 보는 것이 좋겠다.

2\. 1절이 주어만("…갇힌 자 된 나 바울은…") 있고 술어가 생략된 이유를 알려준다. 1절의 술어 부분("구한다")은 13절에 나오기 때문이다.

절별 해석

13절

1\. "그러므로 (나는) 구한다"(διὸ αἰτοῦμαι): 2-12절과 연결했을 때, "그러므로"(διὸ)는 '하나님의 계획, 교회 사역의 결과 우리가 함께 특권을 누리게 됐고(6절), 우리가 하나님께 당당히 나아가게 됐으므로(12절)'란 뜻이 된다. 그와 함께 1절과 연결해, '너희를 위해 그리스도 예수의 갇힌 자가 되었으므로'란 뜻도 가능하다. 2장과 연결된 1절의 "이 때문에"도 합쳐서 해석할 수 있다. 즉, '그리스도 안에서 하나된 교회를 이루신 하나님의 뜻을 위해 내가 너희를 위해 기꺼이 갇힌 자 되었으므로'가 된다. "구한다"(αἰτοῦμαι) 하며 바울은 독자들에게 요청한다.

"너희를 위한 나의 환난에 대해 낙심하지 않기를"(μὴ ἐγκακεῖν ἐν ταῖς θλίψεσίν μου ὑπὲρ ὑμῶν): "나의 환난"은 바울이 감옥에 갇혀 매인 상태가 된 것(1절)을 가리킨다. '낙심하다'(ἐγκακέω)는 접두어 '안에'(ἐν)와 동사 '나쁘게 되다'(κακέω)가 합친 단어로 '나쁜 것에 빠지는 것'이 된다. 그래서 '지치다/약해지다'(grow weary), '마음이 상하다'(lose heart), '실망하게 되다'(become discouraged)란 뜻이다. 바울은 에베소서 독자들이 그의 갇힌 것 때문에 실망하거나 마음이 상하게 되지 않기를 간절히 바라고 있다. "너희를 위한"은 바울이 그들 이방인들에게 복음을 전하는 일로 감옥에 매이게 된 것을 가리킨다. 바울은 그들을 위한 고난을 자랑스럽게 여긴다(딤후2:9-10).

"그것(환난)은 너희의 영광이다"(ἥτις ἐστὶν δόξα ὑμῶν): 바울의 고난이 성도들의 영광이라는 한 이유가 디모데후서 2:10에 나온다. 바울은 택함 받은 자들이 그리스도 예수 안에 있는 구원을 얻되, 영원한 영광과 함께 얻는 일을 위해 자신이 고난을 받는 것을 기쁘게 여겼다. 그의 고난이 '너희'의 영광을 위해 불가피했다는 뜻이다.

2. 1-13절의 종결부가 되는 이 구절은 1절과 이어져 있다. 1절에서 주어만("나 바울은…") 쓰였는데 13절에 가서야 그에 대한 술어(동사 부분, "구한다")가 나왔다. 바울이 1절을 말하고 13절로 가려다가, 좀더 독자들에게 더 추가로 설명해야 할 것이 있어 2-12절의 내용을 중간에 쓰고 그 다음에야 13절을 쓴 것이다. 그래서 "갇힌 자"(1절) 개념이 "나의 환난"(13절)으로 연속된다.[67] 그들을 위해 갇힌 자가 된 바울은 이 고난 때문에 그들이 낙심하지 않기를 소원하고 있다. 왜냐하면 2-12절에 기록한 대로, 그가 하나님의 특별한 계시를 받고 이 계시를 전하기 위해 일꾼이 되어 수행했던 사역은 참으로 영광스러운 것이었고 그 결과 그리스도의 교회의 아름다운 열매(6절과 12절)를 볼 수 있게 됐기 때문이다.[68]

메시지

1. **바울의 요청**(관심)**:** 바울은 자신의 환난, 즉 감옥에 매인 것 때문에 독자들이 마음에 낙심하지 않기를 원하고 있다. 그의 사역 때문에 결과적으로 고난을 받게 되었으나, 그의 사역은 영원하신 하나님의 계획에서 비롯된 신적 부르심의 사명이라는 점을 강조한다. 따라서 사역으로 인한 비용 지불에 초점을 두지 않기를 바라고 있다.

2. **"너희의 영광":** 바울의 사역과 그에 따른 대가(고난)는 그들의 영광(구원과 함께 얻게 되는)을 위해 가치 있는 것이고, 그러한 가치를 얻기 위해 비용을 지불한 그 자신에 대해 걱정하지 말라고 말한다. 바울도 그들의 영광에 동참하고 있는 것이다.

해석 종합

1. 2장에서 개인 구원(1-10절)과 그 이후의 교회 사역(11-22절)에 대해 말씀했던 바울은 3장에 들어서면서 그리스도의 피로 은혜의 구원을 받고 그리스도의

교회에 참여한 그들이 꼭 알아야 될 일을 말해주고자 한다. 그것은 '구원과 교회'라는 하나님의 일이 어떻게 시작된 것이고, 또 어떤 과정으로 전개되는지에 대한 것이다.

2. 바울은 그 일을 위해 자신이 '갇힌 자' 된 것임을 1절에서 밝힌다. '갇힌 자' 소재로 본문을 시작하지만 바울의 주요 관심은 2-12절에 있을 것이다. 바울이 '갇힌 자'라 한 것은 자신이 그리스도의 사역을 위해 기꺼이 비용을 지불하고 있음을 말하는 것이다.

3. 2-12절은 바울에 의해 상당히 짜임새 있게 꾸며진 병행법 구조를 가진다. 2-6절과 7-12절로 나뉜 구절은 각기 바울과 같은 사도들에게 계시가 주어졌다는 사실(2-6절)과 사도의 역할이 바울처럼 이 복음적 계시를 전하는 일이라는 점(7-12절)을 강조한다.

4. 2-6절과 7-12절은 모두 세 부분으로 구성되고 각 부분이 서로 짝을 이루고 있다는 점도 특별하다. 2-4절은 바울에게 계시가 주어졌다는 점을, 7-9절은 바울에게 복음의 일꾼이 될 은혜가 주어졌다는 점이 각각 강조된다.

5. 2-4절에서 바울에게 계시가 주어졌다는 내용이 반복되는데, 그 계시의 내용은 "하나님의 은혜의 경륜", "비밀", "그리스도의 비밀"이라는 이름으로 불린다. 바울은 그가 계시를 받았다는 사실을 독자들이 듣고 알고 있을 것이라고 말해준다. 7-9절은 바울이 복음의 일꾼이 되었다고 말한다. 그 일꾼 됨은 하나님의 은혜와 그 힘의 역사하심으로 된 것이다. 그 일꾼 됨의 목적은 그리스도의 부요함을 전하고 하나님의 경륜을 드러내기 위한 것이다. '하나님의 은혜'와 '그 힘의 역사하심'이 하나님의 주도적인 사역임을 표현한 것이라면, '그리스도의 부요함'과 '하나님의 경륜'은 '그리스도와 그리스도의 교회'에 대한 하나님의 계획을 말하고자 한 것이다.

6. 5절과 10-11절을 통해, 하나님의 비밀이 그때까지 감춰져 있다가 바울의 시대에 사도들과 선지자들에게 계시됐고, 또한 하늘의 천사들에게도 그 지혜가 알려졌다는 사실을 알게 된다. '하나님의 지혜'는 '하나님의 비밀' 또는 '그의 경륜'의 다른 말이거나, 이와 관련된 것이다. 이 구절들은 바울에게 주어진 계시가 얼마나 놀라운 것인지(5절, 그 이전 세대에는 알려진 바 없던 계시), 그리고 복음의 일꾼으로서 바울의 사역의 목적이 어떤 것인지(10-11절, 하나님의 지혜가 하늘의

천사들에게 알려짐)를 말해준다.

7. 마지막 짝이 되는 6절과 12절은 놀랍게도 교회가 소유한 두 가지 특권을 보여준다. 첫째, 이 특권들은 2-5절에서 바울에게 주셨던 계시의 비밀이 교회의 하나됨에 어떤 결과로 나타나는지(6절, 함께 된 상속자, 몸, 약속의 참여자), 둘째, 하나님과 교회의 어떤 관계를 가져오는지(12절, 담대함과 나아감)를 말해준다. 하나는 함께 누리는 특권을 또 하나는 함께 나아가는 특권을 말한다.

8. 그리스도를 통해 이뤄지는 하나님의 교회 프로젝트는 이처럼 놀라운 것이다. 다시 정리하면, 첫째, 그것은 영원하신 하나님의 계획과 경륜에서 비롯됐다. 둘째, 그리스도를 통해 이뤄질 것이므로 그리스도의 비밀이라 불린다. 셋째, 신약 시대 이전에는 감춰져 있었다. 넷째, 바울과 같은 사도들(신약 시대의 선지자들 포함)에게만 계시되었다. 다섯째, 바울은 이것을 특별한 은혜로 이해했다. 여섯째, 바울은 이와 관련된 직책, 복음의 일꾼(섬기는 자)으로 세움을 받게 됐다. 일곱째, 이렇게 일꾼이 된 것 역시 그는 하나님의 특별한 은혜와 강력한 힘의 역사로 인해 된 것으로 받아들였다. 여덟째, 일꾼으로서 바울은 먼저, 그리스도의 부요함과 그 다음, 하나님의 비밀의 경륜에 대해 전파한다. 아홉째, 그 경륜의 계시가 밝혀지면서 하늘의 천사들(그 우두머리들)도 하나님의 지혜를 찬양하게 된다. 열째, 하나님의 계획의 정점인 교회는 하나님 나라의 특권을 함께 나누는 사회이고 하나님께 당당하게 나가는 공동체로 나타난다.

9. 이런 이유로 바울은 마지막으로 13절에서 계시 받은 사도와 영광스런 복음의 일꾼으로서 지불하게 된 '그의 고난'(갇힌 자 된 것) 때문에 마음에 낙심하지 말 것을 요청한다. 그 자신, 그리스도의 '구원과 교회'를 이루는 영광스런 신적 사역에 섬기게 된 것을 진정 기쁘고 감사하게 여기기 때문일 것이다.

3:14-21, 바울의 기도, 그리스도의 내주와 사랑

전체 구조

1. 바울의 기도는 세 부분으로 나뉜다. 시작 부분(14-15절)과 기도의 내용이 되는 부분(16-19절), 그리고 마지막 부분(20-21절)이다. 시작 부분과 마지막 부분을 묶어 보면 그 자체로 역교차를 이룬다. 즉 14절(a)과 21절(a'), 그리고 15절(b)과 20절(b')이 짝을 이룬다. 14절이 기도를 시작하며 하나님께 경배하는 부분이라면 21절은 기도를 마무리 지으며 하나님께 영광이 돌려지길 기원하는 부분이다. 그 중간을 형성하는 15절과 20절은 모두 하나님이 어떤 분이신지 고백하는 내용을 담는다. 15절에서 하나님은 모든 족속의 근원이 되시고, 20절에서 하나님은 기도와 간구에 능히 응답하시는 분이 되신다.[69]

14절	a	시작: 하나님께 경배		마무리: 하나님께 영광		a'	21절
15절		b	존재의 근원이신 하나님	능력으로 답하시는 하나님	b'		20절

2. 기도의 내용이 되는 16-19절은 두 개의 내용(긴 ἵνα-절, 즉 16-17절, 18-19절)을 담고 있다. 그런데 이 두 부분이 형식(패턴)에 있어 비슷하고 서로 묶인다는 점 때문에 하나의 묶음으로 보아도 좋다. (뒤의 16-19절의 해석을 보라. 16-19절은 합쳐서 ab-a'b'의 병행법을 이룬다.) 다만, 14-15절과 20-21절이 역교차를 이루면서 떨어져 있다는 점을 반영할 때, 또 이 부분이 실제적으로는 두 개의 내용이라는 점을 더 고려한다면, 16-19절을 16-17절과 18-19절로 나눠도 될 것이다.

3. 이럴 때 전체 구조는 AB-B'A'가 된다.

I.	14-15절	기도의 시작: 경배와 고백	A
II.	16-17절	기도 내용1: 속 사람의 강건과 그리스도의 거주, 굳은 믿음	B
III.	18-19절	기도 내용2: 그리스도 사랑의 깨달음과 충만하게 됨	B'
IV.	20-21절	기도의 마무리: 고백과 기원	A'

Ⅰ. 14-15절, 아버지께 기도한다.

구문 배열

14	15
Τούτου χάριν 그 때문에 For this reason κάμπτω 내가 [기도하며] 꿇는다 I bow τὰ γόνατά 무릎(들)을 knees μου 나의 my πρὸς τὸν πατέρα, 아버지 앞에 before the Father	ἐξ οὗ 그로부터 From whom πᾶσα πατριὰ 모든 종족/족속이 every family/ race ἐν οὐρανοῖς 하늘에 있는 in heaven καὶ ἐπὶ γῆς 또 땅 위에 있는 and on earth ὀνομάζεται, 이름을 얻었다 is named

직역

1. 14. 그 때문에 내가 아버지 앞에 나의 무릎을 꿇는다. 15. 그로부터 하늘에 있는, 또 땅 위에 있는 모든 족속이 그 이름을 얻었다.

2. 14. For this reason I bow my knees before the Father, 15. from whom every family in heaven and on earth is named.

구성/문체

1. 16-19절의 기도 내용에 서문적(시작하는) 기능을 가진다. 관계사로 연속된 두 문장으로 구성된다.

2. 어떤 이유로 기도하는지, 어떻게 기도하는지, 누구에게 기도하는지, 마지막으로 그분이 어떤 분이시기에 기도하는지 밝혀주는 어구들로 구문이 구성된다.

절별 해석

14절

1. "그 때문에"(Τούτου χάριν): 첫째, 앞 단락과 연결하는 접속사 역할을 한다. 직전 구절인 13절보다는 1-13절 전체를 이유로 받고 있다고 보는 것이 좋다. 즉, '바울에게 계시가 주어졌고 이제 그 계시가 전파되어 하나님의 뜻이 이뤄지고 있으므로'가 된다. 둘째, 그런데 14절 이하의 기도의 내용은 2장의 내용(구원과 교회)과 좀더 연속성이 있다고 판단되는 이유는 무엇일까? "그

때문에"가 3:1에도 같이 등장하고 있는 것은 1절과 14절이 모두 2장과 관련될 수 있다는 것을 보여준다.70)

"내가 나의 무릎을 꿇는다"(κάμπτω τὰ γόνατά μου): 바울은 하나님께 경배하며 그 앞에 겸허하게 기도한다. '무릎을 꿇는 것'은 신적 대상에게 복속되어 신적 경배를 드리는 자세(롬11:4, 14:11; 빌2:10)라는 점에서, 믿는 자가 하나님께 당연히 드려야 할 모습이긴 하지만, 그만큼 바울이 하나님의 주권을 깊이 인식하고 있고 간절히 간구하는 그의 마음이 묻어 나오는 표현이라 하겠다.

"아버지 앞에"(πρὸς τὸν πατέρα): 바울은 하나님을 '우리 아버지'라 불렀다(1:2, 17, 2:18). 하나님의 아버지 되심은 바로 우리가 그의 '아들들'이 된 것(1:5)을 전제한다.

2. 바울은 1절의 "이 때문에"로 2장과 연결한 것과 같이 새로운 단락이 시작하는 14절에 "이 때문에"를 써서 다시 2장과 연결한다. 2장에 나타난 그리스도를 통한 하나님의 사역(구원과 교회)에 대해 그는 기도로 하나님께 나아가기를 원한다.

하나님께 경배하며 나아가는 바울의 모습은 기도의 의미가 무엇인지 다시 생각하게 한다. 하나님의 뜻(계시)을 전하는 사역은 '말'만으로 되지 않고, 이같이 하나님께 직접 나아가는 '기도'가 함께 필요하기 때문이다. 하나님의 뜻이 크면 클수록, 깊으면 깊을수록 기도 없이 순종할 수 없다.

15절

1. "그로부터"(ἐξ οὗ): 14절의 '아버지'에 대해 덧붙이는 부분인데, 하나님은 우리의 아버지이실 뿐 아니라, 그 이상의 부권(父權)을 가지고 계심을 말하고자 한다.

"하늘에 있는, 또 땅 위에 있는 모든 족속이"(πᾶσα πατριὰ ἐν οὐρανοῖς καὶ ἐπὶ γῆς): "족속"(πατριά)은 종족(clan), 혈통/가계(lineage)의 뜻을 가진다. '땅 위에 있는 족속'은 모든 인류를 가리키는 것이고 '하늘에 있는 족속'은 천사 집단을 가리키는 것으로 이해된다. 그러나 그보다는 하늘이든, 땅이든, 이제까지 존재했던, 또 존재하는 모든 족속을 총칭해서 가리키는 것으로 보는 것이 좋다.

"이름을 얻었다/얻는다"(ὀνομάζεται): 이 말은 그 기원이 하나님께 있다는 뜻이다. 사물의 이름을 부른다는 것은 그것이 공식적으로 존재할 수 있게 한다는 표현이다. 시편 기자는 하나님께서 별들을 창조하시고 그 이름을 부르셨다고 찬양한다(시147:4). 하나님은 아담에게 창조된 생물들의 이름을 지어 부르게 하셨다(2:19-20). 수동태형 '이름을 얻는다'(ὀνομάζεται)가 현재인 이유는 그 사실이 불변하다는 것과 그 일이 계속된다는 것을 말해준다[71].

2. "그로부터"란 관계대명사구를 사용해서 1절의 '아버지'에 대해 덧붙여 설명하고 있는 15절은 하나님의 전능성과 주권을 말해주는 내용을 담는다.

천상천하의 모든 족속이 그분에게서 기원되었다는 것을 강조하는 것은 만물의 아버지이신 하나님 자신이 그의 일을 시작하시고 운영하시고 또한 종결하실 분이심을 인정하는 선언이다.

단락 해석

1. 14-15절은 바울의 기도하는 태도와 마음가짐을 담고 있다. 첫째, 어떤 이유로 기도하는가? "그 때문에"라는 말로 2장의 하나님의 사역(구원과 교회)과 그의 기도를 연결한다. 하나님께서 하시는 일에 기도로 함께 하고 싶었던 것이다.

2. 둘째, 어떤 자세로 기도하는가? 하나님께 경배하며 겸허히 기도하는 자세가 그의 무릎 꿇음으로 나타난다. 셋째, 누구에게 기도하는가? 바울은 '아버지'라 부르며 그분께 나아가(2:18, 3:12) 기도한다. 우리가 담대하게 하나님께 나아가게 되었다고 바울 자신이 가르쳤는데, 이제 그는 기도로 그같이 나아가고 있음을 보여준다.

3. 넷째, 그분은 어떤 분이신가? 하늘과 땅의 모든 족속의 기원이 하나님께 있음을 강조한 이유는 그분의 섭리와 주권을 깊이 인식하고 그 앞에 무릎 꿇고 기도의 내용을 이뤄주시기(하나님만이 하실 수 있으므로)를 간구하는 마음 때문이다. 기도의 내용은 16절 이하에 나오지만, 이렇게 바울은 그의 기도를 시작하면서 먼저 하나님의 주권적 섭리(하나님의 하나님 되심)를 강조하고 싶었다.

메시지

1. **하나님의 사역과 우리의 기도:** 바울은 하나님의 사역에 대한 말씀을 전하고

나누는 데(2장에서처럼) 그치지 않고 이를 그의 기도로 연결한다. 기도는 그분의 사역에 대한 우리의 믿음에 기초하기 때문이다.

2. 하나님의 주권에 대한 깊은 인식: 모든 족속의 존재가 그분에게서 시작되고 그분에게서 마쳐진다. 따라서 하나님을 바라고, 기다리고, 의지하고, 간구한다. 그분은 그렇게 경배의 대상과 우리 소망의 근거가 되신다.

II-III. 16-19절, 그리스도의 내주와 사랑의 기도

구문 배열

16
ἵνα δῷ
(아버지께서) ~주시기를 He may give/ grant
ὑμῖν
너희에게 you
κατὰ τὸ πλοῦτος
부요함/풍성함을 따라
according to the riches
τῆς δόξης
영광의 of the glory
αὐτοῦ
그의 His
δυνάμει
능력으로 with power
κραταιωθῆναι
강해지게/강건함을 얻게 해~
to be strengthened
διὰ τοῦ πνεύματος
영을 통하여 through the Spirit
αὐτοῦ
그의 His
εἰς τὸν ἔσω
ἄνθρωπον,
속/안 사람 안에
in the inner man

17
κατοικῆσαι
거하게 해~ to let (Him) dwell
τὸν Χριστὸν
그리스도를 Christ
διὰ τῆς πίστεως
믿음을 통해서
through the faith
ἐν ταῖς καρδίαις
마음(들) 안에 in the hearts
ὑμῶν,
너희 your
ἐν ἀγάπῃ
사랑 안에/안에서 in love
ἐρριζωμένοι
뿌리가 박히고 being rooted

18
ἵνα ἐξισχύσητε
능히 ~할 수 있기를 that you may be able
καταλαβέσθαι
깨달을~/이해할~ to comprehend/ understand
σὺν πᾶσιν τοῖς
ἁγίοις
모든 성도들과 함께
with all the saints
τί
어떠한지 what [is]
τὸ πλάτος
넓이와 the width
καὶ μῆκος
길이와 and length
καὶ ὕψος
높이와 and height
καὶ βάθος,
깊이가 and depth

19
γνῶναί τε
(또한) 알~ to know
τὴν ὑπερβάλλουσαν
탁월함/넘침,
the surpassing/ that surpasses
τῆς γνώσεως
지식의 of the knowledge
ἀγάπην
사랑을 [the] love
τοῦ Χριστοῦ,
그리스도의 of Christ
ἵνα πληρωθῆτε
너희가 충만하게 되기를 that you may be filled
εἰς πᾶν τὸ πλήρωμα
모든 충만함으로
with the all the fullness
τοῦ θεοῦ.
하나님의 of God

καὶ τεθεμελιωμένοι, 기초가 놓여 grounded/ established	

직역

1. 16. 그의 영광의 부요함을 따라 능력으로, 너희의 속 사람 안에 그의 영을 통하여 강건함을 얻게 해 주시시고, 17. 너희 마음 안에 믿음을 통해 그리스도가 거하게 해 주시기를, 그래서 사랑 안에 뿌리가 박히고 기초가 놓여지게 되기를 (구한다). 18. 모든 성도와 함께 넓이와 길이와 높이와 깊이가 어떠한지 능히 깨달을 수 있고, 19. 또한 지식에 탁월한 그리스도의 사랑을 능히 알 수 있기를, 그래서 하나님의 모든 충만함으로 너희가 충만하게 되기를 (구한다).

2. 16. that He may grant you, with power according to the riches of His glory, to be strengthened in the inner man through His Spirit, 17. and He may let Christ dwell in your hearts through your faith, being rooted and grounded in love, 18. that you may be able to comprehend with all the saints what is width and length, height, and depth, 19. and to know the love of Christ that surpasses knowledge, so that you may be filled with the all the fullness of God.

구성/문체

1. 세 개의 ἵνα-절과 하나의 분사 구문으로 되어 있다. 16-17절에 하나(긴 것)의 ἵνα-절과 분사 구문이 있고, 18-19절에 두 개(긴 것과 짧은 것)의 ἵνα-절이 있다. 첫째와 둘째 ἵνα-절은 적어도 공통점이 네 개가 된다. 첫째, 어구의 분량이 비슷하다. 둘째, 절의 시작 부분에 내용의 중심이 되는 가정법 동사가 하나씩 있다. 셋째, 각기 두 개씩의 부정사(부정과거)를 가진다. 넷째, 두 개씩으로 된 부정사 어구들이 유사한 내용을 반복한 것(특히 16-17a절), 그 둘을 서로 합쳐서 이해해야 할 필요가 있다(특히 18-19a절).[72]

2. 두 ἵνα-절(첫째와 둘째)의 차이는 세 가지이다. 첫째, 16절의 주어는 하나님('그')이고 18절의 주어는 '너희'이다. 둘째, 주제가 서로 다르다. 셋째, 그 다음 이어지는 귀결절(17b절과 19b절)의 형식이 다르다. 하나는 분사 구문(17b절)이고, 또 하나는 세 번째의 짧은 ἵνα-절이다. 그러나 이 둘의 형식이 다르긴 하지만, 그 분량(size)이 비슷하다는 점을 주목할 필요가 있다.

3. 이렇게 볼 때, 16-19절은 두 개의 ἵνα-절로 시작하는 두 개의 소단락(16-17절과 18-19절)으로 나뉜다. 이 두 부분은 비슷한 형식과 균등한 비중으로 구성되어 있다. 따라서 전체적으로 두 가지 기도 내용으로 정리된다.73)

16-17a절	1st ἵνα-clause	긴 ἵνα-clause	2nd ἵνα-clause	18-19a절
	δῷ	가정법 동사	ἐξισχύσητε	
	κραταιωθῆναι κατοικῆσαι	두 개의 부정사	καταλαβέσθαι γνῶναί	
17b절	분사 구문	짧은 귀결절	3rd ἵνα-clause	19b절

절별 해석

16절

1. "너희에게 주시기를"(ἵνα δῷ ὑμῖν): 16절 이하의 ἵνα-절은 기도의 내용을 담는다. 가정법 "주시기를"(δῷ)은, 바울은 하나님께 그들('너희')에게 기도의 내용을 '허락해 달라'(grant, permit), '주시라'(give)고 간구하는 것이다.

"그의 영광의 부요함을 따라, 능력으로"(κατὰ τὸ πλοῦτος τῆς δόξης αὐτοῦ δυνάμει): 여기서 "그의"는 '하나님의'를 말한다. '하나님의 영광의 부요함'은 신적 영광과 신적 부요함을 합친 말이다. 하나님의 영광이 얼마나 부요한지 말해주면서, 동시에 그분의 영광과 그분의 부요함의 결합된 크기를 강조하는 말이다. 하나님께서는 신적 영광이 크신 분이시고, 그 부요함 또한 한이 없는 분이시므로 그들('너희')에게 허락해 주지 못하실 것이 없다는 표현이다. "능력으로"는 하나님의 "영광의 부요함"에 그분의 힘의 큼(1:19, 3:7)을 추가한 것이다. 이 부분은, 하나님의 속성과 관련해서 그의 '영광'과 '부요함'과 '능력'의 결합된 표현이다.

"그의 영을 통해, 속 사람 안에 강건함을 얻게"(κραταιωθῆναι διὰ τοῦ πνεύματος αὐτοῦ εἰς τὸν ἔσω ἄνθρωπον): "그의 영" 즉, 성령이 출현한다. 하나님께서 우리 성도들에게 역사하실 때, 그의 영을 통해 하시기 때문이다(2:18, 22; 3:5; 4:30; 5:18). "속 사람"(τὸν ἔσω ἄνθρωπον)은 우리의 옛 모습(사람)과 대조되는 변화된 내적 존재('새롭게 지으심을 받은 새 사람', 4:24)를 말한다. "안에"(속에)는 성령의 역사가 우리의 내적 "속 사람"에게 작용하기 때문에 그같이 쓴 것이다. "강건함을 얻게"는 성령의 역사를 통해 속 사람이 더 튼튼해지고 조금도 흔들림이 없이 굳센 힘을 소유하게 해달라는 것이다.

2. ἵνα-절의 가정법 동사 "주시기를"(δῷ)이 간구 내용의 중심이 된다. "주시기를"에 부정사 수동태 "강건함을 얻게" 또는 '강건해지는 것'이 걸린다. 즉, '강건해지는 것을 허락해 주시기를'이 된다. "주시기를"에 덧붙여지는 두 개의 부사어구 ("…부요함을 따라"와 "능력으로")는 기도를 들으시는 하나님의 권능적 특성에 호소하기 위해서이다.

바울이 하는 첫 번째 기도는 성도들의 속 마음에 성령이 역사하심으로 영적으로 더욱 강건해지는 것이다. 이것을 '허락해 달라'('주시라')고 기도했다. "…부요함을 따라", "능력으로"는 하나님만이 이루실 수 있는 분이심을 말하는 표현이다.

17절

1. "그리스도가 거하게"(κατοικῆσαι τὸν Χριστὸν): 두 번째 부정사 "거하게"(κατοικῆσαι)가 쓰였다. 이 역시 "(~해) 주시기를"에 걸린다. '거하다'(κατοικέω)는 '거주하다'(reside, inhabit), '그 가운데 살다'(dwell in)의 뜻이다. 그리스도가 마음 안에 거하는 일 '그리스도의 내주(內住)'는 믿는 자에게 주시는 그리스도의 약속(요6:56; 14:20)이자 그리스도의 초청(계3:20)이다. 약속이란 점에서 믿는 자에게 이미 일어난 사건이 되면서, 동시에 초청이란 점에서 그리스도께서 더욱 굳건히 우리 안에 거하시기를 원하시는 것이 필요하다. 본문은 후자와 관련이 있다. 주님의 주님 되심(lordship)과 그분과의 깊은 사귐이 우리 안에 온전히 이뤄지는 것을 말한다.

"너희 마음 안에, 믿음을 통해서"(διὰ τῆς πίστεως ἐν ταῖς καρδίαις ὑμῶν): "마음"은 그리스도의 내주가 있는 자리이다. '그리스도의 내주'에는 우리의 믿음이 요구된다. 우리의 믿음과 함께 더 깊은 주님의 내주가 이뤄지게 된다.

"사랑 안에서 뿌리가 박히고 기초가 놓여지게 되기를"(ἐν ἀγάπῃ ἐρριζωμένοι καὶ τεθεμελιωμένοι): 두 개의 완료수동분사(ἐρριζωμένοι καὶ τεθεμελιωμένοι)는 여기서 16-17a절의 결과를 나타낸다. '뿌리박다'(ῥιζόω)는 '지면에 뿌리를 내리게 하다'(root in the ground), '심다'(plant)의 뜻인데, 수동태로 쓰일 때, '뿌리가 박히다'(be rooted, fixed)가 된다. 유기체, 식물과 관련된 말이다(4:16 참고). 이에 반해, '기초를 놓다'

(θεμελιόω)는 '기초, 토대를 놓다'(lay the foundation)로, 건축적인 용어이다(2:20-22 참고). 두 단어 모두 흔들림 없이 확고하게 믿음의 기반에 서게 되는 것을 뜻하는 유사어(유기체와 무기체 양 측면의)로 반복적인 강조를 한 것이다. "사랑 안에서"는 속 사람의 강건함과 그리스도의 내주로 인해 믿음의 굳은 초석이 다져질 때 '사랑'이 함께 해야 한다는 것을 말해준다. 이 때의 '사랑'은 하나님의 사랑과 성도의 사랑 둘 다 가능하다.

2. 16절의 "주시기를"에 걸리는 두 번째 내용(부정사)이다. 그리스도의 내주에 대한 기도로 믿음이 수단이 된다는 점과 그 일이 '너희 마음 안에' 있을 것을 말했다. 그와 함께 두 개의 완료형 분사를 사용해서 16-17절의 결과가 어떻게 될 것인지를 그려준다. 이렇게 뿌리가 박히고 터가 굳어지는 일은 계속적으로 되어야 할 일이다.

16절에서 ἵνα-절로 시작한 첫 번째 기도는 이렇게 마무리된다. 이 기도는 두 개의 부정사와 두 개의 분사로 되어 있는데, 두 개의 부정사는 기도의 내용을, 마지막 두 개의 분사는 그 기도의 결과를 말해준다. 앞의 두 개의 부정사의 관계는 두 개의 다른 내용으로 보지 않아야 할 이유가 있다. 첫째, 두 개의 내용(속 사람의 강건함과 그리스도의 내주)이 분리하기 어렵다. 둘째, 전자가 후자보다 먼저 와야 할 이유가 없다. 셋째, 귀결절(17b절) 두 개의 분사는 유사한 내용을 반복적으로 쓴 것이다.

따라서 두 개의 부정사는 각기 다른 의미라기 보다는 서로 연결된 의미로 보자. 첫째, 후자가 전자보다 오히려 선행한다. 즉, 그리스도의 거주가 속 사람을 더욱 강건하게 할 수 있기 때문이다. 둘째, 이 둘은 결국 비슷한 뜻의 다른 표현이다. 속 사람이 강건하게 되는 것과 그리스도의 내주를 같은 의미, 동전의 양면으로 해석하는 것이다. 둘 다 가능하다.

18절

1. "너희가 능히 ~할/을 수 있기를"(ἵνα ἐξισχύσητε): 16-19절의 두 번째 ἵνα-절로 두 번째 기도 내용이 된다. 이 절의 가정법 동사는 '너희가 능히 할 수 있기를/있도록"(ἐξισχύσητε) 이다. 강조형 전치사 ἐξ(ἐκ)와 동사 ισχύω(강하다, 힘세다)가 결합해서 '능히 할 수 있다'(be strong enough; be fully capable of)가 됐다.

"모든 성도와 함께 깨달~"(καταλαβέσθαι σὺν πᾶσιν τοῖς ἁγίοις): 그들이 무엇인가를 깨달을 수 있게 되기를 기도한다. "모든 성도와 함께"를 쓴 것은, 첫째 그들이 모든 성도와 함께 된 존재(2:19; 6)라는 사실을 기억하게 한다. 둘째, 이 깨달음은 독자들만 아니라, 모든 성도들이 공통적으로 알아야 한다는 점을 말하고자 한다.

"넓이와 길이와 높이와 깊이가 어떠한지"(τί τὸ πλάτος καὶ μῆκος καὶ ὕψος καὶ βάθος): 무엇에 대한 "넓이와 길이와 높이와 깊이"인지 나오지 않는다. 그리스도에 대한 것이라 보는 것이 자연스러운 것은 그리스도에 대한 비슷한 패턴의 내용이 그 다음 구절(19절)에 나오기 때문이다. 19절의 '그리스도의 사랑'에 대한 것일진대, 그 사랑의 넓이와 길이와 높이와 깊이를 깨닫게 되는 것이 얼마나 중요한지 이해할 수 있다.

2. 두 번째 기도 내용인 "너희가 능히 ~할/을 수 있기를"에 걸리는 첫 번째 부정사가 나온다. 그것은 "깨달음"에 대한 것이다. 그 깨달음이 그리스도에 대한 것이고, 그 사랑의 크기에 대한 반복적, 공간적 표현은 "헤아릴 수 없는 그리스도의 부요함"을 언급했던 말씀(3:8)을 떠올린다.

그리스도에 대한 것, 특히 그 사랑의 크기를 제대로 아는 것은 얼마나 중요한가? 그 사랑의 크기를 좀더 알아가게 된다면, 우리의 마음이 얼마나 따뜻해지고 뜨거워질까? 이를 깨닫는 만큼 믿음이 커지고 마음이 부요해질 것이다. 바울의 기도에는 하나님에 대해 깨닫고 알게 되는 것을 상당히 중요하게 간주한다(1:17-19; 골1:9-10).

19절

1. "또한 (능히) 알~"(γνῶναί τε): 18절의 ἵνα-절에 걸리는 두 번째 부정사이다. 그들이 '아는 것'(γνῶναί)을 능히 할 수 있게 될 것을 원한 것이다. 불변화사 τε는 접속사 '그리고'의 역할을 하여, '또한 아는 것'이 된다.

"지식에 탁월한 그리스도의 사랑을"(τὴν ὑπερβάλλουσαν τῆς γνώσεως ἀγάπην τοῦ Χριστοῦ): "그리스도의 사랑"을 능히 알 수 있게 해달라는 것인데, "그리스도의 사랑"을 꾸며주는 말이 "지식의 탁월함"(τὴν ὑπερβάλλουσαν τῆς γνώσεως)이다. 이 어구는 "그리스도의 사랑"과 함께 목적격이므로, 둘을 동격으로 이해하거나 하나가 또 다른 하나를 수식하는 것으로 볼 수 있다. 대부분 전자가 후자를 꾸미는 것으로 번역했다(NAS, NIV, KJV, 개역). 이 때 "그리스도의 사랑"은 그 어떤 지식도 넘어설(beyond) 정도의, 뛰어나고 탁월한 것임을 말하는 것으로 이해한다. 이같이 해석하는 것이 타당한 것은 이 "그리스도의 사랑"이 18절의 "넓이와 길이와 높이와 깊이"와도 관련이 있기 때문이다. "그리스도의 사랑"은 그가 우리에게 주신 사랑과 보여주신(본으로) 사랑을 다 포함한다.

"너희가 충만하게 되기를"(ἵνα πληρωθῆτε): 세 번째 ἵνα-절이지만, 세 번째 기도 내용이라고 보기 어려운 것은 첫째, 기도 내용의 세 번째의 독립된 내용으로 보기에는 너무 짧다는 점, 둘째, 그 내용(충만하게 되는 것)이 두 번째 ἵνα-절의 목적 또는 결과로 보는 것이 자연스럽다는 점 때문이다. 하나님은 그리스도를 통해 만물을 충만하게 하신다(1:23; 4:10). '충만하게 하다'(πληρόω)는 말은 '채우다'(fill up), '완성하다'(bring to completion)는 뜻이다. 무엇으로 충만하게 하시는 지가 그 다음 어구로 나온다.

"하나님의 모든 충만함으로"(εἰς πᾶν τὸ πλήρωμα τοῦ θεοῦ): 하나님은 하나님의 모든 충만함으로 만물을 충만하게 채우시는데, 특히 성도의 모임, 교회를 그같이 하길 원하신다. 그래서 교회는 "만물을 충만하게 하시는 이의 충만"(1:23)이다. 골로새서를 보면, 하나님은 그의 아들 그리스도에게 그의 신성을 채우신다(1:19). 에베소서에는 그리스도께서 이제 교회를 그의 충만으로 만드시고 그 교회를 통해 만물을 충만하게 하려 하신다(1:23). 그러니까 하나님의 충만은 먼저 그리스도에게, 그리고는 그리스도를 통해 교회에 채워진다. 그런 다음 교회를 통해 만물을 충만하게 하시는 것이 하나님의 계획인 것이다. 바울이 여기서 "하나님의 모든 충만(함)으로" '너희'가 "충만하게 되기를"(수동) 간구한 것은 하나님께서 그들을 그리스도를 통해 그의 신성을 채워주시길 간구한 것이 된다. 그 충만함이 있어야 교회는 세상을 충만하게 하시는 그리스도의 사역을 감당할 수 있기 때문이다. 또한 그 충만함을 받으면서 교회는 이 땅에서 그 사역을 감당할 수 있기 때문이다.

2. 18절의 ἵνα-절 가정법("능히 ~할/을 수 있기를")에 걸리는 두 번째 부정사(γνῶναι, "알~")가 18절의 첫 번째 부정사(καταλαβέσθαι, "깨달을~")와 의미가 유사한 점에 주목하자. 동의어(synonym) '깨닫다'와 '알다'가 쓰인 것은 이들 부정사로 시작하는 두 개의 구의 내용도 서로 밀접할 가능성이 높다는 것을 보여준다. 실제로 첫째

구의 “넓이와 길이와 높이와 깊이”가 무엇에 대한 것인지 생략되면서, 이 표현이 결국 둘째 구의 “그리스도의 사랑”과 관련 있음을 알게 한다. 따라서 19절의 “지식의 탁월함”은 18절의 “넓이와 길이와 높이와 깊이가 어떠한지”와 상관된다. 둘 다 “그리스도의 사랑”의 ‘헤아릴 수 없는 부요함’을 말하는 표현이다. 그런 점에서 두 개의 부정사로 시작하는 두 개의 구는 결국 합쳐서, “그리스도의 사랑”에 대한 것을 말하는 것이 된다.

앞서 19b절의 세 번째 ἵνα-절은 분량으로 보나, 내용으로 보나, 세 번째 기도 내용으로 보기 어렵다고 했다. 이 부분은 18-19절의 결론이 된다.

두 번째 ἵνα-절, 18-19a절은 “그리스도의 사랑”의 부요함의 크기를 깨닫게 해달라는 내용이다. 그리스도의 사랑을 알고 깨달아 가면 갈수록 우리 안에 하나님의 충만으로 채워질 것이기 때문이다. 이렇듯 하나님의 신적 충만은 그리스도의 사랑, 그리스도의 지식 없이 우리 안에 채워지지 않는다. 또한 그리스도의 사랑을 깨닫게 될수록 우리는 우리에게 신적 충만이 채워지는 것을 알게 된다.

단락 해석

1. 첫 번째 부분인 16-17절에서 바울은 하나님께서 무엇인가 그들(‘너희’)에게 직접 해주시기(δῷ)를 간구한다. 하나님께서 해주셔야 할 일은 두 개의 부정사로 시작되는 두 가지 내용인데, 하나는 그들의 속 사람이 강건해지는 것이고 그 다음은 그리스도가 그들 마음에 내주하게 되시는 것이다. 둘 다 ‘속’(‘속 사람’과 ‘마음’)에 대한 것일 뿐 아니라, 후자 주제인 그리스도의 내주가 오히려 전자 주제인 속 사람의 강건함 보다 우선하는 것이거나, 적어도 둘이 동전의 양면과 같다는 점에서, 이 둘의 의미는 순서대로(순차적으로) 이해할 필요는 없다. 하나님께서 속 사람을 강건하게 해주시는 일이, 그리스도의 내주를 통해 이뤄진다는 점에서 둘을 묶어 이해하는 것이 더 좋겠다. 이 일에는 세 가지가 필요한데, 첫째, “그의 영광의 부요함”이 근거가 된다. 둘째, “그의 영”, 즉 성령을 통해 이뤄진다. 셋째, 그리고 “믿음을 통해서” 가능해진다. 하나님의 영광과 그 부요함이 이를 가능하게 하실 때, 하나님 편에서의 성령, 우리 편에서의 믿음이 함께 어우러질 필요가 있다는 말씀이 된다.

2. 그 결과 17b절에서 말하듯, 우리가 뿌리가 박히고 터가 놓이는 일, 굳게 뿌리를 내리고 기초가 견고하게 다져지는 일이 일어나게 된다. 이 일은 '사랑 안에서' 일어난다. 여기서의 '사랑'이 그 다음 주제(18-19절의)와 연결되는 부분이다.[74)]

3. 이렇게 그리스도와의 결합된 관계는 그 다음의 내용으로 전개된다. 그 부분이 18-19절이다. 그리스도의 내주는 믿음의 뿌리를 견고하게 해줄 뿐 아니라, 그리스도의 사랑으로 이어진다.

4. 두 번째 부분인 18-19절에서 바울은 '너희'가 능히 무엇인가 할 수 있기(ἐξισχύσητε)를 간구한다. '깨닫는 것'과 '아는 것'은 동의어이고 이어지는 내용들 또한 분리되어 있지 않다. 그것은 그리스도의 사랑을 깊이 깨닫게 되는 것이다. 첫째, 그 "넓이와 길이와 높이와 깊이", 즉 그 헤아릴 수 없는 사랑의 크기를 깨닫는 것이다. 둘째, "지식의 탁월함", 즉 우리 생각과 지각을 훨씬 넘어서는, 압도적인 사랑의 탁월함을 깨닫는 것이다. (첫째와 둘째는 비슷하고 보완적인 표현이다.) 셋째, "모든 성도들과 함께", 즉 그리스도 사랑에 대한 교회적, 공동체적 지식을 함께 갖게 되는 것이다. 넷째, 그리스도의 사랑은 그분이 우리에게 주신 사랑이면서(요13:1) 동시에 우리에게 본을 보여주시며 따라 하라고 하신 사랑(요13:14-15, 34-35)이다. 따라서 그리스도의 사랑을 깨닫는 것은 얼마나 우리를 사랑하시는지를 깨닫는 것이면서, 또 그 사랑의 교회적 의미가 무엇인지를 함께 깨닫는 것이 된다.[75)]

5. 그 결과 얻게 되는 것이 19b절이다. 그리스도의 사랑에 대한 깊은 깨달음은 하나님의 충만을 우리 안에 담는 것으로 나아간다. 그 사랑의 의미를 알면 알수록 우리는 하나님의 충만이 우리 안을 채우시는 것을 경험하게 된다. 그 충만이 있을 때, 교회는 만물을 충만하게 하시는 분의 충만으로 존재하며, 그 신적 충만을 세상에 채우시는 일에 쓰임을 받을 수 있게 된다.

6. 요약하면, 첫 부분은 그리스도의 내주를 통한 믿음의 강건함/굳건함, 둘째 부분은 그리스도의 사랑을 깊이 알아가는 과정을 통해 얻는 신적 충만함을 다루고 있다.

메시지

1. 그리스도의 내주와 강건함: 첫 단계는 그리스도의 내주로 인해 속 사람이 강건하게 되는 것이다. 그 결과 믿음에 있어 흔들림이 없이 굳게 뿌리 박는 신앙인이 된다. 이 단계가 없이는 개개인이 그 다음의 성장으로 나아갈 수 없다. 믿음의 영역이 그 다음 사랑의 영역으로 나아간다.

2. **그리스도의 사랑에 대한 깨달음:** 그 다음 단계는 그리스도의 사랑을 아는 일이 더욱 깊어지는 것이다. 그 사랑을 제대로 알면 알수록 하나님의 신적 충만으로 채워지는 개인과 교회가 되게 된다. 이것이 교회가 그리스도의 충만으로 세상을 위해 준비되는 단계이다.

Ⅳ. 20-21절, 하나님께 영광을

구문 배열

20	21
Τῷ δὲ δυναμένῳ 능히 ~실 분에게 Now to Him who is able ὑπὲρ πάντα 모든 것 위에 above all ποιῆσαι 행하~ to do ὑπερεκπερισσοῦ ὧν ~것을 크게 넘어서서 far beyond [all] that αἰτούμεθα 우리가 구하는 것이나 we ask ἢ νοοῦμεν 생각하는~ or think κατὰ τὴν δύναμιν 능력을 따라 according to the power τὴν ἐνεργουμένην 역사하(시)는 that works ἐν ἡμῖν, 우리 안에 within us	αὐτῷ 그 분에게 to Him ἡ δόξα 영광이 [be] glory ἐν τῇ ἐκκλησίᾳ 교회 안에서와 in the church καὶ ἐν Χριστῷ Ἰησοῦ 그리스도 예수 안에서 and in Christ Jesus εἰς πάσας τὰς γενεὰς 모든 세대에 to all generations τοῦ αἰῶνος τῶν αἰώνων, 영원무궁하도록 forever and ever ἀμήν. 아멘 Amen

직역

1. 20. 우리 안에 역사하시는 능력을 따라, 우리가 구하는 것이나 생각하는 것을 크게 넘어서서 능히 모든 것 위에 행하실(이루실) 분께, 21. 모든 세대에 영원무궁하도록, 교회 안에서와 그리스도 예수 안에서 영광이 (있으시기를) 아멘.

2. 20. Now to Him who is able to do above all, far beyond that we ask or think,

according to the power that works within us, 21. to Him be the glory in the church and in Christ Jesus to all generations, forever and ever. Amen.

구성/문체

1. 20-21절은 바울 기도의 마무리 부분이다. 하나님께 영광이 있으시길 송축하며 기도를 마친다. 이 때 바울은 20절에서 하나님이 어떤 분이신지, 특히 기도와 관련된 그분의 속성을 고백한다. 그리고 21절에서 바울은 하나님께 영광이 돌려질 것을 기원하고 있다.

2. 20절, 21절이 모두 여격 '~분에게'라는 말로 시작한다. 20절에서는 '능력'(힘)과 '넘어서서'와 관련된 어휘를 두 번씩 쓰고, 또 비슷한 패턴의 '구하는 것', '생각하는 것'을 함께 써서 반복적 효과를 내고 있다. 반면에 21절은 "교회 안에서"와 "그리스도 안에서"를, 또한 "모든 세대에"와 "영원무궁하도록"을 둘씩 묶어 함께 사용한다. 서로 연계된 어구를 두 개씩 결합하여 사용한 경우이다.

절별 해석

20절

1. "모든 것 위에 능히 행하실 분에게"(Τῷ δὲ δυναμένῳ ὑπὲρ πάντα ποιῆσαι): "능히 행하실 분에게"(Τῷ δυναμένῳ … ποιῆσαι)라 한 것은, 하나님의 전능성, 즉 우리의 기도에 응답해 주시고 이를 이뤄주실 때 그 어떤 부족함도 전혀 없으시다는 그분에 대한 신적 속성에 대한 믿음이 반영된 표현이다(고전16:25; 유24 참고). 우리 사람은 부탁한 것을 다 들어줄 수 없지만, 하나님은 그러한 제한이 없으시다. "모든 것 위에"(ὑπὲρ πάντα)는 하나님이 하실 수 있는 일은 그 어떤 한계도 넘어선다는 말이다.

"우리가 구하는 것이나 생각하는 것을 크게 넘어서서"(ὑπερεκπερισσοῦ ὧν αἰτούμεθα ἢ νοοῦμεν): "크게 넘어서서"(ὑπερεκπερισσοῦ)는 세 단어(ὑπὲρ + ἐκ + περισσῶς)가 합쳐진 말로 "비교할 게 없이 부요하게/많게"(super-abundantly, beyond measure)의 뜻을 가진다. '넘어서서'(ὑπὲρ)라는 전치사 관련된 어구가 20절에 두 번 나오는 것에 주목한다. "모든 것 위에"(ὑπὲρ πάντα)와 "크게 넘어서서"(ὑπερεκπερισσοῦ)로 합쳐서 중복 강조의 효과를 준다. 그 어떤 것도 그분이 우리에게 해주시는, 또 해주실 수 있는 것에 비교될 수 있는 것은 없다. “우리가 구하는 것이나 생각하는 것”은 우리의 간구하는 기도와 우리가 바라는 마음을 함께 그려준다. 우리가 무엇을 입으로 구하든, 마음으로 소원하든 하나님께서는 그것들을 넘어서서 더 크게, 더 낫게 해주실 것이란 뜻이다.

“우리 안에 역사하시는 능력을 따라”(κατὰ τὴν δύναμιν τὴν ἐνεργουμένην ἐν ἡμῖν): “역사하시는 능력”은 3:7의 “힘/능력의 역사하심”(1:19 참조)의 순서를 바꾼 것이다. 하나님의 능하심과 그분의 역사하심을 함께 말해주는 부분이다. 그 힘은 “우리 안에” 역사하시는 능력이다(1:11, 19). 다시 한 번 ‘능히 행하실 분’의 능력을 강조한 표현이다.

2. 바울이 기도를 20-21절에서 마무리하며 먼저 하나님이 어떤 분이신지 재론한다. 15절에서 하나님은 모든 족속의 근원자시며 주관자셨다. 20절에서는 기도의 응답자, 전능하신 능력자이시다. 전치사 “넘어서서”(ὑπὲρ)와 관련된 말이 두 번 사용되고, 같은 어원에서 나온 ‘능하신 분’(Τῷ δυναμένῳ)과 ‘능력’(τὴν δύναμιν)이 또한 함께 쓰인다. 하나님께서 하실 수 있는 일의 한계가 없다는 표현을 강조했다.

기도의 시작과 기도의 마침 부분에서 하나님이 어떤 분이신지를 말하고 있는 것은 그 하나님의 어떠하심이 곧 기도의 근거가 되기 때문이다. 바울은 기도의 근거를 하나님의 속성에 둔다. 특히 20절에서, 바울은 하나님의 무한하신 능력과 우리의 기도에 기꺼이 응답하시는 그분의 자애로운 속성을 부각하고 있다.

21절

1. “(그분에게) 영광이”(αὐτῷ ἡ δόξα): 21절에 “그분에게”(αὐτῷ)라는 단어가 나온다. 이미 20절에 “능히 하실 분에게”라는 어구가 있으므로 문장 구성에는 불필요한(redundant) 단어이지만, “바로 그분께”하는 식으로 송축의 대상이신 하나님께 한 번 더 시선을 두려는 의도가 있다고 판단된다. “영광”은 하나님 자신이 이미 가지고 계신 속성(1:6, 12, 14, 17; 3:16)이긴 하지만, 또한 우리의 마음과 입으로 송축해야 할 주제임이 분명하다(1:6, 12, 14; 롬11:36; 16:27; 갈1:5; 빌4:20; 딤전1:17; 딤후4:18 히13:21; 벧전4:11; 벧후3:18; 유25; 계1:6; 4:11).

“교회 안에서와 그리스도 예수 안에서”(ἐν τῇ ἐκκλησίᾳ καὶ ἐν Χριστῷ Ἰησοῦ): ‘교회

안'과 '그리스도 예수 안'을 말하는 이유는 첫째, 기본적으로 그리스도와 그의 몸 된 교회, 이 둘이 분리될 수 없기 때문이다. 둘째, 에베소서에서 바울의 주제가 하나님의 계획인 '그리스도의 교회'란 점에서, "그리스도 안에서"만이 아니라 "교회 안에서" 하나님의 경륜이 이뤄져서 이 모든 일이 마땅히 그분께 영광이 돼야 할 것이 분명하다. 셋째, 성부 하나님께서 "그리스도 안에서" 영광을 받으시는 것은 너무도 당연하다. 굳이 "그리스도 안에서"를 나중에 쓰는 이유는 그리스도의 교회는 그리스도 없이 존재할 수도, 그 어떤 영광을 하나님께 드릴 수도 없다는 점을 강조하기 위한 것으로 보인다. 결국 바울의 기도는 사실상 그리스도의 교회에 대한 기도였음이 드러난다.

"모든 세대에, 영원무궁하도록, 아멘"(εἰς πάσας τὰς γενεὰς τοῦ αἰῶνος τῶν αἰώνων, ἀμήν): 하나님의 영광이 교회와 그리스도 안에서 모든 세대에 걸쳐, 영원토록 나타내야 한다. 그리스도의 교회들은 바로 이렇게 하나님의 영광이 이 땅에서 그들을 통해 드러나도록 힘써야 할 사명이 있다. 그렇지만 '기원'과 '송축'은 하나님 자신이 그같이 하셔야 할 분이심을 인식하고 소원하는 것이다. "아멘"으로 바울의 두 번째 기도가 마친다.

2. 21절에서 하나님께 영광을 돌리는 부분은, 14절에서 기도를 시작하며 그 하나님께 그의 무릎을 꿇는 장면과 짝을 이룬다. 14절에서 이전에 기술한 교회 사역과 관련해서 하나님께 경배하며 기도하는 모습을 보여주고 있다면, 21절에서는 기도를 마치며 그 하나님께 합당한 송축을 돌리며 기도를 마무리한다.

바울의 두 번째 기도는 이렇게 하나님께 대한 경배(무릎 꿇음)에서 시작해서 그분께 대한 송축으로 종결된다. 하나님께 대한 경배와 송축이 반드시 기도의 시작과 마지막이 되어야 하는 것은 아니나, 하나님께 대한 기도에 필요한 것이 무엇인지 알게 해준다. 한 가지 더 추가한다면, 교회를 통해 영광을 취하실 분은 하나님 자신이시므로 우리의 노력(교회를 위한)만으로 다 될 수 있다는 생각을 버려야 한다. 그것이 믿음이고, 우리의 기도이다. 하나님을 하나님으로 인식하는 것이다.

단락 해석

1. 하나님께 드리는 바울의 두 번째 기도는 이렇게, 기도와 관련해서 하나님께서 어떤 분이신지를 다시 고백하는 구절(20절)과 또 그 하나님을 송축하는 부분(21절)으로 마무리가 된다.

2. 이 뒷부분에서 바울은 첫째, 하나님의 전능하심을 밝힌다. 그분은 "역사하는 능력"을 가지신 분일 뿐 아니라, '능력 있게 하실 수 있는 분'이시다. 둘째, 하나님의 크심을 강조한다. 그분은 우리가 구하는, 생각하는 것 그 이상을 해주시는 분이시다. 이것은 그분의 자애로움의 크기를 말해준다. 셋째, 하나님의 영광을 송축한다. 하나님의 경륜은 그리스도와 그의 교회를 통해 나타난다. 따라서 하나님께서 그리스도와 교회 안에서 영광을 받으시는 것은 너무도 중요하다. 넷째, 결국 이 모든 것은 하나님이 하나님 되심을 인정하는 것이다. 하나님께서 시작하신 일을 하나님께서 마무리하셔야 한다는 믿음이 깔린 고백이다. 하나님의 계획과 경륜이 모든 세대에 온전히 이뤄져야 한다는 믿음이다.

메시지

1. **기도에 응답하실 하나님:** 기도 응답의 근거는 우리의 간구하는 모습보다는 하나님 자신이 어떤 분인가 하는 사실에 달려 있다. 우리는 이 사실에 입각해서 기도할 필요가 있다. 우리 기도에 대한 하나님의 자애로움과 그 능력의 한없으심은 우리가 그분께 나아갈 동기가 된다.

2. **하나님께 영광을:** 하나님께 드려져야 할 영광은 그 무엇보다도 하나님의 선하신 뜻이 이 땅에 이뤄질 때 일어난다. 하나님께서 그리스도의 교회 안에서 영광을 받으셔야 하는 이유는 그리스도의 교회는 하나님의 계획과 경륜의 결정이기 때문이다. 그렇게 영광을 받으시는 일이 모든 시대에 있어야 하고 또한 우리 시대에 일어나야 한다.

해석 종합

1. 1절 첫 부분에 등장했던 "그 때문에"가 14절에 다시 나오는 것은, 바울이 2장에서 그려주고 있는 죽은 개인을 일으키시는 하나님의 구원(2:1-10)과

그리스도의 하나 된 교회 사역(2:11-22)과 관련이 있다. '구원과 교회'는 하나님의 영원한 계획에서 비롯된 하나님의 프로젝트이다. 또한 이 두 주제는 밀접하게 연계된다. 개인 구원 없이 공동체적 교회가 있을 수 없고, 하나님의 뜻은 그리스도의 교회 없이 개인 구원으로 마치는 법이 없다. 그래서 이 둘은 분리되지 않는다.

하나님의 뜻이 '구원과 교회' 이슈(주제)로 나타나기 때문에("그 때문에, 3:1), 3:1-12에서 바울은 이 놀라운 신학적 주제가 그 시대에야 새롭게 드러난 하나님의 계시였고, 그 자신은 사도로 그 계시를 맡아 전하는 일꾼이라고 선포하게 된다.

또한 그 사역이 하나님의 경륜에 의한 것이므로("그 때문에", 3:14) 하나님께서 이루시도록 직접 하나님께 간구하는 기도를 드리게 된다. 14-21절에는 이런 맥락에서 바울의 기도가 쓰여진다.

2. 1-13절과 14-21절의 관계에 대해 좀더 살펴보자. 전반부는 하나님의 경륜(그의 계획과 운영)인 그리스도의 비밀(그리스도와 그의 교회와 관련된)이 바울 사도에게 계시로 주어진 것과 그 계시의 말씀을 증거하는 사도를 통해 하나님의 지혜와 뜻이 드러나게 된 것을 말씀한 것이다. 그 이후에 14-21절의 기도가 나타난다. 따라서 전반부(1-13절)가 바울의 사역이라면 후반부(14-21절)는 바울의 기도가 된다. 전반부에서 하나님의 계시가 주어졌다면, 후반부는 하나님께 기도하는 것이다. 그 뜻을 계획하시고 운영하시는 하나님께서 직접 그 일을 위해 그리스도의 교회를 사용해 주실 것을 요청한 것이다.

3. 또 하나, 1-13절이 '너희'에게 계시와 관련된 설명을 한 것이라면, 14-21절의 기도는 계시의 '하나님' 자신이 그 일을 온전히 이루어 주시도록 요청하는 것이다. 그래서 13절의 "나는 구한다"(독자들에게)가 14절의 "내가 무릎을 꿇는다"로 전환된다.

4. 바울의 기도는 하나님에 대한 경배(14절), 하나님의 주권에 대한 인식(15절)으로 시작해서, 하나님의 능력에 대한 고백(20절), 하나님께 영광 돌리는 기원(21절)으로 마친다. 이 부분들은 바른 기도의 자세를 알려주면서, 동시에 하나님의 하나님 되심을 인정하고 고백하는 믿음에 기반을 두고 있다. 시작하신 하나님만이 이루실 수 있다. 모든 것이 그분으로부터 시작하고 그분이 거둘

때 마친다. 바울의 기도는 그 내용이 두 가지로 나타난다(16-19절). 첫째는 그리스도의 거주로 인해 이뤄지는 속 사람의 강건하게 됨이다(16-17절). 이를 통해 뿌리가 박히고 터가 세워지는 믿음이 가능하게 된다. 이 일은 한 사람, 한 사람이 그리스도 안에서 견고한 믿음을 세우는 일이다. 2장에서 개인 구원(1-10절)이 먼저였듯이, 이 기도의 첫 번째 내용도 개인적인 믿음을 강조하고 있다. 반면에 두 번째 내용은 그리스도의 탁월한 사랑에 대해 깨닫고 알게 되는 것이다(18-19절). 이 깨달음은 공동체적이다. '사랑'이라는 주제를 다루고 있을 뿐 아니라, 또한 "모든 성도들과 함께" 이뤄져야 할 것이기 때문이다. 그럴 때 하나님의 충만을 그들 안에 누리게 된다. 이런 점에서, 16-17절은 개인적 주제이고, 18-19절은 공동체적 주제라 말할 수 있다. 그것은 2장 후반부(11-22절)의 주제가 공동체적 주제가 되는 것과 비슷하다.

5. 첫 부분(16-17절)과 둘째 부분(18-19절)은 다음과 같은 연계점도 있다. 첫 부분의 '믿음의 굳건함(견고함)'이 기초이고, 둘째 부분의 '사랑의 지식'이 그 다음에 세워져야 할 내용이라는 점이다. 견고해진 믿음 없이 사랑의 성장은 없다. 견고한 신앙적 기초가 세워지지 않는다면, 하나님의 충만은 주어질 수 없다. 그래서 교회는 이 두 축을 함께 이뤄가야 한다. 먼저는 신앙적 기초이고, 그 다음은 사랑의 성장이다. 앞 축만 있다면 건조해지고, 뒤 축만 있다면 부실해진다.

6. 앞서 언급한 대로, 기도는 하나님의 주권을 믿는 것이다. 하나님에 대한 믿음 없이 우리는 기도할 수 없다. 하나님께서 하실 일에 대한 기대와 믿음 없이 우리는 그분께 나아갈 수 없다. 교회의 사역은 하나님 자신의 뜻에서 비롯되고 운영되는 것이므로 그분 자신께 구하는 것이 절대적이다. 기도 없이 함부로 덤비는 교회 사역은 그래서 무모하다. 바울은 '사역과 기도'라는 동전의 양면 중에 어느 것도 놓은 바 없다.

4:1-16, 하나된 교회, 교회의 목적

전체 구조

1. 본문은 모두 다섯 부분으로 나뉜다. 첫째, 1-3절은 부르심에 합당한 삶, 즉 성령의 하나됨을 지키는 데 열심을 내라는 말씀을 담고 있다. 하나의 문장으로 된 부분이다. 둘째, 4-7절은 교회의 하나된 근거(삼위일체와 관련된 하나됨)와 각 사람에게 주어진 분량에 따른 은혜를 말씀한다. 이 부분은 실제로는 둘로 나뉜 부분(4-6절과 7절)이지만 교회의 하나됨과 다양함이라는 면에서 주제간 연속성이 있고, 무엇보다 "하나의"란 단어로 각 문장이 시작한다는 공통점이 있기 때문에 묶어 보는 것이 좋다.

2. 셋째, 8-10절은 그리스도의 올라가심과 내려가심의 소재를 다루는 소단락이다. 실제로는 만물을 충만하게 하시는 그리스도의 능력을 말씀하고 있는 부분이다. 넷째, 11-12절은 접속사(μέχρι, until)로 시작하는 13절과 분리하기 어렵지만, 13-16절의 자체 묶음이 매우 뚜렷하므로(13-17절의 "구성/문체"을 보라), 11-12절을 뒤의 구절들과 구분할 수 있다. 11-12절은 그리스도께서 그의 교회에 다양한 사역자들을 주셔서 그들로 어떤 일을 하게 하는지 말씀하는 부분이다.

3. 마지막으로 13-16절은 교회가 한 몸으로 함께 그리스도에게까지 성장해야 한다는 말씀을 담고 있다. 어떤 수준, 어떤 면에서, 또 어떻게 해서 성장할 수 있을까를 담는다. 반면에 그렇지 않을 때 어떻게 되는가도 그려준다.

4. 다섯 개의 소단락으로 된 이들 부분은 전체적으로 역교차를 형성한다. 1-3절(A)과 13-16절(A')이 짝이 되는데, 두 부분 모두 '하나됨'을 주제로 한다. 전자는 '하나됨'을 지키는 노력을 강조한 반면, 후자는 '하나됨'의 성장을 강조한다. 둘 다 교회의 하나됨을 주제로 한다는 점에서 연결된다.

5. 4-7절(B)과 11-12절(B')은 두 부분 모두 하나됨과 다양함의 두 주제가 보완된다. 4-6절이 교회의 하나됨의 근거를, 7절이 그리스도의 은사에 따른 다양함을 말했다면, 11-12절에서는, 그리스도께서 교회에 주신 다양한 사역자들(11절)과 그들이 성도들과 함께 어떻게 교회를 세워나가는지(12절) 그려준다. 4-7절이 1-3절을 위해 기반이 되는 구절이라면, 11-12절은 13-16절을 위해 기반이 되는 구절이다. 즉, 4-7절 때문에 1-3절이 가능해지고, 11-12절

때문에 13-16절의 내용이 가능해진 것이다.[76]

6. 중간에 위치한 8-10절(X)은 만물을 충만하게 하시는 그리스도의 신적 특성을 강조한다. 그분은 내려가신 분이면서 또한 올라가신 분이셔서 하늘과 땅의 모든 부분에 영향력을 행사하실 수 있다. 8-10절의 그리스도의 능력은, 특히 7절과 11절에서와 같이 어떻게 그리스도께서 그의 교회에 주셔야 할 것을 주실 수 있게 되었는지를 알게 해준다.[77]

I.	1-3절	부르심에 합당한 삶, 즉 성령의 하나됨을 지키라.	A
II.	4-7절	삼위일체와 관련된 하나됨, 각 사람에게 주신 분량의 선물	B
III.	8-10절	내려가시고 올라가신 그리스도의 능력	X
IV.	11-12절	그리스도의 여러 사역자들, 그들을 통한 몸 세우기	B'
V.	13-16절	하나된 교회로 그리스도에게까지 성장하기	A'

Ⅰ. 1-3절, 부르심에 합당한 삶

구문 배열

1
Παρακαλῶ οὖν
그러므로 부탁한다/권한다
Therefore ~ entreat/ urge
ὑμᾶς
너희에게(글) you
ἐγὼ
나는 I
ὁ δέσμιος
갇힌 자인 the prisoner,
ἐν κυρίῳ
주 안에서 in the Lord
ἀξίως
합당하게
in a manner worthy/ a life worthy
περιπατῆσαι
걷도록/행하도록 to walk/ live
τῆς κλήσεως
부르심에 of the calling
ἧς
ἐκλήθητε,
너희가 부르심을
to which you have been called

2
μετὰ πάσης
모든 ~로/ ~를 가지고 with all
ταπεινοφροσύνης

3
σπουδάζοντες
열심을 내라/다하라 Eager
τηρεῖν
지키는 데 to keep/ maintain
τὴν ἑνότητα
하나 됨을/하나되게 하신 것을
the unity
τοῦ πνεύματος
성령의 of the Spirit
ἐν τῷ συνδέσμῳ
함께 묶음/묶은 것 안에서
in the bond
τῆς εἰρήνης·
평화의 of peace

겸손과 humility καὶ πραΰτητος, 온유~ and gentleness μετὰ μακροθυμίας, [또한] 인내(오래참음)로/~를 가지고 with patience ἀνεχόμενοι 용납하고 forbearing ἀλλήλων 서로를 one another ἐν ἀγάπῃ, 사랑 가운데서 in love	

직역

1. 1. 그러므로 주 안에서 갇힌 자인 나는, 너희가 부르심을 받은 부르심에 합당하게 행하도록 너희를 권한다. 2. 모든 겸손과 온유를 가지고, 또한 인애를 가지고 사랑 가운데서 서로를 용납하고, 3. 함께 평화의 묶음 안에서 성령의 하나 되게 하신 것을 지키는 데 열심을 내라/다하라.

2. 1. I, therefore, the prisoner in the Lord, urge you to walk in a manner worthy of the calling to which you have been called, 2. with all humility and gentleness, with patience, forbearing one another in love, 3. being eager to keep the unity of the Spirit in the bond of peace.

구성/문체

1. 1절에 '권면하다'는 직설법 동사에 걸리는 부정사 '걷도록/행하도록'이 있고 2-3절에서 두 개의 분사 구문으로 뒷받침하고 있는 부분이다. 두 개의 분사 구문 가운데 2절의 것은 1절을 설명하고 있고, 3절의 것은 1절을 다른 각도로 반복하고 있는 내용이 된다.

2. 3절의 '성령의 하나 되게 하신 것을 힘써 지키는 것'이 무엇을 말하는지 3절 자체만으로는 분간하기 어렵다. 그것은 마치 1절에서 '부르심에 합당하게 행하는 것'처럼 추상적이다. 이 두 부분(1절과 3절)이 추상적인 것이라는 점에서, 이 둘의 상관성을 엿볼 수 있다. 그 중간에 구체적인 행동(삶)을 요구하는 2절이 있다. 이렇게 볼 때, 1-3절은 역교차가 존재한다.

1절	부르심에 합당한 삶을 사는 일	a
2절	사랑으로 서로 용납하는 일	x
3절	성령의 하나 됨을 지키는 데 열심을 내는 일	a'

절별 해석

1절

1. "그러므로"(οὖν): 바울은 3장에서 그리스도의 교회를 통해 하나님의 경륜이 어떻게 펼쳐졌는지 말했다(1-13절). 그리고 성도들의 확고한 믿음과 그리스도의 사랑에 대한 이해를 통해, 그들이 함께 하나님의 충만에 이르게 될 것과 이를 통해 이뤄질 하나님의 영광을 기도했다(14-21절). "그러므로"는 이 맥락에서 나온다. 따라서 '하나님의 계획과 사역이 그리스도의 교회를 통해 놀랍게 이뤄지고 있고 또 그같이 이뤄질 것이므로'라는 뜻이 되겠다.

"너희를 권한다"(Παρακαλῶ … ὑμᾶς): 하나님께서 하신 일(1-3장)이라는 관점에서 성도들이 해야 할 일(4장 이하)에 대한 말씀으로 초점이 옮겨지는 부분이다. 독자들('너희')에게 어떤 행동(action)을 취할 것을 권고한다(to urge, entreat).

"주 안에서 갇힌 자인 나는"(ἐγὼ ὁ δέσμιος ἐν κυρίῳ): 바울이 두 번째로 자신을 '갇힌 자'로 묘사하는 부분이다(참고 3:1). 4:1과 3:1은 서로 공통적인 표현이 관찰된다(아래 2-3절 해석 참조).

"너희가 부르심을 받은 부르심에 합당하게 행하도록"(ἀξίως περιπατῆσαι τῆς κλήσεως ἧς ἐκλήθητε): "부르심"(κλῆσις)은 하나님께서 성도를 부르신 그 부르심(1:18; 롬1:6-7; 8:28; 고전1:2, 24; 살후1:11; 딤후1:9; 히3:1; 9:15; 유1:1; 계17:14)이다. 그 부르심을 요약하면, 개인적으로는 그리스도와 함께 살리시는 하나님의 구원이고(2:1-10), 공동체적으로는 함께 영광스러운 그리스도의 교회로 부르시는 부르심(2:11-22)이다. 사도 바울에게는 그 신적 비밀을 알리고 전하는 사역을 감당하는 은혜의 부르심이고(3:8), 우리에게는 사도들이 전해준 계시의 말씀에 따라 구원 이후 성도들과 함께 그의 교회를 세워나가는 부르심이다. 그 부르심을 요약하고 있는 말씀이 3절이다. "행하도록"(περιπατῆσαι)은 '행할 것'(to do), '걸을 것'(to walk), '살 것'(to live)을 뜻한다. 그들의 행동에 대해 촉구하는 내용이다.

자신이 갇힌 것을 말하면서 "합당하게"란 단어를 쓴 것은, 바울 자신이 그의 부르심에 따라 기꺼이 열심을 냈고 그 결과 육체적으로 묶인 자가 된 것과 같이 그들도 그들의 부르심에 적합하게 열심을 다할 것을 촉구하기 위한 것이다.

2. 3:1과 비교할 때, 네 가지 유사점이 있다. 첫째, 접속사("그러므로", 4:1) 또는 접속사 역할을 하는 부사어("이 때문에", 3:1)가 쓰였다. 둘째, 같은 단어 "갇힌 자"가 사용된다. 셋째, 자신을 가리켜 강조하는 1인칭단수 인칭대명사(ἐγώ)가 쓰인다. 넷째, "그리스도 예수의 갇힌 자"(3:1)와 "주 안에서 갇힌 자"(4:1)라고 그리스도와 관련해서 자신이 묶인 것을 말하고 있다.

이런 유사점은 이 두 구절의 기능 역시 비슷할 것이라는 점을 알려 준다. 3:1이 2장 전체(구원과 교회에 대한 메시지)와 연계해서 나온 말이라면, 4:1 또한 2장과 무관하지 않을 것이라는 점을 암시한다. 즉, 1절의 "그러므로"는 3장만이 아니라, 2장의 내용과도 연결하는 접속사로 이해하는 것이 좋을 것이다. 이렇게 보자. 3장은 2장의 내용(구원과 교회)과 관련된(또는 연속된) 하나님의 뜻과 계시라는 면을 중점적으로 설명한 것이고, 4장은 그 '경륜'과 관련해서 우리 성도들이 알고 직접 수행해야 할 것에 대한 말씀이 된다. 그런 연유로 3:1과 4:1은 서로 연계된다. 이렇게 말할 수도 있다. 3:1에서 '갇힌 자'의 강조는 하나님의 영광스런 계시를 받은 자와 전하는 자인 사도로서 자신이 영광스럽게 비용을 지불하고 있음을 말한 것이었다. 반면, 4:1의 '갇힌 자'라는 표현은 자신이 하나님의 경륜을 수행하기 위해 비용을 기꺼이 지불한 것처럼, 그들도 이 하나님의 큰 뜻에 참여하고 이를 이루기 위해 그들의 노력을 다해 줄 것(예, 4:3)을 촉구하기 위한 것이다.

2절

1. "모든 겸손과 온유를 가지고"(μετὰ πάσης ταπεινοφροσύνης καὶ πραΰτητος): μετά(함께)-전치사구로 된 부분이다. '겸손'(ταπεινοφροσύνη)은 상대를 존중하고 자신을 '낮게/낮춰'(ταπεινός) '생각하는 것'(φροσύνη)이다(행20:19; 빌2:3; 골3:12; 벧전5:5). '온유'(πραΰτης)는 온화함(meekness)과 관대함(gentleness)이다(고전4:21; 고후10:1; 갈5:23; 6:1; 골3:12; 딤전6:11; 딤후2:25; 딛3:2; 약1:21; 3:13; 벧전3:16). 상대에 대해 부드러운 태도와 행동이다. 겸손과 온유는 둘 다 상대를 존중하고 세워주는 부드러운 태도이다. "모든"이 겸손과 온유, 둘 다 수식한다. 따라서 우리가 할 수 있는 모든 겸손과 온유의

자세로 행할 것을 말씀한 것이다.

"또한 인내를 가지고"(μετὰ μακροθυμίας): 또 하나의 μετά-구이므로 앞의 어구와 나뉜다. '인내'(μακροθυμία)는 '긴'(μακρός, long)과 '숨(breath), 혼(soul), 성질(temper)'을 뜻하는 단어(θυμός)가 결합하여, '길게 숨을 쉬며 참는 것'에서 유래한 말이다. 말 그대로 오랫동안 참아내는 것이다. 특히 하나님의 오래 참으시는 것처럼 참는 것이다(롬2:4; 9:22; 고후6:6; 갈5:22; 골3:12; 딤전1:16; 딤후 4:2; 벧전3:20; 벧후3:15). 서로에 대해 태도에는 '겸손과 온유'만 필요한 것이 아니라, '인내' 또한 가져야 한다는 것을 알려준다. 특히 인내는 자신에 대한 절제 없이 이뤄지지 않는다.

"사랑 가운데서 서로를 용납하고"(ἀνεχόμενοι ἀλλήλων ἐν ἀγάπῃ): '용납하는 것'은 상대를 참아내고 상대를 받아주는 것이다(골3:13). "서로"(ἀλλήλων)란 단어를 통해 이런 일이 함께, 서로에 대해 이뤄져야 한다는 점을 강조한다. "사랑 가운데서"(ἐν ἀγάπῃ)는 그러한 행동의 내적 동기가 '사랑'이 되야 한다는 것을 말한다.

2. 두 개의 μετά-구와 하나의 분사 부분(ἀνεχόμενοι ἀλλήλων), 그리고 하나의 ἐν-구로 구성된다. 그렇다면 '서로를 용납하는 것'이 2절의 중심이 되고, '모든 겸손과 온유로'와 '인내로'가 그 앞 부분에, '사랑 가운데서'가 그 뒷부분에 놓인다. 두 가지 해석이 가능하다. 첫째, 앞과 뒤의 두 가지 형태의 전치사구는 '서로를 용납하는 것'의 방법에 대한 것이고, 이 때 두 전치사구를 서로 보완 관계로 이해하는 것이다. 서로를 받아들일(용납할) 때, 첫째는 모든 겸손-온유와 인내의 자세로 해야 하고, 둘째는 그 위에 사랑을 더해야 한다는 것이다. 둘째, 그 둘을 같은 것을 해석한다. 즉, 모든 겸손-온유와 인내의 자세는 결국 사랑의 자세이다. 서로를 받아들이는 일에, 이런 방식의 사랑이 필요하다는 것이다. 여기서는 일단 전자로 해석하겠다.

2절은 어떻게 하는 것이 부르심에 합당한 삶(행동)인가에 대한 답이다. 1절의 권면은 2절대로 행할 것을 격려하는 것이다. 부르심에 합당한 삶이라는 추상적 명제는 이렇게 구체적인 행동의 촉구로 나타나야 했다.

3절

1. "지키는 데 열심을 내라/다하라"(σπουδάζοντες τηρεῖν): '열심을 내다'(σπουδάζω)는 서두르거나(to make haste), 열정적이거나(to be eager), 진지한 것(to be earnest)을 뜻한다.

참으로 열심을 다하라는 뜻이다. 여기서 열심을 내야 할 것은 무언가를 지키고 보존하는 것이다.

"성령의 하나 되게 하신 것을"(τὴν ἑνότητα τοῦ πνεύματος): 그들이 열심을 내서 지켜야 할 것은 성령께서 하신 일에 대한 것이다. 그것은 성령의 '하나 됨'(ἑνότης, unity)을 힘을 다해 보존하는 것이다. 성령의 하나 됨은 그리스도로 인해 하나 된 것(2:14-16), 그래서 하나님께 나아가는 한 몸의 교회가 된 것(2:18)을 말한다. 1:10의 '통일'이나, 2:19의 '함께 시민이 된 것'과 '하나님의 가족'이 된 것, 그리고 2:21-22의 '함께 지어져 가는 성전'인 것, 3:6의 '함께 된 상속자, 함께 된 몸, 함께 약속에 참여한 자' 된 것 등이 모두 성령의 '하나 됨'과 관련이 있다. 이 하나 됨을 지키는 데 최선을 다하라는 말씀이다.

"함께 평화의 묶음 안에서"(ἐν τῷ συνδέσμῳ τῆς εἰρήνης): '함께 묶은 것'(σύν-δεσμος, a bond of union)은 하나 되게 하시는 성령의 사역 내용이다. 성령께서 우리가 더 이상 서로 분리되지 않도록, 그의 끈으로 우리를 함께 묶어 놓으신 것이다. "평화의"라는 말에서, 이렇게 묶는 일이 그의 평화 때문에 가능해졌다는 말(평화가 원인)이거나, 평화를 위해 하나로 묶으셨다는 말(평화가 목적) 모두 가능하다. 바울은 성령의 관점에서 설명하고 있으나, 이 하나 되게 하신 일은 바로 '우리의 평화'이신 그리스도의 사역이었다(2:14-17). 그리스도의 사역이 성령 없이 하시는 사역이 아니란 점에서, 그리스도의 사역이 곧 성령의 사역이다.

2. 2절에 이어 두 번째 분사 구문이다. 3절은 1절을 다른 각도로 설명한 것이다(앞의 "구성/문체" 참조). 성령은 '평화의 묶은 것'으로(수단) '하나 됨/하나 되게 하신 것'(결과)을 이루셨다. 여기서 '평화', '묶은 것', '하나 됨'이란 단어들이 서로 합쳐서, 우리가 성령 안에서 한 몸이 되었다는 사실을 더욱 강조한다.

1절의 부르심에 합당한 삶은 3절에서 '성령의 하나 됨'을 지키는 것이다. 반면에 2절은 그에 대한 구체적인 내용이 담겨 있다. 이렇게 볼 수 있다. 1절의 부르심에 합당한 삶이 무엇이냐 할 때, 3절, 그것은 성령의 하나 됨을 힘써 지키는 것이라 할 수 있다. 그러면 어떻게 성령의 하나 됨을 지키는가 할 때, 2절 서로 용납함으로 그같이 지킬 수 있다고 말할 수 있다.

단락 해석

1. 바울의 권면(1절)은 성도들이 해야 할 책임에 대한 것이다. "그러므로"라는 말과 "주 안에서 갇힌 자인 나는"이라는 말을 통해 3:1을 상기하게 하면서 3장에서 바울이 가졌던 자세(부르심에 대한 헌신- 사역과 기도)를 따라, 그들도 그에 합당한 행동을 취할 것을 촉구한다.

2. 그들의 부르심에 합당한 삶을 촉구하는 것은 그들이 이미 부르심을 받았다는 것('너희가 부르심을 받았다')을 전제하는 것이고, 그 부르심은 삼위일체 하나님께서 행하신 일에서 끝나는 것이 아니라, 이제 그들의 결단과 행동을 요구하는 부르심임을 말하는 것이다.

3. 그 부르심은 3절에서 '성령의 하나 됨', 즉 성령께서 그들을 하나 되게, 즉 한 몸이 되게 만드신 일과 관련이 있다. 그 하나 됨은 성령께서 평화의 끈으로 우리를 하나로 묶음으로 이뤄졌다. 이 하나 됨은 바로 교회의 모습이다.

4. 이 교회의 하나 됨을 지키는 데 최선의 힘을 다할 것을 촉구한다. 이렇게 지키는 일이 바로 부르심에 합당하게 사는(행하는) 일에 다름 아니다. 이렇게 부르심에 합당하게 사는 삶이 무엇인지 드러나게 된다.

5. 그러면 어떻게 하나 됨을 지킬까? 그에 대한 짧은 답이 2절에 나왔다. 서로를 용납하는 것, 즉 서로 형제를 마음으로 받아들이고 이해하는 일이 필요하다. 이런 일에 세 가지 자세가 요구된다. 첫째는 '모든 겸손과 온유'이다. 서로에 대해 어떤 자세를 가져야 하는지 보여준다. 이렇게 서로를 높이고 존중하고 부드럽게 대함으로 서로를 용납해 갈 수 있다. 둘째는 '인내'이다. 서로를 용납하는 일에 오래 참고 기다려주는 인내가 필요하기 때문일 것이다. 셋째는 '사랑'이다. 이 모든 일에 사랑을 더해야 된다는 뜻(벧후1:7)이고, 이 모든 일의 동기가 서로에 대한 사랑(요13:34-35)이어야 한다는 뜻이기도 하다.

메시지

1. 하나님의 하신 일과 우리의 할 일: 하나님의 하신 일(하나님의 경륜을 따라 구원을 주시고 교회를 세우심)에는 우리의 협력과 순종이 뒤따른다. 바울은 3장에서 그의 할 일(사역과 기도)을 감당하고 있음을 보여줬다. 이제 성도들에게 그들이 해야 할 일에 대해 말씀해 준다.

2. **부르심에 합당한 삶과 성령의 하나 되게 하신 것을 지키는 것:** 하나님의 부르심이 무엇인지 알려졌다. 그것을 요약한 것이 '성령의 하나 됨'이다. 그러므로 우리가 해야 할 일은 그 부르심에 합당하게 사는 것, 즉 그 하나 됨을 힘써 지키는 것이다.

3. **서로를 사랑으로 용납하는 것:** 형제와 자매로서 서로를 사랑하고 용납하는 일이 얼마나 중요한가? 그것은 단순한 선행이나 윤리적인 의무에 그치는 것이 아니다. 그렇게 사랑하는 것은 하나님의 부르심에 응하는 것이고, 성령의 요구를 따르는 것이다. 이렇게 서로를 용납하는 일은 위대한 일인데, 이 일에는 겸손, 온유, 인내, 그 위에 사랑이 뒤따라야 한다.

II 4-7절, 하나됨의 근거, 각 사람에게 주신 선물

구문 배열

4
ἓν σῶμα
한 몸과 [There is] one body
καὶ ἓν πνεῦμα,
한 영(이다) and one Spirit
καθὼς καὶ ἐκλήθητε
너희가 부르심을 받은 것과 같이
just as you were called
ἐν μιᾷ ἐλπίδι
한 소망 안에서
in/ to one hope
τῆς κλήσεως
부르심의
of ~ calling
ὑμῶν·
너희의 your

5
εἷς κύριος,
한 주님 one Lord,
μία πίστις,
하나의 믿음 one faith,
ἓν βάπτισμα,
하나의 세례 one baptism

6
εἷς θεὸς
한 하나님과 one God
καὶ πατὴρ
아버지(이시다) and Father
πάντων,
모든 이의 of all
ὁ
[계신] 분 who is
ἐπὶ πάντων
모든 것 위에 over all
καὶ διὰ πάντων
모든 것을 통해 and through all
καὶ ἐν πᾶσιν.
모든 것 안에 and in all

7
Ἑνὶ δὲ ἑκάστῳ
각 사람에게 to each
ἡμῶν
우리 of us
ἐδόθη
주어졌다 was given
ἡ χάρις
은혜가 grace
κατὰ τὸ μέτρον
분량을 따라
according to the measure
τῆς δωρεᾶς
선물의 of the gift
τοῦ Χριστοῦ.
그리스도의
of Christ

직역

1. 4. 너희가 부르심의 한 소망 안에서 부르심을 받은 것과 같이, 한 몸과 한 영이 있다. 5. 한 주님과 하나의 믿음, 그리고 하나의 세례가 있다. 6. 모든 이의 아버지, 한 하나님이 계시다. 그는 모든 것 위에, 모든 것을 통해, 모든 것 안에 계신 분이시다. 7. 그리스도의 선물의 분량을 따라, 우리 각 사람에게 은혜가 주어졌다.

2. 4. There is one body and one Spirit, just as you were called in one hope of your calling. 5. There is one Lord, one faith, and one baptism. 6. There is one God and Father of all, who is over all and through all and in all. Grace was given to each of us according to the measure of Christ's gift.

구성/문체

1. 두 부분으로 되어있다. 4-6절과 7절로 나뉜다. 4-6절이 같은 주제를 다루고, 7절은 다소 다른 주제를 다루고 있으나, 각 절의 시작 부분(4, 5, 6, 7절)이 '하나'(한, one)라는 단어를 사용하고 있다는 점에서 공통된다.

2. 두 개의 주제로 된 부분인데 4-6절은 '하나 됨'의 근거를 다루고, 7절은 각 사람의 차이(즉, 다양성)에 초점을 둔다.

절별 해석

4절

1. "한 몸과 한 영이 있다"(Ἓν σῶμα καὶ ἓν πνεῦμα): "한 몸"은 하나 된 그리스도의 몸, 교회를 가리킨다(2:16). '하나의 교회'는 보편적 교회(universal church)의 하나 됨을 말한다. 기독교 내에 많은 교파, 교단, 지(支)교회들이 존재하지만, 머리이신 그리스도를 정점으로 할 때, 전체적으로 하나의 몸 된 교회("내 교회", 마16:18)라 할 수 있기 때문이다. "한 영"은 성령의 유일성을 가리킨다.[78] 한 분으로 존재하시는 성령은 우리의 하나 됨을 이루시는 분이시다.[79]

"너희가 부르심의 한 소망 안에서 부르심을 받은 것과 같이"(καθὼς καὶ ἐκλήθητε ἐν μιᾷ ἐλπίδι τῆς κλήσεως ὑμῶν): "부르심의 한 소망"은 우리가 '같은' 부르심을 받았다는 뜻이다. 1절에서와 같이, 명사 '부르심'(κλῆσις)과 동사 '부르심을 받았다'(ἐκλήθητε)을 사용해서, 부르심을 두 번 강조한다. '부르심의 소망'(1:18)은 하나님께서 성도들을 부르셔서 어떤 미래로 나아가게 하시는 지에 대한 것이다. 1-3장에 나타난 것처럼, 그리스도 안에서의 구원과 그리스도의 교회로의 부르심이다. 종속절 "~ 받은 것과 같이"는 "한 몸과 한 영이 있다"를 꾸며준다.

2. 4절은 '한 몸'과 '한 영', 그리고 '한 소망'을 말했다. 연속적으로 반복되는 '한'(하나의)은 3절의 "성령의 하나 되게 하신 것"과 관련하여 우리의 하나 된 근거를 강조하기 위한 것이다. 그런데 일견, 세 가지는 특정한 순서적 의미가 보이지 않는다. 교회의 하나 됨, 성령의 한 분이심, 소망이 하나임, 이 셋의 관계는 무엇일까?

이 셋은 모두 성령과 관련된 것으로 이해할 수 있다. '한 몸' 된 교회 안에 임재하시는 분은 성령이시다(2:22). 사도신경에도 "거룩한 공회"(the holy universal church)는 성령의 사역에 해당된다.[80] 그런데 "너희의 부르심의 한 소망 안에 부르심을 받은 것 같이"라는 부분은 "한 몸과 한 영이 있다"라는 구문의 종속절로, 4절은 전체적으로 '그렇게 부르심을 받은 대로 한 몸과 한 영이 있게(존재하게) 되었다'는 말이 된다. "부르심의 한 소망"이 이뤄진 것이 "한 몸"과 "한 영"인 셈이다. 여기서 "한 몸"과 "한 영"은 별도의 의미로 보지 않고, '한 영이신 성령이 하나 되게 하고 있는 하나의 몸'(3절 참조)이라는 의미로 합쳐 이해할 때, 그 "부르심의 한 소망"은 성령 안에서 한 몸을 이루는 교회로 존재하고 그렇게 성장하는 것(2:21-22)을 말하는 것이 된다. "부르심의 한 소망"은 결국 우리를 "한 몸"으로 부르신 것을 말하는 것이다.

5절

1. "한 주님과 하나의 믿음, 그리고 하나의 세례가 있다"(εἷς κύριος, μία πίστις, ἓν βάπτισμα): '한 분이신 주님'은 예수 그리스도 한 분만이 우리의 주가 되신다는 사실을 가리킨다. "하나의 믿음"은 삼위일체 하나님에 대한 믿음, 특히 예수 그리스도에 대한 믿음(1:15, "주 예수 안에서 너희 믿음"; 4:13)이 동일하다는 것을 강조하는 표현, 즉 '하나의 동일한 믿음'을 말한다. "하나의 세례"는 그리스도와 연합된다는, 하나의 의미의 세례만 있다는 뜻이다. 세례는 그의 죽으심과 살아나심과 연합하는 것(롬6:3-5; 골2:12)을 상징한다. 그리스도와 함께 죽고, 그와

함께 사는 것이다. 이 세례도 하나일 뿐이다.

2. '한 분이신 주심', '하나의 동일한 믿음', '하나의 세례', 이 세 가지는 모두 그리스도에 대한 것으로 함께 묶인다. 그러므로 5절은, 우리에게 오직 한 분의 주님이신 예수 그리스도가 계시고, 그분을 믿는 동일한 믿음 가운데 우리가 있고, 그리스도와 연합되는 하나의 세례로 우리는 그리스도의 몸에 가입이 된 것을 말씀하고 있다.

6절[81)]

1. "한 하나님이 계시다"(εἷς θεὸς): 하나님의 유일성을 강조한다(신6:4; 고전8:4; 롬3:30; 딤전2:5). 4절의 "한 몸과 한 영", 5절의 "한 주님, 하나의 믿음, 하나의 세례"에서와 같이 동사("계시다")는 생략되었다.

"모든 이의 아버지"(καὶ πατὴρ πάντων): 4절이 서로 연결된 두 가지 내용("한 몸과 한 영")이고 5절이 세 가지 연관된 내용("한 주님, 하나의 믿음, 하나의 세례")인 대신, 6절의 "한 하나님"에는 "모든 이(것)의 아버지"라는 수식어가 붙는다. 하나님께서 모든 존재(것)의 아버지가 되신다는 이 말은 인류를 포함한 모든 피조물의 창조주와 주관자가 되신다(고전8:6; 말2:10)는 뜻이다. 즉 모든 것(만물)의 기원이 그분으로부터 말미암았다는 뜻이다(롬11:36).

"그는 모든 것 위에, 모든 것을 통해, 모든 것 안에 계신 분이시다"(ὁ ἐπὶ πάντων καὶ διὰ πάντων καὶ ἐν πᾶσιν): "모든 것 위에"는 하나님의 초월성(transcendence)을, "모든 것을 통해"는 하나님의 편재성(omnipresence)을, "모든 것 안에"는 하나님의 내재성(immanence)을 각기 표현하는 말이다. 하나님의 신적 특성을 말해준다. 하나님의 이 세 특성은 서로 배치되지 않고 오히려 함께 존속된다.

2. 4-5절의 맥락에 따라, 6절에서도 하나 됨의 근거로 "한 하나님"을 먼저 강조한다. 4절과 5절 중에, 형식과 분량을 비교할 때 4절과 좀더 비슷하다. 다만, 4절에서 "한 몸과 한 영"의 관계를 말한 반면, 6절에서는 "한 하나님"에 대해 "모든 이의 아버지"라는 말로 수식한다. 4절의 종속절 "…한 소망 안에서 부르심을 받은 것과 같이"에 해당되는 부분이 하나님의 두 번째 신적 특성을 말하고 있는 "그는 모든 것 위에…"이다. 5절은 형식이 다르지만, 그대신 '하나 됨'에 있어 모두 그리스도와 관련된 세 가지 내용이 열거된다. 4절, 5절, 6절

모두 그 분량에 있어 서로 균형이 맞춰 배열되었다.

"한 하나님"에 대해 두 가지 설명이 덧붙여진 형태이다. 하나는 그의 근원적 특성, 또 하나는 그의 신적 특성이다. 두 가지 모두 만물과 관계되어 있다.

따라서 6절은 하나님의 유일성에 대한 강조와 함께, 그분의 신적 특성의 탁월성을 부각하며, 4-6절의 '하나 됨'의 근거를 말하고 있는 부분을 마무리한다. 4절에서는 성령과 관련해서 하나 된 교회로의 부르심이 부각됐다. 5절은 그리스도의 하나 됨을 세 가지 말로 강조했다. 6절은 유일하신 하나님의 신적 특성을 드러내며 마무리한다.

7절

1. "우리 각 사람에게"(Ἑνὶ δὲ ἑκάστῳ ἡμῶν): '각 사람에게'(ἑκάστῳ)라 할 때, '한 사람'을 부각하는 단어(Ἑνὶ)를 꼭 사용할 필요는 없는데 초두에 넣은 것은, 4-6절에 이어지는 기수(基數) '하나의'(또는 '한') 형식(패턴)을 연속시키기 위한 것이다. 그러나 주제가 달라졌다. '우리 각 사람'이라는 말로, 이미 하나에서 여럿을 강조하는 의미(다양성)로 전환된다. '우리' 한 사람, 한 사람에게 각기 다르게 적용된 것을 말해준다. '우리'라는 말은, '우리' 된 이들 가운데 그 누구도 제외되는 자가 없음을 강조한 것이다.

"은혜가 주어졌다"(ἐδόθη ἡ χάρις): 은혜가 '주어졌다'(부정과거수동)고 했는데, 이를 능동적 의미로 바꾸면, 하나님께서 각기 한 사람, 한 사람에게 그의 은혜를 나눠주신 것을 말씀한다(롬12:3; 고전12:11). '우리' 중에 그의 은혜가 허락되지 않은 자가 없다.

"그리스도의 선물의 분량을 따라"(κατὰ τὸ μέτρον τῆς δωρεᾶς τοῦ Χριστοῦ.): '선물'(δωρεά)과 '은혜'(χάρις)는 값 없이 주고 받는 것이라는 점이 같다. "그리스도의 선물"이라 한 것은 이 선물이 그리스도를 통해 주시는 것(gift)이기 때문이다. "분량"(μέτρον)은 내용, 길이, 크기의 단위(measure)나 자(ruler), 또는 비율(proportion)이나 한정된 분량(portion)을 말하는 단어이다. 여기서는 후자, 즉 비율이나 분량의 뜻으로 쓰였다. 각 사람에게 적절하게, 그들에게 맞게 선물의 분량이 주어졌다는 뜻(롬12:3)이다.

2. 4-6절의 '하나'라는 소재가 연속되게, '하나/한 사람'(Ἑνὶ)라는 말로 7절이

시작되지만, 4-6절과는 다른 주제가 나타난다. 4-6절이 하나 됨(또는 교회의 하나 됨의 근거)에 초점을 두고 있다면 7절은 각기 '한' 개인에게 달리 주시는 하나님의 은혜(즉, 독특한 개인 은사/선물)를 다룬다. 독특한 개인의 차이는 신약에서 '지체의 다양성'이라는 주제와 관련이 된다.

그런 점에서 4-6절과 7절은 합쳐져, 교회의 일치(unity)와 다양성(diversity)을 함께 강조하는 바울의 다른 글들과 같은 맥락에 있다(롬12:3-8; 고전12:4-11). 따라서, 7절은 성도의 역할과 기능이 서로 다름을 말씀하는 것이다. 역할과 은사는 각기 다르지만, 모두 함께 삼위일체 하나님의 하나 됨으로 하나 된 교회를 이루는 지체임을 말씀한다.

단락 해석

1. 1-3절은 하나님의 계획인 교회의 하나 됨을 지키는 것이 신적 부르심에 부응하는 일임을 강조했다. 성령께서 하나 되게 하신 그 하나 됨을 지키기 위한 '우리'의 노력이 어떤 것이어야 하는가를 말씀하신 것이다.

2. 이를 뒷받침 하기 위해 4-7절이 주어진다. 교회가 하나일 수 밖에 없는 이유는 삼위일체 하나님과 그분에게서 나오는 선한 것들이 다 하나이기 때문이다. 첫째로 성령과 그분의 사역이 하나이다(4절). 한 분이신 성령은 그리스도의 교회를 '한 몸'이 되게 하여, '부르심의 한 소망'을 이룰 수 있게 한다.[82] 다시 말해, 부르심의 한 소망은 우리가 한 분이신 성령의 사역으로 한 몸인 교회를 이뤄가는 사역이다(2:21-22).

3. 두 번째는 성자 하나님이신 그리스도와 관련이 된다(5절). 그분의 주님 되심, 특히 유일하신 주님(the Lord)이라는 점, 그분에 대한 동일한 믿음, 그분과 연합되는 세례의 단일성이 언급된다.

4. 세 번째는 성부 하나님에 대한 것이다(6절). 유일하신 하나님에 대한 강조는 그분만이 창조주와 만물의 근원이 되신다는 점, 그리고 그분의 신적 특성들(세 가지 전치사구)은 그분만이 만물의 주관자(the sovereign God)가 되심을 알려준다.

5. 7절은 소재('하나')가 연속되면서, 다른 주제(각 사람의 다른 분량, 그에 따른 적합한 선물)를 다룬다. 하나 된 교회는 획일화된 존재들의 모임이 아니라, 서로 차이가 있는, 각기 다른, 각자에 적합하게 그리스도의 선물을 받은 개체들의 집합이다.

서로 다르므로 서로 용납할 필요가 있고, 서로를 더욱 존중해야 한다(2절). 오히려 무언가 다른 역할을 감당하며, 서로 합쳐져 하나의 균형 있는 몸, 그리스도의 아름다운 교회를 세워간다. 이것이 교회다.

메시지

1. **하나 된 교회의 기초/근거:** 삼위일체 하나님의 하나 됨이다. 성령도 한 분, 성자도 한 분, 성부도 한 분이시다. 또 그분들의 사역 또한 통일적 의미를 가지고 있다. 성령이 사역하는 교회가 그렇고, 그리스도에 대한 믿음과 세례가 그렇고, 하나님의 사역과 특성이 그렇다.

2. **각 사람에게 다르게 주신 선물:** 각 사람에게 분량대로 다르게 주셨다는 점도 사실 하나 된 교회를 이루기 위한 것이다. 7절이 '하나'라는 말로 시작한 것은 은사의 차이도 하나 됨을 지키기 위한 목적에서 비롯되었기 때문일 것이다. 하나 된 교회는 똑 같은 역할을 하는 지체들이 이뤄내는 획일화된 공동체가 아니라, 다양한 기능과 역할을 하는 지체들이 함께 모여 하나 된 목적으로 하나 된 그리스도의 교회를 이뤄가는 교회이다.

Ⅲ. 8-10절, 내려가시고 올라가신 그리스도의 능력

구문 배열

<table>
<tr>
<td>8
διὸ λέγει,
그러므로 (다음과 같이) 이르기를
Therefore, it says
Ἀναβὰς
올라가실 때 when he ascended
εἰς ὕψος
높은 곳으로 on high
ᾐχμαλώτευσεν
사로잡고 he took captive/ led captive
αἰχμαλωσίαν,
사로잡힌 것을 [a host of] captive(s)
ἔδωκεν
주셨다 [and] gave
δόματα
선물을 the gift
τοῖς ἀνθρώποις.
사람들에게 to men
9
τὸ δὲ Ἀνέβη,</td>
<td>10
ὁ καταβὰς
내려가신 분 He who descended
αὐτός
그 자신이 himself
ἐστιν
~이시다 is
καὶ ὁ ἀναβὰς
올라가기도 하신 분
the very one who ascended
ὑπεράνω πάντων
τῶν οὐρανῶν,
모든 하늘 그 위로
far above all the heavens
ἵνα πληρώση
충만하게 하기 위해서
that he might fill
τὰ πάντα.
모든 것/만물을
all things</td>
</tr>
</table>

올라가신 것~ that he ascended τί 그러면 무엇이 Now/ then what ἐστιν ~인가? Is/ does it mean? εἰ μὴ ὅτι καὶ κατέβη 내려가기도 하신 것이 아니면 except that he also descended εἰς τὰ κατώτερα [μέρη] 아래의 곳으로/장소로 into the lower parts τῆς γῆς; 땅의 of the earth	

직역

1. 8. 그러므로 이르기를, "그가 높은 곳으로 올라가실 때, 사로잡힌 것을 사로잡고 사람들에게 선물을 주셨다." 9. 그러면 땅 아래 곳으로 내려가시기도 한 것이 아니라면 올라가신 것이 (대체) 무엇이냐? 10. 내려가신 분, 그 자신이 모든 하늘 위로 올라가기도 하신 분이시다. 모든 것을 충만하게 하기 위해서였다.

2. 8. Therefore it says, "When he ascended on high, He took captive [of captive] and gave the gift to men." 9. Now what is that He ascended except that He also descended into the lower parts of the earth? 10. He who descended Himself is the very one who ascended far above all the heavens that He might fill all things.

구성/문체

1. 매우 복합적으로 구성된 부분이다.[83] 8-9a절은 오르심이 초점이고, 9b-10a절은 내려가심이 초점이고, 다시 10b절은 오르심이 초점이 된다. 그렇다면 내려감(9b-10a절)이 중간에 있고, 앞뒤로 올라감이 반복되는 방식이 된다. 그렇게 볼 때, 전체적으로 주제의 배열을 볼 때 역교차(A-X-A')로 이뤄졌다.[84]

8-9a절	A	그리스도의 오르심	
9b-10a절		X	그리스도의 내려가심
10b절	A'	그리스도의 오르심	

2. 그런데 좀더 면밀하게 구성을 살피면, 8절과 10b절이 병행되는 내용(ab-a'b')이 있고, 다시 9절과 10a절이 역교차(ab-b'a')로 연계된다.

8절	a	높은 곳으로 올라가실 때		모든 하늘 그 위로 올라가신 분	a'		10b절
		b	하신 것: 사로잡고 주셨다.	하실 것(목적): 만물을 충만하게 하기 위해서		b'	

8절과 10b절의 병행법은 각각 '올라가심'을 강조하는 부분(a-a')과 그가 올라가셔서 하신 일(b), 그리고 그가 하실 일(목적, b')이라는 짝으로 되어있다. 하늘에 오르신 그리스도는 사로잡을 것을 사로잡고 주실 자에게 선물을 주셨을 뿐 아니라, 이를 통해 만물을 충만하게 하는 일을 하려 하신 것이라는 말씀이다.

3. 9절과 10a절의 역교차는 9절 앞부분(a)과 10a절의 뒷부분(a')이 그리스도의 '올라가심'을 공유하고, 9절 뒷부분(b)과 10a절의 앞부분(b')이 그리스도의 '내려가심'을 함께 공유한다. 이렇게 역교차 짝을 구성하며 그의 '올라가심'과 '내려가심'을 두 번씩 반복한다.

9절	a	오르신 것이 무엇이냐?		하늘 위로 오르신 분		a'	10a절
		b	내려가기도 하신 것이 아니면	그분이 내려가신 분이시다.	b'		

절별 해석

8절

1. "그러므로 이르기를"(διὸ λέγει): 접속사 "그러므로"는 특히 4-7절을 8-10절과 연결하기 위한 것이다. 4-7절, '교회가 하나일 수 밖에 없는 이유(근거)가 있고, 그 하나 됨을 위해 각 사람에게 그리스도를 통해 은혜가 주어졌으므로'의 뜻이거나, 7절의 '그리스도'에 대한 어구만 고려한다면, '그리스도께서 그의 선물을 분량에 따라 주셨으므로'가 된다. "이르기를" 시편 68:18(LXX 67:19)의 인용된 부분이다. 이런 형식(λέγει)은 5:14에 다시 나온다.

"그가 높은 곳으로 올라가실 때"(ἀναβὰς εἰς ὕψος): 이 부분은 시편 68:18에서는 하나님께서 높은 곳에 올라 그의 백성들을 구원하시고 대적자들을 굴복하게 하시는 하나님의 승리를 묘사하는 내용이다. 바울은 이것을 그리스도의 승귀(昇貴, exaltation)의 모습으로 해석해 냈다. 그리스도께서 부활하신 후 높은 곳, 하늘에 오르신 장면을 그려준다.

"사로잡힌 것을 사로잡고"(ᾐχμαλώτευσεν αἰχμαλωσίαν): "사로잡힌 것"에 대한 해석은 두 가지가 가능하다 첫째, "사로잡힌 것"(αἰχμαλωσίαν)을 긍정적인 것으로 본다. 그리스도 부활 이전에 대적자 마귀에게 사로잡혔던 것, 예컨대 신적 구원과 관련된 것이다. 예컨대, 그리스도 자신의 특정한 신적 권한, 또는 구원의 대상이 되는 인류(대표적 개념으로) 등을 뜻할 수 있다. 이럴 때 "사로잡고"는 본래의 것으로 돌이키게 하는 '회복'의 개념이 된다. 둘째, "사로잡힌 것"을 부정적인 것, 즉 마귀나 그와 같이 악한 존재, 또는 그 권한으로 보는 것이다. 그러면 그리스도께서 부활하신 후에 특정한 존재(예, 마귀)의 특정한 권한을 제어하신 것이 된다.

"사람들에게 선물을 주셨다"(ἔδωκεν δόματα τοῖς ἀνθρώποις): "선물"(δόμα)은 7절의 "선물"(δωρεά)과 같은 단어는 아니지만, 같은 뜻의 동의어이다. 시편 68:18의 칠십인역(LXX)을 따라 전자를 사용한 것으로 보인다.[85] 그럼에도 7절의 "그리스도의 선물"과 연관된 것은 분명하다. 그리스도께서 부활하신 후 그의 사람들에게 값없이 그의 혜택(favor)을 '주신 것'을 말하고 있다.[86]

2. "올라가실 때"(ἀναβὰς)는 분사구문이고, '사로잡다'(ᾐχμαλώτευσεν)와 '주셨다'(ἔδωκεν)는 주절 직설법동사로, 문법적으로는 뒤의 두 동사가 중심이다. 그리스도께서 하늘에서 하신 두 가지 행동(부정과 긍정)이 된다.

이 구절은 그리스도의 승리(오르심과 사로잡음)와 그의 은혜(선물 주심)를 동시에 알려준다. 결국 그리스도는 오르셔서 승리하신 분이시므로 참된 선물을 주실 수 있는 분이셨음을 드러내고자 했다. 은혜로 주시는 그의 선물(7절)은 주실 수 없는 이가 준 것도 아니고 능히 주실 수 있는 분의 선물이고 또한 제대로 된(능히 효력이 있는) 선물임을 말하고자 했다.

9절

1. "그러면 올라가신 것이 (대체) 무엇이냐?"(τὸ δὲ ἀνέβη τί ἐστιν): 8절에서 강조했던 그의 승귀, 즉 부활과 승천, 그의 하늘에 앉으신 것에 대한 내용을 반복했다.

"내려가기도 하신 것이 아니라면"(εἰ μὴ ὅτι καὶ κατέβη): 그리스도께서 내려가셨다는 것은 성육신 자체나, 그의 고난과 죽음과 같은 그리스도의

'비하'(卑下, lowliness)의 상태를 말하는 것이다. 그의 올라가심이 '승귀'라면 그의 내려가심은 당연히 '비하'를 뜻하는 것이 된다는 점에서 나온다. 바울의 다른 글, 빌립보서 2:5-11에서 그리스도의 승귀는 그의 비하와 함께 거론된다. 자신을 비워 종의 형체로 오신 분, 이 땅에서 사람의 모양대로 사시고 함께 동료가 되셨던 분, 끝내 십자가에서 죽기까지 복종하셨던 그분의 낮아지심이 그의 높아지심과 반대가 된다.[87)]

"땅 아래 곳으로"(εἰς τὰ κατώτερα [μέρη] τῆς γῆς): "땅 아래 곳"은 문자적으로 "땅의 더 아래의 곳(장소)"이다. 비교급 "더 아래 곳"(복수)은 땅 보다 더 아래의 장소로 보지 않고, '땅, 즉 더 아래의 장소들'로 보는 것이 좋겠다. 여기서 소유격 "땅의"(τῆς γῆς)는 "더 아래 곳"과 동격으로 해석된다. "하늘"(10절)이 복수로 사용되듯, "더 아래 곳"도 복수로 사용했다. 그런데 만일 바울이 '지옥'을 가리키려 했다면, 비교급(τὰ κατώτερα, '더 낮은 곳')이 아니라 최상급(τὰ κατώταρα τῆς γῆς, '땅의 깊은[가장 아래의] 곳')을 사용했을 것이다(시63:9; 139:15의 LXX 참조).[88)]

2. '올라가신' 것과 '내려가신' 것을 대조한다. 올라가신 분이 바로 내려가시기도 하신 분이심을 말하고자 했다. 그리스도의 오르심과 내리심을 함께 강조하고자 한 것은 당연히 내려가심이 없이 올라가심이 없기 때문일 것이다. 올라가심은 내려가심을 전제로 한다. 땅(지구)이라는 곳으로 내려가셨던 그리스도, 그분이 바로 하늘의 자리에 오르신 분이심을 수사적으로 강조한 것이다.

10절

1. "내려가신 분, 그 자신/그분이… 올라가기도 하신 분이시다"(ὁ καταβὰς αὐτός ἐστιν καὶ ὁ ἀναβὰς): "그 자신/그분"(αὐτός)이라는 단어를 쓴 것은 이 땅에 오셔서 비하의 신분을 취하셨던 그리스도, 바로 그분이 또한 올라가신 분임을 강조한 것이다. 하늘에서 땅으로 '내려가신' 분, 바로 그분이셨기에 다시 땅에서 하늘로 '오르실' 수 있었다(요3:13).

"모든 하늘 위로"(ὑπεράνω πάντων τῶν οὐρανῶν): "모든 하늘 위로"는 문자적으로 '하늘'(복수) 보다 높은 곳을 가리키지만, 일종의 강조법으로 그분의 올라가심이 얼마나 확실한가, 즉 어느 정도의 확실한 오르심이었는지를 강도 있게 표현한 것이다. "모든 하늘 위"는 "땅의 더 아래의 곳"이라는 말과 대칭된다. "땅의 더 아래의 곳"이 땅의 낮음을 강조한 것이라면, "모든 하늘 위"는 하늘의 높음을 극대화한 것이다. 이 두 표현은 결국 하늘의 끝과 땅의 끝을 아우르는 표현이고 공간(space)의 위아래 끝을 포괄하는 말이다.

"모든 것을 충만하게 하기 위해서였다"(ἵνα πληρώσῃ τὰ πάντα): 그리스도께서 하늘에 올라가신 것만 해당되는 것이 아니라, 땅에 내려가심, 즉 그의 낮아지심과도 상관이 있다. "모든 것", 즉 만물을 충만하게 하기 위한 목적은 그의 오르심과 내려가심 모두와 관련된다. '만물'(τὰ πάντα)은 하늘과 땅(또는 하늘과 땅의 존재)을 다 포함하기 때문이다. 다시 올라가심이 없이, 그의 내려가심만으로 충만을 이룰 수 없다. 올라가심은 내려가심을 완성한다. 그렇게 함으로 만물을 충만하게 하실 수 있게 되셨다. '만물의 충만'의 개념은 1:23에 나온 바 있다. 그리스도는 그의 몸 된 교회를 통하여 만물을 충만하게 하시는 분이시다. 그리스도는 그 안에 있는 신적 충만으로 그의 교회에 먼저 채우시고, 그 교회를 통해 만물을 충만하게 하시는 일을 하신다는 뜻이다. 10절은 그렇게 충만하게 하시는 일을 하시는 신적 능력을 그의 오르심으로 이뤄내셨다는 뜻이 된다.

2. 그리스도를 "내려가신 분"(ὁ καταβὰς)이자, "올라가신 분"(ὁ ἀναβὰς)으로 소개한다. 이런 그리스도의 두 가지 특성은 '만물'을 충만하게 하기 위한 필요충분조건이다. 그 둘 중 한 가지로는 충분하지 않다. "모든 하늘 그 위로"는 "땅의 더 아래 곳"에 대한 대응 어구이다. 하늘 끝과 땅 끝을 강조하며 그리스도의 능력이 포괄할 수 있는 범위가 어디까지인지 말해주고자 했다.

이렇게 8-10절에서 강조했던 그리스도의 승귀와 비하는 만물을 충만하게 하시는 그분의 사역으로 연결된다. 그의 승귀는 그의 비하만큼이나, 아니 승귀와 비하가 합쳐서 그의 섬기시는 사역을 이루기 위한 것이다. 승귀의 일은 비하의 사역을 완성한다.

단락 해석

1. 앞의 '구성/문체'에서 지적한 대로 8절과 10b절은 짝을 이루는데, 그리스도의 올라가심(승귀)이 어떤 역할을 했는지(8b절), 어떤 목적을 가지는지(10b절)를 각각 말한다. 결국 올라가셔서 하신 역할은 '사로잡힌 것'을 사로잡고

사람들에게 선물을 주신 것인데, 이 두 가지 사역(제어할 것을 제어하고 주실 것을 주신 일)의 궁극적인 목적이 10b절의 '만물을 충만하게 하시는 일'임을 드러낸 것이다.

2. 따라서 그리스도의 사역 중에 교회 구성원('우리') 각 사람에게 분량에 따라 은혜의 선물을 주신 것(7-8절)은 그 은혜를 받은 것으로 끝나지 않고 그 다음 단계, 즉 충만하게 하시는 그리스도의 사역을 이루는 데 나아가게 하기 위한 것임을 바라보게 한다.

3. 9-10a절의 묶임(역교차)은 그리스도의 내려가심(비하)과 올라가심(승귀)의 종합을 이루기 위한 것이다. 그리스도는 '땅의 낮은 곳'과 '하늘의 높은 곳' 모두에 임하셨다(요3:13). 그분이 임하지 않은 곳이 없다. 그러므로 그리스도만이 만물을 충만하게 하실 수 있는 권한과 능력과 역할(사역)을 가지신 것이다. 그래서 그는 '하늘과 땅의 모든 권세'가 자신에게 주어졌음을 선언하신 바(마28:18; 단7:14; 엡1:20-21) 있다.

메시지

1. **그리스도께서 올라가셔서 하신/하실 일:** 그리스도의 권세가 어떠한지 알게 해주는 말씀이면서 그리스도의 오르심이 그의 신분(승귀)의 변화에 머물지 않고 그의 적극적인 사역(제어와 수여)으로 나타났음을 강조한다. 또한 이를 통해 만물을 충만하게 하시는 그의 사역을 이뤄나가신다.

2. **그의 내려가심과 올라가심:** 그의 비하의 사역이 없이는 승귀의 변화가 없었다. 비하의 단계가 승귀의 단계와 합쳐 완성된다. 하늘과 땅을 다 포괄하기 위해, 그리스도는 내려가셨어야 했고 그래서 또한 올라가셨어야 했다. 그리스도는 올라가심만 있지 않고 내려가심이 있었고, 내려가심으로 끝나지 않고 올라가심으로 그의 사역을 이루셨다. 그리스도에게 내려감의 사역과 올라감의 사역은 그 내용이 각기 다를 수 있지만 지향하는 목표('만물의 충만')는 합쳐서 하나가 된다. 그리스도는 이 땅에서 낮은 역할, 즉 '섬기는 자'(눅22:27)로 계셨기 때문에 하늘에서 높은 역할, 만물을 충만하게 하시는 일을 능히 이루실 수 있으시다(빌2:6-11).

Ⅳ. 11-12절, 그리스도의 사역자들, 그들을 통한 몸 세우기

구문 배열

11	12
καὶ αὐτὸς 그 자신이 (직접) And he himself ἔδωκεν 주셨다 gave τοὺς μὲν ἀποστόλους, (어떤 이는) 사도들로/을 some as apostles τοὺς δὲ προφήτας, (또 다른 이는) 선지자들로/을 some as prophets τοὺς δὲ εὐαγγελιστάς, 또 복음 전도자들로/을 some as evangelists τοὺς δὲ ποιμένας 또 목사(목자)들이면서 some as pastors καὶ διδασκάλους, 가르치는 자들로/을 and teachers	πρὸς τὸν καταρτισμὸν 준비를/온전함을 위해 for the equipping τῶν ἁγίων 성도들의 of the saints εἰς ἔργον 일을 하여 for the work διακονίας, 섬김의 of service εἰς οἰκοδομὴν 세우도록/세움을 이루도록 to the building up τοῦ σώματος 몸을/몸의 of the body τοῦ Χριστοῦ, 그리스도의 of Christ

직역

1. 11. 그분 자신이 직접 사도들, 선지자들, 복음 전도자들, 목사이자 가르치는 자들을 주셨다. 12. 성도들을 준비하게 하여, 섬김의 일을 하게 하며, 그리스도의 몸을 세우도록 하기 위함이다.

2. 11. And He Himself gave some as apostles, some as prophets, some as evangelists, and some as pastors and teachers, 12. for the equipping of the saints, for the work of service, to the building up of the body of Christ,

구성/문체

1. 문장은 하나로 되어 있다. 11절의 "그 자신이 (직접) 주셨다"가 중심 되는 문장이다. 목적어가 쓰인 부분에서, 어떤 이들을 주셨는지 그 명단이 열거된다.

2. 12절에서는 세 개의 목적 관련 전치사구(하나의 πρὸς-구와 두 개의 εἰς-구)로 주신 목적(목표)이 연속적으로 열거된다.

절별 해석

11절

1. "그분 자신이 직접 주셨다"(Καὶ αὐτὸς ἔδωκεν): "그분 자신이"(αὐτὸς)는

그리스도께서 직접 그 자신의 의지적인 행동을 하셨다는 점을 강조한다. 그리스도께서 주체가 되셔서 그같이 "주셨다."

"사도들, 선지자들, 복음 전도자들"(τοὺς μὲν ἀποστόλους, τοὺς δὲ προφήτας, τοὺς δὲ εὐαγγελιστάς): "사도들과 선지자들"은 2:20, 3:5에 나온 것처럼 그리스도와 교회에 대한 특별 계시를 받아 교회의 기초가 된 그리스도의 특별한 사역자들이다. 그들은 신약 시대의 초대 교회에 존재했다. "복음전도자"(εὐαγγελιστής)는 바울과 바나바, 빌립과 같이 여러 지역을 순회하며 복음을 증거하던 이들을 가리키는 말일 것이다. 집사였던 빌립이 '복음전도자'로 불리기도 했다(행21:8). 바울은 목회자인 디모데에게 '복음전도자'의 일을 하라고 명한 바(딤전4:5) 있다. 이 직책이 이 시기에 소아시아 지역 교회에 정식적인 직위로 있던 것인지, 또는 직책이기 보다는 단지 그 역할을 강조하는 것이었는지 알려진 바 없다. 후자 쪽으로 보는 것이 더 타당한 것은 11절에 나오는 직책이 당시의 초대 교회를 위해 필요했던 사역자의 역할과 관련 있기 때문이다. 사도들과 선지자들은 그들이 받은 계시를 따라 새롭게 세워지는 그리스도의 교회의 터가 되었고, 복음전도자는 그리스도의 신비와 관련된 복음을 전하는 역할(3:8-9)을 해서 사람들을 하나님의 계획에 참여하게 이끌었고, '목사이자 가르치는 자'는 이렇게 교회의 구성원이 된 자들을 가르치고 목양하는 역할을 감당했기 때문이다.

"목사이자 가르치는 자들을"(τοὺς δὲ ποιμένας καὶ διδασκάλους): '목사'와 '가르치는 자'는 하나의 관사로 연결되므로 이 둘은 각기 다른 직책이 아니라 하나의 직책을 말하는 것으로 해석된다. 교회 내에서 사역자의 역할이 어떤 것인지 말해준다. 말씀을 가르치는 역할과 그들을 돌보는 역할을 감당하기 때문이다.

2. 11절의 직책은 다섯 가지인데, 이 중 '목사'와 '가르치는 자'는 하나로 볼 때, 모두 네 가지 직책으로 분류할 수 있다. 한편으로 '사도들과 선지자들'은 교회와 관련해서 함께 묶이는 직책이다. 그리스도로부터 직접 보냄을 받았던 '사도들'과 신약성경이 쓰여지기 전에 한시적으로 교회에서 예언적 역할을 하던 '선지자'라는 역할이 달랐다. 그렇지만 에베소서에서 사도들과 선지자들은 교회적 기능과 관련해서 함께 묶여 언급된다(2:20; 3:5).

이들 직책은 기본적으로 그리스도께서 그의 교회에 주신 직책이긴 하지만, 오늘날에는 마지막에 기록된 "목사이자 가르치는 자'만 남아 있다. 물론

'복음전도자'는 선교사와 비슷하다. 다만, 선교사가 모두 순회 복음 전도자가 아니란 점에서 동일하다 할 수 없다.

이들 직책을 복원하는 일이 중요하지 않다. 또 현재 남아 있는 것만 강조하는 것도 충분하지 않다. 그리스도께서 이들 직책을 당시 교회에 주신 이유가 무엇인지 이해하는 것이 필요하다. 사도들로 그리스도의 교회가 세워지고, 복음전도자들로 그리스도의 비밀이 전파되고, 선지자들을 통해 교회에 하나님의 뜻이 드러났다. 그리고 목사/가르치는 자에 의해 교회의 성도들이 그리스도의 교회로 목양되었다. 교회가 세워지고(설립), 교회 내외에 하나님의 뜻(계획)이 전파되고(전도와 교육),[89] 교회가 하나로 보존되며 교회 되게 하는 일(목양)이 그 시대의 사역자들을 주신 뜻이었다.[90]

12절

1. "성도들을 준비하게 하여"(πρὸς τὸν καταρτισμὸν τῶν ἁγίων): 교회에 사역자들을 주신 것은 성도들이 교회 안에서 준비되게 하려는 목적이다. '준비'(καταρτισμός)는 고치고(mending) 회복하고(restoring) 제대로 갖추게(furnishing) 하는 것이다. 즉, 성도들이 그 다음 단계로 나아가기 위해 필요한 부분들을 갖출 수 있게(equipping) 한다.

"섬김의 일을 하게 하며"(εἰς ἔργον διακονίας): "섬김(봉사)의 일"은 하나님과 다른 이들을 섬기는 일이다. 섬김의 일을 하는 자를 '섬기는 자'(διάκονος)라 부른다. 여기서 '집사'(deacon)라는 말이 나왔다. 당시 '섬기는 자'는 주인의 먹을 것과 마실 것을 들고 옆에서 섬기는 역할을 하는 사람, 즉 종을 뜻하는 말이다. 주님은 자신이 '섬기는 자'(ὁ διακονῶν, 눅22:27)로 그들 가운데 있고, 바로 이 섬김을 위해 오셨다고 말씀하셨다(마20:28; 막10:45). 또한 그 제자들에게 이같이 '섬기는 자'가 되라고 하셨다(막20:26; 23:11; 막10:43). 그러므로 "섬김의 일"은 교회 사역자를 포함한 모든 성도의 마땅한 역할이다. 섬김의 초점은 자신에게 있지 않고 그 섬김을 받을 대상(하나님과 사람)에게 있다. 교회와 사역자는 이렇게 성도들이 섬김의 일을 감당할 수 있게 준비시키는 역할을 한다.

"그리스도의 몸을 세우도록 하기 위함이다"(εἰς οἰκοδομὴν τοῦ σώματος τοῦ Χριστοῦ): "그리스도의 몸"은 하나 된 교회(1:22; 2:16; 4:4, 16; 5:23)를 가리킨다. '세움'(οἰκοδομή)

이라는 단어는 2:21에서 '성전으로 세워짐'을 말할 때 쓴 용어이다. 진행적, 계속적 의미를 가진다. 그리스도의 몸 된 교회를 계속 세워간다는 뜻이다. 이렇게 그리스도의 몸을 세우는 일에 성도들이 부르심을 받았다(2:21-22; 4:16). 성도들의 섬김의 일을 통해 그의 몸 된 교회가 하나님의 뜻대로 세워진다.

2. 모두 목적을 뜻하는 데 쓰이는 전치사구 세 개를 사용했다. 첫 번째의 πρός-구는 11절의 그리스도께서 사역자들을 주신 목적/이유가 된다. 그리스도께서 교회에 그의 일꾼을 두신 것은 이처럼 성도들을 준비하도록 하게 하기 위함이다. 두 번째의 εἰς-구는 앞의 전치사구에 대한 목적으로 이해된다. 마지막의 εἰς-구는 두 번째 전치사구의 목적 또는 최종적인 목적을 말한다.

세 개의 목적 관련 전치사구가 서로 비등하게(병렬로) 11절에 걸린다고 볼 수 없다. 즉, 11절의 교회 사역자들을 교회에 주신 세 가지 다른 목적으로 보는 것은 곤란하다. 만일 그렇게 보면, 사역자들이 성도들을 준비하게 하고, 사역자들이 섬김의 일을 하고, 사역자들이 그리스도의 몸을 세우는 역할을 하는 것이 된다.[91] 섬김의 일과 그리스도의 몸을 세우는 일이 사역자들만의 몫이 아니기 때문에 이런 해석은 곤란하다. 따라서 12절의 세 가지 목적은 병렬이 아니라 점층적(gradational) 배열로 이해해야 옳다.[92] 첫째, 교회에 주신 사역자들이 성도들을 준비하게 한다. 둘째, 그래서 준비된 성도들이 섬김의 일을 하게 된다. 셋째, 그 결과 모두 함께 그리스도의 몸을 세우게 된다. 이 구절을 흔히 제자훈련의 목표로 보는 이유이다.

단락 해석

1. 교회는 그리스도의 몸이기 때문에 그리스도 자신이 움직이신다. 그래서 11절에 "그 자신이 직접" 교회에 사역자들을 주신 것이다. 그 사역자들의 역할은 철저히 교회를 위한 것이다. 바울 당시에 각기 다른 사역자 그룹이 세워지는데, 그들은 교회와 관련해서 서로 다른 각기 독특한 역할을 감당했다. "사도들"은 그리스도로부터 직접 임명을 받아 성육하신 그리스도에 대한 직접적인 증인이 되었고, 승천하신 그리스도를 대신해서 이 땅에서 그리스도의 사역을 감당했다. 그 사역의 중심은 선지자들과 함께 그리스도의 교회를 굳게 세우는 것이었다. "선지자들"은 신약성경이 기록될 때까지 그리스도와 관련된 계시적 말씀을

받아 교회의 건덕(健德)을 세워가는 역할을 했다. 사도들이 체험하고 간직했던 예수 그리스도 자신의 계시(그의 생애와 말씀, 그에 대한 해석)와, 그 당시 선지자들이 받았던 특별 계시가 합쳐서 그리스도 교회의 기초가 된다. 이 계시된 말씀들 가운데 추려져 교회에 정착된 것이 신약성경이다. 그래서 신약성경이 신약 교회의 기초가 된다.

2. "복음전도자들"은 지역과 지방을 순회하며 그리스도의 복음을 전하는 역할을 맡았다. 이런 점에서 바울과 같은 이는 사도이며, 선지자이자, 복음전도자였다. 복음이 전해진 곳에 구원이 있게 되고 그 결과 교회가 세워진다. 그렇게 세워진 교회에는 성도들을 돕고 목양하는 '목자 겸 교사'가 필요했다. 성도들을 말씀으로 가르치며 세워가는 목사가 바로 그들 사역자였다.

3. 이들 사역자들은 일정 부분 서로 중첩된 일을 하기도 했으나 그 이름이 뜻하는 대로 서로 다른 독특한 영역의 사역을 감당하게 된다. 그러나 중요한 것은 그들 모두 그리스도의 교회를 위한 사역자라는 점이다. 특히 12절에서 말씀하고 있듯, 성도들 자신이, 그리스도처럼 섬김의 일을 감당하는 '섬기는 자'가 되도록 준비시키고 훈련하고 세워주는 이 한 가지 목표를 위해 세움 받은 교회 일꾼들이다.

4. 건강한 교회는, 성도들 모두가 이렇게 '섬기는 자들'이 돼서 하나님을, 서로를, 세상을 건강하게 섬기게 될 때, 이 땅에 그 존재감이 부각된다. 이렇게 그리스도의 아름다운 몸이 세워져 간다. '주심'은 '준비'를, '준비'는 '섬김'을, '섬김'은 '세움'으로 나아간다.

메시지

1. **그리스도는 교회의 주체:** 그리스도 자신이 교회에 일꾼을 세우신다. 그 세우신 일꾼들을 통해 성도들이 교회의 역동적 일꾼들이 되게 하신다.[93)]

2. **사역자의 존재 목적:** 사역자는 그 자신을 위해 존재하지 않는다. 철저히 교회의 성도들을 준비하고 무장시키며, 훈련하고 온전하게 섬겨, 각 사람이 하나님과 서로와 이웃을 능히 섬기는 일을 할 수 있게 최선을 다하는 그리스도의 일꾼이다.

3. **그리스도의 몸을 세움:** 각 성도의 섬김의 일이 그리스도의 몸을 세우게

한다. 하나님을 섬기고 또한 서로를 섬기는 일을 하게 해야 한다. 이와 더불어 세상을 섬기는 일도 함께 해야 한다. 그리스도의 교회는 세상에 그리스도의 충만을 채우는 일(1:23)을 책임지기 때문이다. 이런 점에서 이들 성도들도 그리스도의 일꾼('섬기는 자')이다. 이렇게 섬기는 일이 그리스도의 몸을 세우는 일이다.

Ⅴ. 13-16절, 하나된 교회로 그리스도에게까지 성장하기

구문 배열

13
μέχρι
~ 때까지 until
καταντήσωμεν
(우리가) 도달할 ~ attain
οἱ πάντες
모든 이들이 we all
εἰς τὴν ἑνότητα
하나됨에 to the unity
τῆς πίστεως
믿음/믿는 것과 of the faith
καὶ τῆς ἐπιγνώσεως
아는 것의 and of the knowledge
τοῦ υἱοῦ
아들의/을 of the Son
τοῦ θεοῦ,
하나님의 of God
εἰς ἄνδρα
사람을 되게 to a ~ man
τέλειον,
완전한/성숙한
perfect/ mature
εἰς μέτρον
분량에
이르도록/나아가도록
to the measure
ἡλικίας
장성한/성장한
of the stature
τοῦ
πληρώματος
충만의
of the fulness
τοῦ
Χριστοῦ,
그리스도의
of Christ

14
ἵνα μηκέτι ὦμεν
우리가 더 이상 ~되지 않기 않도록/위함이다
so that we may no longer be
νήπιοι,

15
ἀληθεύοντες δὲ
도리어 진실되게 하여/진리를 말하며
Rather, being truthful/ speaking the truth
ἐν ἀγάπῃ
사랑 안에서 in love
αὐξήσωμεν
자라가게 하자 let's grow up
εἰς αὐτὸν,
그 분에게로 into him
τὰ πάντα
모든 것을 [in] all things
ὅς ἐστιν
~이신 who is
ἡ κεφαλή,
머리~ the head
Χριστός,
그리스도
(that is) Christ

16
ἐξ οὗ
그로부터 from whom
πᾶν τὸ σῶμα
온 몸이 the whole body
συναρμολογούμενον
서로 연결되고 being jointed
καὶ συμβιβαζόμενον
서로 결합하여 and held together
διὰ πάσης ἁφῆς
각 마디를 통해 by every joint
τῆς ἐπιχορηγίας
공급된
with which it is supplied(/ which is supplied)
κατ' ἐνέργειαν
일을 함을 따라
according to the working
ἐν μέτρῳ
분량대로의 in the measure
ἑνὸς ἑκάστου μέρους
각 지체의/하나 하나의 지체가 각기
of each part

아이들이 children
κλυδωνιζόμενοι
(파도에) 밀려
tossed here and there by the waves
καὶ περιφερόμενοι
요동하며/하는 and carried about
παντὶ ἀνέμῳ
모든 바람/풍조에 by every wind
τῆς διδασκαλίας
교훈의 of teaching
ἐν τῇ κυβείᾳ
속임수로/책략으로 된
by the cunning
τῶν ἀνθρώπων,
사람들의 of men
ἐν πανουργίᾳ
간교로 된 by craftiness
πρὸς τὴν μεθοδείαν
교묘함으로 하는 in ~ wile(s)
τῆς πλάνης,
미혹의
of deceit/ deceitful

τὴν αὔξησιν
성장을 ~ growth
τοῦ σώματος
몸의 bodily ~
ποιεῖται
(온 몸이) 이룬다 makes
εἰς οἰκοδομὴν
세움을 위해/이루도록
for the building up
ἑαυτοῦ
스스로의 of itself
ἐν ἀγάπῃ.
사랑 안에서 in love

직역

1. 13. 우리 모든 이들이 하나님의 아들을 믿는 것과 아는 것에 하나 됨을
이루어, 완전한 사람이 되며, 그리스도의 충만의 장성한 분량에 이르게 하셨다.
14. 그래서 우리가 더 이상, 사람들의 속임수와 간교함과 미혹의 교묘함으로
된, 모든 교훈의 바람에 밀려 요동하는 아이들이 되지 않게 하려는 것이다. 15.
사랑 안에서 진실을 행하여, 머리이신 그리스도, 그분에게까지 모든 것에서
자라가자. 16. 온 몸이, 그분에게서 각 마디를 통해 공급되어 서로 연결되고
서로 결합된다. 또한 각 지체의 분량대로 일을 하여 몸의 성장을 이룬다. 사랑
안에서 스스로 세우기 위한 것이다.

2. 13. until we all attain to the unity of the faith and of the knowledge of the
Son of God, to a perfect man, to the measure of the stature of the fullness of Christ,
14. so that we may no longer be children, tossed here and there by waves and carried
about by every wind of teaching, by the cunning of men, by craftiness, in deceitful
wile. 15. Rather, being truthful in love, let's grow up into Him who is the head,
that is, Christ, 16. from whom the whole body, being jointed and held together by
every joint which is supplied, according to the working in the measure of each part,
makes bodily growth for the building itself up in love.

구성/문제

1. 13-16절은 성장의 주제가 중심이 된다. 13절, 15, 16절에 성장의 주제가 반복적으로 나오는데 이들 구절은 모두 긍정적인 반면, 부정적인 그림은 14절에만 나온다. 특히 14절의 내용은 특히 16절과 반대된다. 하나의 주동사 외에, 반복된 의미의 두 분사구문이 나온다는 점, 삼중 전치사구가 나온다는 점(16절 해석 참조)이 두 구절의 연계성을 알려주는 부분이다.

2. 14절과 16절이 짝이 되는 반면, 13절과 15절도 서로 짝이 된다. 성장의 목표를 그리스도(또는 그 수준)에 두었다는 점에서 서로 일치점이 있다. 그리스도에 대한 최소한 두 번의 언급(13절, "하나님의 아들의", "그리스도의 충만의"; 15절, "그 분에게로", "머리이신 그리스도")은 16절이 같은 주제('성장')를 다루고 있음에도 이 두 구절의 밀접함이 더 크다고 판정할 수 있는 근거가 된다.

3. 이렇게 볼 때, 네 구절은 ab-a'b'의 병행법으로 구성된 것으로 볼 수 있다.

13절	a	서로 하나됨과 그리스도의 수준에 도달함	사랑과 진실함으로 그리스도에게로 성장함	a'	15절
14절	b	여러 속임에 흔들리는 아이들이 되지 않음	함께 연결되고 협력하여 성장함	b'	16절

4. 순차적 의미 관계를 보면, 13절과 14절의 관계는 서로 반대되고, 다시 14절과 15절이 반대되며, 반면에 15절의 내용이 16절에서 좀더 상세화된다. 그러니까 13절이 되지 않으면 14절의 위험이 있다는 것을 강조한 것이고, 14절의 문제를 극복하기 위해 15절의 노력이 필요하다는 말씀이다. 반면에 15절의 진실과 사랑의 노력은 16절에서 좀더 구체적으로 나타나는데, 즉 서로 연결된 존재로 협력함으로 그리스도의 공급하시는 역사와 함께 성장이 이뤄진다는 것을 말씀한다.

절별 해석

13절

1. "우리 모든 이들이 도달할 때까지"(μέχρι καταντήσωμεν οἱ πάντες): 바울은 11-12절에서 주님께서 주신 교회 사역자들을 통해 성도들이 준비되며 섬김의

일을 감당하게 되고, 그 결과 그리스도의 몸이 세워진다고 말씀했다. 접속사 "때까지"(μέχρι, until)는 그 같은 일이 언제까지 계속돼가야 하는지 말해준다. 교회의 모든 성도들이 주어진 특정 목표에 도달할 때까지이다. 가정법 동사 "도달할"(καταντήσωμεν)이 1인칭복수이므로 "모든 이들"에 '우리'라는 말을 붙여 번역하는 것이 좋다. '우리' 가운데 그 누구도 제외되지 않게 해야 한다는 뜻이 내포된다.

"하나님의 아들을 믿는 것과 아는 것의 하나 됨을 이루어"(εἰς τὴν ἑνότητα τῆς πίστεως καὶ τῆς ἐπιγνώσεως τοῦ υἱοῦ τοῦ θεοῦ): '우리'가 도달해야 하는 목표는 모두가 '하나 되는 것'(ἑνότης, unity) 또는 '하나되는 상태에 이르는 것'(a state of oneness)이다. 하나돼야 할 두 가지 내용이 나온다. 하나님의 아들을 믿는 것과 아는 것이다. 그리스도의 신앙과 지식의 하나됨에서 우리 가운데 누구도 부족함이 없이 모두 그같이 하나돼야 한다는 점을 강조한다. 그것은 우리 가운데 신앙이 약한 자와 지식이 적은 자들이 점점 더 성장해서 함께 신앙의 목표에 도달해야 한다는 뜻이다.

"완전한 사람이 되며"(εἰς ἄνδρα τέλειον): 이 같은 하나됨은 '완전한/온전한 사람'을 이루게 된다. 이 두 번째 εἰς-전치사구는 첫 번째 εἰς-의 결과로 나타난다. 현실적으로 성도 모두가 동질의 그리스도 신앙과 같은 수준의 그리스도 지식에 이르기는 어려울 것이다. 따라서 이 말씀은 그렇지 않으면 안 된다는 뜻이라기보다는, 교회가 그런 목표로 전진할 것을 가리키는 것이라 이해된다. 그럴 때, 또는 그러면서 교회가 전체적으로 하나의 '온전한 사람'(2:15)으로 성장하게 된다.[94]

"그리스도의 충만의 장성한 분량에 이르게 하셨다"(εἰς μέτρον ἡλικίας τοῦ πληρώματος τοῦ Χριστοῦ): "완전한 사람"이 되어가는 교회는 점차 그리스도의 충만으로 채워져 간다. "장성한 분량"(μέτρον ἡλικίας)은 사람의 성숙기(maturity) 또는 그 수준(stature, measure)를 가리킨다. 그러므로 "그리스도의 충만의 장성한 분량"은 그리스도의 충만이 최고조로 이뤄져 있는 상태를 가리킨다. 그리스도의 충만이 최고조로 채워지는 상태, 이것이 교회의 성장 목표이다. 그렇게 되어갈 때 교회는 세상을 충만하게 하는 일(1:23)에 쓰임을 받는다.

2. 교회가 함께('우리 모두') 도달해야 할 목표를 삼중(triple) εἰς-전치사구를

사용해서 말하고 있다. 흥미롭게도 이 셋은 모두, 그 어떤 교회도 '우리는 도달했다'라고 말할 수 있는 것이 하나도 없다. 세 가지의 내용이 점차 강화되는 점층법을 쓰고 있으나, 가장 어렵게 보이는 마지막 것(그리스도의 충만의 장성함에 이름)과 같이, 가장 쉬워 보이는 첫 번째 것(아들에 대한 믿음과 지식에 하나 됨)조차 한 번 달성하고 끝나는 것이 아니라, 계속해서 이뤄가야 할 지상(至上) 목표이다. '교회가 자라간다'(2:21-22)고 했을 때, 그것 또한 언젠가 끝나는 일이 아니었다.

결국 계속되지 않으면 안 되는, 높은 목표가 제시된 것이다. 이 목표는, 이를 향한 전진을 멈출 때, 그 효과가 사라지고, 계속될 때 그 목표에 점차 가까이 다가설 수 있게 된다. 교회는 이같이 폐기되지 않을 계속된 숭고한 목표를 향해 끝까지 달려가는 존재이다. 그뿐 아니라, 교회는 그 전진하는 과정에서 특별한 은혜가 주어지는 것을 경험한다.

14절

1. "그래서 우리가 더 이상 … 되지 않게 하려는 것이다"(ἵνα μηκέτι ὦμεν): ἵνα(so that)-절은 목적절이다. 13절의 목표를 향해 나아가야 하는 이유('~하기 때문에'), 또는 13절이 이뤄져야 할 목적('~하지 않기 위해')이 된다.

"모든 교훈의 바람에 밀려 요동하는 아이들이"(νήπιοι, κλυδωνιζόμενοι καὶ περιφερόμενοι παντὶ ἀνέμῳ τῆς διδασκαλίας): 13절의 "완전한 사람"이나 '장성함'과 같은 표현은 14절의 '아이들'의 개념과 반대된다. 성장하지 않으면 아이가 된 상태에 머물게 된다. 더 이상 그래서는 안 된다는 점을 강조했다. "모든 교훈의 바람"(παντὶ ἀνέμῳ τῆς διδασκαλίας)은 아이들이 쉽게 다른 이(어른이나 친구)들의 생각에 동조하게 되는 상태를 바닷바람에 쉽게 흔들리는 조각배의 모습에 빗댄 것이다. "모든"(παντὶ, 남성)은 "교훈"(τῆς διδασκαλίας, 여성)을 수식하지 않고 "바람"(ἀνέμῳ, 남성)에 걸린다. '여러 가지 교훈(주장)에서 나오는 바람 같이 흔들리게 하는 온갖 것'이라 할 수 있다. 이런 바람에 쉽게 흔들리는 아이들 같이 되지 않게 하려는 것이다. 두 개의 분사 "밀리다"(κλυδωνιζόμενοι)와 "요동하다"(περιφερόμενοι)는 각기 '파도에 밀려 이리저리 흔들리는 모습'(being tossed here and there by waves)과 '빙빙 돌며 움직이는 모습'(moving round)을 그려준다. '흔들림'과 '요동함'을 가리킨다.

"사람들의 속임수와 간교함과 미혹의 교묘함으로"(ἐν τῇ κυβείᾳ τῶν ἀνθρώπων,

ἐν πανουργίᾳ πρὸς τὴν μεθοδείαν τῆς πλάνης): 이 부분은 세 개의 전치사구로 되어 있다. 첫째, ἐν-구에서, "속임수"(κυβεία)는 주사위 놀이(dice-playing)에서 나온 말로 교활함(craftiness), 사기(trickery)를 뜻한다. 사람들의 교활한 속임수에 흔들린다는 것을 말한다. 둘째, 그 다음 ἐν-구에서 "간교함"(πανουργία)은 부정행위(knavery), 나쁜 짓(roguery), 악행(villainy)의 뜻이 있다(눅20:23; 고전3:19; 고후4:2). 그래서 "간교함으로"가 된다. 셋째, πρός-구의 "교묘함"(μεθοδεία)은 책략(scheming), 교활함(craftiness)의 뜻을 가지는데, 6:11에서 "마귀의 간계"에서 다시 사용된다. 그리고 "미혹"(πλάνη)은 망상(delusion), 속임(deception)을 뜻한다. "미혹의 간계로"라고 번역된다. 이들 단어들이 모두 비슷한 뜻을 가진 동의어라는 점에서, 세 전치사구는 다른 내용을 가리키는 것이 아니라, '간교한 속임'에 대해 반복해서 강조하는 말이라 하겠다. 따라서 삼중 반복의 의미를 갖는 전치사구들이다. 물론 첫 번째 전치사구는 "사람들의"라는 말이 있고, 둘째, 셋째에는 없기 때문에 전자는 사람의 속임을 후자는 다른 영적 존재(예컨대, 마귀, 6:11)의 속임을 가리키는 것이라 해석할 수도 있다. 그러나 사람의 속임과 마귀의 간계를 과연 분리할 수 있는지 의문이다. 둘은 밀접하게 연결되기 때문이다.

2. ἵνα-목적절은 14절의 문제를 예방하기 위해 12-13절이 이뤄져야 한다는 것을 말한다. 아이들의 특징이 두 개의 현재수동분사로 나타났다(흔들림과 요동함). 아이들처럼 되면, 다른 이들의 말과 사상에 영향을 받고 흔들리게 된다. 나쁜 영향력에 대해 비슷한 의미를 가진 세 개의 전치사구를 사용해서 반복 강조하며 의미를 강화했다.

두 개의 현재수동분사("밀려 요동함")는 그 일이 한 번 끝나지 않고 계속될 수 있음을 말해주고, 또한 그 어떤 주도적인 일을 해서 그같이 되는 것이 아니라 불가피하게 그들이 그같이 영향을 받게 된다는 점을 알려준다. 뒷부분의 세 개의 전치사구는 그들이 얼마나 나쁜 영향력을 강하게 받을 것인지, 또 그래서 결국 흔들릴 수 밖에 없게 될 것이라는 점을 심각하게 알려주기 위해 반복적, 강화적 목적으로 사용했다. 함께 성장하지 않으면 홀로 흔들리는 아이처럼 될 수 밖에 없다는 것이다.

15절

1. "사랑 안에서 진실(진리)을 행하여"(ἀληθεύοντες δὲ ἐν ἀγάπῃ): 분사 "진실을 행하는 것"(ἀληθεύοντες)은 '참되게 하는 것'으로 참된 말과 행동을 다 포함한다. 이 '진실'은 14절의 다양한 '속임'과 대조된다. 사람들은 속이고 속지만(딤후3:13) 그들과 달리 성도는 진실하고 참돼야 한다. 진실하되, "사랑 안에서" 또는 '사랑으로' 그같이 할 것을 말씀한다. 진실과 사랑이 함께 있어야 한다는 뜻이고, 진실된 삶에 사랑의 마음으로 보완해야 한다는 뜻이다. 이 "사랑 안에서"(ἐν-전치사구)는 14절에서 사람들이 '속임과 간교로'(두 개의 ἐν-전치사구)와 대응하며 대조된다. 그들은 속임으로 대하지만, '우리'는 사랑으로 대한다.

"그분에게까지 모든 것에 자라가자"(αὐξήσωμεν εἰς αὐτὸν τὰ πάντα): 가정법 1인칭복수는 '~하자'로 번역한다. 따라서 함께 "자라가자/자라가게 하자"(αὐξήσωμεν)고 권유하는 말이다. 자라가야 하는 목표는 그리스도 "그분"이시다. '그분에게로', 또는 '그분에게까지' 자라가자는 말이다. "모든 것에"로 번역했지만, "자라가게 하자"의 목적어이므로 그대로 직역하면, '모든 것을 그분에게까지 자라가게 하자'는 말이다. 만일 "자라가자"로 번역하면 "모든 것에"로 하면 된다. 그러니까 우리의 한 가지 부분에서 성장해야 하는 것이 아니라, 우리의 모든 부분에서 그리스도에게까지 성장해야 할 것을 권유하고 있는 말씀이다. "그분에게로"(εἰς αὐτὸν)의 εἰς-구는 14절의 "미혹의 교묘함으로" (πρὸς τὴν μεθοδείαν τῆς πλάνης)의 πρός-구와 상응하는 것(εἰς와 πρός, 둘 다 방향을 가리키는 전치사)으로 보인다. 두 어구는 서로 방향(목표)의 대조를 나타내는 것일 수 있다. 한편으로 "그분에게로"의 εἰς-구는 13절의 세 개의 εἰς-구와도 깊은 관련이 있다. 특히 "그리스도의 충만의 장성함"과 관련된 마지막 εἰς-구와는 밀접한 부분이다.

"머리이신 그리스도"(ὅς ἐστιν ἡ κεφαλή, Χριστός): 그리스도가 교회의 머리가 되신다는 점(1:22; 골1:18, 24)을 말하는 이 부분은 머리이신 그리스도와 몸 된 교회의 유기적 관계를 강조한다. 성장의 목표를 위에 계신 그리스도에게 둘 것을 권하는 말이다.

2. 하나의 분사("진실되게 하여")는 하나의 주 동사("자라가게 하자")의 전제('진실되게 해야 자라갈 수 있다') 또는 방법('진실됨으로 자라간다')이 된다. 15절의 두 개의 전치사구는 14절의 전치사구들과, 또 13절의 전치사구들과도 각각 상응하는

부분이 있다. 내용적으로는 13절과 비슷하고 14절과는 대조된다.

13절에 이어 15절에서 그리스도에 이르는 성장을 강조하는 것은, 그렇지 않을 때 14절과 같은 어두운 결과를 얻게 될 것이기 때문이다. 13절의 목표가 이상적인 것 같이 15절의 목표도 이상적이다. 언젠가 도달할 수 있는 것이 아니라, 계속되는 목표이고 끝까지 힘써야 하는 지상 목표이다. 13절이 도달해야 할 수준('그리스도의 충만의 장성함')을 강조했다면 15절에는 범위('모든 것에서')가 좀더 강조된다.

16절

1. "온 몸이, 그분에게서 서로 연결되고 서로 결합된다"(ἐξ οὗ πᾶν τὸ σῶμα συναρμολογούμενον καὶ συμβιβαζόμενον): 관계사 어구 "그분에게서"(ἐξ οὗ)는 15절의 "머리이신 그리스도"를 선행사로 한다. 주어 "온 몸"은 그리스도의 몸의 각 지체들의 합이다. 두 개의 현재분사수동은 그리스도이신 '그분'이 현재, 계속해서 그같이 이루고 계신다는 점을 말해준다. "서로 연결된다"(συναρμολογούμενον)와 "서로 결합된다"(συμβιβαζόμενον)는 둘 다 전치사 '함께'(συν)를 접두어로 하면서, 동의적 의미를 가진다. 전자는 건물 내의 자재간의 결합(fitting or framing together), 후자는 유기체(몸) 내의 기관적 결합(joining or knitting together)을 좀더 부각하지만 그 뜻의 구분이 명확하지 않다. 온 몸이 분리되지 않고 함께 결합되어 있음을 반복적으로 강조했다. 또한 머리이신 그리스도께서 그 온 몸을 그같이 결합시키신 것임을 말씀한 것이다.

"각 마디를 통해 공급되어"(διὰ πάσης ἁφῆς τῆς ἐπιχορηγίας): "마디"(ἁφή)는 각 지체를 연결하는 인대 같은 것을 뜻한다. 예컨대, 인대는 뼈와 뼈 사이를 연결하고 영양분이 오고 가게 하는 통로가 된다. "공급되어/공급의"(τῆς ἐπιχορηγίας)는 각 지체의 필요를 채워주는 모습을 그려주는데, 지체들을 연결하는 '마디'의 역할이 어떤 것인지 알려준다. 이 마디들은 그리스도의 공급을 받아 각 필요를 채워주고 서로 연결하는 역할을 한다. 이 첫 번째 전치사구(διὰ-구)는 몸이 연결된 상태를 지속하게 하는 첫 번째(primary) 수단이다.

"또한 각 지체의 분량대로 일을 하여"(κατ' ἐνέργειαν ἐν μέτρῳ ἑνὸς ἑκάστου μέρους): "각 지체"(ἑνὸς ἑκάστου μέρους)는 하나, 하나 각각의 부분(μέρος)을 가리킨다.

연결하고 공급하는 마디의 역할의 도움을 받기만 하지 않고 각각의 부분도 나름대로 자기의 할 일을 찾아 하는 것을 말한다. "분량대로"(ἐν μέτρῳ)는 '자신의 능력이나 수준대로'란 의미이다. 이 두 번째 전치사구(κατά-구)는 온 몸이 함께 연결되는 상태를 유지하게 하고 또한 계속해서 성장할 수 있게 하는 두 번째 수단이 된다.

"몸의 성장을 이룬다"(τὴν αὔξησιν τοῦ σώματος ποιεῖται): 서로 연결되고 서로 공급할 때 그 결과 얻게 되는 것은 몸의 성장 또는 건강함이다. "성장"(αὔξησις) 이란 말은 머리이신 그리스도의 수준에 계속해서 도달하고자 해야 한다는 점을 강조한다. 이같이 몸이 성장하고 튼튼해지려면 각 지체의 역할과 역사가 최선화되는 것이 중요하다.

"사랑 안에서 스스로 세우기 위한 것이다"(εἰς οἰκοδομὴν ἑαυτοῦ ἐν ἀγάπῃ): "스스로 세우는 것"(οἰκοδομὴν ἑαυτοῦ)은 다른 외부적인 요인이 없이 성장한다는 뜻이다. 교회의 성장은 이처럼 머리이신 그리스도로부터 오는 영양분을 공급받되, 함께 연결되고 함께 역사함으로 자연스럽게 자신들을 통해 오고 가게 하는 과정을 통해 자연스럽게 이뤄진다는 점을 말씀한 것이다. "사랑 안에서"(ἐν ἀγάπῃ)는 이 모든 과정에 사랑의 하나 됨이 있어야 한다는 것을 강조한다. 15절의 "사랑 안에서"(진실과 사랑을 함께 말한 부분)와 연결된다. 이처럼 교회의 성장은 교회에 사랑과 진실의 역사(working)가 이뤄질 때, 그같이 함께 하나 되어 섬길 때 자연스럽게 이뤄진다. 이것이 참된 성장이다.

2. 16절의 삼중 전치사구는 앞의 두 개(διὰ-구와 κατά-구)는 수단을, 마지막 것(εἰς-구)은 목표를 말하는 것이다. 두 개의 분사는 끊어짐 없이 '함께' 연결된 상태를 가리키고 이 부분이 전제가 될 때 후반부의 주절("몸의 성장을 이룬다")의 내용이 이뤄진다. 하나의 주절과 두 개의 분사구문, 그리고 세 개의 전치사구로 이뤄진 문장은 14절의 형식(하나의 가정법, 두 개의 분사구문, 세 개의 전치사구)과 비슷하다. 16절은 15절의 성장에 대한 말씀을 함께 공유하고 있는 반면, 14절의 내용과 대조된다. 14절은 '흔들림과 요동함'이 16절은 '서로 연결됨과 결합됨'이라는 주제적 대조가 보인다.

16절은 1-16절의 마지막 절이면서, 14-16절의 마지막 부분이다. 13절과 15절이 성장에 초점을 좀더 두고 있다면 16절은 성장보다는 '지체들의 결합'을 더 부각한다. 13절의 "아들을 믿는 것과 아는 것의 하나 됨", 15절의 "사랑 안에서 진실을 행함"도 하나됨의 주제를 다룬 것이지만 16절에서 하나됨의 주제는 훨씬 구체적으로 강조되어 있다. 14절과 16절은 서로 형식적인 유사성 때문에 병행적 관계를 가지는데, 그 내용은 완전히 대조적이다. 14절이 속임에 흔들리는 아이의 모습을 그리고 있다면 16절은 흔들림 없이 함께 굳게 손 잡고 성장하는 모습을 그리고 있다.

단락 해석

1. 13-16절, 이 네 개의 구절은 교회('우리')의 성장을 주제로 하면서 어떻게 이 성장을 이뤄낼 수 있는지 말씀하는 부분이다. 앞의 "구조/문체"에서 살핀 것처럼 13, 15, 16절이 긍정적인 측면에서 성장을 담고 있고 14절은 그러하지 않을 때 일어나는 부정적인 현상에 대한 경계를 다루고 있다.

2. 11-12절에서 그리스도는 교회에 그의 사역자들을 세워서 성도들을 준비시키고 이들로 섬김의 일을 감당함으로 그리스도의 몸을 세우게 하신다고 말씀했다. 그러면 그 일을 언제까지, 어떤 수준에 이를 때까지 하느냐는 내용을 13절에 쓰고 있다. 13절은 그런 의미에서 공동체적 목표를 다룬다. 그 목표는 먼저 "하나님의 아들을 믿는 것과 아는 것에 하나됨"을 이루는 것이다. 아들에 대한 신앙과 지식의 하나됨은 성도 모두, 특히 신앙과 지식에 부족하고 약한 자들을 함께 견인해서 공동체적으로 함께 높은 성숙의 단계로 이끌어야 한다는 목표를 제시한다.

3. 다음으로 이어지는 "온전한/완전한 사람"은 사실상 완전하신 그리스도를 뜻한다고 할 수 있으므로, 교회의 목표가 온전하신 그리스도에게 나아가는 것이라 말할 수 있다. 그런데 '사람'은 2:15에서처럼 새로운 인류, '교회'를 가리키는 말이라는 점에서 '온전한 교회'를 목표로 하고 있다고 해야 한다. 이 둘을 합쳐 '완전하신 그리스도를 닮는 온전한 교회'라 하면 좋겠다. 한편, "그리스도의 충만의 장성한 분량"은 온전한 교회에 그리스도의 신적 충만이 최고로 채워져 최선의 성숙된 상태에 도달하게 되는 것을 가리킨다. 그러므로 13절은 교회가 도달해야 할 성장의 수준(이상적이고 완전한 상태)을 말해준다.

4. 14절은 13절처럼 성장해 가지 않을 때, 일어나게 될 문제를 지적하고 있다.

흔들리고 요동하는 아이는 사람과 마귀의 속임수에 약하고 견디지 못한다. 13절처럼 '함께' 그리스도의 수준에로 나아가지 않으면 누구도 이 문제의 덫에서 벗어날 수 없다. 다른 말로 해서 성도들을 함께 그리스도의 수준에로 이끄는 것은 그들을 최대로 보호하는 것이다.

5. 15절에서 '사랑 가운데 진실을 행하는 것'은 사랑과 진실을 가지고 서로 함께 해야 한다는 점을 강조한 말씀이다. 이것이 전제가 될 때, 함께 그리스도에게로 자라갈 수 있다. 더 이상 14절의 상태에 있지 않고 15절처럼 진실과 사랑으로 그리스도에게로 성장할 것을 말씀한 것이다. 그런데 15절(a')은 13절(a)과 병행법적 짝이 된다. 각기 성장의 범위("모든 것")와 성장의 수준('완전하신 그리스도와 그의 충만')을 강조한다. 이런 점에서 13절과 15절은 단순한 반복이 아니라, 보완적 관계를 가진다.

6. 15절의 '진실과 사랑'이라는 말은 16절에서 좀더 구체화되며 그림으로 나타난다. 함께 밀접하게 연결되어, 그리스도께서 위로부터 공급하고 있는 것을 서로에게 받아 서로에게 다시 전달하는 등 자신에게 맡겨진 일(energia)을 감당한다. 그럴 때 자연스럽게 몸의 성장이 이뤄진다. 이 때도 사랑이 필수적이다. 사랑이 전제된다.

7. 15절(b')의 함께 연결되어 이뤄가는 성장은 병행법적 짝이 되는 13절(b)의 교훈의 풍조에 흔들리는 아이들의 모습과 대조된다. 서로 연결되지 않고 함께 성장하려 하지 않으면 위기의 순간 파도에 흔들리는 아이로 남을 수 밖에 없다. 교회의 하나됨과 성장(그리스도에게로의)은 이래서 중요하다.

메시지

1. **교회 성장의 목표:** 교회는 함께 성장해야 한다. 그러나 본문의 성장은 물리적인 성장이나 수적 부흥을 뜻하지 않는다. 철저히 그리스도 중심적이다. 즉, 그리스도의 수준에 함께 도달해가는 것이다(14절). 믿음과 지식의 하나됨, 온전한 교회, 그리스도의 충만을 최대한 누리게 되고 그 충만의 최고 상태에 도달하는 것, 어느 것 하나 현실적으로 달성될 것이 없다. 모두 그 목표가 이 땅에서는 어느 한 시점이 되면 이룰 수 있는 그런 것이 아니다. 모두 지상 목표일 뿐이다. 그러나 그 목표를 향해 달려가는 교회만이 그 과정의 축복을 누릴 수

있다.

2. **함께 성장하지 못할 때의 위험:** 함께 하지 못하거나, 그리스도의 수준에 도달하는 일을 포기하게 되면 격랑의 파도에 휩쓸려 요동할 수 밖에 없다(15절). 어느덧 외부의 영향력에 꼼짝할 수 없는 나약한 아이의 모습이 될 수 밖에 없다.

3. **진실과 사랑의 필요성:** '진실과 사랑', 아니 '사랑으로 하는 진실한 행동'은 우리가 함께 교회로 성장하는 데 있어 필수적인 요소가 된다(15-16절).

4. **함께 협력하고 서로에게 봉사하는 일:** 머리이신 그리스도께서 그의 충만으로 공급하실 때, 각 사람이 서로 결합된 상태에서 서로에게 영양분을 주고받게 하심으로 그 일을 하게 하신다. 각 사람은 연결의 통로가 되어 다른 이들에게 그리스도의 영양분을 서로 공급하는 역할을 한다. 이렇게 할 때 몸은 자연스럽게 세워지고 성장하게 된다(16절).

해석 종합

1. 4장 이전에 바울은 하나님께서 하신 일(1-3장)과 사도로서 바울이 하는 일(주로 3장)을 말해왔다. 성도인 독자들이 해야 할 일에 대해서 그렇다 할 말을 특별히 한 바가 없다. 그러나 이제는 그 주제를 말할 때가 되었다. 그들도 무언가 해야 할 일이 있다. 하나님의 사역은 이렇게 사람과 함께 한다. 사람이 없이 하나님의 사역이 이뤄지지 않는다는 뜻이 아니라, 하나님께서 그의 사람들이 일하게 하심으로 그의 사역을 이뤄가신다(또는 마무리하신다)는 뜻이다. 그러나 먼저 하나님 자신의 사역을 이루신다.

2. 3장에서 바울은 하나님의 경륜이 어떻게 펼쳐지는지에 대한 설명(1-13절)과, 그리고 이에 따라 어떤 일들이 있어야 할지에 대한 기도(14-21절)를 기록했다. 모든 경영의 주체이신 하나님이 하신 일과 그의 종 된 사도 바울의 수행(일과 기도)에 대해 말한 바울은 이제 독자들을 불러 그들이 해야 할 일을 감당하도록 촉구한다.

3. 그들은 하나님의 계획에 따라 그 부르심에 합당한 삶(행동)을 살아야 한다(1절). 그것은 그들이 서로를 사랑으로 용납하는 일, 즉 성령께서 하나되게 하신 것을 힘써 지키는 일이다. 다시 말해, 하나된 교회를 세워가는 일이 바로 그들의 부르심에 합당한 삶인 것이다.

4. 하나된 교회를 세워나가는 것이 어떤 것인가는 마지막 부분(13-16절)에 더 상세하게 설명된다. 그전에 바울은 하나된 교회의 근거가 무엇인지(삼위일체 하나님과 관련된 하나됨, 4-6절), 그리고 그리스도께서 각 사람에게 필요한 선물을 주셨다는 점을 먼저 말한다(7절). 이것은 결국 교회의 하나됨과 다양함, 다시 말해 '다양함을 통한 하나됨'을 말해준 것이다.

5. 이 말씀은 그리스도께서 당시 교회에 다양한 사역자들을 주신 이유와도 관련이 있다(11절). 이들 다양한 사역자들을 통해 하나된 교회를 만드시기 때문이다. 하나된 교회는 다양한 사역자들을 통해서만 이뤄지는 것이 아니라, 준비된 성도들의 다양한 섬기는 사역이 반드시 필요하다(12절). 이런 일들을 통해 그리스도의 몸 된 교회가 세워진다.

6. 다양함을 통한 하나됨은 그리스도 자신에게서 비롯된다. 그리스도께서도 땅에 내려가기만 하신 것이 아니라 하늘에 또한 오르셨다. 올라가신 분이 내려가셨고, 내려가신 분이 올라가셨다. 이렇게 해서 하늘에 있는 것이나 땅에 있는 것들을 통일하는 하나님의 사역(1:10), 다시 말해 만물을 충만하게 하시는 사역을 이루실 수 있게 된 것이다(4:10). 8-10절이 하늘과 땅을 어우르는 그리스도의 능력을 말하고 있는 한편, 모든 것(만물, 다양한 것)을 하나로 묶으시는(통일, 하나됨) 그리스도의 사역 자체의 특성을 말한 것이기도 하다. 그리스도의 사역은 다양하되, 하나되게 하신다. 마찬가지로 교회의 사역도 그와 같이 다양하면서 하나된다.

7. 이 '다양하면서 하나됨'이라는 특징은 마지막 부분인 13-16절에서 정점에 이른다. '모든 이들'(다양함)이 '하나됨'에 이르게 돼야 한다. 다른 이들이 함께 지체가 되어 연결될 때, 그리고 각자의 다른 역할을 하며 서로를 섬길 때, 한 몸 그리스도의 교회는 머리이신 그리스도에게까지 성장하게 된다. 그리고 그의 충만에 이르게 된다.

8. 그렇지 못할 때, 개인은 그 마음이 흔들리며 거짓 것에 세뇌되고 세상의 격랑에 요동하게 될 것이다(14절). 반대로 사랑과 진실된 노력, 서로를 섬김, 믿음과 지식의 하나됨을 이뤄갈 때 우리는 그리스도의 온전하심에 더욱 가까이 나아가게 된다. 이것이 하나된 교회이다.

9. 이 부분(1-16절)은 교회의 하나된 특징을 말했던 2:11-22와도 깊은 관계가

있다.[95] 두 부분 모두 그리스도의 몸 된 교회에 대해 말씀하고 있는 단락인데, 특히 교회의 하나됨에 초점을 맞추고 있다. 그뿐 아니라, 교회의 성장에 대해 뒷부분에서 다루고 있다는 점(2:19-22; 4:13-16)도 공통된다. 교회에 대해 비슷한 주제를 다루고 있는 이 두 부분은 서로 보완적 관계에 있는데 2:11-22는 그리스도께서 그 모든 노력을 다해 하나된 교회를 만드셨다는 점을 강조했고, 4:1-16은 그리스도께서 교회에 필요한 것(사역자, 선물 등)을 주셔서 교회로 하여금 더욱 그리스도에게로 성장하게 한다는 점이 부각됐다. 전자에서 교회는 하나님의 성전과 그의 처소(집)로 되어간다면, 후자에서 교회는 머리이신 그리스도의 완전한 몸이 되어간다. 전자에서 그리스도가 하신 일이 중심이라면, 후자에서는 그와 함께 성도들이 해야 할 일이 같이 강조된다.

4:17-24, 새사람과 옛사람

전체 구조

1. 본문은 크게 17-19절과 20-24절로 나뉜다. 17-19절은 이방인의 모델이 나왔고, 20-24절은 그리스도의 교훈이 쓰여있다. 전반부(17-19절)에서, 먼저 바울('나')은 독자들이 이방인들의 행함과 같이 행하지 말 것을 권한다. 그리고 18-19절에서 이방인들의 어떻게 행하는지, 타락한 이방인들의 모습과 상태를 묘사한다. 후반부(20-24절)에서, 바울은 먼저 독자들('너희')이 그같이 그리스도를 배우지 않았고, 그들이 듣고 가르침을 받은 것은 예수 안에 진리였다는 것을 강조했다(20-21절). 그리고 나서 그들이 배운 것이 무엇인지, 그것이 어떻게 이방인들의 모습과 다른지 설명했다(22-24절).

2. 17-19절과 20-24절은 공통적인 구조를 보이는데, 각기 서론적인 부분이 먼저 나오고(17절, 20-21절), 그 다음 그에 대한 구체적인 실례들이 등장한다(18-19절, 22-24절)는 점이다. 따라서 17-19절과 20-24절이 서로 병행법(AB-A'B')을 이루고 있다는 것을 알게 된다.

<table>
<tr><td>17절</td><td>A</td><td colspan="2">내가 말하고 강권한다. 이방인처럼 행하지 말라.</td></tr>
<tr><td colspan="2">18-19절</td><td>B</td><td>그들의 행함은 어두운 생각과 방탕의 삶이다.</td></tr>
<tr><td>20-21절</td><td>A'</td><td colspan="2">너희는 이같이 그리스도를 배우지 않았다. 예수 안에 진리가 있는 것처럼 하라.</td></tr>
<tr><td colspan="2">22-24절</td><td>B'</td><td>너희는 배웠다: 옛사람은 벗었고 새사람을 입었다, 또 새롭게 되고 있다는 것을.</td></tr>
</table>

Ⅰ. 17-19절, 이방인들의 행위와 같지 말라.

구문 배열

17

Τοῦτο οὖν
그러므로 이것을 Therefore, this

λέγω
내가 말하고 I say

καὶ μαρτύρομαι
강권한다 and exhort solemnly

ἐν κυρίῳ,
주 안에서 in the Lord

μηκέτι ὑμᾶς
더 이상/이제부터는 너희는
that you ~ no longer

περιπατεῖν,
행하지 않기를 walk/ live ~

καθὼς καὶ τὰ ἔθνη
이방인들이 ~것처럼 as the Gentiles

περιπατεῖ
행하는~ walk/ live

ἐν ματαιότητι
헛되게/무익하게
in the futility/ vanity

τοῦ νοὸς
마음의
of ~ mind

αὐτῶν,
그들의
their ~

18

ἐσκοτωμένοι
어두워지고 having been darkened

τῇ διανοίᾳ
생각이 in [their] understanding

ὄντες,
그들은 (they)

ἀπηλλοτριωμένοι
떠나/분리되어 있다
and alienated/ excluded

τῆς ζωῆς
생명에서 from the life

τοῦ θεοῦ
하나님의 of God

διὰ τὴν ἄγνοιαν
무지 때문에/무지와
because of the ignorance

τὴν οὖσαν
~ 있는 that is

ἐν αὐτοῖς,
그들 안에 ~
in them

διὰ τὴν πώρωσιν
굳어짐 때문에
because of the hardness

τῆς καρδίας
마음의 of ~ heart

αὐτῶν,
그들 their ~

19

οἵτινες
그들은/~자들은 they

ἀπηλγηκότες
무감각해져서 having become callus

ἑαυτοὺς
스스로를 themselves

παρέδωκαν
내어줬다 gave/ have given

τῇ ἀσελγείᾳ
방탕에 over to licentiousness

εἰς ἐργασίαν
행하게 to practice

ἀκαθαρσίας πάσης
모든 더러움을
every kind of uncleanness

ἐν πλεονεξίᾳ.
탐욕으로
with greediness

직역

1. 17. 그러므로 내가 주 안에서 이것을 말하고 강권한다. 너희는 더 이상 이방인들이 그 마음의 헛됨으로 행하는 것처럼 행하지 말라. 18. 그들은 그들 안에 있는 무지 때문에, 그리고 그 마음의 굳어짐 때문에, 생각이 어두워지고 하나님의 생명에서 떠나 있다. 19. 그들은 무감각해져서, 탐욕으로 모든 더러움을 행하게 스스로를 방탕에 내주었다.

2. 17. Therefore, I say this and exhort solemnly in the Lord that you no longer walk as the Gentiles walk in the futility of their mind, 18. having been darkened in [their] understanding and alienated from the life of God, because of the ignorance that is in them, because of the hardness of their heart; 19. they, having become callus, gave themselves over to licentiousness to practice every kind of uncleanness with greediness.

구성/문체

1. 17절에서 "내가 말하고 강권한다"의 목적어 부분은 '너희가 ~처럼 행하지 않는 것'이다. 여기서 '~처럼'(καθὼς-절)은 독자들('너희')이 본받지 말아야 할 본('마음의 헛됨으로 행함')이다.

2. 18-19절은 각 절마다 두 개씩의 분사 구문이 앞 부분에 나오고 뒷부분에 두 개씩 전치사구가 등장한다. 18절의 두 분사 구문("어두워졌다", "떠나 있다")과 19절의 분사 구문("무감각해졌다", "방탕에 내어줬다")은 첫 번째 분사끼리, 두 번째 분사끼리 짝을 이룬다(19절 해석 참조). 각 절의 뒷부분에 나오는 전치사구는 각 구절 안에서 반복적 의미를 가지고 묶여 있다(좀더 자세한 것은 역시 19절 해석 참조할 것).

3. 17절은 이 단락의 전제되는 부분이고, 18-19절은 17b절의 이방인들의 헛된 마음의 행함의 설명이 된다. 이방인들의 이런 행함은 18-19절에서 크게 두 개로 나뉜다('어두운 생각과 무감각해짐'; '생명에서 떠나 자신을 방탕에 내어줌').

절별 해석

17절

1. "그러므로 내가 주 안에서 이것을 말하고 강권한다"(Τοῦτο οὖν λέγω καὶ μαρτύρομαι ἐν κυρίῳ): "그러므로"(οὖν)는 4:1-16과 연결하는 접속사이다. 하나된 교회로 성장할 것을 말씀했던 이전 말씀과 관련해서 바울은 좀더 개인적인 삶에 대한 권면을 하려 한다. "말하고 강권한다"는 그가 말하고자 한다는 점을 반복해서 강조한 표현이다. 그만큼 중요한 말이라는 뜻이다. "강권하다"(μαρτύρομαι)는 보통 '증언하다'(testify)는 뜻을 갖지만, 여기서는 부정사 구문(ὑμᾶς περιπατεῖν)과 함께 쓰이면서 '강조하다, 강력히 주장하다'(insist)의 뜻이 된다. 바울은 이 모든 것을 "주 안에서" 다시금 강조하여 말하고자 한다.

"너희는 더 이상 … 행하지 말라"(μηκέτι ὑμᾶς περιπατεῖν): 더 이상 과거의 상태, 과거의 행위로 돌아가지 말 것을 권하는 표현이다. '행하는 것'(περιπατεῖν)은 '걷고 살고 행하는 것'이다. 더 이상 그런 삶을 살지 말라는 것이다.

"이방인들이 그 마음의 헛됨으로 행하는 것처럼"(καθὼς καὶ τὰ ἔθνη περιπατεῖ ἐν ματαιότητι τοῦ νοὸς αὐτῶν): 그들이 살지 말아야 할 삶은 그들이 이방인일 때 살던 삶이고 지금도 이방인들이 살고 있는 그런 삶이다. "마음"(νοῦς)은 감정과 관련된 말(heart)이기 보다는 생각과 관련된 말(mind, understanding)이다. "헛됨"(ματαιότης)이란 단어는 '공허'(emptiness), '무용'(futility), '덧없음'(transitoriness)이다. 이방인들이 생각하는 바가 허망하고 덧없다는 뜻이다.

2. "말하다"와 "강권하다"가 함께 쓰인 강조법이다. "더 이상 ~하지 않기를"이란 표현도 일종의 강조법이다. 바울은 이처럼 독자들이 더 이상 이방인들이 행하는 것처럼 행하지 않기를, 강조하는 말로 강력히 권하고 있다.

구원 받은 그들, 특히 그리스도의 놀라운 교회로 자라가는 그들에게 예전 이방인들의 그릇된 모습은 전혀 어울리지 않다. 그들과 현격하게 다른 삶이 요구된다. 하나님의 계획에 참여하고 있는 새로운 존재, '하나님의 아들들'(1:5)이 새로운 문화적 삶을 사는 것은 너무도 당연하다.

18절

1. "그들은 생각이 어두워지고"(ἐσκοτωμένοι τῇ διανοίᾳ ὄντες): "생각"(διάνοια)은

앞의 "마음" (νοῦς)와 동의어로 '이해'(understanding), '지력'(intelligence), '성향'(disposition) 이란 뜻을 가진다. 여격 '생각에'(τῇ διανοίᾳ)는 '생각 속에' 또는 '생각에 있어'라는 뜻이 된다. 그들의 생각 속에 '어두워졌다'(수동)는 것은 그 생각하는 데에 어둠이 깔려 있고 그 어둠으로 지배되어 있다는 뜻이다. 이 '어두운 생각'은 하나님을 떠나 있는 사람의 특징이다(롬1:21-22).

"하나님의 생명에서 떠나 있다"(ἀπηλλοτριωμένοι τῆς ζωῆς τοῦ θεοῦ): 하나님께서 주시는 생명, 또 하나님과 관련된 생명력에서 멀어져 있다(골1:21). 같은 단어, 같은 형태(완료수동분사)의 "떠나 있는"(ἀπηλλοτριωμένοι)은 2:12에서 이방인들이 이스라엘의 시민권에서 떠나 있다는 말로 사용된 바 있다. 멀리 떨어진 상태와 분리되고 소외된 상태를 말해준다.

"그들 안에 있는 무지 때문에, 그리고 그 마음의 굳어짐 때문에"(διὰ τὴν ἄγνοιαν τὴν οὖσαν ἐν αὐτοῖς, διὰ τὴν πώρωσιν τῆς καρδίας αὐτῶν): "무지"(ἄγνοια)는 지식의 반대, 즉 지식이 없음을, "굳어짐"(πώρωσις)은 마음이 닫힌 상태, 즉 '완고함'(stubbornness)을 가리킨다. 여기서 "마음"(καρδία)은 감정 상태를 포함한 마음(heart)이다. 하나님에 대해 바른 지식이 없을 뿐 아니라, 완고한 마음이 굳게 닫혀 있다는 말이다. 지식이 없으면 마음도 닫힌다.

2. 그들의 특징에 대한 두 가지 분사구문('어두워졌다', '떠나 있다')과 두 가지의 이유를 가리키는 διά-전치사구('무지'와 '굳은 마음')가 쓰였다. '생각의 어두움'과 '생명에서의 분리'는 비슷한 내용이면서 동시에 논리적 인과 관계일 수 있다. 생각의 어두워짐이 먼저 일어나고 그 다음 그로 인해 신적 생명에서 떠나 있는 일이 일어난다고 볼 수 있다.

즉, 한 가지는 그릇된 생각을 가리키고 두 번째는 그 결과로 나타난 현상이라 볼 수 있다. 그렇다면, 앞 절(17절)의 이방인들의 '마음의 헛됨으로 행하는 것'이 18절에서 두 가지, 즉 '헛된 마음'과 '그것대로 행하는 것'으로 반영된다고 보면 된다. 즉 어둔 생각과 그릇된 행동이다. 그런데 그 행동의 이유를 뜻하는 두 개의 διά-전치사구(무지와 굳어짐)는 주로 전자(어둔 생각)와 관련이 있다는 점이 관찰된다.

19절

1. "그들은 무감각해져서"(οἵτινες ἀπηλγηκότες): "무감감해져서"(ἀπηλγηκότες)는 어떤 것에도 고통이나 감정을 느끼지 못하는 상태, 즉 '고통을 느끼다'(ἀλγέω)에서 '벗어난'(ἀπό) 것을 가리킨다. 18절의 지적처럼, 그 생각이 어두워졌고 마음이 굳어졌기 때문이다.

"스스로를 방탕에 내주었다"(ἑαυτοὺς παρέδωκαν τῇ ἀσελγείᾳ): "방탕"(ἀσέλγεια, licentiousness)은 '환락'(debauchery)이나 '호색'(sensuality)을 좇는 것이다. 성적 향락과 방종에 자신을 내맡긴 상태를 가리킨다. 이는 도덕적 부패를 뜻한다(롬1:22).

"탐욕으로 모든 더러움을 행하게"(εἰς ἐργασίαν ἀκαθαρσίας πάσης ἐν πλεονεξίᾳ): 여기에 두 개의 전치사구가 등장한다. 처음의 εἰς-구("모든 더러움을 행하게")는 스스로 자신들을 방탕에 내어줌으로 그 결과 모든 부도덕한 더러운 일을 행하게 되었음(롬1:28-32)을 말해준다. 그 다음의 ἐν-구의 "탐욕"(πλεονεξία)은 '지나친 욕심'(greediness, avarice), '만족을 모르는 것'(insatiableness)을 말하는데, 그들의 타락이 성적인 것만이 아니라 물질적인 것도 함께 있다는 뜻이다.

2. 두 개의 분사구문('무감각해졌다', '내어줬다')과 두 개의 전치사구("모든 더러움에 행하게", "탐욕으로")로 구성된 부분으로 18절과 비슷한 형태의 구문이다. 18절의 두 가지 현상, 즉 '생각의 어두움'과 '생명에서 분리됨'이 19절에서는 '무감각해짐'과 '방탕에 내어줌'으로 나타났다. '생각의 어두움'(a, 18절)이 '무감각해짐'(a', 19절)과 연계되고 '생명에서 분리됨'(b, 18절)이 '방탕에 내어줌'(b', 19절)과 연관된다. 따라서 이들 분사 구문들간 병행법이 존속한다.

18a절	a	생각이 어두워짐	무감각해짐	a'	19a절
	b	하나님의 생명에서 분리됨	스스로 방탕에 내어줌	b'	

어두운 생각이 무감각해진 상태의 원인이 된 것처럼, 하나님의 생명에서 떠나 있는 상태는 스스로를 방탕에 내어주는 것의 원인이 된다. 즉 생각이 어두워져서 무감각하게 된 것이고, 그 생명에서 떠나 있으므로 방탕에 빠지게 된 것이다.

한편, 18절의 두 개의 διά-전치사구는 19절의 두 개의 전치사구(εἰς-구와 ἐν-구)와 병행적 관계를 가지는데, 하나씩 서로 연결된 것은 아니다. 18절의 전치사구끼리, 19절의 전치사구들끼리 묶인다. 흥미롭게도 18절의 두 전치사구는 18-19절의 첫 번째 특징, '어두운 생각'(a)과 '무감각해짐'(a')에 연결되고 19절의 두 전치사구는 두 번째 특징, '생명에서 떠나 있음'(b)과 '방탕에 내어줌'(b')과 깊은 관련이 있다. 다시 말해, '어두운 생각'과 '마음의 무감각'은 그들 안의 '무지'(첫 번째 διά-전치사구)와 '마음의 굳음'(두 번째 διά-전치사구)과 일대일 대응된다. 전자는 결과가 되고, 뒤의 전치사구는 그에 대한 원인이 된다.

		결과	원인		
18a절	a	생각이 어두워짐	그들 안의 무지 때문에	a'	18b절
19a절	b	무감각해짐	그들 마음의 굳어짐 때문에	b'	

반면에 '하나님의 생명에서 떠나 있음'(18a절)과 '방탕에 내어줌'(19a절)은 '모든 더러움을 행함'(εἰς-구, 19b절)과 '탐욕'(ἐν-구, 19b절)과 일대일로 대응되진 않는다. 이들 전치사구들은 둘(앞의 두 분사 구문)이 합쳐서 결과적 의미를 갖는다.

18a절: 원인1		19a절: 결과1/ 원인2		19b절: 결과2
생명에서 떠나 있음	→	방탕에 내어줌	→	탐욕으로 모든 더러움을 행함

단락 해석

1. 바울은 매우 강조하는 방식으로 독자들을 권하고 있다. 하나님께서 하신 일(1-3장)에 이어, 그들이 마땅히 해야 할 부분이 있기 때문이다("그러므로"). 바울이 간곡히 원하는 것은 그들이 더 이상 예전 이방인들의 행함, 즉 그 마음의 헛됨으로 행하는 것을 따라 하지 않는 것이다. 이제는 그렇게 살면 안 되기 때문이다.

2. 마음의 헛됨, 또는 헛된 마음을 따라 행하는 것이 18-19절에 좀더 상세히 나타난다. 첫째, 그들의 생각이 어두워진 것이다(18절 분사1). 그리고 무감각해진 것이다(19절 분사1). '어두운 생각'과 '무감각함'은 '무지'와 '마음의 굳어짐'(18절의 두 전치사구)과 깊은 관련이 있다. 무지가('무지 때문에') 어두운 생각을 가져왔고, 마음의 굳어짐('굳어짐 때문에')이 무감각한 상태로 이끌었다. 다시 말해, 지각, 지식,

생각에 무지했고 어두웠다. 또 마음이 굳게 닫혀 있고 결국 무감각해졌다.

3. 둘째, 도덕적인 타락이 나타났다. 먼저 하나님의 생명에서 분리되어 있다(18절 분사2). 따라서 죽음의 증상이 나타난다. 생명에서 떠나 자신들을 비도덕적 방탕에 내어줬다(19절 분사2). 그 결과 물질적 탐욕과 도덕적 더러움에 빠져 들었다(19절의 두 전치사구). 이처럼 성적, 물질적 타락은 마음과 생각의 부패와 밀접한 관련이 있다. '마음의 헛됨'이 '헛되게 행하는 것'을 초래한다(17절).

메시지

1. **하나님의 하신 일과 우리의 할 일:** 하나님의 하신 일이 먼저이고 이 없이는 우리가 할 수 있는 것이 없다. 선한 일을 시작하시는 분은 하나님이시다. 그분이 하시지 않았다면 우리가 할 것이 없었을 것이다. 그런데 하나님이 시작하신 일을 우리가 이어 순종하길 기대하신다(빌2:12). 그래서 하라고 하신 일을 수행할 수 있도록 우리를 새롭게 지으셨다(2:10). 해야 할 일이 있는 것처럼, 하지 말아야 할 일도 있다. 하지 말아야 할 일을 하지 않는 것 또한 하나님의 하신 일에 대한 우리의 순종이 된다.

2. **이방인들의 헛된 마음과 행함:** 구원 받아 하나님의 아들들이 된 우리, 특히 하나님의 경륜, 교회 사역에 참여한 우리는 더 이상 이방인들과 같을 수 없다. 우리의 과거 모습, 현재 하나님을 알지 못하는 이들과 다를 수 밖에 없다. 심지어 그들보다 더 문제된 모습을 가질 수 없다. 그들에게 있던 두 모습(지각과 감각의 타락)이 현재의 우리의 모습일 수 없다.

3. **바울의 강력한 권면:** 이렇게 강조되는 권면이 필요한 것은 믿는 자들 가운데, 내버려두면, 즉 말씀의 동기 부여가 제대로 되지 않으면, 그같이 옛모습을 그대로 가질 수 있기 때문이다. 그리스도의 교회(또한 성도들)는 이런 타락과 부패에서 떠나 있어야 한다.

Ⅱ. 20-24절, 그리스도에게 배운 바

구문 배열

20
ὑμεῖς δὲ
그러나 너희는 But you
οὐχ οὕτως
이같이 ~ 않았다
not ~ in this way
ἐμάθετε
배우지 않았다 did ~ learn
τὸν Χριστόν,
그리스도를 Christ

21
εἴ γε
(만일) 참으로 if indeed/ inasmuch as
αὐτὸν
그를/에게서 from him
ἠκούσατε
너희가 듣고 you heard/ have heard
καὶ ἐν αὐτῷ,
그 안에서 in him
ἐδιδάχθητε
가르침을 받았다 and have been taught
καθώς
~것처럼 as
ἔστιν
있는 is
ἀλήθεια
진리가 the truth
ἐν τῷ
Ἰησοῦ,
예수 안에
in Jesus

22
ἀποθέσθαι
벗어내도록/벗어냈다는 것
to put off/ that you have put off
ὑμᾶς
너희가 for you
κατὰ τὴν προτέραν
ἀναστροφὴν
(더) 이전의 습관/행위를
따르는
concerning the former manner
of life
τὸν παλαιὸν ἄνθρωπον
옛사람을 the old man/ the old self
τὸν φθειρόμενον
즉, 썩을 것을
which is corruptible
κατὰ τὰς
ἐπιθυμίας
정욕을 따르는
according to the ~ lusts
τῆς ἀπάτης,
유혹/속임의
deceitful

23
ἀνανεοῦσθαι δὲ
오직 다시 새롭게 되도록/ 새롭게 된다는 것
to be renewed/ that you are being renewed
τῷ πνεύματι
영으로 in the spirit
τοῦ νοὸς
마음의 of ~ mind(s)
ὑμῶν
너희 your ~

24
καὶ ἐνδύσασθαι
또한 입도록/ 입었다는 것(이다)
and to put on/ that you have put on
τὸν καινὸν ἄνθρωπον
새사람을 the new man/ self
τὸν κατὰ θεὸν
κτισθέντα
즉, 하나님을 따라 지음 받은
존재인
which is created after God
ἐν δικαιοσύνῃ
의와 in righteousness
καὶ ὁσιότητι
거룩함으로 and holiness
τῆς ἀληθείας.
진리의 of truth

직역

1. 20. 그러나 너희는 그리스도를 이같이 배우지 않았다. 21. 진리가 예수 안에 있는 것 같이, 너희가 참으로 그분에게서 듣고 그 안에서 가르침을 받았다. 22. 그것은 너희가 이전 습관을 따르는 옛사람, 즉 유혹의 정욕을 따르는 썩을 것을 벗어냈다는 것과 23. 너희 마음의 영으로 새롭게 된다는 것, 24. 그리고 의와 진리의 거룩함으로 새사람, 즉 하나님을 따라 지음 받은 존재를 입었다는 것이다.

3. 20. But you did not learn Christ in this way, 21. inasmuch as you have heard from Him and have been taught in Him, as the truth is in Jesus, 22. that you have put off the old man, concerning the former manner of life, which is corruptible according to the deceitful lusts, 23. that you are being renewed in the spirit of your mind, 24. and that you have put on the new man which is created after God in righteousness and holiness of truth.

구성/문체

1. 강조형 인칭대명사 "너희는"으로 시작하는 20절은 17b-19절의 이방인들의 모습과 달라야 한다는 점을 강조하기 위한 것이다. 본동사는 "배웠다"이고, 종속절(εἴ γε-절)의 두 동사("들었다", "받았다")는 어떻게 배웠는지를 알려주는 말이 된다. 그리스도와 관련해서 배운 것이 이방인들의 것과 다르다는 것이다.

2. '너희'가 배운 내용을 알려주는 세 부정사 구문(22-24절)이 각각 부정사("벗어냈다는 것", "새롭게 되고 있다는 것", "입었다는 것")로 시작된다. 세 구문은 역교차(a-x-a')를 이루는데(24절 해석 참조), 22절과 24절은 부정과거시상, 23절은 현재시상의 부정사로 되어 있다. 22절의 이미 벗어낸 옛사람, 과거의 모습과 24절의 이미 입은 '새사람', 지금의 모습이 대조되고, 그 중간에 있는 23절('깊은 심적 새로움')이 계속해서 일어나야 할 전제가 된다(24절 해석 참조).

절별 해석

20절

1. "그러나 너희는 그리스도를 이같이 배우지 않았다"(ὑμεῖς δὲ οὐχ οὕτως ἐμάθετε

τὸν Χριστόν): 17-19절과 역접(逆接)된 내용을 다룰 것이므로, 접속사 '그러나'(δὲ)를 쓴다. 또한 '너희는'(ὑμεῖς)이라는 인칭대명사(2인칭복수)를 사용하여 그들과 '너희'가 다르다는 점을 일부러 강조한다. "이같이 배우지 않았다"(οὐχ οὕτως ἐμάθετε)에서 앞 구절의 이방인들의 그릇된 행함과 같이 '너희'는 배우지 않았다는 점을 말한다. "그리스도를"(τὸν Χριστόν)에서, 그리스도의 말씀과 행적을 포함하여 그분과 관련해서 알고 배운 바에, 그들 이방인들과 같은 그런 옛 방식이 없었음을 말하고자 했다.

2. 접속사 "그러나"와 인칭대명사 "너희는", 그리고 부정부사(οὐχ, not)는 모두 앞의 17-19절에서 말한 '이방인들'과 '너희'가 다르다는 점을 강조하기 위해 사용한 단어들이다.

직설법 동사 "너희는 배웠다"(ἐμάθετε)는 17절의 직설법 동사 "내가 말하고 강권한다"(λέγω καὶ μαρτύρομαι)와 연관된다. 사도의 가르침(17절)과 독자의 배움(20-21절)은 서로 깊이 상관된다.

21절

1. "너희가 참으로 그분에게서 듣고"(εἴ γε αὐτὸν ἠκούσατε): 접속사 εἴ γε는 불변화사 γε를 만나 '만약 참으로'(if indeed), 또는 '~인 한, ~한 만큼'(inasmuch as)의 뜻이 된다. 여기서는 후자의 의미로 쓰인다. 즉, '듣고 가르침을 받은 것인 한'이 돼서 21절이 20절의 조건이 된다. 그리스도를 배운 것(20절)은 그리스도와 관련해서 '듣고 가르침을 받은 것'(21절)으로 가능했고, 또는 그렇게 듣고 가르침을 받은 한 그리스도를 바로 배운 것이란 뜻이다. 여기서 "그분에게서 듣고"는 그리스도에게서 직접 듣고 배운 것을 말한다. 이것이 그리스도를 배우는 첫 번째 방법이다. 주로 사도들이 그리스도를 그같이 배웠다.

"그 안에서 가르침을 받았다"(καὶ ἐν αὐτῷ ἐδιδάχθητε): 그리스도 안에서 가르침을 받은 것, 즉 배운 것이다. 그리스도 안의 가르침은 그리스도를 배우는 두 번째 방법이다. 그리스도께서 승천하신 후, 교회에 임하신 성령은 그리스도에 대한 모든 것을 기억하게 하시고, 그리스도에 대한 모든 것을 가르치신다(요14:26; 16:13).

"진리가 예수 안에 있는 것 같이"(καθώς ἐστιν ἀλήθεια ἐν τῷ Ἰησοῦ): 예수 그리스도 자신의 말씀이나 그에 대한 성령의 말씀은 모두 진리이다.

2. 두 가지가 강조된다. 그리스도 자신에게서 직접 들었던 것과 그리스도 안에서 가르침을 받은 것이다. 하나는 그리스도 당시의 일이고 또 하나는 그리스도께서 승천하신 후의 일이다.

예수 안에 있는 진리에 대한 언급은 17절의 이방인들의 헛됨과 대조하기 위해 사용된다. 두 부분이 모두 καθώς-절로 되어 있다. 결국 이방인들의 무익한 모습이 본(model)이 아니라, 진리이신 예수 그리스도에 대한 가르침이 참된 본이 된다는 점을 대비해 놓고 있다.

22절

1. "그것은 너희가 옛사람을 벗어냈다는 것과"(ἀποθέσθαι ὑμᾶς … τὸν παλαιὸν ἄνθρωπον): 부정과거 부정사 ἀποθέσθαι는 '벗어낼 것' 또는 '벗어냈다는 것', 어느 쪽으로도 번역이 가능하다. 전자는 벗어내도록 노력(또는 결단)하라는 의미가 되고 후자는 이미 벗어낸 것이므로 그렇게 알고 행하라는 뜻이 된다. 후자 쪽으로 해석하겠다(뒤의 "단락 해석"을 보라). 성도들이 벗어낸 것은 "옛사람"(τὸν παλαιὸν ἄνθρωπον)이다. 병행 구절인 골로새서 3:9도 성도들이 이미 옛사람과 그 행위를 벗어버린 존재임을 말해준다. "옛사람"은 예전에 죽었던 존재이다(2:1; 롬6:6).

"이전 습관을 따르는"(κατὰ τὴν προτέραν ἀναστροφὴν): "옛사람"의 특징은 새사람이 되기 이전의 '생활 습관'(ἀναστροφή, way of life)을 따라 행하는 것이다. 예전의 습관은 가깝게는 17b-19절에 있고 멀게는 2:1-3에 있다.

"즉, 유혹의 정욕을 따르는 썩을 것을"(τὸν φθειρόμενον κατὰ τὰς ἐπιθυμίας τῆς ἀπάτης): "유혹"(ἀπάτη)은 '속임'(deception) 또는 '쾌락'(pleasure)을 뜻한다. 따라서 "유혹의 정욕"은 '미혹하게 하는 정욕' 또는 '쾌락으로 이끄는 정욕'을 말한다(2:3). 그런 것은 한 마디로 "썩을 것"(τὸν φθειρόμενον)이다. 결국 썩고 없어질 것이다. 결코 영원하지 않은 것이다. 그렇게 옛사람의 정욕은 썩고 없어지고 낭비될, 부도덕한 쾌락에 자신을 던질 것을 요구한다.

2. 우리 성도들이 무엇을 벗어낸 존재인지를 알려준다. 옛사람을 이미 벗어냈고 벗어낸 이상 그 모습이 우리의 자연스런 모습일 수 없음을 인식하게 한다. 부정과거 부정사는 이미 단번에 된 것(that has been done)이나, 또는 그렇게

하겠다는 결단(decision-making)을 뜻할 수 있는데, 이미 이뤄진 것이라는 의미에서 전자로 이해하자.

"벗어냈다는 것"은 이미 예전의 '우리'가 아니란 얘기다. 정욕을 좇아 썩어질 것을 추구하며 살던 옛사람을 벗어냈다는 것(벧후1:4)을 인식하는 것이 중요하다. 그리스도의 구속을 통해 죽었던 '우리'를 살리신 사건(2:4-10)이 이미 이뤄진 것처럼, '우리'가 옛사람을 벗어버린 일이 지난 일이다. 그 모습은 우리의 모습이 아니다.

23절

1. "너희 마음의 영으로 다시 새롭게 된다는 것"(ἀνανεοῦσθαι δὲ τῷ πνεύματι τοῦ νοὸς ὑμῶν): 두 번째 부정사 "다시 새롭게 된다는 것"(ἀνανεοῦσθαι)은 현재시상으로 계속되는 상태를 말한다. 그러므로 '계속해서 새롭게 되고 있는 것'이다. "다시 새롭게 되다"(ἀνανεόομαι)는 '다시'(또는 '위로', ἀνα)와 '새롭게 되다'(νεόομαι)를 합친 말(to be renewed)이다. 옛사람을 벗어낸 우리는 계속 새로워짐을 받아야 한다. 특히 "마음의 영"(πνεύμα τοῦ νοὸς)으로, 즉 마음(생각의 자리)의 깊은 곳에서 늘 새롭게 되어야 한다. 그 새로움이 우리 속에서 지속적으로 흘러나와야 한다.[96] 골로새서(3:10)는 '지식'(ἐπίγνωσις)의 새롭게 됨을 강조했다. 마음과 생각의 새로움은 이렇게 겉 모습을 바꾸는 것이 아니라 속 마음과 생각을 그리스도의 뜻으로 새롭게 바꾸는 것이다.

2. 두 번째 부정사는 이렇게 현재 부정사로 그 일(새롭게 됨)이 계속적으로 진행되어야 할 것을 강조한다. 이 부분은 22-24절의 세 개의 부정사의 중간에 위치한다. 첫 번째 부정사("벗어낸/벗어냈다는 것")와 세 번째 부정사("입은/입었다는 것")의 효과를 계속적으로 이뤄내기 위해 현재형 부정사로 중간에 위치하여 중심을 잡아준다. "새롭게 됨"이 계속되는 한, 옛사람을 벗어낸 상태와 새사람을 입은 상태의 효과가 정상적으로 이뤄질 수 있다.

24절

1. "그리고 새사람을 입었다는 것이다"(καὶ ἐνδύσασθαι τὸν καινὸν ἄνθρωπον): "새사람"(τὸν καινὸν ἄνθρωπον)은 변화된 사람, 구원받은 존재(2:4-10)이다. 22절의

"옛사람"과 대조된다. 이전의 모습이 아니라, 새로운 모습이다. 옛사람을 '벗었다'로 표현하고 이와 대조해서 새사람을 '입었다'로 표현한다. 이것도 이미 이뤄진 일이다(골3:10).

"하나님을 따라 지음 받은 존재"(τὸν κατὰ θεὸν κτισθέντα): '우리'는 하나님에 의해 새롭게 창조된 존재, 작품이기 때문이다(2:10). 이렇듯 하나님의 새 창조는 우리 안에 일어났다. 그리스도의 구속과 우리의 믿음은 우리를 재창조하시는 하나님의 사역이셨다. 우리는 그같이 창조된 존재로 새사람을 이미 입은 존재이다.

"의와 진리의 거룩함으로"(ἐν δικαιοσύνῃ καὶ ὁσιότητι τῆς ἀληθείας): 하나님의 의와 진리의 거룩함으로 우리가 지어졌다는 뜻이다. 그렇기 때문에 우리의 모습도 '의로움'과 '진리에서 비롯된 거룩함'의 특성을 가지게 된다. "의와 진리의 거룩함"은 하나님이 우리를 새롭게 빚으시는 방법이시면서 동시에 새롭게 창조된 우리 모습의 면면이기도 하다(1:4, "거룩하고 흠이 없게").

24절은 22절과 대조된다. 옛사람의 벗어냄과 새사람의 입음은 우리 성도에게 이미 일어난 일로 우리가 노력해야 할 일은 아니다. 우리가 해야 할 일은 이미 그같이 된 것을 지켜나가는 일이다. 그렇기 위해서는 23절의 속 사람의 새롭게 됨이 계속되어야 한다. 이런 점에서 22절(a)과 24절(a')이 짝을 이루고, 23절이 센터가 된다.

22절	옛사람을 벗어냈다는 것	a
23절	새롭게 되고 있다는 것	x
24절	새사람을 입어냈다는 것	a'

"옛사람"과 "새사람", "벗어냄"과 "입음"이 대조되듯, "이전의 습관을 따르는"과 "하나님을 따라 지음을 받은", 또 "유혹의 정욕을 따르는 썩을 것"과 "의와 진리의 거룩함" 등이 대조된다. 22절과 24절은 이들끼리 그 안에 병행법적 어구들이 형성되어 있다. 서로 대조하며 읽을 필요가 있다.

22절	a			너희가 벗어났다는 것	또한 입었다는 것			a'	24절
		b		이전의 습관을 따르는 옛사람을	하나님을 따라 지음 받은 존재인 새 사람을		b'		
			c	유혹의 정욕을 따르는	의와 진리의 거룩함으로	c'			

단락 해석

1. 17b–19절의 주제와 반대가 되는 내용, 즉 그리스도를 통해 배운 것이 제시된다. '예수 안의 진리'는 '이방인의 헛된 생각과 행동'(17b절)과 대조된다. 어떤 것을 본으로 삼아 따를 것인지 묻고 있다. 특히 '너희'가 그리스도와 관련해서 듣고 가르침을 받은 것, 즉 배운 바가 이방인의 생각과 행위가 결코 같을 수 없다는 것을 강조한다(20-21절).

2. '너희'가 그리스도로 말미암아 배운 것이 22–24절에 세 가지로 나타났다. 첫째, 이미 옛사람을 벗어냈다는 것이다. 예전의 습관을 따라 사는 옛사람, 즉 유혹의 정욕을 따르는 썩을 것을 '너희'가 이미 벗어낸 존재라는 것이다. 벗어낸 '옛사람'은 최소한 네 가지 특징이 있다. (1) 옛사람이다. (2) 예전의 습관을 따른다. (3) 결국 썩을(부패될) 것이다. (4) 유혹의 정욕을 따른다.

3. 22절과 24절의 부정과거 부정사를 결단의 의미가 아니라 이미 지난 일로 해석해야 하는 이유(즉 'that you have put off', 'that you have put on')는 다음과 같다. (1) 병행구절인 골로새서 3:9–10에서 '옛사람을 벗고 새사람을 입은 일'은 이미 이뤄진 일이다. (2) 이 구절들과 가장 비슷한 부분이 2:1–10(구원에 대한 주제)이다. '이전'(then)과 '이제'(now)의 대조를 보이는 말씀으로 과거의 죽었던 상태에서 현재 구원받은 상태를 알려주고 있다. (3) 구원 이후에도 옛사람의 성향(롬6:21–25; 8:12–13)이 남아 있는 것이 사실이지만, 바울은 이미 우리가 죄에 대해 죽은 존재이고 따라서 죄에 대해 죽은 자로 여길 것을 강조했다(롬6:6, 11–12). (4) 만일 이 부분을 현재 우리가 해야 할 결단(옛사람을 벗어내야 함)이라고 본다면 곤란한 신학적인 문제가 대두된다. 성도인 우리가 아직 새사람을 입지 않았다는 말이 된다. 우리는 이미 새사람이 됐다(2:10, 15).

4. 둘째, 우리가 새사람을 이미 입었다는 것을 인식해야 한다. '새사람'의 특징은 세 가지이다. (1) 새사람이다. (2) 하나님을 따라 지음 받은 존재이다. (3)

의와 진리의 거룩함이 있다. 의롭고 거룩한 마음과 행위가 그 특징이 된다. 그 거룩함(또는 의와 거룩함)은 참된 진리에 바탕을 두고 있다. 그러므로 새사람의 특징은 옛사람의 특징과 완전히 다르다. 부도덕함과 부패함이 옛사람의 모습이라면, 진리 가운데 의로움과 거룩함이 새사람의 모습이다. 우리가 입은 새사람은 이런 특징을 보여준다. 성도의 생각과 행위에 의로움과 거룩함이 배어나올 수 밖에 없다.

5. 셋째, 마음 깊은 곳에서("마음의 영으로") 항상 새롭게 되야 한다. 마음이 항상 새롭게 되는 것, 이것이 우리 성도의 마음이다. 이런 마음과 '굳어진 마음'(18절)은 얼마나 대조가 되는가? 이미 벗어낸 옛사람과 이미 입은 새사람의 모습을 견지하기 위해서는 이처럼 늘 마음이 새롭게 되어야(신적 수동, 성령에 의해, 롬12:2)만 한다. 그렇다면 이렇게 마음으로 계속 새롭게 되지 않는다면, 어느덧 이미 벗어낸 옛사람의 모습에 집착하게 되고 이미 입은 새사람의 특징을 점차 잃어가게 될 것이다. 이것을 사도는 경계한다.

메시지

1. **'우리는 그리스도를 이같이 배우지 않았다':** 사도들처럼 그리스도에게 직접 배웠거나, 그리스도 안에서 가르침을 받은 진리가 우리에게 있다. 그리스도를 배울 때 우리는 그 진리를 배운다. 그런 진리와 다른 것을 붙잡거나 주장하면 안 된다. '다른 것'의 특징은 세상의 문화와 같이, 마음과 생각이 굳어 있고 삶과 행동이 부패하고 타락한 것이다(17-19절). 더러움과 탐욕이 그 특징이 된다.

2. **옛사람은 벗어냈고 새사람을 입었다:** 썩게 될 옛사람, 이전 습관처럼 정욕을 좇는 옛사람은 이미 벗어냈다. 그것을 분명히 인식하고 그런 속이는 충동에 자신을 드리지 말아야 한다. 이미 새사람을 입었다. 그 새사람은 하나님을 따라 새롭게 지어진 존재로 진리 가운데 의로움과 거룩함이 특징이다(1:4). 우리가 그런 존재라는 것을 인식하는 것이 필요하다. 더욱더 그런 특징이 나타나도록 힘써야 한다.

3. **마음이 다시 새롭게 되야 한다:** 마음이 굳어져 있는 이방인의 상태와 우리의 모습이 확연히 다르다. 우리의 마음 깊은 곳에서 성령에 의해 계속적으로 새롭게 되는 일이 필요하다. 이 일은 계속되어야 할, 중요한 일이다. 늘 마음의 새롭게

됨이 없다면 어느덧 옛사람의 모습이 다시 나타나고 새사람의 색채가 옅어지게 될 것이다.

해석 종합

1. 4장에 들어오면서 바울은 우리가 성도로서 해야 할 일이 있음을 강조하기 시작했다. 1-3장이 하나님께서 그의 영원한 경륜을 따라 이뤄오신 구원과 교회의 사역에 대해 아름답게 쓰고 있다면, 4장부터는 은혜로 구원받고 그리스도의 교회가 된 우리가 해야 할 일이 무엇인지 하나씩 알려주고 있는 말씀들이다. 1-3절에 시작됐던 바울의 권면이 17절에서 나타난다.[97] 1-3절의 권면이 적극적인 행동('하나됨을 지키라')을 촉구하는 권면이라면, 17절의 권면은 부정적인 것('이방인처럼 말라')을 경계하는 권면이 된다.

2. 17a절에서 이방인들의 그릇된 모델이 제시되고 20-21절에서 예수 그리스도의 모델이 제시된다. 그래서 이 두 부분에 καθώς(~처럼)-절이 함께 나온다. 이방인들은 헛된 마음으로 행하나 예수 그리스도 안에는 진리가 있다. 즉 그리스도는 진리로 말씀하시고 행하신다.

3. 바울은 '너희'에게 말하고 강권한다(17절). 그래서 '너희'는 지금과 같이 바울과 같은 이들에게 그리스도를(그리스도와 관련된 것을) 들었고 배웠다(20-21절). 이런 가르침과 배움이 계속되고 그 교훈이 순종되는 한 이방인들의 문제에서 벗어날 수 있다.

4. 이방인들의 그릇된 모습이 18-19절에서 상세히 나타난다. 그들의 두 가지 문제, 첫째, 무지로 인한 어두운 생각과 굳은 마음으로 인한 무감각해짐이 있고, 둘째, 하나님의 생명에서 분리된 후 자신을 방탕에 내어줬고 그 결과 모든 더러움과 탐욕을 행하게 됐다. 이것이 17b절에서 말한, '헛된 마음으로 행하는/사는 것'이다.

5. 반면에 그리스도에게서, 또는 그 안에서 배운 것은 우리가 그런 특징을 갖는 옛사람을 벗어버렸다는 것이다(22절). 더 이상 우리는 그런 모습에 종속되지 않는다는 것이다. 썩을 옛 습관을 좇고 유혹의 정욕에 노예 된 옛사람을 벗어낸 존재란 것이다.

6. 오히려 그와 완전히 다른, 하나님을 따라(하나님을 닮아) 창조된 새사람을

이미 입었다는 것을 배웠다. 이는 하나님처럼 진리 가운데 의와 거룩함으로 지어진 사람이다. 그러므로 진리적 특성, 즉 의로움과 거룩함이 우리의 특징이 된다. 이 새사람의 모습은 17-19절의 옛사람의 특징, 즉 마음과 행위의 문제를 가지고 있는 것과 얼마나 다른가? 이것이 성도된 우리의 모습이 맞다.

7. 이런 가운데 우리 안에 계속돼야 할 것이 있다. 그것은 마음의 새로움, 즉 우리 속에서 성령으로 말미암아 계속하여 새롭게 되는 일이 뒤따라야 한다. 생각과 마음이 다시 새롭게 되는 일은 성령의 일이고, 성령께서 하실 때 이뤄지는 일이다. 우리가 그리스도를 배울 때, 알게 된 것은 이 일이 계속 일어나야 한다는 것이다.

8. 이 단락은 우리가 어떻게 다른 존재가 되었는지를 알려준다. 특히 구원 받은 후, 그 이전의 이방인의 모습과 어떤 차이가 있는지 보여준다.[98] 이제는 달라졌을 뿐 아니라, 그런 모습을 따르지 말고, 그리스도께 배운 진리를 따르는 존재라는 것을 강조한다. 과거의 모습과 현재의 모습의 차이, 특히 구원 이전과 구원 이후의 모습이라는 점에서 2:1-10과 유사한 점이 많다.

4:25-31, 참된 삶

전체 구조

1. 본격적으로 그리스도인의 삶과 행동에 대한 말씀이 시작된다.[99] 그래서 명령법을 자주 활용한다. 본문은 세 부분으로 나뉜다. 첫째, 거짓된 말과 분노의 주제를 담고 있는 25-27절은 함께 묶여 있다. 둘째, 반면에 28절의 도둑질 소재를 담고 있는 부분은 다른 구절과 구성에 있어 연관성이 없다. 따로 떼어놓을 수 밖에 없다. 셋째, 29-31절은 25-27절에서 다뤘던 '말'과 '분노'의 소재를 다루고 있다. 이 구절들도 하나로 묶일 수 밖에 없는 이유는 29절과 31절이 서로 주제간 연속성이 존재하기 때문이고, 반면에 30절이 그 중간에 위치해 있기 때문이다.

2. 성령을 다루고 있는 구절인 30절이 다소 이질적이라 해서 앞서 따로 구분된 28절과의 연관성을 생각할 수 있으나, 이는 바람직하지 않다. 28절과 30절의 주제간 연계성이 없고 오히려 29-31절과 연결해서 30절을 이해할 때, 이 구절이 25-27절의 마지막 구절인 27절과 모종의 관계가 있다는 점을 발견하게 된다(뒤의 "해석 종합"을 참조).

3. 25-27절, 28절, 29-31절, 이렇게 세 부분으로 나눌 때, 25-27절과 29-31절이 짝을 이루고, 주제간 연속성이 없는 28절이 중간에 있는 구조, 즉 역교차(A-X-A')가 나타난다.[100]

I.	25-27절	거짓된 말을 버리고 참된 말을 하라. 화를 내되 죄를 짓지 말라.	A
II.	28절	도둑질하는 사람은 오히려 나눠주는 사람이 되야 한다.	X
III.	29-31절	더러운 말과 나쁜 말을 없애라. 화와 분을 없애라.	A'

Ⅰ. 25-27절, 말과 화1

구문 배열

25

Διὸ ἀποθέμενοι
그러므로 버리고/벗어버리고
Therefore, putting off/ away

τὸ ψεῦδος
거짓을 falsehood

λαλεῖτε
말하라 speak

ἀλήθειαν
진리를/참된 것을 the truth

ἕκαστος
각각 each of you,

μετὰ τοῦ πλησίον
이웃과 함께 with ~ neighbor

αὐτοῦ,
자신의 his ~

ὅτι ἐσμὲν
우리가 ~되기 때문이다 for we are

ἀλλήλων
서로 of one another

μέλη.
지체가 members

26

ὀργίζεσθε
화를 내도 Be angry

καὶ μὴ ἁμαρτάνετε·
죄를 짓지 말라 but not do not sin

ὁ ἥλιος
해가 ~ the sun

μὴ ἐπιδυέτω
지지 않게 하라 do not let ~ go down

ἐπὶ [τῷ] παροργισμῷ
분노 위에/화를 내고 있을 때
on ~ anger

ὑμῶν,
너희의 your ~

27

μηδὲ δίδοτε
주지 말라 do not give

τόπον
자리를/기회를 an/ any opportunity

τῷ διαβόλῳ.
마귀에게 to the devil

직역

1. 25. 그러므로 거짓을 벗어버리고 각각 그 이웃과 함께 참된 것을 말하라. 우리가 서로 지체가 되기 때문이다. 26. 화를 내도 죄를 짓지 말라. 너희가 화를 내고 있을 때 해가 지지 않게 하라. 27. 마귀에게 자리/기회를 주지 말라.

2. 25. Therefore, putting off falsehood, speak the truth, each of you, with his neighbor, for we are members of one another. 26. Be angry but not do not sin; do not let the sun go down on your anger; 27. do not give an opportunity to the devil.

구성/문체

1. 이 부분에도 많은 명령법(5개)이 나온다. 그리스도의 삶과 행동에 대해 바로 행할 것을 촉구한다. 그것이 새사람다운 모습이기 때문이다. 25-27절은 두 주제(25절, 진리의 말; 26-27절, 화에 대한 경계)로 나뉜다.

2. 25b절의 ὅτι-절("우리가 서로 지체가 되기 때문이다")이 25a절의 이유가 된다. 또한 27절은 25절의 이유가 될 수 있다. 즉, 화를 계속 냄으로 죄를 짓지 말아야 하는 이유는 마귀에게 자리를 주지 않기 위해서이다.

3. 이런 점에서 25절과 26절이 구성이 비슷하다('하지 말라'와 그 이유)고 할 수 있다. 따라서 25-27절은 ab-a'b' 병행법 패턴을 가진다.

25절	a	거짓을 버리고 참된 것을 말하라.	화를 내도 죄를 짓지 말라.	a'	26-27절
	b	우리가 지체가 된다.	마귀에게 기회를 주지 말라.	b'	

"우리가 지체가 된다"(b)는 "거짓을 버리고 참된 것을 말하라"(a)의 이유 또는 근거가 된다. "마귀에게 기회를 주지 말라"(b')는 "화를 내도 죄를 짓지 말라"(a')의 이유 또는 목적이 된다.

절별 해석

25절

1. "그러므로 거짓을 벗어버리고"(Διὸ ἀποθέμενοι τὸ ψεῦδος): "그러므로"(Διὸ)는 앞 단락과 관련해서, '새사람을 입은 존재가 이미 되었고 그같이 그리스도를 배웠으므로'가 된다. 바울은 이제 새사람에 걸맞는 행동을 하도록 촉구한다. 부정과거분사 "벗어버리고" (ἀποθέμενοι)는 '벗어버린 후에' 또는 '벗어버리면서'로 이해한다. 22절에서 옛사람을 '벗어버린'(부정과거부정사) 존재라고 했다. 이미 벗어버린 것(신분)도 있으나, 여전히 벗어낼 것(성향)도 있다. 벗어낼 것을 벗어내야, 해야 할 것을 할 수 있기 때문이다. 벗어내야 할 것은 "거짓"(τὸ ψεῦδος)이다. '거짓'은 새사람의 특징인 '진리'(24절)와 반대된다.

"각각 참된 것을 말하라"(λαλεῖτε ἀλήθειαν ἕκαστος): 24절에 언급했던 단어 '진리'(참된 것)가 다시 나왔다. 참된 것을 말하는 것은 새사람의 마땅한 일이다. "참된 것"(또는 진리)은 교훈적 진리와 삶과 말의 진실 모두를 포함하는 말이다. 따라서 '참된 것을 말하다'는 '말씀'만 말하라는 뜻이 아니다. 성경 말씀을 말해야 하는 것도 필요하지만, 말의 진실함(진정성)이 있어야 한다는 뜻이다. "각각"(ἕκαστος)은 우리 한 사람, 한 사람이 각기 그같이 진실한 말이 필요하다는 것이다. 거짓을 버리고 진실할 수 있다는 것, 이것이 새사람의 모습이다.

"그 이웃과 함께"(μετὰ τοῦ πλησίον αὐτοῦ): "이웃"(πλησίον)이라는 말은 우리가

그같이 참된 것을 말해야 할 사람이 성도에 국한된 것이 아니라, '내' 주변의 이웃도 해당이 된다는 뜻이다. 원칙적으로는 형제 자매도 우리의 '이웃'이라는 점에서 이 부분이 성도들에 대한 말씀이라 볼 수도 있으나, 이 말씀이 우리의 일반 사회적 영역에까지 확대하는 말씀이라고 인정하지 못할 이유는 없다.

"우리가 서로 지체가 되기 때문이다"(ὅτι ἐσμὲν ἀλλήλων μέλη): '우리'가 서로 "지체"(μέλη, members)가 된다는 점에서 앞의 '이웃'은 성도들로 제한할 수 있는 근거가 된다. 그럼에도 역시 지체의 범위를 이웃에게까지 확대하지 못할 이유 또한 없다. 성도들에게 거짓을 버리고 더욱 진실해야 하는 것이 맞다. 그러나 또한 우리 그리스도인들이 사회에서 이웃과 함께 사회적 지체로 있으면서 거짓을 버리고 진실을 말하는 삶은 그 자체로 의로운 것이다.

2. "그러므로"로 시작해서 앞 단락과 연결하면서 명령법을 사용해 "진리를 말할 것"을 권한다. 주절의 명령법 동사를 사용하기 전에 종속절인 하나의 분사 구문("거짓을 버리고")을 먼저 썼다. 종속절과 주절은 서로 대조된다. "거짓"과 "진리"가 반대된다. "버리고"가 전제가 되고 "말하라"가 주 명령이 된다. "이웃과 함께"에 "버리고"와 "말하라" 모두 연결된다. ὅτι-절은 그렇게 해야 할 이유를 말해준다.

지체 된 서로(이웃)에게 참된 것, 진리를 말하는 것이 중요하다는 점을 강조한다. 이 부분은 계속해서 제시하게 될 새사람의 특징가운데 첫 번째 것이라 할 수 있다.

26절

1. "화를 내도 죄를 짓지 말라"(ὀργίζεσθε καὶ μὴ ἁμαρτάνετε): 두 번째 주제는 '화'와 '분노'이다. "화를 내도"(ὀργίζεσθε)는 명령법으로 '화를 내라'로 번역될 수 있다. 그러나 바로 뒤이어 "죄를 짓지 말라"(μὴ ἁμαρτάνετε)는 제한하는 명령이 있기 때문에, 양보절("화를 내도")로 번역된 것이다.[101] 두 개의 명령법으로 된 "화를 내라"와 "죄를 짓지 말라"가 어떻게 함께 양립할 수 있을까? 그래서 "화를 내도 죄를 짓지 말라"가 된다. 이 말은 화를 내는 것 자체가 모두 죄는 아니란 말이 된다. 그러면 죄를 짓는 화와 죄를 짓지 않는 화가 있는 것일까? 바울은 '화'의 성격을 구분하지 않는다. 단, 화를 내도 죄 짓는 상태까지 이르지 말 것을

강조한다. 즉, 화를 내더라도 죄가 되지 않게 해야 한다.

"해가 지지 않게 하라"(ὁ ἥλιος μὴ ἐπιδυέτω): 이 부분("지지 않게 하라")도 명령법(명령법 3인칭단수)으로 되어 있다. 어떤 상태에서 태양이 그대로 지게 내버려 두지 말라는 것이다.

"너희가 화를 내고 있을 때"(ἐπὶ [τῷ] παροργισμῷ ὑμῶν): 이 부분을 직역하면, "너희의 화 위에서"가 된다. 즉, '화를 내고 있는 동안'이 된다. 그러니까 화를 계속 내고 있는 그 상태에서 해가 그대로 지게 내버려 두면 안 된다는 뜻이다. 지는 해를 막을 수 없으므로 당연히 해가 질 때까지는 화를 계속 내고 있으면 안 된다는 말이 된다. 다시 말해, 해가 질 때까지 계속 화를 내고 있는 것은 죄를 짓는 것이 된다. 적당한 화는 있을 수 있으나, 오래 화를 내고 분을 품는 것은 우리 성도에게 옳지 않다는 말씀이다.

2. 26절은 세 개의 명령법(2인칭복수: "화를 내라", "죄를 짓지 말라"; 3인칭단수: "해가 지지 않게 하라")이 나온다. 첫째와 둘째는 '화'가 '죄'가 되지 않게 하라는 말씀이다. 셋째는 화가 죄가 될 수 있는 것은 해가 질 때까지 계속되는 경우이다. 계속되는 화냄은 죄가 된다는 점을 강조했다.

25절의 거짓의 문제, 26절의 화의 문제는 모두 새사람에게 어울리는 행동이 아니다. 그것을 특별히 강조하기 위해 세 개의 명령법을 사용해서 말씀하고 있다.

27절

1. "마귀에게 자리/기회를 주지 말라"(μηδὲ δίδοτε τόπον τῷ διαβόλῳ): 26절에 이어 관련된 명령법이 계속된다. "너희는 주지 말라"(μηδὲ δίδοτε)고 명하고 있다. '너희'가 주지 말아야 할 것은 어떤 '자리'(τόπος, place)이다. 이 단어는 본래 '장소'(place)라는 의미를 가지지만, 여기서는 '여지'(餘地, room, space), '기회'(opportunity)라는 뜻이다. 마귀에게 어떠한 기회나 여지를 주지 말 것을 말씀하고 있다.

2. 27절의 명령법은 26절의 명령법에 이어서 나온다. 특히 26-27절은 일종의 역교차를 형성한다. '화를 내도 죄 짓지 말라'(a, 26a절) – '분노 중에 해가 지지 말게 하라'(x, 26b절) – '마귀에게 기회를 주지 말라'(a', 27절). 첫 부분의 죄 짓는 것(a)과 마지막 부분(a')의 마귀에게 기회를 주는 것은 서로 상응된다. 그리고

중간에 위치한 "해가 지게 하지 말라"는 말이 양쪽을 연결해 준다. 즉, 왜, 또 어떻게 해서 '화와 죄'(a)의 문제가 마귀에게 자리를 주는 것(a')이 되는지 알려준다. 화를 내더라도 죄를 짓게 되지 않을 수 있으나, 화를 내다가 마귀에게 자리를 내주는 일이 일어날 수 있다. 그것은 오래 화를 내품고 계속 간직하는 것이다.

그런데 한편으로, '마귀에게 기회를 주는 것'은 '화를 내되 죄 짓지 않는 것'의 이유나 목적(결과)이 될 수 있다("구성/문체" 참조). 이럴 때는 '마귀에게 기회를 주는 것'을 '화를 내고 죄 짓는 것'과 동일시하지 않는다. 오히려 죄로 변질되어, 그 결과 마귀에게 기회를 주는 결과를 낳는 것이 된다. 마귀에게 기회가 되지 않도록(이유, 또는 ~않기 위해, 목적), '화'와 관련된 그 같은 죄를 짓지 말라는 것이다.

단락 해석

1. 새사람을 입은 존재로서, 첫 번째 특징은 거짓을 버리고 진리(진실)를 말하는 것이다. 옛사람과 다른 점은 이렇게 구체적으로 '진리와 관련된 의와 거룩함'(24절)의 특징을 보이는 것이다. '거짓'은 '의'와 함께 '진리'에 반대된다. '이웃과 더불어'는 '서로에게', 또 교회 밖의 '다른 이들에게'까지 이같이 참된 말을 하는 것이다. 거짓과 가장 반대가 되는 것이 진리인 말씀이다. 그러나 이 부분이 '말씀'을 전하는 것이 아니라, 진실된(참된) 말을 하는 것이라 보는 것이 자연스러운 이유는 뒤의 29-31절에서 진실된 말에 대한 주제가 반복해서 나오기 때문이다. 진리인 말씀을 입으로 전한다 해도 그 안에 진실됨이 없다면 이 말씀에 명백히 어긋난다.

2. 거짓을 버리고 참된 것을 말해야 하는 이유가 ὅτι-절로 나온다. 서로 지체가 되기 때문이다. 서로 분리될 수 없는 존재란 뜻이다. 성도들 안에서는 특히 그렇다. 교회 밖의 사회에서도 우리가 공동체적 지체가 된다는 점을 고려할 필요가 있다.

3. 새사람의 두 번째 특징은 화를 오래 품지 않는 것이다. 화를 오래 품는 것은 죄를 짓는 것이고 그 결과 마귀에게 원하는 대로 휘두를 수 있게 자리를 주는 것이다. 거짓을 버리고 참된 것을 말하는 것과 화를 오래 품지 않는 것은 이런 점에서 상관 관계가 있다.

4. 참된 말을 하고 화를 오래 품지 말아야 하는 중요한 이유, 또는 목적이

27절에 나온다. 마귀에게 기회를 주지 않기 위해서이다. 이 말은 화가 오래되어 죄로 변질될 때, 마귀는 이 기회를 놓치지 않고 우리 성도들을 더욱 나쁜 결과에 이르도록 충동할 것이기 때문이다. 그같이 될 때, 우리의 관계는 더욱 힘든 상태에 빠지게 될 것이다.

5. 두 가지 행동(거짓을 버리고 참된 것을 말할 것; 죄가 되게 화를 내지 말 것)과 두 가지 이유(우리가 서로 지체가 됨; 마귀에게 기회를 주지 않기 위함)가 제시됐다. 흥미로운 것은 두 가지 이유 중 어느 것도 앞의 두 행동과 각기 관련이 된다는 점이다. 즉, 거짓을 버리고 참된 것을 말해야 하는 것은 마귀에게 기회를 더 이상 주지 않기 위해서라든지, 죄가 되도록 화를 내지 말아야 하는 이유는 우리가 서로 지체가 되기 때문이라는 말이 모두 성립이 된다. 바울이 애초에 '두 행동과 두 이유'를 병행적 배열법으로 쓰면서 이 네 부분(두 행동, 두 이유)을 교호적으로 썼을 가능성이 있다.

메시지

1. **참된 것을 말하는 삶:** '참된 것'은 곧 '진리', 또는 '진실함'이다. 참된 말은 진리에 바탕을 둔 말이고, 마음의 진실함이 드러나는 말이다. 그러기 위해서는 거짓을 버려야 한다. 우리 각 사람이 자신의 이웃에 대해, 또는 형제에 대해 참된 것을 말하는 것은 새사람의 중요한 특징이다.

2. **화를 내되 죄를 짓지 않는 삶:** 화를 내는 것은 그 자체로 죄가 되지 않는다. 그것은 인간의 본성(nature)에 속한다. 그러나 계속해서 화를 내고 화를 품는 것은 죄로 전환될 수 있다. 그 모습은 결코 아름답지 않다. 그것을 죄라 했다. 분노하는 중에 해가 지지 않게 하라는 말씀은 오랫동안 화를 내는 것이 옳지 않다는 말씀이 된다.

3. **그래야 하는 이유:** 바울은 두 가지 이유를 제시한다. 첫째는 우리가 서로 지체가 된다는 것이다. 지체인 서로에게 거짓을 말하고 행하는 것이 용납되지 않는다. 또한 계속 화를 내고 있는 것 또한 바람직하지 않다. 바꿔 말해, 지체이므로 참된 것을 말해야 하고, 지체이므로 화를 속히 풀어야 한다. 둘째, 마귀에게 기회를 주지 않아야 한다. 거짓으로 형제를 대할 때, 마귀는 그 거짓의 틈새를 활용한다. 분노의 시간이 길어질 때 또한 마귀는 우리의 관계를 더욱

악화시킨다. 반대로, 진실된 말은 마귀의 작용을 막고, 지나친 화를 버릴 때, 마귀가 틈탈 수 없다.

II. 28절, 도둑질과 나누는 일

구문 배열

28
ὁ κλέπτων
도둑질하는 사람은 ~ the thief
μηκέτι κλεπτέτω,
더 이상 도둑질하지 말게 하고 let ~ steal no longer
μᾶλλον δὲ κοπιάτω
도리어 ~ 수고하게 하라 but rather let him labor
ἐργαζόμενος
일을 하며 ~ doing
ταῖς [ἰδίαις] χερσὶν
자기 손으로 with his own hands
τὸ ἀγαθόν,
선한 something good/ useful
ἵνα ἔχῃ
그가 ~ 있게 so that he may have
μεταδιδόναι
나눌 것이 something to share
τῷ χρείαν ἔχοντι.
궁핍이/필요가 있는 자에게 with him who has need

직역

1\. 28. 도둑질하는 사람은 더 이상 도둑질하지 말게 하고 도리어 수고하게 하라. 자기 손으로 선한 일을 하여 궁핍한 자에게 나눌 것이 있게 하라.

2\. 28. Let the thief steal no longer but rather let him labor, doing something good with his own hands, so that he may have something to share with the one who has need.

구성/문체

1\. 두 개의 명령법 구문("더 이상 도둑질하지 말게 하라"; "도리어 수고하게 하라")과 하나의 분사("일을 하여"), 그리고 하나의 가정법 동사("있게/있게 하라")가 나타난다.

2\. 이렇게 구성된 네 부분은 첫째("더 이상 도둑질하지 말게 하라")와 둘째("도리어 수고하게 하라")가 서로 역접 관계가 된다. 둘째와 셋째("선한 일을 하여")가 비슷한 내용을 반복적으로 다룬다. 셋째와 넷째("나눌 것이 있게 하라")에서, 넷째가 셋째의

목적이 된다.

3. 동시에 이 네 부분은 역교차를 이룬다. 첫째와 넷째는 '도둑질'과 '나누는 것'에서 상반적 의미의 짝이 된다. 남의 것을 탈취하는 것과 내 것을 나눠주는 것의 대조이다. 또 중간에 위치한 둘째와 셋째는 비슷한 말의 반복적 표현이면서 어떻게 하는 것이 도둑질(첫째)을 버리고 나눌 수(넷째) 있는지 그 방법에 대한 내용을 담고 있다.

28a절	a	도둑질하지 말게 하라.	나눌 것이 있게	a'	28b절
	b	수고하게 하라.	자기 손으로 선한 일을 한다.	b'	

절별 해석

28절

1. "도둑질하는 사람은 더 이상 도둑질하지 말게 하고"(ὁ κλέπτων μηκέτι κλεπτέτω): '거짓'과 '화' 다음의 주제는 '도둑질'이다. 남의 것을 훔치던 사람이라도 이제 새사람이 된 이상 바뀌져야 한다. 이렇듯 신앙은 삶의 변화를 대동한다. 명령법 3인칭단수이므로 "더 이상 도둑질하지 말게 하라"(Let ~ steal no longer)가 맞으나, "더 이상 도둑질하지 말라"(should not steal)도 가능하다. 옳지 않은 일을 계속하는 것은 변화된 사람의 모습이 아니다.

"도리어 수고하게 하라"(μᾶλλον δὲ κοπιάτω): '수고하다'(κοπιάω)는 '열심히 일하다'(work hard) 또는 그래서 '피곤하게 되다'(become weary, tired)이다. 피곤해지도록 열심으로 일하라는 말이다. 남이 수고로 이뤄놓은 것을 뺏지 말고 오히려 자신이 수고하여 일하게 하라는 말씀이다.

"자기 손으로 선한 일을 하여"(ἐργαζόμενος ταῖς [ἰδίαις] χερσὶν τὸ ἀγαθόν): "자기 손으로"(ταῖς [ἰδίαις] χερσὶν)는 자신이 직접 애써서 수고해야 한다는 점(살전4:11)을 강조하기 위해 쓰였다. '남의 손'의 행한 것을 몰래 자기 것으로 만드는 행위, 즉 도적질을 염두에 두고 이와 대조되는 표현을 한 것이다. 바울 자신이 그의 손으로 일하는 것을 자랑스럽게 생각했다(고전4:12). "선한 일을 하여"(ἐργαζόμενος … τὸ ἀγαθόν)는 문자적으로 '선한 것(일)'을 노동하여(working) 또는 '이뤄'(performing)이다. 노동하되, 선한 일을 해야 한다. 즉, 잘못된 일에 수고하는 것이 아니라, 바르고 정당한 노동(직업)에 애써야 한다는 뜻이다. '선한 일'은 '도둑질'과 대조된다.

"궁핍한 자에게 나눌 것이 있게 하라"(ἵνα ἔχῃ μεταδιδόναι τῷ χρείαν ἔχοντι): 그릇된 일을 버리고 선한 일을 하는 데에서 멈추지 않고, 도리어 다른 연약한 이들을 돕는 데까지 나아가야 한다. "궁핍한 자"(τῷ χρείαν ἔχοντι)는 말 그대로 '필요를 가진 자'(the needy, those in need), '가난한 자'(those who are poor)이다. 자신의 손으로 일을 해서 가난한 자와 핍절한 자에게 도움의 손길을 베풀 수 있다면 이는 하나님 앞에 참으로 아름다운 일(요일3:17; 딤전6:18; 약2:15-17; 신15:7-11)이다. 분사형 "나눌/나누는 것"(μεταδιδόναι)은 말 그대로 '자신의 것에서 떼어 내주는 것'(giving a share of a thing)이다.

2. 두 개의 3인칭단수 명령법에서 '도둑질하는 것'와 '수고하는 것'이 대조된다. 또 동의어 '수고하다'와 '일하다'가 사용된다. 특히 첫 부분의 '도둑질하는 것'과 마지막의 '나누는 것'이 대조된다. 이런 점에서 역교차(ab-b'a') 구성이 보인다.

'도둑질하는 것'(a)은 남의 것을 탈취하는 것이고 남에게 해를 끼치는 것이라면, 그와 반대되는 '나누는 것'(a')은 도리어 남에게 자신의 것을 떼내 주는 것이고 남에게 도움이 되는 것이다. 바울은 이 둘 중 어느 것을 택할 것인지 독자들에게 촉구하고 있다. 새사람을 입은 우리가 후자를 택하는 것은 마땅한 일이다. 그런데 그러기 위해서 해야 할 일이 있음을 중간 부분에서 말해줬다. '수고하는 것'(b)이다. 애쓰고 땀을 흘리고 노력하고 피곤해지는 것이다. 그런 일이 없이는 '나눔'을 할 수 없다. 바울은 이 '수고하는 것'의 성질에 대해 말해준다. '자기 손으로 선한 일을 하는 것'(b')이다. 수고하되 어떤 일을 하는가, 또 어떤 방법으로 하는지 알려주는 말씀이다. 방법은 '자기 손으로'이다. 스스로, 직접 하는 것이다. 이것이 손이나 발로 하는 노동만을 뜻하는 것은 아닐 것이다. 정당한 노동을 하라는 것이다. 특히 그 일이 '선한 일'로 한정된다는 점을 밝히고 있다. 선하지 않고 악한 일은 이런 일에 해당되지 않는다.

메시지

1. **도둑질과 나누는 일:** 비록 과거에 도둑질을 하던 자라도 새사람이 되면 이전 일을 벗게 되고 새사람에 걸맞는 삶을 살게 된다. 과거 자신을 위해 남의

것을 탈취하던 자에게 이제 남을 위해 자신의 것을 나눌 수 있는 삶을 요구한다. 이것이 변화된 그리스도인의 바른 모습이다. 하나님의 구원은 새사람을 만든다.

2. **수고함과 선한 일의 노력:** 남을 돕기 위해서는 수고하는 일이 없이 그리할 수 없다. 수고는 땀을 흘리고 최대한의 노력을 다하는 것이다. 이를 위해 힘이 들고 피곤한 것이 당연한 것이다. 그런데 그런 수고를 하더라도 그 수고에 제한이 주어진다. 첫째는 '자기 손으로' 하는 것이다. 육체적인 직업으로 제한하는 것이라 볼 수 없다. 그러나 정당한 수고와 그에 따른 정당한 보수가 있는 일이 옳다. 불로소득(不勞所得)에 반대되는 표현이다. 둘째, '선한 일'이어야 한다. 다른 사람과 사회에 도움과 유익이 되는 선한 일이어야 한다는 직업의 선택에 제한을 둔 말이다. 옳지 않은 소득이나, 사회적으로 선하지 않은 일을 배제했다.

Ⅲ. 29-31절, 말과 화2

구문 배열

29	30
πᾶς λόγος 무릇 ~ 말이/~ 말 하나라도 ~ no ~ word σαπρὸς 더러운/악한 ~ ~ unwholesome ἐκ τοῦ στόματος 입에서 out of ~ mouth ὑμῶν 너희 your ~ μὴ ἐκπορευέσθω, 나오지 못하게 하라 let ~ come ἀλλὰ εἴ τις 오히려 무언가 rather (let) something ἀγαθὸς 선한/착한 말이 (나오게 하라) good (come) πρὸς οἰκοδομὴν 세우기/세워주기 위해 for building up τῆς χρείας, 도움이 되는/필요한 것을 the thing that is necessary ἵνα δῷ 줄/끼칠 수 있게 that it may give/ impart χάριν 은혜를 grace τοῖς ἀκούουσιν. 듣는 자들에게 to those who hear	καὶ μὴ λυπεῖτε 또한 근심하게/슬프게 하지 말라 And do not grieve τὸ πνεῦμα τὸ ἅγιον 성령을 the Holy Spirit τοῦ θεοῦ, 하나님의 of God ἐν ᾧ 그 안에서 in whom ἐσφραγίσθητε 인치심을 받았다 you were sealed εἰς ἡμέραν 날까지~을 위해 for the day ἀπολυτρώσεως. 구속의 of redemption 31 πᾶσα πικρία 모든 독한/신랄한 말과 ~ all bitterness καὶ θυμὸς 화냄과 and wrath καὶ ὀργὴ 분노와 and anger καὶ κραυγὴ 소리지르는 것과 and clamor καὶ βλασφημία 훼방/중상은 and slander ἀρθήτω 없게 하라 let ~ be put away ἀφ' ὑμῶν. 너희에게서 from you σὺν πάσῃ κακίᾳ 모든 나쁜 일(말)과 함께 along with all bad things/ talks

직역

1. 29. 무릇 더러운 말이 너희 입에서 나오지 못하게 하라. 오히려 듣는 자에게 은혜를 끼칠 수 있게, 세워주는 데 도움이 되는 선한 말을 하라. 30. 하나님의 성령을 슬프게 하지 말라. 그 안에서 너희가 구속의 날을 위해 인치심을 받았다. 31. 모든 독한 말과 화냄과 분노와 소리 지르는 것과 훼방은 모든 나쁜 말과 함께 너희에게서 제거하라.

2. 29. Let no unwholesome word come out of your mouth, but something good, the thing that is necessary, come for building up. 30. And do not grieve the Holy Spirit of God in whom you were sealed for the day of redemption. 31. Let all bitterness,

wrath, anger, clamor, and slander be put away from you along with all bad talks.

구성/문체

1. 29-31절은 세 부분으로 나뉜다. 첫째, 29절은 '더러운 말'과 '선한 말'을 대조한다. 둘째, 30절은 '하나님의 성령을 슬프게 하지 말라'는 말씀이 담긴다. 셋째, 31절은 말과 분노에 대한 소재들을 묶어 놓는다.

2. 29절과 31절은 서로 유사한 주제를 다루고 있다는 점에서 보완적인 짝이 되고, 30절은 맥락상 다소 이질적인 주제(성령)를 다루며 중간에 존재한다. 이 세 구절이 역교차(a-x-a')를 형성하고 있음을 본다.

29절	더러운 말이 입에서 나오지 않게 하라. 선한 말을 하라.	a
30절	성령을 슬프게 하지 말라.	x
31절	모든 악하고 나쁜 말과 화를 내는 것을 없애라.	a'

절별 해석

29절

1. "무릇 더러운 말이 너희 입에서 나오지 못하게 하라"(πᾶς λόγος σαπρὸς ἐκ τοῦ στόματος ὑμῶν μὴ ἐκπορευέσθω): "더러운"(σαπρὸς)은 '썩은'(rotten) '유해한'(unwholesome), '악한'(evil)의 뜻이므로 "더러운 말"은 남에게 해를 주거나 악한 말이 된다. "무릇"(πᾶς)은 '온갖', 또는 뒤의 부정어(μὴ)와 함께 '그 어떤'(any)이란 뜻이 된다. 그 어떤 더러운 말도 나오지 못하게 하라는 것이다. "너희 입에서"를 써서, 입 밖으로 내놓는 말에 대해 경계하고 있다. '말'에 대한 소재가 25절에 이미 나왔다는 점을 기억하자. 25절에서는 거짓된 말과 참된 말을 대조했다. 29절은 그 위에 '더러운 말'에 대한 경계를 덧붙인다. 성도의 입에서 더러운 말이 나오는 것은 수치다(약3:1-12).

"오히려 … 세워주는 데 도움이 되는 선한 말을 하라"(ἀλλὰ εἴ τις ἀγαθὸς πρὸς οἰκοδομὴν τῆς χρείας): "더러운 말"이 "선한 말"과 대조된다. "선한 말"은 다른 사람에게 해를 주지 않고 도리어 유익이 되는 말이다. 이 역시 25, 28절처럼 'A를 버리고 B를 하라'식의 패턴이다. 어떤 것이 "선한 말"인지 말하고 있다. 다른 이를 '세워주는 데 도움이 되는 말'이다. "세워주는 데 도움이 되는"(πρὸς οἰκοδομὴν τῆς χρείας)은 다른 말로 '세워주는 데 필요한'이다. 다른 이들을 세우고(잘되게 해주고, edifying) 도움이 되는 데 필요하고 유용한(useful) 것을 말한다. 그렇게 남을 위하는 말이므로 '선한 말'(εἴ τις ἀγαθὸς, "무언가 선한 것")이다. 이 때문에 그와 반대되는 '더러운 말'이 남을 해치고 못되게 하는 악한 말(evil talk)인 것을 알게 된다(마15:11; 약3:10).

"듣는 자에게 은혜를 끼칠 수 있게"(ἵνα δῷ χάριν τοῖς ἀκούουσιν): 더러운 말을 하지 않고 그 대신 무언가 선한 말을 해야 하는 이유, 또는 목적이 제시된다. 그 말을 듣는('듣고 있는', 현재분사) 자가 은혜를 받을 수 있어야 한다. "은혜를 끼칠 수 있게"(ἵνα δῷ χάριν)는 '은혜를 줄 수 있게'이다. 여기서 "은혜"는 '호의'(goodwill), 또는 '감사함'(gratitude)을 포함한다.

2. "더러운 말"과 "선한 말"이 대조되면서 25절에 이어 '말'에 대한 두 번째 말씀이 주어진다. "무릇(온갖) 더러운 말"은 "너희 입에서 나오지 못하게 하라"는 매우 강한 표현이다. 그와 반대로 다른 이를 세워주고 은혜를 주는 선한 말을 하라는 강력한 촉구의 말씀이다.

28절의 '도둑질-선한 수고'의 주제와 29절의 '더러운 말-선한 말' 이슈는 서로 직접적인 연계는 없다. 다만 우리의 삶에서, 하지 말아야 할 것과 해야 할 것을 대조하면서 말씀해 주고 있다는 공통점이 있다. 29절은 오히려 25절의 '거짓된 말과 참된 말'의 주제와 연관된다.

30절

1. "하나님의 성령을 슬프게 하지 말라"(καὶ μὴ λυπεῖτε τὸ πνεῦμα τὸ ἅγιον τοῦ θεοῦ): 30절만 보면 갑자기 왜 여기서 '하나님의 성령'을 언급하는지 분명한 이유를 찾기 어렵다(뒤의 "단락 해석" 참조). 물론 작게는 29절의 부적절하고 악한 말, 즉 "더러운 말"에 대해 성령께서 슬퍼하신다는 점을 말하고 있으나 더 크게는 25-30절 전체에 대한 말씀이라 할 수 있다. 모든 부정적인 것들, 즉 옛사람이 하는 행위들에 대해 하나님의 성령의 슬픔(grief)이 있다는 것이다(사63:10; 약4:5). 성령께서 슬퍼하시는 일들을 다시 열거하면 '거짓된 말/삶'(25절), '죄를 짓는 화'와 그 때문에 '마귀에게 기회를 주는 것'(26-27절), '그대로 도둑질하는 것'(28절), '온갖 더러운 말을 하는 것'(29절) 등이다.

"그 안에서 구속의 날을 위해 인치심을 받았다"(ἐν ᾧ ἐσφραγίσθητε εἰς ἡμέραν ἀπολυτρώσεως): '하나님의 성령'을 선행사로 받는 관계대명사-전치사구(ἐν ᾧ)를 사용해 성령에 대해 부가적인 설명을 하고 있다. "구속의 날을 위해"(εἰς ἡμέραν ἀπολυτρώσεως)는 미래 우리의 완전한 구속이 이뤄질 '그때까지' 또는 '그날을 준비하며'이다. 우리가 성령의 인치심을 받았다(1:13). 성령의 확실한 인(印)은 우리의 미래에 확실한 보증이 되신다(1:14).

2. 30절도 명령법("슬프게 하지 말라")이 나오므로 25절에 이어 계속된 명령법 문장에 속한다. 다만, 첫째, 중요한 성령의 주제가 갑작스럽게 나타났다는 점, 둘째, 25-29절, 심지어 31절과 주제적 내용이 유사하지 않다는 점, 그리고 셋째, 29-31절의 중간에 위치한다는 점, 넷째, 29절과 31절은 짝이 되는 부분이라 볼 수 있다는 점 등을 고려할 때, 30절의 역할은 29절과 31절을 이어주고 중간 고리가 되는 역할이라 볼 수 있다.

이 구절의 명령법을 25-29절과 31절의 명령법과 동일하게 생각할 수 없는 것은 '성령을 근심하게 하는 것'이 무엇인지 이 구절 안에서 찾을 수 없다는 데 있다. 성령을 슬프게 하는 것은 앞뒤 구절에 있다. 즉, '더러운 말을 하는 것'(29절), 그리고 모든 악하고 나쁜 태도(또는 말)를 가지는 것(30절)이다.

31절

1. "모든 독한 말과 화냄과 분노와"(πᾶσα πικρία καὶ θυμὸς καὶ ὀργὴ): '독한 말'(πικρία)은 본래 '쓰라림, 신랄함'(bitterness)을 뜻한다(롬3:14). 여기서 '독하고 신랄한 말'을 뜻하는 표현으로 보는 것이 이 구절에서 열거하고 있는 다른 악한 것들과 어울릴 것이다. 뒤이어 나오는 두 단어, "화냄"(θυμὸς)과 "분노"(ὀργὴ)는 기본적으로 동의어이다. 교호적으로 쓰이는 말이다. 26절과 주제의 연속성이 있다. "독한 말"은 상대에게 상처를 주는 말이고 "화냄"과 "분노"는 상대에게 화를 내품는 행위이다.

"소리 지르는 것과 훼방은"(καὶ κραυγὴ καὶ βλασφημία): "소리 지르는 것"(κραυγὴ)은 말 그대로 상대에게 소리를 질러 나무라거나 무언가를 요구하는 것(shouting, clamoring)이다(행23:9). 이것 또한 상대에게 화를 내는 것이고 상처를 주는 것이다. "훼방"(βλασφημία)은 타인에 대해 '중상모략', 또는 '비방'(slander)하는 것이다(마15:19;

막7:22; 골3:8; 딤전6:4; 유1:9). 이 말이 하나님께 대한 것이 되면 '신성모독'(blasphemy)이 된다(마26:65; 막2:7; 14:64; 눅5:21; 요10:33; 계13:5). "소리 지르는 것"과 "훼방" 모두 말로 상대를 해치고 나쁘게 만드는 것이라는 점에서 공통된다.

"너희에게서 제거하라"(ἀρθήτω ἀφ' ὑμῶν): 명령법 수동태동사(ἀρθήτω)를 써서, "너희로부터 없어지게 하라"가 된다. 상대를 해치는 말과 분노를 우리 안에 없애라는 것이다. 그런 모습은 옳지 않다는 것이다. 특히 성령을 슬프게 하는 일이다(30절).

"모든 나쁜 말과 함께"(σὺν πάσῃ κακίᾳ): "나쁜 말"(πάσα κακία)은 앞의 '독한 말'과 '소리 지르는 것'과 '훼방'에 더해, 또 다른 종류의 '나쁜 말'을 가리킨다기 보다, 앞의 것들을 아우르며, '그런 나쁜 종류, 또는 그 외 다른 것이 있다면 그것들 다' 식으로 '나쁜 종류의 말'을 포괄하는 의미로 보는 것이 좋겠다.

2. 이 구절의 다섯(또는 여섯) 가지 악한 것의 목록은 두 가지로 나뉜다. 첫째, 넷째, 다섯째(마지막 포함)가 '말'을 다루고 있고, 둘째와 셋째는 '분노'를 다룬다. 즉, 우리 성도에게 적합하지 않는 말과 분노의 주제이다. 이 두 주제는 이미 25-27절에서 나온 바 있다. 29절도 말의 주제였음을 상기하자.

29절과 31절을 합쳐서 볼 때, 말과 관련된 것을 종합하면, "더러운 말"(29절), "독한 말", "소리 지르는 것"과 "훼방", 그리고 "나쁜 말"(31절)이다. 그리고 "화냄"과 "분노"가 추가된다. 이들 말과 분노가 바로 하나님의 성령을 슬프게 하는 것들이다.

단락 해석

1. 29절은 '말'을, 31절은 '말과 화'를 다루고 있지만, 이 두 소재가 25-27절에서도 이미 함께 거론된 주제라는 점, 그리고 30절의 주제가 이 두 구절에 비해 다소 이질적인 주제가 되고, 중간에 위치해서 양 구절을 연결해 준다는 점 등을 고려할 때, 29절과 31절은 합쳐 보완적으로 이해하는 것이 필요하다.

2. 29절에서 '더러운 말'을 입 밖에서 나오지 못하게 하라고 했고, 31절에서 '모든 독한 말'과 '소리 지르는 것'와 '훼방', 그리고 '모든 나쁜 말'을 '너희' 중에 제거하라고 했다. '더러운 말'은 남에게 해를 주고 아픔을 주는 '나쁜 말'이다.

31절의 다른 말들도 동일한 점에서 '나쁜 말'이다. 그 어떤 말이든, 이렇게 상대를 나쁘게 하고 해를 주는 말은 '더러운 말' 또는 '나쁜 말'이라 간주된다. 이런 말들을 '우리'('내') 입에서 나오지 않게 하는 것이 옳다. 온갖 나쁜 말은 성령을 슬프게 한다.

3. 또한 '화와 분노'로 형제의 마음(자존감)에 깊은 생채기를 내고 해를 끼치는 행위도 없어야 한다고 말씀한다. 이 또한 하나님의 성령을 슬프게 하는 행위이다.

4. 우리가 해야 할 말은 '선한 말'로 상대를 세워주며 유익이 되게 하는 말이다. 그로 하여금 은혜를 누리게 해주는 말이다. 이런 말은 하나님의 성령을 기쁘게 한다. 그 뜻을 따르는 것이기 때문이다. 구속의 날에 우리가 떳떳할 수 있다(요일4:17).

메시지

1. **말과 화:** 새사람을 입은 우리에게 적합하지 않은 것 두 가지를 반복한다. 그것은 '더러운 말'과 '나쁜 말'로 대변되는 남에게 해가 되는 말이고, 또 하나는 '분노와 화'이다. 더럽고 나쁜 말은 악한 것이다. '선한 말'을 해야 한다. '선한 말'은 그냥 좋은 말이 아니라, 남을 세워주고 잘 되게 해주며 어떠하든지 유익이 되게 해주는 말이다. 그래서 은혜가 있게 한다. 나쁜 말은 반대로 상대를 깎아내고 신랄하게 상처를 주고 고래고래 소리치며 비방하는 말이다. 또 하나는 '화와 분'를 없애는 것이다. 이런 것이 없게 하는 것은 바울의 강력한 명령이다.

2. **슬퍼하시는 성령:** 구속의 날이 될 때까지 '우리'를 인치시고 우리 안에 거하시는 성령은 우리의 삶, 즉 말과 행동이 성령을 따라 할 것을 요구하신다(갈5:16, 25). 그 뜻을 따르지 않고 옛사람의 방식인 말과 행동이 나타나고 이를 제어하지 않을 때는 인격적인 성령님께서 이를 슬퍼하신다.

해석 종합

1. 그리스도인은 어떻게 살아야 하는가? 특히 하나님의 구원을 얻고, 그의 경륜인 그리스도의 교회에 일원이 된 '우리'는 어떤 삶으로 하나님의 계획에 참여할 수 있는가? 많은 명령법이 주어지는 긴 부분(4:25-6:9)의 첫 단락이 된다.

이 단락에서 가장 중요한 주제는 '말'과 '분노'의 주제이다. 그 위에 '나눠주는 생활'이 추가된다.

2. 첫 번째 소단락은 25-27절(A)로, '말'과 '분노'라는 주제를 처음 다룬다. 거짓 말을 벗어버리고 참된 말을 할 것을 명하고, 이와 함께 화를 내되 죄를 짓는 데까지 나아가지 말 것을 명했다. 그 이유는 두 가지로 제시했다. 하나는 서로 지체가 된다는 점, 또 하나는 마귀에게 기회를 주게 된다는 점이었다. 그리스도의 한 몸 된 지체로서(또는 사회적 지체로서) 우리가 서로에 대해 진실된 말을 하는 것이 옳고 절제하지 못하고 끝까지 화를 내는 것은 바람직하지 않다. 그렇게 하지 않을 때, 즉 거짓된 것을 말하고 화를 끝까지 품을 때 마귀는 '우리'를 쓰러트릴 기회를 얻게 된다.

3. 이 주제와 관련된 소단락은 29-31절(A')이다. 이 부분 역시 '말과 화'의 주제를 다룬다. 이 부분은 특히 '말'의 주제에 대한 내용을 보완한다. 앞의 '거짓된 말'에 이어, '더러운 말'이 나온다. 더러운 말은 선한 말과 반대된다. '선한 말'은 25절의 '진실된 말'과 같은 계열의 긍정적인 말이다. 진실된 말이 진정성을 강조한다면, 선한 말은 건덕과 유익을 주는 말이다. '더러운 말'은 그런 선한 말의 반대로 상대에게 해를 주고 나쁘게 한다.

4. 이런 말은 31절에서 더 여러 연관된 단어들로 인해 한층 강조된다. '모든 독한 말', '소리 지르는 것', '훼방'이 그것이다. 또한 '나쁜 말'이라는 말 속에 이 모든 것이 포함된다. 따라서 29절이 '더러운 말'을 말했다면, 31절은 '나쁜 말'을 이야기한 것이다. 더러운 말과 나쁜 말은 합쳐져서 25절의 '거짓된 말'과 함께 성도가 피해야 할 말이 된다.

5. 29-31절의 중간에 위치한 '하나님의 성령을 슬프게 하는 일'은 이런 말들과 관련이 된다. 즉 29절과 31절과 같은 말을 하지 말라야 하는 이유, 또는 목적으로 30절, 성령을 슬프게 하지 말라는 말씀이 주어진 것이다. 그렇다면 이것은 25-27절과 연관하면, 이 구절들에게 말했던 두 가지 이유('서로 지체가 된다'; '마귀에게 기회를 주지 말라'), 특히 두 번째 이유(또는 목적)와 상관이 있다. 그러니까 25-27절에서는 마귀에게 기회를 주지 않게 하라는 것이고 29-31절에서는 성령을 슬프게 하지 말게 하라는 것을 말씀한 것이다. '마귀'와 '하나님의 성령'은 대조되는 존재이다. 따라서 마귀를 경계하고 성령을 존중하도록 말씀한 것이다.

우리의 '말과 화냄'이 이렇게 마귀를 좋게 할 수도, 혹은 성령을 기쁘게 할 수도 있다는 말이다.

6. 한편, 또 다른 이유였던 25절의 '서로 지체가 된다'는 개념은 29절에서 '서로를 세워주는 일', 또는 '은혜를 끼치기 위해'라는 말로 나타난다. 즉, 우리가 서로 지체가 되므로 서로를 세워주는 선하고 참된 말을 해야 하고 서로에게 은혜를 끼치는 말을 해야 한다는 말씀이다.

25a절	주제1	참된 말을 하라.	더럽고 나쁜 말을 하지 말라.	29a, 31절
26절	주제2	화를 내도 죄를 짓지 말라.	화와 분노를 제거하라.	31절
25b절	이유/목적1	지체가 되기 때문이다(ὅτι-절).	은혜를 줄 수 있도록(ἵνα-절)	29b절
27절	이유/목적2	마귀에게 기회를 주지 말라.	성령을 슬프게 하지 말라.	30절

7. 29-31절에서 '화와 분노'의 주제는 31절에만 간략히 나온다. 그러나 이 주제 역시 30절 성령의 슬퍼하심과 깊은 관계가 있음은 물론이다. 한편으로 31절의 여러 '나쁜 말'들이 사실상 분노와 관계가 깊다는 점도 고려해야 한다. 예컨대, '독한 말'이나 '소리 지르는 것'은 사람 안의 분노와 분리되기 어려운 말들이다. 또한 남을 헐뜯는 '훼방'도 분노의 문제일 수 있다. 이런 점에서 31절에서 말과 분노의 이슈가 혼합되었다고 말할 수 있겠다.

8. 28절의 '도둑질' 이슈는 '더 이상 도둑질하지 말라'는 명령법으로 되어 있으나, 도둑질했던 사람에게 초점을 두었다기 보다는, 마지막 부분, '궁핍한 자에게 나눌 것이 있게 하는 일'이 부각되어 있다. 그러기 위해서 자기 손으로 선한 일을 부지런히 해야 한다는 것이다.

4:32-5:2, 하나님을 닮는 삶

전체 구조

본문이 25-31절과 분리되는 이유는 주제가 달라지기 때문이다. 25-31절은 '말과 분노', 그리고 '나누는 일'에 대해 부정과 긍정의 대조를 통해 말씀한 부분이다. 반면에 4:32-5:2은 '사랑'이라는 주제로 전환되면서 또한 긍정적인 어조(tone)로 말씀하고 있다. 5:3 이하는 다시 부정적인 것들에 대한 경계의 말씀이 나온다.

본문은 세 개의 명령법(두 개의 "되라"와 하나의 "행하라")이 등장한다. 4:32과 5:2이 짝을 이루는데, 이 두 구절이 공통적인 소재를 다루고 있을 뿐 아니라, 주절-종속절의 형식적 유사성도 갖고 있다. 4:32의 "용서하며, 인자하고 따뜻하게 하라"는 부분은 5:2의 "사랑 가운데 행하라"는 말씀과 공통된다. 즉, 사랑 가운데 행하는 것이 서로를 용서하고 인자하고 따뜻하게 하는 것이란 뜻이다. 또 καθώς-절이 공통으로 등장한다. 4:32에는 하나님의 행위(용서하심)가, 5:2에는 그리스도의 행위(사랑하여 자신을 주심)가 각각 나타나는데, 이 둘은 모두 우리의 행동의 본(example)이 된다. 이런 점에서 4:32과 5:2는 이 두 구절 사이에 병행법(ab-a'b')이 존재한다.

32절	a	인자하고 따뜻하게 하라.	사랑으로 행하라.	a'	2절
	b	하나님께서 용서하신 것처럼…	그리스도께서 사랑하여 자신을 드린 것처럼…	b'	

4:32와 5:2가 서로 짝이 된다는 점에서 본문은 세 부분으로 구분된다. 중간에 있는 5:1은 양 구절을 연결하는 역할을 한다. 즉, "하나님을 닮는 자"(1절)는 4:32와 5:2처럼 행하는 자들이 된다.

A	32절	서로 인자하고 따뜻하게 하라. 하나님이 하신 것처럼…
X	1절	하나님을 닮는 자들이 되라.
A'	2절	사랑으로 행하라. 그리스도께서 하신 것처럼…

구문

32

γίνεσθε [δὲ]
[그리고] 되라/하라 And be

εἰς ἀλλήλους,
서로에 대해 to one another

χρηστοί,
인자하고 kind

εὔσπλαγχνοι
따뜻하게 tenderhearted

χαριζόμενοι
용서하며/은혜를 베풀며
forgiving/ doing a favor to

ἑαυτοῖς,
서로를 each other

καθὼς καὶ ὁ θεὸς
하나님께서 ~ 것처럼 just as God

ἐν Χριστῷ.
그리스도 안에서 in Christ

ἐχαρίσατο
용서하신/은혜를 베푸신
forgave/ did a favor to

ὑμῖν
너희를 you

1

γίνεσθε οὖν
즉 되라 Therefore be

μιμηταὶ
닮는 자들이 imitators

τοῦ θεοῦ
하나님의/을 of God

ὡς τέκνα
자녀들과 같이 as ~ children

ἀγαπητά
사랑스러운 beloved

2

καὶ περιπατεῖτε
또한 행하라 and walk/ live

ἐν ἀγάπῃ,
사랑 가운데 in love

καθὼς καὶ ὁ Χριστὸς
그리스도께서도 ~것같이 as Christ also

ἠγάπησεν
사랑하셔서 loved

ἡμᾶς
우리를 us

καὶ παρέδωκεν
주신 and gave ~ up

ἑαυτὸν
그 자신을 himself

ὑπὲρ ἡμῶν
우리를 위하여 for us

προσφορὰν
예물과 as an offering

καὶ θυσίαν
희생제물로 and sacrifice

τῷ θεῷ
하나님께 to God

εἰς ὀσμὴν
향기/냄새가 되게/로
into/ to be an fragrant

εὐωδίας.
아름다운/향기로운
odor

직역

1. 32. 서로 인자하고 따뜻하게 하라. 서로 용서하되, 하나님께서 그리스도 안에서 너희를 용서하신 것처럼 하라. 1. 즉 사랑스러운 자녀들과 같이 하나님을 닮는 자들이 되라. 2. 또한 사랑 가운데 행하라. 그리스도께서 우리를 사랑하여서, 우리를 위하여 하나님께 아름다운 향기가 되게 그 자신을 예물과 희생제물로 주신 것처럼 하라.

2. 32. And be kind and tenderhearted to one another, forgiving each other, just as God forgave you in Christ. 1. Therefore be imitators of God as beloved children, 2. and walk in love, just as Christ also loved you and gave Himself up for us as

an offering and sacrifice to God to be a fragrant odor.

절별 해석

32절

1. "서로 인자하고 따뜻하게 하라"(γίνεσθε [δὲ] εἰς ἀλλήλους χρηστοί, εὔσπλαγχνοι): "인자한"(χρηστός)은 '친절한, 온유한'(kind, mild), 또는 '유용한, 가치 있는'(useful, worthy)의 뜻이 있는데 여기서는 전자의 의미이다. "따뜻한"(εὔσπλαγχνος)은 두 단어(εὖ, 좋은 + σπλάγχνον, 내장/폐부)가 결합한 것으로, '인정 많은'(tender-hearted), '동정하는'(compassionate)의 뜻이다. "하라"(γίνεσθε)는 '되라'(Be)는 명령법 동사이다. 서로에 대해 친절하고 온유한, 그리고 따뜻하고 부드러운 마음과 태도를 가질 것을 말씀한다.

"서로 용서하되"(χαριζόμενοι ἑαυτοῖς): 여기서 "용서하라"(χαριζόμενοι)는 명령형이 아니라 분사로 '용서하면서'로 번역된다. 이 단어(χαρίζομαι)는 '용서하다'(forgive), '값없이 주다'(give freely)이다. '은혜'(χάρις)란 단어에서 왔다.[102)]

"하나님께서 그리스도 안에서 너희를 용서하신 것처럼 하라"(καθὼς καὶ ὁ θεὸς ἐν Χριστῷ ἐχαρίσατο ὑμῖν): 용서의 기준은 하나님의 본이다. 하나님께서 먼저 '너희'를 용서하셨다(2:4). 본문에는 "하나님께서도"(καὶ ὁ θεὸς)라고 '~도'(also)를 덧붙여 강조하는데, 이것은 '하나님께서도 너희를 용서하시는데 하물며 너희가 용서하지 못할 것이 있느냐?'는 식의 어조라 할 수 있다. "그리스도 안에서"는 하나님의 용서가 그리스도를 통해, 그리스도로 인해 이뤄졌음을 말하는 것이다.

2. "서로 용서하되"는 본래 "서로 인자하고 따뜻하게 하라"와 연결된 분사구문이지만 그 다음 부분에 바로 '용서'에 대한 καθώς-절이 나오기 때문에 이 절과 연결해서 번역했다("용서하되"). 서로에 대한 '용서' 또는 긍휼을 베푸는 것이 전제가 되고 그 위에 인자함과 따뜻함을 더해 서로를 대하는 것이다. '용서' 또는 '값없이 은혜를 베푸는 일'은 하나님의 본에서 기원한다. 하나님께서 우리를 그같이 용서하시고 받으신 것 때문에, 그것을 본받아 우리도 그 용서를 배운다. 그리고 그 연장선상에서 서로에게 인자함과 따뜻함을 제공한다.

32절에서 명령법 동사는 "되라" 하나이다. 서로에 대해 어떤 태도와 자세를 가져야 하는지를 명령한 것이다. 그리 되고자 할 때, '용서함'이 뒤따라야 한다는 것이고, 그 용서는 하나님의 본에서 찾아야 한다는 것을 말씀했다.

하나님의 용서와 은혜가 전제되고 이를 본받고자 하지 않고는 인간인 우리는 결코 서로에게 그러한 용서와 은혜를 베풀 수 없다. 하나님께서 그의 아들 그리스도를 통해 하신 일에 대해 깊은 묵상함이 있고 그 뜻과 마음을 깨닫게 될 때, 비로소 우리는 서로에게 그 용서(또는 은혜)를 내줄 수 있게 된다. 그런 용서와 은혜의 기초 위에서야 우리의 마음이 부드럽게 되고 서로에 대해 따뜻한 배려와 관심이 있게 된다.

1절

1. "그러므로 하나님을 닮는 자들이 되라"(Γίνεσθε οὖν μιμηταὶ τοῦ θεοῦ): 4:32에 이어 두 번째 '되라'(Γίνεσθε) 명령법이 나온다. 접속사 "그러므로"(οὖν)라고 하기에는 논리적으로 다소 부자연스럽다. 일반적으로 '그러므로'는 'A(앞 부분), 그러므로 B(뒷부분)이다'의 논리식을 위해 사용된다. 즉, A가 원인이 되고, B는 결과가 된다. 그러나 명령법 '되라'가 쓰인 두 구절 4:32과 5:1에서, 첫 번째 '되라'의 4:32(A)이 두 번째 '되라'의 5:1(B)의 결과라 말하기는 어렵다. 'A가 되라, "그러므로" B가 되라'가 아니라, 'A가 되라, '즉'(또는 '그러니'), B가 되는 것이다.' 따라서, 이 접속사는 추론적(inferential) 의미로 쓰이지 않았고 앞 구절 4:32와 연결시키기 위한 목적으로 쓰인 것이다. "그러므로"라고 번역하지 않고 생략해도 무방하다. "하나님을 닮는 자들"(μιμηταὶ τοῦ θεοῦ)은 하나님께서 하신 것처럼 행하는 자들이다(마5:48). 앞 구절(4:32)과 연결해 보면, 하나님을 닮는 것은 하나님께서 그리스도 안에서 우리를 값없이 용서하신(또는 은혜를 베푸신) 것 같이 우리도 형제를 그처럼 용서하는 것이다. 그래서 인자하고 따뜻하게 대하는 것이다.

"사랑스러운 자녀들과 같이"(ὡς τέκνα ἀγαπητά): 하나님을 닮는 자, 즉 그분을 닮고자 하는 자가 사랑스러운 자녀가 된다는 뜻이다. "사랑스러운 자녀들과 같이"는 "사랑스러운 자녀들답게"라는 의미이다. 우리는 하나님의 예정을 따라 그분의 아들들이 되었으므로(1:5), 당연히 그분의 자녀들, 사랑 받는 자녀들이다(2:4 참조). 모든 자녀가 다 사랑을 받겠지만 모든 자녀가 다 '사랑을 받을만한'(worthy of love), '사랑스러운'(loveable) 자녀라 하기는 어렵다. 그런 자녀는 아버지의 뜻을 따르는 자녀이다. 바울은 아버지를 닮는 자녀가 바로 그런 자녀라 말하고 있다.

2. 앞 절(4:32)에 이어 두 번째 "되라" 명령법이라 할 수 있으나, 실제로는 앞 절의 내용을 지지하는 근거 구절이 된다. 하나님을 닮는 자가 되는 것, 즉 사랑을 받는 자녀들답게 하는 것(5:1)은 하나님의 용서하심과 같이 서로를 용서하며 서로에게 관용으로 대하는 것(4:32)이기 때문이다.

앞 절(4:32)은 구체적인 행동을 말하지만, 5:1은 구체적이지 않다. 이 두 구절이 각기 다른 명령을 담고 있지 않고, 두 절의 내용이 연속되기 때문이다. 즉, 4:32과 5:1의 두 개의 "되라" 명령법은 그같이 되야 할, 서로 다른 '두 가지'를 말하지 않는다. 그 둘("되라")은 4:32와 5:1을 연결하기 위해 쓰였다.

2절

1. "또한 사랑 가운데 행하라"(καὶ περιπατεῖτε ἐν ἀγάπῃ): "행하라"(περιπατεῖτε)는 '걷다', '행하다', '살다'의 뜻을 가진 동사(περιπατέω)의 명령형 2인칭복수이다. "사랑 가운데/안에서"(ἐν ἀγάπῃ)는 또한 '사랑으로'이다. 사랑으로 행할 것을 명령했다. "사랑 안에서" 서로에게 행하라는 권면은 이미 4:2, 15-16에 나온 바 있다. 또 4:32도 사실상 '사랑'의 내용이다.

"그리스도께서 우리를 사랑하셔서, 우리를 위하여 … 그 자신을 … 주신 것처럼 하라"(καθὼς καὶ ὁ Χριστὸς ἠγάπησεν ἡμᾶς καὶ παρέδωκεν ἑαυτὸν ὑπὲρ ἡμῶν): 본문에는 "그리스도께서도"(καὶ ὁ Χριστὸς)라고 '~도'를 덧붙인다. 4:32에서, "하나님께서도"(καὶ ὁ θεὸς) 했던 것과 같다. 즉 '그리스도도 그같이 하셨다면 하물며 우리가 그같이 하지 못할 것이 있겠느냐? 또는 우리가 그같이 해야만 하지 않느냐?'고 강조한 것이다. "우리를 사랑하셨다"(ἠγάπησεν ἡμᾶς), 바울은 3:18-19에서 그리스도의 사랑의 탁월함에 대해 말한 바 있다. 그리스도께서 우리를 위해 그 자신을 내주신 것, 즉 십자가에 피 흘려 죽으시고 우리를 구속하신 것을 말하고 있다(5:25). 하나님께서는 그 아들 안에서 죄 많던 우리를 값없이 용서해 주셨고(4:32) 예수 그리스도는 그 일을 위해 자신(그의 삶과 목숨)을 직접 내주셨다. 그리스도가 그리하신 것처럼 우리도 그같이 할 것을 명령한 것이다. 그리스도는 우리의 본이시다. 특히 "사랑하셔서.. 주셨다"(ἠγάπησεν … καὶ παρέδωκεν)는 표현은 그리스도의 사랑이 사랑하는 마음에서 머물지 않고 구체적인 행동, 즉 자신을 드리는 데까지 나아갔다는 점을 강조한다.

"예물과 희생제물로"(προσφορὰν καὶ θυσίαν): "예물"(προσφορά)은 '드리는 것'(presenting, offering), '드려진 것'(that which is brought, gift)이다. 특히 제사를 드릴 때 그 앞에 드려지는 것을 가리킨다. "희생제물"(θυσία)은 제단에 드려지는 '제물'(sacrifice, offering)이다. "예물"은 드려지는 데 초점을 둔 단어이고, "희생제물"은 제사를 위해 피 흘려 죽임을 당하는 제물에 초점을 둔 것이다. 일종의 동의어인 이 두 단어는 하나님께 드려지는 제물의 두 측면을 가리키는 말로 종종 함께 사용된다(시40:6[LXX 시39:7]; 히10:5, 8). 그리스도께서 하나님께 드려지는 예물 같은 존재, 특히 피 흘려 죽임을 당하는 양 같은 제물이 되었다는 점을 강조한다.

"하나님께 아름다운 향기가 되게"(τῷ θεῷ εἰς ὀσμὴν εὐωδίας): "향기"(ὀσμή)는 향기'(fragrance), '냄새'(smell, odor)의 뜻을 갖는 단어이고, "아름다운"(εὐωδίας)은 본래 '좋은 냄새', '향기'(fragrance, aroma)를 뜻하는 단어(εὐωδία)의 소유격이다. 이 두 단어는 함께 관용구로 많이 쓰인다(예, LXX 창8:21; 출29:18, 25, 41; 레2:12; 4:31; 6:14; 8:21; 17:4, 6, 23:18 등). 하나님께 드려진 제물이 그분께 받아들여졌다는 것을 말할 때, "아름다운 향기"(개역개정은 주로 '향기로운 냄새'로 번역)라고 쓴다. 따라서 그리스도는 하나님께서 받으실 만한 제물, 즉 '아름다운 향기'가 되도록 자신을 온전히, 그리고 철저히 드리셨다는 말이다. 당연히 하나님께서 그 아들을 '아름다운 향기'로 받으셨다.

2. "사랑 가운데 행하라"는 명령이 간략하게 주어진 대신, 사랑으로 행하는 것이 어떻게 하는 것이냐에 대한 가이드를 주는 종속절(καθώς-절)이 좀더 길게 나타난다. 이 종속절은 그리스도의 본을 말해주고 있다. 특히 그의 사랑이 자신을 피 흘리는 희생제물로 내어주신 데까지 이르렀다는 것을 알려주며 우리도 그 같은 사랑으로 행할 것을 촉구한다.

이런 그리스도의 본("그리스도도")은 4:32의 하나님의 본("하나님께서도")과 짝을 이룬다. 하나님과 그리스도의 본은 모두 사랑에 대한 본이 된다. 성부와 성자의 본을 따라 사랑하는 삶을 살 것을 촉구하는 말씀이다.

단락 해석

1. 그리스도인의 행동에 대한 두 번째 단락이다. 4:32에서 달라진 주제는 5:2까지 이어진다. 5:3부터는 다른 주제가 나타난다. 특히 4:32-5:2에 역교차(A-X-A')로 묶인다는 점을 이해할 필요가 있다. 앞 단락 4:25-31과 다른 주제(용서와 사랑), 다른 어조(긍정적 톤)의 글이 된다. 그리스도인은 '하지 말아야 하는 것'(4:25-31)도 있으나, 이렇듯 '해야 하는 것'(4:32-5:1)이 있다. 하지 말아야 할 것을 하지 않고, 해야 할 것을 하는 것이 그리스도인의 마땅한 삶이다.

2. 4:32와 5:2이 짝을 이룬다는 점을 감안할 때, 특히 이 두 구절의 주제가 사실상 비슷한 내용을 다루고 있다는 점을 고려할 때, 이 두 구절은 합쳐서 해석하는 것이 바람직하다. 32절은 서로에 대한 행동("서로 인자하고 따뜻하게 하라", "서로를 용서하면서")이 비교적 상세하고, 2절은 사랑의 명령("사랑 가운데 행하라")과 그리스도의 희생에 대해 말하는 부분("그 자신을 주셨다")이 나온다. 이 둘을 합쳐 해석하면, 이 둘의 보완적 관계를 이해하게 된다. 즉, '사랑으로 행하는 것'은 바로 '서로를 용서하는 것'과 관련이 있고 '자신을 내주는 사랑'은 '서로에게 인자하고 따뜻하게 대하는 것'과 관련이 있다. 사랑은 이와 같이 구체적인 행동이다.

3. 이런 사랑의 본은 하나님과 그리스도에게서 찾을 수 있다. 하나님께서는 그리스도 안에서 우리에게 값없이 은혜를 베푸시고 허다한 죄를 용서하셨다. '하나님께서도' 이런 우리를 용서하시고 받아주셨다면 우리가 상대(형제)를 용서하고 받아주고 온유하게 대하지 못할 이유가 없다. 이렇게 하나님에게서 배워야 한다. 또한 우리의 본은 성자 그리스도이시다. 그리스도께서 우리를 사랑하셨고 그 때문에 자신을 피 흘려 죽게, 즉 희생제물로 내주셨다. 그것은 하나님께서 받으실 만한 '아름다운 향기'가 되셨다. 성자이신 그리스도께서도 이렇게 사랑하셨고 특별히 자신을 내어주신 사랑을 하셨다면 그 사랑을 받은 우리는 서로에게 어떻게 해야 하는가? 성부 하나님께서도 우리를 이처럼 사랑하셨고, 성자 그리스도께서도 우리를 사랑하시되, 자신을 내주신 사랑을 하셨다면, 그 엄청난 사랑을 받은 '우리'는 어떻게 사랑해야 하는가? 이것이 "사랑 가운데 행하라"와 "서로 용서하며, 서로 인자하고 따뜻하게 하라"는 말씀의 근거가 된다. 하나님의 본은 반대자라도 값없이 주시는 사랑에 초점이

있고, 그리스도의 본은 구체적으로 내어주며 비용을 지불하는 사랑이 부각된다.

4. 중간에 위치한 2절은 사랑을 받은 자녀로서 하나님을 닮는 자가 될 것을 촉구하는 말씀이다. 하나님을 닮는 것은 앞 절(32절)의 성부 하나님의 본과 그 다음 절(2절)의 성자 하나님의 본을 함께 닮는 것이다. 하나님을 닮는 것은 이처럼 중요하다(마5:48). 사랑을 받는 자녀는 여기서 하나님을 닮으려 하는 자녀, 하나님을 닮아 다른 이들을 사랑하는 자녀이다(마5:45).

메시지

1. **하나님과 그리스도를 닮는 자들:** 하나님의 은혜로 구원 받은 우리는 기본적으로 '사랑하시는 자녀'인 것은 분명하다. 하나님의 사랑이 없이는 우리가 구원되지 않았을 것이기 때문이다(1:4; 2:4). 그런데 우리의 가정에서처럼, 그 삶과 행동이 사랑스럽고 자랑스러운 자녀가 있고 또 그렇지 못하고 부모의 마음에 아픔과 슬픔을 주는 자녀가 있다. 하나님 앞에 '사랑스러운 자녀'는 하나님을 닮는 자녀이다. 하나님께서 가르쳐 주신 대로 따르는 자녀이다.

2. **하나님의 용서와 그리스도의 사랑:** 성부 하나님과 성자 그리스도의 본이 제시된다. 성부의 사랑은 은혜와 용서의 사랑이다. 값없이 주는 사랑은 상대의 문제에도 불구하고 값없이, 조건 없이, 한 없이 주는 사랑이다. 이런 사랑이 서로를 용서하며 서로에게 인자함과 따뜻함을 줄 수 있는 사랑이다. 그리스도의 사랑은 내어줌의 사랑이다. 그리스도는 사랑하시되, 우리를 대신하여 자신을 희생제물로 내어줘 우리를 살리시는 그런 구체화된 사랑이다. 이런 사랑은 실제적인 비용이 들 뿐 아니라, 그같이 자신을 내어주는 일이 없이는 가능하지 않다. 사랑은 이렇게 상대가 자격이 없어도 우리 쪽에서 값 없이 제공하는 것이고(요일4:9-10), 사랑은 이렇게 무언가 우리 것을 내주는 희생과 실제적인 비용이 드는 것이다(요일3:16-18). 바울은 우리에게 이런 사랑을 가질 것을 요구한다. 그것이 하나님을 닮는 자가 되는 것이고, 하나님의 사랑 받는 자녀들이 되는 길이다.

5:3-14, 빛 된 삶

전체 구조

1. '그리스도인은 어떤 삶을 살아야 하는가?'를 다루고 있는 세 번째 본문인 3-14절은 전체적으로 여덟 개(3-4, 5-6, 7-8, 9, 10, 11, 12, 13-14절)의 묶음으로 구분할 수 있다.

2. 여덟 개로 나눈 이유는 다음과 같다. 첫째, 3-4절 자체에 병행법(혼합병행법, 4절 해석 참조)이 있고 그 내용은 '더러운 행위와 어리석은 말'을 다루고 있다. 둘째, 5-6절 역시 자체 병행법(6절 해석 참조)이 있다. 행악자의 분깃과 심판을 다룬다. 셋째, 7-8절 안에는 역교차(8절 해석 참조)가 존재한다. 어두움에 참여하지 말고 빛의 자녀들처럼 행하라고 한 말씀이다. 넷째, 9-10절간에는 자체 병행법적 연계가 없으므로 9절과 10절을 독립적으로 볼 수도 있다. 9절은 빛의 열매에 대해, 10절은 주님께 기쁘게 해드릴 것을 시험하라는 내용이다. 이 두 구절의 연계는 문체적 구성보다는 내용의 공통점이다. 9절의 '빛의 열매'가 10절의 '주님께 기쁘게 해드리는 것'이다.

3. 다섯째, 11절은 어두움의 일에 참여하지 말고 드러내라는 말씀이다. 11절과 12절 역시 병행법적 연계는 없으나 논리식에서 11절이 명령을, 12절이 그 이유를 밝히는 부분이다. 두 구절을 나눌 수 있는 이유는 11절의 내용이 앞의 7-8절과 짝이 되기 때문이다. 11절에도 명령법이 두 개("함께 참여하지 말라", "도리어 드러내라")이고, 7-8절도 명령법이 두 개("함께 참여하는 자가 되지 말라", "빛의 자녀들처럼 행하라")이다. 이 같은 형식뿐 아니라, 내용상의 연계가 뚜렷하다. 11절과 7-8절과 같이 밀접하게는 아니지만, 어느 정도는 비슷하게, 12절과 앞의 5-6절이 또한 짝이 된다. 5-6절은 어두움의 일을 행하는 자들의 분깃 없음과 심판을 다루고 있다면, 12절은 그들의 행위가 부끄럽고 비밀스러운 일이라는 데 초점을 둔다. 두 부분 모두 악한 행위에 대한 '판단'(judgment)이라는 점에서 공통점이 있다.

4. 여섯째, 마지막 부분인 13-14절도 그 자체 안에 병행법이 존재한다(14절 해석 참조). 모든 것이 빛으로 드러나고 그같이 드러나야 빛이 된다는 말씀과 잠자는 자의 상태에서 깨어날 것을 촉구하는 말씀이 담겨 있다. 이 말씀은 3-4절과 짝이 된다고 볼 수 있다. 어두움의 일들을 하나씩 열거하고 그 일들에

관여하지 말 것을 말씀한 3-4절이 13-14절에서 마무리된다. 3-4절의 어두움의 일과 13절의 드러난 빛이 대조되고, 3-4절의 성도에게 적합하지 않은 일에서 벗어나는 것은 14절에서 빛이신 그리스도의 비취심으로 잠자는 상태에서 깨어 일어날 것을 촉구하는 말씀으로 마무리된다.

5. 따라서 3-4절, 5-6절, 7-8절, 9절, 10절, 11절, 12절, 13-14절, 이렇게 여덟 부분으로 나눌 수 있고 전체적으로 역교차(abcd-d'c'b'a')를 형성하는 말씀이다.

3-4절	a	더러운 행위와 어리석은 말은 성도에게 적합하지 않다.
5-6절	b	더러운 자에 대한 보응: 분깃 없음, 심판이 임함
7-8절	c	함께 참여하는 자가 되지 말고 빛의 자녀들처럼 행하라.
9절	d	빛의 열매: 선함, 의로움, 진실함
10절	d'	주님을 기쁘시게 하는 것이 무엇인가?
11절	c'	함께 참여하지 말고 도리어 드러내라.
12절	b'	비밀스런 일들은 부르기도 부끄럽다.
13-14절	a'	드러나는 것은 빛이다. 잠자는 자여 일어나라.

Ⅰ. 3-8절, 더러운 행위에 참여하지 말고 빛의 자녀들처럼 행하라.

구문 배열

3
πορνεία δὲ
그리고 음란과 But fornication
καὶ ἀκαθαρσία πᾶσα
온갖 더러움과 or all impurity
ἢ πλεονεξία
또 탐욕은 or greed/ covetness
μηδὲ ὀνομαζέσθω
불리우게 하지/부르지 말라
do not let them be called
ἐν ὑμῖν,
너희 안에 among you
καθὼς πρέπει
그것이 마땅하다 as is proper
ἁγίοις,
성도들에게 among saints

4
καὶ αἰσχρότης
추잡함과 Neither filthiness
καὶ μωρολογία
어리석음이나 nor foolishness
ἢ εὐτραπελία,

6
Μηδεὶς
아무도 No one
ὑμᾶς
너희를 you
ἀπατάτω
속이지 못하게 하라 let ~ deceive
κενοῖς λόγοις·
빈/헛된 말로 with empty words
διὰ ταῦτα γὰρ
이것들 때문에 ~때문이다
for ~ because of these
ἔρχεται
임하기 ~ comes
ἡ ὀργὴ
진노가 the wrath
τοῦ θεοῦ
하나님의 of God
ἐπὶ τοὺς υἱοὺς
아들들 위에 upon the sons
τῆς
ἀπειθείας.

상스러운 농담보다는 nor coarse jesting ἃ οὐκ ἀνῆκεν, 적합하지 않은 whicht are not suitable ἀλλὰ μᾶλλον εὐχαριστία. 오히려 감사하는 말/일[을 하라] but rather thankgiving 5 τοῦτο γὰρ 이것을 ~ 때문에 for ~ this ἴστε 너희가 알기 ~/ 너희는 알라 you have known/ Be sure of γινώσκοντες, (알면서) (recognizing) ὅτι (~한다는 것을) that πᾶς πόρνος 모든 음행자와 any fornicator ἢ ἀκάθαρτος 더러운 자와 and the one who is impure ἢ πλεονέκτης, 또한 ~ 탐욕자는 and greedy person ὅ ἐστιν εἰδωλολάτρης, 우상숭배자인 who is an idolater οὐκ ἔχει 가지지 못한다 do not have κληρονομίαν 기업을 any inheritance ἐν τῇ βασιλείᾳ 나라 안에 in the kingdom τοῦ Χριστοῦ 그리스도와 of Christ καὶ θεοῦ. 하나님의 and of God	불순종의 of disobedience 7 μὴ οὖν γίνεσθε 그러므로 되지 말라 Therefore do not be συμμέτοχοι 함께 참여하는 자가 partakers/ partners αὐτῶν· 그들과 with them 8 ἦτε γάρ 너희는 ~이었으나 for you were ποτε, 그 때는 once/ formerly σκότος 어두움~ darkness νῦν δὲ 그러나 지금은 but now φῶς 빛이므로 (you are) light ἐν κυρίῳ· 주 안에서 in the Lord ὡς τέκνα 자녀들처럼 as children φωτὸς 빛의 of light περιπατεῖτε 행하라/살라 live/ walk

직역

1. 3. 그리고 음란과 온갖 더러움과 탐욕은 너희 가운데 그 이름이라도 불려지지 않게 하라. 그것이 성도들에게 마땅하다. 4. 추잡함과 어리석음이나 상스러운 농담들은 적합하지 않다. 오히려 감사하는 말을 하라. 5. 너희가 이것을 확실히 안다. 그 어떤 음행자와 더러운 자와, 우상숭배자인 탐욕자도 그리스도와 하나님의 나라 안에서 기업을 가지지 못한다는 것이다. 6. 아무도 헛된 말로 너희를 속이지 못하게 하라. 이 때문에 하나님의 진노가 불순종의 아들들 위에 임하기 때문이다. 7. 그러므로 그들과 함께 참여하는 자가 되지 말라. 8. 너희는

그 때에 어두움이었으나 지금은 주 안에서 빛이다. 빛의 자녀들처럼 행하라.

2. 3. But do not let fornication, or any impurity, or greed even be called among you, as is proper among saints. 4. Neither filthiness nor foolishness nor coarse jesting, which are not suitable, but rather do thanksgiving. 5. For you know this, that any fornicator or impure person, or greed one, who is an idolater, does not have any inheritance in the kingdom of Christ and of God. 6. No one let you deceive with empty words, for the wrath of God comes upon the sons of disobedience because of these. 7. Therefore do not be partakers with them, 8. for you were once darkness but now you are light in the Lord. Walk as children of light.

구성/문체

1. 3-8절은 세 부분으로 나뉜다("전체 구조" 참조). 즉 3-4절, 5-6절, 7-8절이다. 3-4절은 더러운 행동과 어리석은 말이 성도에게 적합하지 않다는 말씀을 하고 있다. 5-6절은 더러운 행위자들이 하나님 나라의 기업을 얻지 못하고 도리어 하나님의 심판을 받게 될 것을 분명하게 한다. 반면에 7-8절은 이제는 빛이므로, 그들의 어두움에 함께 참여하지 말고 빛의 자녀로 살 것을 명하고 있다.

2. 이 세 그룹의 어구들은 합쳐서 역교차의 구성을 가진다. 3-4절(a)과 7-8절(a')이 짝이라 할 수 있는데, 그 이유는 첫째, '더러운 일에 참여하지 말라'는 뜻을 담고 있다는 점에서 공통된다. 둘째, 성도에게 적합하지 않기 때문이라거나 이제는 빛이기 때문이라는 이유가 공통적으로 등장한다. 셋째, 반면에 5-6절은 독자들에게 '하지 말라'는 명령이기 보다는 더러운 일을 하는 자에게 보응이 있을 것을 말씀하는 데 이 부분은 3-4절과 7-8절의 내용에 들어 있지 않다. 넷째, 3-4절과 7-8절은 대조법을 사용한다. 3-4절, 특히 4절에 '어리석은 말'과 '감사하는 말'이 대조된다. 7-8절에서는 '함께 참여하는 자'와 '빛의 자녀들', 또 '어두움'과 '빛'이 대조된다. 반면에 5-6절에는 그런 대조가 없다.

3-4절	더러운 일과 어리석은 말을 하지 말라.	a
5-6절	더러운 일을 하는 자는 그 나라의 기업이 없고 심판만이 있다.	x
7-8절	어두움에 함께 참여하지 말고 빛의 자녀들처럼 행하라.	a'

3. 3-4절(a)과 7-8절(a')은 하지 말아야 할 것에 대해 명령하고 있고 5-6절은 하지 말아야 할 이유 또는 근거에 대한 말씀(x)이 나온다.

절별 해석

3절

1. "그리고 음란과 모든 더러움과 탐욕은"(Πορνεία δὲ καὶ ἀκαθαρσία πᾶσα ἢ πλεονεξία): "음란"(Πορνεία)은 모든 성적인 죄, 즉 '부정'(不貞, unchastity), '간음'(fornication)을 포함한 성적 부도덕함을 말한다. "더러움"(ἀκαθαρσία)은 '깨끗함'(καθαριότης)의 반대(ἀ-), 즉 '깨끗하지 않음'(uncleanness, impurity)을 말한다. "더러움"은 '음란'에도, '탐욕'에도 해당이 되는 포괄적인(중간적인) 용어이다. "탐욕"(πλεονεξία)은 물질에 대해 '탐하는 것'(covetousness)이다. 이 단어는 '탐하는 자'(πλεονεξία), 즉 '자신이 가져야 할 것보다 더 많은 것을 가지려는 자'(πλεον-έκτη, 즉 ὁ πλέον ἔχων, one who claims more than his due, LS)에서 나온 말이다. 그래서 '탐욕'(greed)이다. 성적인 죄와 물질적인 죄, 또 이를 포함한 '더러움'에 대해 경계한다.

"너희 가운데 그 이름이라도 불려지지 않게 하라"(μηδὲ ὀνομαζέσθω ἐν ὑμῖν): "그 이름이라도 불려지지 않게 하라"는 것은 이들 단어들을 단지 입술 밖으로 내놓지 말라는 뜻은 아니다. 어떤 이름과 그 존재가 분리되지 않는다. 그래서 바울이 '모든 족속에게 이름을 주셨다'(3:14-15)고 했을 때, 그 뜻은 그들의 존재의 기원이 하나님께 있다는 뜻이었다. 그 이름을 부르는 것과 그에 대해 생각하는 것을 분리하기 어렵다. 이름이라도 부르지 말라는 것은 그것을 대화 주제로 삼거나, 생각 중에 머물게 하지 말라는 강한 표현이다. 물론 이 말씀은 이 같은 죄를 반대하거나 경계하는 말을 입 밖에 내지 말라는 것은 아니다. 관심 자체를 갖지 말라는 말이다.

"그것이 성도들에게 마땅하다"(καθὼς πρέπει ἁγίοις): 이유를 말씀한다. "성도들"(ἁγίοις), 즉 '거룩한 자들'(holy ones, saints)에게는 그렇게 하는 것이 당연하기 때문이다. '거룩한 자들'이라는 이름의 성도들은 그 이름 때문이라도 온갖 더러움의 것에 자신의 일부라도 참여하게 할 수 없다.

2. "음란"과 "탐욕"은 두 가지 더러운 죄이다. 그리고 중간에 위치한 "모든 더러움"은 이 두 가지 더러운 것을 포함한다. 그래서 '모든'으로 꾸며준 것이다.

"성도"라는 이름에 맞지 않다는 점을 강조했다. '성과 물질'에 대한 과욕은 온갖 더러움의 근거가 된다. '성도'라는 이름은 이름 자체로 이런 것들과 반대된다. 이 주제는 서로에 대한 것이 아니라, 자기 자신에 대한 것이다.

4절

1. "추잡함과 어리석음이나 상스러운 농담들은 적합하지 않다"(καὶ αἰσχρότης καὶ μωρολογία ἢ εὐτραπελία ἃ οὐκ ἀνῆκεν): "추잡함"(αἰσχρότης)은 '추잡함'(ugliness), '외설'(indecency), '부끄러운 행위'(shameful behavior)를 가리킨다. "어리석음"(μωρολογία)은 '어리석고 멍청한 말'(foolish and stupid talk)이다. "상스러운 농담"(εὐτραπελία)은 '희롱하는 말'(jesting), '음담패설'(ribaldry)을 뜻한다. 이 세 가지는 모두 '더러운 말'을 가리킨다. 3절이 마음과 행동의 더러움과 관련된 문제라면, 4절은 말의 더러움의 주제를 담는다. "적합하지 않다"(ἃ οὐκ ἀνῆκεν)는 말은 3절의 "마땅하다"는 말과 반대된다. 어울리거나, 맞지 않다는 말이다.

"오히려 감사하는 말을 하라"(ἀλλὰ μᾶλλον εὐχαριστία): 추잡한 말, 어리석은 말, 그리고 상스런 농담은 성도들에게 어울리지 않고 그 반대로 '감사하는 것/말'(εὐχαριστία)이 어울리는 것이다.

2. 첫째, 어떻게 '감사하는 말'이 온갖 추잡한 말, 어리석은 말과 반대가 될 수 있을까? 먼저, 깨끗한 마음, 하나님께 향하는 마음 없이 하나님께 감사할 수 없다. 그래서 추잡한 말과 감사는 반대된다. 또한 더러운 말은 곧 어리석은 말인데, 이는 하나님을 생각함이 없이 이뤄지는 말이라는 점에서 감사하는 말과 대조된다.

둘째, "추잡함과 어리석음과 상스런 농담"은 어떻게 배열된 말인가? '추잡함'을 성적(性的)인 것으로 본다면 '상스런 농담'도 그런 계통이므로 서로 관계가 있다. 그리고 '어리석음' 또는 '어리석은 말'은 조금 이와 다른 계통의 말이다. 그러나 '어리석은 말'이 무엇인가 할 때, 분명하게 말할 수 있는 것이 없다. 성적으로 추잡하고 상스런 말(농담)을 가리켜 한 마디로 '어리석다'고 하는 것일 수 있다. 이것은 3절의 "음란과 모든 더러움과 탐욕"에서 '모든 더러움'이 음란과 탐욕의 합(合) 또는 이 둘을 포함하는 용어라는 점과 그 방식이 같다. 그러니까 온갖 추잡하고 상스런, 그런 부끄러운 말, 즉 주 앞에 어리석은 말은 성도에게 적합하지 않다고 해석된다.

3절	a	음란, 모든 더러움, 탐욕	추잡함, 어리석음, 상스런 농담	a'	4절
	b1	이름도 부르지 말라.	적합하지 않다.	b'2	
	b2	성도에게 마땅하다.	오히려 감사하는 말을 하라.	b'1	

3절과 4절은 "음란, 모든 더러움, 탐욕"(a)과 "추잡함, 어리석음, 상스런 농담"(a')이 짝을 이룬다.[103] 전자는 더러운 행위, 후자는 더러운 말이다. 그리고 이어 나오는 부분이 각기 두 어구씩이다. 이 두 어구들은 3절과 4절이 서로 역교차(b1b2-b'2b'1)를 형성한다. 즉, "성도에게 마땅하다"(3c절, b2)는 "적합하지 않다"(4b절, b'2)와 짝이 된다. 무엇이 마땅하고 또 무엇이 마땅하지 않은지 알려주는 말씀이다. 또 "이름이라도 부르지 말라"(3b절, b1)는 "오히려 감사하는 말을 하라"(4c절, b'1)와 짝이 된다. 이를 연계하면, 옳지 않은 것은 그 이름이라도 부르지 말고 오히려 감사하는 말을 하라는 뜻이 된다.

이와 같이 3-4절이 혼합 병행법을 이룬 말이라면, 이 두 구절을 합쳐서 해석해도 좋다. 즉, 더러운 행위(음란, 탐욕 같은 모든 더러운 것)와 더러운 말(추잡하고 상스러운 말, 즉 어리석은 말)을 버릴 것을 권면하는 말씀이다. 이것은 성도에게 적합하지 않기 때문이다. 오히려 그것들을 우리의 입에 담지도 않으려 하는 것이 성도된 우리에게 마땅한 일이다. 이것들을 이름이라도 부르지 않는 데 그치지 않고 더 나아가 하나님께 감사하는 말을 해야 한다.

5절

1. "너희는 이것을 확실히 안다"(τοῦτο γὰρ ἴστε γινώσκοντες): 본래 명령법 구문(ἴστε, "알아라")인데, 접속사 γάρ(때문에)가 있어서, 명령체로 번역되지 않았다. 또 이와 함께 '안다'(γινώσκω)의 복수형 분사가 함께 쓰였는데, 아는 것의 확실성(certainty)을 강조하기 위해 사용된 것이다. '너희가 확실하게 알아라', 또는 '너희가 확실하게 안다/알고 있기 때문이다'로 번역된다.

"그 어떤 음행자와 더러운 자와, 우상숭배자인 탐욕자도"(ὅτι πᾶς πόρνος ἢ

ἀκάθαρτος ἢ πλεονέκτης, ὅ ἐστιν εἰδωλολάτρης): "음행자"(πόρνος)는 3절의 "음행"(πορνεία), 즉 성적인 죄를 행하는 자이다. "더러운 자"(ἀκάθαρτος)는 3절의 온갖 "더러움"(ἀκαθαρσία)을 행하는 자이다. "탐욕자"(πλεονέκτης)는 당연히 3절의 "탐욕"(πλεονεξία), 즉 물질적인 욕심(더 많이 갖고자 하는 것)을 가진 자이다. 여기서도 3절의 순서와 같이 "더러운 자"가 중간에 위치하는데, "음행자"와 "탐욕자"를 포함한다고 할 수 있다. "탐욕자"에 대해서는 "우상숭배자"(εἰδωλολάτρης)라는 말("그는 우상숭배자이다")이 덧붙여졌는데, 탐욕은 하나님 외의 다른 것을 더 추구하고 존중하는 행위이기 때문이다(마4:8-10의 예수님의 세 번째 시험 참조; 골3:5).

"그리스도와 하나님의 나라 안에서 기업을 가지지 못한다는 것이다"(οὐκ ἔχει κληρονομίαν ἐν τῇ βασιλείᾳ τοῦ Χριστοῦ καὶ θεοῦ): "그리스도와 하나님의 나라"(ἡ βασιλείᾳ τοῦ Χριστοῦ καὶ θεοῦ)는 우리가 하나님의 아들들로 상속받게 될(3:6) 영광스러운 나라(히12:28; 약2:5)이다. "기업을 가지지 못한다"(οὐκ ἔχει κληρονομίαν)는 그 나라의 상속자가 될 수 없고 아무런 지분도 주장할 수 없다는 뜻이다(고전6:9-10; 갈5:19-21). 그 나라의 시민으로 인정될 수 없기 때문이다.

2. "이것을"(τοῦτο)으로 시작하는 구문, 명령법 "알아라"(ἴστε)의 사용, 덧붙여 또 하나의 '알다'(γινώσκοντες, 분사)의 반복적 사용 등은 독자들이 알고 있는 특정한 사실(ὅτι-절의 내용)을 강조하려는 목적으로 쓰였다. 어떤 자들은 그리스도와 하나님의 나라의 상속자가 될 수 없다는 사실이다.

이 말씀은 그 같은 죄인은 용서 받을 수 없다거나, 구원 받을 자격이 없다는 뜻은 아니다. 그리스도인에게 이런 일은 용납될 수 없다는 경계의 말씀이다.[104] 과거에 그러했던 자라도 하나님의 사람이 되면 변화되는 것이 당연하다. 그렇지 않고 그 범죄가 계속되거나 더 심해지면 구원 받은 자인지 확신할 수 없다.

6절

1. "아무도 헛된 말로 너희를 속이지 못하게 하라"(Μηδεὶς ὑμᾶς ἀπατάτω κενοῖς λόγοις): "아무도 너희를 속이지 못하게 하라"(Μηδεὶς ὑμᾶς ἀπατάτω)는 이 일과 관련해서 다른 어떤 사람도 그렇지 않다고 말할 수 없을 뿐 아니라, 그런 말에 결코 미혹되지 말라는 것이다. 그 사실은 흔들릴 수 없는 분명한 하나님의 뜻이라는 것이다. "헛된 말"(κενοῖς λόγοις, 복수)은 '빈 말'(empty words), 즉 아무리 그럴

듯하게 주장한다 해도 실제로는 이뤄지지 않는, 말도 되지 않는 그런 말을 의미한다. 그런 일은 일어나지 않는다는 것이다.

"이 때문에 하나님의 진노가 … 임하기 때문이다"(διὰ ταῦτα γὰρ ἔρχεται ἡ ὀργὴ τοῦ θεοῦ): "이 때문에"(διὰ ταῦτα), 즉 '이것들 때문에'에서, '이것들'은 3-5절의 그릇된 행동들과 말을 가리킨다. 이런 악한 행동들과 말들은 "하나님의 진노"(ἡ ὀργὴ τοῦ θεοῦ)를 가져온다. 그런 일을 행하는 자를 2:3에서 "진노의 자녀"(τέκνα ὀργῆς)라고도 했다. 진노의 대상이 되기 때문이다(롬1:18, 32).

"불순종의 아들들 위에"(ἐπὶ τοὺς υἱοὺς τῆς ἀπειθείας): "불순종의 아들들"(οἱ υἱοὶ τῆς ἀπειθείας)은 이미 2:2에 나온 바 있다. 구원 받기 전의 이방인들을 가리키는 말인데, 그들의 불순종 상태와 태도를 부각하고 있는 어구이다. 하나님의 자녀가 된 우리 성도들에게 주는 말씀인데 '불순종의 아들들'이라는 어구까지 쓰는 것은 우리에 대해 강력한 경계의 말씀을 주고자 한 때문이다.

2. 5절과는 좀 다르지만, 강조법이라는 점에서는 비슷하다. "아무도"(Μηδεὶς)라는 부정대명사를 구문 첫 번째 단어로 사용한 것, "속이지 못하게 하라"(Μηδεὶς ἀπατάτω)는 명령형, "하나님의 진노"라는 강력한 표현 등은 강한 경계의 말씀을 위해 사용된다. 그러니까 첫째, 5절과 6절이 모두 강조법을 담고 있다는 점이 주목된다. 둘째, 5절이 두 부분(two clauses)이고, 6절 또한 두 부분(two clauses)으로 된 공통점이 있다. 5a절의 '알다'의 강조, 6a절의 '속이지 못하게 하라'의 강조는 서로 연계되는 면이 크다. 또한 5b절의 '나라를 기업으로 받지 못한다'와 6b절의 '하나님의 진노가 임한다'는 상관 관계가 깊은 내용들이다. 따라서 5-6절은 다음과 같은 병행법을 가진다.

<table>
<tr><td rowspan="2">5절</td><td>a</td><td></td><td>이것을 확실히 안다.</td><td>아무도 속이지 못하게 하라.</td><td>a'</td><td></td><td rowspan="2">6절</td></tr>
<tr><td></td><td>b</td><td>더러운 범죄자들은 하나님 나라의 기업을 받지 못한다.</td><td>불순종의 아들들 위에 하나님의 진노가 임한다.</td><td></td><td>b'</td></tr>
</table>

바울이 강조하는 것은, 그들이 확실히 알고 있고(a) 그래서 아무도 속일 수 없는(a') 사실이 있다는 것이다. 그것은 계속된 범죄자들, 즉 불순종의 아들들은

하나님의 나라를 기업으로 받을 수 없고(b) 도리어 하나님의 진노를 받게 된다(b')는 것이다. 이를 병행법으로 강조했다.

7절

1. "그러므로 그들과 함께 참여하는 자가 되지 말라"(μὴ οὖν γίνεσθε συμμέτοχοι αὐτῶν): "그러므로"(οὖν)는 6-7절의 내용을 경고로 삼고, 옳지 않은 일에서 떠날 것을 경계한다. "참여하는 자"(συμμέτοχοι, 복수)는 '함께 나누는 자'(sharers with someone)이다. 이 단어는 이미 3:6("함께 약속에 참여하는 자")에 나왔다. 함께 하나님의 약속에 참여할 수도 있고, 반대로 불순종의 아들들과 함께 참여하는 자가 될 수도 있다. 우리 성도는 어느 쪽에 참여하는 자가 되야 하는가? 그렇게 "되지 말라"(μὴ … γίνεσθε)는 명령법을 사용했다. 불순종의 아들들, 하나님 나라를 기업으로 받지 못하는 이들은, 그리스도로 인해 변화된 우리 성도들과 아예 상관이 없는 자들이다. 그들이 하는 더러운 행동(3, 5절)과 어리석고 추잡한 말(4절)에 그들과 함께 나누는 자가 되지 말라, 그 일에 파트너가 되지 말라는 말씀이다.

2. 3절에 더러운 것은 '이름도 부르지 말라' 했고, 4절에 더러운 말보다는 '감사의 말을 하라'고 했다. 5-6절에서 그 이유는 그런 것들은 하나님의 나라에 기업을 얻는 자들과 상관이 없고, 또한 그런 일들을 하는 자는 하나님의 진노가 있다고 말했다. 그리고 나서 7절에 가서 '참여하지 말라'고 명령한다. 이런 점에서 7절은 논리적으로 결론 부분이다. 한편으로, 3-4절의 명령과 7절의 명령은 서로 짝이 될 수도 있다. 그런데 7-8절이 서로 묶이므로(병행법, 8절 해석 참조) 7절만 아니라, 7-8절이 3-4절과 짝이 된다(8절 해석 참조). 이때, 5-6절은 중간을 형성한다.

논리적인 결론(물론 8절을 포함해야 하지만)인 것은 바울이 이 구절들(3-7절)에서 진정 말하고자 하는 것이 무엇인지 말씀하고 있기 때문이다. 바울은 성도들이 "모든 음행자와 더러운 자와 탐욕자"와는 다른 부류의 존재들임을 분명히 하고 있다. 그런 이들과 다른, 새사람을 입은 새로운 존재이다(4:17-24). 성도들이 여전히 옛사람을 입은 것처럼 행해서는 안 된다. 그것은 어울리지 않다. 그런데 그런 모습이 다소간 있는 것은 옳지 않은 일에 참여하고 있는 것이다.

8절

1. "너희는 그 때에 어두움이었으나"(ἦτε γάρ ποτε σκότος): "그 때에"(ποτε)와 "지금은"(νῦν)을 대조한다. 이런 대조는 이 편지에서 반복된다(2:2-3, 11, 13; 참조, 4:17-24). "어두움"(σκότος)은 기본적으로 죄 가운데 있는 상태, 또는 죄의 노예 된 상태(요8:34; 롬6:16; 요일3:8)를 가리킨다.

지금은 주 안에서 빛이다"(νῦν δὲ φῶς ἐν κυρίῳ): 과거에는 어두움이었으나 하나님께서 그 어두움에서 불러내셨다(벧전2:9). 불러내셔서 주 안에서 "빛"(φῶς)이 되게 하셨다. 그러므로 지금은 빛이다(마5:14; 빌2:15). 어두움과 빛의 차이는 죄의 문제와 관련이 있다. 어두운 곳에 죄가 있고, 그 죄는 죽음을 가져다 준다(롬6:23).

빛의 자녀들처럼 행하라"(ὡς τέκνα φωτὸς περιπατεῖτε): "빛의 자녀들"(τέκνα φωτὸς)은 문자 그대로 '빛'이신 하나님(요일1:5)의 자녀들(눅16:8; 요12:36; 살전5:5)이란 뜻이다. 또한 '불순종의 자녀들'이 불순종하는 자들을 가리키는 것처럼 '빛의 자녀들'도 자신의 빛을 비추며, 빛으로 행하는 자들을 가리키는 말이다. 우리는 주 안에서 '빛'이 되었고 또한 '빛의 자녀들'로 세상과 이웃에 빛을 비추는 자들이 되었다. 빛의 자녀들답게 행하고, 살고, 걸어야 한다("행하라", περιπατεῖτε).

2. 7-8절은 구문상 'A: ~되지 말라', 'B: ~이기 때문이다', 'C: 그러므로 ~하라'의 논리식을 갖는다. 명령체가 A와 C 부분에 나오기 때문에 사실상 A와 C는 짝이 된다. 그리고 이유가 되는 B 부분이 중간에 위치한다.

7절	함께 참여하는 자가 되지 말라.	a
8a절	그때는 어두움이었으나 지금은 빛이다.	x
8b절	빛의 자녀들처럼 행하라.	a'

7절의 '참여하는 자가 되지 말라'는 부정적인(negative) 명령이고 8b절의 '빛의 자녀들처럼 행하라'는 긍정적인(positive) 명령이다. '하지 말라'(Don't)는 명령과 '하라'(Do) 명령이 다 필요하다. 하지 말아야 할 것을 먼저 하지 말아야, 해야 할 것을 할 수 있기 때문이다. 또한 하지 말아야 할 일만 있는 것이 아니라, 해야 할 일을 적극적으로 하는 것이 또한 필요하다. 어두움을 벗고 빛의 갑옷을 입는 일(롬13:12)이 필요하다.

단락 해석

1. 3절과 4절 모두 옳지 않은 죄를 그려주고 있으나, 3절은 구체적인 행동을, 4절은 행동보다는 말에 초점을 맞춘 바 있다. 즉, 3절에서, '모든 더러움'으로 대표되는 것들('음란과 탐욕'), 즉 더러운 행동에 대해 경계하고 있고, 4절에서 '어리석은 말'(또는 더러운 말)에 대해 경계한다. 이러한 행동과 말은 성도에게 적합하지 않다. 오히려 감사하는 일과 감사하는 말을 해야 한다(εὐχαριστία는 감사하는 말만 해당되지 않는다). 감사하는 마음과 태도는 더러운 행위와 반대되고, 감사하는 말은 어리석은 말과 대조된다.

2. 5절이 4절의 내용은 배제하고 3절의 내용과만 연결되는 것은 5절이 3절을 받고, 6절이 4절을 받는 것처럼 배열됐기 때문일 가능성이 있다. 즉, 6절의 "이것들"(ταῦτα)이 4절의 어리석고 더러운 말들을 가리키는 것일 수 있다. 바울이 이 같은 문학적 배열의 완성(3-6절의 병행법, ab-a'b')을 염두에 두고, 5절에서 3절의 '더러운 일을 행하는 자들'에 대해 말했다 할지라도, 그런 행위자(3절)나 그렇게 말하는 자(4절)의 보응이 각기 서로 다르게 주어진다 할 수는 없다. 첫째, 3-4절 자체의 묶임(혼합병행법, "4절 해석" 참조)과 5-6절 자체의 묶임(병행법, "6절 해석" 참조)이 매우 강하기 때문이다. 둘째, 5절의 '하나님 나라의 기업을 얻지 못하는 것'과 6절의 '하나님의 진노를 받는 것'은, 기본적으로 악행자의 보응을 말해주는 동전의 양면과 같기 때문이다. 셋째, 그 다음 부분인 7-8절이 더러운 행위와 어리석은 말의 문제를 '어두움'이라는 말로 통합하고 있기 때문이다.

3. 따라서 5-6절을 모두 합쳐서 해석하는 것이 좋다. 더러운 일을 행하고 어리석은 말을 하는 자들에게 하나님 나라의 기업이 있을 것으로 기대할 수 없다. 또한 하나님의 진노가 그들에게 임하는 것은 너무도 당연하다. 이런 일들은 거룩한 성도들에게 어울리는 일이 결코 아니다. 조금도 그렇지 않다. 과거에는 우리도 어두움이었으나 이제는 '주 안에서' 빛이 되었기 때문이다(8절).

4. 그러므로 성도는 그 어두움의 일에 참여하지 말아야 하고 그 반대로 빛의 자녀들답게 살고 행해야 한다. 어두움인 그들과 달라야 한다. 빛의 자녀들은 그렇게 다르다.

메시지

1. **더러운 일과 어리석은 말:** 그리스도인의 삶은 그렇지 않은 이들과 이 부분에서 다르다. 더러운 일, 특히 성적 음란과 물질적 탐욕을 행하는 자들이 아니다. 또한 더럽고 어리석은 말, 즉 추잡한 말과 상스러운 농담을 좋아하지 않는다. 어울리지 않기 때문이다. 오히려 감사하는 마음을 갖고 감사하는 말을 하는 자들이다.

2. **더러운 자와 하나님의 심판:** 더러운 일을 하고 더러운 말을 해도 하나님의 심판과 관련이 없다는 말은 명백히 거짓말이다. 바울은 매우 강조해서 말씀한다. 그런 자는 그리스도와 하나님의 나라에서 아무런 기업과 분깃을 얻을 수 없다. 그럴 뿐 아니라, 그들에게 하나님의 진노가 임하게 된다. 이것은 부인할 수 없는 사실이다. 따라서, 혹 그리스도인 가운데 이런 일에 참여한 자가 있어서는 안 된다는 점을 경계하고 있다.

3. **함께 참여하지 않고 빛의 자녀들답게 행하는 일:** 성도는 더 이상 어두움에 속하지 않는다. 빛이다. 또한 빛의 자녀들이다. 그러므로 어두움의 일에 함께 참여할 수 없다. 그럴 뿐 아니라, 빛의 자녀들답게 행해야 할 일이 따로 있다.

Ⅱ. 9-10절, 빛의 열매, 주님을 기쁘시게 하는 것

구문 배열

9	10
ὁ γὰρ καρπὸς 열매는 (~에 있으므로) for the fruit τοῦ φωτὸς 빛의 of light (is in) ἐν πάσῃ 모든 ~안에/~에 in all ἀγαθωσύνῃ 선함과 goodness καὶ δικαιοσύνῃ 의로움과 and righteousness καὶ ἀληθείᾳ 진실함 and truth	δοκιμάζοντες 시험하면서/시험하라 Proving/ Trying to find out τί ἐστιν 무엇이 ~인지 what is εὐάρεστον 기쁘게 해드리는 것 pleasing τῷ κυρίῳ, 주님께/주님을 to the Lord

직역

1. 9. 빛의 열매는 모든 선함과 의로움과 진실함에 있다. 10. 주님을 기쁘게 해드릴 것이 무엇인지 시험하라.

2. 9. For the fruit of light is in all goodness, righteousness, and truth, 10. proving what is pleasing to the Lord.

구성/문체

1. 9절은 γάρ(때문에)-절로 7-8절의 이유("왜냐하면"), 또는 근거가 된다. 빛의 열매는 "모든 선함과 의로움과 진실함"이므로 '어두움에 함께 참여하지 말고 빛의 자녀답게 행하라'가 된다. 한편으로 9절은 또한 11절의 "함께 참여하지 말라"의 근거가 되기도 한다.

2. 10절은 분사(현재남성복수) 구문이므로 문법적으로는 주어('너희')가 다른 9절보다는 11절에 연결된다. 9절과 10절이 짝을 이룬다고 볼 수 있는 이유는 다음과 같다. 첫째, 9절이 앞의 7-8절과 연결되듯, 10절은 뒤의 11-12절과 연결된다. 즉 두 구절의 기능, 즉 앞 구절들과 뒤의 구절들을 보완하는 역할이 비슷하다. 둘째, 내용이 비슷하다. 10절의 "주님께 기쁘게 해드리는 것"은 9절의 "빛의 열매"이다. 3-14절 가운데 이런 소재는 9-10절에만 있다. 셋째, 이런 긍정적인 내용만 있는 부분도 3-14절가운데 오직 9절과 10절만이다.

절별 해석

9절

1. "빛의 열매는"(ὁ γὰρ καρπὸς τοῦ φωτὸς): 8절의 '빛'의 주제가 연속된다. "빛의 열매"는 '주 안에서 빛'이 되고 또한 '빛의 자녀들'인 자들이 내놓아야 할 삶(행위)의 열매이다.

"모든 선함과 의로움과 진실함에 있다"(ἐν πάσῃ ἀγαθωσύνῃ καὶ δικαιοσύνῃ καὶ ἀληθείᾳ): "선함"(ἀγαθωσύνη)은 '선한 것/선함'(goodness), '관대함'(generosity)이다. 다른 이들을 선하게(선한 의도로) 대하는(행하는) 것이다. "의로움"(δικαιοσύνη)은 '올곧음'(uprightness), '의로움'(righteousness)을 뜻한다. "진실함"(ἀλήθεια)은 '진실함'(truthfulness) 또는 '진리'(truth)로 쓰인다. 전자의 의미가 맥락에서 맞다. "모든"(πάσῃ)은 "선함"에만 걸리지 않고, "선함과 의로움과 진실함"에 모두 걸린다. 빛의 열매가 "모든 선함과 의로움과 진실함"에 있다는 것은 빛의 열매의 특징 또는 결과가 모두 이 세 가지와 관련이 있다는 뜻이다. 즉, 선하고, 의롭고, 진실하게 살고 행하는 것은 빛의 자녀들의 자연스런 특징이다. 이 내용과 반대되는 것이 3절의 "음란과 모든 더러움과 탐욕"이고 4절의 "추잡함과 어리석음과 상스러운 농담"이다. 이것들은 어두움의 특징이다. 이것들은 선함도, 의로움도, 진실함(진리성과 함께)도 없다.

2. '빛의 열매가 곧 모든 선함과 의로움과 진실함이다' 하지 않고 '모든 선함과 의로움과 진실함에 있다'고 한 이유는 이 세 가지 단어가 추상적인 의미를 지니고 있기 때문이다. 열매는 이 세 가지로 인해(또는 연관해서) 나타나는 구체적인 삶이다. 이 구절에서 나타나는 빛의 열매의 특징은 3-6절에서 반복 강조하고 있는 어두움의 일들과 대비해준다. 더러운 행위와 어리석은 말, 모두 이 세 가지 특징이 결여되어 있다. 자신에 대해 부끄럽고 상대를 해하는 행위와 말들이다.

10절

1. "시험하라"(δοκιμάζοντες): '시험하는 것'(δοκιμάζειν)은 사실여부를 '테스트하고 판단하는 것'(to test and judge, examine)이다. 여기서는 9절 내용이 분명한 사실이라는 점을 강조하기 위해 쓰였다.

"주님을 기쁘게 해드릴 것이 무엇인지"(τί ἐστιν εὐάρεστον τῷ κυρίῳ): '무엇이 주님께 기쁨이 되는 것인가'라고 번역해도 좋다. '기쁨이 되는 것'(εὐάρεστον)은 '기뻐하게 되고'(pleasing), '받아들여지게 되는'(acceptable) 것이다. 주님에게 기쁨이 되는 것, 또는 주님을 기쁘게 하는 것이 어떤 것인지 시험해 보라는 것이다. 그것이 어떤 것인지 분명하다는 얘기이다.

2. 9절에 이어 10절에 등장한 '주님을 기쁘게 하는 것'은 당연히 9절의 '빛의 열매'가 된다. 10절이 분사로 된 것은 이를 전제로 해서 11절의 행동을 촉구하기 위한 것이다. 9절의 빛의 열매, 즉 선함과 의로움과 진실함과 관련된 삶이 너무도 중요하다는 것을 강조하기 위해 10절이 쓰여졌다. 빛의 열매를 맺지 않는 것은 그 반대로 주님을 슬프게 하는 것(4:30 참조)이다.

단락 해석

1. 9절의 '빛의 열매'는 10절의 '주님을 기쁘시게 하는 것'이다. 그렇다면 어두움의 일은 당연히 주님을 슬프시게 하는 것이다. 바울이 '무엇인지 시험하면서/시험하라' 했을 때, 빛의 열매가 주님께 기쁨이 된다는 것은 명약관화(明若觀火)한 일이라는 점을 분명히 한 것이다.

2. 빛의 열매의 특징은 "모든 선함과 의로움과 진실함"이다(갈5:22 참조). 이 세 가지는 어두움의 일(즉, 더러운 일과 어리석은 말)과 크게 대조된다.

메시지

1. **빛의 열매와 주님의 기뻐하심:** 주님께서 기뻐하시는 것이 무엇인지 알고자 하는 사람이라면, 이에 대해 본문은 명확한 답변을 주고 있다. 빛의 열매를 맺는 것이다. 어두움의 일을 벗고 빛의 열매를 맺는 것은 이처럼 중요하다.

2. **선함과 의로움과 진실함:** 이 세 가지는 빛의 열매의 특성이 된다. 선하고 의롭고 진실한 것은 참으로 귀하고 아름다운 성도의 특성이다. 교회도 그래야 한다. 그리스도의 교회가 이러하지 못하면 아무런 희망이 없다.

Ⅲ. 11-14절, 함께 참여하지 말고 드러내라. 잠에서 깨어라.

구문 배열

11 καὶ μὴ συγκοινωνεῖτε 함께 참여하지 말라 Do not participate τοῖς ἔργοις 일들에/행위들에 in the ~ deeds τοῖς ἀκάρποις 열매 없는 unfruitful τοῦ σκότους, 어두움의 of darkness μᾶλλον δὲ καὶ ἐλέγχετε. 도리어 드러내라 rather expose them 12 τὰ γὰρ κρυφῇ 왜냐하면 비밀스런 일들은 for the things in secret γινόμενα 되어진 which are done ὑπ' αὐτῶν 그들에 의해 by them αἰσχρόν 부끄럽기 shameful ἐστιν 이기 ~때문이다 are καὶ λέγειν, 부르기에도 even to be named	13 τὰ δὲ πάντα ἐλεγχόμενα 그러나 드러나는 모든 것들이 but everything exposed ὑπὸ τοῦ φωτὸς 빛에 의해 by the light φανεροῦται, 나타난다/알려진다 becomes visible 14 πᾶν γὰρ τὸ φανερούμενον 나타내진 것마다 ~때문에 for anything that becomes visible φῶς 빛~ light ἐστιν. ~이기~ is διὸ λέγει, 그러므로 말하기를 therefore it is said "Εγειρε, 깨어라 Awake ὁ καθεύδων, 잠자는 자여 O sleeper καὶ ἀνάστα 일어나라 rise ἐκ τῶν νεκρῶν, 죽은 자들 가운데서 from the dead καὶ ἐπιφαύσει 비취실 것이다 and ~ will shine σοι 네게 on you ὁ Χριστός. 그리스도께서 Christ

직역

1. 11. 어두움의 열매 없는 일들에 함께 참여하지 말라. 도리어 드러내라. 12. 그들에 의해 비밀히 된 일들은 부르기에도 부끄럽기 때문이다. 13. 그러나 빛에 의해 드러나는 모든 것들이 나타난다. 14. 나타난 것마다 빛이기 때문이다. 그러므로 말하기를, "잠자는 자여, 깨어라, 죽은 자들 가운데서 일어나라, 그리스도께서 네게 비취실 것이다."

2. 11. Do not participate in the unfruitful deeds of darkness, rather expose them, 12. For the things in secret which are done by them are shameful even to be named. 13. But everything exposed by the light becomes visible, 14. for anything that becomes visible is light. Therefore it is said, "Awake, O sleeper, rise from the dead, and Christ

will shine on you."

구성/문체

1. 11-14절의 구조(구성)는 두 가지가 가능하다. 하나는 3-8절의 부분별 짝이 되면서("전체 구조" 참조), 동시에 그 자체 안에 역교차(a-x-a')를 형성한다. 이는 3-8절이 그 자체에 역교차를 가지는 것(3-8절 "구성/문체" 참조)과 같다. 11-14절이 역교차가 이뤄지는 이유는 다음과 같다. 첫째, 11절과 13-14절에 명령법이 공통적으로 나온다. 각기 두 개씩의 명령법(11절, "함께 참여하지 말라"와 "도리어 드러내라"; 14절, "깨어라"와 "일어나라")이 등장한다. 둘째, 11절의 '참여하지 않고 드러내는 것'에 대한 언급이 13-14a절의 '빛에 의해 드러내고 나타나는 것'과 연계된다. 셋째, 12절은 그 중간에 놓인다. 이것은 3-8절의 중간 부분인 5-6절과 12절이 짝이 된다는 점("전체 구조" 참조)과도 상관이 있다.

11절	함께 참여하지 말고 도리어 드러내라.	a
12절	비밀스런 일들은 부르기도 부끄럽다.	x
13-14절	드러내는 것은 빛이다. 깨어라, 일어나라. 그리스도께서 비추실 것이다.	a'

또 하나의 가능성은 복합역교차(a1a2-x-a'1a'2)로 보는 것이다. 첫째, 이 때도, 11절(두 개의 명령법, "함께 참여하지 말라"와 "드러내라", a1)을 14b절(역시 두 개의 명령법, "깨어라"와 "일어나라", a'1)을 짝으로 보는 것은 같다. 둘째, 12절('비밀스런 일들은 부끄럽다')을 11절의 이유로 보고, 이와 함께 14c절('그리스도께서 비취실 것이다')을 14b절의 이유로 본다. 따라서 12절과 14c절이 각기 앞 부분에 대한 이유를 말한 문장이라는 점에서 서로 짝이 된다. 셋째, 13-14a절이 그 중간이 된다. 그 내용("빛에 의해 드러나는 모든 것들이 나타난다", "나타나는 것마다 빛이다")이 11-12절과 14bc절을 잇는 내용이다.

11절	함께 참여하지 말고 도리어 드러내라(명령1).	a1	a
12절	비밀스런 일들은 부르기도 부끄럽다(이유1)	a2	
13-14a절	드러내는 것은 빛으로 나타난다. 나타내진 것은 빛이다.		x
14b절	깨어라, 일어나라(명령2).	a'1	a'
14c절	그리스도께서 비추실 것이다(이유2).	a'2	

어느 구조가 더 적합한가? 바울이 의도한 구조는 본래 어떤 것이었을까? 바울이 두 가지를 복합적으로 의도하였을 가능성을 배제할 수 없다. 전자(역교차, a-x-a')는 3-8절의 역교차 구성과 잘 어울린다. 또 11절과 13-14a절의 '드러내는 것'이 반복된다는 점도 잘 맞는다. 반면에, 후자는 12절과 14c절의 짝, 즉 두 가지 이유의 제시라는 점에서 설득력이 있다.

절별 해석

11절

1. "어두움의 열매 없는 일들에 함께 참여하지 말라"(καὶ μὴ συγκοινωνεῖτε τοῖς ἔργοις τοῖς ἀκάρποις τοῦ σκότους): "어두움의 열매 없는 일들"(οἱ ἔργοι οἱ ἀκάρποι τοῦ σκότους)은 9절의 '빛의 열매'와 반대된다. "열매 없는"(ἄκαρπος)은 '열매'(καρπός)에 접두어 '없는'(ἀ-)이 합친 단어이다. 어두움의 일이 빛의 열매와 반대된다는 점을 강조한다. 명령법 "함께 참여하지 말라"(μὴ συγκοινωνεῖτε)는 7절의 "함께 참여하는 자가 되지 말라"(μὴ γίνεσθε συμμέτοχοι)와 다른 단어를 사용했으나 그 의미는 비슷하다. 후자(7절)는 '함께 몫(μετρος)을 나누는 자가 되지 말라'의 느낌의 말이라면, 전자(11절)는 '함께 그런 일에 참여하고 교제하는 일(κοινωνεῖν)을 하지 말라'는 뉘앙스의 말이다. 그러나 뜻하는 바는 같다.

"도리어 드러내라"(μᾶλλον δὲ καὶ ἐλέγχετε): "도리어"(μᾶλλον)는 여기서 '그보다는'(rather, instead)이다. 여기에 "드러내라"(ἐλέγχετε) 앞에 '~도'(καὶ)가 같이 쓰여, '함께 참여하지 않는 것만 아니라, 드러내는 것 또한 해야 한다'는 뉘앙스가 담긴다. '드러내다'(ἐλέγχω)는 '빛으로 드러내다'(bring to light), '노출시키다'(expose), '꾸짖다'(reprove, correct)의 뜻이다. 드러내는 것과 꾸짖는 의미가 함께 쓰였다고 볼 수 있다. "어두움의 열매 없는 일들"을 오히려 꾸짖고 드러내는 것을 말씀한다. 옳지 않은 것을 옳지 않다고 하는 일, 어두운 일을 더 이상 어두운 데 방치해 두지 않고 빛으로 드러내고 정결하게 하는 일이 성도와 교회의 일이다.

2. 두 개의 명령법, "함께 참여하지 말라"와 "도리어 드러내라"가 함께 쓰였는데, 하나는 소극적인 행위이고 또 하나는 적극적인 행위이다. 먼저 하지 말아야 할 것은 하지 말 것을 강조했고 그 다음 그것을 아예 드러내고 책망할

것을 말씀한다.

하지 않아야 할 것을 자신이 하지 않는 것만으로는 충분하지 않고, 좀더 적극적으로 하지 말아야 할 일을 하지 못하게 하는 일에 참여하는 것을 말씀한다. 그리스도인의 행동이 어두움을 떠나는 것만이 아니라, 그 어두움을 억제하고 더 나아가 어두움을 빛으로 전환하는 일을 해야 한다는 것을 말해준다. 이것이 두 개의 명령법에 담긴 뜻이다.

12절

1. "그들에 의해 비밀히 된 일들은"(τὰ γὰρ κρυφῇ γινόμενα ὑπ' αὐτῶν): "비밀히 된 일들"(τὰ κρυφῇ γινόμενα)이라 한 것은 사람들이 행하는 어두움의 일이 결코 자랑스럽지 않기 때문이다. 숨어서 하고 숨기는 죄이므로 비밀스럽게 되는 일이다. '비밀히 하는 것'은 11절의 '드러내는 것'의 반대이다. '어두움'의 일의 특성이다.[105]

"부르기에도 부끄럽기 때문이다"(αἰσχρόν ἐστιν καὶ λέγειν): 비밀히 된 일들은 부끄럽고 수치스러운 일이라는 점을 분명히 한다. 얼마나 부끄러운지, 그런 행위는 말할 것도 없고, 그것에 대해 말하는(부르는) 것조차 부끄러운 일이라 한다. 3절에서 '그 이름이라도 부르지 말라'고 하셨다.

2. 12절은 11절의 이유(또는 근거)가 된다. '함께 참여하지 않고 오히려 드러내야' 하는 이유가 12절, '그 비밀스런 일들은 부끄러운 일들'이기 때문이다. 11절의 행동에 대한 근거를 12절만으로는 충분하지 않다. 단지 부끄러운 일이기 때문에 함께 참여하지 말고 드러내라는 말씀으로 보기에는 좀 어색하다. 12절이 5-6절과 짝이라는 점("전체 구조" 참조)을 감안하면, 그런 일을 하는 자들에게 하나님 나라의 기업이 없고 또한 하나님의 심판의 대상이 된다는 점이 함께 그 근거가 된다. 그래서 함께 참여하지 말고, 오히려 드러내라는 것이다.

13절

1. "그러나 빛에 의해 드러나는 모든 것들이 나타난다"(τὰ δὲ πάντα ἐλεγχόμενα ὑπὸ τοῦ φωτὸς φανεροῦται): "드러나는 모든 것들"(τὰ πάντα ἐλεγχόμενα)은 또는 "책망받는 모든 것들"이다. '빛'은 성도 자신을 가리키기도 하고, 또는 빛의 자녀들인

성도의 언행(말과 행동)을 뜻하는 것일 수도 있다. 또는 둘 다 해당이 된다. 빛에 의해 책망 받고 드러나는 것은 '나타내지는 것'(현재수동분사)이다. 이처럼 빛의 역할은 어두움을 제거하고 모든 것을 빛으로 나타나게(드러나게) 하는 것이다.

2. 11절의 '드러내라'의 목적이 된다. 그같이 빛으로 드러내면 결국 나타나게 될 것이기 때문이다. '드러내다'(ἐλέγχω)가 '꾸짖다'의 뜻이 있으나 '노출하다/드러내다'의 뜻도 있다는 점에서 '나타내다'(φανερόω)와 기본적으로 동의어라는 점이 주목된다. 둘 다 수동형으로 쓰였다. 전자(드러내다)는 노출을 시키는 것(to expose)이고 후자(나타내다)는 숨길 수 없게 하는 것(to make known)이다. 동의어('드러내다', '나타내다')의 사용은 반복적 효과를 준다. 어두움의 일들이 빛으로 드러나야 할 필요성이 강조된다.

14절

1. "나타나는 것마다 빛이기 때문이다"(πᾶν γὰρ τὸ φανερούμενον φῶς ἐστιν): 13절의 '나타나게 된다'(수동)를 받아와서, 수동형분사 어구 "나타나는 것"(τὸ φανερούμενον)이라 했다. 빛으로 드러나서 결국 나타나게 되면 어두움에서 벗어난 그것도 빛이 된다는 뜻이다. 즉, '빛 된 존재' 같이 된다는 것이다.

"그러므로 말하기를"(διὸ λέγει): 특정한 어구를 인용하는 표현이다. 구약에서 인용된 것은 아니다. 당시 많이 알려진 금언(maxim)이거나 경구(epigram)일 수 있다. 로마서 13:11에 비슷한 내용이 있으나 같지 않다.

"잠자는 자여, 깨어라. 죽은 자들 가운데서 일어나라"(ἔγειρε, ὁ καθεύδων, καὶ ἀνάστα ἐκ τῶν νεκρῶν): "잠자는 자"(ὁ καθεύδων)는 "죽은 자들"(οἱ νεκροί)과 외형은 비슷해 보이지만 실제로는 완전히 다르다. "잠자는 자"는 살아 있는 자이다. "잠자는 자"가 "죽은 자들" 가운데 있으면 같아 보일 것이다. "잠자는 자"는 영원한 생명을 얻어 살게 된 성도가 죽은 자들과 같은 행동을 하거나, 그런 분위기에 휩싸일 때, "잠자는 자"로 불리게 된다. 그런 잠자는 자에게 "깨어라/깨어나라"(ἔγειρε), 그리고 "일어나라"(ἀνάστα)고 명령한다. '깨어나는 것'와 '일어나는 것'은 기본적으로 비슷한 뜻으로 반복적 효과를 갖는다. 다만, '깨어나는 것'은 자신의 정체성(자신이 죽은 자가 아니라는)을 찾는 것이라면, '일어나는 것'은 어두움을 벗어내고 빛의 행동으로 나아가는 것을 말하는 것이라 할 수 있다.

"그리스도께서 네게 비취실 것이다"(καὶ ἐπιφαύσει σοι ὁ Χριστός): 빛이신 그리스도(요8:12; 9:5)께서 그 빛을 발하신다는 것은 성도들이 빛의 자녀로 살고 행하는 일에 그의 신적 동력(divine powers)을 제공하신다는 의미일 것이다(사60:1-2 참고).[106] '비추다'(ἐπιφαύσκω)는 '그 위에 빛을 주다'(shine on, give light to)이다. 일부 사본(D*, b)에 '건드리다/대다'(touch)의 단어(ἐπιψαύω)를 사용했으나 잘못 기재한 것으로 판단된다. 그리스도께서 비취실 것이라는 말은 성도의 일어섬에 그의 힘을 공급하시겠다는 뜻이다. 미래형(ἐπιφαύσει)은 '격언적 미래'(gnomic future)에 해당된다.[107]

2. 13-14a절은 병행법으로 된 부분이다. "나타난다"(b)와 "나타내진 것마다"(b')가 짝을 이룬다. 이렇게 해서 "빛에 의해 드러나는 모든 것들"(a)과 "빛이다"(a')가 짝을 이루면서, 빛에 의해 드러나는 것들이 결국 빛이 된다는 점이 강조된다.

13절	a	빛에 의해 드러나는 모든 것들	빛이다.		a'	14a절
	b	나타난다.	나타나는 것마다	b'		

또한 "깨어라"와 "일어나라", 두 개의 명령법은 의미상 차이는 있으나 반복적인 기능을 가지고, 이 둘이 합쳐서 의미가 강화된다. 14절의 두 개의 명령법은 7-8절의 두 개의 명령법("함께 참여하는 자가 되지 말라", "빛의 자녀들처럼 행하라")과 짝을 이룬다("전체 구조" 참조). 흥미롭게도 '깨는 것'(정신을 차리는 것)이 '함께 참여하는 자가 되지 않는 것'과, '일어나는 것'(다르게 행하는 것)이 '빛의 자녀들처럼 행하는 것'과 작은 유사점이 있다.

13-14a절은 어두움의 일을 드러내는 것이 얼마나 중요한 것인지 알려준다. 그 드러나는 것이 나타나게 되어 결국 빛으로 전환될 수 있기 때문이다. 한편, 바울은 격언적인 어구를 발췌하여 독자들에게 강한 어조로 권하며 도전한다. 정신을 차리고 죽은 자들 가운데서 일어나라는 것이다. 이 말씀은 기본적으로 이미 옛사람을 벗었고, 이제는 새사람을 입었다는 점을 자각하는 일(4:22-24)과 비슷하다. 바울은 어두움의 일이 우리 성도들에게 전혀 어울리지 않는 일이라는

점을 거듭 강조한다.

단락 해석

1. 11절의 두 명령("함께 참여하지 말라", "도리어 드러내라")과 14b절의 두 명령("깨어라", "일어나라")은 각기 앞의 명령("함께 참여하지 말라", "깨어라")끼리, 뒤의 명령("도리어 드러내라", "일어나라")끼리 짝을 이룬다. 그러므로 두 가지를 강조한 말이 된다. 첫째, 죽은 자의 상태, 즉 어두움의 일을 행하는 일을 더 이상 하지 말라는 말씀이다. 그것이 '자각' 즉 깨어나는 것이다. 죽은 자가 아니라, 산 자라는 자각을 갖는 일은 이렇게 어두움의 일에 더 이상 참여하지 않는 일로 나타난다. 둘째, 죽은 자들과 다른 일을 하는 것이다. 즉, 어두움의 일을 꾸짖고 드러내는 일이다. 죽은 자 가운데서 일어날 때, 그 행위는 이미 죽은 자와 다르다는 것을 보여주는 것이다. 단지 그들과 같이 하지 않는 것뿐 아니라, 오히려 빛의 자녀로서 그 어두움을 제거하는 일을 하는 것이 빛 된 성도의 일이다.

2. 그 이유는 12절과 14c절에서 찾을 수 있다. 첫째, 어두움의 일은 비밀스럽고 부끄러운 일이다. 그래서 어두움이다. 그러므로 빛의 자녀는 이런 비밀스러운 일도, 부끄러운 일에도 낄 수 없다. 둘째, 그리스도께서 그 빛을 비추신다. 이 말은 그리스도의 빛 때문에 우리가 깨어나 이제 일어날 수 있게 되었다는 뜻이다. 또 한편으로, 성도가 빛을 비추는(드러내는) 일을 하려 할 때, 빛의 원천이신 그리스도로부터 힘을 공급 받아, 그 일을 할 수 있게 된다는 뜻도 가능하다. 그리스도의 빛과 그 빛의 비추심이 마르는 법이 없기 때문이다. 13-14a절은 어두움이었던 것도 빛이 그 위에 비출 때, 그래서 빛 가운데 드러나게 되면, 그것들조차도 빛이 될 수 있다는 점을 알려준다.

메시지

1. **어두움의 일에 참여하지 않고 드러내는 것:** 빛의 자녀인 성도는 어두움의 일에 참여하지 않아야 할 뿐만 아니라, 오히려 적극적으로 이를 꾸짖고 빛으로 드러내는 일을 하도록 부름을 받는다. 교회가 빛을 비추는 일은 이처럼, 어두움의 일을 벗는 것과 어두움의 일을 사회에서 제거하도록 힘을 쓰는 일이 함께 요구된다. 물론 빛의 열매를 맺는 것이 없이는 되지 않는다. 그렇게 보면,

이 일은 세 단계가 요구된다. 첫째, 어두움의 일을 우리 가운데 제거한다. 둘째, 어두움의 일을 주변(사회)에서 제거하는 일이다. 셋째, 빛의 열매를 맺는 일이다.

2. **그리스도의 빛이 비춰짐:** 그리스도의 빛은 우리로 빛이 되게 한 원천이자, 계속해서 빛으로 살 수 있게 하는 힘이 되고, 또한 빛의 행동(action)을 취할 수 있게 하는 용기의 근원이 된다.

3. 빛으로 드러나는 것이 빛이 됨: 어두움의 일이 숨겨져 있을 때는 그대로 어두움의 자리에 남게 되지만, 빛으로 드러나게 되면 그 자리도 빛의 자리가 될 수 있다.

해석 종합

1. 그리스도인의 삶과 행동에 대해 세 번째 말씀인 본문은 첫 번째 말씀인 4:25-31과 유사한 점이 발견된다. 첫째, 대조법이 등장한다. '하지 말아야 할 것'(Do)과 '해야 할 것'(Don't)이 함께 등장한다. 둘째, 4:25-31은 '말과 분노'의 주제를 담고 있는데, 본문은 더러운 '행동과 말'을 경계하는 말씀이다. 따라서 '말'(언어)의 이슈가 공통된다. 반면에 다른 점은 첫째, 전자(4:25-31)가 거짓된 말과 상처 주는 말에 대한 것이라면 후자(5:3-14)는 더럽고 어리석은 말의 주제를 다룬다. 둘째, 전자에서는 분노의 문제가 함께 초점이 되고 있고, 후자에서는 더러운 행위가 어두움의 일로 부각된다. 셋째, 전자에서, 나누는 일과 돕는 선한 일이 긍정적인 내용의 주제라면, 후자에서, 빛의 열매의 특징, 선함과 의로움, 진실함이 그 주제가 된다. 따라서 전자는 형제(타인)에 대한 선대(善待)를, 후자는 도덕적인 선(善) 또는 의(義)를 중점화한다.

2. 시작하는 부분인 3-4절은 더러운 행위와 어리석은 말에서 벗어날 것을 명령한다. 성도에게 마땅한 것이 아니라고 했다. 감사하는 마음과 말이 그런 행위에서 벗어날 수 있는 일차적인 길이다. 이와 짝이 되는 마지막 부분, 13-14절은 드러내진 빛을 말씀한다. 또한 그리스도의 비추심을 결론적으로 강조한다. 그리스도의 빛이 비춰지는 일이 없이 더러움에서 벗어날 수 없기 때문이고, 그 빛 때문에 우리가 벗어날 수 있기 때문이다. 우리가 해야 할 일은 깨어 있는 것과 죽은 자들 가운데서 일어나는 것이다. 그리고 일어나 빛을 발하는 것이다(사60:1). 우리를 비추신 그리스도의 빛으로 변화된 우리가 빛의

자녀가 되어, 그 빛을 다시 비추는 것이다.

3. 어두움에 머물러 있는 사람들, 더러운 일과 말을 하는 사람들에게 하나님의 보응이 있는 것은 너무도 확실하다. 이에 대한 말씀이 5-6절과 11절에 나타난다. 그들의 행위는 비밀스럽고 부끄러운 일이다(11절). 빛 앞에 드러내지 않고 흑암 속에 숨어서 하는 일들이다. 그래서 아무도 모르게 하려 한다. 그러나 주님의 말씀처럼, 숨긴 것이 드러나고 감추인 것이 나타나게 된다(마10:26; 13;35; 막4:22; 눅8:17; 12:2; 고전4:5). 하나님께 드러나지 않을 것은 아무 것도 없다. 하나님은 그 행한 대로 갚으신다(시62:12; 잠24:12; 마16:27; 롬2:6). 5-6절은 첫째, 그리스도와 하나님 나라의 기업이 그들에게 없을 것을 강조한다. 둘째, 하나님의 진노가 그들 위에 임할 것을 분명히 했다. 그렇기 때문에 하나님의 구원을 받은 우리는 그런 일에 참여할 수 없다.

4. 바울은 3-4절과 13-14절의 명령과 함께, 7-8절과 11절에 두 가지씩 명령을 주셨다. 하나는 그들과 함께 참여하는 자가 되지 않는 것(7절), 즉 그 어두움의 행위에 함께 참여하지 않는 것(11a절)이다. 둘째, 빛의 자녀들처럼 행하는 것(8b절)과 어두움의 일을 책망하고 드러내는 것(11b절)이다. 빛의 열매를 맺는 일이 없이 어두움의 일을 책망하고 드러낼 수 없다. 또한 자신만 빛의 열매를 맺는 일에 그치지 않고 오히려 주변과 사회에 빛을 비추고 어두움을 제거하는 일에 참여해야 한다. 그리스도의 교회가 먼저 빛의 열매를 맺고 있어야, 이 교회를 통해 어두운 사회를 비출 수 있기 때문이다.

5. 빛의 열매는 분명하다. 어두움과 섞일 수 없다. 모든 선함과 의로움과 진실함이 특징이다. 바로 이것이 주님을 기쁘시게 하는 일이다. 그 사실은 결코 부정할 수 없다. 그 어떤 어두움의 일도 주님을 기쁘시게 할 수 없다. 그러나 아무리 적은 것이라도 빛의 열매는 주님께 기쁨이 된다.

6. 전체적으로 해야 할 것들을 정리하면 다음과 같다. 첫째, 더러운 일과 어리석은 말, 즉 도덕적으로 그릇된 것을 행하지 않는다(3-4, 14b절). 둘째, 그런 이들의 행위에 동참하지도 않고 동조하지도 않는다(7, 11a절). 셋째, 빛의 열매를 적극적으로 맺는다(8b, 14b절). 넷째, 주변과 사회의 어두움의 일을 드러내고 제거한다(11b절).

7. 그렇게 해야 하는 이유는 전체적으로 다음과 같다. 첫째, 성도에게 그렇게

하지 않는 것이 마땅하다(3-4절). 둘째, 우리가 이제는 어두움이 아니고 빛이 된 존재이다(8절). 셋째, 그 비밀스런 일들은 부끄러운 어둠의 일이다(12절). 넷째 부패한 자에게 하나님 나라의 기업이 없고 도리어 심판이 있다(5-6절). 다섯째, 그렇게 할 수 있도록 그리스도께서 빛을 비추신다(14절).

5:15-21, 지혜 있는 삶

전체 구조

1. 본문은 세 그룹으로 나뉜다. 15-16절이 한 묶음이 된다. “보라”라는 명령법 동사로 시작하는데 어떻게 행해야 할지 주의할 것을 말씀하는 부분이다(15-16절의 역교차, “구성/문체” 참조). 17-18절은 “이 때문에”로 시작해서, 두 개의 부정 명령법(Don't)과 두 개의 긍정 명령법(Do)이 나타나는데, 부정과 긍정이 각기 하나씩 대조되며 쌍이 되어 병행법으로 묶이는 부분이다(17-18절 “구성/문체” 참조). 한편으로 19-21절은 명령법이 없다. 그대신 네 부분의 분사 구문이 나타난다. ‘서로’에 대해 두 부분, ‘하나님’에 대해 두 부분으로 역교차 형식을 가지고 묶인다(19-21절, “구성/문체” 참조).

2. 단락의 세 부분(15-16절, 17-18절, 19-21절)은 ‘시간을 아끼는 지혜로운 삶’(15-16절), ‘술 취하는 어리석은 자가 아니라 주의 뜻을 따라 성령의 채움을 받는 삶’(17-18절), ‘함께 영적 노래를 나누며 서로 복종하고, 하나님께 마음으로 찬양하고 범사에 감사하는 삶’(19-21절)을 각기 말해준다. 의미의 연속성에서, 17-18절은 15-16절의 내용 또는 예(example)가 된다. 즉, 시간을 아끼는 지혜로운 삶은 어리석은 삶을 떠나 성령의 채움을 받는 삶이다. 또 18절의 성령의 채움은 19-21절의 결과(서로에 대한 것과 하나님께 대한 것)로 나타난다고 볼 수 있다.

3. 그런데 19-21절이 바람직한 삶의 구체적인 예를 들고 있다는 점에서 사실상 시간을 아끼는 지혜로운 삶(15-16절)의 실제적인 내용이 될 수 있다. 15-16절만 아니라, 17-18절 또한 그 어떤 구체적인 삶을 언급하고 있지 않다는 점, 그런 삶은 19-21절에 나온다는 점을 이해하자. 따라서 15-16절과 19-21절이 의미적 짝(A-A')을 이룰 가능성이 높다.

4. 반면, 17-18절은 그렇게 되기 위한 전제, 또는 근거로 이해할 수 있다. 즉, 시간을 아끼는 지혜로운 삶(15-16절)은 서로에 대한 것과 하나님에 대한 것으로 나타난다(19-21절). 그런데, 그렇게 하기 위해서는 어리석은 일, 예컨대 술 취하는 일을 버리고, 주의 뜻, 즉 성령의 채움을 받음이 필요하다(17-18절). 다시 말해, 15-16절의 구체적인 내용은 19-21절에 있고, 17-18절은 그렇게 하기 위한 전제(前提, precondition) 또는 방법이라 할 수 있겠다.

15-16절	주의해서 시간을 아끼는 지혜로운 삶을 살라.	A	지혜로운 삶
17-18절	어리석은 자 되지 말고 성령의 채움 받으라.	X	지혜로운 삶의 전제 조건
19-21절	서로에 대해, 하나님께 대해 행할 일들	A'	지혜로운 삶의 내용

Ⅰ. 15-16절, 시간을 아끼는 지혜로운 삶

구문 배열

15	16
Βλέπετε οὖν 그러므로 보라/주의하라 Therefore, look ἀκριβῶς 주의하여/자세히 carefully πῶς περιπατεῖτε 어떻게 행할지 how you walk/ live μὴ ὡς ἄσοφοι 지혜 없는 자와 같지 않고 not as unwise ἀλλ' ὡς σοφοί, 지혜로운 자와 같이 but as wise	ἐξαγοραζόμενοι 구속하며/아끼며 redeeming/ buying up τὸν καιρόν, 시간을 the time ὅτι αἱ ἡμέραι 날들이/때가 for the days πονηραί 악~ evil εἰσιν. ~하다 are

직역

1. 15. 그러므로 지혜 없는 자와 같지 않고 지혜로운 자와 같이 어떻게 행할지 자세히 주의하라. 16. 때가 악하므로 시간을 아끼라.

2. 15. Therefore, look carefully how you walk not as unwise but as wise, 16. redeeming the time, for the days are evil.

구성/문체

1. 명령법 동사 하나("보라", Βλέπετε)가 있는 주절("주의하여 보라")과 세 개의 종속절로 되어 있다. 하나는 "어떻게"(πῶς ~)하는 부분이고, 그 다음은 분사 구문("시간을 구속하며"), 마지막으로 이유를 말하는 "때문이다"(ὅτι ~) 부분이다. 논리식은, (15a절) '주의하라', (15b절) '어떻게 할지', (16a절) ~하면서', (16b절) '~때문이다' 이렇게 된다.

2. 이 같은 네 개의 절(clauses)은 역교차 구성이라 볼 수 있다. 15b절의 "어떻게 행할지"와 16a절의 "시간을 구속하며"와 의미적 연계가 있다. 즉, 15b절의 '지혜로운 자와 같이 행하는 것'은 16a절의 '시간을 구속하는 것'이다. 15a절의

"주의하여 보라"는 16b절의 "때가 악하다"와 짝이 되어, '때가 악하므로 주의하여 보라'는 뜻으로 이해된다.

<table>
<tr><td rowspan="2">15절</td><td>a</td><td colspan="2">주의하여 보라.</td><td colspan="2">때가 악하므로</td><td>a'</td><td rowspan="2">16절</td></tr>
<tr><td></td><td>b</td><td>어떻게 지혜로운 자처럼 행할지</td><td>시간을 구속하며(하라)</td><td>b'</td><td></td></tr>
</table>

이 역교차의 의미는, 시간을 아끼면서, 지혜로운 자와 같이 어떻게 행할까 '더' 주의하는 것이 아니라, 시간을 아끼는 것이 '곧' 지혜로운 자 같이 주의해서 행하는 것이란 뜻이다.

절별 해석

15절

1. "그러므로 … 자세히 주의하라"(Βλέπετε οὖν ἀκριβῶς): 접속사 "그러므로"(οὖν)는 앞 단락 3-14절과 연결하는 말이다. 3-14절과 전체적인 연결을 위한 접속사는 아니고, 14절의 '그리스도의 비추심'과 연결된다. 그리스도의 비추심이 주의해서 살 것에 영향을 준다고 할 수 있다. 그러나 크게 볼 때, '그러므로'는 3-14절과 논리적인 연결을 하기 위해 쓰인 것이 아니라, 4:25부터 연속된 '그리스도인의 삶'이라는 주제의 연계(시리즈)의 목적으로 쓰인 것으로 보인다. "주의하라"(Βλέπετε)는 무엇을 '보라, 주목하라'(see, look at)는 의미가 아니라, '주의하라'(watch, take heed)의 경계의 의미이다. 부사 "자세히"(ἀκριβῶς)는 '정확하게'(accurately), '철저하게'(thoroughly), '주의 깊게'(carefully)의 뜻을 가진다. 여기서는 '철저하게, 그리고 주의 깊게'의 뜻이다. 무엇인가 철저하게 주의를 기울여야 할 것을 명령하고 있다.

"어떻게 행할지"(πῶς περιπατεῖτε): 어떤 삶을 살고, 또 어떻게 걷고 행해야 하는지에 대해 말하고 있다. 무작정 생각나는 대로, 또는 하고 싶은 대로 행하고 사는 것이 아니라, 어떻게 행해야 할지 철저히 주의해야 한다는 것이다.

"지혜 없는 자와 같지 않고 지혜로운 자와 같이"(μὴ ὡς ἄσοφοι ἀλλ' ὡς σοφοί): "지혜 없는 자"(ἄσοφοι, 복수)는 "지혜 있는 자"(σοφοί, 복수)라는 말에 부정이 되는 접두어(ἀ)를 붙여 만든 단어(ἄ-σοφος)이다. "지혜 없는 자"와 "지혜로운 자"가 대조된다. 여기서는 어떻게 행할지 주의하는 자가 곧 지혜로운 자이다. 또 어떻게 하든지 지혜로운 자같이 행하려고 철저히 주의하라는 뜻이 된다.

2. 'A와 같이 되지 말고 B와 같이 되도록 C하라'는 패턴이다. A(지혜 없는 자)와 B(지혜 있는 자)는 대조되고, C는 B와 관련된, 어떤 행동의 촉구(명령법 사용)이다. 지혜 없는 행동은 특별히 주의할 게 없다. 주의하지 않을 때 세속에 휩쓸려 일어나는 것이기 때문이다. 그러나 지혜로운 자로 사는 것은 상당히 주의해야 가능하다. 또한 '지혜'와 '삶'은 분리되지 않는다는 것을 알려준다. 지혜로운 자는 지혜롭게 말만 하는 자가 아니라, 지혜롭게 살아가는 자이다.

16절

"시간을 아끼라"(ἐξαγοραζόμενοι τὸν καιρόν): "시간"(καιρός)은 여기서 '현재의 시간'(present time)이나 '어떤 기간'(period of time)으로 이해하면 좋겠다. "아끼라"(ἐξαγοραζόμενοι, 분사)는 말은 원어적 의미는 '다 사라'(buy up)인데, '구속하라'(redeem), '아끼라'(save)의 의미가 있다. '시간을 낭비함이 없이 적절히 아끼고 바르고 의미 있게 활용하는 것'이라 이해하자.

"때가 악하므로"(ὅτι αἱ ἡμέραι πονηραί εἰσιν): "때"(αἱ ἡμέραι, '날들')의 악함에 대해 말씀한다. 악한 시대, 악한 날(6:13)이란 뜻이다. 이 말은 '악한 자' 마귀가 극성부리는 때라는 뜻이기도 하다(6:16; 갈1:4). 이러한 때 낭비할 시간이 없다는 말씀이다.

2. 하나의 분사 구문("아끼라")과 이를 꾸며주는 절(ὅτι-절, 이유)로 된 구절이다. 때를 아껴야 하는 이유가 현재의 나날들이 악하기 때문이라는 내용을 말해준다. 이 분사 구문은 15절의 "주의해서 보라"는 주절에 종속된다. 16절은 15절에 대해 두 가지를 알려준다. 첫째는 어떻게 하는 것이 지혜로운 자와 같이 행하는 것인지 말해준다. 때를 아끼는 것이다. 둘째는 그렇게 해야 하는 이유가 무엇인지 알려준다. 때가 악하기 때문이다.

단락 해석

1. 접속사 "그러므로"를 초두에 사용했는데, 이는 앞 단락(3-14절)과 연결하기 위한 목적으로 이해된다. 직접적인 의미상의 연결(논리적인 이유)은 강하지 않다.

오히려 앞 단락과는 다른 주제의 단락("지혜 있는 삶")이 시작된다.

2. 15-16절의 역교차(ab-b'a')는 먼저, 행동의 요구(명령법, "주의하여 보라", a), 이와 연결된 이유("때가 악하므로", a'), 그리고 행동의 방향("어떻게 지혜로운 자와 같이 행할지", b), 그 행동의 내용("시간을 구속하며", b')을 말해준다. 즉, 악한 때가 되었으므로 성도는 더욱 주의해야 한다고 말씀한다. 참으로 주의하려 하지 않고는 이 악한 때에 처신할 수 없다는 뜻이다. 그러면 어떻게 하는 것이 주의하는 것인가? 그것은 시간을 구속하는 것, 즉 시간을 지혜롭게 사용하고 아끼는 것이다. 그것이 지혜로운 자답게 행하는 것이고, 지혜 없는 자와 다르게 행하는 것이다.

메시지

1. **주의함이 필요한 때:** 지금은 '주의하는 것'(carefulness)이 필요한 때이다. 바울의 말처럼, 악한 때, 악한 날이 되었기 때문이다. 이런 때 주의하지 않고 신중하여 자신을 돌아보지 않으면 악한 것에 휩쓸리게 될 수 있다.

2. **지혜로운 자와 시간:** 주의해야 할 첫 번째 것은 시간과 관련이 있다. 어떻게 시간을 보낼 것인가에 대한 것이다. 시간 관리가 지혜 있는 자인가, 지혜 없는 자인가를 알게 해준다. 지혜 있는 자는 시간을 아끼고 선한 일들에 그의 때를 투자한다. 그러나 어리석은 자는 그 때를 실기한다.

Ⅱ. 17-18절, 주의 뜻, 성령의 채움을 받는 삶

구문 배열

17	18
διὰ τοῦτο 이 때문에 for this reason μὴ γίνεσθε 되지 말고 do not be ἄφρονες, 어리석은 자가 foolish ἀλλὰ συνίετε 생각하라/이해하라 but understand τί 무엇(인지) what (is) τὸ θέλημα 뜻이 the will τοῦ κυρίου. 주의 of the Lord	καὶ μὴ μεθύσκεσθε 또한 취하지 말라 And do not get drunk οἴνῳ, 포도주에 with wine ἐν ᾧ ἐστιν 그 안에 ~있는 in which ~ is ἀσωτία, 방탕이 ~ debauchery ἀλλὰ πληροῦσθε 도리어 채움을 받으라/충만함을 받으라 but be filled ἐν πνεύματι, 성령으로 with the Spirit

직역

1. 17. 이 때문에 어리석은 자가 되지 말고 주의 뜻이 무엇인지 이해하라. 18. 술 취하지 말라. 그 안에 방탕함이 있다. 도리어 성령으로 충만함을 받으라.

2. 17. For this reason, do not be foolish, but understand what the will of the Lord is. 18. And do not get drunk with wine, in which debauchery is, but be filled with the Spirit.

구성/문체

1. 17절에 두 개의 명령법("되지 말라", "생각하라")이 주어지고, 18절에도 두 개의 명령법("취하지 말라", "채움을 받으라")의 구문들이다. 흥미롭게도 두 개씩의 명령법은 부정(Don't)과 긍정(Do)의 형식으로 짜여져, 둘씩 대조된다.

2. 따라서 부정 명령문("되지 말라"; "취하지 말라") 구문끼리, 긍정 명령문("생각하라"; "채움을 받으라") 구문끼리 짝을 이루는 병행법이 구성된다.

17절	a	어리석은 자가 되지 말라.	술 취하지 말라.	a'	18절
	b	주의 뜻이 무엇인지 생각하라.	성령으로 채움을 받으라.	b'	

이 병행법은 술 취하는 것(a')이 어리석은 자가 되는 것(a)이고, 성령으로 채움을 받는 것(b')이 곧 주의 뜻을 생각하는 것(b)이란 의미가 된다.

절별 해석

17절

1. "이 때문에"(διὰ τοῦτο): '시간을 아끼는 지혜로운 자와 같이 주의해서 행해야 하기 때문에'의 뜻을 담는다. 즉, 15-16절을 하기 위해 17-18절을 해야 한다(네 개의 명령법)는 것이다.

"어리석은 자가 되지 말고"(μὴ γίνεσθε ἄφρονες): 형용사 "어리석은"(ἄφρων)은 '가슴'(the heart or the breast), '생각의 좌소'(the seat of thought, LS)에서 온 단어(φρήν; 여기서 '생각하다, 이해하다' φρονέω가 나옴)와 부정하는 접두어(ἀ)가 결합된 단어(ἄ-φρων)로, '생각이 없는', '감각이 없는', 그래서 '어리석은'이란 뜻이 된다. "어리석은 자"는

15절의 "지혜 없는 자"의 동의어이다. 그 같은 자들이 "되지 말라"고 명령한다.

"주의 뜻이 무엇인지 이해하라"(ἀλλὰ συνίετε τί τὸ θέλημα τοῦ κυρίου): 어리석은 자가 되지 말고, 도리어 "이해하라"(συνίετε), 즉 '깨달아라'(understand, perceive)라고 명령한다. "이해하다"(συνίημι)는 본래 '함께 가다'(come together)의 뜻이 있으나, 여기서는 '깨닫다', '이해하다'의 의미가 부각된다. "주님의 뜻"이 무엇인지 깨닫는 것이 중요하다. 결국 어리석은 자는 주의 뜻을 깨닫지 못한 자이고, 어리석지 않은 자는 주의 뜻을 깨닫는 자이다.

2. 두 개의 명령법은 부정("어리석은 자가 되지 말라")과 긍정("주의 뜻이 무엇인지 생각하라")으로 구성된다. 이 둘은 서로 대조가 된다. 그래서 '어리석은 자'는 주의 뜻이 무엇인지 생각하지 않는 자이고, 주의 뜻이 무엇인지 생각하는 자는 '어리석지 않은 자'가 된다.

'어리석은 자'는 15절의 '지혜 없는 자'이고 주의 뜻이 무엇인지 분별하는 자는 15절의 '지혜로운 자'이다. 이 둘은 양립할 수 없다. 어느 쪽에 설 것인지 독자에게 결단을 촉구한다.

18절

1. "술 취하지 말라"(καὶ μὴ μεθύσκεσθε οἴνῳ): "술"(οἶνος)은 문자적으로 '포도주'(wine)를 말한다. 바울 당시에는 '와인'이 대표적인 '술'이었다. '취하게 하다'(μεθύσκω)는 '취한 상태에 이르게 하다'(cause to become intoxicated, make drunk)이다. 술이 사람을 정신 없이 취한 상태에 처하게 한다. 그래서 "취하지 말라"는 명령법 수동형으로 쓰인다('술에 의해 취하게 되지 말라'). 당시 서민들의 축제라 할 수 있었던 와인의 신, 바쿠스(Baccus; 헬, Dionysus) 축제는 술에 취해 일어난 방탕한 풍습 때문에 로마제국에서 한 동안 금지하기까지 했다.[108)]

"그 안에 방탕함이 있다"(ἐν ᾧ ἐστιν ἀσωτία): "방탕함"(ἀσωτία)은 '정욕에 빠져 자신을 탕진하는 것'(dissipation), '알코올이나 성적인 행동에 과도하게 빠지는 것'(debauchery), 그래서 '구제불능이 되는 것'(incorrigibleness)이다. 본래, 부정하는 접두어(α)와 '구원하다'(σόω, σῴζω)가 결합된 단어이다. "그 안에"(ἐν ᾧ)는 '포도주 안에' 말한다. '포도주(술) 안에 방탕함이 있다'는 말에서 보듯, 술과 방탕은 깊은 관련이 있다. 술에 이미 방탕이 잠재되어 있다는 뜻이다. 바울은 '방탕하지 않는 것'을 장로의 자격과 연관시켰고(딛1:6), 베드로는 그 점이 성도가 세상 사람들과 다른 차이라고 했다(벧전4:4).

"도리어 성령으로 충만함을 받으라"(ἀλλὰ πληροῦσθε ἐν πνεύματι): "술"과 "성령"을 대조했다. "충만함을 받으라"(πληροῦσθε)는 '채움을 받으라'(Be filled)이다. 1:23이 그리스도의 충만, 3:19이 하나님의 충만과 교회의 관계를 말했다면, 18절은 성령의 충만을 말씀하는 구절이다.[109] 교회는 이렇게 삼위일체 하나님의 충만함을 입는 자리이다.[110] 그래야 하나님의 경륜의 사역에 참여할 수 있다.[111] 특히 18절의 충만은 명령체로 주어진다. "충만하게 되라, 채움을 받으라." 이 말은 우리의 순종(따름)이 요구된다는 뜻이다.

2. 17절처럼, 부정 명령문("술 취하지 말라")과 긍정 명령문("성령으로 채움을 받으라")이 쌍으로 나왔다. 이 둘은 비슷한 점이 있는 반면, 그 다름은 명확하다. 비슷하다는 것은 하나는 술이 사람을 움직이고, 또 하나는 성령이 사람을 이끈다는 점(롬8:13-14)이다. 술의 채움과 성령의 채움은 이런 점에서 비슷하다. 그러나 본질적 차이는 하나는 어리석은 일이고, 또 하나는 주님의 뜻이라는 점(17절)이다.

어리석은 삶과 어리석지 않은 삶, 즉 주님의 뜻을 분별하지 못하는 삶과 그 뜻을 분별하는 삶에 대해 '술 취함'과 '성령 충만'을 제시했다. '술 취함'은 '성령 충만'의 반대적인 예로 제시됐는데, 이것은 사람이 어떤 것에 집착하게 되는(addicted) 것의 한 가지 사례라 할 수 있다. 대조적인 내용을 쌍으로 명령했다는 것은 두 가운데 하나를 택할 수 밖에 없다는 점을 전제하는 것('세속에 취할 것이냐, 성령의 채움을 받을 것이냐?')이다. 오랫동안 바쿠스 축제에 참여해 왔던 사람이라면 그리스도인이 되고서도 그 습관을 버리기 쉽지 않았을 것이다. 그러나 바울의 명령은 단호했다.

단락 해석

1. 지혜 있는 자가 되어 시간을 아끼는(구속하는) 일이 좀더 구체적으로 17-18절에 나타난다. 그것은 어리석은 자가 되지 않고 주님의 뜻을 분별하는 것(17절)이다.

2. 그런데 어떻게 하면 어리석은 자가 되지 않고 주의 뜻이 무엇인지 분별할

수 있을까? 그 답이 18절에 제시된다. 17-18절의 병행법(ab-a'b')에서 보듯, 어리석은 자의 대표적인 예로 '술 취하는 것'을 들었다. 술 취함이 방탕으로 이어질 뿐 아니라, 술 취함 자체가 방탕의 성격이 있기 때문이다. 주의 뜻을 분별하는 것, 즉 주의 뜻이 무엇인지 생각하는 것은 성령으로 채움을 받는 것과 관련이 깊다. 성령의 채움을 받는 것이 분명한 주의 뜻이다. 이런 성령의 충만을 받는 삶이 시간을 구속하는 삶이다.

3. 어리석은 자가 되는 것과 주의 뜻이 무엇인지 생각하는 것이 대조되고, 술에 취하는 것과 성령의 충만함이 대조된다. 어리석은 자는 자신의 길로 가고, 지혜로운 자는 주님의 뜻을 찾고자 한다. 술 취하는 자는 어리석고 성령의 채움을 받는 자는 지혜롭다. 주님의 뜻이 여기에 있다.

메시지

1. **어리석은 삶과 지혜로운 삶:** 어리석은 삶과 지혜로운 삶의 기준은 첫째, 주님의 뜻을 분별하는 삶과 관련이 있다. 어리석은 사람은 주님의 뜻에 관심이 없다. 스스로 생각하고 행동할 뿐이다. 그러나 지혜로운 사람은 주님의 뜻을 먼저 생각한다.

2. **술 취함과 성령의 충만:** 주님의 뜻을 생각하지 못하는 어리석은 행위의 예는 술 취하는 것이다. 방탕을 추구하는 것이다. 그러나 주님의 뜻을 생각하는, 지혜로운 사람은 육체를 제어하고 성령의 채움을 받고자 한다. 성령으로 채워지는 삶이 주님의 뜻이기 때문이다.

Ⅲ. 19-21절, 서로에 대한 것, 하나님께 대한 것

구문 배열

19

λαλοῦντες
말하며/소리하며 speaking

ἑαυτοῖς
서로 to one another

[ἐν] ψαλμοῖς
시편과 in psalms

καὶ ὕμνοις
찬송과 and hymns

καὶ ᾠδαῖς
노래로 and songs

πνευματικαῖς,
영적인 spiritual

ᾄδοντες
노래하고 singing

καὶ ψάλλοντες
찬양하며 and praising

τῇ καρδίᾳ
마음으로 with ~ heart

ὑμῶν
너희의 your ~

τῷ κυρίῳ,
주님께 to the Lord

20

εὐχαριστοῦντες
감사하며 giving thanks

πάντοτε
항상 always

ὑπὲρ πάντων
모든 것들을/에 위하여/대해
for/ about all things

ἐν ὀνόματι
이름으로 in the name

τοῦ κυρίου
주님, of ~ Lord

ἡμῶν
우리 our

Ἰησοῦ Χριστοῦ
예수 그리스도의
Jesus Christ

τῷ θεῷ
하나님 to God

καὶ πατρί.
아버지께 and the Father

21

ὑποτασσόμενοι
복종하며 submitting

ἀλλήλοις
서로 to one another

ἐν φόβῳ
경외함으로
in the fear/ out of reverence

Χριστοῦ,
그리스도의/를
of Christ/ for Christ

직역

1. 19. 시편과 찬송과 영적인 노래로 서로 소리하며, 너희 마음으로 주님께 노래하고 찬양하며, 20. 항상 모든 것에 우리 주 예수 그리스도의 이름으로 하나님 아버지께 감사하며, 21. 그리스도를 경외함으로 서로 복종하라.

2. 19. Speak to one another in psalms, hymns, and spiritual songs. Sing and praise with your heart to the Lord, 20. Always give thanks to God and the Father about all things in the name of our Lord Jesus Christ, 21. Submit to one another out of reverence for Christ.

구성/문체

1. 네 그룹의 분사 구문으로 된 부분이다. 첫째는 '말한다'("말하며", 19절), 둘째는 '노래하며 찬양한다'("노래하며 찬양하며", 19b절), 셋째는 "감사한다"("감사하며", 20절), 넷째는 "복종한다"("복종하며", 21절). 이 네 부분은 서로에 대한 것과 하나님에 대한 것으로 나뉜다. 서로에 대한 것은 처음의 '말한다'와 마지막의 '복종한다'이다.[112] 하나님에 대한 것은 '노래하며 찬양한다'와 '감사한다'이다.

2. 따라서 처음(a)과 마지막(a')이 짝을 이루고, 중간에 위치한 두 개의 분사 구문이 그 짝(b-b')을 이룬다.[113]

19a절	a	서로 말한다.		서로 복종한다.		a'	21절
19b절		b	주님께 노래하고 찬양한다.	하나님께 감사한다.	b'		20절

19a절과 21절은 서로에게 어떻게 해야 하는 지를 말씀한다. 서로 말로 해야 할 것과 서로에게 행동으로 해야 할 것이 있다. 19b절과 20절은 하나님께 어떻게 해야 하는 지를 말씀한다. 노래로 찬양하는 것과 마음으로 감사하는 것, 이 두 가지를 하나님께 해야 할 것으로 손꼽고 있다.

절별 해석

19절

1. "시편과 찬송과 영적인 노래로 서로 소리하며"(λαλοῦντες ἑαυτοῖς [ἐν] ψαλμοῖς καὶ ὕμνοις καὶ ᾠδαῖς πνευματικαῖς): "시편"(ψαλμός)은 본래 '손으로 악기의 현을 치거나 당기는 것'(a striking and twitching with the fingers, Thayer)인데, 따라서 '악기에 맞춰 노래하는 것'(to sing to the music of the instrument)이 된다. 다시 '찬양하는 노래'(song of praise)라는 의미로 쓰였다. 이것을 고유명사로 할 때, 구약 '시편'(Psalms)이 된다. "찬송"(ὕμνος)은 '신적 존재를 기념하고 찬양하는 노래'(a song to commemorate and praise a divine being)라는 뜻이다. 후에 영어 'hymn'의 기원이 된다. "노래"(ᾠδή)는 '노래, 頌, 시'(song, ode)를 뜻하는 일반적인 말이다. "영적인 노래"(ᾠδαὶ πνευματικαί, 복수)는 그 노래들이 영적인 주제를 가지고 영적 목적(영으로 찬양하는)으로 불려지는 노래들이란 뜻이겠다. "시편"이 악기를, "찬송"은 경배적인 면을, "영적인 노래"는 영적 주제를 각기 강조하는 용어들이라 할 수 있으나, 기본적으로

동의어적인 내용을 담고 있다. 세 단어 가운데 마지막에 있는 "영적인 노래"가 그 앞의 "시편"과 "찬송"의 뜻을 포함하는 말이다. "서로 소리하며"(λαλοῦντες ἑαυτοῖς)는 서로에게 그 같은 노래를 불러주는 것인데, '영적인 노래를 함께 부르며 영적인 은혜를 나누는 것'이라 이해한다.

"너희 마음으로 주님께 노래하고 찬양하며"(ᾄδοντες καὶ ψάλλοντες τῇ καρδίᾳ ὑμῶν τῷ κυρίῳ): "노래하고 찬양하며"(ᾄδοντες καὶ ψάλλοντες)는 두 개의 분사가 합친 말이다. 여기서 '노래하다'(ᾄδω)는 말과 앞의 '노래'(ᾠδη)가 같은 어원을 가진다. 또 '찬양하다'(ψάλλω)와 앞의 '시편'(ψαλμός)도 같은 어원의 동사, 명사이다. 이렇게 19a절의 세 단어 가운데 처음(첫째)과 나중(셋째)의 명사형 단어와 같은 어원적 동사들을 이곳에 반복하고 있는 것은, 이 부분이 앞 부분과 다른 새로운 것이 아니란 것을 말하기 위해서이다. 즉, 함께 노래하는 것과 다른 내용과 방식으로 하나님을 찬양하는 것이 아니다. 같은 영적 노래이지만, 전자는 서로의 나눔에 초점을 후자는 주님께 대한 찬양 그 자체에 더 초점을 주고 있다. "너희 마음으로"(τῇ καρδίᾳ ὑμῶν)는 "주님께"(τῷ κυρίῳ) 드리는 찬양이 깊은 마음, 진정한 마음으로 드려져야 한다는 것을 강조하는 표현이다.

2. 두 그룹의 분사 구문이 사용된다. 하나는 서로에게 하는 것("말하며/소리하며")이고 또 하나는 주님께 하는 것("노래하고 찬양하며")이다. 둘 다 부르는 노래에 대한 것인데, 공통적인 것은 주님을 찬양하는 내용과 영적인 주제를 노래하는 내용이라는 점이다. 또 음악의 형식, 즉 악기, 노래, 시, 찬양 등이 어우러져 있다. 차이가 있다면, 전자는 서로 함께 하고 나누는 것이 목표가 된다. 후자는 참된 마음으로 주님께 드리는 찬양이 부각된다.

이렇게 보면 영적 노래와 찬양은 두 가지 목적이 있다. 하나는 주님께 마음으로 드리는 것이고 또 하나는 서로, 함께 그 노래의 기쁨과 의미를 나누는 것이다. 두 가지 목적을 함께 말씀하고 있다는 것이 놀랍다. 이런 영적 노래와 찬양도 지혜로운 자가 되어 시간을 아끼고 바르게 활용하는 삶(15-16절)이란 점을 생각할 필요가 있다. 성령 충만(채움)의 결과로 나타난다는 점(18절)도 중요하다.

20절

1. "항상 모든 것에 우리 주 예수 그리스도의 이름으로 감사하며"(εὐχαριστοῦντες

πάντοτε ὑπὲρ πάντων ἐν ὀνόματι τοῦ κυρίου ἡμῶν Ἰησοῦ Χριστοῦ): 감사는 하나님의 은혜에 대한 최소한의 보답이다. 감사가 없다는 것은 하나님의 은혜를 생각하지 않는 것이다. 따라서 하나님께 감사하지 않는 삶 자체가 죄가 된다(롬1:21 참조). 아들이신 주님 자신도 아버지께 감사하는 분(마15:36; 26:27; 요11:41; 고전11:24)이셨다. "우리 주 예수 그리스도의 이름으로"(ἐν ὀνόματι τοῦ κυρίου ἡμῶν Ἰησοῦ Χριστοῦ) 감사하라 한 것은, 하나님께서 예수 그리스도를 통하여 모든 것을 주셨고 또한 이루셨기 때문이다(엡, 1:3-14). 그리스도 없이 된 일이 없으므로, 그 없이 감사를 받으실 일도 없다. 주님을 통해 주셨고, 주님 안에서 베푸셨고, 주님 때문에 용서하셨다. 그러므로 주님의 이름으로 감사하는 것이 필요하다. 그렇다고 우리 입으로 주님의 이름을 언급하지 않는 감사는 진정한 감사일 수 없다는 말은 결코 아니다. "항상"(πάντοτε)은 '언제나'(always), '어떤 때든지'(at all times)이고, "모든 것에"(ὑπὲρ πάντων)는 '범사, 모든 일에'(for all things, for everything)이다. 즉 어떤 때가 되든, 어떤 경우든 주님의 이름으로 감사하라는 것이다.

"하나님 아버지께"(τῷ θεῷ καὶ πατρί): 감사의 대상은 당연히 하나님이시다. 하나님을 아버지라 한 것은 하나님께 나아갈 때, 그분의 '아버지 되심'(fatherhood)을 깊이 인식하고 나아가라는 뜻이다(1:5; 2:18; 3:12).

2. 20-21절의 두 개의 분사 묶음에서 첫 번째 분사 구문의 내용은 하나님께 '감사하는 것'이다. 감사의 시기("항상")와 감사의 사안("모든 것에")을 제한하지 말 것을 말씀한다. 특히 감사의 대상이 하나님 아버지이심을 강조한다.

찬양(19b절) 다음이 감사(20절)이다. 이것은 하나님께 나아가는 순서를 가리키는 것은 아니다. 오히려 찬양과 감사가 분리될 수 없음을 가리킨다. 하나님을 마음으로 찬양하게 될 때, 우리는 하나님께 참으로 감사할 수 있게 된다. 그분이 우리에게 하늘의 아버지가 되신다는 점, 그래서 모든 '하늘의 복'(1:3)을 우리에게 주신다는 점, 그뿐 아니라, 우리를 위해 하나님의 크신 섭리와 경륜이 진행되고 있다는 사실(1:4-5, 9-11; 3:1, 9 등)을 깨닫게 되기 때문이다.

21절

1. "서로 복종하라"(Ὑποτασσόμενοι ἀλλήλοις): '복종하다'(ὑποτάσσω)는 '자신을 그 밑에 놓게 하는 것, 복속시키는 것'(to subject, subordinate)이다. 21절에서처럼,

수동형일 때, '복종하는 것'(to become subject)이 된다. '밑에'라는 접두어(ὑπο-)가 뜻하듯이, 자신을 밑에 두고 상대를 위에 두는 것, 즉 겸손과 존중이다. "서로"(ἀλλήλοις), 즉 '서로에게' 그같이 복종하는 것을 말씀한다. '서로'라는 말은 일방적이거나 한 쪽의 모습이 아니라, 쌍방적일 필요가 있고, 그래서 교회 전체의 문화로 나타나야 한다는 점을 말해준다.

"그리스도를 경외함으로"(ἐν φόβῳ Χριστοῦ): 그리스도에 대한 '경외'(φόβος)는 그리스도에 대한 신앙적 경외(reverence), 그리고 그의 신적 영광에 대한 두려움(fear)을 함께 가리키는 말이다. "그리스도를 경외함으로"라 했을 때는 그리스도에 대한 거룩한 경외심이 서로의 관계에 기초가 된다는 뜻이다. 그러므로 첫째, 그리스도에게 하듯 서로에게 해야 할 것이 요구된다(예, 22, 24절). 둘째, 그렇게 서로를 존중하고 세워주려 하지 않는다면 그리스도의 책망을 두려워해야 할 것이라는 말씀이기도 하다(6:8).

2. 이처럼 '서로에게 복종하는 것'이 서로에 대한 두 번째 내용으로 거론된다. 서로에 대한 태도와 행위가 그리스도에 대한 경외와 맞닿아 있다. 스스로 겸손하며 서로를 높이는 태도는 그리스도를 경외하는 신앙인의 기본자세이다.

함께 찬양하고 서로를 존중하는 것은 이처럼 성령 충만의 특징이다. 함께 손을 잡고 찬양하며 영적인 즐거움을 나누는 것(19a절)과 서로를 존중하며 세워주는 것(즉, 복종하기)은, 하나님을 찬양하는 것과 감사하는 것이 분리되지 않듯, 서로 떨어질 수 없다. 또한 하나님께 감사하는 것과 서로를 높이는 복종, 역시 함께 한다. 하나님의 은혜를 생각하며 감사하는 사람은 형제와 관련하여 자고(自高)할 수 없다. 겸손하게 서로를 존중하는 것이 주님의 뜻이기 때문이다.

단락 해석

1. 19절은 노래와 찬양을 말하고 20-21절은 또 다른 행동(action)을 말한다. 이 모두 성령의 채움(18절)을 받을 때 일어나는 행동이다. 19절의 노래와 찬양은 두 가지로 나뉜다. 첫째는 서로에 대한 것이고 그 다음은 주님께 대한 것이다. 서로에 대한 것은 시편과 찬송과 영적인 노래로 '함께', '서로' 부르는 노래와 시이다. 주님께 대한 것은 마음으로 주님을 향해 부르는 노래와 찬양이다. 노래와 찬양의 소재가 달라지지는 않지만, 전자는 서로를 위해, 후자는 주님을

위해 이뤄지는 일이다.

2. 20-21절은 감사와 복종이라는 주제를 가진다. 이 두 행위는 각기 하나님께, 그리고 서로에게 하는 것이다. 즉 대상이 달라진다. 전자는 성부 하나님께 드리는 행위이고, 후자는 그리스도에 대한 신앙을 바탕으로 서로에게 하는 행위이다.

3. 그렇게 보면, 서로에 대한 것이 19a절과 21절이 되고, 하나님께 대한 것이 19b절과 20절이 된다. 19-21절에서 역교차("구성/문체" 참조)가 존재한다. 첫째, 서로에 대한 두 가지(a-a')는 서로, 함께 영적인 노래를 하는 것(a)과 서로에게 복종하는 것(a')이다. 신앙의 나눔과 서로에 대한 존중, 이 두 가지를 성령 충만의 내용(또는 결과)으로 본 것이다. 둘째, 하나님께 드리는 두 가지(b-b')는 마음으로 드리는 찬양(b)과 항상 드리는 감사(b')이다. 마음에서 나오는 찬양과 모든 일에 감사할 수 있는 것, 이 두 가지를 성령 충만의 또 다른 내용(또는 결과)이라 할 수 있다.

메시지

1. **성령 충만과 서로에 대한 행위:** 성령의 채움을 받게 될 때, 나타나는 첫 번째 표식은 서로에 대한 태도가 달라지는 것이다. 함께 찬양 드리고, 함께 영적인 노래를 부르며, 함께 영적 기쁨을 누리는 것이다. 그 다음 서로에 대해 '복종하는 것', 서로를 존중하고 세워주는 삶을 갖게 되는 것이다. 영적인 나눔과 실제적인 존중, 이 두 가지는 성령 충만의 결과로 주어진다.

2. **성령 충만과 하나님에 대한 행위:** 성령 충만의 두 번째 표식은 하나님에 대한 태도가 달라지는 것이다. 먼저 하나님께 찬양 드릴 때, '마음으로' 드리게 된다. 마음 깊은 곳에서 찬양과 노래가 하나님께 드려지게 된다. 건조한 찬양이 아니라, 마음이 담긴 찬양이 된다. 그와 함께 하나님께 범사에 감사하는 태도를 갖게 된다. 그렇게 하나님 아버지께 나아가게 된다. 이것이 성령 충만의 결과이다.

해석 종합

1. 15-21절의 '지혜로운 삶'은 3-14절의 '깨끗한 삶'에 연속되고 있지만, 그

의미가 직결되지는 않는다. 그보다는 4:32-5:2의 '하나님을 닮는 삶'과 더 가깝다. 15-21절도 부정과 긍정이 대조되고 있으나, 전체적으로 긍정적인 어조(톤)가 주를 이루고 있다는 점도 4:32-5:2과 유사한 점이다. 따라서 '하나님을 닮는 삶'(4:32-5:2)과 '지혜로운 삶'(15-21절)은 서로 밀접한 짝이라 생각해도 좋다. 전자는 서로에 대한 사랑을 후자는 서로에 대한 존중을 담고 있다. 전자는 하나님의 용서와 그리스도의 희생을 강조했고 후자는 하나님께 드리는 찬양과 감사에 초점을 둔다.

2. 15-16절, 지혜로운 자의 삶과 지혜 없는 자의 삶은 악한 날이 지금, 어떻게 행하는가, 특히 시간을 어떻게 활용하는가에 달려 있다. 15-16절은 이 부분을 강조한다. 시간의 구속은 시간(때)을 아끼는 것과 그 시간을 바르게 활용하는 것이다. 악한 때(나날)일수록 그렇게 지혜로운 삶을 살지 못하기가 쉽기 때문이다.

3. 시간을 아끼는 지혜로운 삶이 어떤 것인지, 19-21절이 보여주고 있다. 그것은 서로에 대한 것과 하나님께 대한 것으로 나타난다. 첫째, 서로에 대한 두 가지의 예가 선보인다. 하나는 영적인 노래와 시, 예컨대 시편과 찬송을 함께(서로) 하는 것이다. 찬송은 기본적으로 하나님께 대한 것이지만, 여기에 "서로"란 말을 쓰고 있는 것은 그 목적이 서로, 함께, 더불어 시와 찬양으로 기쁨을 누리는 데 있기 때문일 것이다. 찬양 속에 영적 기쁨을 함께 누리는 것, 이것이 시간을 구속하는 한 가지 예이다. 또 하나는 그리스도에게 복종하듯, 서로에게 복종하는 것이다. 서로에게 복종하는 것의 근거를 그리스도를 경외하는 것이라 한 것은 그리스도를 높일 때, 우리 자신이 겸손해지기 때문일 것이다. 서로에 대한 복종은 서로에 대한 존중을 의미한다.

4. 둘째, 하나님에 대한 두 가지 예가 제시된다. 먼저, 하나님께 노래하고 찬양하되, 마음에서 나오는 노래와 찬양을 하는 것이다. 하나님을 깊이 묵상하는 찬양, 하나님께 진심으로 향하는 그런 노래를 말한다. 또 하나는, 하나님 아버지께 모든 일에 대해, 그리고 항상 감사하는 것이다. 감사하는 삶은 참으로 지혜로운 삶이고 시간을 구속하는 삶이다. 감사가 없는 삶은 낭비된 삶이 될 수 있다. 항상 감사하라는 것이 매초마다 감사가 튀어나오라는 뜻은 아니다. 기본적인 마음과 자세가 하나님께 늘 감사하는 것이 되어야 한다는 뜻일 것이다.

5. 이처럼, 서로에 대한 삶과 하나님께 드리는 삶은 아무 것도 아깝지 않다.

그러한 삶은 세월을 아끼는 가치 있는 삶이다.

6. 그런데 그렇기 하기 위해서는 17-18절에서처럼, 버릴 것을 버리고 취할 것을 취해야 한다. 어리석은 일, 예컨대 술 취하는 일, 방탕의 일을 버려야 한다. 그 반대로 성령의 채움을 받는 일이 있어야 한다(명령법 현재). 우리를 채우시는 성령의 힘이 없이는 우리가 19-21절의 삶을 살 수 없다. 성령의 채우심은, 자신을 자만하게 하고 자기 중심적인 삶이 되는 결과로 나타나지 않고, 그 반대로 우리의 관심과 초점을 서로에게, 또 하나님께 두게 하는 열매로 나타난다.[114]

5:22-33, 서로 복종하는 관계I(부부)

전체 구조

1. 부부 관계에 대해 말씀하는 본문은 네 개의 묶음으로 구분된다. 첫째는 22-24절, 아내가 그 남편에게 어떻게 해야 하는지에 대한 말씀이다. 둘째는 25-29절, 남편이 그 아내에게 어떻게 해야 하는지 알려주는 말씀이다. 셋째, 30-32절은 남편과 아내 모두에게 해당되는 부분인데, 남녀의 결혼의 원리와 관련해서 말씀한 부분이다. 넷째, 33절은 마지막으로 다시 한 번 남편과 아내에게 각각 자신이 마땅히 해야 할 일(남편은 아내를 사랑하고, 아내는 남편은 존경한다)을 하도록 권유 받는다.

2. 이 단락의 구조는 두 가지로 볼 수 있다. 첫째, 아내에게 주는 말씀(22-24절)과 남편에게 주는 말씀(25-29절)을 묶어 한 쪽에 놓고, 비록 짧지만 남편과 아내에게 함께 주는 말씀(33절)을 이 짝으로 보는 것이다. 이 때, 결혼('떠나 결합함')에 대한 말씀(30-32절)이 중간에 위치한다. 따라서 이런 구조는 역교차(A-X-A') 구조이다.

22-29절	아내가 남편에게, 남편이 아내에게 해야 할 일(복종과 사랑)	A
30-32절	결혼: 떠남과 결합	X
33절	남편과 아내가 각기 해야 할 일(사랑과 존경)	A'

이 구조의 문제는 앞(22-29절, A)의 분량이 그 짝이 되는 뒤(33절, A')에 비해 너무 많아, 중간 부분(30-32절)을 기준으로 볼 때, 균형이 맞지 않다는 것이다.

3. 둘째, 앞의 두 소단락(22-24절과 25-29절)과 뒤의 두 소단락(30-32절과 33절), 이렇게 둘로 구분하는 것이다. 전반부는 한 쪽이 다른 한 쪽에 대해 '복종'해야 할 것을 말씀하는 부분이라면, 후반부는 남편과 아내, 양 쪽에 모두 해당되는 것을 말씀하는 부분이라 할 수 있다. 네 부분이 각기 둘씩(dually) 묶인 부분으로 보는 것이다. 여전히 전반부와 후반부의 분량의 균형은 어긋나지만, 그래도 첫째 구조보다는 낫다.[115] 두 가지 모두 가능하다. 이 중 어느 것이 의도된 것인지 분명하지 않다.

22-24절	한 쪽에게: 아내가 남편에게 할 일(복종)	A
25-29절	한 쪽에게: 남편이 아내에게 해야 할 일(사랑)	A'
30-32절	남편과 아내, 모두에게 하는 말, 결혼: 떠남과 결합	B
33절	남편과 아내, 모두에게 하는 말(사랑과 존경)	B'

Ⅰ. 22-24절, 아내 된 이들에 대한 권면

구문 배열

22	24
Αἱ γυναῖκες 아내들이여 (복종하라/~을 따르라), Wives, (submit) **τοῖς ἰδίοις ἀνδράσιν** 그대들의 남편들에게 to your husbands **ὡς τῷ κυρίῳ,** 주께 하듯 as to the Lord 23 **ὅτι ἀνήρ** 남편이 ~때문에 for the husband **ἐστιν** ~이기~ is **κεφαλὴ** 머리~ the head **τῆς γυναικὸς** 아내의 of the wife **ὡς καὶ ὁ Χριστὸς** 그리스도께서 ~것 같이 as Christ Himself **κεφαλὴ** 머리가 (되시는) (is) the head **τῆς** **ἐκκλησίας,** 교회의 of the church **αὐτὸς** 그 자신 He Himself **σωτὴρ** 구원자가 (되신다) (is) the Savior **τοῦ σώματος·** 몸의 of the body	**ἀλλὰ ὡς ἡ ἐκκλησία** 교회가 ~것 같이 Now as the church **ὑποτάσσεται** 복종하는~ submits **τῷ Χριστῷ,** 그리스도께 to Christ **οὕτως** 이같이 so **καὶ αἱ γυναῖκες** 아내들도 (복종해야한다/하라) wives also (should submit) **τοῖς ἀνδράσιν** 남편들에게 to the husbands **ἐν παντί.** 모든 일에 in everything

직역

1. 22. 아내들이여. 그대들의 남편에게 주께 하듯 하라. 23. 남편이 아내의 머리가 되는 것은 그리스도께서 교회의 머리가 되시는 것과 같기 때문이다. 주님께서는 그 자신 몸의 구원이 되신다. 24. 교회가 그리스도께 복종하는 것

같이 아내들도 모든 일에 남편들에게 이같이 하라.

2. 22. Wives, submit to your husbands as to the Lord, 22. for the husband is the head of the wife as Christ Himself is the head of the church. He Himself is the Savior of the body. 24. Now as the church submits to Christ, so also wives should do to the husbands in everything.

구성/문체

1. 바울이 아내 된 이들에게 명령하는 이 부분은 모두 다섯 개의 작은 부분(22, 23ab, 23c, 24a, 24b절)으로 나눌 수 있다. 첫째, 22절과 24b절은 거의 같은 내용을 담고 있으면서 형식(병행법)까지 같다. 이것은 이 두 부분이 의도된 짝(또는 inclusio)이기 때문이다.

22절	a	아내들이여	그리고 아내들이여	a'	24b절
	b	그대들의 남편들에게	남편들에게	b'	
	c	주께 하듯	모든 일에	c'	

2. 둘째, 23ab절은 그 자체 병행법을 가진다("절별 해석" 23절 참조). 남편이 아내의 머리 됨이 그리스도가 교회의 머리 됨과 비유된다. 그런데 이 부분과 관련이 되는 부분은 24a절이다. 두 부분 모두 그리스도와 교회의 관계를 말해준다. 셋째, 그렇게 볼 때, 23c절("그는 몸의 구원자가 되신다"). 그렇다면, 22절(a), 23ab절(b), 23c절(x), 24a절(b'), 24b절(a'), 이렇게 역교차 구성이라는 점을 이해할 수 있다.[116)]

22절	a	a	아내들이 남편에게	아내들이 남편에게	a'	24b절
23ab절	b	b	남편-아내, 그리스도-교회	교회-그리스도	b'	24a절
23c절	x	-	그는 몸의 구원자			

3. 넷째, 23c절이 23b절과 병행법을 이루고 있는 것("절별 해석", 23절 참조)을 좀더 중요시하면, 23c절을 중간(x)으로 떼내는 것보다, 23절 전체(23abc절)에 내포된 것으로 간주할 수 있다. 23a절과 23b절이 병행법적 구성(ab-a'b')을 하고, 23b절은 다시 23c절과 병행법적 구성(ab-a'b')을 가진다. 두 개의 병행법이 복합적으로

구성된 부분이다.

23a절	a	남편이	
	b	아내의 머리이다.	
23b절	a'	그리스도께서	a
	b'	교회의 머리이신 것처럼	b
23c절		그 자신이	a'
		몸의 구원이시다.	b'

4. 23절 안에서의 연속성을 감안할 때, 23절을 나누지 않고 하나로 해서 24a절과 짝을 이루는 것으로 볼 수 있다. 23절은 남편과 아내, 그리스도와 교회의 관계를 함께 말씀하는데, 이는 24a절이 교회와 그리스도의 관계를 말씀하는 것과 짝이 된다. 23c절을 중심(x)으로 보느냐, 이 부분을 23ab절에 속한 것을 보느냐에 따라, 역교차 형태를 ab-x-b'a' 또는 ab-b'a'로 보게 된다.

절별 해석

22절

1. "아내들이여 … 하라"(αἱ γυναῖκες): 동사("하라")가 생략된 구문이다. "아내들"(αἱ γυναῖκες)은 직설법 동사("복종한다" 또는 "한다")가 생략된 것이면 주격 ("아내들은")이 되고, 명령법 동사("복종하라" 또는 "하라")가 생략된 것이면 호격 ("아내들이여")이 된다. 여기서는 후자일 가능성이 높다. 첫째, 앞의 21절과 관련된 주제('복종')에 대한 예를 열거하는 부분이다. 둘째, 주체(남편, 자녀들, 아버지들, 종들, 주인들)가 바뀔 때마다 명령법 동사가 함께 나온다(5:25; 6:1, 4, 5, 9). 따라서 "아내들"에 대해 권면하는 이 부분에 명령법 동사가 나오는 것이 당연하지만, 생략된 것은 그 앞의 21절의 내용("서로 복종하며")과 연결하기 위한 것으로 이해된다. 아내들에게 복종해야 할 것을 명하신 것이다. 21절에서 '복종'은 겸손과 존중이라는 양 날의 마음가짐과 그런 태도이다. "아내"(γυνή)는 '여성'(woman), 또는 '아내'(wife)의 의미, 둘 다 있다. 22-33절이 결혼 관계의 아내와 남편에 대한 말씀이므로, 여기서는 당연히 '아내'에 대한 것이다.

"그대들의 남편들에게"(τοῖς ἰδίοις ἀνδράσιν): 아내들이 복종해야 할 대상은 다른 사람, 특히 다른 남자들이 아니다.[117] 자신의 남편("그 자신의 남편들")이다. 자기 자신의 남편을 존중하고 높이는 것을 말씀한 것이다. 따라서 특정인 한 사람에 대한 말씀이고 불특정 남성들을 가리키는 것이 아니다.[118] "남편"(ἀνήρ)이라는 단어도 '남자'(man), 또는 '남편'(husband)을 가리킨다. 그러나 당연히 여기서는 '남편'의 뜻이다.

"주께 하듯"(ὡς τῷ κυρίῳ): 남편을 존중하고 높여 주되, 마치 우리 성도가 주님께 복종하듯 그같이 할 것을 말씀한다. 주님을 높이듯, 그같이 남편을 높일 것을 권한다. 여기서의 '복종'(submission)은 자녀가 부모에게 하는 것('순종')과 종이 주인에게 하는 것('순종')과 다른 말이다. '복종'의 핵심은 상대를 자신보다 높이고 존중하는 것이다.

2. 21절의 '서로 복종하기'의 첫 번째 관계는 부부관계이다. 먼저 아내를 권면한다. 아내가 이 '서로 복종하기'라는 말씀을 따라 그 자신의 남편에게 복종할 것을 권한다. 부부 관계에서는 먼저 아내에게, 부모-자녀 관계에서는 먼저 자녀에게, 주종 관계에서는 먼저 종들을 먼저 권면한다. 그것은 그 당시 그런 이들(아내, 자녀, 종)이 이미 사회와 가정에서 복종의 상태에 있는(처한) 신분이었기 때문일 것이다. 그들이 처한 상황을 거부하는 것보다 오히려 자발적 복종으로 나아갈 것을 먼저 권유한 것이다.[119]

23절

1. "남편이 아내의 머리가 되는 것은… 때문이다"(ὅτι ἀνήρ ἐστιν κεφαλὴ τῆς γυναικὸς): 남편이 아내의 머리가 된다는 것(고전11:3)은 남편이 부부의 대표성을 띤다는 것이다.[120] 즉 가정의 리더가 된다는 뜻이다. 그 때문에 그 남편을 높일 것을 말하고 있다. 리더쉽에 대한 존중이다.

"그리스도께서 교회의 머리가 되시는 것과 같기…"(ὡς καὶ ὁ Χριστὸς κεφαλὴ τῆς ἐκκλησίας): 바울은 부부 관계를 계속해서 그리스도와 교회의 관계를 비유해서 해석한다. 그리스도는 교회의 머리가 되신다(1:22). 그리스도는 몸인 교회를 대표하실 뿐 아니라, 교회를 이끄는 지도자가 되신다. 이 일은 하나님께서 하신 일이다(1:22).

"주님께서는 그 자신 몸의 구원자가 되신다"(αὐτὸς σωτὴρ τοῦ σώματος): 이 부분이 쓰인 것은 교회의 머리가 되신 그리스도의 역할에 더 추가해 말해주기 위한 것이다. 그리스도는 그의 교회를 세우기 위해 죽으셨고 그렇게 함으로 교회('우리')를 구원해 내셨다. 이것은 남편이 아내의 구원자가 된다는 것은 아니다. 다만, 남편의 역할이 아내를 위해 희생하고 섬기는, 그리스도가 교회를 위해 주신 사랑(25-27절)을 따라야 한다는 말이 된다. 따라서 아내가 남편에게 '복종'하라는 말씀 안에 이처럼 남편의 희생적 섬김의 역할을 넣었다는 것은 그 자체로 특별한 의미가 있다.[121)]

2. 남편과 아내의 관계를 그리스도와 교회의 관계와 비교하고 있다. 특히 그 머리 됨을 비교해 주고 있다. 기본적으로 남편의 리더십을 강조하고 이를 존중해야 한다는 근거를 제시한 것이다. 다만, 그리스도의 '구원자' 됨을 추가한 것은 남편의 역할이 지나친 권위적 역할로 치닫지 않게 하기 위한 목적이 있기 때문일 것이다. 남편의 희생과 섬김을 함께 강조한 말씀이다.

"때문이다"(ὅτι)는 22절 아내들이 남편들에게 '복종'해야 할 이유를 제시한 것이다. 아내가 그리스도인이라면 그리스도와 교회의 관계에서처럼, 남편에게 그같이 '복종', 즉 존중하고 높이는 것은 그가 그리스도인으로서 마땅한 것이란 뜻이다.

24절

1. "교회가 그리스도께 복종하는 것 같이"(ἀλλὰ ὡς ἡ ἐκκλησία ὑποτάσσεται τῷ Χριστῷ): 교회는 그의 머리이신 그리스도께 복종한다. 그리고 그분만을 존중하고 섬긴다. 그리스도 외에 그 어떤 이에 대해서도 그같이 섬기는 법이 없다. 그래서 그리스도와 교회의 관계는 특별하다.

"아내들도… 이같이 하라"(οὕτως καὶ αἱ γυναῖκες): 교회가 그리스도만을 섬기는 것처럼 아내도 자신의 남편을 그같이 존중하는 것이 마땅하기 때문이다. "이같이"(οὕτως)는 교회가 '그리스도에게 하는 것같이 그처럼'의 뜻이다.

"남편들에게 모든 일에"(τοῖς ἀνδράσιν ἐν παντί): 아내가 섬길 대상은 자신의 남편이다(22절). 다른 남자나 여자들이 아니다. 물론 모든 이들을 존중해야 (벧전2:17; 롬12:10; 빌2:3) 하지만, 교회가 그리스도에게 하듯 하는 섬김은 오직 자신의 남편에게만 하게 하셨다. "모든 일에"(ἐν παντί)는 그 일을 한두 가지 일에 국한하지 말고 모든 부분에 그같이 남편의 권위를 세워주도록 하라고 말씀한 것이다.

2. 그리스도와 교회의 관계는 오직 부부 관계에만 적용된다. 그만큼 밀접하고 분리할 수 없기 때문이다. 이 특별한 관계를 적용할 수 있는 다른 관계는 소개된 바 없다.

그리스도와 교회의 이상적인 관계는 그리스도의 역할(그분이 하신 일)로 다 끝나는 것이 아니다. 몸 된 교회 쪽의 노력(역할)도 함께 요구된다. 부부 관계도 한 쪽의 섬김만 필요한 것이 아니다. 서로에 대한 계속적인 섬김과 세워줌으로 더 강화된다. 어느 한 쪽의 노력만으로 될 일은 아니다. 아내의 남편 높임('복종')이 부부 사역의 중요한 토대가 된다.

단락 해석

1. 22절이 아내들이 남편들에게 해야 할 것('복종')을 하라고 말씀하고 있는 것이 맞다. 그런데 이 '복종'이 기본적으로 '서로'(mutually) 해야 하는 것(21절)임을 잊지 말자. '복종하라'는 단어는 사용되고 있지 않지만, 이는 첫째, 21절의 '복종'의 말씀에서 비롯된 것이고, 둘째, 남편들(25절), 또 자녀들(6:1), 아버지들(6:4), 종들(6:5), 상전들(6:9)이 시작할 때 모두 명령법 동사가 초두에 나온다는 점을 볼 때, 21절에도 명령법 동사("복종하라")가 생략된 것이라고 추정할 수 있다. 아내들이 남편들에게 그같이 하라는 말씀이 24b절에 다시 나오면서 이 주제의 말씀이 마무리된다. 그런데 22절에는 "주께 하듯"이 나오고, 24b절에는 "모든 일에"가 나온다. 이 둘은 서로 보완이 되어, '모든 일에, 주께 하듯' 남편에게 하라고 말씀하고 있다.

2. 23ab절과 24a절은 서로 짝을 이루면서 그리스도와 교회의 관계를 남편과 아내의 관계와 반복해서 비유하고 있다. 그리스도가 교회의 머리가 되는 것, 그래서 교회가 그리스도에게 복종하는 것은 그리스도와 교회의 관계에 정상적인 것이다. 따라서 남편이 아내의 머리가 된다면, 아내가 남편에게 복종하는 것 또한 정상적인 것이다. 물론 여기서 말하는 '복종'이 자신을 낮추고 상대를 존중하는 것이라는 점, 또 '서로 복종하라'는 말씀이 대인관계(특히 가정에서)의 토대가 된다는 점이 감안돼야 한다.

3. 23c절, 즉 그리스도께서 '몸의 구원자'라는 말씀이 그리스도가 교회의 머리라는 말씀과 함께 나오는데, 이것은 몸 된 교회를 위해 어떤 희생과 대가를 치렀고 그래서 그 몸을 구원으로 이끌었는지를 말해주는 내용(25-27절 참조)이다. 그 때문에 그리스도가 교회의 머리로 존중 받아야 한다는 것이다. 그렇다면 남편이 아내의 머리임을 내세우는 것이 의미 있으려면 아내를 위한 희생과 사랑이 우선해야 한다는 말이 된다. 남편이 그런 면에 자격이 없다고 무시되거나 존중 받지 못해야 할 것은 아니다. 중요한 것은, 바울이 이 모든 일에(특히 가정에서) 서로에 대한 존중과 사랑, 그리고 섬김이 기초가 되어야 한다는 것을 말씀하고 있는 것이 분명하다.

메시지

1. **아내의 복종:** 아내가 그의 남편에게 '복종'(자신을 낮추고 상대를 높임)하는 것이 자연스럽다. 남편의 지도력을 인정하고 그를 세워주는 것이 신앙적이다. 바울이 그리스도와 교회의 관계에 빗대어, 남편과 아내의 관계를 말하는 이유를 이해해야 한다. 아내에게 남편을 존중하고 세워줄 것을 말씀하셨다. 그리스도 안에서 자신의 남편을 세우고 높여주며, 가정에서 선한 지도력을 행사할 수 있게 지원하는 것이 아내의 중요한 임무가 된다. 남편을 섬기는 일은 그리스도를 섬기는 사역의 적용이다. 바울의 메시지는 분명하다. 교회가 그리스도를 섬기듯, 아내가 남편을 세워준다면, 그 남편은 그가 해야 할 일을 더욱 잘하게 될 것이다.

2. **복종의 강제:** 그렇다고 남편이 아내에게 복종을 강제하는 것을 정당화 할 수 없다. 그것은 남편이 아내를 존중하지 않는 반증이기 때문이다. 바울은 서로 복종하라고 했다(21절). 오히려 남편은 어떻게 그리스도가 교회의 머리가 되셨는지 묵상해야 한다. 그리스도는 몸의 구원자셨다. 교회의 구원을 이루기 위해 모든 것을 드리셨다. 무엇보다 깊이 사랑하셨다. 그래서 그는 교회의 머리가 되신 것이다. 그리스도는 사랑과 희생의 헌신을 통해, 선언적 의미뿐 아니라, 마음에서 나오는 참된 인정까지 받으셨다.

Ⅱ. 25-32절, 남편 된 이들에 대한 권면

구문 배열

25 Οἱ ἄνδρες, 남편들이여 Husbands ἀγαπᾶτε 사랑하라 love τὰς γυναῖκας, 아내들을 your wives καθὼς καὶ ὁ Χριστὸς 그리스도께서도 ~것 같이 just as Christ also ἠγάπησεν 사랑하셔서 loved τὴν ἐκκλησίαν 교회를 the church καὶ ἑαυτὸν 그 자신을 himself παρέδωκεν 주신 ~ and gave up ὑπὲρ αὐτῆς, 교회를 위하여 for her 26 ἵνα ~려고 so that αὐτὴν 교회를 her ἁγιάσῃ 거룩하게 하시~ he might sanctify καθαρίσας 깨끗하게 하시고/하신 후 having cleansned τῷ λουτρῷ 씻음으로 by the washing τοῦ ὕδατος 물의 of water ἐν ῥήματι, 말씀으로 with the word 27 ἵνα ~려고 that παραστήσῃ 내세우시~ may present αὐτὸς 그가 he ἑαυτῷ 그 자신에게 to himself ἔνδοξον 영광스럽게 glorious/ in glory τὴν ἐκκλησίαν, 교회를 the church μὴ ἔχουσαν 갖지 않고 not having σπίλον 티나/점이나 any spot ἢ ῥυτίδα	28 οὕτως 이와 같이 In this manner ὀφείλουσιν ~해야 한다 ought to [καὶ] οἱ ἄνδρες 남편들도 the husbands also ἀγαπᾶν 사랑~ love τὰς ἑαυτῶν γυναῖκας 자신들의 아내들을 their wives ὡς τὰ ἑαυτῶν σώματα. 자신들의 몸(들) 처럼 as their bodies ὁ ἀγαπῶν 사랑하는 자는 He who loves τὴν ἑαυτοῦ γυναῖκα 자신의 아내를 his own wife ἑαυτὸν 자신을 himself ἀγαπᾷ. 사랑한다 loves 29 οὐδεὶς γάρ 아무도 ~ 않고 ~ 때문이다 for no one ποτε 언제든 ever τὴν ἑαυτοῦ σάρκα 자신의 육체를 his own body ἐμίσησεν 미워하지 ~ hated ἀλλὰ ἐκτρέφει 먹이고 but he feeds καὶ θάλπει 돌보기 ~ and cares for αὐτήν, 그것을 it καθὼς καὶ ὁ Χριστὸς 그리스도께서 (하신 것) 같이 just as Christ (does) τὴν ἐκκλησίαν, 교회를/에게 the church

주름이나 or wrinkle ἤ τι ~것을 or any τῶν τοιούτων, 그 같은~ such thing ἀλλ' ἵνα ᾖ ~되게 that she might be ἁγία 거룩하고 holy καὶ ἄμωμος. 흠이 없이 and blamless	

직역

1. 25. 남편들이여, 아내들을 사랑하되, 그리스도께서 교회를 사랑하시고 교회를 위하여 그 자신을 주신 것 같이 사랑하라. 26. 교회를 물로 씻고, 말씀으로 깨끗하게 하셔서, 거룩하게 하시려고 그리하셨다. 27. 티나 주름이나 그 같은 것을 갖지 않고, 그래서 영광스러운 그런 교회로 자신에게 내세우시려고, 또 거룩하고 흠이 없게 하시려고 그리하셨다. 28. 남편들도 이와 같이 자신의 아내들을 자기 자신의 몸을 사랑하듯 그같이 사랑해야 한다. 자신의 아내를 사랑하는 자는 자신을 사랑한다. 29. 아무도 언제든지 자신의 육체를 미워하지 않고, 도리어 이를 먹이고 돌보기를 그리스도께서 교회에 하시듯 한다(하기 때문이다).

2. 25. Husbands, love your wives, just as Christ loved the church and gave Himself up for her, 26. that He might sanctify her, having cleansed by the washing of water with the word, 27. that He may present to Himself the church in glory, not having any spot or wrinkle or any such thing. 28. In this manner, husbands also ought to love their wives as their own bodies. He who loves his wife loves himself, 29. for no one ever hated his own body but he feeds and cares for it, just as Christ does for the church.

구성/문체

1. 25-29절은 두 개로 나뉜다. 25-27절과 28-29절이다. 이 두 부분은 시작 부분이 비슷하게 반복된다. "남편들아 아내를 사랑하라"(25a절), "남편들도 이와 같이 자신의 아내들을 사랑해야 한다"(28a절). 그 다음에 나오는 내용들이 그렇게 사랑해야 하는 이유가 무엇 때문인지를 말하는 부분이라는 점에서 공통된다.

2. 25-27절은[122] 다시 세 부분으로 나뉜다. '아내를 사랑하라'는 부분(25a절), 그리스도의 본, 즉 그리스도께서 교회를 위해 하신 일을 소개한 부분(25b절), 그리스도가 교회를 위해 그같이 하신 일의 '목적'에 해당되는 부분(26-27절, 세 개의 ἵνα-목적절로 됨)이다.

28-29절도 세 부분으로 나뉜다. '아내를 사랑해야 한다'는 부분(28a절), 남편이 아내를 그같이 사랑해야 하는 '이유'에 대한 부분(28b-29ab절), 마지막으로 그리스도의 본을 소개한 부분(29c절)이다. 따라서 25-27절과 28-29절은 최소한 두 개가 공통된다. 첫째는 '아내를 사랑하라'는 부분(25a절, 28a절)이고 둘째는 그리스도의 본을 소개한 부분(25b절, 29c절)이다. 반면에 그리스도가 교회를 그같이 사랑하신 '목적'(26-27절)과 남편이 아내를 사랑해야 하는 '이유'(28b-29ab절)가 나오는데, 이 둘은 사랑의 '목적과 이유'를 말하고 있다는 점에서 나름대로 연계성이 있다. 따라서, 25-29절은 사실상 복합 병행법(a-b1b2-a'-b'2b'1)이 등장한 부분이다. 크게는 ab-a'b'의 병행법이고, 25b-27절과 28b-29절의 관계에서는 b1b2-b'2b'1이라는 역교차가 된다.

25a절	a	아내를 사랑하라	아내를 사랑해야 한다	a'	28a절
25b절	b1	그리스도의 본	사랑의 이유	b'2	28b-29ab절
26-27절	b2	사랑의 목적	그리스도의 본	b'1	29c절

절별 해석

25절

1. "남편들이여"(Οἱ ἄνδρες): 이번에는 남편들에게 명령하신다. 상대(아내나 남편)가 해야 할 것을 하도록 요구하는 것보다는 자신이 해야 할 일을 먼저, 조건 없이 하는 것이 필요하다.

"아내들을 사랑하되"(ἀγαπᾶτε τὰς γυναῖκας): 남편에게 명하신 '복종'은 그 아내를 사랑하는 것이다. 아내가 남편에게 해야 할 일은 '복종'의 단어를 그대로 사용하고, 남편이 아내에게 해야 할 일은 '사랑'의 단어로 전환한다. '복종'은 상대에 대한 존중과 세워줌이 부각되는 단어이고, '사랑'은 상대에 대한 관심과 배려, 그리고 희생이 강조되는 단어라 할 수 있다.

"그리스도께서 교회를 사랑하시고 … 것 같이 사랑하라"(καθὼς καὶ ὁ Χριστὸς

ἠγάπησεν τὴν ἐκκλησίαν): 그리스도께서 교회를 이미 '사랑하셨다'(ἠγάπησεν, 부정과거). 그래서 남편이 알아야 할 본을 이미 보여주셨다는 뜻이다. 지금도(현재) 그리스도는 그의 교회를 사랑하시고 계시지만, 그리스도와 교회의 관계의 시작은 그리스도께서 먼저 사랑하신 일에서 출발된다. 그리스도는 교회를 '사랑하셨고'(부정과거), 교회는 그리스도에게 복종하고 있다(현재, 24절).

"교회를 위하여 그 자신을 주신"(καὶ ἑαυτὸν παρέδωκεν ὑπὲρ αὐτῆς): 그의 사랑하심이 어떻게 나타났는지 보여준다. 그리스도는 교회를 위해 자신을 '내어주셨다'(παρέδωκεν, 부정과거). "그 자신을"(ἑαυτὸν) 내어주신('넘겨주신') 것은 그리스도의 사랑에 그 어떤 제한도 없었음을 보여준다. 자기 자신까지 내놓는 사랑은 모든 것을 내주는 사랑이다. 이 최고의 사랑을 본으로 제시하고 있다. 남편이 아내를 위해 이같이 "사랑하라"(ἀγαπᾶτε)고 명하신 것이다.

2. 그리스도와 교회의 관계를 부부 관계에 적용할 때, 교회가 그리스도에게 하듯 아내도 남편에게 하라고 한 다음, 그리스도가 교회에게 하셨듯 남편도 아내에게 하라고 하는 말씀을 주는 것은 너무도 당연한 순서이다. 누구도 받기만 해서는 안 되기 때문이다. 그 어떤 관계이든 아름다운 관계를 맺어가기 위해서는 '서로 복종'하는 일(5:21)이 반드시 필요하다.[123]

골로새서는 "아내를 괴롭게 하지 말라"(골3:19, '아내의 마음을 쓰라리게 하지 말라')고 했다. 에베소서(25절)는 이 말씀 대신 그리스도의 본을 통해 어떻게 사랑해야 하는지 더 자세히 말해준다.

26절

1. "교회를 … 거룩하게 하시려고 그리 하셨다"(ἵνα αὐτὴν ἁγιάσῃ): 25절의 그리스도의 사랑('자신을 내주시는')의 목적을 알려주는 ἵνα-목적절이다. "거룩하게 하시려고"(ἁγιάσῃ)는 그리스도의 희생의 첫 번째 목적이 교회의 거룩함이라는 사실을 알려준다. 1:4에, 하나님께서 "그리스도 안에서", 그리고 "사랑 안에서" 우리를 거룩하게 흠이 없게 하시려고 택하셨다고 했다. '우리'를 거룩하게 하시는 이 하나님의 뜻을 이루기 위해 그리스도께서 자신을 내어주신 것이다.

"물로 씻고 말씀으로 깨끗하게 하셔서/하신 후"(καθαρίσας τῷ λουτρῷ τοῦ ὕδατος ἐν ῥήματι): "물의 씻음"(τὸ λουτρὸν τοῦ ὕδατος)은 세례를 가리키는 것이다. 교회가

세례로 정결함을 입었음을 말하는데, 물세례와 함께 "말씀으로"(ἐν ῥήματι) 또한 깨끗함을 입었다. 세례 의식(liturgy)과 말씀 선포가 교회를 깨끗하게 하는 그리스도의 방식이 된다. "말씀으로"를 "물의 씻음으로"와 병렬 관계로 보면 이 부분은 그리스도의 깨끗하게 하시는 두 번째 방법이 된다(벧전1:23). 반면에 "말씀으로"가 "물의 씻음"에 걸린다고 볼 수도 있는데, 이 때는 '말씀으로 진행된 물의 씻음'이 되므로, 이 '말씀'은 세례식의 신앙 고백이나 이 때의 말씀 선포의 의미가 된다. 그리스도께서 깨끗하게 하신 두 번째 방법으로 보는 것이 좋겠다. 즉 그리스도께서는 물로 씻는 세례와 말씀 사용을 통해 교회를 깨끗하게 하신 것이다.

2. "깨끗하게 하셔서"(καθαρίσας)는 부정과거 분사란 점에서 '깨끗하게 하신 후'의 의미가 될 수 있다. 그러나 '깨끗하게 하신 것'(분사 사용)과 '거룩하게 하신 것'(가정법 동사 사용)의 순서의 의미는 크지 않다. 깨끗하게 하신 후에야 거룩하게 하신 것은 아니란 점이다. '깨끗하게 하신 것'이 곧 '거룩하게 하신 것'이다. '깨끗하게 하다'에는 방법적인 것("물의 씻음과 말씀으로")을 강조하고, '거룩하게 하다'에는 그 대상("교회를")을 부각한다. 이 둘('거룩하게 하다'와 '깨끗하게 하다')은 동의어로 이중적 표현(강조)을 위해 사용된 것이다. 이것은 "물의 씻음으로"와 "말씀으로"가 이중적으로 사용된 것과 같다.124) 이 구절은 그리스도께서 교회를 위해 자신을 내주신 첫 번째 목적(ἵνα-절)을 말해주는 내용을 담고 있다. 그 첫 번째가 교회를 거룩하게 하신 것이다.

27절

1. "… 그래서 영광스러운 그런 교회로 자신에게 내세우시려고"(ἵνα παραστήσῃ αὐτὸς ἑαυτῷ ἔνδοξον τὴν ἐκκλησίαν): 좀더 문자적으로 번역하면, '그분이 직접 그 자신에게 교회를 영광스럽게 내놓으시려고'가 된다. "내세우시려고"(παραστήσῃ)는 '내놓으시려고'(to present, offer)의 뜻이다. 그리스도께서 "그 자신에게"(ἑαυτῷ) 내놓는 이유는 그 자신이 최고의 기준이 되시기 때문이다. 그리스도 외에 그 누구도 교회의 영광스러움을 판단할 수 있는 제대로 된 기준을 가지고 있지 않다. 이 말은 사회가 교회를 판단할 수 없다는 뜻이 아니라, 교회에 대한 최고의 판단 기준을 그리스도 자신이 가지고 있을 뿐 아니라, 그리스도께서는 교회의

최상의 모습을 원하신다는 뜻이다. "그분이 직접"(αὐτὸς), 즉 교회를 영광스럽게 세우시는 일에 그리스도 자신이 직접 행하셨다는 점을 강조한다. 형용사 "영광스러운"(ἔνδοξον)은 교회의 영광스러운 특성을 강조하기 위해 사용된다. 즉, 영광된 교회, 영광스러운 교회에 대해 말씀한 것이다.

"티나 주름이나 그 같은 것을 갖지 않고"(μὴ ἔχουσαν σπίλον ἢ ῥυτίδα ἤ τι τῶν τοιούτων): "티"(σπίλος)는 '점'(spot)이나 '얼룩'(stain)을 말한다. "주름"(ῥυτίς)은 '얼굴 등에 주름이 잡힌 것'(wrinkle, pucker)이다. '티'는 도덕적 흠을 말하는 것이라면, '주름'은 아름다운 온전함과 반대되는 의미를 가진다. 그렇지만 이 두 단어는 '거룩함'을 뜻하는 이중적인 의미로 사용된 것으로 이해된다(1:4, "거룩하고 흠이 없게"). "그 같은 것"(τι τῶν τοιούτων)이라 한 것은 '티'나 '주름' 외에 있을 수 있는 다른 결점을 다 포함하고자 한 것이다.

"또 거룩하고 흠이 없게 하시려고 그리하셨다"(ἀλλ' ἵνα ᾖ ἁγία καὶ ἄμωμος): 세 번째 ἵνα-목적절이다. 이 말씀은 1:4과 정확히 같다. 차이는 복수('우리')에서 집단적 단수('교회')로 사용된 것뿐이다. '거룩하고 흠이 없게'는 그 앞(두 번째 ἵνα-목적절)의 '티나 주름이 없는 것'과 내용상의 차이가 크게 있지 않다. 또 26절의 '거룩하고 깨끗하게 하신 것'(첫 번째 ἵνα-목적절)과는 더 밀접한 관계를 가진다. 그렇다면 비슷한 내용을 다른 용어를 사용해서 반복하고 있는 것이다. 오히려 이 부분은 앞의 첫째와 둘째 부분을 합쳐서 요약한 것이 된다.

2. 두 개의 ἵνα-목적절은 25절의 그리스도께서 사랑하셔서 자신을 주신 일의 두 번째, 세 번째 목적이 된다. 그러나 내용으로 볼 때, 비슷한 내용을 담고 있는 점이 눈에 띈다. 특히 마지막 세 번째 목적절은 첫째와 둘째의 요약이면서, 그 가운데 첫째 내용과 좀더 밀접해 보인다. 27a절은 그리스도께서 그의 교회를 영광스러운 존재로 세우시는 장면을 그려준다. 마지막 27b절은 26절을 다시 요약하며 전체적으로 마무리한다.

28절

1. "남편들도 이와 같이 … 사랑해야 한다"(οὕτως ὀφείλουσιν [καὶ] οἱ ἄνδρες ἀγαπᾶν): 25절, 명령법 "사랑하라"에 이어, 28절에 '해야 한다'는 의무(obligation)를 강조하는 표현, "사랑해야 한다"(ὀφείλουσιν ἀγαπᾶν)를 썼다. "이와 같이"(οὕτως)는 앞

구절들(26-27절)을 가리키는 것일 수도 있고, 그 다음 28b-29절의 말씀과 연결된 것일 수도 있다. 전자로 보면, '그리스도께서 교회를 사랑하신 것처럼'이 되고, 후자로 보면, '사람이 자신의 몸을 사랑하는 것처럼'이 된다. "이와 같이"가 초두에 나오기 때문에 전자의 의미가 될 가능성이 높다. 하지만 28절 끝 부분에 "자신의 몸들처럼"이란 말이 나오기 때문에 후자의 가능성(시작 어구와 마지막 어구를 짝지어서 보게 함)도 고려해야 한다.

"자신의 아내들을"(τὰς ἑαυτῶν γυναῖκας): 남편이 사랑해야 할 대상은 바로 '자신의 아내'이다. 자신의 아내 외 다른 여성이 아니다. 그래서 "자신의"(ἑαυτῶν)가 강조된다. 남편으로서 아내를 사랑하는 그런 사랑의 대상은 철저히 그 자신의 아내로 한정된다.

"자기 자신의 몸을 사랑하듯 그같이"(ὡς τὰ ἑαυτῶν σώματα): 일반적이고 보편적인 사실을 가지고 말하고 있다. 사람이 자기 자신의 몸을 아끼고 사랑하는 것은 너무도 당연하다. 정상적인 사람 가운데 그렇게 하지 않는 사람은 없을 것이다. 이런 보편적인 사실에 근거해서 아내에 대한 남편의 사랑을 적용하고 있다. 자기 자신의 몸을 사랑하듯이 그렇게 사랑하라는 말씀이다.

"자신의 아내를 사랑하는 자는 자신을 사랑한다"(ὁ ἀγαπῶν τὴν ἑαυτοῦ γυναῖκα ἑαυτὸν ἀγαπᾷ): 계속 "자신의 '그' 아내"(τὴν ἑαυτοῦ γυναῖκα)를 사랑해야 한다는 것을 말씀한다. 남편이 아내로 사랑해야 할 대상이 단 한 사람뿐이기 때문이다. 자신의 아내를 사랑하는 것이 자신을 사랑하는 것이 되는 이유는 아내와 남편은 분리할 수 없는 한 몸이기 때문이다(31-32절).

2. 남편은 그 아내를 사랑해야 한다는 두 번째 말씀이 28절에서 시작된다. 아내가 남편에게 마땅히 해야 할 것('복종')을 해야 한다는 말이 두 번 반복되듯(22절, 24절), 남편이 아내를 사랑해야 한다는 말도 두 번 반복된다(25절, 28절). 첫 번째 부분에서는 그리스도가 교회를 사랑하는 것과 남편의 아내 사랑을 연결한다면, 두 번째 부분에서는 사람이 자신의 몸을 사랑하는 일과 남편이 아내를 사랑해야 하는 것을 연결하고 있다.

그리스도가 교회를 사랑하는 방식이 남편이 아내를 사랑하는 방식의 본(model)이 된 것처럼, 사람이 자신의 몸을 사랑하는 방식이 남편이 아내를 사랑하는 방식의 예(example)가 된다.

29절

1. "아무도 언제든지 자신의 육체를 미워하지 않고"(Οὐδεὶς γάρ ποτε τὴν ἑαυτοῦ σάρκα ἐμίσησεν): "아무도"(οὐδεὶς)는 그렇게 하는 사람이 '아무도' 없다는 것이다. 이 단어가 "언제든지"(ποτε)와 결합해 '누구도 그렇게 하는 경우가 없다'는 점이 강조된다. 자신의 육체를 미워한다는 것은 그 몸을 '학대하고'(abusing) '괴롭게'(irritating) 하는 것이다. 정상적인 사람이 자신의 몸을 그렇게 할 수 없다는 이 단순한 사실은 함께 한 몸 된 아내를 어떻게 대해야 하는지를 알려주는 중요한 논증이 된다.

"도리어 이를 먹이고 돌보기를"(ἀλλὰ ἐκτρέφει καὶ θάλπει αὐτήν): '미워하다'와 반대되는 개념으로 '먹이고 돌본다'(ἐκτρέφει καὶ θάλπει), 즉 그 몸이 건강을 유지해 나가도록 '먹을 것을 제공'(nourishing)하고 문제가 없도록 '보살핀다'(caring for)는 것이다.

"그리스도께서 교회에 하시듯 한다"(καθὼς καὶ ὁ Χριστὸς τὴν ἐκκλησίαν): 다시 그리스도의 본을 기억하게 한다. 사람이 몸을 돌보는 것과 그리스도가 교회에게 하시는 것을 연계한 것은 사람의 행위는 불완전할 수 있고 또 비정상적일 수 있기 때문이다. 그래서 자신의 몸에 대한 사랑조차 교회에 대한 그리스도의 사랑이 기준이 된다.

2. 28-29절은 나름대로 역교차 구조를 가진다. 28a절에 남편은 제 몸에게 하듯 그렇게 아내를 사랑해야 한다고 말씀한다(a). 그 사랑의 구체적 방법이 29b절, "먹이고 돌보기를 그리스도께서 교회에 하신 것같이"란 말에 나타난다(a'). 반면에 중간에 있는 두 문장, "자신의 아내를 사랑하는 자는 자신을 사랑한다"(b)와 "아무도 자신의 육체를 미워하지 않는다"(b')는 아내를 자신의 몸처럼 사랑해야 하는 이유 또는 근거가 된다.

28a절	a	남편은 아내를 자기 몸처럼 사랑해야 한다.	그리스도께서 교회에 하듯, 먹이고 돌본다.	a'	29b절
28b절	b	아내를 사랑하는 자는 자신을 사랑한다.	아무도 자신의 육체를 미워하지 않는다.	b'	29a절

이렇게 보면, 남편이 아내를 사랑하는 것을 사람이 자신의 몸을 사랑하는

것과 비교하고 있지만, 그 기준은 역시 그리스도와 교회의 관계가 된다.

단락 해석

1. 25-29절은 남편들에게 하는 명령에 해당된다. 남편들이 그 아내들을 사랑할 것을 명령했다(25a절). 남편이 아내를 사랑하는 것 또한 21절의 '서로 복종하라'는 말씀을 따르는 것이다. 그리스도께서 교회를 사랑하시는 본(25b절)이 남편이 아내를 사랑해야 할 기준이 된다. 그리스도께서는 교회를 사랑하셨고 그래서 교회를 위해 자신을 주셨다. 두 개의 직설법 동사("사랑하셨다", "주셨다")는 주님의 두 가지 사랑의 행위를 말한다. 즉, 그는 교회를 마음을 다해 사랑하셨고, 또한 자신을 사랑의 대가로 희생하여 '내주는' 사랑을 하신 것이다. 사랑과 섬김(또는 희생)이 그리스도의 사랑이다.

2. 26-27절은 세 개의 ἵνα-목적절이 나온다. 첫 번째 목적절(26절)은 그의 사랑의 목적이 교회를 거룩하고 깨끗하게 하시려는 것이라 말한다. '물과 말씀'으로 거룩하고 정결하게 하셨다. 두 번째 목적절(27a절)은 그 목적이 교회를 그 앞에 영광스럽게 내세우는 것, 즉 티나 점이나 주름 같은 것이 없게 함으로 그리하는 것임을 말한다. 세 번째 목적절(27b절)은 그의 사랑의 목적이 교회를 거룩하고 흠이 없게 하는 것이라 말한다. 첫째와 셋째 내용이 중복된다. 그래서 '거룩하고 정결하게 하는 것'(첫째, a)과 '거룩하고 흠이 없게 하는 것'(셋째, a')이 서로 짝이다. 그 중간이 되는 둘째 것(x), 즉 '교회를 영광스럽게 내세우는 것'이 최종적인 목표라 할 수 있다.

26절	첫째 목적절: 거룩하고 깨끗하게 하는 것	a
27a절	둘째 목적절: 티나 주름 없이 영광스럽게 세우는 것	x
27b절	셋째 목적절: 거룩하고 흠이 없게 하는 것	a'

결국 교회를 거룩하고 흠이 없이 깨끗한 존재가 되게 해서(a + a') 그 앞에 영광스럽게 세우는 것(x)이 그리스도가 교회를 위해 자신을 주신 이유 또는 목적이 된다는 뜻이다. 이 말은 그리스도의 희생적, 헌신적 사랑이 교회의 온갖 문제를 해결하게 했고, 또 더 나아가 신적 영광으로 빛나는 존재가 되게 했다는

뜻이다. 그리스도의 사랑은 자신에게 초점을 두지 않고 상대(교회)가 잘되게 하는 방향으로 나아갔다는 뜻이다.

3. 남편들은 '이처럼' 즉, 그리스도가 교회를 사랑하시는 것처럼, 또 사랑하시는 방식대로 그렇게 사랑해야 한다고 바울은 말씀한다(28a절). 남편이 아내를 사랑해야 한다는 두 번째 반복된 말씀이다. 여기서 바울은 "자신의 몸들처럼" 사랑해야 한다고 했다. 그러면서 자신의 몸처럼 사랑하는 것이 무엇인지, 혹은 그렇게 사랑해야 하는 이유에 대해 말씀해 준다(28b-29ab절).

4. 두 가지 이유가 제시된다. 첫째, 자신의 아내를 사랑하는 것이 자기 자신을 사랑하는 것이다. 자신에 대한 사랑과 아내에 대한 사랑을 동일시하라는 얘기이다. 자신의 아내를 사랑하지 않는 자는 자신을 사랑하지 않는 것임을 분명히 하셨다. 서로 분리될 수 없기 때문이다(30-32절). 둘째, 자신의 육체를 미워하지 않고 먹이고 돌보기 때문이다. 그러므로 자신의 육체에 대해 그리하듯, 자신의 아내도 미워하지 않고 먹이고 돌보는, 즉 애정과 관심과 보호, 그리고 진지한 돌봄을 제공해야 한다고 말씀한다.

5. 마지막으로 "그리스도가 교회에 하듯"(29c절) 그같이 하라고 말씀한다. 이 말씀은 25b절, 그리스도가 교회를 사랑하셨던 본을 요약하여 반복하고 있다. 자신의 아내를 자기 자신의 몸을 사랑하듯 깊이 사랑하되, 그리스도가 교회를 사랑하여 마음과 자신을 내드리는 사랑을 한 것처럼, 그같이 사랑할 것을 말씀한다. 남편이 아내를 사랑하는 것의 기준은 늘 그리스도의 교회 사랑이다.

메시지

1. **남편의 사랑:** 남편이 아내를 사랑하는 것은 해도 되고 하지 않아도 되는 그런 것이 아니다. 그렇게 하지 않을 때 두 가지를 잃는다. 하나는 그리스도에 대한 신앙이다. 그리스도가 교회를 사랑하는 것처럼 남편도 그의 아내를 그같이 사랑하라는 것은 하나님의 말씀의 명령이다. 아내의 수고와 애씀 때문이 아니라, 그저 '그의 아내를 위하여' 그리하라고 하신다. 그리스도가 '그의 교회를 위하여' 희생하신 것처럼 그리하라고 하셨다. 두 번째는 자신에 대한 사랑이다. 그렇게 아내를 사랑하는 것은 자기 자신에 대한 사랑과 같다. 아내를 사랑하지 않는 것은 자신과 분리될 수 없는 '자신'(아내)을 사랑하지 않는 것과 같다. 그리스도와

교회를 분리할 수 없는 것만큼, 남편과 아내는 분리될 수 없기 때문이다.

2. **사랑의 목적:** 그리스도는 교회를 사랑하여 자신을 희생제물로 드리셨다. 이를 통해 그리스도는 교회를 거룩하고 흠이 없는 정결한 존재가 될 수 있게 하셨다. 그런 결과로 그 앞에 영광스러운 존재로 내놓을 수 있는 존재가 되게 하셨다. 이 희생적 사랑과 그 사랑의 목적에 유념할 필요가 있다. 첫째, 남편이 아내를 사랑하는 데 이처럼 자기 희생이 필요하다는 것이다. 물론 마음을 다한 사랑이 전제된다. 둘째, 그 희생적 사랑과 섬김은 자기 자신의 '자아만족'이 아니라, 상대인 아내의 행복과 잘됨에 초점을 두어야 한다는 뜻이다. 그리스도는 교회(그의 사람들)의 허물(죄)을 없애려고 자신을 희생하셨고 그 결과 교회를 그 앞에 거룩한 존재가 될 수 있게 하셨다. 그리고 영광스러운 존재로 빛나게 세우셨던 것이다. 그렇다면 아내에 대한 사랑에 필요한 것이 무엇인가? 사랑과 섬김과 희생과 용서와 배려, 그리고 위해 주고 존중하는 것 등이 아닐까?

Ⅲ. 30-32절, 둘이 하나 되는 결혼

구문 배열

30	32
ὅτι 때문이다 for μέλη 지체~ members ἐσμὲν 우리가 ~이기 we are τοῦ σώματος 몸의 of ~ body αὐτοῦ. 그의 his ~	τὸ μυστήριον 비밀이/신비가 ~ mistery τοῦτο 이 This ~ μέγα 크~ great ἐστίν· ~다 is ἐγὼ δὲ 그리고 내가 and I λέγω 말한다 am saying εἰς Χριστὸν 그리스도와 with reference to Christ καὶ εἰς τὴν ἐκκλησίαν. 교회와/에 관련하여/대해 and the church
31 ἀντὶ τούτου 이 때문에 For this reason καταλείψει 떠나 will leave ἄνθρωπος 사람이 a man [τὸν] πατέρα 아버지와 the father/ his father καὶ [τὴν] μητέρα 어머니를 and the mother/ and mother καὶ προσκολληθήσεται 합쳐질/결합될 것이다 and will be united πρὸς τὴν γυναῖκα 아내에게/아내와 to ~ wife αὐτοῦ, 그의 his ~ καὶ ἔσονται 될 것이다 will be οἱ δύο 그리고 둘이 and the two εἰς σάρκα 몸으로/몸이 into ~ flesh μίαν. 한 one ~	

직역

1. 30. 우리는 그의 몸의 지체이다. 31. 이 때문에 사람이 부모를 떠나 그의 아내와 결합될 것이고, 둘이 한 몸이 될 것이다. 32. 이 비밀이 크다. 내가 그리스도와 교회에 대해 말한다.

2. 30. For we are members of His body. 31. For this reason a man will leave his

father and mother and be united to his wife, and the two will be into one flesh. 32. This mystery is great. And I am saying with reference to Christ and the church.

구성/문체

1. 30절은 사실 29b절("그리스도께서 교회에 하신 것처럼")의 이유가 되므로 29절에 붙일 수 있지만, 32절의 내용과 다시 짝이 된다는 점에서 따로 떼어 30-32절의 묶음에 두는 것이 좋겠다. 30절과 32절이 짝이 되는 이유는 "그의 몸의 지체이다"(30절)가 32절의 그리스도와 교회의 관계(신비)와 깊은 관련이 있기 때문이다. 이 두 부분이 모두 그리스도와 교회의 관계를 말해주는 반면, 그 중간에 위치한 31절은 남편과 아내의 하나됨을 강조한다.

2. 그래서 30절(a), 31절(x), 32절(a')이 된다.[125] 30절과 32절의 그리스도와 교회의 불가분리의 관계는 그대로 31절의 남편과 아내의 불가분리의 관계의 기초가 된다. 그러면서 31절은 남자가 아내와 결합하여 한 몸이 되는 신비를 그려주고 있다.

30절	그리스도와 그의 몸의 지체 된 '우리'	a
31절	남자와 여자, 결혼으로 한 몸이 됨	x
32절	그리스도와 교회의 신비	a'

절별 해석

30절

1. "우리는 그 몸의 지체이다"(ὅτι μέλη ἐσμὲν τοῦ σώματος αὐτοῦ): 이 부분은 앞의 아내와 남편에 대한 말씀 전체(22-29절)와 관련이 있다. 이유를 나타내는 부사절(ὅτι-절) 형식을 띈 것은 바로 그 때문이다. 즉, 이 부분은 22-29절 전체의 근거가 된다. "우리는 그 몸의 지체이다"는 것은 '우리'가 다 그리스도에게 속해 몸 된 교회가 되었다는 뜻이고 그 교회를 이루는 각 부분인 "지체(들)"(μέλη, members)이 되었다(2:21-22; 4:16; 롬12:4-5; 고전12:18-27)는 말이다. 따라서 이 부분은 우리가 그리스도의 몸 된 교회라는 사실을 다시 강조한 말씀이다. 즉, 우리가 그리스도를 떠날 수 없다는 것과 그리스도와 그만큼 밀접한 관계에 있다는 뜻이 함축되어 있다. 또한 부부 관계의 본을 그리스도와 교회의 관계에서 찾아야

하는 이유가 되기도 한다.

2. 이 구절은 '때문에/때문이다'(ὅτι-절), 즉 이유를 말하는 부분이 되는데, 29절의 그리스도와 교회의 관계와 관련하기에는 문제가 있다. 첫째, '그리스도가 교회에게 하신 것이 우리가 그 몸의 지체이기 때문이다'라고 하는 것보다, '지체'를 빼고 '그의 몸이기 때문이다'라고 해야 더 자연스럽기 때문이다. 둘째, 오히려 30절은 30-32절에 묶여 32절과 짝이 되는 역교차를 이루는 것으로 판단된다("구성/문체" 참조). 셋째, 28-29절이 자체 역교차를 가지는 것과 같다(29절 해석 참조). 넷째, 오히려 30절은 앞에서 말씀한 아내와 남편에 대한 모든 말씀(22-29절)의 근거가 된다고 보는 것이 좋겠다. 즉, 우리가 그 몸의 지체가 되므로 그리스도와 교회의 관계를 잘 알고 있고, 또 그 관계를 부부 관계에 적용하라는 말씀에 순종해야 하는 '그의 몸 된 지체'란 뜻이다.

31절

1. "이 때문에 사람이 부모를 떠나"(ἀντὶ τούτου καταλείψει ἄνθρωπος [τὸν] πατέρα καὶ [τὴν] μητέρα): 창세기 2:24의 인용이다.[126] "이 때문에"(ἀντὶ τούτου)도 인용문의 내용이므로 30절이나, 그 이전의 구절과 연결할 필요가 없다. 창세기에는 '그런 이유로'(LXX, ἕνεκεν τούτου, for this reason, because of this)로 나온다. 즉, 하나님께서 아담에서 하와를 만드셨고 그 둘의 결혼을 성사시키셨기 때문이다. 사람이 '부모'([τὸν] πατέρα καὶ [τὴν] μητέρα, [그] 아버지와 [그] 어머니)를 떠나 한 몸이 된다. 이때 "떠나다"(καταλείπω)는 '남아 있기를 포기하는 것'(to leave remaining, LS), 또는 '남겨두고 떠나는 것'(to leave behind, LS)이다. 부모의 보호 아래 있다가 부모를 떠나가야 하는 것이 어떤 성질의 것인지 말해준다.

"그의 아내와 결합될 것이고"(καὶ προσκολληθήσεται πρὸς τὴν γυναῖκα αὐτοῦ): '결합하는 것'(προσκολλᾶν)은 '향하여 붙는 것'(to glue on)이다. '향하여'(προς-)와 '붙이다' (-κολλάω)가 합쳐졌다. 수동태로 쓰여졌으므로 '결합되는 것'(to cleave to)이 된다. 이 둘을 결합하게 하시는 분은 하나님이시다. 그래서 그 둘이 하나로 결합하게 된 것이다.

"둘이 한 몸이 될 것이다"(καὶ ἔσονται οἱ δύο εἰς σάρκα μίαν): 그래서 둘이었지만 "한 몸"(σάρξ μία)이 된다. 여기서 '한 몸'은 결합된, 그래서 분리할 수 없는 하나의 존재가 되었다는 뜻이다.[127] 하나님께서 한 몸으로 만드셨기 때문이다.

2. 두 개의 술어 '떠남'과 '결합됨'이 부부가 하나 되는 결혼의 중요한 기반이 된다. 모두 미래형으로 사용되어 있는데("떠날 것이다", "결합될 것이다", "[한 몸이] 될 것이다") 이것은 하나님의 명령(imperatival future)이기 때문이다.[128] '떠남'과 '결합됨'이 부부가 한 몸이 되는 전제라는 사실을 유념해야 한다. 역으로, 부부가 한 몸이 되지 못하게 하는 그 어떤 '떠나지 못하는 것'이나 '결합되지 못하게 하는 것'이 중간에 있지 않게 해야 한다.

32절

1. "이 비밀이 크다"(τὸ μυστήριον τοῦτο μέγα ἐστίν): "비밀"(τὸ μυστήριον)은 단순히 '감춰진 일'(hidden secret)이 아니라, '신비'(mystery)를 뜻한다 할 수 있다. 그리스도와 교회의 하나 됨과 부부의 하나 됨이 유사하다는 점에서 이 두 관계는 신비적 요소를 공유한다. "크다"(μέγα ἐστίν)는 것은 그만큼 중요하고 그 의미가 깊다는 뜻이다.

"내가 그리스도와 교회에 대해 말한다"(ἐγὼ δὲ λέγω εἰς Χριστὸν καὶ εἰς τὴν ἐκκλησίαν): 바울은 비밀(신비)을 거론하면서 그리스도와 교회의 관계를 재론한다. 부부 관계의 신비는 그리스도와 교회 관계의 신비에서 오는 것이기 때문이다. 그리스도와 교회 관계의 신비로운 결합이 이해되지 않고, 또 그런 결합을 위한 애씀(그리스도가 교회에서, 교회가 그리스도에게 하듯)이 없이는 부부 관계의 신비가 유지될 수 없다는 점을 말하고자 한 것이다. 인칭대명사 "내가"(ἐγώ)를 사용해서 바울은 이 말씀을 자신이 특별히 강조하고자 한다는 점을 밝히고 있다.

2. 32절은 앞의 그리스도와 교회의 관계, 특히 30절(우리의 지체됨)과 연계된다. 그리스도와 교회의 신비는 그의 몸의 지체된 우리 성도들에게 적용된다. 그와 동시에 31절에서 부부 관계에 대해 인용한 창세기 말씀을 상기하게 하면서 하나님이 하신 일(결혼 제도)의 신비를 함께 말하고자 했다. 결혼 관계가 하나님의 신적 신비가 될 수 있는 이유는 하나님께서 직접 그같이 둘을 하나되게 하셨기 때문이다. 또한 신비로운 그리스도와 교회의 관계가 유일하게 적용되는 관계라는 점에서도 그렇다.

단락 해석

1. 30절의 "우리가 그의 몸의 지체이기 때문이다"는 말씀은 그리스도와 교회의 관계에 대해 다시 강조하는 말씀이다. 30절이 29절과 연결된 종속절(~때문이다)로 이해하면, 우리가 그리스도의 몸의 지체가 되기 때문에, 다시 말해 그리스도에게 속한 존재로 그 말씀을 따라야 하기 때문에 그리스도께서 교회에 하신 것처럼, 우리도 우리의 아내를 사랑해야 한다는 뜻이 된다. 그런데 이 때의 문제는 '우리'가 '남편들'이 된다는 점이다. 30-32절이 남편이나 아내, 한 쪽에 대해 말씀한 것이 아니라, 둘을 포함해서 말씀하고 있다는 점이 고려되어야 한다. 그래서 32절에, '그리스도와 교회'라 하지, '그리스도가 교회에 하듯'(25b절, 29b절)이나 또는 '교회가 그리스도에게 하듯'(24a절)이라 하지 않는다. 그렇다면 30절을 29절에 제한해서 해석할 필요가 없다.

2. 오히려 남편과 아내에 대해 각각 말씀한 부분들이 30절부터 합쳐지고 있는 부분으로 보는 것이 좋겠다. 이런 맥락에서 다시 보면, "우리가 그의 몸의 지체이기 때문이다"는 말씀은, 남편이나 아내나, 남편-아내 관계를 그리스도와 교회의 관계에 비유해서 이해하고 받아들여야 하는 근본적인 이유를 말해주는 것이라 볼 수 있다. 우리가 그리스도에게 속해 있기 때문에 이 말씀을 받아들여야 한다는 뜻이다.

3. 그리스도의 지체 된 '우리'는 그리스도와 교회의 하나 됨(불가분리의 관계)에서 비롯된다. 이것을 '신비'라 할 수 있는데, 이 신비는 '남과 여'가 하나되는 결혼의 관계에서 또한 볼 수 있다(31절). 남자가 부모를 '떠나' 그의 아내와 '결합된다.' '떠남'과 '결합', 이 두 가지는 결혼 생활의 중요한 시작점이다.

30절	a	우리는 그 몸의 지체이다.	그리스도와 교회의 신비	a'	31b절
31a절	b	사람이 부모를 떠나 그의 아내와 결합할 것이다.	둘이 한 몸이 될 것이다.	b'	32절

메시지

1. **그리스도와 교회에 대한 바른 이해:** 그리스도와 교회의 연합은 신적 신비이다. 그리스도가 교회의 머리이실 뿐 아니라, '우리' 교회가 그리스도의 몸이 된 것, 그래서 우리가 그 몸의 지체(들)가 된 것을 말한다. 그리스도와 교회는

이처럼 분리될 수 없는 특별한 연합 속에 있다. 그러므로 교회를 생각할 때 그 머리이신 그리스도를 바라보아야 하고, 그리스도를 바라보며 그의 몸 된 교회를 생각해야 한다. 이 경우에도 '떠남'과 '결합'이 적용된다. 교회는 예전 삶에서 떠나 그리스도와 결합되었기 때문이다.

2. **떠남과 결합:** 떠남이 없이 결합이 없다. 부모를 떠나 둘이 하나되는 결합은 결혼의 본 모습이다. 결혼은 새로운 가정을 이루는 것이다. 그러므로 떠남과 결합이 함께 이뤄져야 한다. 부모에 대한 심정적, 관계적, 재정적 의존의 관계에서 배우자와 상호 의존하는 새로운 관계로 진입한다. 부모를 존중하는 일을 중단해야 한다는 뜻이 아니라, 새로운 가정을 이룬 이상, 부부의 상호 의존이 그 어떤 관계보다 우선된다는 뜻이다. 부모는 결혼하는 자녀를 심정적으로 '떠나' 보내야 옳다. 그들의 새로운 '부부' 관계가 무엇보다 우선돼야 한다는 점을 강조할 필요가 있다. 둘이 한 몸이 되었기 때문이다.

Ⅳ. 33절, 남편과 아내, 마지막 권면

구문 배열

33

πλὴν καὶ ὑμεῖς
오직 너희는 But, you

οἱ καθ᾽ ἕνα,
사람마다/매 사람마다 every one (of you)

ἕκαστος
각 사람으로 하여금 ~ each one ~

τὴν ἑαυτοῦ γυναῖκα
자신의 아내를 his own wife

οὕτως
이와 같이 so

ἀγαπάτω
사랑하게 하라 let ~ love

ὡς ἑαυτόν,
그 자신처럼 as (he loves) himself

ἡ δὲ γυνὴ
또한 아내는 and the wife

ἵνα φοβῆται
존경하도록 (해야 한다) (must) respect

τὸν ἄνδρα.
남편을 (her) husband

직역

1. 33. 오직 너희는 각 사람으로 하여금 사람마다 자신의 아내를 이와 같이

그 자신처럼 사랑하게 하라. 또한 아내는 그 남편을 존경하게 하라.

2. 33. Only, you let each one of you all so love his wife as himself, and let the wife do so as to respect her husband.

33절

1. "오직 너희는 각 사람으로 하여금 사람마다"(πλὴν καὶ ὑμεῖς οἱ καθ' ἕνα ἕκαστος): "오직"(πλὴν)은 '그러나'(however, nevertheless)의 뜻을 가진 역접접속사이지만 이 부분이 32절과 반대되는 뜻이 될 수 없으므로 '오직'(only, but)으로 하는 것이 좋겠다. "각 사람으로 하여금 사람마다"(οἱ καθ' ἕνα ἕκαστος)는 '한 사람마다 다'(οἱ καθ' ἕνα)라는 어구와 '각 사람은'(ἕκαστος)이 함께 쓰이고 있는 말이다. 즉, 남편 된 자는 모두, 그리고 각인(each one of them)이 그같이 해야 된다는 것을 강조하기 위해 쓰인다.

"자신의 아내를 이와 같이 그 자신처럼 사랑하게 하라"(τὴν ἑαυτοῦ γυναῖκα οὕτως ἀγαπάτω ὡς ἑαυτόν): "이와 같이"(οὕτως)는 앞의 내용을 다 받는다. 그리스도께서 교회를 사랑하신 것과 사람이 자기 몸을 사랑하는 것, 그리고 하나님께서 부부를 한 몸으로 만드신 것 모두에 대한 것이다. "그 자신처럼 사랑하게 하라"에서 다시 아내 사랑의 예(정도)를 요약해서 제시한다. 마치 '이웃을 제 몸처럼 사랑하라'(마19:19; 22:39; 막12:31, 33; 눅10:27; 롬13:9; 갈5:14; 약2:8)는 말씀의 요약과 비슷하다. 직접적인 명령 형태인 명령법 2인칭복수 "사랑하라"(ἀγαπᾶτε, 25절)에서 간접적인 형태의 명령법 3인칭단수 "사랑하게 하라"(ἀγαπάτω, let him love)로 바뀌었다. 남편 된 자들, 그 '각 사람'을 그같이 하게 하라(교회['너희']가 그렇게 하도록 돕고 지원해야 한다는 점)는 말씀이다.

"또한 아내는 그 남편을 존경하게 하라"(ἡ δὲ γυνὴ ἵνα φοβῆται τὸν ἄνδρα): 좀더 문자적으로 번역하면 '또한 아내는 그 남편을 존경하도록 [그같이 하게] 하라'가 된다. 남편에 대한 말을 비추어 생각할 때, 여기서 생략된 것은 단수3인칭 명령법 동사이다. "사랑하게 하라"라 보는 것이 자연스럽다. 즉, 아내도 남편을 사랑하는 것이 요구된다. 사랑하되, "존경하도록"(ἵνα φοβῆται)은 아내의 사랑의 방향이 그 남편에 대한 존경과 높임이 되어야 한다는 뜻이다.

2. 33절은 22-32절의 말씀을 모두 요약하며 종결 짓는다. 22-24절(아내가

남편에게), 25-29절(남편이 아내에게)의 내용이 다시 요약된다. 그래서 각 사람이 자신의 아내를 사랑하고, 또 아내는 남편을 존경하라는 말씀을 교회에게 주면서 이 주제의 말씀을 마치고 있다. 특히, 각 사람이 각기 자신의 남편과 아내에게 해야 할 것을 마땅히 하도록 권면 받는다. 각 사람을 강조하는 것은 결혼한 자는 남편이든, 아내든 이 말씀에서 벗어날 수 있는 자가 없기 때문이다.

메시지

1. **남편이 할 일과 아내가 할 일:** 각 사람이 말씀을 따르는 일은 자신에게 해당되는 말씀을 스스로 행하는 것이다. 남편에게 하라 하신 것을 아내 편에서 주장하는 것도, 그 반대로 아내에게 하라 하신 것을 남편 쪽에서 요구하는 것도 부끄러운 것이다. 오히려 남편은 남편인 자신에게 하라고 하신 일(아내를 사랑하는 일)에 집중하는 것이 필요하고, 아내는 아내인 본인에게 하라고 하신 일(남편을 존경하는 것)에 최선을 다함이 아름답다. 그럴 때 아름다운 열매가 가정에 맺어지게 된다.

해석 종합

1. 21절의 '서로 복종하는 것'은 서로에 대해 취할 '지혜로운 삶'에 대한 것이었다. 시간을 구속하는 삶이고 주님께서 기뻐하실 삶이다(16-17절). 이런 '상호 복종'은 먼저 부부 관계에 적용된다.[129)]

2. 22-24절의 아내들에게 주신 말씀에서, 바울은 아내들이 자신의 남편들에게 '주께 하듯' 할 것, 그리고 '모든 일'(범사)에 그리할 것을 권면한다. '주께 하듯'의 모델은 교회가 그리스도에게 하는 자발적 '복종'이다. 머리이신 그리스도를 높이고 존중하는 '이런'("이같이") '복종'을 아내가 그 남편에게 해야 할 일이다. 그런데 한 가지, 이 부분의 중간에 위치한 말씀, 즉 그리스도께서 '몸의 구원자'가 되신다는 이 말씀(23c절)은 머리이신 그리스도의 역할과 자격이라 할 수 있다. 이 말씀이 있는 이유는 교회의 '머리'이신 분이 그 몸의 '구원자'(Savior)이셨던 것처럼, 가정의 '머리' 역할을 하는 남편 또한 그 가정을 위해 헌신하는 '구원자'(savior) 역할을 담당해야 한다는 것 때문일 수 있다. 지도력은 헌신에서 비롯된다.

3. 25-29절의 남편에게 주신 말씀에서, 바울은 아내를 사랑할 것을 명하셨다.[130] 아내를 사랑하는 근거는 두 가지이다. 첫째는 그리스도께서 그의 몸 된 교회를 사랑하듯 사랑해야 한다(25-27절). 둘째는 자신을 사랑하듯 아내도 사랑해야 한다(28-29절).

4. 그리스도의 교회에 대한 사랑은 두 가지이다(25절). 하나는 '사랑하는 것'(마음)이고 또 하나는 '희생하는 것'(행동)이었다. 이런 사랑의 섬김을 통해 그리스도는 교회를 거룩하게 하셨고 정결하고 흠이 없게 만드셨다. 그뿐 아니라, 그 앞에 영광스러운 존재로 나타나게 하셨다. 그래서 그가 '구원자'가 되신 것이다(23절). 교회를 위한 사랑의 두 가지 요소가 보인다. 첫째는 교회를 건져내시고 깨끗하게 하시고 거룩하게 하시는 그런 희생적 사랑이다. 이 목표를 위해 그리스도는 자신을 드렸다. 둘째는 교회를 그 앞에 영광스런 존재로 나타내는 것이다. 영광된 교회를 위한 그리스도의 노력은 사랑에서 비롯된다. 그러므로 '상대의 부족함'을 담당하고 도우려는 노력, 그리고 '상대의 잘됨'을 위해 힘쓰는 노력, 이것이 그리스도가 교회를 위해 하신 헌신적인 사랑이었다.

5. 남편들은 또한 자기 몸을 사랑하듯 아내를 사랑할 것을 명령 받는다(28-29절). 자기 몸처럼 사랑해야 하는 이유는 아내는 남편과 분리될 수 없는 한 몸이기 때문이다. 자기 몸을 사랑하듯 아내를 사랑하는 것은 사랑으로 잘 돌보는 것이다.

6. 30-32절은 '그리스도와 교회의 연합'과 '남편과 아내의 연합'을 연관하는 것이다. 이것을 '신비'라 한 것은 이들 관계가 하나님에게서 온 것이기 때문이다. 이들 관계에는 '떠남'과 '결합'의 의미가 적용된다. 교회('우리')는 그리스도의 몸('지체')이 되고, 서로 분리할 수 없는 존재가 됐다. 남편과 아내도 결합하여 서로 분리될 수 없는 존재가 됐다.

7. 33절의 마지막 말씀은, 이렇게 결합된 '남편과 아내' 모두가 마땅히 서로에게 해야 할 일을 할 것('사랑하는 것'과 '존중하는 것')을 다시 한 번 강조하는 부분이다. 결합된 존재는 서로를 위해 있는 존재이기 때문이다. 이것이 성령의 충만을 입은 가정의 삶이다(18절).

6:1-9, 서로 복종하는 관계I(부모-자녀, 상전-종)

전체 구조

1. 본문은 1-4절과 5-9절로 나뉜다. 1-4절은 자녀와 아버지의 관계를 다루고 5-9절은 종과 상전의 관계를 다룬다.

2. 1-4절에서 자녀들에게 명령하는 부분은 1-3절이고, 아버지들에게 명령하는 부분은 4절만이다. 분량으로 볼 때, 자녀들에게 하는 말씀이 세 배 가량 많다. 이와 마찬가지로 종들에게 하는 말씀(5-8절)이 상전들에게 하는 말씀(9절) 보다 세 배 정도 된다. 상대적으로 낮은 위치에 있는 자들('자녀들', '종들')에게 먼저, 더 많은 분량을 가지고 말씀하고, 상대적으로 높은 위치에 있는 자들('아버지들', '상전들')에게 그 다음에 말씀한다. 이런 점에서 1-9절은 AB-A'B' 병행법적 구조를 가진다고 볼 수 있다.

1-3절	A	낮은 자1: 자녀들에게	낮은 자2: 종들에게	A'	5-8절
4절	B	높은 자1: 아버지들에게	높은 자2: 상전들에게	B'	9절

3. 5:22-33의 아내와 남편의 관계의 말씀과는 출현 순서(아내가 먼저, 그 다음 남편)나, 분량(남편 부분이 아내 부분 보다 많다)에서 공통점이 있으나, 5:22-33의 구조와 6:1-9의 구조는 다르다. 전자는 아내와 남편에게 함께 해당되는 부분이 후반부(30-33절)에 나오는 반면, 후자에는 그런 부분이 없다.

Ⅰ. 1-4절, 자녀들에게, 아버지들에게

구문 배열

1

Τὰ τέκνα,
자녀들이여 Children

ὑπακούετε
순종하라 obey

τοῖς γονεῦσιν
부모에게 ~ parents

ὑμῶν
너희의 your ~

[ἐν κυρίῳ]·
[주 안에서] [in the Lord]

τοῦτο γάρ
이것이 for this

ἐστιν
~때문이다 is

δίκαιον.
의롭기/ 옳기 right

2

τίμα
공경하라/ 높여라 Honor

τὸν πατέρα
아버지와 ~ father

σου
네 your

καὶ τὴν μητέρα,
어머니를 and mother

ἥτις ἐστὶν
그것이 ~이다 which is

ἐντολὴ
계명~ the ~ commandment

πρώτη
첫 first ~

ἐν ἐπαγγελίᾳ,
약속 있는 with promise

3

ἵνα
~록 that

εὖ
잘 well

σοι
네게/네가 with you

γένηται
되고 it may be

καὶ ἔσῃ
도~ and you will live

μακροχρόνιος
장수하~ long

ἐπὶ τῆς γῆς.
땅 위에서 on the earth

4

Καὶ οἱ πατέρες,
그리고 아비들아 And fathers

μὴ παροργίζετε
격노하게 하지 말라 do not provoke

τὰ τέκνα
자녀들을 ~ children

ὑμῶν
너희의 your

ἀλλὰ ἐκτρέφετε
도리어 양육하라 but bring ~ up

αὐτὰ
그들을 them ~

ἐν παιδείᾳ
훈계와
in the training/ discipline

καὶ νουθεσίᾳ
권고로/설득으로
and instruction/ admonition

κυρίου.
주님의 of the Lord

직역

1. 1. 자녀들이여, [주 안에서] 너희의 부모에게 순종하라. 이것이 옳기 때문이다. 2. 네 아버지와 어머니를 공경하라. 그것이 약속 있는 첫 계명이다. 3. 네가 잘되고 땅 위에서 장수하게 하기 위함이다. 4. 그리고 아버지들이여, 그대의 자녀들을 격노하게 하지 말라. 도리어 그들을 주님의 훈계와 권고로 양육하라.

2. 1. Children, obey your parents [in the Lord], for this is right. 2. Honor your father and mother, which is the first commandment with promise, 3. that it may

be well with you and you will live long on the earth. 4. And fathers, do not provoke your children, but bring them up in the training and instruction of the Lord.

구성/문체

1. 1-4절은 자녀들에게 하는 명령(1-3절)과 아버지들에게 하는 명령(4절)으로 나뉜다.

2. 1-3절의 자녀들에게 하는 명령은 구문의 구성이 복합적으로 되어 있다. 첫째, 1-2절은 병행법을 구성한다. "순종하라"의 명령법 구문(a, 1a절)과 "공경하라"의 명령법 구문(a', 2a절)이 짝을 이룬다. "순종하라" 구문의 종속절 "이것이 의롭기 때문이다"(b, 1b절)와 "공경하라" 구문의 종속절, "그것이 약속 있는 첫 계명이다"(b', 2b절)가 그 다음의 짝을 이룬다.

1a절	a	순종하라, 너희 부모에게	공경하라, 네 아버지와 어머니를	a'	2a절
1b절	b	이것이 의롭다.	그것이 약속 있는 첫 계명이다.	b'	2b절

"순종하라"(a)와 "공경하라"(a'), 이 두 명령이 자녀들이 부모에게 해드려야 할 '복종'의 행위이다. 그리고 그렇게 해야 하는 이유가 b-b'에서 제시된다. (1) 의롭기 때문이다. (2) 약속 있는 첫 계명이기 때문이다.

3. 3절은 목적(ἵνα-절)을 말해주는데, 두 개로 되어 있는 것은 1b절과 2b절의 이유 부분과 짝을 맞추기 위한 것으로 보인다. 즉, 이중 표현, '네가 잘되도록'(3a절)과 '땅 위에서 장수하도록'(3b절)은 "의롭기 때문이다"(1b절)와 "그것이 약속 있는 첫 계명이다"(2b절)에 대응하고 있다고 보는 것이다. 두 개의 이유와 두 개의 목적은 어울리는 짝이 된다.

1b절	이유1	이것이 의롭다.	네가 잘 되도록	목적1	2a절
2b절	이유2	그것이 약속 있는 첫 계명이다.	네가 땅 위에서 장수하도록	목적2	2b절

4. 4절의 아버지들에 대한 명령 부분도 2개의 명령으로 된 것은 앞의 1-3절의 자녀들에게 준 명령 내용이 두 개이기 때문이다. 따라서 이들 명령들은 서로

병행적 관계를 가진 것으로 볼 수 있다.

1절	명령1	순종하라.	격노하게 하지 말라.	명령1	4a절
2절	명령2	공경하라.	양육하라.	명령2	4b절

두 개씩의 명령을 비교할 때, "순종하라"와 "격노하게 하지 말라"가 짝이, "공경하라"와 "양육하라"가 짝이 될 가능성도 있다고 보지만, 의미상 뚜렷한 연계가 보이지 않는다.

절별 해석

1절

1. "자녀들이여"(Τὰ τέκνα): 아내들, 남편들에 대한 말씀에 이어, 자녀들에 대한 명령의 말씀이 이어진다. 이 말씀은 '부모와 자녀 관계'의 시작이다.

"[주 안에서] 너희의 부모에게 순종하라"(ὑπακούετε τοῖς γονεῦσιν ὑμῶν [ἐν κυρίῳ]): "주 안에서"(ἐν κυρίῳ)가 없는 사본들(B, D*, F, G)과 있는 사본들(P[46], ℵ, A, D1, Ψ)로 나뉜다. 자녀들에게 그들의 부모에게 순종할 것을 말씀하고 있다. '순종하는 것'(ὑπακούειν, '밑에서'[ὑπο-] '듣다'[ακούω])은 본래 '청종하는 것'(to listen)인데, '복종하고 따르는 것'(to obey and follow)의 뜻을 가진다(잠1:8; 6:20;). 따라서 이 말은 자녀들이 부모의 말에 청종하며 그 말을 존중하여 따르라는 것이다.

"이것이 옳기 때문이다"(τοῦτο γάρ ἐστιν δίκαιον): 자녀들이 부모에게 순종해야 하는 첫 번째 이유는 그것이 옳기 때문이다. 즉, 그것은 그리스도인이 마땅히 해야 할 착하고 의로운 행위이다(4:24; 5:9). 골로새서 3:20은 "주 안에서 기쁘게 하는 것"이라 했다. 주님께서 기뻐하시고(being pleased) 또한 받으신다는(being acceptable) 뜻이다.

2. 1절은, "순종하라"는 명령법 구문과 그 이유를 말하는 γάρ-절로 된 부분이다. 누가("자녀들"), 누구에게("너희의 부모에게"), 또 어떻게 순종해야 하는지("주 안에서"), 또 왜 그렇게 순종해야 하는지("옳기 때문에")를 말해준다.

부모보다 자녀에게 '서로 복종하는 일'을 먼저 할 것을 말씀하고 있다. 그리고 그들이 의무적으로 하고 있는 일(당시에는 너무도 당연한 일)을 자발적으로 바꿔 좀더 바르게 잘 할 수 있게 격려하고 있는 셈이다.

2절

1. "네 아버지와 어머니를 공경하라"(τίμα τὸν πατέρα σου καὶ τὴν μητέρα): 자녀들에게 주는 두 번째 명령이다. '공경하는 것'(τιμᾶν)은 그 가치를 '인정하고'(to value), '영예롭게 하고 떠받드는'(to honor and revere) 것이다. 즉, 부모를 존귀하게 여기고 높인다는 뜻이다. "네 아버지와 어머니를"(τὸν πατέρα σου καὶ τὴν μητέρα)이라 했는데, 아버지나 어머니 한 쪽만이 아니라, 두 분 모두를 그같이 하라는 말씀이다(출20:12; 신5:16; 마15:4-6; 막7:10-13).

"그것이 약속 있는 첫 계명이다"(ἥτις ἐστὶν ἐντολὴ πρώτη ἐν ἐπαγγελίᾳ): 두 번째 이유가 나온다. "약속 있는"(ἐν ἐπαγγελίᾳ)는 하나님께서 이에 대해 보상을 약속하셨다는 것이고, 그런 보상과 관련된 약속으로는 "첫 계명"(ἐντολὴ πρώτη)이 된다는 뜻이다. 따라서 우리 인간 관계와 관련된 그 어떤 계명보다 우선해야 할 계명이란 뜻이다.

2. 1절과 2절은 병행법을 이룬다("구성/문체" 참조). "순종하라"와 "공경하라"는 두 가지 다른 명령이지만, 사실상 부모를 존중하고 '복종'하는 것이라는 점에서 같다. 다만, '순종'은 청종(듣기)에, '공경'은 '존귀하게 여김'에 더 초점이 있다.

아내에게 주는 명령에서 같은 표현('~하듯 하라', 22, 24절)을 두 번 쓰고, 남편에게도 두 번 유사한 표현('사랑하라', 25절; '사랑해야 한다', 28절)을 썼다. 그런데 자녀들에게 말씀할 때는 같은 표현보다는 비슷한 뜻을 갖지만 다른, 서로 보완되는 내용의 말씀("순종하라"와 "공경하라")을 이중적 표현을 목적으로 하고 있다.

3절

1. "네가 잘되고 … 하기 위함이다"(ἵνα εὖ σοι γένηται): 신명기 5:16(출20:12)에 제5계명과 관련된 나오는 "약속 있는 첫 계명"(인간 관계의 계명 가운데)의 내용이다(LXX의 내용을 그대로 인용한다). 첫째는 "잘 될 것'이란 말은 삶의 축복이 주어질 것이란 말씀이다.[131]

"땅 위에서 장수하게"(καὶ ἔσῃ μακροχρόνιος ἐπὶ τῆς γῆς): 본래 칠십인경(LXX)에는

"너희 주 하나님께서 너희에게 주신"(ἧς κύριος ὁ θεός σου δίδωσίν σοι) 부분이 있는데 여기서는 생략된다. 하나님께서 부모를 공경하는 자를 그 땅 위에 장수하게 하실 것이라는 그분의 약속을 상기하게 한다.

2. 3절의 두 가지 약속, 즉 '잘 된다'와 '장수한다'는 약속은 그 뜻이 다르지만, 하나님의 약속의 보상을 받게 된다는 점을 강조하는 이중적인 강조 표현이다. 이 두 부분은, 1-2절에서 두 개씩 말한 방식("순종하라"와 "공경하라"; "옳기 때문이다"와 "약속 있는 첫 계명이다")이 계속되고 있음을 보여준다("구성/문체" 참조).

하나님의 약속을 독자들에게 분명하게 확인해 주려는 듯, 신명기와 출애굽기의 말씀을 원용해서 그 약속된 내용을 밝혀주고 있다.

4절

1. "그리고 아버지들이여"(Καὶ οἱ πατέρες): 이번에는 부모에게 말씀한다. 그런데 부모 중에서 '아버지들'에게 말씀한다. 바울 당시 로마 제국에서 가정 내 아버지의 권한이 상당했고 또 그런 사회적인 맥락의 영향으로 자신의 자녀들에 대해 함부로 할 수 있었다는 점, 그리고 어머니는 본능적으로 자녀들을 위해 늘 희생하고 봉사한다는 점, 또한 당시 여성은 가정에서 약자의 입장에 있다는 점 등을 감안하고 있다고 생각된다. 따라서 당시 가정 내 권한이 컸던 '아버지들'에게 말씀이 주어진다. 그렇다고 이 말씀이 어머니에게는 적용되지 않는 말은 아닐 것이다.

"그대의 자녀들을 격노하게 하지 말라"(μὴ παροργίζετε τὰ τέκνα ὑμῶν): '격노하게 하다'(παροργίζω)는 '화를 불러 일으키다'(rouse to wrath), '몹시 화나게 하다'(exasperate)의 뜻을 갖는다. 골로새서 3:21은 자녀를 "노엽게 하지 말라"(μὴ ἐρεθίζετε) 했는데, 이 역시 '노엽게 하다'(ἐρεθίζω)는 말은 '화를 북돋고 자극하는 것'(to rouse to anger and irritate)이므로 '격노하게 하다'와 동의어이다. 자녀들의 마음이 분노로 들끓고 그래서 고통스럽고 괴롭게 되지 않게 하라는 말씀이다. 그 마음을 살필 것을 말씀한다. 아무리 자녀라도 함부로 대하지 말라는 말씀이다.

"도리어 그들을 … 양육하라"(ἀλλὰ ἐκτρέφετε αὐτὰ): 아버지들에게 두 번째 명령이 주어진다. 앞의 부정 명령(Don't)과 대조되는 긍정 명령(Do)이다. '양육하다'(ἐκτρέφω)는 '양식을 제공하는 것'(to provide food for), '기르고 키우는 것'(to rear up and nourish)이다. 자녀들을 돌보고 양육하여 키울 것을 말씀한 것이다. 이렇게 '양육하는 것'이 부모의 책임이 되는 것은 당연하다. 아버지(또는 부모) 편에서 자녀에게 마땅히 해주어야 할 '섬김'이 된다.

"주님의 훈계와 권고로"(ἐν παιδείᾳ καὶ νουθεσίᾳ κυρίου): 부모가 자녀를 양육하는 것은 음식으로만 하는 것이 아니다. '양육하는 것'(ἐκτρέφειν)이 본래 '먹이다'(τρέφω, feed)에서 나온 말이므로 자녀들에게 양식을 공급해 주는 것이 부모의 당연한 도리이다. 그러나 바울은 여기서 더 나아가 양식 외에 "주님의 훈계와 권고로"도 양육할 것을 명하고 있다. "훈계"(παιδεία)는 '훈련'(training), '교훈(instruction), '권징'(discipline)의 뜻을 가진다. 즉, 아이에 대한 '훈련과 교육'의 의미이다. "권고"(νουθεσία)는 '충고'(admonition), '권면'(exhortation)인데, '행동 등을 고쳐주려고 가르치는 것'(to provide instruction as to correct behavior and belief, LN)을 뜻한다. 어떤 면에서 '훈계'와 '권고'는 비슷한 말이다. 특히 소유격 "주님의"(κυρίου)를 첨가해 사람 방식의 가르침과 교육이 아니라 주님의 방식의, 또 주님의 뜻(말씀)과 관련된 교훈과 권면, 경계를 할 것을 말씀하고 있다.

2. 자녀들이 부모에게 해야 할 명령을 두 가지("순종하라", "공경하라") 준 것처럼, 아버지들이 자녀들에게 해야 할 명령을 두 가지("격노하게 하지 말라", "양육하라") 해주고 있다. 이렇게 하는 것이 쌍방이 '서로 복종하는 것'이다. '복종'은 기본적으로 자신을 겸비하게 하고 상대를 존중하는 것이다. 자녀가 부모에게 해야 할 '복종'과 부모가 자녀에게 해야 할 '복종'은 정신(서로를 존중하고 세워줌)은 같으나 그 내용이 다르다.

하나님의 말씀은 늘 자신이 해야 할 일을 먼저 하도록 요구하신다. 주어진 말씀을 상대에게 먼저 적용하고 요구하는 것이 아니라, 먼저 자신에게 적용하고 그 말씀을 먼저 따르려고 해야 한다. 그래서 바울은 '자녀들'에게 부모가 그들에게 이렇게 해야 한다고 말하지 않았고, 마찬가지로 '아버지들'에게 자녀들이 그들에게 이같이 해야 한다고 말하지 않는다. '자녀들'에게 자녀들이 해야 할 것이 무엇인지 말해주고 '아버지들'에게 그들이 아버지로서 해야 할 것이 무엇인지 말하고 있다.

단락 해석

1. 1-3절은 자녀들에게 주는 명령이다. 자녀들은 그들의 부모에게 첫째, 순종해야 하고, 둘째, 공경해야 한다. '순종'은 그 말에 귀를 기우려 듣고 따르는 것이고, '공경'은 부모의 가치를 인정하고 존중하는 것이다. 이 두 가지가 '서로 복종하라'는 5:21의 말씀에 순종하려는 자녀들이 그들의 부모에게 해드려야 할 일이다. 순종과 공경해야 하는 이유 또는 근거로 두 가지가 제시된다. 하나는 그렇게 하는 것이 의롭기 때문이고, 또 하나는 그것이 약속 있는 첫 계명(출20:12; 신5:16)이기 때문이다. 의롭다, 옳다는 것은 하나님의 뜻이고 명령이라는 점에서도 그렇다.

3절은 신명기 5:16의 말씀을 그대로 인용하여 그런 자녀들이 잘되고 땅에 장수하게 될 것을 말씀한다. 자녀들이 해야 할 두 가지 명령("순종하라", "공경하라")과 두 가지 이유('의롭기 때문', '약속 있는 첫 계명이므로')와 함께 마지막으로 두 가지 목적("네가 잘 된다", "땅에서 장수한다")이 제시된 것이다. 이 두 가지씩의 쌍(pairs)은 서로 내용이 보완된다. 순종하되 공경하는 것이 함께 필요하고, 그것이 의로운 이유는 하나님의 약속 있는 첫 계명이기 때문이고, 따라서 그같이 할 때 잘 될 뿐 아니라 땅에서 장수하게 된다는 것이다.

2. 4절은 아버지들에게 주는 명령이다. 아버지들은 그들의 자녀들에 대해 역시 두 가지로 행해야 한다. 첫째, 자녀들을 격노하게 하지 말아야 하고, 둘째, 그들을 양육해야 한다. 아무리 자녀라도 인격적으로 대해야 한다는 뜻이고 또한 그들을 책임지고 돌보아야 한다는 것이다. 자녀들의 생사여탈권(生死與奪權)이 있던 당시의 아버지에게는 충격적인 말씀이다. 이 말씀, 역시 5:21의 '서로 복종하라'는 말씀을 따르는 아버지 쪽의 일이다. 4절에는 1-3절처럼 '이유'와 '목적'이 나오지 않는다. 단지, 그 방법이 기술된다. "주님의 훈계와 권고로" 그리할 것을 명령 받는다. 주님의 방법으로 가르치고 경계하라는 것이다.

메시지

1. **부모에 대한 순종과 공경:** 자녀들이 부모의 말을 귀담아 듣고 그 말을 존중하는 것을 말씀한 것은 이런 순종이 부모의 마음을 기쁘게 할 뿐 아니라, 자녀들에게도 유익이 많기 때문이다. 부모의 지혜와 지식이 자녀들의 유익을

위해 쓰여질 수 있다는 점이다. 특히 자신의 말을 귀담아 들어주고 존중하는 이들에 대해 깊은 호감이 간다. 자녀들이 부모에게 그같이 할 때, 부모의 마음에 기쁨과 보람이 있게 된다. 이런 점에서 '공경'도 이런 듣기와 따르기에서 비롯된다. 부모라도 실수가 있는 존재이므로, 만사에 부모의 말대로만 할 수 없을 것이다. 그러나 부모를 존중하고 높이며 위해 드리는 마음과 자세가 기반이 되어 있다면, 그리고 이 말씀대로 하고자 노력한다면 부모의 마음에 그 자녀들로 인해 기쁨과 감사가 있게 될 것이다. 또한 자녀들은 하나님의 약속대로 하늘의 보상을 얻게 된다.

2. **자녀에 대한 바른 양육:** '양육하라'는 말 보다 '격노하게 하지 말라'는 말을 먼저 주신 것은 비록 자신의 자녀라도, 하나님께서 맡기신 '하나님의 자녀'이므로 함부로 대하거나 비하해서 대우해선 안 된다는 점을 알려 주고자 함이다. 하나님의 형상을 따라 지음 받은 그 자녀들은 인격적으로 대우 받아야 마땅하다. 그러나 그들에게 부모를 주신 것은 또한 부모를 통해 그 자녀들이 바른 가르침을 받고 마땅한 돌봄을 받도록 하기 위해서이다. 그런 점에서 "주의 훈계와 권고", 즉 주님의 방식을 따라 그들에게 교훈과 경계를 하는 일이 필요하다. 먼저 부모가 먼저 주님의 본이 되고자 하고, 주님의 말씀을 가르치고, 그 말씀의 원리대로 가정을 이뤄가며, 말씀을 따라 옳고 그른 것을 가르치는 일이 필요하다.

Ⅱ. 5-9절, 종들에게, 상전들에게

구문 배열

5
Οἱ δοῦλοι,
종들이여 slaves
ὑπακούετε
순종하라 obey
τοῖς κατὰ σάρκα κυρίοις
육체를 따라/육체의 주인들에게
to your masters accordingn to the flesh
μετὰ
~으로 with
φόβου
두려움/존경과
fear/ respect
καὶ τρόμου
떨림~ and trembling
ἐν ἁπλότητι
성실/정직으로
in the sincerity/ honesty
τῆς καρδίας
마음의 of ~ heart
ὑμῶν
너희 your ~
ὡς τῷ Χριστῷ,
그리스도에게 하듯 as to Christ

6
μὴ κατ'
ὀφθαλμοδουλίαν
~ 눈가림으로 말고
not with eyeservice
ὡς ἀνθρωπάρεσκοι
사람을 기쁘게 하는 자 같이 ~
as men-pleasers
ἀλλ' ὡς δοῦλοι
종들처럼
as slaves/ servants
Χριστοῦ
그리스도의
of Christ
ποιοῦντες
행하며 doing
τὸ θέλημα
뜻을 the will
τοῦ θεοῦ
하나님의 of God
ἐκ ψυχῆς,
마음으로 from the heart

7
μετ' εὐνοίας
선한 뜻으로/ 열정으로
with good will
δουλεύοντες
섬기며 doing service
ὡς τῷ κυρίῳ
주님께 하듯 하고
as to the Lord

8
εἰδότες
알며 knowing
ὅτι
~ 것을 that
ἕκαστος
~ 각 사람이 each
ἐάν τι
만일 누가 if anyone/ whatever ~ he
ποιήσῃ
행하면 does
ἀγαθόν,
선한 것을 ~
good
τοῦτο
이것을/그대로 this
κομίσεται
받을 ~ will receive back
παρὰ κυρίου
주님으로부터
from the Lord
εἴτε δοῦλος
종이든 whether (he is) slave
εἴτε ἐλεύθερος.
자유자이든 ~ or free

9
Καὶ **οἱ κύριοι,**
상전/주인들아 And masters
τὰ αὐτὰ
똑 같이/같은 것들을
the same (things)
ποιεῖτε
행하라 do
πρὸς αὐτούς,
그들에게도 to them
ἀνιέντες
그치고 giving up
τὴν ἀπειλήν,
협박/위협을 threatening
εἰδότες
알며 knowing
ὅτι
~ 것을 that
καὶ αὐτῶν
그들과 their
καὶ ὑμῶν
너희의
and your ~
ὁ κύριός
주님께서 ~ Lord
ἐστιν
계신다는 is
ἐν
οὐρανοῖς
하늘에 in

καὶ οὐκ ἀνθρώποις, 사람들에게 하듯 하지 않고 not to men	heaven καὶ προσωπολημψία 또 외모로 취하심이/불공평함이 no favoritism/ partiality οὐκ ἔστιν 없다는 ~ there is παρ' αὐτῷ. 그에게는 with him

직역

1. 5. 종들이여, 육체의 주인들에게 순종하되, 두려움과 떨림으로, 너희 마음의 성실함으로, 그리스도에게 하듯 하라. 6. 사람을 기쁘게 하는 자 같이 눈가림으로 하지 말고, 그리스도의 종들처럼 마음으로 하나님의 뜻을 행하고, 7. 사람들에게 하듯 하지 말고 주님께 하듯, 선한 뜻으로 섬기고, 8. 만일 종이든, 자유자이든, 누가 선한 것을 행하면 각 사람이 그대로 주님으로부터 받을 것임을 알고 그리하라. 9. 주인들이여, 그들에게도 같은 것들을 행하라. 위협을 그치며, 그들과 너희의 주님께서 하늘에 계시고 그에게는 외모로 취하심이 없다는 것을 알고 그리하라.

2. 5. Slaves, obey to your masters according to the flesh, with fear and trembling in the sincerity of your heart as to Christ, 6. not with eye-service as men-pleasers, as slaves of Christ, doing the will of God from the heart, 7. doing service with good will as to the Lord not to men, 8. knowing that each, if anyone does good, will receive this back from the Lord, whether he is slave or free. 9. And masters, do the same things to them, giving up threatening, knowing that their and your Lord is in heaven and there is no favoritism with Him.

구성/문체

1. 5-9절은 종들에게 주시는 말씀(5-8절)과 상전들에게 주시는 말씀(9절)으로 나뉜다.

2. 5-8절의 종들에게 주시는 말씀은 하나의 명령법 구문("순종하라", 5절)과 세 개의 분사 구문(6절, "행하며"; 7절, "섬기며", 8절, "알며")으로 구성된다. 이 때, 중간 부분에 위치한 6절의 "행하며" 구문과 7절의 "섬기며" 구문이 짝이 될 수 있다.

6절의 '하나님의 뜻을 행하는 것'(현재분사)과 7절의 '섬기는 것'(현재분사)이 의미로나 형태적으로 연계되고, 6절에서 분사를 꾸며주는 세 가지 내용, 즉 "사람 기쁘게 하는 자 같이, 눈가림으로 하지 말고"(b1), "그리스도의 종들처럼"(b2), "마음으로"(b3)가 7절의 것과 역교차로 짝을 이루고 있다고 보기 때문이다. "선한 뜻으로"(b'3), "주님께 하듯"(b'2), "사람들에게 하듯 하지 않고"(b'1)가 그렇다.

6절		b1	사람 기쁘게 하는 자처럼, 즉 눈가림으로 말고
		b2	그리스도의 종들처럼
	a		하나님의 뜻을 행하며
		b3	마음으로
7절		b'3	선한 뜻으로
	a'		섬기며(종 노릇 하며)
		b'2	주님께 하듯
		b'1	사람에게 하듯 말고

3. 네 개의 동사 구문(명령법 하나, 분사 셋) 가운데, 둘째(B)와 셋째(B')가 짝을 이루므로, 첫째(A)와 넷째(A')가 짝을 이룰 것이라 가정할 수 있다. 즉, 5절의 "순종하라" 구문이 8절의 "알며" 구문과 짝이 되는지 살피는 것이다. 5절과 8절의 공통점은 첫째, 동사 부분("순종하라", "알며")이 초두에 나온다. 둘째, 그 외에 두 가지 내용이 유사하게 연계된다. (1) 5절의 "너희 마음의 성실함으로"와 8절의 "선한 것을 행하면"이 짝이 이룬다고 볼 수 있다. (2) 그렇게 볼 때, 5절의 "두려움과 떨림으로"와 "그리스도에게 하듯"이 8절의 "이것을 주님에게서 받을 것이다"와 짝을 이룬다. 5절이 그리스도에게 하듯 할 것을 권했다면, 8절은 그에 대한 보상을 말씀한다.[132)]

5절	a	순종하라.	알면서	a'	8절
	b1	성실함으로	선한 것을 행하면	b'1	
	b2	경외감으로, 그리스도에게 하듯	주님께 그것을 받을 것이다.	b'2	

4. 그렇게 보면, 전체적으로 5절(A), 6절(B), 7절(B'), 8절(A')의 역교차 구조가 됨을

알 수 있다. 상전들에게 순종하되(A), 그렇게 할 때 주님의 인정을 받게 된다는 것을 알고 하라는 것이다(A'). 또한 상전에서 '순종하는 것'은 종으로 섬기는 것(B')인데, 그것이 하나님의 뜻을 행하는 것(B)이다.

5절	A	순종하라.	알며(알면서)	A'	8절
6절	B	하나님의 뜻을 행하며	섬기며	B'	7절

5. 흥미롭게도 주제 관계로 볼 때, 5-8절은 AB-A'B' 병행법 구조로 볼 수도 있다. 5절의 '상전에게 순종하는 것'(A)은 7절의 '종 노릇 하는 것'(A')과 같고, 6절의 '하나님의 뜻을 행하는 것'(B)이 8절의 '주님께 보상을 받는 것'(B')과 연관되기 때문이다. 이렇게 되면, 역교차가 이뤄지므로, 5-8절의 네 부분(절)은 형태적으로는 역교차(AB-B'A')가 좀더 맞고, 의미적으로는 병행법(AB-A'B')이 더 일리가 있어 보인다. 바울이 이 두 구조를 함께 염두에 두었을 가능성도 있다.

5절	A	상전에게 순종하라.	종 노릇 한다.	A'	7절
6절	B	하나님의 뜻을 행한다.	주님께 보상을 받을 것이다.	B'	8절

6. 9절의 상전들에게 주시는 말씀은 명령법 동사 구문("행하라")과 분사 두 구문("그치며", "알며")으로 되어 있다. 5-8절과 비교할 때, 첫째, 명령법 구문이 하나인 것은 같다(5절이 "순종하라"와 9절의 "행하라"). 둘째, 마지막 분사 "알며"가 같다(8절, 9절). 셋째, 반면에 중간에 위치한 현재분사가 6-7절에는 두 개("행하며", "섬기며")인 것에 비해, 9절에는 하나("그치며") 뿐이다. 넷째, 5-8절은 어떻게 해야 하는지(방법)가 반복되고 이와 함께 하나의 이유(8절의 ὅτι-절)가 나온 반면, 9절은 '어떻게' 부분은 생략되어 있고, 그대신 이유(역시 ὅτι-절)가 강조되어 나타난다. 따라서, 분량으로 볼 때, 9절은 5-8절의 3분의 1에 불과하지만, 5-8절과 9절이 구성에서 비슷한 형식의 병행법 구조(abc-a'b'c')라는 점을 알 수 있다.

5절	a	명령법 동사("순종하라")	명령법 동사("행하라")	a'	9a절
6-7절	b	분사 둘("행하며", "섬기며")	분사 하나("그치며")	b'	9b절
8절	c	분사 하나("알며")와 행동 이유	분사 하나("알며")와 행동 이유	c'	9c절

절별 해석

5절

1. "종들이여"(Οἱ δοῦλοι): 개별적으로 하면 다섯 번째('아내들', '남편들', '자녀들', '아버지들' 다음)이고 짝이 되는 관계로 하면 세 번째 관계의 시작 부분이다. 이번에는 "종들"에게 말씀하신다. 노예 제도가 보편적이던 당시, 여기서 의미하는 '종'은 개인 가정에 속한 일반 노예를 주로 가리키는 것으로 보인다.[133]

"육체의 주인들에게 순종하되"(ὑπακούετε τοῖς κατὰ σάρκα κυρίοις): 명령법 "순종하라"(ὑπακούετε)가 사용된다. 자녀들에게 주셨던 것(첫 번째의)과 똑 같은 내용이다. 주인에게 청종하고 그를 따를 것을 요구하신다. "육체의 주인들"(οἱ κατὰ σάρκα κυρίοι)은 그들의 육체적 주인(κύριος)을 가리키는 말인데, 7-8절에 나오는 또 다른 '주'(κύριος), 즉 '우리 주 예수 그리스도'와 대조된다. 육체의 주(주인)는 하늘의 주님과 다르다. 노예는 육체의 주인과 하늘의 주님을 함께 모시고 있다. 육의 주인은 단지 '육체의' 주인일 뿐 결코 '영혼의' 주인이 될 수 없다는 말씀이 깔려 있다. 그럼에도 종들에게 그들의 육체의 주인에게 순종할 것을 명하신다.

"두려움과 떨림으로"(μετὰ φόβου καὶ τρόμου): "두려움"(φόβος)과 "떨림"(τρόμος)은 본래 '신적 경외심'(divine reverence and fear)을 뜻하는 말이다. 즉 하나님에 대해 갖는 경외하는 마음, 또는 그분의 심판에 대한 두려움이다(시119:120; 사19:16; 41:5; 렘5:22; 단5:19; 6:26; 막5:33). 하나님은 오히려 사람에 대해서는 두려워하거나 떨지 말 것을 말씀하신 바 있다(신20:3; 31:6). 하나님께 써야 마땅한 이 두 단어를 쓴 것은 육체의 상전의 징계를 무서워하라는 뜻은 아니다. 또 어떤 특정인을 두려워해야 한다는 말은 더욱 아니다. 이 말은 주님을 섬기는 마음으로 육체의 상전도 섬기라는 뜻의 말씀이다. 종이 가져야 할 첫 번째 태도이다.

"너희 마음의 성실함으로"(ἐν ἁπλότητι τῆς καρδίας ὑμῶν): "성실함"(ἁπλότης)은 '단일의'(single), '단순한'(simple)을 뜻하는 단어(ἁπλόος)의 명사형이다. 그래서 '일심(전력)'(singleness), '단순함' (simplicity), '동기의 순수함'(purity of motive, LN)의 뜻이다. "마음의 성실함으로"는 '그 마음에 순수한 동기로 최선을 다해' 행하라는 말씀이 된다. 종이 마땅히 가져야 할 두 번째 태도이다.

"그리스도에게 하듯 하라"(ὡς τῷ Χριστῷ): 세 번째 태도는 "그리스도에게 하듯"인데, 이 말은 첫 번째 태도인 "두려움과 떨림으로"와 연계된다. 물론 "그리스도에게 하듯" 하는 것은 앞의 첫째("두려움과 떨림으로")와 둘째("너희 마음의 성실함으로")에 다 관련 있는 말씀이긴 하다. 그러나 특별히 첫째 것과 셋째 것은 모두 주님과 직접 관련된 말씀이다. 육체의 상전에게 해야 하는 일을 그리스도께 하듯 하라는 이 말씀의 이유는 아직 나오지 않았다(8절 참조).

2. "순종하라"는 명령과 함께 세 가지 방법('어떻게 순종할 것인가?')이 제시되고 있다. 그런데 그 세 가지는 첫째("두려움과 떨림으로")와 나중의 것("그리스도에게 하듯")이 주님께 대한 것이란 점에서 짝이 된다. 한편으로 첫째와 둘째("너희 마음의 성실함으로")는 셋째의 두 가지 구체적인 내용이기도 하다.

6절

1. "눈가림으로 하지 말고"(μὴ κατ' ὀφθαλμοδουλίαν): "눈가림"(ὀφθαλμοδουλία)은 '눈'(ὀφθαλμός)을 위해 '종 노릇하는 것/섬기는 것'(δουλεύειν)이다. 그래서 '눈가림'이 된다. 누가 눈으로 보든 보지 않든 성실하게 하는 것이 아니라, 보이는 데에서 잘하는 것처럼 하는 것은 옳지 않다는 것이다(골3:22). 보이지 않으시는 주님께 하듯 해야 하는 것이라면, 보이려고 할 필요가 없다.

"사람을 기쁘게 하는 자 같이"(ὡς ἀνθρωπάρεσκοι): '사람'(ἄνθρωπος)과 '기쁘게 하는'(ἄρεσκος, pleasing)이 합쳐서 '사람을 기쁘게 하는 자'(ἀνθρωπάρεσκος)가 됐다. '사람을 기쁘게 하는 자'는 '하나님을 기쁘게 하는 자'(살전2:4)와 대조된다. 주님을 섬기듯 섬기는 자는 보이는 사람을 기쁘게 하기 전에 보이지 않으시는 주님을 기쁘게 하려고 힘쓰는 자이다. 사람은 그 중심을 볼 수 없고 표면적인 것밖에 볼 수 없지만, 주님은 그 중심을 보시기 때문이다(삼상16:7; 시51:6). 따라서 사람을 기쁘게 하려는 자는 눈에 보이게 섬기려고 하고 주님을 기쁘게 하려는 자는 보는 눈과 상관 없이 섬길 것이다.

"그리스도의 종들처럼"(ἀλλ' ὡς δοῦλοι Χριστοῦ): "그리스도의 종들처럼"이란 말은 '그리스도의 종들답게'이다. '그리스도의 종'은 사람을 기쁘게 하는 자가 아니다. 또 눈가림으로 하는 자가 아니다. 5절 말씀처럼 주님에 대한 경외를 가지고 주님께 하듯 마음의 성실함으로 섬기는 자이다.

"마음으로 하나님의 뜻을 행하고"(ποιοῦντες τὸ θέλημα τοῦ θεοῦ ἐκ ψυχῆς):

"행하고"(ποιοῦντες)는 현재분사이다. 계속 그같이 행할 것을 권한다. "마음으로"(ἐκ ψυχῆς)는 본래 문자적으로 '혼으로'(from the soul), 따라서 '마음 깊은 곳에서'(from the heart)의 의미이다. 마음을 다해 그같이 하라는 말씀이다. "하나님의 뜻"(τὸ θέλημα τοῦ θεοῦ)을 행하라는 말은 종으로 육체의 상전을 주님을 섬기듯 그같이 마음을 다해 섬기는 것이 '하나님의 뜻'이라고 말씀하는 것이다.

2. 하나의 분사 구문("하나님의 뜻을 행하며")과 함께 세 개의 방법이 나왔다. 첫째는 "사람을 기쁘게 하는 자 같이 눈가림으로 하지 말고"이고, 둘째는 "그리스도의 종들처럼"이고, 셋째는 "마음으로"이다. 첫째와 셋째가 모두 마음과 관련된다. 마음, 즉 진심이냐 아니냐를 말해주는 내용이다. 가운데 있는 둘째 내용("그리스도의 종들처럼")은 전체를 포괄한다.

종에게 '하나님의 뜻을 행하는 것'은 그의 육체의 상전을 마음을 다해 섬기고 눈가림으로 하지 않는 것이다. 노예로서 의무적으로 하는 섬김에 자발성과 기쁨과 마음이 함께 있을 수 없는 것이 당연하다. 겉으로 드러내지는 못해도 불만과 불평이 있을 수 밖에 없다. 또 자신의 처지도 비관스러울 것이다. 도대체 어떻게 노예가 마음을 다해 그의 상전을 섬길 수 있을까? 주님께서 그분을 섬기듯 그들을 섬기라 하셨기 때문에 그 말씀을 순종할 때 그리할 수 있다. 비록 육체의 상전에게 하는 것이지만, '지금 내가 하늘의 주님께 나의 섬김을 드리고 있다, 나의 주님이 내 섬김을 받으신다'라고 생각하는 것이다.

7절

1. "선한 뜻으로 섬기고"(μετ' εὐνοίας δουλεύοντες): 섬김의 방식이 추가된다. "선한 뜻"(εὔνοια)은 '선한 생각, 뜻'(good will), '열심'(eagerness)을 말한다. '열심을 다해' 또는 '선한 동기로'의 의미가 된다. 이 말씀은 6절의 "마음으로"와 5절의 "마음의 성실함으로"와 비슷한 말씀이다. 현재분사 "섬기고"(δουλεύοντες)는 종으로서 '섬기는 것'(to serve, be a slave)을 말한다.

"주님께 하듯"(ὡς τῷ κυρίῳ): 5절의 "그리스도에게 하듯"과 같은 말씀이다. 또한 6절의 "그리스도의 종들처럼"과 연결된다. 따라서 5-7절까지 비슷한 말씀이 세 번 반복된 셈이다. 주님의 종으로 주님께 하듯 그 상전을 섬길 것을 말씀하고 있다.

"사람들에게 하듯 하지 말고"(καὶ οὐκ ἀνθρώποις): 사람들에게 하지 말라는 것은 이미 6절에 나왔다. 사람에게 하는 것은 '사람을 기쁘게 하는 자 같이 눈가림으로 하는 것'이다. 그런 태도가 아니라 주님께 하듯 섬기라는 말씀을 주신다.

2. 7절은 5-6절의 말씀이 상당 부분 반복한다. 특히 6절의 섬기는(또는 '하나님의 뜻을 행하는') 방식에 대한 세 가지 내용과 정확히 역교차를 구성한다("구성/문체" 참고). 6절과 7절이 둘 다 현재분사를 쓰고 있는 것도 이 두 절이 특별하게 연관된다는 것을 보여준다.

6-7절의 병행적 구성은 6절의 '하나님의 뜻을 행하는 것'이 7절의 '섬기는 것'과 같은 것으로 보게 한다. 종으로 섬기는 것, 즉 육체적 의미의 일을 억지로 하지 말고 이렇게 함으로 하나님의 뜻을 행한다고 생각하고 하라는 것이다. 그렇게 행할 때, 우리의 많은 일들이 기쁨의 봉사(섬김)로 전환될 수 있다.

8절

1. "알고 그리하라"(εἰδότες): "알고/알고서"는 다음과 같은 내용에 대한 지식을 가질 것을 말씀한 것이다. 즉, 5-7절에서 말씀하듯, 종의 섬김을 다하려고 할 때 알아야 할 중요한 사실이 있었다. 5-7절에서 '하라'와 '어떻게'가 나왔다. 반면에 8절은 그렇게 해야 하는 '이유'에 대해 말해준다.

"만일 … 누가 선한 것을 행하면 각 사람이"(ὅτι ἕκαστος ἐάν τι ποιήσῃ ἀγαθόν): "선한 것"(ἀγαθόν)은 5-7절의 내용, 즉 '마음을 다해 섬기는 것'이다. 그것이 '하나님의 뜻'(6절)이고 '선한 것'이다. "누가 행하면"(ἐάν τι ποιήσῃ)을 말하는 이유는 '선한 일을 하는 사람이면 그 누구든, 그 신분에 관계 없이'를 말해주기 위한 것이다. 누구에게도 예외가 없다는 것이다. 그 일을 하는 "각 사람이"(ἕκαστος) 자기 일에 대한 보상을 받을 것이다.

"그대로 주님으로부터 받을 것을"(τοῦτο κομίσεται παρὰ κυρίου): "그대로"(τοῦτο)는 문자적으로 '그것을'인데, '각 사람이 행한 것에 대해 그 행한 것대로'란 의미이다. '가져가다'(κομίζω, bring)가 중간태로 쓰이면 '받다'(receive), '얻다'(get, obtain)가 된다. '주님으로부터 받는다'는 주님의 보상이 합당하게 주어진다는 말이다. 각 사람이 자신의 일에서 마음을 다해 섬기는 만큼 섬김의 보상은 하늘의 주님께서 주신다는 말씀이다. 우리에게 주어진 일을 가지고 마음을 다해 섬기는 일은 주님의 종으로 주님께 섬기는 것이라 하셨으므로, 그 주님께 보상을 받게 된다. 종이 그 보상을 하늘에서 받는다면, 이 땅에서 받지 않는 것 정도는 문제가 되지 않는다.

"종이든 자유자이든"(εἴτε δοῦλος εἴτε ἐλεύθερος): "종"(δοῦλος)은 노예를 가리키고, "자유자"(ἐλεύθερος)는 자유민을 말한다. 즉 그 사람의 신분과 관련 없이 주님의 보상을 받게 된다는 뜻이다. 이와 관련된 골로새서 3:25에서는 주님께서 사람을 '외모'(겉모습)로 취함이 없으시다고 말해준다. 선한 일을 행한 자는 선한 일의 보상을 받는 것이 마땅하다. 그런데 성도들에게는 그 보상이 하늘의 주님으로부터 온다. 사람에게서 받지 못한다 해도 주님께서 인정하시고 갚아주신다는 이 분명한 사실을 알아야 했다.

2. '선한 일을 행하는 것'에 대한 보상을 '주님께 그대로 받는다'는 말씀은 육체로 노예 된 신분에 있던 자들에게 새로운 동기를 부여해 주는 말씀일 것이다. 특히 그들이 육체의 상전을 섬길 때 주님께 하듯 마음을 다해 섬긴 일에 대해, 그 상전뿐 아니라 주변의 사람들로부터도 그 어떤 보상과 인정을 받지 못하게 될 때라도, 그리스도에 대한 믿음과 신뢰로 흔들림 없이 전진할 수 있을 것이다. 심지어 사람의 오해를 받고 모략에 빠졌을 때라도 만일 하나님의 뜻을 선하게 행하고자 했다면 하늘의 주님의 보상과 인정을 받을 것을 충분히 기대할 수 있다(고후5:10).

9절

1. "주인들이여"(Καὶ οἱ κύριοι): 여섯 번째 대상이고, 세 번째 관계(상전-종)의 마지막 대상이다. 그들은 그들의 노예들로부터 '주인/주님'(ὁ κύριός)으로 불렸다. 그렇게 대우 받는 그들이지만 그들에게도(특히 그리스도인이라면) '서로 복종하라'(5:21)는 말씀을 행해야 할 의무가 주어진다.

"그들에게도 같은 것들을 행하라"(τὰ αὐτὰ ποιεῖτε πρὸς αὐτούς): '그들'은 주인들의 '종들'을 가리킨다. "같은 것들"(τὰ αὐτὰ)을 행하라고 했는데, '같은 것들'이 그들처럼 종 노릇 하라는 말은 아니겠지만, 여기서 사도가 무엇을 가리키는지 다소 모호해서 당시의 상전들에게 충격적으로 다가갔을 것이다. 바울의 의도는 '외모를 보지 않으시는 주님을 바라보며 그들 노예들에게 마땅히 선을 베풀라'는 말일 것이다. 이 구절과 상응되는 골로새서 4:1은 "의와 공평을 종들에게 베풀라"고 했다. 종들을 '의롭게(정의롭게) 대하고 똑 같이, 또는 편파적이지 않게 대우하라'는 뜻이다. 그래야 하는 이유는 노예든, 주인이든 다 동일하게 하늘의 주님을 섬기는 자라는 사실 때문이다.

"위협을 그치며"(ἀνιέντες τὴν ἀπειλήν): "위협"(ἀπειλή)은 '해를 주거나 징계하겠다고 협박하는 것'(to threat of damage and punishment)이다. "그치며"(ἀνιέντες)는 현재분사이다. 그러한 위협을 더 이상 하지 말 것, 또는 위협을 가하는 방식으로 종들을 다스리지 말 것을 말씀한 것이다.

"… 알고 그리하라"(εἰδότες): 종들이 주님을 바라며 섬길 때 알아야 할 것(8절)이 있었던 것처럼, 상전들도 종들에게 행할 때 알아야 할 것이 있었다. 8절과 같은 형태의 분사를 사용한다.

"그들과 너희의 주님께서 하늘에 계시고"(ὅτι καὶ αὐτῶν καὶ ὑμῶν ὁ κύριός ἐστιν ἐν οὐρανοῖς): "그들과 너희의 주님"(καὶ αὐτῶν καὶ ὑμῶν ὁ κύριός)의 표현은 종들인 '그들에게도'(they also) 주님이 되시고 또한 상전인 '너희에게도'(you also) 주님이 되신다는 점을 강조하는 표현이다. 종들의 주님과 상전들의 주님이 같다. 그분은 하늘에 계신 주님이시다. 즉, 땅의 주인과는 크게 다르다. 다른 말로, 이 땅에서 육체적으로 상전(주인)과 종(노예) 관계에 있지만, 둘 다 하늘의 주님을 모신다는 점에서는 서로 같은 형제라는 것이다(고전12:13; 갈3:28).

"그에게는 외모로 취하심이 없다는 것을"(καὶ προσωποληµψία οὐκ ἔστιν παρ' αὐτῷ): 문자적으로는 '외모를 취하는 것은 그와 상관이 없다'이다. '외모를 취하는 것'(προσωποληµψία)은 '얼굴'(πρόσωπον)과 '취하다'(λαµβάνω)에서 온 말이다. '외모로 사람을 보는 것'(to show favoritism), '편파/편애'(partiality)의 뜻이다. 하나님께서는 사람을 겉모습으로 보거나, 그 외적 신분이나 배경으로 판단하지 않으신다는 것이다. 높고 낮음, 부하고 가난한 것, 건강하고 약한 것 등이 그분 앞에 아무것도 아니란 얘기이다. 그것이 그분의 판단의 기준이 아니다.

2. 주인에게는 종에게 위협을 가하고 징계를 내릴 권한이 있다. 노예를 자신의 소유물로 간주하고 사고팔고 해를 가하고 징벌을 내리던 시대에 위협을 그치고 '동일하게' 행하라는 말씀, 특히 노예들과 상전들의 진정한 주인이 하늘에 계신 같은 분이심을 강조하는 말씀은 가히 혁명적인 말씀이다. 특히 주님께는 종이나

상전이나 차별이 없다는 말씀은 일반인(주인)들이 용납하기 어려운 말이었을 것이다. 이렇게 '서로 복종하는 일'은 어렵다. 서로를 존중하고 높이는 일은 신분에 따라 다른 역할이 주어지지만, 기본은 같다. 상대를 존중하는 것이기 때문이다. 특히 주인은 수하에 있는 노예를 인격적으로 대우하는 것이 필요했다. 그것이 그에게 요구된 '복종'이었다.

8절의 '지식'(εἰδότες ὅτι-절)과 9절의 지식(εἰδότες ὅτι-절)의 공통점은 모두 주님과 관련이 있다는 사실이다. 8절은 선한 일을 한 것에 대해 주님이 반드시 보상하시겠다는 사실을 말씀하고 있고, 10절은 주님께서 모든 이들의 주님이 되신다는 사실과 또 주님께는 겉 모습으로 판단하지 않으신다는 사실을 말씀해 준다. 그러므로 종들도 주님을 바라보고 상전들에게 행해야 하고, 상전들도 주님을 바라보고 종들에게 행해야 한다.

단락 해석

1. 종들에게 그들의 상전들에게 "순종하라"고 하셨을 때, 그 말은 그들 상전의 말에 귀 기울이고, 그 뜻을 존중하고 따르라는 뜻이다. 어떻게 그같이 할 것인가에 대해 바울은 반복해서 말씀한다. 우선 5절은 세 가지를 말씀한다. 첫째, "두려움과 떨림으로"는 상전에 대한 존중을 가리킨다. 기본적으로 주님에 대한 경외감을 상전에게 적용할 것을 말씀한 것이다. 둘째, "마음의 성실함으로"는 진정한 자세를 말한다. 셋째, 주님이신 그리스도에게 하듯 하라고 했다. 따라서 첫째와 셋째는 주님에 대한 태도에서 상전에 대한 태도로 적용할 것을 말씀한 것이고, 중간에 있는 둘째 내용은 진정성을 가지고 신실하게 그 일을 감당할 것을 말씀한 것이다.

2. 이 말씀은 8절과 관련이 있다. '선한 일을 행하는 것'은 5절, '마음의 성실'과 연관된다. 또 '주님께 받는 보상'은 5절, 주님에 대한 경외("두려움과 떨림")로, 주님께 하듯 했기 때문에 받는 보상이 된다. 즉, 그같이 주님께 하듯 종으로서 선한 의도로 상전을 섬기면, 주님으로부터 상급을 받게 된다는 뜻이다. 결국 주님을 생각해서 한 일은 주님께 한 것이 되기 때문에, 주님으로부터 그 상급을 얻게 되는 것이다. 이것은 분명히 알아야 할 지식이다(8절).

3. 6-7절은 서로 짝이 되며, 내용을 보완한다. 종이 제대로 '종 노릇 하는

것'(7절)은 '하나님의 뜻을 행하는 것'(6절)이다. 세 가지가 짝을 이루며 반복된다. 첫째, "사람에게 하듯 하지 않는" 것이다(7d절). 이 말씀은 6a절에서 "사람을 기쁘게 하는 자 같이 눈가림으로 하지 않고"라는 말씀과 관련이 된다. 둘째, "그리스도의 종들처럼"(6b절)은 "주님께 하듯 하고"(7c절)에서 반복된다. 그리스도의 종으로 주님께 하듯 하라는 말씀이다. 셋째, 6d절의 "마음으로"(혼에서, 마음 깊은 곳에서)는 7a절의 "선한 뜻으로"와 연계된다. 즉, 마음을 다해, 성심성의를 다할 것을 말씀했다. 이렇게 종 노릇 하는 것이 하나님의 뜻을 행하는 것이다.

4. 9절은 상전들에게 주시는 말씀인데, 그들에게 "똑 같이"라고 한 것은 상전들도 그 종들을 존중하라(즉, '서로 복종하라')는 뜻이다. 종을 상전처럼 높이라는 말씀은 아닐 것이다. 그러나 상대에게 잘 하는 것이 주님께 인정 받는 것이라는 원리는 똑 같이 적용된다. 또 마음을 다하는 것, 또 선한 뜻으로 하는 것, 또 진지하고 신실함으로 그리하는 것은 상전에게도 요구된다. 이런 정신이 "똑 같이 행하라"는 말씀에 담긴 뜻이다. 종들에게 하지 말아야 할 것은 그들을 함부로 위협하는 것이다. 종들의 생명과 안전에 위협을 가하는 일을 삼가도록 요구 받는다. 두 가지 이유가 제시된다. 첫째, 상전의 주님과 종들의 주님이 하늘에 계신 그 주님, 즉 같은 주님이시다. 둘째, 우리 주님은 외모로 취하지 않으신다. 상전과 종 가운데 그 신분 때문에 누구를 더 중요하게 보지 않으신다. 그 배경과 신분이 주님 앞에는 아무 것도 아니라는 점을 기억해야 했다. 주님께 칭찬을 받는 사람은 주님의 뜻대로 형제와 이웃을 섬기는 자이다.

메시지

1. **섬기는 일과 하나님의 뜻을 행하는 일:** '서로 복종하는 일'(5:21)은 하나님의 뜻을 행하는 것이다. 그런 맥락에서 종들이 자신의 상전들을 섬기는 것, 역시 하나님의 뜻을 행하는 것이 된다. 비록 당시 노예의 신분인 종은 그 상전을 섬기는 것이 의무였다. 그런데도 그런 상전을 제대로 섬기는 것의 보상을 주님께 받게 된다는 사실은 놀라운 것이었다. 하나님의 뜻을 행하는 것이기 때문이다. 그러므로 주님께 하듯 자신의 상전을 섬기는 일이 옳은 일이고 제대로 성심성의를 다해 하는 것이 필요했다. 그런 행함이 우리 주님을 섬기는 것이기

때문이다.

2. **주님께 하듯 하는 것:** 주님께 하듯 하는 것은 최소한 두 가지를 말한다. 첫째, 마음을 다해 하는 것이고, 둘째, 성실함으로 하는 것이다. 보이지 않으시는 주님을 기쁘시게 해드리는 일은 마음을 같이 하지 않으면 안 되는 일이고, 무엇보다 눈가림이 아니라, 그 중심을 보시는 주님께 성심성의를 다하는 진지한 섬김을 행하지 않으면 안 될 것이다. 육체의 상전은 종의 노력에 대해 아무런 상급을 주지 않더라도, 하늘의 상전이 되신 주님께서 그러한 종에게 아낌 없는 상급을 주실 것을 기대할 수 있다.

3. **상전의 할 일:** 자신의 권한(힘)으로 자신의 밑 사람(그가 종이라도)을 위협하여 '복종'을 끌어내는 것은 어리석은 일이다. 다른 이들을 존중하는 마음이 없기 때문에 그같이 하는 것이다. 그렇게 함으로 그는 하나님의 뜻을 따르지 않고 그 뜻에서 어긋난다. 하나님은 다른 이를 선대하는 자를 원하신다(눅6:35; 벧전3:8-9). 서로 복종하고 서로 존중하는 일을 원하셨다. 우리 모두 같은 하늘의 상전을 모시고 있음을 알고, 또 같은 형제라는 사실을 깨닫고, 그 상대가 아랫사람이라 해도 인격적으로 대하고, 그를 존중하고 위하는 일을 하는 것, 그것이 주님을 섬기는 상전의 역할이다.

4. **외모로 취하지 않으시는 주님:** 하나님 앞에 인간의 고하(高下)가 아무런 의미가 없다. 누가 높고, 누가 낮으냐가 중요하지 않다는 말이다. 신분의 고귀(高貴)가 그 사람의 가치를 말해주지 않는다는 점을 이해하는 것이 중요하다. 9절의 '하나님께서 외모로 취함이 없으시다'는 말씀(롬2:11; 갈2:6; 골3:25)은 사람이 중요하게 생각하는 기준과 하나님의 판단 기준이 다르다는 뜻이다. 따라서 자신이 높은 지위에 있다고 과시할 것 없고, 자신이 낮은 위치에 있다고 마음을 약하게 먹을 필요가 없다. 자신이 상대적으로 부유하다고 자부심을 느낄 것 없고, 또 가난하다고 굴할 필요가 없다(약1:9-11). 중요한 것은 하나님의 뜻을 따라 다른 이들을 사랑하고 섬기는 것이다.

해석 종합

1. 상대적으로 낮은 자에게 먼저 말씀하는 이유는 무엇일까? 그리고 그것도 더 많은 분량으로 말씀하는 이유는 무엇인가? 그리스도 안에서의 자유가 당시의

기본 질서를 본질적으로 무너트리는 것이 되지 않기 때문이다.[134] 5:21의 '서로 복종하라'는 말씀은 서로를 존중하고 귀하게 여기라는 말씀이다. 상대가 하는 말을 무조건 따르고 그 앞에 복종하라는 의미는 아닐 것이다. 따라서 잘못 이해하면, 아버지(부모)나 상전 된 자들이 그 자녀들과 종들에게 문자적인 의미의 복종을 해야 하는 것이 된다. 이렇게 되면 가정적, 사회적 질서가 무너진다. 말씀의 의도는 그런 뜻이 아니다. 서로에 대한 존중과 섬기려는 자세에 대한 것이다. 사랑과 섬김의 정신을 요구한 것이다. 이런 점에서 먼저 자녀들과 종들에게 그들의 섬김을 다할 것을 요구한다. 그릇된 생각이 질서를 무너트리는 일로 나타나기를 원하지 않았기 때문일 것이다. 당시 로마 제국의 3분의 1이 되는 노예들이 혁명의 정신으로 자신들을 무장하길 원하지 않았다. 그렇다고 주님을 섬기게 된 상전들이 그들의 노예들을, 다른 믿지 않는 자들이 하듯 그렇게 함부로 대하고 위협하고 마음대로 상해하는 일도 허락됨이 없다. 노예 제도 그 자체를 급격히(radically) 바꾸는 것을 원하지 않았지만, 노예 제도에 담긴 세속적 욕망을 제어하게 함으로 그 안에 있는 사람들이 바뀔 수 밖에 없도록 한 것이다.

2. 그런데 매우 흥미로운 점은 당시 약자들에게 하신 말씀들(아내, 자녀, 종)에는 모두 보상이 약속되고 있다는 것이다. 반면에 상대적으로 강한 자들(남편, 아버지, 상전)에게는 그 어떤 보상도 약속하고 있지 않다. 예컨대, 자녀들에게는 "약속 있는 첫 계명"과 그에 따른 보상('장수의 복')이 약속된다(6:3). 종들에게는 '주님께서 보상을 줄 것'을 약속한다(6:8). 아내들에게는 따로 보상을 약속하지 않지만, 중간에 위치한 '그리스도께서 교회의 구원자가 되신다'는 사실(5:23)은 구원의 소망(또는 남편의 희생적 역할)을 암시하는 내용이라 할 수 있다. 반면에 남편이나, 아버지나, 상전에 대한 말씀에서는 그들에 대해 그 어떤 보상도 약속하지 않고 있는 점은 인상적이다.

3. '서로에게 복종하는 일'은 그 자리에 따라 조금씩 다르게 나타난다. 아내에게 그 '복종'은 남편의 리더십을 인정하는 것으로 나타나고, 남편에게 그 '복종'은 아내를 사랑하는 것으로 나타난다. 이와 같이, 자녀들에게 그 '복종'은 부모의 말을 청종하는 것과 부모를 높이는 일로 나타난다. 종들은 그 상전의 말에 청종하며 섬김의 일을 감당할 때 마음을 다해 주께 하듯 하는 일로

그 '복종'이 나타난다. 반면에 부모는 그 자녀를 인격적으로 존중하며 그를 돌보는 것이 그 '복종'이 되고, 상전은 그 종을 위협하지 않고 인격적으로 대우하는 것이 그 '복종'하는 것이 된다.[135)]

6:10-20, 하나님의 전신갑주

전체 구조

1. 본문은 세 부분으로 구분된다. 10-13절, 14-17절, 그리고 18-20절이다. 10-13절은 영적 싸움을 싸우기 위해 하나님의 전신갑주를 취하고 주 안에서 강할 것을 말씀하는 부분이다. 14-17절은 이 전신갑주에 대한 좀더 상세한 설명이 나온다. 18-20절은 마지막으로 기도 가운데 깨어 있을 것을 말씀한다.

2. 이 단락은 세 부분으로 나뉘지만, 뚜렷한 역교차 구조를 갖고 있지는 않다. 중간에 있는 14-17절, 즉 전신갑주에 대한 말씀은 앞의 10-13절에서 말한 '전신갑주를 입을 것'에 대해 부연하고 있는 부분이다. 마지막 부분, 18-20절은 10-17절에 대해 보충하는 부분이다.

3. 한편으로 뚜렷하지 않고 다소 느슨하긴 하지만, 역교차 구조로 볼 수도 있겠다. 10-13절과 18-20절을 시작과 마지막의 짝으로 보는 것이다. 10-13절과 18-20절은 서로 보완관계에 있다. 전신갑주로 무장하고 강하게 서 있는 자세(10-13절)는 영적 전투에 필요한 준비 부분이다. 반면에 항상 깨어 모든 일에 기도하는 자세(18-20절)는 하나님을 의지하며 영적 전투에 승리하기 위한 불가결(不可缺)의 모습이다. 영적 전투는 우리 쪽의 의지와 준비만으로 이뤄지지 않기 때문이다.

4. 10-13절과 18-20절이 짝을 이루는 것은 가능하지만, 문제는 중간에 있는 14-17절이 어떤 역할을 하는가 하는 것이다. 이렇게 보면 좋겠다. 10-13절은 전신갑주로 무장하기 전 단계, 14-17절은 전신갑주로 무장하는 모습, 18-20절은 무장한 그 이후 필요한 것이다. 이렇게 되면 14-17절이 중심(x)이 되고, 시작(A)과 그 이후(A')로 나뉜다.

10-13절	강해지기 위해 전신갑주로 무장할 것	A
14-17절	여섯 가지 전신갑주에 대해서	X
18-20절	전신갑주로 무장한 이후, 계속해야 할 것: 기도	A'

Ⅰ. 10-13절, 하나님의 전신갑주를 입으라.

구문 배열

10
Τοῦ λοιποῦ,
마지막으로 Finally
ἐνδυναμοῦσθε
강하라 be strong
ἐν κυρίῳ
주 안에서 in the Lord
καὶ ἐν τῷ κράτει
그리고 능력 안에서 and in the power
τῆς ἰσχύος
힘의 of ~ might
αὐτοῦ.
그의 his ~

11
ἐνδύσασθε
입으라 Put on
τὴν πανοπλίαν
전신갑주를 the full armor
τοῦ θεοῦ
하나님의 of God,
πρὸς τὸ
~기 위해 so that
δύνασθαι
능히 ~ 수 있~ may be able
ὑμᾶς
너희가 you
στῆναι
설 ~ to stand (firm)
πρὸς τὰς μεθοδείας
간계를/간교함을 대적하기 위해
against the schemes/ wiles
τοῦ διαβόλου·
마귀의
of the devil

12
ὅτι
(때문이다) For
οὐκ ἔστιν
아니다/아니라 is not
ἡμῖν
우리에게 to us/ our
ἡ πάλη
싸움/씨름은 the wrestling/ struggle
πρὸς
대한 것이 against
αἷμα
피와 blood
καὶ σάρκα,
살(육체)에 and flesh
ἀλλὰ πρὸς τὰς ἀρχάς,
통치자들에 대한 것이고
but against principalities/ rulers
πρὸς τὰς ἐξουσίας,
권세들에 대한 것이고
against powers
πρὸς τοὺς κοσμοκράτορας
세상 주관자들에 대한 것이고
against the world rulers
τοῦ σκότους τούτου,
이 어둠의 of this darkness
πρὸς τὰ πνευματικὰ
영들에 대한 것이다
against the ~ spirits
τῆς πονηρίας
악한 evil ~
ἐν τοῖς ἐπουρανίοις.
하늘에 있는 in the heavens

13
διὰ τοῦτο
그러므로 Therefore,
ἀναλάβετε
취하라 take up
τὴν πανοπλίαν
전신갑주를 the whole armor
τοῦ θεοῦ,
하나님의 of God,
ἵνα δυνηθῆτε
능히 ~ 수 있기 위해
so that you may be able
ἀντιστῆναι
대적하고 to resist
ἐν τῇ ἡμέρᾳ
날에 on the ~ day
τῇ πονηρᾷ
악한 evil ~
καὶ ἅπαντα
모든 것들을

	and ~ everything κατεργασάμενοι 이룬/행한 후에 having done στῆναι. 설 ~ to stand (firm)

직역

1. 10. 마지막으로, 주 안에서, 그리고 그 힘의 능력 안에서 강하라. 11. 하나님의 전신갑주를 입으라. 너희가 마귀의 간계를 능히 대적할 수 있기 위해서이다. 12. 우리의 씨름은 피와 살에 대한 것이 아니라, 통치자들과 권세들과 이 어둠의 세상 주관자들과 하늘에 있는 악한 영들에 대한 것이기 때문이다. 13. 그러므로 하나님의 전신갑주를 취하라. 악한 날에 능히 대적할 수 있고, 또 모든 것을 이룬 후에 설 수 있기 위해서이다.

2. 10. Finally, be strong in the Lord, and in the power of His might. 11. Put on the full armor of God, so that you may be able to stand against the schemes of the devil. 12. For the wrestling to us is not against blood and flesh, but against the rulers, against the powers, against the world rulers of this darkness, against the evil spirits in the heavens. 13. Therefore, take up the whole armor of God, so that you may be able to resist on the evil day and, having done everything, to stand.

구성/문체

1. 10-13절은 네 부분으로 나뉜다. 첫째, 10절의 "강하라" 명령법 구문이다. 둘째는 11절의 "입으라" 명령법 구문이다. 셋째는 12절의 ὅτι 구문으로 '씨름'에 대한 말씀이다. 넷째는 13절의 "취하라" 명령법 구문이다.

2. 이 가운데 11절(둘째)과 13절(넷째)이 짝을 이룬다. (1) 두 구절 모두 "하나님의 전신갑주"를 입거나 취할 것을 말씀한다. (2) "입으라"(11절)와 "취하라"(13절), 모두 명령법 부정과거이다. 반면에 10절의 명령법("강하라")은 명령법 현재(수동)이다. (3) 두 구절 모두 뒷부분에 목적에 해당되는 내용, 그것도 비슷한 내용("설 수 있게", "대적하고 설 수 있게")이 나온다. 이 두 부분(11절과 13절)은 비슷한 내용을 반복하는 짝이 된다.

3. 그렇다면, 남은 두 구절, 즉 10절과 12절이 짝이 될 가능성이 높다. 10절,

"주 안에서, 그리고 그 힘의 능력 안에서 강하라"는 말씀에 대한 이유가 12절, '우리의 싸움이 피와 살에 대한 것이 아니라, 어둠의 영적 존재에 대한 것이다'이다. 이렇게 보면, 10절('주 안에서 강하라', a)에 대한 이유가 12절('우리의 싸움은 영적인 싸움이다', a')이 되고, 그 싸움을 이기기 위해, 해야 할 일이 11절과 13절('하나님의 전신갑주를 입는 것', b-b')에 나온 것이다.[136)]

10절	a	주 안에, 능력으로 강하라.	우리 싸움은 영적인 싸움이다.	a'	12절
11절	b	전신갑주를 입으라.	전신갑주를 취하라.	b'	13절

절별 해석

10절

1. "마지막으로"(Τοῦ λοιποῦ): 바울의 마지막 권면이 시작된다. 4:25-6:9에서 그리스도인의 삶('어떻게 살 것인가?')에 대한 말씀이 주어졌다면 이제 영적 전투에 대한 말씀으로 마무리된다.

"강하라"(ἐνδυναμοῦσθε): '강하게 하다'(ἐνδυναμόω)의 명령법 현재수동태는 '수동태'라는 점에서 하나님에 의해 강해질 것을 말씀하는 것(신적 수동태)이다. 한편으로 강한 마음과 정신을 소유하는 것, 즉 전투에 임해 싸워 이기려는 자세를 가질 것을 말씀한다.

"주 안에서, 그리고 그 힘의 능력 안에서"(ἐν κυρίῳ καὶ ἐν τῷ κράτει τῆς ἰσχύος αὐτοῦ): 강해질 수 있는 방법은 "주 안에서"(ἐν κυρίῳ) 가능하다. 주님 안에 있을 때, 또는 주님으로 인해 강해질 수 있을 것이다. 또 "그 힘의 능력 안에서"(ἐν τῷ κράτει τῆς ἰσχύος αὐτοῦ) 또는 "그 힘의 능력으로"는 하나님의 힘의 큼, 능력의 지극히 크심을 말하는 표현(1:19; '힘'과 '능력'을 중복해 쓴다)이다. 주 안에서 하나님의 능력을 힘 입을 때, 이 강건함이 이뤄진다.

2. "강하라"의 현재명령법은 이렇게 지속돼야 하는 것을 말한다. 그 방법을 말하는 두 개의 ἐν-구는 모두 그리스도와 하나님과 관련이 된다. '우리의 강함'이 결코 우리 자신에게서 나오지 않기 때문이다. 주 안에 있을 때 가능하고, 그 힘이 주어질 때 강할 수 있다.

마지막 말씀이 영적 전투에 대한 말씀이고 또 이와 관련해서 '강하라'고 명령하고 있는 것은 우리가 나약할 때 결코 승리할 수 없기 때문일 것이다. 온유해야 할 대상(사람들)에게 온유하되, 대적할 영적 권세와 관련해서는 강해야 한다는 뜻이다. '강하라'라고 명령하는 것은 우리가 영적 싸움에 충분히 강해질 수 있기 때문이다. 주님과 하나님을 의지할 때 능히 그럴 수 있다.

11절

1. "하나님의 전신갑주를 입으라"(ἐνδύσασθε τὴν πανοπλίαν τοῦ θεοῦ): "입으라"(ἐνδύσασθε)는 부정과거 명령은 결단을 촉구한다. 그같이 입고자 해야 한다. 그리고 입어야 할 것은 '하나님의 전신갑주'(ἡ πανοπλία τοῦ θεοῦ)이다. '전신갑주'(πανοπλία)는 말 그대로 전신(πάν-, all or full)을 무장(-οπλία, armor)한 것이다. 한 부분의 무장으로는 이 싸움에 임할 수 없기 때문이다. 무장해야 할 모든 부분에 무장할 필요가 있다. 특히 이 '전신갑주'가 '하나님의 전신갑주'라는 점을 주목해야 한다. 하나님의 방법, 하나님께서 지시하신 무장이다.

"너희가 마귀의 간계를 능히 대적할 수 있기 위해서이다"(πρὸς τὸ δύνασθαι ὑμᾶς στῆναι πρὸς τὰς μεθοδείας τοῦ διαβόλου): "마귀의 간계(들)"(αἱ μεθοδείαι τοῦ διαβόλου)는 마귀의 간특한 술수(craftiness, deceitfulness)이다. '비방자'(slanderer)라는 뜻인 '마귀'(διάβολος)라는 이름은 신약에만 35회 이상 이상 나온다. 그는 인격적인 실재이다(4:27; 요8:44; 13:2; 히2:14; 약4:7; 벧전5:8-9; 계12:10; 욥1). 이 단어는 '사람의 속임수'로 4:14에 나온 바 있다. 영적 무장이 필요한 것은 그 마귀의 간계를 대적할 수 있는('대항해서 설 수 있는', στῆναι πρὸς…) 능력을 갖추기 위해서(πρός τὸ δύνασθαι)이다.

2. 10절에 이어, 두 번째 명령법("입으라")으로 된 문장은 '하나님의 전신갑주'를 입어야 할 것을 말씀하는 것과 함께 왜 그같이 입어야 하는지를 πρός('위하여') 전치사 구문으로 말씀한다. 정확한 목표를 인지할 때 그 목표를 향해 뛸 수 있기 때문이다.

'해야 할 것'(하나님의 전신갑주를 입음)과 그 이유('마귀의 간계를 대적하여 설 수 있게')가 명료하게 나온다. 10절과 연결할 때, 이 부분은 주 안에서 그 힘의 능력으로 강해질 수 있는 방법을 제시한 것이다.

12절

1. "우리의 씨름은 피와 살에 대한 것이 아니라 … 때문이다"(ὅτι οὐκ ἔστιν ἡμῖν ἡ πάλη πρὸς αἷμα καὶ σάρκα): "씨름"(ἡ πάλη)은 본래 레슬링(wrestling)에서 비롯된 말인데,[137] 육체적이거나 육체적이지 않든 적대자와 겨뤄 싸우는 '싸움'(fighting)의 의미로 쓰인다. 우리의 싸움은 '피와 살'(사람과 같이 몸을 입은 존재에 대한 비유)에 대한 것이 아니다. 즉, 물리적인 도구를 사용해서 물리적으로 싸우는 그런 싸움이 아니란 뜻이다. 11절에서 '하나님의 전신갑주'를 입어야 하는 이유가 된다. 사람의 도구로, 사람의 완력으로 되는 싸움이 아니기 때문이다.

"통치자들과 권세들과 이 어둠의 세상 주관자들과 하늘에 있는 악한 영들에 대한 것이기"(ἀλλὰ πρὸς τὰς ἀρχάς, πρὸς τὰς ἐξουσίας, πρὸς τοὺς κοσμοκράτορας τοῦ σκότους τούτου, πρὸς τὰ πνευματικὰ τῆς πονηρίας ἐν τοῖς ἐπουρανίοις): "통치자들"(ἀρχάι)은 '머리가 되는 존재들'(heads, rulers)란 뜻이다. "권세들"(ἐξουσίαι)은 '권세'(authorities) 또는 '능력'(powers)에 대한 말이다. "세상 주관자들"(κοσμοκράτορες)은 세상에 영향을 주고 그 흐름에 주도적인 역할(lordship)을 하는 존재란 뜻이다. "악한 영들"(τὰ πνευματικὰ τῆς πονηρίας)은 그들이 영적 존재가 된다는 점과 그들의 성향이 악하다는 점을 함께 강조한다. 이들은 모두 육체적 존재가 아닌, 영적 존재들이다. 구체적으로 이들이 어떤 존재들을 지칭하는지 우리는 알지 못한다. 우두머리 역할을 하고("통치자들"), 특별한 힘이 있고("권세들"), 세상을 어둡게 하는 데 강력한 영향을 미치고("어둠의 세상 주관자들"), 그들 자체가 악할 뿐 아니라 악한 역할을 하는 하늘의 영들(τὰ πνευματικὰ τῆς πονηρίας ἐν τοῖς ἐπουρανίοις, "하늘에 있는 악한 영들")이다.[138]

2. 우리의 싸움이 영적인 것을 강조하기 위해, "피와 살"과 그 외의 여러 타입의 영적 존재들을 대조하고 있다. 특히 이들 영적 존재들을 각기 그 특성에 따라 여러 가지로 구분해 준다.

"피와 살"과 여러 특징 있는 "악한 영들"과의 대조와 그들에 대한 상세한 구분은 '우리'가 어떤 존재와 싸움을 하고 있는 상태인지 자각하게 하고, 그들 악한 영들의 힘과 영향력이 얼마나 큰지 알려줘서, 우리로 하여금 제대로 준비해야 한다는 점을 강조하고자 했다.

13절

1. “그러므로”(διὰ τοῦτο): 또는 “이 때문에”(for this reason)는 12절의 우리의 싸움이 영적인 싸움이고 또한 그 대상이 하늘의 강력한 악의 영들이라는 점에서 지체하지 말고 해야 할 것을 하라는 뜻이다.

“하나님의 전신갑주를 취하라(ἀναλάβετε τὴν πανοπλίαν τοῦ θεοῦ): “취하라”는 11절의 “입으라”의 동의어이다. 다만, “입으라”가 ‘전신갑주를 장착하라’는 뉘앙스라면, “취하라”는 결단력 있고 능동적으로 그 전신갑주를 찾아 입을 것을 말하는 느낌을 준다. 취해야 할 것은 역시 “하나님의 전신갑주”이다.

“악한 날에 능히 대적할 수 있고 … 위해서이다”(ἵνα δυνηθῆτε ἀντιστῆναι ἐν τῇ ἡμέρᾳ τῇ πονηρᾷ): 전신갑주를 취해야 하는 이유를 말씀한다. “악한 날에”(ἐν τῇ ἡμέρᾳ τῇ πονηρᾷ)란 말은 시대적으로(말세의) 악한 때를 뜻하는 말로 이해된다. 또는 ‘어려운 상태(poor condition)에 있는 날’일 수도 있다. 그 어떤 때라도 악한 영들과 ‘능히 대적할 수 있게’(ἵνα δυνηθῆτε ἀντιστῆναι) 하기 위한 것이다. 마귀를 대적할 때, 승리를 얻을 수 있다(약4:7). 대적해 싸워 이기기 위해 ‘하나님의 전신갑주’를 입는 일이 필수적이다.

“또 모든 것을 이룬 후에 설 수 있기”(καὶ ἅπαντα κατεργασάμενοι στῆναι): ‘모든 것을 이루는 것’은 우리의 마지막 전투의 승리를 뜻하는 것으로 이해된다. ‘그런 이후라도 부족함 없이 설 수 있기 위해서’라는 말이다. ‘모든 전쟁과 전투가 끝나고서도 여전히 승리자로 남아 있기 위해서’ 그리해야 한다는 뜻이다.

2. ‘하나님의 전신갑주’에 대한 비슷한 말씀이 11절과 13절에 나온다. “입으라”와 “취하라”는 비슷한 의미를 가진다. 또한 두 구절 모두 목적절이 나온다. ‘대항하여 설 수 있게’(11절), ‘대적하고 끝난 후에도 설 수 있게’(13절)이다.

<table>
<tr><td rowspan="2">11절</td><td>a</td><td>전신갑주를 입으라.</td><td>전신갑주를 취하라.</td><td>a'</td><td rowspan="2">13절</td></tr>
<tr><td>b</td><td>마귀의 간계를 대적하여 설 수 있게</td><td>악한 날에 대적할 수 있게,
이룬 후에 설 수 있게</td><td>b'</td></tr>
</table>

11절과 13절의 반복된 강조는 이 두 구절을 병행법 내의 짝을 맞추기 위한 것이면서 동시에 그 내용의 중요성을 중복 강조하는 목적을 가진다. ‘하나님의 전신갑주’를 취해 입지 않으면 안 되는 이유에 대해서도 반복 강조했다.

단락 해석

1. 바울의 마지막 권면은 그들이 '강해질 것'에 대한 것이다. 주 안에서, 그의 능력으로 강해질 것을 원하셨다(10절). 그렇게 강해져야 하는 이유, 그것도 하나님의 능력으로 강해져야 하는 것은 우리 싸움(씨름)이 어둠의 세력, 하늘의 악한 영적 세력과의 싸움이기 때문이다(12절). 그러므로 주 안에서 강해져야 하고, 그래서 그의 힘의 능력으로 강해져야 이 싸움을 해낼 수 있다. 혈과 육을 가진 사람과의 싸움이 아니라, 영적인 그룹(그것도 거대하고 막강한)과의 싸움이란 점은 우리의 관점을 어디에 두어야 하는지 말해준다.

2. 그의 능력으로 강해지기 위해 해야 할 일은 하나님의 전신갑주로 무장하는 일이다(11절, 13절). 그래서 "입으라"(11절), "취하라"(13절) 하셨다. '하나님의 전신갑주'는 완전무장, 그것도 하나님의 것으로 하는 무장을 뜻한다. 그 목적은 첫째, 마귀의 간계에 대응하여 설 수 있기 위한 것이다(11절). 둘째, 악한 날에 마귀를 대적할 수 있고, 다 이룬(승리한) 후에도 설 수 있기 위한 것이다(13절). 다시 말해, 마귀의 속임에 대응할 수 있고, 그 어떤 상황에도 마귀를 대적할 수 있고, 또 모든 싸움이 마친 후에도 설 수 있기 위한 것이다.[139]

메시지

1. **그의 능력으로 강해질 것:** 바울은 마지막으로 하나님의 신적 능력으로 강해질 것을 명하신다. '주 안에서', '그의 힘의 능력으로' 강해져야 한다는 것은 우리 인간의 힘으로 할 수 있는 싸움이 아니기 때문이다. 인간 자신을 의지해서 할 수 없다. 하나님의 힘이 필요한 싸움이다. 그 싸움이 보이는 세계, 보이는 사람과의 싸움이 아니라, 보이지 않는 세계, 보이지 않는 영적 존재와의 싸움이기 때문이다. 이 영적 존재들은 우리 인간과 비교할 때, 엄청난 힘을 가진 하늘의 존재이다. 그들은 어둠의 영들이고 악한 영들이다. 그래서 하나님의 힘으로 해야 하고, 그래서 주 안에서 그 싸움을 싸워나가야 한다.

2. **하나님의 전신갑주:** 하나님께 속한 것으로 몸 전체를 무장하는 것이 '하나님의 전신갑주'이다. 이를 '입으라', '취하라' 한 것은 우리가 자원해서 이를 얻고자 해야 한다는 뜻이다. '하나님의 전신갑주'를 취하지 않고 우리는 영적인 싸움을 싸울 수 없다. '강함'(10절)은 무장만 하면 다 이뤄지는 것이 아니다. 마음과

자세가 중요하기 때문이다. 그러나 무장함이 없이 강해질 수도 없다. 방어용 도구와 공격용 무기가 없이 싸울 수 없다. 마귀의 간교를 대적해서 굳게 서 있기 위해 이 전신갑주가 필요하다(11절). 또 그 어떤 상황, 비록 마지막 때, 그 '악한 날'이라 해도 계속 대적할 수 있으려면 이 무장이 불가피하다. 특히 이 싸움을 다 싸운 후에도 승리를 누리기 위해서라도 하나님의 전신갑주의 무장이 꼭 필요하다.

Ⅱ. 14-17절, 하나님의 전신갑주

구문 배열

14

στῆτε οὖν
그러므로 서라 Stand (firm) therefore,

περιζωσάμενοι
동이고/띠를 띠고 having girded

τὴν ὀσφὺν
허리를/에 loins

ὑμῶν
너희 your

ἐν ἀληθείᾳ
진리로 in truth

καὶ ἐνδυσάμενοι
입고/부착하고 and having put on

τὸν θώρακα
흉배를 the breastplate

τῆς δικαιοσύνης
의의 of righteousness

15

καὶ ὑποδησάμενοι
신고 and having shod

τοὺς πόδας
발에 (your) feet

ἐν ἑτοιμασίᾳ
준비된 것으로/준비로
in readiness

τοῦ εὐαγγελίου
복음의 of the gospel

τῆς
εἰρήνης,
평화/평안의
of peace

16

ἐν πᾶσιν
모든 것에 In all things

ἀναλαβόντες
가지고 taking

τὸν θυρεὸν
방패를 the shield

τῆς πίστεως,
믿음의 of faith

ἐν ᾧ
그것으로 with which

δυνήσεσθε
능히 ~ 수 있는 you will be able

πάντα τὰ βέλη
모든 ~ 화살을
all the ~ arrows/ darts

τοῦ πονηροῦ
악한 자의
of the evil one

[τὰ]
πεπυρωμένα
불 붙은/불의
flaming

σβέσαι·
끌/소멸할 to quench

17

καὶ τὴν περικεφαλαίαν
투구와 And ~ the helmet

τοῦ σωτηρίου
구원의 of salvation

δέξασθε
취하라 take

καὶ τὴν μάχαιραν
검을 and the sword

τοῦ πνεύματος,
영(성령)의 of the Spirit,

ὅ ἐστιν
즉, ~인 which is

ῥῆμα

	말씀~ the word θεοῦ. 하나님의 of God

직역

1. 14. 그러므로 서라. 진리로 너희 허리를 동이고 의의 흉배를 부착하고, 15. 평화의 복음의 준비된 것으로 발에 신고, 16. 모든 것에 믿음의 방패를 가지고 그리하라. 그 방패로 너희는 악한 자의 불화살을 능히 끌 수 있을 것이다. 17. 구원의 투구와 성령의 검, 곧 하나님의 말씀을 취하라.

2. 14. Stand therefore, having girded your loins in truth, and having put on the breastplate of righteousness, 15. and having shod your feet in readiness of the gospel of peace, 16. in all things, taking the shield of faith, with which you will be able to quench all the flaming arrows of the evil one. 17. And take the helmet of salvation and the sword of the Spirit, which is the word of God.

구성/문체

1. 14-17절은 14-15절, 16절, 17절, 이렇게 작은 세 부분으로 나뉜다. 14절-15절은 "서라"에 걸리는 세 개의 분사 구문이 같은 형식으로 배열된 부분이다. 모두 부정과거수동형 분사들("동이고", "입고", 신고")이 먼저 나오고 목적어들("너희 허리를", "의의 흉배를", "발에…")이 등장한다. 반면에 16절에서 형식이 조금 바뀌었고("모든 것에"가 먼저 등장), 문장도 더 길어졌다. 17절은 새로운 명령법 동사("취하라")가 등장하는 문장이다. 그렇다면, 처음 세 가지(허리띠, 흉배, 신발)를 먼저 강조하고, 그 다음 한 가지(방패)의 작용을 비중 있게 강조한 후, 마지막으로 두 가지(투구와 검)를 강조한 것이다.

2. 이등분도 가능하다. 14-16절은 명령법 동사("서라")와 관련된 네 개의 분사로 된 부분이다. 네 개의 분사에 하나씩 내용이 담긴다('허리를 동임', '흉배를 장착함', '발에 신을 신음', '방패를 가짐'). 그리고 17절에 다른 명령법 동사("취하라")에는 분사가 없고 직접 두 개의 내용이 담긴다("구원의 투구", "성령의 검"). 이럴 때 전자는 기본적으로 준비할 네 가지(허리띠, 흉배, 신발, 방패)를 말하는 것이고, 후자는 마지막 준비할 두 가지(투구, 검)를 가리키는 것이 된다.

절별 해석

14절

1. "그러므로 서라"(στῆτε οὖν): 11절과 13절에 "설 수 있게"란 말이 반복되었다. 그렇게 설 수 있게 하나님의 전신갑주를 취할 것을 명령했다. "그러므로"는 그런 뜻이다. 다시 "서라"(στῆτε)는 부정과거 명령법을 사용하고 있는데 전신갑주를 입는 것이 곧 '서는 일'이다. 따라서 '서라'는 곧 '입으라'는 말이 될 수 있다. 또한 그렇게 입고 흔들림 없이 '서라'는 뜻도 된다.

"진리로 너희 허리를 동이고"(περιζωσάμενοι τὴν ὀσφὺν ὑμῶν ἐν ἀληθείᾳ): 허리띠를 띠는 것은 이스라엘이 유월절에 출애굽을 준비하며 허리에 띠를 띠고 발에 신을 신고 지팡이를 잡고 급히 먹으면서 준비한 것(출12:11)처럼 그 다음 단계로 나아가기 위한 준비의 첫 발걸음이다. 종이 식탁에서 주인을 섬기려 할 때, 허리띠를 동이고 그 준비를 하는 것과 같다(눅12:35, 17:8). 여기서 "진리"(ἀλήθεια)는 '교리적 진리'(doctrinal truth)이기 보다는 '진실함과 순수함', '거짓이 없는 진실'(4:25; 5:9)을 말하는 것으로 이해된다. '복음'(15절)과 '말씀'(17절)이 따로 등장하기 때문이다.

"의의 흉배를 부착하고(καὶ ἐνδυσάμενοι τὸν θώρακα τῆς δικαιοσύνης): "흉배"(θώραξ)는 로마 군인이 심장과 폐와 가슴을 보호하기 위해 부착하는 것이다. 목에서 배꼽까지 걸쳐 부착하게 되어 있다. 주로 앞을 보호하기 위한 목적이지만, 앞과 뒤 양쪽으로 된 흉배도 함께 사용되고 있었다. "의의(τῆς δικαιοσύνης) 흉배"는 '의로움'(righteousness)의 흉배로, 하나님의 의롭다 하심을 받은 '칭의'(justification)와 주 안에서의 '의로운 삶'(righteous life)을 함께 말씀하는 것(4:24-31; 5:3-14)일 수 있다.

2. "서라"라는 명령법 동사에 두 분사(부정과거) 구문, "동이고"(περιζωσάμενοι), "입고"(ἐνδυσάμενοι)를 쓰고 있다. 이런 분사 형태는 16절까지 이어진다. 이들 분사 구문의 내용들은 군인이 무장하는 준비 단계를 하나씩 열거한 것이다.

두 개의 부정과거 분사는 군인이 하나씩 무장해 나가며 전투에 대해 준비해 가는 모습을 그리고 있다. 허리띠와 흉배는 시작하는 단계의 무장이고, 흥미롭게도 둘 다 그리스도인의 거룩한 삶과 관련이 있다.

15절

1. “평화의 복음의 준비된 것으로 발에 신고”(καὶ ὑποδησάμενοι τοὺς πόδας ἐν ἑτοιμασίᾳ τοῦ εὐαγγελίου τῆς εἰρήνης): “평화의 복음”(τὸ εὐαγγελίον τῆς εἰρήνης)은 ‘평화를 이루시는 그리스도의 복음’(2:13-18)을 가리킨다. 그리스도께서 우리를 하나님과 화평하게 하시고, 또한 사람과 사람의 평화를 이루셨다. 이를 위해 모든 비용을 지불하셨다. “준비된 것으로”(ἐν ἑτοιμασίᾳ)는 이런 모든 일(평화의 일)이 완료된 것을 의미한다. 이것은 이 복음을 ‘전할 준비가 되었다’는 뜻이라기 보다는 이러한 복음의 결과가 ‘이미 이뤄진(준비된) 상태’란 뜻으로 이해된다. “준비된 것”(ἑτοιμασία)은 ‘이미 준비된 상태’(the condition so far forth as prepared, preparedness or equipment, Thayer)를 말한다. 그 준비는 그리스도께서 이미 하신 일이다. ‘준비된 것을 발에 신는다는 것’은 이미 이뤄진 평화의 복음을 기반으로 무장한다는 뜻이다. 발에 신는 신은 발과 몸을 보호하고 전투에서 신속히 이동하기 위한 것이다. 그리스도의 평화의 복음으로 이미 이루신 것을 우리 무장의 기초(토대, 신발)로 삼는 것이다. 이 평화는 이미 이루신 것이면서 동시에 우리가 계속 이뤄가야 할 삶이기도 하다(4:1-3, 13-16; 4:32-5:2; 5:21-6:9).

2. 15절의 분사(부정과거)는 14절에 이어 세 번째로 등장하는 것이다. 14-15절의 세 개의 분사는 비슷한 패턴으로 쓰여있다. 진리의 허리띠나, 의의 흉배나, 평화의 복음의 신은 모두 두 가지 측면이 있다. 하나는 하나님께서 그리스도 안에서 이루신 것이라는 면, 또 하나는 우리가 말씀대로 그같이 살아야 하는 면이다. 하나님의 하신 일과 우리의 할 일이 함께 하는 일이다.

16절

1. “모든 것에 믿음의 방패를 가지고 그리하라”(ἐν πᾶσιν ἀναλαβόντες τὸν θυρεὸν τῆς πίστεως): “모든 것에”(ἐν πᾶσιν)는 앞의 세 가지 준비를 가리키는 말이다. ‘그 세 가지에 더하여’. ‘그 세 가지 일을 할 때에 더 필요한 것은’이라 할 수 있다. “믿음의 방패”(ὁ θυρεὸς τῆς πίστεως)는 하나님에 대한 견고한 믿음, 또 하나님께서 하실 것이라는 믿음을 가리킨다. 모든 준비에 이 같은 믿음이 더해져야 하는 것은 필수적이다. 삶과 믿음은 불가분리이기 때문이다. “가지고”(ἀναλαβόντες)는 ‘취하는 것’, ‘차지하는 것’(to take up)이다. 믿음, 하나님에 대해 신뢰하는 일에

적극적인 자세를 취할 것을 말한다.

"그 방패로 너희는 악한 자의 불화살을 능히 끌 수 있을 것이다"(ἐν ᾧ δυνήσεσθε πάντα τὰ βέλη τοῦ πονηροῦ [τὰ] πεπυρωμένα σβέσαι): "악한 자"(ὁ πονηρός)는 마귀를 가리킨다(11절). "불화살"(τὰ βέλη [τὰ] πεπυρωμένα)은 '불이 붙은 화살(들)'(the flaming arrows)이다. 마귀가 공격하는 화살은 단순한 화살이 아니라, 불이 붙어 더 위협적인 화살과 같다는 것이다. 이 "믿음의 방패"를 가진 자들은 그런 화살이라도 '끌 수'(δυνήσεσθε σβέσαι) 있다. 이 방패로 방어할 때 그 같은 화살도 아무런 힘을 쓸 수 없게 꺼지고 만다는 뜻이다.

2. 16절은 14절의 명령법 동사 "서라"에 걸리는 네 번째 분사(부정과거)라는 점에서, 앞의 세 개의 분사들과 공통점이 있지만, 앞 부분에 "모든 것에"란 어구를 쓰면서 이제까지의 것들과 형식이 다소 달라진다. 특히 이 "믿음의 방패"가 무엇을 하는 도구인지 설명하는 부분이 있다는 점도 이제까지와는 다른 요소이다.

이 "믿음의 방패"는 앞의 세 가지('허리띠', '흉배', '신발')와 다음과 같은 점에서 다르다. 첫째, 앞의 세 가지는 각기 준비(허리띠), 보호(흉배), 이동(신발)을 위한 것이라면, "믿음의 방패"는 적극적인 '방어용 무기'(defending weapon)이다. 이를 활용해서 막고 심지어 단순한 공격까지 해낼 수 있는 무기이다. 둘째, 앞의 세 가지는 모두 하나님의 하신 일과 '우리' 성도들이 해내야 할 삶과 관련이 있다면, 이 방패는 하나님에 대한 '우리'의 믿음에 대한 것이다. 조금 다른 영역의 내용이다.

17절

1. "구원의 투구와 … 취하라"(καὶ τὴν περικεφαλαίαν τοῦ σωτηρίου δέξασθε): "구원의 투구"(ἡ περικεφαλαία τοῦ σωτηρίου)는 하나님이 이루신 구원이 머리에 쓰는 투구(helmet)가 된다는 점을 가리킨다. '투구'는 앞의 '흉배'(14절)와 같이 몸을 보호하는 도구이다. 그런데 왜 다섯 번째에 등장할까? 더군다나 마지막 공격용 무기와 함께 등장할까? 첫째, 투구를 쓰는 것이 완전 무장의 마지막 단계의 준비에 속하기 때문일 것이다. 투구를 쓰면 전투에 나갈 준비가 된 것이다. 둘째, '구원의 투구'는 이미 받은 구원(과거)에 그치는 것이 아니라, 계속된 구원(현재),

최종적인 구원(미래)을 함께 뜻하는 것(살전5:8, "구원의 소망의 투구")일 수 있다. 그렇다면 이 구원의 투구는 하나님께서 그 어떤 어려운 상황에서도 건져내실(구원해 내실) 것이라는 사실로 무장하는 것이다. 따라서 이 투구는 '흉배'보다 바로 직전의 '믿음의 방패'와 더 가까운 개념이다.

"성령의 검, 곧 하나님의 말씀을"(καὶ τὴν μάχαιραν τοῦ πνεύματος, ὅ ἐστιν ῥῆμα θεοῦ): "성령의 검"(ἡ μάχαιρα τοῦ πνεύματος)은 성령께서 직접 함께 하시는 도구로 공격용 무기가 된다. 여기서 '검'(μάχαιρα)은 본래 로마 군인이 쓰는 '양날의 검'이다. 한 손에 큰 방패를 들고 다른 손에 이 검을 들고 싸움에 임한다. 방패로 일단 진압한 상태에서 검을 들어 찌르거나 베거나 친다. 이 공격용 무기는 "하나님의 말씀"(ῥῆμα θεοῦ)으로 소개된다. 살아 있고 그 어떤 폐부도 찔러 쪼갤 수 있는 이 하나님의 말씀(히4:12)은 적극적인 공격을 가능하게 한다. 그리스도께서 말씀으로 사탄의 시험을 이기셨던 것처럼(마4:1-11), '우리'도 말씀으로 사탄을 대적해 이길 수 있다.

2. 14절의 명령법 "서라"와 관련된 앞의 것(허리띠, 흉배, 신발, 방패)과 달리, 새로운 명령법 "취하라"(δέξασθε, 부정과거)가 따로 쓰였다는 점이 주목된다. 이 "취하라"에 '구원의 투구'와 '성령의 검'이 둘 다 목적어로 걸린다. 14-16절의 마지막에 있는 "믿음의 방패"에 대해 설명이 달렸던 것처럼(16b절), 17절의 마지막 부분인 "성령의 검"에도 설명이 달린다.

14-16절의 네 개가 묶이고 17절의 두 개가 묶인다. 14-16절의 네 가지 내용(허리띠, 흉배, 신발, 방패)은 기본적인 준비를 말하고 17절의 두 가지 내용(투구와 검)은 마지막 장비이다. 투구를 쓰고 검을 들면 전투에 나가게 된다(그런 점에서 방패도 그와 같을 수 있다). 따라서 본문은 방어용 장비와 공격용 무기로 나눈 것이 아니라, 기본적 준비(무장)와 최종적 준비(무장)로 나눈 것으로 이해된다.

단락 해석

1. 14절의 "서라"에 해당되는 네 개의 준비(허리띠, 흉배, 신발, 방패)는 군인이 무장하는 기본 단계를 가리키는 것이다. 첫째, '진리로 허리띠를 동이는 것'이다. 허리띠를 동이는 것은 행동에 나서기 위해 옷 매무새를 정리하는 의미가 있다. 갑옷 속의 옷이 견고히 동이게 될 때 그 다음의 행동에 나설 준비가 된 것이다.

여기서 '진리'는 진실함과 진성성을 가리키는 말로 이해하는 것이 좋다. 둘째, '의의 흉배를 부착하는 것'이다. 허리띠로 동여맨 옷 위에 심장과 가슴을 보호할 흉배를 붙인다. '의의 흉배'는 그리스도의 피로 죄 사함을 받아 의롭다 함을 입은 일과 거룩한 삶(4:24; 5:9)이 된다. 셋째, '평화의 복음의 준비된 신'을 신는다. '평화의 복음'은 그리스도의 복음으로 하나님과의 평화와 서로간(형제들과)의 평화가 함께 이뤄지게 한다(2:13-18). 평화의 복음을 전하는 자의 모습(사52:7; 롬10:15)을 가리키는 것으로 이해된다.[140] 그런데 '신을 신는 준비'라는 점에서 평화의 복음을 전하려는 의지 보다는, 이 '평화의 복음'의 견고함이 영적 무장의 기초(하층 기반)에 있다고 보는 것이 좋겠다. 넷째, '믿음의 방패'를 가지는 것이다. 기본적인 무장의 마지막은 '믿음의 방패'이다. 몸 전체를 보호할 수 있는 로마 군인의 방패는 방어용 무기의 완결편이다. 하나님과 그리스도에 대한 바른 신앙은 이런 방패의 역할을 한다(살전5:8). 불화살과 같은 마귀의 공격을 방어하게 한다.

2. 기본적인 무장 준비가 된 후에, 마지막 두 가지를 남겨놓는다. 그것은 첫째, '구원의 투구'를 쓰는 것이다. 이 부분이 마지막 준비라는 측면에서 볼 때, '구원의 투구'는 개인 구원의 확신에 제한되지 않는다. 우리의 싸움을 이기게 지원하시는 '하나님의 구원'이고 언제든지 난관에 처할 때 그 구원의 손길로 건져내시는 '하나님의 구원'이라 할 수 있다(사59:17). 둘째, 마지막은 공격용 무기로, '성령의 검'이다. '성령의 검', '성령께서 함께 하시는 검'이라는 뜻이 되는데, '하나님의 말씀'이라 했다. 성령께서 하나님의 말씀에 역사하셔서 기록하게 하셨고 또한 그 말씀의 사용에 함께 하시기 때문이다. 하나님의 말씀은 가장 강력한 공격용 무기가 된다.

메시지

1. **기본이 되는 네 가지 무장:** 전투에 참여하는 군인에게 필요한 것은 싸움의 준비, 즉 무장하는 것이다. "서라"는 것은 군인이 싸움에 임할 때, 흔들림 없는, 임전무퇴의 자세를 가지고 준비하는 것을 말한다. 이와 함께 네 가지 기본 무장에 대해 바울은 말씀한다. 첫째, 허리띠를 동이는 것이다. 진리의 허리띠는 진실하고 순전한 마음으로 영적 전투에 임해야 하는 정신자세를 가리킨다. 둘째,

흉배를 부착하는 것이다. '의의 흉배'는 하나님의 의롭다 하심을 얻고 그와 함께 의롭고 거룩한 삶을 사는 것이 기반이 되야 한다는 뜻이다. 셋째, 평화의 복음의 신을 신는 것이다. 평화의 복음은 그리스도께서 하나님과 우리, 그리고 우리 서로의 평화를 이뤄내는 복음이다. 이 복음이 무장의 초석이 된다. 넷째, 믿음의 방패를 갖는 것이다. 따라서 하나님과 주님에 대한 바르고 굳은 믿음이 이 기본 단계의 무장의 마지막 부분이다.

2. **마지막 두 가지 무장:** 이제는 전투에 곧 나갈 수 있게 하는 마지막 준비이다. 두 가지의 무장이 요구된다. 구원의 투구를 쓰는 것이다. 이 구원은 하나님의 구원을 말한다. 하나님의 구원이 있었고(과거, '구원하셨고'), 지금도 있고(현재, '구원하시고'), 또한 있을 것이다(미래, '구원하실 것이다'). 마지막은 공격용 무기, 성령의 검, 즉 말씀의 검을 취하는 것이다. 말씀의 검은 강력한 승리용 무기이다.

Ⅲ. 18-20절, 깨어 기도하라.

구문 배열

18
διὰ πάσης
모든 ~로 With all
προσευχῆς
기도와 prayer
καὶ δεήσεως
간구~ and supplication
προσευχόμενοι
기도하고 praying
ἐν παντὶ καιρῷ
모든 때에/항상 at all times
ἐν πνεύματι,
영(성령) 안에서 in the Spirit
καὶ εἰς αὐτὸ
이를 위하여 and to that end
ἀγρυπνοῦντες
깨어 있으면서(있으라) being alert/ watchfull
ἐν πάσῃ
항상/모든 with all
προσκαρτερήσει
인내와 perseverance
καὶ δεήσει
간구로 and supplication
περὶ πάντων
τῶν ἁγίων
모든 성도를 위하여
for all saints

19
καὶ ὑπὲρ ἐμοῦ,
또 나를 위하여 And for me,
ἵνα
~도록 that
μοι
내게 to me
δοθῇ
주시고/주사 may be given
λόγος
말씀을 utterance
ἐν ἀνοίξει
여는 일에/열게 to open
τοῦ στόματός
입을 mouth
μου,
내 my
ἐν παρρησίᾳ
담대하게 with boldness
γνωρίσαι
알릴 수 있~ to make known
τὸ μυστήριον
비밀을 the mystery
τοῦ εὐαγγελίου,
복음의 of the gospel

20
ὑπὲρ οὗ
이 일을 위하여 for which

	πρεσβεύω 나는 ~ 사신이다 I am an ambassador ἐν ἁλύσει, 사슬에 매인/묶인 in chains ἵνα ~ 위해 so that ἐν αὐτῷ 이 일에 in this matter παρρησιάσωμαι 담대하게 말하기 ~ I may speak boldly ὡς δεῖ 마땅히 ~해야 할 것을 as ~ ought με 내가 I ~ λαλῆσαι. 말~ to speak

직역

1. 18. 모든 기도와 간구로, 항상 성령 안에서 기도하고, 모든 인내와 모든 성도를 위한 간구로 깨어 있으라. 19. 또 나를 위해서는, 내 입을 열게 말씀을 내게 주시기를, 그래서 담대하게 복음의 비밀을 알릴 수 있게 하시기를 구하라. 20. 나는 이 일을 위하여 사슬에 매인 사신이다. 이 일에 내가 말해야 할 것을 담대히 말하기 위해서이다.

2. 18. With all prayer and supplication pray at all times in the Spirit, and to that end, be alert with all perseverance and supplication for all saints. 19. And for me, pray that utterance may be given to me to open my mouth, thus to make known with boldness the mystery of the gospel, 20. for which I am an ambassador in chains, so that I may speak boldly in this matter, as I ought to speak.

구성/문체

1. 18-20절은 두 부분으로 되어 있다. 첫째는 18절이다. 두 개의 분사 구문("기도하고", "깨어 있으면서")이다. 기도하고 깨어 있는 것은 '기도로 깨어 있는 것'이다. '기도하다'와 '깨어 있다'가 비슷한 내용을 반복, 강조하기 위해 사용된다.

그 다음 부분이 19-20절이다. 이 부분은 비슷한 내용을 두 번 반복하는, 병행법적 구성(abcd-a'b'c'd')을 가진다. 병행법적 구성을 알려주기 위한 표시는 첫 부분의 비슷한 전치사구 형식(ὑπὲρ ἐμοῦ와 ὑπὲρ σοῦ)이다. 그 외는 내용과 주제가 병행한다.

19절	a	나를 위하여(ὑπὲρ ἐμοῦ)	이 일을 위하여(ὑπὲρ οὗ)	a'	20절
	b	내게 말씀을 주시도록	나는 사슬에 매인 사신이다.	b'	
	c	내 입을 여는 일에, 담대하게	이 일에 담대하게 말하기 위해	c'	
	d	복음의 비밀을 알릴 수 있게	내가 마땅히 말해야 할 것을	d'	

2. 바울에게 말씀을 주시는 것(b)과 그가 사신(메신저)이 된 것(b')은 깊은 관계가 있다. 바울의 입이 담대히 열릴 때(c), 그가 담대하게 말할 수 있다(c'). 또한 그가 마땅히 말해야 할 것(d')은 곧 그가 담대하게 알려야 할 '복음의 비밀'(d)이다. 19절은 바울을 위하여("나를 위하여", a) 기도해 주길(비밀을 제대로 전할 수 있게) 바라는 내용이고, 20절은 바울 자신이 해야 할 것(비밀을 전하는 것)을 하겠다는 의지의 표현이다.

절별 해석

18절

1. "모든 기도와 간구로"(Διὰ πάσης προσευχῆς καὶ δεήσεως): "기도"(προσευχή)는 '기도'의 일반적인 용어이다. 반면에 '간구'(δέησις)는 '요청'(request), '간청'(supplication, entreaty)의 의미를 가진다. 이 두 단어의 사용은 서로 다른 뜻을 구분하고자 한 것이 아니고 기도 자체를 강조하기 위한 이중적 표현이다. "모든"이란 말을 써서 더욱 기도에 진력할 것을 말했다. '할 수 있는 대로 모든 기도를 통해'란 뜻이다.

"항상 성령 안에서 기도하고"(προσευχόμενοι ἐν παντὶ καιρῷ ἐν πνεύματι): 현재분사 "기도하고"(προσευχόμενοι)는 "모든 기도와 간구로"와 함께 지속적인 기도 생활을 말한다. "항상"(ἐν παντὶ καιρῷ)은 '모든 때에', 즉 '어떤 때에든지'를 말한다. "성령 안에서"(ἐν πνεύματι)는 기도 생활이 성령과 밀접한 관련이 있음이 전제된 말이다. 성도의 기도에 성령이 함께 하기 때문이다. 기도는 '성령의 충만'(5:18)과 분리될 수 없다.

"이를 위해 깨어 있으라"(καὶ εἰς αὐτὸ ἀγρυπνοῦντες): "이를 위해"는 기도하는 생활, 즉 '모든 기도와 간구로 항상 기도하는 일'을 가리킨다. 이 기도 생활을 위해

‘깨어 있는 것’이 필요하다. “깨어 있으라”(ἀγρυπνοῦντες)는 “기도하고”에 이어 두 번째 현재분사이다. ‘깨어있다’(ἀγρυπνέω)는 말은 본래 ‘잠자지 않고’(sleepless) ‘깨어 있는’(wakeful, awake) 상태를 가리킨다. 기도하기 위해 ‘깨어 있으라’는 말은 문자 그대로의 뜻(예, ‘잠만 자지 말고 기도하라’)과 기도할 수 있게 ‘정신 차려 집중하라’는 의미가 있겠다.

“모든 인내와 모든 성도를 위한 간구로”(ἐν πάσῃ προσκαρτερήσει καὶ δεήσει περὶ πάντων τῶν ἁγίων): “인내”(προσκαρτέρησις)는 '오래 참음’(perseverance, patience)을 뜻한다. ‘어떤 것에 끈질기게 집중한다’(persist obstinately in; give constant attention to)는 뜻의 단어(προς-καρτερέω)의 명사형이다. “모든”은 “인내”와 “간구” 둘 다에 걸린다. 즉, ‘모든 인내’와 ‘모든 간구’로 하라는 것이다. 여기서 “간구”는 “모든 성도를 위한/～에 관한”(περὶ πάντων τῶν ἁγίων) 간구이다.

2. “기도하고”와 “깨어 있으라/있으면서”가 동일한 현재분사형을 취한다. 즉, 두 가지 동작을 요구하고 있는 부분이다. 그러나 이 둘은 서로 보완 관계에 있다. ‘기도를 위해 깨어 있는 것’과 ‘깨어 기도하는 것’을 모두 말한다.

‘기도와 간구’에 ‘모든’을 붙인 것처럼, ‘인내와 간구’에도 ‘모든’을 붙였다. 즉 할 수 있는 모든 것을 다하라는 뜻이 된다. ‘기도하는 것’과 ‘깨어 있는 것’이 구분할 수 없는 것이고 서로 보완해서 이해해야 하는 것이라면, ‘기도와 간구’, 그리고 ‘인내와 간구’도 그렇게 합쳐서 이해하면 좋을 것이다. 기도하는 일에 그 모든 기도와 간구의 노력이 필요하고, 깨어 있는 일에 모든 간구와 함께 모든 인내가 필요하다. 그러므로 기도에 깨어 있는 일에는 모든 기도의 노력과 지속적인 인내의 노력이 필요하다.

19절

1. “또 나를 위해서는 … 구하라”(καὶ ὑπὲρ ἐμοῦ): 기도에 깨어 있을 것을 권면한 바울은 “나를 위해서”(ὑπὲρ ἐμοῦ)라는 말로 19절을 시작한다. 19절에 “구하라”는 말은 본래 없지만, 그 의미가 기도해 달라는 의미로 이해할 수 있다. “모든 성도를 위한 간구”(18절)에 자신을 위한 간구를 포함해 줄 것을 기대하고 있다.

“내 입을 열게 말씀을 내게 주시기를”(ἵνα μοι δοθῇ λόγος ἐν ἀνοίξει τοῦ στόματός μου): 또는 “말씀을 내게 주셔서 내 입을 열 수 있게”로 번역할 수 있다. “말씀을 내게 주시기를"(ἵνα μοι δοθῇ λόγος)에서 바울은 자신이 말씀을 전하는 사도의 역할을 제대로 감당할 수 있으려면, 하나님께서 말씀을 주시지 않으면 안 된다는 사실을 강조하는 것이다. 말씀이 '자신에게'("내게", μοι) '주어져야'(δοθῇ, 수동), 말씀을 전할 수 있다는 것은 하나님의 말씀을 전하는 일이 전적으로 하나님에 의해 진행되어야 한다는 사실을 말씀하고 있는 것이다. 그런 기다림과 겸비한 마음은 바람직한 말씀 사역자의 자세이다. "내 입을 열게"(ἐν ἀνοίξει τοῦ στόματός μου)는 '내 입을 여는 일에'이다. 바울의 입을 열어 말씀을 전하고 증거하는 일에 하나님의 말씀이 주어질 것을 기도하고 있다.

"그래서 담대하게 복음의 비밀을 알릴 수 있게 하시기를"(ἐν παρρησίᾳ γνωρίσαι τὸ μυστήριον τοῦ εὐαγγελίου): 하나님의 말씀이 주어질 때, 그 입을 열어 담대하게 알릴 수 있게 될 것이다. "복음의 비밀"(τὸ μυστήριον τοῦ εὐαγγελίου)은 그리스도의 복음의 성격이 신비로운 것이기 때문이다. 이 복음은 개인 구원뿐 아니라, 교회를 통한 하나님의 경륜의 성취도 포함된다(3:2-12).

2. 바울은 자신을 위한 기도의 요청을 덧붙이고 있다. 성도들의 영적 전투와 기도의 진력에 자신을 위한 기도를 덧붙여 요청하는 바울의 태도는 그의 영적 싸움, 그의 영적 사역에 기도가 얼마나 중요한지 알게 해준다.

19절은 최소한 두 가지를 강조한다. 첫째, 사도 바울과 같이 말씀 전파에 뛰어난 분도 하나님께서 그의 말씀을 주셔야 하는 일이 먼저 필요했다. 둘째, 사도 바울 같은 분도 기도의 협력이 필요했다. 성도의 기도가 얼마나 중요한지 알려 주는 부분이다.

20절

1. "이 일을 위하여"(ὑπὲρ οὗ): "이 일"은 복음의 비밀을 알리는 일이다. 바울은 그 일을 위해 자신이 무엇을 했는지 말하고 있다.

"나는 … 사슬에 매인 사신이다"(πρεσβεύω ἐν ἁλύσει): 바울은 그 복음의 비밀을 위해 사슬에 매인 자가 되었음을 말해준다(3:1, 13). 비록 사슬에 매여(ἐν ἁλύσει) 옥에 있지만, 그는 당당히 '나는 사신이다'(πρεσβεύω)고 선언한다. 즉 '대사'(ambassador)란 것이다. 본래 이 단어는 '나이가 많다, 장로이다'(be older, or the elder), 또는 '첫 번째 자리를 가진다'(take the first place)의 뜻도 있다. 그러나 여기서는

'사신이다'의 뜻으로 쓰였다.

"이 일에 내가 말해야 할 것을 담대히 말하기 위해서이다"(ἵνα ἐν αὐτῷ παρρησιάσωμαι ὡς δεῖ με λαλῆσαι): "이 일에"(ἐν αὐτῷ)는 '그가 사신의 역할을 하는 일에'를 말한다. "내가 말해야 할 것을/대로"(ὡς δεῖ με λαλῆσαι)은 바울의 말씀 전파의 사명을 가리킨다. 19절의 '복음의 비밀'이 바로 그가 말해야 할 것이다(3:7-9). "담대히 말하다"(παρρησιάζομαι)는 '자유롭고 두려움 없이 말하는 것'(to speak freely, fearlessly)이다. 바울은 그같이 말하기 위해, 또 말하다가 기꺼이 사슬에 매인 자 되었다. 사슬에 매였으나 그는 자신의 사신 됨을 철저히 자각한다.

2. 19절과 20절은 병행법을 구성한다("구성/문체" 참조). 19절의 기도에 대한 요청과 20절의 사역에 대한 그의 헌신은 함께 조화를 이룬다. 바울은 이 구절들을 통해 결국 첫째, 기도 없는 사역이 없다는 점, 둘째, 기도와 함께 담대한 사역이 필요하다는 점, 셋째, 맡은 사역의 소임을 다하기 위해서는 그 어떤 비용도 지불할 수 있고 그 비용이 아깝지 않다는 점을 말하고 있다.

단락 해석

1. 18절의 기도하며 깨어 있는 것은 영적 전투에 임하는 우리 그리스도인들에게 가장 필요한 일이다. 이런 기도와 깨어 있음이 없이는 영적 전투에서 승리할 수 없다. 기도할 것을 말씀하는 18절에는 기도에 대한 여러 가지 내용이 반복돼 나온다. "모든 기도와 간구로", "때마다", "영(성령) 안에서", 즉 늘 기도하고 기도에 힘 쓸 것을 강조한다. 깨어 있으라는 말씀에도 여러 가지 말씀으로 덧붙여 강조한다. "이를 위하여"('기도하는 일을 위하여'), "모든 인내와 모든 성도를 위한 간구로" 등이다. 즉 깨어 있는 기도, 기도에 깨어 있는 자세를 말씀한 것이다. 영적 전투에 임하는 철저한 자세가 요구됐다.

2. 19-20절은 바울을 위해 기도를 요청하는 부분(19절)과 자신이 어떤 역할을 하는지 밝히는 부분(20절)으로 되어 있다. 20절의 역할을 잘 감당할 수 있도록 19절의 기도를 요청하고 있다. 그의 역할(20절)은 복음을 담대히 전하는 사신(메신저)의 역할이다. 그 일을 위해 그는 사슬에 매여 있으나 그럼에도 여전히 복음 전파의 사역을 잘 감당할 수 있기를 간절히 원한다. 그래서 바울은

성도들에게 그의 역할을 잘 감당할 수 있게 계속해서 기도해 달라고 요청한다(19절).

메시지

1. **기도에 깨어 있기:** 늘 기도하고 모든 일에 기도하며, 인내하는 자세를 갖고, 성도들 위하는 마음으로 계속 깨어 기도하는 것은 쉬운 일이 아니다. 그러나 바울은 이러한 기도의 모습이 하늘의 영적 전투를 하고 있는 우리에게 필요하다고 말씀한다.

2. **기도의 요청:** 바울은 자기 자신 맡겨진 일, 복음 전파의 사명을 이루기 위해 최선을 다한다. 사슬에 매여 감옥에 갇힌 것도 개의치 않는 분이다(3:1, 13). 그러한 그도 그를 위해 기도해줄 것을 성도들에게 부탁한다. 기도의 힘을 알기 때문이다. 기도의 힘이 필요하다고 판단하고 있기 때문이다.

해석 종합

1. 바울의 마지막 권면은 성도들이 영적 전투를 싸우라는 것이다.[141] 이를 위해 강해질 것과 하나님의 전신갑주로 무장할 것을 명한다. 하나님의 경륜에 참여하는 하나님의 아들들로 하나된 교회의 사역을 감당해 나가는 '우리'는 진실되고 사랑하고 빛이 되는 삶과 더불어 서로에 대해 마땅히 '복종'할 것이 있었다. 그와 함께 자각해야 할 것은 '우리'가 영적 전투를 하고 있다는 사실이다. 사탄은 우리가 하나님을 따라 순조롭게 그의 뜻을 이뤄나가는 것을 원치 않는다. 방해하고 훼방한다. 따라서 이런 영적 존재들과 영적 전투를 하고 있다는 생각을 하지 않고 안이하게 나아간다면 승리하기 어려울 것이다. 이런 영적 전투에 승리하기 위해 마땅히 준비할 것이 있다는 점을 말씀한 것이다.

2. 하나님의 전신갑주를 입기 전에 먼저, 이 싸움이 하늘의 영적 세력, 어둠의 권세들과의 싸움이라는 점을 인식해야 한다(12절). 따라서 하나님의 힘, 그의 능력으로 주 안에서 강해져야 한다는 점을 알아야 한다(10절). 그 능력으로 강하기 위해서는 먼저 말씀("강하라"는 명령)대로 승리의 의지와 정신을 가져야 한다. 그리고 그와 함께 승리의 도구를 취해야 한다. 그것은 '하나님의 전신갑주'이다. 이 전신갑주는 그 어떤 때라도 마귀의 간계를 대적할 수 있게 하고(11절, 13절),

특히 승리를 얻은 후라도 서 있기 위한 것(13절)이다.

3. 하나님의 전신갑주는 여섯 개로 구성된다. 처음 네 가지는 기본적인 준비 단계이다. 첫째, 진리로 허리띠를 동여 맨다. 둘째, 의의 흉배를 부착한다. 셋째, 평화의 복음의 신을 신는다. 넷째, 믿음의 방패를 가진다.[142] 이 네 가지는 가장 기본적인 준비 내용이 된다. 그 다음 두 가지는 바로 전쟁에 나갈 자세(마지막 준비)를 취하는 것이다. 첫째, 구원의 투구를 쓴다. 둘째, 성령의 검을 취한다. 앞의 네 가지가 기본적인 준비라면, 뒤의 두 가지는 최종적 준비이다. 이렇게 무장되면 준비된 것이다. 개인적으로, 그리고 교회 사역을 위해 싸울 수 있다.[143]

4. 개인이든, 교회로든 치열한 영적 전투에 임할 때, 잊지 말아야 할 최종적 도구는 기도이다.[144] 깨어 기도하는 것, 항상 기도하고, 모든 일에 기도하는 이런 기도는 매우 강력한 영적 무기이자, 이것이 있어야 완성이 되는 마지막 도구이다. 사슬에 묶여 감옥에 있으면서 조금도 흔들림 없는 바울 자신도 이 기도의 힘이 필요했다. 이 기도는 이렇게 서로를 지원할 수 있는 강력한 영적 자원(sources)이다.

6:21-24, 마지막 인사

전체 구조

1. 본문은 21-22절과 23-24절로 나뉜다. 21-22절은 바울이 두기고를 보내는 일과 관련된 마지막 말이고, 23-24절은 독자들에 대한 마지막 기원(인사)이다.

2. 이 단락은 에베소서의 첫 부분 1:1-2과 시작-마지막의 짝(inclusio)을 이룬다. 1:1의 바울 자신의 소개와 상대에 대한 인정 부분이 21-22절에서 두기고에 대한 소개로 전환되었고, 1:2의 첫 기원(祈願)은 23-24절의 마지막 기원으로 마무리된다.

1:1	a	바울의 자기 소개	
1:2		b	은혜와 평화의 기원
6:21-22	a'	바울의 두기고 소개	
6:23-24		b'	평화와 사랑-믿음과 은혜의 기원

Ⅰ. 21-22절, 두기고에 대한 추천

구문 배열

21	22
Ἵνα δὲ ~ 위하여 But that εἰδῆτε 알기 ~ may know καὶ ὑμεῖς 너희도 you also τὰ κατ᾽ ἐμέ, 나에 대한 것들을 my affairs τί πράσσω, 무엇을 내가 행하는지 how I am doing πάντα 모든 것을 ~ everything γνωρίσει 알게 할 것이다 will make ~ known ὑμῖν 너희에게 to you Τυχικὸς 두기고가 Tychicus ὁ ~인 the ἀγαπητὸς ἀδελφὸς 사랑하는 형제와 beloved brother καὶ πιστὸς διάκονος	ὃν ~ 사람 whom ἔπεμψα 내가 보낸 I have sent πρὸς ὑμᾶς 너희에게 to you εἰς αὐτὸ τοῦτο, 바로 이 일을 위해서 for this very purpose ἵνα ~ 위해 that γνῶτε 너희로 알게 하기 ~ you may know τὰ περὶ ἡμῶν 우리에 대한 것들을 about us/ our affairs καὶ παρακαλέσῃ 또한 위로하기 위해 and that he may comfort τὰς καρδίας 마음(들)을 hearts ὑμῶν. 너희 your

신실한 일꾼/섬기는 자~ and faithful minister/ servant ἐν κυρίῳ, 주 안에서 in the Lords	

직역

1. 21. 나에 대한 것들, 즉 내가 무엇을 행하는지를 너희도 알게 하려고, 두기고가 너희에게 모든 것을 알려 줄 것이다. 그는 주 안에서 사랑하는 형제와 신실한 일꾼이다. 22. 바로 이 일을 위해서 내가 너희에게 보낸 사람이다. 너희로 우리에 대한 것들을 알게 하고 너희 마음을 위로하기 위해서이다.

2. 21. But that you also may know my affairs, how I am doing, Tychicus will make you known everything. He is the beloved brother and faithful servant in the Lord. 22. I have sent him to you for this very purpose, that you may know about us and that he may comfort your hearts.

구성/문체

1. 두기고에 대한 말인 21-22절은 작게 네 부분으로 나눌 수 있다. 첫째, Ἵνα-절로 시작하는 첫 부분이다(21a절). 두기고가 그들에게 바울에 대한 것을 알릴 것이라고 쓰고 있다. 둘째, 또 다른 ἵνα-절이 마지막에 나온다(22b절). 두기고가 그들로 바울 그룹('우리')에 대한 것을 알게 하고 그들의 마음을 위로하기 위한다는 말이 기록된다. 이 두 부분의 공통점은 (1) ἵνα-절로 시작한다; (2) 핵심 동사가 두 개씩이고 그 내용이 비슷하다(21a절, '알도록', "알게 할 것이다"; 22b절, '알도록', '위로하도록'). 하나는 2인칭복수(21a절, '알도록'; 22b절의 '알도록'), 또 하나는 3인칭단수(21a절, '알게 할 것이다'; 22b절, '위로하도록')로 각각 쓰인다.

2. 셋째, 중간에 있는 두 부분(21b절과 22a절) 역시 서로 비슷하다. (1) 둘 다 두기고에 대해 설명한다. (2) 시작할 때 비슷한 발음을 갖는 단어(관사 ὁ와 관계대명사 ὃν)로 시작한다. (3) 분량도 비슷하다.

3. 따라서 21a절과 22b절이 짝을 이루고, 21b절과 22a절이 짝을 이루는 역교차 형식의 글이다.

21a절	a	알도록(2복), 알게 할 것이다(3단)	알도록(2복), 위로하도록(3단)	a'	22b절
21b절	b	사랑하는 형제, 신실한 일꾼 (2) 주 안에서 (1)	내가 보낸 사람 (1) 너희에게, 이 일을 위해 (2)	b'	22a절

절별 해석

21절

1. "너희도 알게 하려고"(Ἵνα δὲ εἰδῆτε καὶ ὑμεῖς): 바울은 독자들이 알게 되길 원한 것이 있었다. "너희도"(καὶ ὑμεῖς)라 한 것은 다른 이들처럼 '에베소서를 읽게 되는 독자들도' 알게 되길 바란다는 뜻이다. '너희' 외에 두기고를 통해 바울의 소식을 듣게 된 다른 이들이 골로새서의 독자들(골4:7-8)을 말하는 것인지는 분명하지 않다.

"나에 대한 것들, 즉 내가 무엇을 행하는지를"(τὰ κατ' ἐμέ, τί πράσσω): 그들이 알게 되길 바라는 것은 바울에 대한 것들이었다. 그가 무엇을 행하는지에 대한 소식을 알려주고자 했다. 이를 통해 바울은 독자들과 좀더 친밀하게 동반자의식(partnership)을 함께 누리기를 원하고 있다.

"두기고가 너희에게 모든 것을 알려 줄 것이다"(πάντα γνωρίσει ὑμῖν Τύχικος): 두기고는 골로새서를 보낼 때도 전령 역할을 했던 인물(골4:7-8)이다. 그는 바울의 3차 선교 여행에 함께 한 바울의 동역자(행20:4)였다. 그는 바울의 사역 말기에 신실하게 함께 한 자(딛3:12; 딤후4:12)이기도 했다. 두기고가 전령으로 바울에 대한 모든 것을 알려 줄 것이라 말해준다.

"그는 주 안에서 사랑하는 형제와 신실한 일꾼이다"(ὁ ἀγαπητὸς ἀδελφὸς καὶ πιστὸς διάκονος ἐν κυρίῳ): 바울은 그를 천거하며 두기고가 '사랑하는 형제'(ὁ ἀγαπητὸς ἀδελφὸς)와 '신실한 일꾼'(πιστὸς διάκονος)임을 말해준다. "사랑하는 형제"는 그에 대한 바울의 사랑과 형제 같이 여기는 마음을 읽게 한다. "신실한 일꾼"은 말 그대로 '믿을 수 있는, 신뢰할 수 있는' 일꾼이라는 말이다. "일꾼"이라 번역된 단어(διάκονος)는 '섬기는 자'를 뜻한다. 바울도 자신을 가리켜 '일꾼'이라 했다(3:7). 섬김을 베푸는 자, 즉 섬기는 자이다. 주님 자신이 '섬기기 위해'(διακονῆσαι) 왔다고 하셨다(마20:28). 주님께서 제자들에게 그들이 '섬기는 자'(διάκονος)가 되라 하셨을 때 바로 이 단어를 사용하셨다. 바울은 두기고가 '주 안에서' 이같이 사랑하는 형제와 신실한 일꾼(섬기는 자)임을 소개한다.

2. 21절은 두 부분으로 나뉜다. 첫째, '너희가 알게 되기 위해', '나에 대한 모든 것', '두기고가 알게 할 것이다' 부분이다. 21a절의 어구의 순서는 '너희가 알게 될 것'은 '나에 대한 모든 것'이다. 그런데 '너희가 알게 하기 위해', '두기고가 모든 것을 너희에게 알게 할 것'이다. 다시 정리하면, 두기고가 너희에게 알게 해서 너희가 알게 될 것이다. 그것은 바로 나에 대한 모든 것이다.

두기고에 대한 부분(21b절)은 바울이 그를 천거하는 내용이다. 에베소서의 수신자들이 두기고를 환대하고 그가 전해준 바울에 대한 소식을 잘 듣도록 하기 위해서 그의 장점과 좋은 점을 말해준다.

22절

1. "내가 너희에게 보낸 사람이다"(ὃν ἔπεμψα πρὸς ὑμᾶς): 바울이 그들에게 보낸 사람임을 강조한다. 바울이 신뢰하고 있고 그래서 그를 대신해 보낸 그의 전령이 누군지 말한 것이다. '바울이 그들에게 보낸 사람'이므로 그에 대해 신뢰하는 말이기도 하다.

"바로 이 일을 위하여"(εἰς αὐτὸ τοῦτο): "바로 이 일"(αὐτὸ τοῦτο)은 22b절의 두 가지 내용(ἵνα-절)을 가리킨다. 또한 21a절에서 이미 말한 내용(ἵνα-절)이기도 하다.

"너희로 우리에 대한 것들을 알게 하고"(ἵνα γνῶτε τὰ περὶ ἡμῶν): 첫째는 '바울팀에 대한 것들'을 알게 하는 것이다. 21a절은 바울 개인에 초점을 두었다면, 이 부분은 바울팀('우리')에 그 초점을 둔다. 그러나 21a절의 내용이 사실상 반복되고 있는 부분이다.

"너희 마음을 위로하기 위해서이다"(καὶ παρακαλέσῃ τὰς καρδίας ὑμῶν): 둘째는 "너희의 마음"(τὰς καρδίας ὑμῶν)을 위로하기 위한 것이다. 바울과 그 팀의 소식을 듣고 마음의 '위안과 위로'(comfort, encourage)를 얻게 하려 한다는 뜻이다. 이 부분이 21a절의 것에 더 추가된 내용이다.

2. 22a절도 두기고에 대한 바울의 천거가 계속되는 부분이다. 21b절이 그의 장점과 그에 대한 바울의 신뢰를 말해주는 내용이라면, 22a절은 그의 역할에 대해 분명히 말해주는 부분이다. 또한 22b절은 두기고가 보냄 받은 두 가지 목적을 알려준다. 하나는 알려주는 것이고, 또 하나는 위로하는 것이다.

두기고의 일은 성령의 사역과 닮은 점이 있다(요14:16-17, 26).

두기고를 소개하는 글, 21b절과 22a절이 중간에 있고, 이를 감싸고 있는 것이 두기고가 할 일, 특히 바울에 대한 것을 알리는 일에 대해 말해준다(21a절, 22b절). 따라서 이 부분에 역교차가 성립된다("구성/문체" 참조).

단락 해석

1. 바울은 두기고를 소아시아 지역으로 보내고자 한다. 이와 관련해서 21-22절은 두 가지 내용을 담고 있다. 첫째, 두기고가 가서 할 일이 두 가지로 제시된다. (1) 소아시아 지역의 성도들에게 바울(바울팀)의 상황을 알려, 그들('너희')로 그에 대한 것들을 알게 하려는 것(21a절, 22b절)이다. (2) 그렇게 알게 됨을 통해 그들의 마음이 위로를 받기 위한 것(22b절)이다.

2. 둘째, 바울은 두기고가 어떤 사람인지 강조한다. (1) 그는 주 안에서 사랑하는 형제이고 신실한 일꾼이다. 바울은 그에 대한 사랑("사랑하는 형제")과 신뢰("신실한 일꾼")를 표명하고 있다. (2) 그리고 바울은 바울팀과 관련된 사항을 그들에게 알리는 일을 위해 그를 보낼 것이라 말한다. 이것은 두기고의 역할을 분명히 해주는 부분이다.

3. 바울의 이러한 추천은 두기고로 하여금 소아시아 지역에 가서 그의 역할(전령과 위로자)을 잘 감당하게 하는 데 중요했을 것이다.

메시지

1. **두기고의 역할:** 바울의 사역에 동역자들의 역할이 매우 중요했다. 바울 한 사람으로는 그의 사역을 다 감당할 수 없었을 것이다. 두기고와 같은 신실한 일꾼은 바울의 사역에 많은 도움을 주었을 것이다(골4:7-8). 이 말씀을 통해 알게 되는 두기고의 역할은 전령의 역할이다. 바울의 편지와 함께 그와 그 팀의 소식을 교회들에게 전해주고 바울 사도를 대신하여 그들을 위로하는 역할을 감당하는 자였다. 그뿐 아니라, 그는 바울이 필요한 곳에는 어디든 갈 수 있게 준비된 자였다(딛3:12; 딤후4:12). 바울은 이런 이들의 도움을 받아, 그의 사역에서 그의 시간적, 물리적 한계를 극복할 수 있었다.

2. **추천, 사랑과 신뢰:** 바울이 두기고를 보내면서 그에 대한 사랑과 신뢰를

보여준다. 그리고 그의 역할에 대해 명료하게 소개하고 있다. 두기고가 전령으로서 그 역할을 감당하는 데 힘이 됐을 것이 분명하다.

Ⅱ. 23-24절, 마지막 인사

구문 배열

23	24
Εἰρήνη 평화와 Peace be τοῖς ἀδελφοῖς 형제들에게 to the brothers καὶ ἀγάπη 사랑이 (있기를) and love μετὰ πίστεως 믿음과 함께 with faith ἀπὸ ~로부터 from θεοῦ πατρὸς 하나님 아버지와 God the Father καὶ κυρίου Ἰησοῦ Χριστοῦ. 주 예수 그리스도~ and the Lord Jesus Christ	ἡ χάρις 은혜가(있기를) Grace be μετὰ πάντων τῶν ἀγαπώντων 사랑하는 모든 이들과 함께 with all who love τὸν κύριον 주 Lord ἡμῶν 우리 our Ἰησοῦν Χριστὸν 예수 그리스도를 Jesus Christ ἐν ἀφθαρσίᾳ. 변함 없이 in immortality/ incorruptibility

직역

1. 23. 하나님 아버지와 주 예수 그리스도로부터 평화와 믿음과 함께 한 사랑이 있기를. 24. 은혜가 변함 없이 우리 주 예수 그리스도를 사랑하는 모든 이들과 함께 있기를.

2. 23. Peace to the brothers, and love with faith from God the Father and the Lord Jesus Christ. 24. Grace be with all who love our Lord Jesus Christ in incorruptibility.

구성/문체

1. 마지막 기원을 담은 23-24절은 '평화와 사랑'을 기원하는 23절과 '은혜'를 기원하는 24절로 나뉜다.

2. 흥미롭게도 23절에 '평화'와 '사랑'(특히 '믿음과 함께 한 사랑')이 있는데, 24절에도 '은혜'와 '사랑'("우리 주 예수 그리스도를 변함 '사랑'하는 모든 자"에서)이 있다.

어떻게 보면, 23절의 '믿음과 함께 한 사랑'은 24절의 '그리스도에 대한 사랑'과 상관성이 있다. 그렇다고 해서 23절의 '사랑'이 그리스도에 대한 사랑만을 가리키는 것은 아닐 것이다. 그럼에도 불구하고 23절의 사랑과 24절의 사랑은 밀접성이 있다.

3. 만일 우리가 이 두 '사랑'(23절과 24절)의 공통점을 인정한다면, 흥미롭게도 23절과 24절의 기원문에서 나온 그 외의 것은 23절의 '평화'와 24절의 '은혜'가 된다. 이 '평화와 은혜'는 1:1-2의 인사말에 나온 그 '은혜와 평화'이다. 다시 말해, 바울은 1:2의 '은혜와 평화'를 다시 가져오되, 여기서는 그 순서를 바꿔, '평화와 은혜'로 기원하고 있고, 그 위에 사랑과 믿음을 덧붙이고 있는 것이다.

절별 해석

23절

1. "평화와 믿음과 함께 한 사랑이 형제들에게 있기를"(Εἰρήνη τοῖς ἀδελφοῖς καὶ ἀγάπη μετὰ πίστεως): "평화"(Εἰρήνη)는 에베소서의 중요한 주제였다. 그리스도 자신이 '평화'이셨다(2:14). 서로 화평할 수 없는 이들을 하나로 만들어 평화 관계를 이루고, 또한 이들을 하나님과 화평하게 하셨다(2:15, 18). 그래서 그의 복음을 '평화의 복음'이라고 한다(6:15). "사랑"(ἀγάπη)이 더 추가된다. '사랑'은 하나님의 속성으로 에베소서에서 자주 소개된다(1:4; 2:4; 3:17-18; 5:1-2). "믿음과 함께 한 사랑"(ἀγάπη μετὰ πίστεως)은 '사랑'에 '믿음'이 함께 필요하다는 것 또는 '믿음과 사랑'이 함께 가야 한다는 것이다. 사랑과 믿음이 함께 소개된 부분은 1:15과 3:17이다. 바울은 '평화'와 '믿음의 사랑'이 사랑하는 "형제들에게" (τοῖς ἀδελφοῖς) 있기를 기원한다.

"하나님 아버지와 주 예수 그리스도로부터"(ἀπὸ θεοῦ πατρὸς καὶ κυρίου Ἰησοῦ Χριστοῦ): 이 표현은 1:2의 것("우리 하나님 아버지와 주 예수 그리스도로부터")과 '우리'(ἡμῶν)가 빠진 것 외에는 똑같다. '평화'와 '사랑', 그리고 '믿음'이 모두 아버지 하나님과 주 예수 그리스도로부터 주어진다는 말씀이다. "하나님 아버지와 주 예수 그리스도로부터"가 23a절의 '평화', '믿음과 함께 하는 사랑'에 걸리면서, 동시에 24a절의 '은혜'에도 걸린다. 그 중간에 놓여 있기 때문이다.

2. 1:2의 인사말과 비교할 때 달라진 것은 첫째, '평화'가 먼저 등장한 것이다.

'은혜 – 평화 – 평화 – 은혜' 순이 된 것이다. 둘째, 평화와 은혜 중간에 '믿음과 함께 한 사랑'이 추가된 것이다. 셋째, "우리 하나님 아버지와 주 예수 그리스도로부터"에서 "우리"가 빠졌다.

바울은 시작한 인사말과 기원(1:1-2)과 연계해서 마지막 인사말과 기원을 해주길 원한다. 앞의 '은혜와 평화'를 '평화와 은혜'로 순서를 바꾸고 그 위에 '믿음과 함께 한 사랑'을 더 추가한다. '믿음과 사랑'이 평화와 은혜의 결과란 점에서 의미 있는 결론이 된다.

24절

1. "은혜가 있기를"(ἡ χάρις): 이 마지막 인사말에서는 이렇게 '은혜'가 마지막 기원이 된다. 결국 기원에 있어서는 '은혜'로 시작해서(1:2), '은혜'로 마친 것이다(6:24).

"우리 주 예수 그리스도를 사랑하는 모든 자에게"(μετὰ πάντων τῶν ἀγαπώντων τὸν κύριον ἡμῶν Ἰησοῦν Χριστὸν): 23절의 "형제들"이 24절에서는 좀더 부연해서 묘사된다. "우리 주 예수 그리스도를 사랑하는 모든 자"는 23절의 '하나님 아버지와 주 예수 그리스도로부터' 오는 사랑을 받고 사랑으로 반응하는 자들이다.[145] 그들에 대한 바울의 특별한 사랑의 마음을 느낄 수 있다.

"변함 없이"(ἐν ἀφθαρσίᾳ): '불변'(ἀφθαρσία)이라는 단어는 '부패하지 않는 것'(incorruptibility), '불변한 것'(immortality)을 뜻한다. 전치사 ἐν과 함께 쓸 때, '불변하게', '변함 없이'가 된 것이다. 그들 '형제들'이 예수 그리스도를 변함 없이 사랑하고 있음을 말해준다.

2. 24절에 은혜와 사랑이 나왔다. 23절과 사랑이 공통되고, 23절의 평화와 은혜는 본래 1:2의 인사말의 반복이다. 특히 수신자들인 '형제들'을 고무하는 표현, "우리 주 예수 그리스도를 변함 없이 사랑하는 모든 자들"이 마지막 어구로 강조되며 쓰인다.

은혜에서 은혜로 마치는 것은 이 은혜가 그만큼 중요하기 때문일 것이다. 또는 은혜가 모든 것을 에워싸는(시작과 마지막이란 점에서도) 역할을 한다는 뜻일 수 있다. 특히 시작할 때의 기원이 서신을 마치면서도 여전히 유효하다는, 즉 언제나 이 은혜와 평화가 필요하다는 말씀이기도 하다.

단락 해석

1. 23-24절의 마지막 기원문은 기본적으로 1:2의 기원('은혜와 평화')의 재차 반복하는 의미를 가진다. 특징을 보면, 첫째, '은혜와 평화'에서 '평화와 은혜'로 바뀐다. 일종의 역교차 구성이라 할 수 있다. 그러나 기본적으로 '은혜와 평화'의 개념이 그대로 가고 있다. 이 두 가지 개념이 무엇보다 중요하기 때문이다. 둘째, 여기에 '사랑과 믿음'의 개념이 추가된다. 사랑과 믿음은 '사랑, 그리고 믿음'(병렬)일 수도 있고, 또는 '주 예수에 대한 사랑, 즉 믿음'(주님에 대한 수직적 사랑이 곧 믿음임)일 수도 있다. 어느 쪽으로 해석해도 좋을 것 같고, 혹은 이 둘을 합쳐서 해석해도 가능할 것이라 생각한다. 에베소서의 주제와 모두 관련이 있기 때문이다.

메시지

1. **평화, 은혜, 그리고 사랑:** 이 세 가지 단어는 모두 하나님과의 관계에서 시작해서 사람(형제)과의 관계로 진행되는 특징을 가진다. 하나님과의 평화와 사람과의 평화, 이 둘이 함께 해야 하고, 하나님의 은혜를 받을 때, 또한 우리가 받은 은혜를 나눌 수 있게 되며, 주님에 대한 신실한 사랑('믿음과 함께 하는 사랑')이 서로에 대한 신실한 사랑으로 나타나야 하는 것 또한 당연하다. 이 세 가지는 우리에게 언제나 필요하다. 그리고 모두 하나님 아버지로부터, 그리고 주 예수 그리스도로부터 와야 할 것들이다.

해석 종합

1. 마지막 인사 부분은 두 가지 점에서 바울의 첫 인사 부분과 짝을 이룬다. 첫째, 바울의 자기 소개("바울, 하나님의 뜻으로 그리스도 예수의 사도")와 독자에 대한 언급("[에베소에] 있는 거룩한 이들", "그리스도 예수 안에 있는 신실한 자들")은 21-22절의 두기고의 소개와 상관이 있다. 첫 인사(1:1)에서 이같이 자신과 상대에 대한 바른 정체성(identities)을 제시했던 바울은 마지막 부분에서 두기고가 어떤 존재이고("사랑하는 형제", "신실한 일꾼"), 어떤 역할을 감당하는지('이 일을 위해 내가 보낸', '너희에게 알릴 것이다', '너희 마음을 위로하게') 말하고 있다.

2. 기원 부분은 첫 기원(1:2)과 마지막 기원(23-24절)은 놀랍도록 비슷한 부분이 반복된다. 차이가 있는 부분은 '은혜와 평화'에서 '평화와 은혜'의 순서로

바뀌었다는 점, 그 위에 '믿음을 함께 한 사랑'을 덧붙이고 있다는 점, 특히 이와 관련된 '주님에 대해 변함 없는 사랑'에 대해 강조하고 있다는 점이다. 바울은 이렇게 시작하는 인사말과 조화를 이루면서 마지막 인사말을 마치고 있다.

미주

1) '성도'의 의미에 대한 논의는 Exell, *Ephesians*, 1을 참조하라.
2) 3-14절이 하나의 복합 문장으로 된 것에 대해, Barth는 "턱 없이 길고 분량도 많은 투박한 문장"(One infinitely long, heavy and clumsy sentence)이라 생각했지만, Robbins는 헬라와 로마 수사학자들이 이런 식의 글을 수사적인 목적으로 쓴다는 점을 알려준다. Barth, *Ephesians 1-3*, 77; Robbins, "The Composition of Eph 1:3-14," 677-687.
3) 구조가 시적이고 병행법적 구성이 되어 있다고 하지만 학자들이 어떻게 어구들이 그룹화 되는지는 동의하지 않았다. Boice and Wood, *Galatians, Ephesians*, 125; Chapell이 "The Father's Purpose", 7-10, "The Son's Mission", 11-14, "The Spirit's Assurance"로 본 것은 제대로 구조를 파악하지 못했기 때문이다. Chapell, *Ephesians*, 17, 32, 44; Martin, *Ephesians, Colossians, and Philemon*, 13-20. 특히 Patzia는 번역하면서 헬라어의 문체적, 사상적 특성이 사라졌다고 주장한다. Patzia, *Ephesians*, 148.
4) 다만, 이 때 문제가 되는 것은 14절 마지막 어구인 "그의 영광의 찬양을 위해"의 존속이다. 이 부분은 오히려 12절의 "그의 영광의 찬양이 되게"와 연계된다고 판단되기 때문이다. 좀더 자세한 논의는 13-14절의 "구성/문체"를 참조하라.
5) 하늘의 복은 이스라엘이 받았던 '지상적 복'과 대조된다. Van Ryn, *Ephesians*, 13. 엡은 이미 받은 복을 말하고 있고, 벧전 1:3은 미래적 복을 말한다. Van Ryn, *Ephesians*, 14.
6) 3절의 중요성에 대해, Newman은 3-14절의 핵심적 요약으로 볼 뿐 아니라 1-3장 전체의 요약, 더 나아가 에베소서 전체의 중심 사상(leitmotif)으로 본다. Newman, "*Ephesians* 1:3-A Primer to Paul's Grammar of God," 89.
7) Newman이 하나님의 택함과 예정에 대한 단락을 4-6a절로 본 것은 적절한 것이다. Newman, "Election and Predestination in Ephesians 1:4-6a," 237.
8) Crawford는 3-4절의 택함과 예정이 어떤 점에서 '개인 선택과 구원'에 대한 말씀으로 보아야 하는지를 본문에 대한 철저한 주해를 통해 적절히 드러냈다. 그는 이 구절들을 '개인(individual) 선택'의 의미보다는 그룹적(corporate) 선택이라 해석하는 Robinson, Best, Shank, Klein의 견해에 반대한다. Crawford, "Ephesians 1:3-4 and the Nature of Election," 75-91. Cf. Robinson, *The Body*; Best, *One Body in Christ*; Shank, *Elect in the Son*; Klein, *The New Chosen People*.
9) Newman는 구약 어디에도 이스라엘의 선택이 "창세 전에" 이뤄졌다는 구절이 없다는 점에 주목한다. 그리스도를 통한 하나님의 특별한 택함이 창세 전에 존재한 것이다. Newman, "Election and

Predestination," 239. 이와 반대로 Grider는 '현세적 예정'(temporal predestination)을 주장하지만 그 근거나 제안에 동의할 수 없다. Grider, "Predestination as Temporal Only," 56-64.

10) Newman이 '택함'과 '예정'의 동의적 표현을 이해하지 못하고 '예정'을 십자가와 부활에 바로 연계한 것은 안타까운 일이다. Newman, "Election and Predestination," 241-242.

11) 한글 개역이 "그의 은혜의 영광을 찬송하게 하려는 것이라"를 6b절에 놓은 것은 이런 문체적 구상을 이해하지 못한 결과이다.

12) Couch는 3-13절의 역교차를 제안한다. A(3), B(4), C(5-6), D-E(7), F(8), F-E'(9), -D'(10), C'(11-12), B'A'(13). 그의 장점은 5절(4절 대신 6절을 포함한 것은 원문에 대해 부주의 때문일 것)과 11-12절의 연계를 본 것이지만, 그의 기본적인 문제는 6b-10절의 병행적 관계에 대해 알지 못하는 것이다. 8절과 9절이 구조의 중간을 형성할 수 없다. Couch, "Blessed Be He Who Has Blessed," 216.

13) NA 27판에서처럼 이 부분이 대문자(Ἐν)로 시작하면 안 된다. 이 부분이 시작하는 부분이 아니기 때문이다. 대문자로 쓰려면 오히려 6b절과 8절의 ἧς을 대문자로 시작하게 해야 한다.

14) 한글 개역이 "모든 지혜와 총명을 넘치게 하사"로 번역했기 때문에 '은혜를 넘치게 주셨다'는 바울의 개념이 약화됐다. 관계대명사 ἧς을 "이는"으로 번역해 모호하게 처리했다.

15) '하늘'을 가리키는 두 가지 용어(3절, ἐπουράνιος; 10절, οὐρανός)는 동의적으로 쓰인다. Harris, "The Heavenlies Reconsidered: Ouranos and Epouranios in Ephesians," 73.

16) 이런 연계성을 고려하지 않게 되면 O'Brien과 같은 구조가 나온다. 4-6절을 선택과 예정에 대한 찬양, 7-8절을 구속과 죄 사함에 대한 찬양, 9-10절을 비밀-하나님의 통일-에 대한 찬양, 11-14절을 신자가 받는 기업의 확신이라 했다. O'Brien, *The Letter to the Ephesians*, 93-115.

17) NA 27판이 이 부분을 대문자로 시작한 것은 적절한 것이다. 구조에 있어 11-12절이 4-6a절과 짝을 이루고 있기 때문이다. 따라서 앞의 8-10절과 나눠지는 부분이다. "전체 구조"를 참조하라.

18) López는 11절이 '택함 받다'로 번역된 NIV를 비판하고 '기업이 되었다'로 고집한다. 그가 4-5절과 11-12절의 관계를 제대로 이해하지 못하고 있기 때문이다. López, "A Study of Pauline Passages on Inheriting the Kingdom," 449.

19) 13절과 14절이 관계대명사로 연결되어 있으므로 분리할 수 없다고 한다면, 3-14절은 전체적으로 하나의 문장이고 관계대명사와 분사구문으로 계속된 연결을 보이고 있다는 점에서 그 어느 것도 분리할 수 없을 것이다.

20) 바울 당시 소아시아 지역의 종교적 상황을 고려할 때, '성령의 인'은 성령의 힘 있는 보호라고 생각될 수 있다. 이와 관련된 시대적, 지리적 상황에 대해, Thomas, "The Seal of the Spirit and the Religious Climate of Ephesus," 155-166; Woodcock, "The Seal of the Holy Spirit," 139-163을 보라.

21) 3-14절은 유대인들이 회당에서 사용하는 '찬양 기도'(the prayer of praise) berakah와 비견된다. Keathley, "To the Praise of His Glory: Ephesians 1," 486.

22) 3-14절의 삼위일체 하나님의 사역에 대해서는 Westcott, *Saint Paul's Epistle to the Ephesians*, 131-132; Letham, "Ternary Patterns in Paul's Letter to the Ephesians," 57-69를 참조하라. 그러나 Capes가 3-6절은 성부, 7-12절은 성자, 13-14절은 성령이라고 하는 방식의 구분은 곤란하다. 왜냐면 7-12절도 성부 하나님이 주축이 되시고 3-6절도 그리스도와 관련되기 때문이다. Capes, "Interpreting Ephesians 1-3," 21. Keathley, "To the Praise of His Glory," 486도 이를 비판한다.

23) 13-14절의 성령의 '인치심과 보증되심'은 4-12절의 하나님의 '택함과 예정'에 대응하는 두 개의 배열일 가능성이 있다. 관계대명사를 쓰는 전치사구 "그 안에서"(ἐν ᾧ)가 4-12절에 두 번(7절,

11절) 사용된다. 흥미롭게도 13-14절 부분에서도 동일하게 두 번 사용된다. 이것도 4-12절과 13-14절과 짝을 맞추려는 것일 수 있다. 12절의 "그의 영광의 찬양이 되게"가 14절의 "그의 영광의 찬양이 되게"와 같다는 점도 이와 관련이 된다.

24) 15-19절과 20-23절로 나누는 전통적인 방식은 문제가 있다. 예컨대, Patzia의 "신적 깨달음을 위한 기도"(15-19절), "그리스도의 하늘에 앉으심의 결과"(20-23절)로 구분하는 것은 18b-23절의 역교차 구조에 대해 이해하지 못함으로 비롯되었다. Patzia, *Ephesians*, 163-174. Wintle and Gnanakan은 19절에서 바울이 digression 했다고 봤다. 구조를 이해하지 못했기 때문이다. Wintle and Gnanakan, *Ephesians*, 37, 81. 그것이 그들이 1:15-2:10을 하나로 묶고 2:11-22을 그 다음 단락으로 본 이유가 된다. 37-59. Mouton, *Reading a New Testament*, 61-65. Mouton은 1:22-2:22을 하나의 pericope로 보았다.

25) 따라서 19절에 나오는 세 번째 알아야 할 '무엇'에 20-23절을 다 포함하는 것 또한 바람직하지 않다. Hoehner, *Ephesians*, 253; Rosscup, "A Catalyst for the Church to Pray," 185.

26) 20-23절에 나오는 세 개의 직설법 동사, "역사하셨다", "(그 발아래) 복종하게 하셨다", "(머리로) 주셨다"의 연계성을 고려해야 한다. 그렇지 않고 Sanders나 Lincoln처럼 20절의 분사형 "일으키고"와 "앉히실 때"를 바로 22절의 직설법 동사 "복종하게 하셨다"와 "주셨다"에 연결시키는 것은 옳지 않다. Sanders, "Hymnic Elements in Ephesians 1-3," 220. Lincoln, *Ephesians*, 51-52.

27) 영적 권세에 대한 깊은 논의를 위해 다음의 책, Arnold, *Ephesians: Power and Magic*; Brannon, *The Heavenlies in Ephesians* (특히 186-198)을 참고하라. Scharlemann은 Odeberg를 인용하여 당시 신비주의적 유대인들이 가졌던 하늘의 위계(hierarchy of heaven)에 대해 소개한다. 1층, Spirits of Dominion; 2층, Overseers; 3층, Powers of the Rampart; 4층, Holy Ones; 5층, Angels of the Presence; 6층, Angels of Response; 6층, Thrones and Authorities이다. Scharlemann, "The Secret of God's Plan III," 339-340 재인용. Cf. Odeberg, *The View of the Universe in the Epistle to the Ephesians*; Benoit, "Pauline Angelology and Demonology," 1-18.

28) Robertson이 '부르심의 소망'에 대해 하나님의 비밀, 즉 통일의 계획이고 '하나 됨과 화목'의 소망이라고 언급한 것은 매우 적절하다. Robertson, ""Hope" in Ephesians 1:18," 62.

29) Zerwick은 이 단락(1-10절)을 중요하게 보고, '로마서의 짧은 서신'(the shorter epistle to the Romans)이라 불렀다. Zerwick, *The Epistle to the Ephesians*, 45.

30) Bantum은 Anselm이 1절의 '불순종'에 초점을 맞췄다면 Calvin은 '본성'에 중점을 두어, 인간의 전적 타락에 대해 강조했다고 했다. Bantum, ""To Those Who Were Distant and Those Who Were Near," 131-132. Calvin, *Institutes of Christian Religion*, 4.16.17, 1340.

31) 1절의 "불순종의 아들들"(5:6)이나 3절의 "진노의 자녀"나 동의어적 표현이다. López, "Paul's Vice List in Ephesians 5:3-5," 210.

32) Mitton이나 Crowther 같은 학자들은 8-10절을 '바울 복음의 최고의 요약'이라 생각한다. Mitton, *The Epistle to the Ephesians*, 268-269; *Ephesians*, 100; Crowther, "Works, Work and Good Works, 167, 170. Lincoln, "Ephesians 2:8-10," 617-618. 재인용.

33) 로마-헬라 문화에서의 "은혜"의 용례에 비춰 5절을 해석한 Whitlark의 "Enabling Charis: Transformation of the Convention of Reciprocity by Philo and in Ephesians," 325-357을 참고하라.

34) 개역성경에서 1:20의 ἐγείρας을 '다시 살리시고'로 번역했는데, 2:5-6의 용례를 고려할 때, '일으키시고'로 번역하는 것이 적절하다. 그래야 1:20의 하나님께서 그리스도에게 역사하실 때 사용된 두 가지 동사(부정과거 분사) '일으키시고'(ἐγείρας)와 '앉히시며'(καθίσας)가 6절의 두 개의

동사(부정과거 직설법) '함께 일으키셨다'(συνήγειρεν)와 '함께 앉히시다'(συνεκάθισεν)와 바로 연결되기 때문이다.

35) 그리스도께서 하늘에 하나님의 우편에 앉으신 일(Enthronement)과 우리가 그와 함께 하늘에 앉은 일에 대한 좀더 깊은 논의는 Penner, "The Enthronement of Christ in Ephesians,"12-19; Brannon, *The Heavenlies in Ephesians*, 158을 보라. Allen은 그리스도와 '함께' 하늘에 앉은 우리의 그리스도와의 '결속'(solidarity)에 대해 좀더 자세하게 논한다. Allen, "Exaltation and Solidarity with Christ," 103-120.

36) 하나님 자신이 그의 구원을 세계에 자랑하기 위한 것일까? 하나님 자신의 자랑을 위해 그의 자비를 드러내는 것으로 볼 수 없는 것은 하나님의 속성 자체가 자랑과 교만을 배척하기 때문이다. 8-9절이 7절을 그같이 해석하는 것을 막는다. 그리고 10절이 구원의 진정한 목표가 무엇인지 보여준다.

37) 신자의 '행위'의 중요성을 강조하기 위해 '은혜'를 '희생'(sacrifice)으로 대체한 Leigh은 1-3절과 5-6절의 의미와 연속성을 간과하는 가장 기본적인 주석상의 실수를 하고 있는 셈이다. Leigh, "A Look at Ephesians 2:8-9", 163-164.

38) Cf. Hiebert, "God's Creative Masterpiece," 116-124.

39) McMahan, "Wall Is Gone," 262-264를 참고하라.

40) MacDonald은 로마 제국의 시민권 개념으로 설명한다. 시민권이 없을 때, 로마의 정치적, 군사적 힘에서 보호되지 못한다는 점을 지적한다. MacDonald, "The Politics of Identity in Ephesians," 437-442.

41) 1세기에 이방인 교회의 교만이 커지자, 이들에 대해 예전의 그들 '이방인' 상태를 기억할 것을 촉구하는 내용이라는 Pauw의 주장이 특이하다. Pauw, "Theological Meditations on Ephesians 2:11-22," 79.

42) 14-18절이 초대 Christian hymn이라 주장이 있다. Shille, *Liturgishes Gut im Epheserbrief*. Boice and Wood, *Galatians, Epheisnas*, 140에서 인용. Boice and Wood는 이 부분이 공동체 신앙 고백이라 했다. 그러나 만일 초대교회의 찬송시라 한다면, 구조상 14-17절, 또는 13-18절이 찬송시로 구분되는 것이 맞을 것이다. Boice & Wood는 13절이 대명사 '너희'이고 14-18절이 '우리'로 된 것을 지적하고 있지만, 13-18절 중에 15-17절에는 사실상 '우리'가 없다. 또한 17절에 '너희'가 나온 것을 지나치고 있다. Boice and Wood, *Galatians, Epheisnas*, 140; Martin, "Reconciliation and Unity in Ephesians," 212.

43) 13절을 11-12절에 포함하는 이유는 일차적으로는 13-18절의 구조 때문이다. Lincoln은 11-13, 14-18, 19-22절로 구분한다. Lincoln, "The Church and Israel," 609.

44) Enns and Myers처럼 A(11-12), B(13-14a), C(14b-16), B'(17-18), A'(19-22)로 볼 수 없는 이유가 바로 13-18절이 역교차 구조이긴 하지만, 또한 13, 14-17, 18절로 나뉘기 때문이다. Enns and Myers, "Ambassadors in Chains", 9. Hoenher의 11-13, 14-18, 19-22절도 나눈 것도 13절이 14-18절과 어떤 병행적 관계인지 보지 못하기 때문이다. Hoenher, *Ephesians*, 351-352; Martin, *Ephesians, Colossians, and Philemon*, 32-38.

45) 평화는 에베소서의 가장 중요한 주제 가운데 하나이다. 바울 서신에서 44회 나오는데 로마서는 10회, 에베소서는 8회 나온다. Yorke, "Hearing the Politics of Peace in Ephesians," 116; Lincoln, *Ephesians*, 6.

46) Kirby가 13-18절, 특히 14-17절의 연속성을 보지 못하고, 11-16절과 17-22절로 나눈 것은 옳지

않다: Kirby, *Ephesians, Baptism and Pentecost*, 156-157.

47) 겔37장과 14-18절이 유사성과 병행적 관계가 있음을 지적한 Suh, "The Use of Ezekiel 37 in Ephesians 2," 715-733; Martin, *Reconciliation*, 190을 참고하라.

48) 13-16절 이해를 인종 문제의 해결에 적용한 것은 Melbourne, "Ephesians 2:13-16," 107-119이다. 역시 Fong, "Addressing the Issue of Racial Reconciliation," 565-580을 보라.

49) '외인'과 '나그네'에 대한, 로마 제국 시대의 배경적 의미와 관련하여 Dunning, "Strangers and Aliens No Longer," 5-16을 참고하라.

50) Hoch는 유대계 그리스도인과 헬라계 그리스도인들의 하나 됨을 강조하기 위해 어떻게 접두어 συμ-이 붙은 단어를 쓰고 있는지 연구했다. Hoch, "The Significance of the Syn-compounds for Jew-Gentile Relations," 175-183.

51) Turner는 그리스도로 말미암은 새로운 '인격성'(personhood)이라는 개념에 근거하여 2:11-22의 '화목'의 주제를 빌레몬과 오네시모의 경우에 적용한다. Turner, "Human Reconciliation in the New Testament," 37-47; "Approaching 'Personhood' in the New Testament," 211-233.

52) Martin은 12절과 19절을 짝짓는다. '그리스도가 없었다'(12a)- '하나님의 권속이다'(19c); '이스라엘의 시민권에서 소외됐다'(12b)-'성도들과 함께 시민 된 자이다'(19b); '약속의 언약들에 대해 외인이다'(12c)-'더 이상 외인도, 나그네도 아니다'(19a). Martin, "Reconciliation and Unity in Ephesians," 213.

53) 칼빈은 예수 그리스도만이 교회의 기초가 되신다는 점을 강조한다. 기초석이신 그리스도 없이 사도들도 선지자들도 없기 때문이다. Calvin, *Sermon on the Epistle to the Ephesians*, 220-221. 2:20에서 사도들과 선지자들에 대해 먼저 쓰고 있으나, 바울은 곧이어 그리스도 예수의 모퉁이 돌 되심을 강조하여 사도들·선지자들의 토대에 전제(우선)될 것으로 제시했다. 그리스도에 대해 뒤에 쓴 것은 그 다음에 이어지는 21-22절의 '세워져 가는 교회'의 말씀을 그리스도와 직접 관련해서 쓰고자 했기 때문이다. 그래서 21절과 22절에 선행사로 그리스도를 받는 관계사의 전치사구(ἐν ᾧ)를 각각 첫 부분에 놓았다.

54) 그래서 '선지자들과 사도들'이라 하지 않고 '사도들과 선지자들'이라 했다. 3:5과 4:11을 참조하라.

55) Ruthven은 다른 견해를 피력한다. 사도들과 선지자들이 성경을 기록한 주 인물이고, 성경을 기록한 그들의 특별한 역할을 인정한다 할지라도, 20절에서 기초가 되는 것은 그들의 존재가 아니라, 그들이 가졌던 나타나신 그리스도에 대한 체험이라 간주한다. Ruthven, "The 'Foundational Gifts' of Ephesians 2.20," 43. 그는 사도들과 선지자들과 관련된 특별 계시의 중단적 특성을 받아들이고 싶지 않았기 때문이다. Gruden, *The Gift of Prophecy in 1 Corinthians*, 82-105. Ruthven, "The 'Foundational Gifts'," 31에서 인용. 반면에 Gaffin과 White는 이 직책이 이젠 중단된 것임을 분명하게 밝힌다. Gaffin, *Perspectives on Pentecost: New Testament Teaching on the Gifts on the Holy Spirit*, 93-102; White, "Gaffin and Grudem on Eph 2:20," 303-320.

56) Keener는 2:11-22의 하나 된 성전 개념은 바울이 이전에 가지고 있던 인종적 화해 신학(특히 로마서) 개념을 넘어선다고 지적한다. 이 부분은 교회와 관련된 좀더 궁극적인 원리를 제공한다는 것이다. Keener, "One New Temple in Christ," 75; "Some new Testament Invitations to Ethnic Reconciliation," 210-213; "The Gospel and Racial Reconciliation," 117-130, 181-190.

57) Lincoln은 교회와 이스라엘이 연속되는가, 불연속적인가의 주제에 대해 연속성을 강조하는 Barth와 불연속을 강조하는 Lindemann을 소개한다. Lindemann은 심지어 엡2장이 롬11장을 폐기하는 것으로 보았다. Barth, *Ephesians: Introduction, Translation, Commentary*, 253-325; *The People of God*, 9,

22-72; Lincoln, "The Church and Israel," 606-607. Lindemann, *Die Aufhebung der Zeit*, 145-192, 237-259.

58) Liefeld처럼 3장을 1-6, 7-13, 14-21절로 나눈 것은 문제가 있다. 1절과 13절의 연관성을 놓치게 된다. 또 1절과 14절의 연계성도 놓친다("14절 해석" 참조). Liefeld, *Ephesians*, 26.

59) 학자들은 3:2-13을 '이탈'(digression)이라고 보기도 한다. 바울이 1절에서 기도할 듯하다가 14절에 가서 그 기도가 연속된다고 보았기 때문이다. Best, *A Critical and Exegetical Commentary on Ephesians*, 292-294; Sherwood, "Paul's Imprisonment," 97; Lincoln, *Ephesians*, xliii, 167-168; Hoehner, *Ephesians*, 417-418; Foster, "A Temple in the Lord Filled to the fullness of God," 86-88; Kitchen, *Ephesians*, 30. Gombis는 이 부분이 가장 퍼즐 같은 부분이라 했다. Gombis, "Ephesians 3:2-13: Pointless Digression, or Epitome," 313. 그러나 우연한 '이탈'이 아니라 의도된(designed) '이탈'일 가능성이 높은 것은 1절과 13절이 inclusio를 형성하고 있기 때문이다. 따라서 Boice and Wood처럼 2-13절을 삽입구(parenthesis)로 보면 안 된다. Boice and Wood, *Galatians, Ephesians*, 146. 1절과 13절의 관계를 고려할 때, 2-12절의 묶음으로 보아야 한다.

60) 학자들은 Τούτου χάριν이 앞의 단락과 관련 있는지(anaphoric), 2-13절과 관련 있는지(cataphoric) 논란을 보인다. 전자로 볼 때는 2-12절을 '이탈'이 된다고 보고, 후자로 보면 1절은 단지 바울의 사도직에 대한 진술이라고 보려 한다. 그러나 이런 주장은 1절과 13절의 inclusio적 특성을 이해하지 못한 데 기인한다. Sherwood, "Paul's Imprisonment," 98; Best, *The Critical and Exegetical*, 294, 334; Schnackenburg, *Ephesians*, 128; Linclon, *Ephesians*, 167, 201.

61) '비밀'은 신약에서 27회 사용되고 있는데, 바울 서신만 20회 사용됐다. 가장 많이 사용된 에베소서에서 모두 6회 사용된다: 1:9; 3:3, 4, 9; 5:32; 6:19. Cf. Mare, "Paul's Mystery in Ephesians 3," 80.

62) 이 말은 관련된 계시가 구약에는 조금도 드러나지 않았다는 뜻은 아니다. 언약적 의미에서 계시 내용의 연속성과 불연속성이 있다. 에베소서에 나온 것과 같은 '그리스도의 교회'의 총체적 내용의 계시가 신약에 와서야 드러났다는 것이다. 이를 위해 Ryrie, "Mystery in Ephesians 3," 24-31을 보라.

63) 특히 '함께 된 몸(σύσσωμα)이 복수로 쓰인 것은 그리스도의 몸이 여러 개란 뜻이 아니라, 여럿이 모여 '함께 몸이 된 자들'이 됐다는 뜻이다.

64) 문장 자체로 보면 Sherwood처럼 7절을 6절 이전에 포함해야 한다. 그는 1-7, 8-12, 13절을 각각의 한 문장으로 보았다. Sherwood, "Paul's Imprisonment," 100-104; Gombis, "Ephesians 3:2-13: Pointless Digression, or Epitome," 318-320. 그러나 7절은 8-9절과 병행법을 이루고 있을 뿐 아니라, 의미적으로 8-9절에 더 밀접하다. 따라서 7절을 후반부에 포함하는 게 맞다.

65) '권능과 권세'(powers and authorities)의 존재에 대해 Gombis, *The Drama of Ephesians*, 42-57를 참고하라.

66) Foster은 "그를 믿음으로"(διὰ τῆς πίστεως αὐτοῦ, 그의 믿음을 통해서)에서 소유격 "그의"(αὐτοῦ)를 주어적 소유격(subjective genitives)로 이해하기도 한다. 그렇게 하면 "그를 믿음으로"가 아니라, '그가 믿은 것을 통해'로 해석된다. 믿음의 주체가 그리스도가 된다. Foster, "The First Contribution to the Pistis Christou Debate," 75-96.

67) 12절에서 13절로 넘어올 때, 논리적인 갭이 있다. 13절에 와서 바울이 갑자기 자신의 환난에 대해 말하며 낙심하지 말라고 말하는 것은 12절까지의 흐름과 차이가 있다. 그런데 13절을 1절과 연결해 볼 때, 이 문제가 풀린다.

68) 이런 점에서 Sherwood가 2-13절이 바울이 1절의 "갇힌 자"된 자신에 대한 연속된 말이란 주장은 일리가 있다. Sherwood, "Paul's Imprisonment," 109-110.

69) 14-15절과 20-21절의 밀접한 연계성, 즉 쌍괄적(또는 수미쌍괄식) 짝이 된다는 면을 이해하면,

21절의 송영(doxology)이 1:3의 송축의 마침 부분으로 보고, 전반부를 1:3-3:21의 묶음으로 보는 Melbourne의 견해에 동의할 필요가 없다. Melbourne, "Ephesians 2:13-16," 107; Roberts, *The Letter to the Ephesians*, 17; Mouton, *Reading a New Testament*, 69; Scharlemann, "Secret of God's Plan: Studies in Ephesians II," 156. Corley는 1:3-3:21을 기도라는 측면에서 살핀다. Corley, "The Theology of Ephesians," 27. Verhey and Harvard도 1:3-3:21에 기도 개념이 주도하고 있다고 했다: 찬양과 감사로 시작하는 부분(1:3-14), 교회를 위한 간구(1:17-22; 3:14-19), 찬송으로 마침(3:20-21). Verhey and Harvard, *Ephesians*, 40-41. 그러나 1-3장 전체를 기도나 찬송시로 보기 어려운 문제는 그 안에 2:1-22과 3:1-13이 있기 때문이다.

70) Sherwood는 Τούτου χάριν이 14절에 있는 것은 1절에 시도했던 기도가 14절에서 연속된 것이라 주장한다. Sherwood, "Paul's Imprisonment," 98. 한편, Wintle and Gnanakan은 1:19에서 중간에 멈췄던 바울의 기도가 14절에서 시작되었다고 보았다. Wintle and Gnanakan, *Ephesians*, 81. 그러나 14절의 "이 때문에"는 1절의 "이 때문에"와 연계하기 위한 것이다. 즉, 1-13절과 14-21절을 두 개의 단락으로 놓고 하나는 바울의 소명(사역)에 대해 또 하나는 바울의 기도로 배열한 것이다. 3장이 전체 구조의 중심에 위치하는데("에베소서 구조" 참조), 중간에 있는 단락 둘을 서로 연결하기 위한 장치라 보겠다.

71) Stirrup은 15절의 하나님에 대한 바울의 호칭이 당시 에베소 지역의 Artemis 숭배와 황제 숭배에 대한 '반대 주장'(counter-claim)이 담겨 있다고 주장한다. Stirrup, "From Whom Every Family in Heaven and on Earth Is Named," 28-35. 에베소 지역의 Artemis 숭배에 대해서는 Brinks, "Great Is Artemis of the Ephesians," 776-794를 참고하라.

72) Talbert가 A. 찬양 (14-15), B. 능력 (16), C. 임재 (17), D. 사랑 (18-19a), C'. 임재 (19b), B'. 능력 (20), A'. 찬양 (21)식으로 나눈 것은 비록 역교차로 본문을 보고 있다 해도 16-17, 18-19절의 언어적 밀집성을 보지 못하기 때문이다. Talbert, *Ephesians and Colossians*, 101; Mouton, *Reading a New Testament*, 66도 그렇다.

73) Boice and Wood는 세 개의 기도(16, 17a; 17b-19a; 19b)로 구분한다. Boice and Wood, *Galatians, Ephesians*, 152. 그런데 여기서 16-17a절을 분리하지 않았어야 했고 또한 17b절을 17b-19절에서 떼내야 했다. Hoehner의 Request(16), Result(17), Purpose(18), Result(19a), Purpose(19b)의 문제는 16절과 18a절의 구성적 연계를 보지 못한 것이다. Hoehner, *Ephesians*, 476.

74) 그리스도의 내주와 연합 자체를 공동체적인 관점으로 이해하려는 시도도 있다. Eckel, "Ephesians 3:14-21," 285-267; Barth, *Ephesians 1-3*, 369.

75) Foster는 겔40장, 43장의 성전에 대한 예언적 말씀과의 연계성을 지적했다. Foster, "A Temple in the Lord Filled to the Fullness of God," 85-96.

76) 1-6절의 '나'/'너희'에서 7, 13-15절의 '우리'로 전환되었다고 보는 것은 4-7절의 연속성을 보지 못하기 때문이다. Cf. Everding, "A Shaping Vision of Community," 428.

77) 1-16절의 역교차를 보지 못한 대표적인 구조는 Hoehner의 것이다: The Basis of Unity (1-6); The Preservation of Unity (7-16). Hoehner, *Ephesians*, 501, 521; Arnold, *Ephesians*, 228, 241; White, "Social Authority in the House Church Setting and Ephesians 4:1-16," 223-224.

78) 요한계시록에서 성령은 '일곱 영'으로 나오는데(계3:1; 4:5; 5:6), 그것은 성령의 편재성(遍在性, omnipresence)을 강조하는 표현이다. 그분이 온 땅으로 보내심을 받았는데 이 말은 그분이 보냄 받지 않은 교회가 없다(심지어 사데 교회와 같은 교회에도)는 뜻이다. '일곱'은 계시록에서 일곱 교회가 대표되었기 때문인데, 그 자체로 완전수가 된다. 즉 '일곱 영'은 모든 교회에 보내진 성령을 가리킨다.

79) “성령의 하나 됨은 그리스도의 몸을 하나로 만드시는 하나됨이다.” Bruce, *Paul, Apostle of the Heart Set Free*, 430.

80) 한글 사도신경에서, “성령을 믿사오며, 거룩한 공회와 성도가 교통하는 것과 죄를 사하여 주시는 것과 몸이 다시 사는 것과 영원히 사는 것을 믿사옵나이다”는 영어로, “I believe in the Holy Spirit, the holy universal church, the communion of saints, the forgiveness of sins, to resurrection of the body, and the life everlasting.” 부분이다. 라틴어 원본과 같이 영역에서 세 번째 “I believe in”으로 묶여 있는 단락이다. 첫째, 둘째 “I believe in”이 각기 성부 하나님과 아들 예수 그리스도에 대한 것이고, 셋째 것은 성령과 관련된 것으로 이해하는 것이 필요하다. 즉, 성령과 성령의 사역을 믿는다는 고백이다. 김상훈, [해석매뉴얼], 70-74.

81) 6절은 Irenaeus, Athanasius 등 초대 교부들이 삼위일체 교리를 세워나가는데 무척 중요한 근거가 됐다. Bingham, “Himself Within Himself,” 139-143.

82) 4-6절이 삼위일체 하나님의 하나이심을 강조하는 말씀이라는 것은 새로운 해석은 아니다. 예, Dockery, “Ephesians 4:1-6,” 80-82; Foulkes, *Ephesians*, 110-114.

83) 이 부분에서 인용하고 있는 시68:10과의 연계성과 관련해서 Lincoln, “The Use of the OT in Ephesians”, 18-25을 참고하라.

84) Kreitzer는 9-10절이 없으면 매끄럽게 1-11절까지 이어질 것이라 했다. 그런 주장은 8-10절의 구성에 대해 이해하지 못한 때문이라 본다. Kreitzer, *Hierpolis in the Heavens*, 42. 에베소서가 골로새 옆에 있는 Hierapolis에 전달된 서신이라는 그의 주장은 받아들이기 어렵지만, Hierapolis의 Lycus 골짜기에 대한 그의 설명은 흥미롭다. Kreitzer, *Hierpolis in the Heavens*, 42-53.

85) 좀더 자세한 논의는 Smith, “Paul’s Use of Psalm 68:18 in Ephesians 4:8,” 181-189를 보라.

86) 시68:18과 4:8의 가장 큰 차이는 “주셨다”(ἔδωκεν)라는 단어이다. 시68:18은 “취하셨다”(ἔλαβες, LXX; לָקַחְתָּ, MT)로 되었기 때문이다. Moritz는 저자의 ‘실수’(mishap or memory lapse)로 단정한다. Moritz, “The Use of israel’s Scriptures in Ephesians,” 393-396. 그러나 바울은 칠십인역이나 마소라 사본과는 다른 사본에서 인용했을 가능성이 크다. Taylor에 따르면 Armaic Targum과 Syriac Peshitta에 “주셨다”라고 되어 있는 것은 그 고대 사본에 그같이 쓰여 있는 것이 있던 흔적이라 할 수 있다는 것이다. Taylor, “The Use of Psalm 68:18 in Ephesians 4:8 in Light of the Ancient Versions,” 319-336. Rubinkiewicz는 Targum의 시68:18이 후대의 수정, 또는 삽입이 아니라 원래의 자료가 맞다고 논증한다. Rubinkiewicz, “PS LXVIII 19 (= Eph IV 8) Another Textual tradition or Targum?,” 219-224. Harris는 Targum에서 모세가 율법을 받기 위해 산에 오른 것과 다시 율법을 백성들에게 주기 위해 산을 내린 것과 연관하고 있는 것에 주목한다. Harris, *The Descent of Christ: Ephesians 4:7-11*, 143; Caird, “The Descent of Christ in Ephesians 4, 7-11,” 540-542. 한편 Gombis는 이 구절을 모세의 경우와 연결할 수 없다고 비판한다. 이 구절은 시68:18을 문자 그대로 인용한 것이 아니라 기독론적인 초점으로 새롭게 조정된 것이라 했다. Gombis, “Cosmic Lordship and Divine Gift-Giving: Psalm 68 in Ephesians 4:8,” 369-371, 379-380. Wilder는 시68:34-35(그의 백성에게 힘과 능력을 주신다는 내용)의 내용이 함께 반영되었다고 본다. Wilder, “The Use (or Abuse) of Power in High Places: Gifts Given and Received in Isaiah, Psalm 68, and Ephesians 4:8,” 185-199.

87) 이 부분을 ‘지옥하강(下降)설’에 대한 언급으로 보는 견해도 있지만 개혁주의 전통에서는 바람직한 해석이 아니다. 지옥하강설은 그리스도께서 죽으신 직후 부활하시기 전에 삼일 간 죽음의 자리, 즉 음부에 내려가셨다고 보는 견해이다. 예컨대, Bales, “The Descent of Christ in Ephesians 4:9,” 84-100을 보라. 또 이 부분을 오순절 성령 강림으로 해석하려는 그룹도 있다. Abbott, *A Critical and Exegetical Commentary on the Epistles to the Ephesians*, 115-116; Kirby, *Ephesians, Baptism and*

Pentecost, 145-146; Caird, *Paul's Letters from Prison*, 73-75; Garland, "A Life Worthy of the Calling," 517-127. 그러나 많은 학자들은 칼빈을 따라 이 부분이 그리스도의 성육신과 관련된 비하의 상태를 묘사하는 것으로 이해한다. Calvin, *Sermon on the Epistle to the Ephesians*, 350-352; Garland, "A Life Worthy of the Calling," 521-522; Bruce, *Paul: Apostle of the Heart Free*, 436-438; Harris, "The Ascent and Descent of Christ in Ephesians 4:9-10," 198-214; Perkins, *Ephesians*, 97-99; Mitton, *Ephesians*, 144-149; O'Brien, *The Letter to the Ephesians*, 294-296; Heil, *Ephesians*, 173-174.

88) Lincoln, *Ephesians*, 244-247.

89) 선지자와 교사의 역할이 말씀을 가르친다는 점에서 어느 정도 비슷하다. 바나바와 바울을 포함한 안디옥 교회의 사역자들을 '선지자들과 교사들'로 표현했다(행13:1). 선지자들은 말씀을 예언하고 풀이했고, 교사들은 목양적 차원에서 그 말씀을 가르쳤을 것이다. 반면에 복음전도자는 교회 밖의 지역을 순회하며 말씀을 증거하는 역할을 감당했을 가능성이 높다.

90) 이 본문이 사역자의 권위와 귀족화(aristocracy)를 뜻하는 구절이 아니라고 한 Hamann의 견해는 정당하다. Hamann, "The Translation of Ephesians 4:12," 46-49. 한편, 안인섭 교수에 의하면, 칼빈은 목사의 가장 중요한 사역을 말씀을 전하는 설교로 규정했다. 안인섭, "칼빈의 에베소서 설교에 비추어 본 한국 교회의 설교 방향," 137-170.

91) 이 견해는 Lincoln 등에 의해 여전히 지지를 받는다. Lincoln, *Ephesians*, 253; Gordon, ""Equipping" Minstry in Ephesians 4?," 70-72.

92) M. Barth, *Ephesians 4-6*, 47-479; Best, *A Critical and Exegetical Commentary on Ephesians*, 398; Cf. Rojas, "Ephesians 4:12, A Revised Reading," 95. 4-7절과 11-12절이 전체 구조상 역교차의 짝을 이룬다는 점을 고려하자. 이 때 두 가지 주제, 즉 '하나 됨'과 '각기 주신 은혜'를 말씀하고 있는 4-7절이 11-12절에 반영된다. 주님께서 각 사람에게 은혜를 분량대로 '주시듯', 여러 사역자들을 교회에 '주셨다.' 그래서 성도들을 준비하게 하도록 하셨다. 그 결과 성도들은 섬김의 일을 하게 되고 그리스도의 몸을 세우는 일을 하게 되어 '하나 됨'을 이루게 된다. 각 사람에게 맞는 은혜를 '주신'(또는 '주어진 은혜 같이') 주님께서 교회에 사역자들을 '주셨다.' 이렇게 보면, 사역자들의 권위를 강조하는 구절이 아니라, 교회에 주어진 사역자들이 교회에 주신 은혜와 같은 성격의 존재라 할 수 있다. 그 목적은 준비된 성도들, 서로 봉사하는 성도들을 통해 그리스도의 몸 된 '하나 된 교회'를 세우는 데 있다.

93) Vooys는 두 가지 일꾼(또는 사역자)으로 구분한다. 성도들이 준비하도록 돕는 '은사를 받은, 돕는 일꾼'과 그 도움을 받아 '준비되는 일꾼'이다. 교회를 세우는 데는 모두가 함께 하는 일꾼이다. Vooys, "No Clergy or Laity," 87-94.

94) '온전한 사람'은 그리스도와 관련된다. 어떤 튼튼하고 건장한 남성이나 여성의 이미지는 아니다. 교회의 성숙은 하나님의 신비를 수행하시는 그리스도와 같은 역할을 하게 되는 교회라 할 수 있다. 참고, Matthews, "Christian Maturity in Ephesians," 1-8.

95) Verhey and Harvard는 1-16절을 "그러므로, 평화의 수행"(Therefore, the Performance of Peace)으로 제목을 붙였는데, 이는 2:11-22 내용(그리스도께서 평화를 이루심)의 '실제적인 수행'이 되는 단락이라 본 것이다. 그가 이 두 단락의 구조적 연계성을 알지는 못했으나, 이 둘의 주제적 연속성을 본 것은 옳은 일이다. Verhey and Harvard, *Ephesians*, 131.

96) 롬12:2에서 "마음의 새롭게 됨으로 변화를 받으라" 했을 때, "변화를 받으라"(μεταμορφοῦσθε)가 명령법 현재라는 점에서 새롭게 되는 변화가 계속적으로 이뤄져야 한다는 점을 강조했다.

97) White는 1절과 17절이 "행하라"가 공통적이라는 점에서 inclusio라 주장한다. White, "Social

Authority in the House Church," 222. 그러나 이 구절은 inclusio가 아니라 새로운 단락(즉, 1-16절에 이어 17-24절)이 연속해서 시작한다는 표식이다. 마치 3:1(3:1-13의 시작)과 3:14(3:14-21의 시작)이 똑같이 "이 때문에"(Τούτου χάριν)로 시작하는 것과 같다.

98) Darko는 4:17-6:9의 '대조적 패턴'(옛/새, 어둠/빛, 어리석음/지혜, 덕/악 등)에 주목하면서 어떻게 이들 본문이 교회 내부의 결합과 도덕적인 강화를 일으키는 지를 논한다. Darko, "No Longer Living as the Gentiles," 317-320.

99) Culpepper는 4:25-5:20이 교회에 윤리적 기준을 제시하고 있고 교회의 권징의 근거가 될 수 있다고 말한다. Culpepper, "Ethical Dualism and Church Discipline," 529-539.

100) Hoehner의 구분: 17-19절(Presentation of the Old Person); 20-32절(Presentation of the New Person)은 17-24절과 25-31절, 4:32-5:2의 짜임새를 각각 보지 못한 데 기인한다. Hoehner, *Ephesians*, 581, 593, 643; Simpson and Bruce, *Commentary on the Epistles to the Ephesians and the Colossians*, 102-113; Perkins, *Ephesians*, 103, 112; Stewart, "The New Community in the Purpose of God," 75-81. 반면에 Best는 적절하게 4:17-24, 4:25-5:2, 5:3-14로 나눈다. 그가 4:25-5:2을 묶어서 본 것은 다소 문제가 있으나, 그 외의 구분은 정확한 편이다. Best, Ephesians: *A Shorter Commentary*, 189, 211, 229, 245; Thielman, *Ephesians*, 291-293.

101) 이와 관련된 흥미로운 논문은 Wallace, "Orgizesthe in Ephesians 4:26," 353-372이다. "화를 내도 죄를 짓지 말라"는 시4:4의 LXX 인용과 관련해서 논증한다. 그는 여기서의 '화 내는 것'을 '조건적 명령'(conditional imperative)로 이해하면서 '정당한 화'의 당위성을 지지한다. 이와 반대된 개념은 McArthur, "Be Angry But Do not Sin," 42-43에서 찾을 수 있다.

102) Nelson는 일반적으로 '용서하다'의 ἀφίημι를 쓰지 않고, χαρίζομαι를 쓴 것은 다른 사람을 용서하되 그가 용서에 적합하지 않아도 값 없이 용서하는 '은혜의 행동'(an act of grace)을 뜻한다고 했다. Nelson, "Exegeting Forgiveness," 35.

103) 이 3-4절의 연속성을 보지 못하면 Talbert처럼 3절을 떼내고 4-6절만 묶을 수 있다. 그는 4c-6절의 역교차를 찾았다: A. 5:4c, B. 5:3b, 4b; C. 5:5a, C'. 5:5b, A'. 5:5c, B'. 5:5d-6. Talbert, *Ephesians and Colossians*, 125. 이 역교차의 문제는 3-4절의 연계, 5-6절의 연계에 주목하지 못한 것이다. 반면에 3-4절의 병행법에 대해 인식한 학자들은 Roberts, *The Letter to the Ephesians*, 13-14; Porter, "ἴστε γινώσκοντες in Ephesians 5:5," 273; Mouton, *Reading a New Testament*, 65 등이다.

104) 경계의 말씀(그리스도인이 그럴 수 없다는)이면서 동시에 격려의 말씀(그리스도인은 그와 관련이 없다는)이다. López, "Paul's Vice List in Ephesians 5:3-5," 203-218.

105) Kreitzer는 소아시아 지역(특히 Hierpolis)의 모신(mother-goddess) Demeter/Cybele 또는 술의 신 Dionysus의 종교의식(축제)에 있던 부도덕적인 부분과 연관이 있다고 주장한다. Kreitzer, "'Crude Language" and "Shameful Things..." 73-77.

106) 이사야의 배경적 요소가 나타난 부분이라 할 수 있다. 이사야를 에베소서의 배경(backdrop)으로 보는 글은 Qualls and Watts, "Isaiah in Ephesians," 249-259이다.

107) Wallace, *Greek Grammar Beyond the Basics*, 571.

108) 당시 바쿠스(로마, Bacchus; 헬 Dionysus) 축제에 대해서는 Rogers, "The Dionysian Background of Ephesians 5:18," 249-257을 보라. Gosnell은 술 취함이 당시 바쿠스 축제(또는 식사)와 관련된 것이라는 것에 동의하면서, 18절의 성령 충만과 그 다음 구절들(19-20절)은 기독교 모임(gathering)의 식사의 맥락에서 볼 수 있다고 주장한다. Gosnell, "Ephesians 5:18-20 and Mealtime Propriety," 371.

109) Heil은 이 부분을 "성령 안에서 충만하게 되라"(But be filled in the Spirit)로 번역하고 주어는 '너희'지만, 충만하게 하는 주체를 성령이 아니라, 그리스도로 이해한다. Heil, "Ephesians 5:18b: "But Be Filled in the Spirit," 506-507.

110) Gombis는 '성령 충만'을 개인적인 것이 아니라 교회적인 것으로 해석한다. 즉 여기서는 개인 신앙의 성령의 충만이 아니라 교회에 임하는 성령의 충만함을 말씀하고 있다는 것이다. Gombis, "Being the fullness of God in Christ By the Spirit," 259-271.

111) '성령 충만'을 구약의 빛을 통해 '사역을 위한 성령의 충만'으로 해석해 내고 있는 Collins의 글은 매우 유익하다. 그는 출31:3과 행6:3과 이 구절과의 상관성도 밝히고 있다. Collins, "Ephesians 5:18," 12-30.

112) "서로"(ἀλλήλοις)라는 이 단어는 에베소서에서 네 번 나온다(4:2, 25, 32; 5:21). 모두 '상호적'(mutual, reciprocal)의 의미로 쓰인다. 이 말이 특정한 사람만 특정한 대상에게 해야 하는 제한적인 의미가 아니라, '우리'가 서로 그같이 해야 한다는 뜻이다. 따라서 이어 나오는 5:22-6:9은 '상호 복종'의 예가 된다. Walden의 '서로'에 대한 제한적 해석에 대해 Helton의 비판을 참고하라. Helton, "Ephesians 5:21: A Longer Translation Note," 33-38; Cf. Walden, "Ephesians 5:21: A Translation Note," 254; "Translating Ephesians 5:21," 180.

113) 21절을 앞 구절의 마침(한글 개역 등)으로 보느냐, 뒤의 22절에 붙여서 보느냐(Boice and Wood처럼)에 대한 논란에 대해 Fiore, "Household Rules at Ephesus," 157-158을 보라. 21절이 뒷부분의 전제가 되는 말씀이 되긴 하지만 앞 구절과 묶어져야 하는 중요한 근거는 19-22절의 역교차적 묶임 때문이다. 또한 22-24절의 묶음에 대해서 22-24절의 "구성/문체"를 참고하라. Boice and Wood, *Galatians, Ephesians*, 170.

114) 4:32-5:2과 5:15-21이 서로 짝이 되는 단락이므로 그 내용이 서로 연계된다고 볼 수 있다. 그런데 이 때 전자는 '하나님을 본받는 자, 즉 사랑하는 자가 되는 것'을 말씀한 것이고, 후자는 '지혜 있는 자, 즉 주의 뜻인 성령 충만을 받는 자가 되는 것'을 말씀한 것이다. 그렇다면, 성령 충만(후자, 5:15-21)은 결국 사랑하는 자(전자, 4:32-5:2)가 되는 것과 깊은 관련이 있는 것이 아닐까? 그래서 성령 충만이 결국 하나님에 대한 것과 사람에 대한 것(19-21)에 나오고, 그 중 서로에 대한 '복종'의 예(가정 규범, household codes)가 5:22-6:9에 나오는 것이라 볼 수 있다. 다시 말해, '성령 충만'은 결국 하나님과 그리스도를 닮는 것이 아닐까?

115) Lincoln과 Sampley가 제안하는 구조, 아내에게(22-24절, A), 남편에게(25-32절, B), 다시 남편에게(33a절, B'), 다시 아내에게(33b절, A')로 볼 수도 있으나, 이 경우 30-32절을 남편에게 하는 권면으로 제한해야 하는 문제가 발생한다. 이 부분은 남편과 아내 모두에게 해당되기 때문이다. Lincoln, *Ephesians*, 384; Sampley, *'And the Two Shall Become One Flesh'*, 147.

116) Talbert의 A. 23a, B. 23b, C. 23c, B'. 24a, A'. 24b의 역교차 구조와 22-24절의 이 구조와 비교하라. Talbert, *Ephesians and Colossians*, 140.

117) Gibson은 로마 사회에서 로마 시민권을 가진 결혼한 여성은 평균적으로 남편보다는 자신의 아버지에게 더 복종하는 경향이 있었다는 흥미로운 주장을 한다. Gibson, "Ephesians 5:21-33 and the Lack of Marital Unity in the Roman Empire," 163-168, 174-175.

118) Cf. Weber-Han, "Sexual Equality According to Paul," 169.

119) Dudrey는 Aristole의 글을 인용한다. "The male is by nature superior, and the female inferior; and the one rules, and the other is ruled; this principle of necessity extends to all mankind··· Of household management we have seen that there are three parts—one is the rule of a master over slaves,···another

of a father, and the third of a husband. A husband and father rules over wife and children, both free, but the rule differs, the rule over his children being a royal, over his wife a constitutional rule." Aristotle, *Politics*, 1254b3-1277b25; Lefkowitz and Fant, *Women's Life in Greece and Rome*, 63-64에서 인용; Dudrey, "Submit Yourselves to One Another," 27-28에서 재인용. 아리스토텔레스와 바울의 차이는 명확하다. 전자는 지배-피지배 계급으로 나눴고, 바울은 서로(상호) 복종하는 것을 전제하되, 역할(복종-사랑)의 차이로 본 것이다. Balch은 Aristole과 비슷한 개념의 Josephus의 글을 인용한다. "The Woman, says the law, is in all things inferior to the man. Let her accordingly be submissive, not for her humiliation, but that she may be directed, for the authority has been given by God to the man. (Ag. A. II.199)." Balch, *Let Wives Be Submissive*, 54; Gombis, "A Radically New Humanity," 317-318에서 재인용. Aristole와 Josephus의 글을 통해 볼 때, 당시 여성은 남성에 비해 열등한 존재로 규정되고 있음을 알 수 있다. 그러나 바울은 그렇게 생각하지 않는다. 그리스도와 교회의 관계는 우월과 열등의 관계가 결코 아니다. Gombis, "A Radically New Humanity," 325-328; Bristow, "St. Paul's Radical Model for Christian Marriage, 28-40을 보라. Cf. Brown, "Revolutionary Subordination," 159-164.

120) 그러나 가정의 참된 머리가 되시는 분은 그리스도이심을 잊으면 안 된다. Trull, "Is the Head of the House at Home?," 83-94.

121) Setyawan은 흥미롭게도 인도네시아의 남성우월 의식인 '*priyayi* 이념(ideology)'과 21-23절의 말씀이 어떻게 다른지 규명하는 글을 썼다. Setyawan, "Be Subject to Your Husband as You Are to the Lord," 50-68. Miles도 이 부분이 가부장적 권위를 세우려는 반여성적인 구절이 아니란 점을 강조한다. Miles, "Patriarchy or Gender Equality?," 70-95. Moulton은 좀더 적극적으로, 그리스도 사건의 빛 아래서 남녀의 새로운 역할과 정체성을 부여하는 '재교육'(re-orientation)적인 내용으로 이해한다. Moulton, "(Re)describing Reality?," 72, 78. Shkul, *Reading Ephesians*, 178에서 재인용; Mouton, "The Transformative Potential of Ephesians," 121-143; Hendrix, "On the Form and Ethos of Ephesians," 11-12. 그러나 Campbell-Reed는 페미니스트 시각에서 이 단락의 현대적 적용 자체에 의문을 제기한다. Campbell-Reed, "Should Wives 'Submit Graciously'?," 263-276; Cf. Grudem, "Does Kephale Mean "Source" or "Authority Over," 38-59; The Meaning of Kephale ("Head"): A Response to Recent Studies," 3-72.

122) 25-27절은 겔15:8-14을 배경으로 한다고 Sampley는 본다. Sampley, '*And the Two Shall Become One Flesh*,' 34-51; Lincoln, *The Use of the OT*, 34.

123) 부부의 상호성(mutuality), 상호존중(mutual respect)에 대해 Beck, "Mutuality in Marriage," 141-148을 참고하라.

124) "말씀으로"를 "거룩하게 하다"에 걸리는 것으로 보는 견해도 있다. 배종열, [문맥에 따라 읽는 에베소서], 156.

125) Talbert의 28b-32절의 구조(A. 28b, B. 29a, C. 29b, C'. 29c, B'. 30, A'. 32)와 25-29절의 구조, 30-32절의 구조 등과 비교하라. Talbert, *Ephesians and Colossians*, 142.

126) 31-32절의 LXX 창2:24 인용과 관련해서 좀더 자세한 논의는 Lincoln, "The Use of the OT," 30-36을 보라. Butting은 에베소서의 화해(reconciliation)의 주제와 관련해서 이 본문을 남녀(부부) 관계의 '화해'라는 관점과 연계한다. Butting, "Pauline Variations on Genesis 2:24," 89-90.

127) 그렇다고 이 말이 결혼하지 않은 사람은 '반의 사람'(half person)이란 뜻은 아니다. Stagg, "The Domestic Code and Final Appeal," 547-548.

128) Wallace, *Greek Grammar*, 569-570.

129) 서로에 대한 '복종'이라는 말씀은 본문에서처럼 부부의 역할에 따라 달리 적용된다. 그렇다고 결혼에 대한 바울 자신의 견해(독신을 강조한 바 있는)와 상충된다는 주장은 지나친 것이다. 이 점을 들어 바울 저작권을 공격하는 Merz의 주장은 받아들이기 어렵다. Merz, "Why Did the Pure Bride of Christ," 132-133.

130) 남편에게 주는 말씀이 아내에게 주는 말씀보다 좀더 많은 것은 남편의 의무가 더 크기 때문일 수 있다. Toews, "Paul's Radical Vision for the Family," 37-38.

131) 이 부분이 신5:16에 나오지만, 출20:12의 맛소라 사본에는 생략된다. Lincoln, "The Use of the OT," 37-40을 참고하라. 쿰란의 사해사본 중 가정 규범의 잠언이 담긴 *4QInstruction*과 에베소서 5:22-6:9장의 비교는 Wold, "Family Etiches in 4QInstruction and the New Testament," 297-300을 참고하라.

132) "두려움과 떨림"이 기본적으로 주님에 대해 갖는 경외라는 점에서, 이 부분과 '그리스도에게 하듯'과 기본적으로 같은 뜻일 수 있다. 그렇게 본다면, b1은 '성실함으로'가 되고, b2를 '두려움-떨림, 즉 그리스도에게 하듯'이라 하면 된다.

133) 로마 시대의 노예제도와 그 제도 아래에서 있었던 다양한 노예들의 신분에 대해서는 Lincoln, *Ephesians*, 415-420을 보라.

134) 로마 제국의 3분의 1이 노예 신분이었다. Boice and Wood, *Galatians, Ephesians*, 185.

135) 각 부분에 대한 좀더 상세한 해석은 각각 1-4절과 5-9절의 "단락 해석"을 참조하라.

136) Asher는 10, 11, 14절에 명령법 동사가 있는 것에 주목하여 10, 11-13, 14-17절로 나눈다. Asher, "An Unworthy Foe: Heroic Ehe, Trickery, and an Insult in Ephesians 6:11," 732.

137) Gudorf는 '전신갑주' 개념과 연관된 군사적 용어, '전투'(battle)를 뜻하는 단어, μάχη를 쓰지 않고 "레슬링"(πάλη)이라는 단어를 쓴 것은 사각 링 안에서 싸우는 개념과 합쳐서 독자들로 생각하게 하기 위한 것이라 했다. Gudorf, "The Use of Pale in Ephesians 6:12," 335.

138) "하늘에 있는" 악한 영들에 대한 논란이 있었다. 그래서 때로 원문이 '하늘'(ἐπουρανίος)이 아니라 '하늘 아래의 곳'(ὑπουρανία, subcelestial)의 오기가 아닌가 하는 논의도 있었다. Lash, "Where Do Devils Live," 171-173. 심지어 Carr는 "통치자들"과 "권세들"로 번역된 이 말이 하나님 보좌에 있는 선한 천사들을 말하는 것이고 1세기에는 이 같은 '악한 영들'에 대한 개념이 많지 않았다고 주장했다. 따라서 이 부분을 삽입된 것으로 보기도 했다. Carr, *Angels and Principalities*, 43, 127-135, 174. 여러 학자들이 이에 반박한다. Arnold, "The 'Exorcism' of Ephesians 6:12," 71-87, 특히 83-84; Wink, *Naming the Powers*, 23-26; O'Brien, "Principalities and Powers," 125-128; Wild, "The Warrior and the Prisoner," 284-285. Arnold, "The 'Exorcism' of Ephesians 6:12," 84에서 인용.

139) 우리는 하나님의 예정과 그의 은혜로 이미 구원이 확보된 것인데 왜 이런 영적 싸움이 필요할까? 우리가 그리스도의 이미 이긴 싸움에 참여하는 것이라면, 왜 이런 무장이 필요한가? 바울이 19-20절에서 자신을 위해 기도해 달라고 했을 때, 그것은 자신의 구원을 위한 것이 아니었다. 그리스도의 복음을 전파하고 하나님 나라의 일을 감당하기 위해서였다. 그렇다면 우리의 영적 싸움은 우리의 구원을 위한 것이기 보다는, 하나님의 아들들로서 그분이 맡기신 '선한 일들'(2:10)을 감당하고 교회의 충만 사역(1:23)을 감당하기 위한 것이 아닐까? 우리 자신의 구원을 위한 싸움이 아니라, 하나님 나라를 위한 싸움인 것이다.

140) 14-17절을 이사야의 인용으로 보는 Janzen을 참고하라. Janzen, "Divine Warfare and Nonresistance," 26-30; Perkins, *Ephesians*, 142-144. Asher는 10-20절이 사11:5; 59:17-20; 롬13:12; 고후6:7; 살전5:8 등과 연관이 있다고 했다. Asher, "An Unworthy Foe," 729. 전신갑주를 에베소 내의 개념으로

풀어주는 Rosscup의 설명은 유용하다. Rosscup, "The Importance of Prayer in Ephesians," 61-66.

141) 10-18절의 수사적 의미에 대해서는 Witherington, *New Testament Rhetoric*, 218을 참고하라. 그는 이 부분이 Epideictic peroration(칭송 수사체의 종결)으로 본다.

142) 하나님의 전신갑주에 대한 좀더 상세한 설명은 14-17절의 "단락 해석"과 "절별 해석"을 참조하라.

143) '전신갑주'를 개인적인 경건의 측면보다 교회적 과제와 연결한 Reinhard의 논문은 매우 유익하다. 특히 이 전신갑주에 대한 내용과 에베소서 전체를 연결한 부분이 의미 있다. Reinhard, "Ephesians 6:10-18," 521-532.

144) 기도는 일곱 번째 전신갑주의 하나로 소개된 것은 아니다. Barth, *Ephesians 4-6*, 777-786; Lincoln, *Ephesians*, 451; Smillie, "Ephesians 6:19-20," 202.

145) Lincoln, *Ephesians*, 466.

Ⅲ

선교와 설교

1. 에베소서의 교회론에 근거한 선교전략

들어가며

선교학자 비일스(Beals)가 신학의 '편협화'(provincialism)를 경계하며 주해, 성경 신학, 역사 신학, 조직 신학, 그 위에 실천 신학, 윤리학, 변증학 등이 세워져야 한다고 강조한 점[1])은 상당히 일리가 있는 것이라 아니할 수 없다. 그의 신학의 구분 자체에는 동의하지 못한다 할지라도 신학의 통합적인 교육을 목표로 제시하고 있는 점은 옳다. 그가 강조하는 신학 교육의 전체적(holistic), 통합적(integrating) 접근의 중요성을 무시할 수 없다.[2]) 조직신학, 성경학(구약학, 신약학) 등의 '이론신학'(실천신학과 대비된다는 측면에서)과 실제 교회에 활용되어 쓰이는 '실천신학'과의 불합치의 문제는 풀기 쉽지 않은 신학적 과제였다.

최근 실천신학계에서 신학적 이론을 자체적으로 체계화함으로 이론신학화 또는 이론신학에 대응하려는 조짐을 가지고 있는 것[3])은 기존의 이론신학이 지나치게 이론적이어서 실제 현장의 실천적인 면에 한계를 가진 것처럼 보이는 문제에 대한 일종의 대안 강구책일지 모른다. 이론신학의 지나친 사변화 현상 때문이든, 실천신학 자체의 이론적 입장의 필요성 때문이든 이 두 신학적 흐름의 갈래는 서로 통합되거나 보완되는 협력적 측면이 그다지 강하지 않았던 것으로 판단된다. 이론신학과 실천신학은 서로 깊이 접목되지 못했으며, 서로의 상관적 연계성이나 서로에 대한 협력적인 연구와 활용의 면에서 큰 진전이 있다고 볼 수 없지 않느냐 하는 것이다.[4])

실천신학의 시작이 이론신학에서 시작하기 보다는 교회의 실천적 노력에서 시작되고 발전되었다는 점을 이해할 필요가 있다. 선교학, 상담학, 교육학, 교회 사역론, 제자훈련, 소그룹 사역, 지도력 등이 대부분 그렇게 나타났다.[5]) 이것은 이론신학이 실천신학에 기초가 되거나 그 발전을 견인하거나 했기 보다는, 교회의 실천적 필요의 증가와 그 노력의 결과로 실천신학의 발전이 주로 이뤄졌다는 것을 뜻한다. 그렇기 때문에 더욱 이론신학과 실천신학간의 간격의 틈이 벌어지는지 모른다. 그러나 이론신학이 현장의 활용성을 염두에 두지 않는 학문적 노력에 그치거나, 실천신학이 이론신학의 신학적 이론을 활용하고 또는 그 이론의 실제적 적용을 위한 노력으로 연결되지 않는다면, 신학과 실천의 괴리 현상은 더욱 심화될 수 밖에 없을 것이다. 그것은 바람직하지 않다. 하나님의 나라와 주님의 교회는 서로 함께 세워야 하기 때문이다. 모두 힘을 모아 주님의 영광과 그의 나라를 위해 헌신해야 한다.

한 쪽에서 한 쪽만의 것을 배우는 것으론 안 된다. 이론신학이 실천신학에 이론적 토대와 자료를 제공해 줄 필요가 있다면, 이론신학도 실천신학으로부터 현장의 실천적 데이터와 시각에 대한 이해를 배울 필요가 있다.[6] 그렇게 서로 배우고 서로 지원해야 옳다. 서로간의 피드백이 필요한 것이다.[7]

에베소서의 교회론의 중요성

바울 서신 가운데 비교적 바울 후기 서신인 에베소서는 그 주제를 교회론으로 하고 있는 것으로 잘 알려져 있다. 비슷한 시기에 쓰여졌고 그 내용상 상당한 유사성을 가지고 있는 골로새서와는 쌍둥이 서신으로 불리운다. 그래서 신약학에서 에베소서는 바울의 서신이 아닌, 즉 골로새서를 본 따 기록된 (즉 일종에 카피한) 그런 서신으로 간주되곤 했다. 그러나 그것은 문체와 내용에 대한 오해에서 비롯된 것이다.

두 서신의 유사성은 분명하다. 구조와 주제와 세부적인 내용에 있어 그렇다.[8] 그러나 둘의 차이는 또한 분명하다. 에베소서는 골로새서를 신학적으로 더욱 발전시킨 것이다. 다시 말해, 사상적 연속성이 있으나, 하나(에베소서)가 다른 것(골로새서)을 본 땄기 때문이 아니라, 전자가 후자의 신학적 기초가 되었고, 전자에 근거한 신학적 발전적 개념이 후자에 세워질 수 있었다는 것이다.

특히 골로새서는 어떤 특정 지역 교회(골로새 교회)를 위한 서신이라 한다면, 에베소서는 일종의 회람용 서신이라고 보아야 한다는 점에서 그 초점이 있다.[9] 그렇기 때문에 골로새서의 내용이 에베소서에서 보다 발전적으로 나타나는 것은 이해하기 어려운 일이 아니다. 다시 말해, 바울은 당시 기독론 이단의 문제가 특히 있던 골로새 교회를 위해 먼저 골로새서를 기록하여 보낸 후에 앞선 주제들과 관련된(또는 기초한), 새로운 계시적 이해의 진전이 있음으로 해서, 실제적인 신학적, 사상적 발전의 체계(특히 교회론과 관련된)를 세울 수 있었다는 것이다.[10] 그것이 그로 하여금 (한 교회가 아니라) 여러 교회를 위한 회람용 서신으로서의 에베소서를 기록하여 보내게 된 사유가 되는 것이다.

이런 정보는 에베소서를 연구할 때 골로새서의 앞선 이해가 뒷받침될 필요가 있음을 말해준다. 그러면서 에베소서의 신학적 중요성이 상당하다는 점을 강조해준다.[11] 바울의 교회론을 다루고 있는 에베소서는 이런 점에서 앞선 서신들의 내용(또는 데이터) 가운데 교회와 관련된 바울의 신학을 최종적으로 정리하고 발전시킨(또는 계시된) 서신이라 말할 수 있다.[12]

에베소서 교회론, 통일과 충만의 사역

에베소서에서 바울의 교회론은 여러 부분에 걸쳐 나타난다. 교회론의 구체적인 내용은 2장(특히 13-22절)에 주로 나타나지만, 1장(1:3-15과 22-23절), 3장(6, 9-10, 21절 등), 4장(1-16절 등)과 함께 곳곳에 교회론과 관련된 내용이 산재하여 나타난다.[13] 그런데 교회를 통한 삼위 하나님의 사역 목적을 특별히 엿볼 수 있는 부분은 1:10과 1:23이다. 이 부분에서 교회 사역의 특징을 살펴볼 수 있기 때문이다. 이들 구절에서 특별히 주목할 수 있는 두 가지 개념은 '통일'(bringing-together)과 '충만'(fullness)이다.

'하늘에 있는 것과 땅에 있는 것이 그리스도 안에서 통일되게 하려 하심'(1:10)이라는 말씀은 하나님 사역의 큰 목적으로 제시된다. 다른 목적 구절들, 예컨대 '그의 은혜의 영광을 찬미하게 하려는 것'(1:6; 참고 12, 14절) 등도 중요한 사역 목적이라 할 수 있지만, 이 '통일'의 사역은 2장, 3장, 4장 등에서 반복되어 나타나면서 에베소서의 중심 주제를 이루고 있다.[14]

이와 함께 '통일'과 대비가 되면서 교회와 관련하여 비중을 두어야 할 용어는 '충만'이라는 단어이다. 교회는 그리스도의 몸으로 '만물 안에서 만물을 채우시는 자의 충만'(1:23)으로 존재한다. 이 부분에서 '만물 안에' 있는 존재는 교회라고 보는 것이 자연스럽다. 그리스도는 만물 안에서 만물을 충만하게 하기 위해 교회를 그곳(만물)에 두셨다. 따라서 교회는 만물을 충만하게 하기 위해 만물 안에 거하시는 그리스도의 임재(거주)의 터로서 존재한다. 그 터의 역할은 만물을 충만하게 하시는 그리스도의 충만 사역에 쓰임 받는 것이다. 따라서 '통일'이라는 용어와 함께 '충만'은 교회의 존재 목적을 가리키는 대표적인 용어이다.[15)]

충만과 직접적으로 연관된 단어는 모두 여섯 군데서 나타난다(1:10; 1:23; 3:19; 4:10; 4:13; 5:18). 첫 번째 부분은 '때가 차다'(1:10)는 뜻으로 사용된 반면, 그 외의 네 부분은 모두 그리스도(하나님)의 충만과 직접 관련이 된다. 바울은 3:19에서 교회에 하나님의 모든 충만으로 충만하게 채워주시길 기도했다. (교회가) 먼저 채움 받지 못하고 (세상을) 채우는 역할을 할 수 없기 때문이다. 4:10에 그리스도는 만물을 충만하게 하시는 분이시다. 4:13에서 '그리스도의 충만'의 성숙에 이를 것을 바울은 촉구했다. 충만은 지속적으로 되어야 목표가 있는 개념이다. 5:18에서 바울은 '성령의 충만'이라는 용어를 사용한다. 교회는 먼저 채움을 받으며 동시에 그리스도의 충만으로 지속적으로 나아가야 하며 그래야 세상을 충만하게 하시는 그리스도의 충만으로 존재할 수 있는 것이라는 점이 강조된 것이다.[16)]

'통일'과 '충만'이라는 용어는 서로 배타적인 것은 아니다. 오히려 그 개념과 영역이 중복되어 있거나 중첩되어 있다. 그런데 이것을 힘의 방향으로 구분하면 다음과 같은 강조점의 차이를 얻을 수 있다.

통일은 하나로 모으는 것이다. 그렇기 때문에 '구심적'(centripetal)이다. 반면에 충만은 안으로부터 밖으로 넘쳐나는 것이다. 그래서 '원심적'(centrifugal)이다.[17)] 구심적 특성을 가진 통일은 내부의 힘을 통해 외부의 존재가 구의 내부로 들어오게 하는 통합적(integrative) 사역이 된다. 원심적 특성을 가진 충만은 안의 팽창된 힘으로 밖으로 펼쳐져 나가려는 배포의(distributive) 사역이 된다.

만물(만인)을 끌어 당겨 그리스도 안에 하나된 존재로 만드는 사역, 그래서 이 둘을 하나로 하여 하나님께 나아가게 하려는 사역은 통일의 사역이다. 반면에 그리스도의 신성과 능력이 교회를 통해 세상으로 넘쳐 흐르게 하는 사역은 충만의 사역이다. 이것은 교회가 세상에 대해 어떤 태도를 가져야 하는지를 보여주는 것이다. 사역의 방향과 목표가 어떻게 세워져야 할지를 알려준다. 교회로 세상에 대해 보다 전진된 자세로 사역에 임하도록 한다. 그것이 선교

사역이라도 그렇다.[18)]

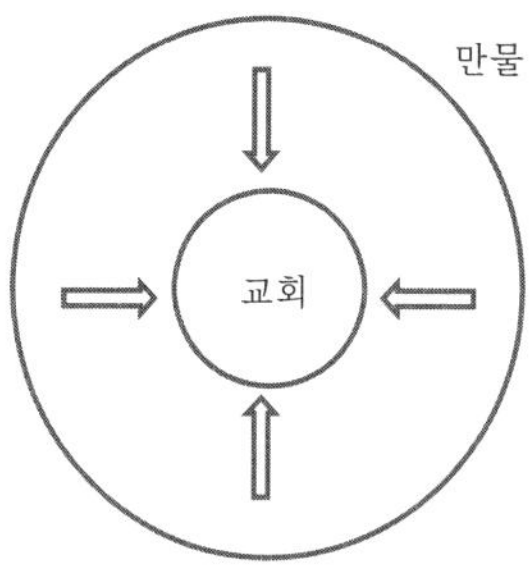

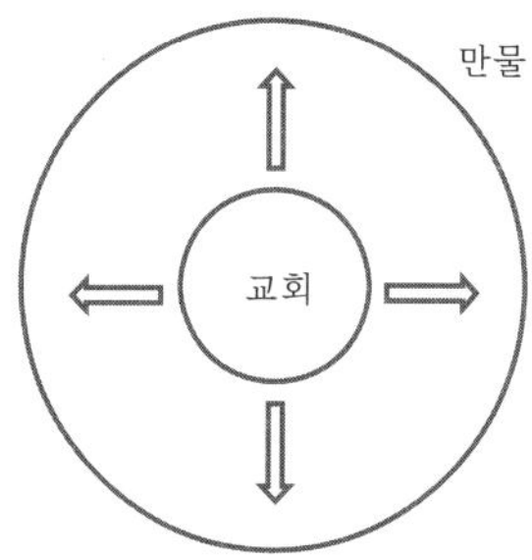

이런 점에서 에베소서의 교회론은 상당히 역동성을 가진다. 세상의 사람들을 끌어 당기며 세상의 사람들에게 적극적으로 나아간다. 그들을 변화시키며 그들에게 큰 영향을 준다.[19)] 만물을 그대로 내버려 두지 않는다. 교회는 만물을 위해 존재하는 하나님의 도구이다. 만물(만인)은 그리스도의 교회를 통해 하나님께 나아가며 그로 인해 하나님의 은혜의 빛을 얻는다.

선교전략의 중요성

선교에 있어 전략(strategy)은 무척 중요하다. 때론 하나님의 사역을 수행할 때, 사람 쪽의 전략과 계획 수립은 기도와 성령의 인도하심과 갈등 관계가 있지 않은가 하고 생각한다. 그러나 전략과 계획의 수립과 실행은 가장 위대한 전략 경영가이시며 하나님 나라 사역의 전략의 근원이 되시는 삼위 하나님으로 비롯된다. 그 분의 형상을 닮고, 그 분의 공유적 속성을 이어받은 인간의 전략적 노력은 당연한 것이고 또 필요한 것이라 본다. 단, 믿음과 의뢰의 기도를 통해 성령의 인도하심을 받고자 하는 겸비한 마음이 있을 때, 그 전략 세우기는 하나님의 뜻에 그만큼 부합될 수 있을 것이다. 하나님 자신이 전략적 통찰력을 그의 사역자에게 제공하시는 분으로 이해해야 한다.[20)]

그렇기 때문에 하나님은 세계를 복음화하는 선교 사역의 전략적 중심에

서신다. 뉴비긴(Newbigin)은 삼위일체 사역으로서의 선교를 강조한다.[21] 교회의 선교를 삼위일체의 모델에 근거해서 이해한 것이다. 성부께서는 모든 것을 그의 손에 두신 분으로 모든 것을 섭리하시며 모든 사역에 사랑으로 함께 하시며 또한 이를 주관하신다. 성육신으로 자신을 드러내신 성자는 모든 충만과 완전하심으로 사람들을 회개와 믿음으로 이끄셨다. 이 사역은 교회 안에서 성령께서 지속하신다. 교회의 사역은 모든 나라, 모든 공동체에 향한 하나님의 능력의 역사이며 하나님 나라가 이미 도래했다는 표적인 것이다.[22] 그러므로 선교 사역은 그 시작이 우리의 행동으로 말미암은 것이 아니라 하나님께서 성령의 능력으로 경륜가운데 이끄신 것이라는 점이 강조되어야 한다. 삼위 하나님의 사역은 그 자체로 전략적이다. 삼위 하나님의 경륜과 계획 가운데 모든 사역이 이뤄진다는 것이다.[23] 하나님은 세상을 향한 신적인 선교 전략을 통해 그의 사역을 이루고 계신 것이다.

데이톤(Dayton)과 프레이저(Fraser)에 따르면, 전략은 우리 인간 편에서 미래를 미리 앞당겨 바라보는 것이다. 그러므로 전략은 미래가 어떻게 될 것이며 그 미래를 위해 무엇을 해야 하는가를 믿는 '신앙의 진술'(our statement of faith)이라는 것이다.[24] 전략은 미래를 믿음으로 바라보는 이들만이 세워갈 수 있는 비전의 계획이라 할 수 있다. 전략적 노력이 없는 사역은 방향이 없는 타법과 크게 다를 수 없다. 하나님 나라 사역에 있어 하나님의 전략을 이해하며 이를 실현하는 일이 요구된다. 그것은 바로 보이지 않는 것을 미리 보는 믿음이며, 아직 이뤄지지 않았지만 하나님께서 원하신다면 반드시 이뤄질 것으로 확신하는 믿음인 것이다(히11:1).

최초의 선교사[25]라 할 수 있는 사도 바울의 선교 전략에 대해 채은수 교수는 헤셀그레이브(Hesselgrave)를 의지해서 열 가지를 강조한다.[26] (1) 선교사를 위임함; (2) 청중을 접촉함; (3) 복음을 의사소통함; (4) 청자의 회심; (5) 신자의 회집; (6) 믿음을 굳게 함; (7) 지도자를 세움; (8) 신자들에게 책임 이전; (9) 관계 유지; (10) 파송하는 교회. 바울의 선교 사역에 전략적 요소는 필수적인 셈이다. 이 같은 열 가지 특징적 사역 요소는 바울이 전략형 사역을 수행했음을 말해주기 때문이다.

알렌(Allen)은 다른 측면으로 바울의 전략적 선교사역을 지적했는데, 그것은 바울이 (1) 로마 정부의 중심 지역에 복음을 전했고, (2) 헬라 문명의 중심 지역(헬라어 사용 가능 지역), (3) 유대인 세력권의 중심지, (4) 세계적 상업 중심지 등 전략적 요충지에 성령의 인도를 받아 집중적으로 복음을 전했고 그곳에 교회를 세웠다는 것이다.[27] 이것은 바울의 전략적 선택이 어떠했는지를 보여준다. 그것은 오늘날에도 대도시를 전략적으로 선교의 중점 지역으로 삼아야 된다는 뜻이 아니라, '전략상의 요충지들을 장악하는 것'[28]이 바울의 선교 전략이었다는 점을 드러낸 것이다. 바울이 그의 사역을 수행하는데 적절한 전략을 가질 필요가 있었다면, 오늘날 우리의 사역에도 적절한 전략이 있어야 한다는 것은 말할 나위가 없다.

교회의 역동적 사역론의 선교전략 가능성

에베소서의 교회론적인 이론에 근거하여 선교 사역을 바라볼 때,[29] 교회를 통한 하나님 나라의 선교 사역의 개념을 세워갈 수 있다.[30] 교회는 선교 사역의 중심적 도구로 사용되는 것이다. 그렇다고 그것이 교회만을 위하는 선교가 되어야 한다는 뜻은 아니다.[31] 교회를 통한 하나님의 목적이 선교 현장에서 이뤄져야 한다는 것이다. 그것은 곧 교회가 교회다운 교회가 되어 하나님의 사역을 이뤄드리는 교회가 그곳에 세워지는 것이다. 이를 통해 이 땅에서 하나님 나라의 확장이 일어난다. 하나님의 나라가 세상의 영역을 복음으로 점령해 가는 것이다.[32]

통일의 전략

한 지역을 '통일'의 지대로 만들기 위해 먼저 '교회 세우기'(church-planting)가 선행된다.[33] 이를 통해 에베소서에서 강조된 '교회 안에서의 하나됨'(통일)이 이뤄지는 것이다. 그런 점에서 선교사는 새로운 교회를 설립하거나 또는 기존의 교회를 돕는 일을 하거나 해야 한다. 이것은 선교의 당연한 상식이다.

교회를 새로 설립하는 것은 그곳에 주님의 교회가 현존하지 않거나, 있기는 하지만 함께 협력하여 사역하기 어렵고 특히 건전한 교회로서의 존재가 아닐 때 필요하다. 중요한 것은 새로 세워지는 교회든, 이미 있는 교회든 그 교회를 통해 하나님 나라의 통일의 사역이 이뤄지도록 선교사는 힘을 쏟아야 한다.

이 때 교회는 참된 그리스도의 교회가 되도록 해야 한다. 그래야 그리스도를 통한 통일이 이뤄질 수 있다. 교회가 교회로서의 역할을 할 수 없는 지경이 될 때, 회복과 갱신의 사역이 일어나야 하거나 혹은 새로운 교회의 등장이 필요할 수도 있게 된다.

따라서 선교사는 그 지역의 교회(들)가 통일을 이루는 존재로서 존재할 수 있느냐는 검토가 필요하다. 그 안에서 그리스도와의 연합, 그리스도로 인한 성도의 연합, 그리스도 안의 공동체로서 하나님과의 더 깊은 연합, 이 세가지 연합이 제대로 이뤄지고 있는지 검토해야 한다.[34)]

1) 그리스도와의 연합은 명확한 복음의 제시와 소개, 그리고 바른 말씀의 교육을 통해 그리스도의 제자가 되며 그리스도와의 연합된 관계를 계속해서 확인하는 과정을 통해 강조된다.[35)]

2) 그리스도로 인한 성도의 연합은 그리스도인이 된, 즉 그리스도를 따르는 제자가 된 성도들이 상대를 그리스도의 형제 자매로 받아들이며 주님의 계명을 따라 서로 사랑하는 것을 의미한다.[36)]

3) 하나님과의 깊은 연합은 그들이 한 공동체로 하나님과의 깊은 교제와 사귐의 기쁨을 얻는 것을 뜻한다. 한 교회가 그리스도 안에서 하나되어 하나님께 나아갈 때 얻어질 수 있는 축복의 순간들이다.[37)]

이렇게 될 때 교회는 세상을 품을 수 있는 그릇으로서의 역할을 제대로 할 수 있게 된다. 세상이 그에게로 나아와 그리스도를 만나며 그 주님의 교회 안에서 형제들이 서로 사랑으로 연합되며 더 나아가 하나님의 큰 사랑을 받는 공동체로 세상에 서게 된다. 그 교회는 세상의 그 어떤 기관과도 구별된 특별한 모임체, 구원의 방주가 된다. 그곳에 무엇이 있는가 사람들은 궁금해 할 것이다. 그곳에는 생명의 변화가 일어난다.

이 교회를 통한 통일 전략은 사람들을 그리스도에게 나오게 하는데 가장 성공적인 것이다. 그리고 이것이 무너지면 교회는 통일을 위한 공동체로서의 능력을 상실하게 된다. 그리스도가 제대로 소개되지 않거나, 그 말씀을 따르는 일이 무엇인지 제대로 교육되지 않는 교회는 첫 번째 사역부터 구멍이 난 상태다. 또한 그리스도 안에서 서로의 사랑과 평화의 관계로 성장하지 않는 교회는 그리스도의 말씀의 정신이 실현되지 않는 교회이다. 통일의 사역을 감당하기 어려운 교회다. 이 두 가지는 바로 세 번째 하나님께로 나아가는 방식으로 나타난다. 그리스도와의 연합과 성도간의 사귐으로 끝나지는 않는 것이다. 하나님이 그 모임에 살아 역사하시는 형태로 나타난다.

따라서 선교사역은 해당 지역에 교회를 통해 통일의 사역이 이뤄지도록 돕는 사역이 되어야 한다. 선교사 개인의 제자를 양성하는 것도, 어떤 특정한 단체를 만드는 일보다, 그 현지에 주님의 교회를 세우는 일, 또는 기존의 교회들이 건강한 주님의 교회로 서도록 돕는 일을 통해 하나님 나라의 통일 사역이 그 지역에 이뤄지도록 헌신해야 하는 것이다.

충만의 전략

교회가 '그리스도의 충만'으로 세상에 존재한다는 것은 세상을 향한 주님의 특별한 사역을 감당하는 존재로 있다는 것을 의미한다. 그것은 그리스도 신성의 충만으로 세상을 충만하게 하는 일이다. 그리스도께서 교회를 통해 이뤄가시는 사역이다. 어떻게 그것이 이뤄질 수 있는가?

이 역시 교회가 그리스도의 충만으로 먼저 채워져야만 한다는 것을 말해준다.[38] 그리스도의 신성으로 채움 받기 위해선 그리스도의 말씀으로 채워져야 할 것이다. 그러므로 그 말씀이 바로 가르쳐지고 제대로 연구되는 일이 필수적이다. 하나님의 말씀은 성도를 변화시키며 강력히 그들 마음에 역사한다. 심령의 변화와 새로운 마음을 갖게 되는 일이 계속되므로 그 모임은 세상에 대한 말씀의 행동으로 나아가도록 강력한 동기가 부여된다. 교회는 그렇게 격려 받는다.

교회에 임한 그리스도의 충만은 교회 전체를 통해, 또 성도 각 개인을 통해 역사한다. 교회는 그 사회의 빛 된 존재와 사랑의 대안 그룹으로, 또한 성도는 그들이 존재하는 각각의 처소에서 빛과 소금, 그리고 사랑으로 섬기는 자가 된다. 작은 그리스도로서의 존재는 성도의 뚜렷한 정체성이다. 세상은 그들을 통해 도전을 받고 자신의 죄와 부끄러움을 보게 되며 빛의 본과 사랑의 모델의

영향을 받게 된다.[39]

분명한 것은 그 같은 성도는 세상에 하나님의 아들들로 인정될 것이라는 점이다(참고, 마5:16). 빛이신 하나님과 사랑이신 하나님을 아버지로 모시는 이들이 세상에 나타나는 것이다. 교회와 개인을 통한 진리의 말씀의 온전한(그리고 지속적인) 선포와 기독교 윤리와 사랑의 전개(전파)는 이런 충만의 사역이 된다. 이로써 그리스도의 진리와 빛과 사랑이 그 지역에 조금씩 채워지게 된다. 이것이 두 번째 교회의 존재 이유이다.

이 일을 위해 교회는 온전한 말씀의 선포와 효과적인 말씀 교육을 통한 계속된 변화(갱신과 도전)가 요구된다. 교회가 진리로 충만하지 않을 때, 교회가 각 성도들이 그리스도를 닮는 데까지 이끌어가지 않을 때 그런 역사는 없는 것이다.

따라서 선교사가 선교지에서 이 '충만'의 사역을 목표로 한다면 그것은 성도 한 사람, 한 사람을 말씀으로 온전하게 세우는 일과 특정 (지)교회(들)를 그리스도의 충만으로 채우는 사역에 먼저 집중할 것이다. 그래서 그 교회(들)가 또 개별 성도들이 그들의 지역에 그리스도의 충만을 흘려 보내는 사역을 할 수 있도록 도울 것이다.

'통일과 충만' 사역의 지역 개념

그렇다면 어떻게 '통일과 충만'의 사역이 구체화될 수 있는가? 실제 이를 위한 선교 사역의 형태는 다양하게 나타날 수 있다. 한 사람, 한 사람을 전도하여 믿는 자로 만드는 일, 그를 계속 양육하는 일, 교회를 세우는 일, 신학교를 세우는 일, 교수로서 섬기는 일, 현지의 지역 교회에 여러 가지 형태로 협력하는 일 등이다. 그러나 중요한 것은 크고 작은 일이든 막론하고 사역자는 전체적인 조망과 안목이 필요하다는 것이다. 하나님 나라 사역의 전체적인 구도와 시대적 목표를 이해해야 하는 것이다.

전체적인 조망을 얻기 위해 지역적 개념을 도입해 보자.[40] A를 하나의 지 교회가 보통 감당해야 할 작은 지역으로 보자, B는 그 보다 더 큰 단위의 지역(시나 도와 같은)이 된다. C는 그 민족 또는 나라로 보자. D는 그 국가가 속해 있는 지역(예컨대 동남 아시아)이 되고, E는 전 세계를 가리키는 개념으로 하자.[41]

A 지역에서 어떻게 '통일과 충만'의 사역을 구체화할 수 있을까 전략을 세우자. 특정 교회(들)를 세워 그 지역을 감당하게 하는 일이 필요하다. 그리고 그 지역은 그 교회(들)의 사역 책임 지역이 되는 것이다. 그 일을 위해 어떻게 사역이 시도되어야 하는가? 그리고 어떻게 다른 이들과 협력해야 하는가?

이제 좀 더 큰 지역인 B 지역을 생각해 보라. 그 지역을 위해선 협력 사역이 불가피하다. 그 일을 위해 무엇을 어떻게 해야 하는가? 현재 그런 협력 사역 모임이 있는가? 있다면 어떻게 협력할 것인가? 만일 여의치 않다면 어떻게 대안을 세워나갈 것인가? 또는 아직까지 없다면 그 지역을 위한 협력 사역 모임을 새로 시도할(initiative) 것인가, 아니면 자신의 사역이 더 성장할 때까지 기다릴 것인가?

이 원리는 C 지역(한 민족)에도 해당이 된다. 좀더 큰 안목과 협력이 필요할 뿐이다.

그러나 이런 사역을 할 때 그 목표가 자리나 힘, 또는 자신의 명예와 실익을 얻고자 하는 것이 아니라 그 지역(또는 민족)을 위한 하나님 나라의 협력 사역이라는 점을 잊지 않는 것이 필요하다. 쉽게 판별할 수 있는 기준은 역시 '통일-충만'의 이중 바로미터이다. 이 일을 위해 통일의 사역이 이뤄지는가(이뤄질 것인가)? 이 일을 통해 충만의 사역이 좀 더 이뤄지는가(이뤄질 것인가)? 그것이 판별의 척도가 된다.

A-C 지역, 즉 한 나라와 특정 지역에 대한 선교 전략과 D-E 지역, 보다 큰 세계적 전략적 개념을 함께 이해할 필요가 있다. 선교가 자신이 하는 사역에 대한 집착과 근시적 시각에 머물 때, 오히려 하나님 나라의 전체 사역에 걸림이 될 수도 있다. 지역 (또는 전체) 선교사회는 원시적, 통합적 전략 수립을 논의하고 추진하는 기구가 되어야 함은 너무도 당연하다. 그 일을 위해 상호 협력과 사역 조정, 서로에 대한 격려와 이해, 그리고 팀 의식의 강화는 하나님 나라 사역에 불가피한 것이다.

나가며

남아프리카 동부에 위치한 모잠비크[42]는 인구가 삼백만 정도(2010년 기준)이며 영토로 하면 남한의 약 8배에 해당되는 나라이지만, 세계에서 가장 가난한 나라 중 하나이다(1인당 477$의 수입). 38 부족으로 이뤄진 이 나라는 그 보다 훨씬 많은 언어(244가지)를 가지고 있다. 공식적으로는 46.5%의 문자 해득률을 가지지만 실제는 20%이며 이마저 더 낮아지는 추세라 한다.

470년 동안 포르투갈의 식민지 지배아래 있다가 1975년 공산주의 게릴라 전쟁으로 독립했기 때문에 처참한 역사를 가진 황폐한 나라라 할 수 있다. 종교적으로는 1982년 이후로 조금씩 종교적 자유가 주어졌고 정치적으로 1990년이 지나서야 복수 정당 등 민주화가 시작되고 있는 상황이라 한다.

이 나라에서 선교 사역을 하려 하는 선교사라면 어떤 전략을 세워야 할 것인가? 먼저 그 나라의 그리스도인 비율이 약 46%에 달한다는 사실에 주목해야 할 것이다. 그러나 개신교로 따지면 11%에 불과하다는 점, 그럼에도 성장률이 5.1%에 달하고 있다는 점 등을 염두에 두어야 한다. 특히 교육과 거룩한 삶의 부재 때문에 교회는 내적 갈등과 천박함과 낮은 윤리적 기준 등의 문제가 있다고 지적 받고 있다.

이곳에 선교 사역을 위해서 선교사는 일반적으로 공용어 포르투갈어를 배워야 할 것이다. 60%의 사람들이 이 말을 아직도 쓰고 있기 때문이다. 새로운 교회를 그곳에 세우기 보다는 가급적 기존 교회가 교회다운 교회가 될 수 있도록 돕는 사역이 절실할 것이다. 신학교 사역, 특별 세미나 사역, 문서 사역 등은 전략적으로 중요한 사역이 될 것이다. 또한 이와 함께 전 분야의 문화, 직업 훈련 사역에도 협력할 필요가 있다. 교회 지도자를 발굴하거나 기존의 지도자를 재훈련하는 사역이 광범위하게 또한 전문적으로 시행되어야 할 것으로 보인다. 또한 많은 언어군의 사람들을 위해 그들의 언어로 성경을 번역하는 일이 계속되어야 할 것이다.

이런 지역의 교회는 어떻게 교회다운 교회가 될 수 있을까? 어떻게 통일의 사역과 충만의 사역을 그곳에서 지속적으로 또 더 발전적으로 감당해 나갈 수 있을까? 이 일을 위해 어떤 전문 또는 협력 사역이 필요한가를 연구하며 실행하는 일이 선교 전략의 본질이다. 그런 나라에선 가난한 교회와 성도를 외부의 도움으로 부요하게 만드는 일보다는, 그 교회의 한 사람, 한 사람이 믿음으로 서서 거룩한 승리를 해 나가는 모습을 갖게 하는 일이, 사회의 곳곳에 훈련된 복음의 사람들이 자리 잡아 그 나라를 이끌어 나가게 돕는 일 등이 특히 필요할 것이 아닌가 한다.[43] 전문 선교사 되신 분들의 역할이 기대된다.

2. 개혁주의 설교

한국 교회는 개혁주의 교회들이 대세를 이루고 있으나, 그 설교적 기조가 개혁주의라 규정하기는 어렵다. 개혁주의 설교의 의미와 그 이점이 충분히 연구되고 발표되지 않았기 때문일 수 있다. 설교 현장에서 개혁주의라는 이름은 매우 제한적으로 사용되고 있다. 교리적 선언의 설교화나 특정한 신학적 접근으로 이해될 뿐이다. 어떤 설교를 개혁주의 설교라 할 수 있는지에 대한 개혁주의 설교의 범주 설정에 대한 타당한 논의가 필요하다.

문제 제기

첫째, 개혁주의 설교의 정의와 범위: 개혁주의 설교는 무엇인가? 어떤 설교를 또 어떤 근거로 개혁주의 설교라 할 수 있는가? 개혁주의 설교의 범위를 어떻게 설정해야 하는가? 어느 특정한 신학적 관점의 설교(예컨대, 구속사적인 설교)만이 개혁주의 설교인가? 그렇지 않다면, 다른 관점이나 방향, 또는 주제를 갖고 있는 설교들을 어떤 근거로 개혁주의 설교다, 또는 아니다 할 수 있을까? 이 부분에 대한 합의가 이뤄지지 않았다.

둘째, 개혁주의 해석학과 개혁주의 설교: 개혁주의 설교를 위해서는 개혁주의 해석이 필요하다. 말씀을 전하는 것이 설교이므로 개혁주의 설교는 개혁주의 해석과 분리될 수 없기 때문이다. 말씀의 어떤 내용을, 어떤 방식으로 전하는가는 그 설교가 어떤 설교인지를 말해주는 중요한 척도가 아닐 수 없다.

개혁주의 성경 영감론에 근거한 개혁주의 해석이 새로운 해석적 방향을 제시할 수 있다면, 이런 연구는 개혁주의 설교에 어떤 방향을 제시할 수 있으며 또 어떤 실제적인 기여를 할 수 있는가?

셋째, 한국 교회 설교의 개혁주의 설교의 가능성: 한국 교회의 설교는 대체로 복음주의적이다. 그러나 건실한 본문 중심의 연구가 부족하다. 본문 연구가 충실히 되지 못하는 이유는 복음주의적 개혁 교회의 설교자들이 성경 영감론에 대한 믿음이 약해서가 아니라, 이에 근거한 해석학적 관점의 과정적 활용과 실제적 연구를 통한 본문 해석 훈련과 설교 활용에 대한 경험이 부족했기 때문이다. 신앙적 고백이 해석학적 노력으로 연결되지 않는다. 개혁주의 해석학적 관점이 실제적인 해석적 노력 과정에 반영되어 있어야 하고, 이를 통한 건실한 본문 연구의 결과가 현장의 영향력 있는 설교로 전환되어야 한다.

이 글의 목적은 개혁주의 해석을 개혁주의 설교에 어떻게 접목할 수 있는지 논의하는 것이다. 개혁주의 해석학의 연구가 실제 현장 교회의 설교 사역에 어떻게 연계되고 활용될 수 있는지 제시하여 한국 교회의 설교의 개혁주의적 방향성과 이에 따른 성과 가능성을 보여줄 필요가 있다.

그 어떤 개혁주의 설교의 구체적인 모델을 계발하여 제공하려는 것이 아니다. 그 보다는 개혁주의 해석학이 어떻게 개혁주의 설교에 영향을 주는가, 또 줄 수 있는가를 논하고, 개혁주의 관점의 해석학에 근거한 개혁주의 설교의 여러 가능한 모델들을 제안하며, 영감된 하나님의 말씀에 대한, 본문 중심의 해석 노력을 개혁주의 설교를 하기 위한 필수 과정이라는 점을 함께 강조하려 한다. 특히, 개혁주의 신앙과 신학이 현장의 설교(그 방법론과 주제 등에 있어)를 제한하는 것이기 보다는 더 풍부하게 하고, 성경을 통한 하나님의 뜻을 밝히는 데 더 적극적이게 하며, 설교자로 보다 큰 확신으로 말씀을 증거하게 한다는 점을 강조하고 싶다.

개혁주의 설교의 유형

개혁주의 영감론에 근거한 개혁주의 해석학의 방향과 가능한 해석 방법론들은 X, Y, Z 축 각각에 한 쌍씩을 이뤄 전체적으로 여섯 개의 해석적 접근이 가능하다는 점을 앞서 논의했다.

그렇다면 그것들을 그대로 설교화하는 것은 가능한가? 각 축과 그에 따른 양 방향의 해석 방향은 설교로 전환하는 데는 큰 어려움이 없다. 그러나 이것들이 그대로 여섯 가지의 설교 유형이 된다는 것을 의미하는 것은 아니다. 이와 같이, 해석한 것을 설교로 전환할 때 그에 따른 여러 설교적 유형이 나타나는데, 그런 설교들은 개혁주의 영감론과 해석학에 근거한 개혁주의 설교라 할 수 있겠다.

독자들은 이들 유형의 대부분이 일반에게 잘 알려져 있고 일선 설교자들이

즐겨 사용하고 있는 설교 유형이라는 점을 알 수 있을 것이다. 이 글은 개혁주의 설교의 새로운 유형을 소개하려는 것이 아니다. 기존 유형의 설교들이 개혁주의적 관점과 해석과 연계가 되는지, 된다면 어떤 점에서 그렇다고 할 수 있는지 이런 점들을 밝히고, 개혁주의 설교의 범주에 들어갈 수 있는 가능한 설교 유형들을 고려해 보도록 하려는 것이다.

각 축의 영감론과 그에 따른 양 방향의 설교 유형의 가능성은 다음과 같이 생각할 수 있다.

축자 영감의 축(X축)

1-1 마이크로 단위의 강해(Micro-unit Exposition)

마이크로 분석(micro analysis)은 대개 한, 두 단락의 본문을 택하여 어구 하나 하나에 초점을 두고 본문을 깊이 있게 해석해 나가는 해석 방식이다. 단어, 어구, 문장 하나씩을 세밀하게 연구하여 그 뜻을 밝히려는 해석자의 근면한 노력은 성경이 축자 영감의 본문이라는 것을 전제하지 않는다면 별 의미가 없다. 하나님께서 그 한 단어, 한 어구, 한 문장을 그 부분에 두신 뜻을 면밀히 알고자 하고, 이를 깨닫고 발견하기 위한 성실한 노력이기 때문이다.

비교적 최근에 계발된, 현대 언어학의 구문론-의미론에 근거한 구문 분석 방식의 본문 연구가 본문의 마이크로 분석을 철저하게 해낼 수 있는 도구가 되고 있다.[44]

본문의 철저한 분석(해석)을 설교로 전환한 것이 강해 설교이다. 본문에서 추출된 메시지를 회중에게 적용한다. 제대로 연구된 본문의 말씀을 회중의 필요와 상황에 맞춰 적절하게 설교화한 것이다. 철저한 주해와 구문 연구가 선행된 강해 설교가 본문에 드러난 하나님의 뜻을 전달하는 데 효과적인 것임은 의문의 여지가 없다.

분명한 것은 강해 설교는 축자 영감을 근거로 하지 않고서는 할 수 없는 설교란 것이다. 한 어구에 초점을 두는 것은 하나님의 뜻의 미세한 부분이라도 소홀히 할 수 없기 때문이다.[45] 이것이 성경을 영감된 말씀으로 인정하는 개혁주의적인 정신이라는 점에서 지극히 옳다.

문제는 제대로 된 강해 설교냐 하는 것이다. 성실한 본문 연구 없는 강해 설교는 그 본(本) 취지를 잃어버린 것이다.[46] 강해 설교는 본래 그 본문을 통해 주시려는 하나님의 뜻을 밝히고 이를 효과적으로 전달하는 데 목적이 있다. 강해가 얼마나 철저히 될 수 있는가? 강해의 철저성은 우선 본문 연구의 철저성에 근거한다. 물론 그 바탕은 축자 영감에 대한 강한 확신이다. 그 어떤 어구도 무의미하게 주어진 것이 없다는 신념이다. 모든 어구를 성실히 다루겠다는 성실한 자세이다. 말씀에 충실하다는 것은 치밀한 본문 연구를 해야 한다는 것을 뜻한다. 본문 연구에 최선의 노력을 해야 한다는 뜻이다.

이 방법의 이점은 설교자가 성실하고 적절히 본문의 뜻을 밝힌 것이라면, 하나님의 뜻에 회중 모두가 그 말씀에 순종하는 태도를 가질 수 있다는 것이다. 해석자(설교자)의 자의적인 것이 없다고(또는 약하다고) 판단되므로 그것이 설교의 권위를 살려줄 수 있다. 반면에 단점은 지나치게 문자에 매일 때, 때로 지루하게 전개될 수 있다. 적절하고, 흥미롭고 적절한 강해 설교를 하려고 노력하고, 그렇게 할 수 있는 방법들을 찾아내는 데 열심이 있어야 한다.

1-2 매크로 단위 강해(Macro-unit Exposition)

문단과 문단의 연계에 주목하여 본문의 보다 큰 맥락을 읽어내는 매크로 해석의 결과를 설교로 전환할 수 있는가?[47] 충분히 가능하다고 본다. 그것이 다른 유형의 설교의 보완으로 사용될 수 있다. 마이크로 강해 설교에 더 넓은 문맥을 보게 하는 매크로 해석이 반영된다면, 회중에게 본문의 배경적 이해를 전달하는 데 도움을 줄 수 있다.

또 매크로 단위의 강해 자체로도 하나의 설교 유형이 될 수 있다. 그것에는 사건 기록체(narrative)의 설교, 특히 본문의 여러 단락, 여러 장을 묶어내서 전체적으로 다루는 형태의 설교로 활용될 수 있다. 예컨대, '다윗의 죄와 회복'[48], '엘리야의 낙심'[49]을 다룬다면 본문 한 두 단락의 이해만으로는 부족하다.

이 설교의 이점은 한, 두 단락을 넘어서서 본문의 전체적 이해를 하게 한다는 것이므로, 맥(문맥)을 잡는 설교로는 적격이다. 물론 이 맥 찾기도 하나님의 의도를 찾고자 하는(다만 크게, 전체적으로) 노력의 일환이다. 반면에 단점도 있다. 전체적인 흐름은 강조되지만, 그러다 보면 주 메시지의 적용점이 약해질 수 있다. 스토리의 전개에 초점을 두다가 스토리의 의미가 간과되거나 적용점이 분명하게 드러나지 않을 수도 있다.

매크로 관점의 설교도 축자적 영감에 근거한 설교법이다. 충분히, 효과적으로 활용할 수 있다.

유기적 영감의 축(Y축)

2-1 내용-포인트 설교(Contents-Points Preaching)

본문이 하나님과 인간 저자의 유기적인 결합에 의해 영감되었다는 것은 본문의 내용(메시지)이 인간 저자의 뜻과 하나님의 뜻을 모두 함께 반영한다는 것을 의미한다. 본문의 중심 내용을 제대로 이해하는 것은 영감된 말씀의 뜻을 파악하는 것이다.[50)]

강해 설교의 또 다른 유형이라 할 수 있다. 세세한 어구에 집중하지 않고 본문의 메시지의 핵심을 이해하고 주제화하여 그것을 설교로 바로 전환하는 것이다. 설교자는 그 메시지가 영감된 말씀인 것을 분명히 이해하고 확신 가운데 전해야 하는 것은, 어구 하나 하나에 세밀한 관심을 갖고 해석(마이크로적인)하고 그에서 나온 말씀을 증거하는 강해 설교의 정신과 같은 맥락에 있기 때문이다.

단점이 있다. 본문에서 주제(메시지)를 추론해내는 일에 집중하다 보면, 본문을 정밀하게 보는 마이크로 방식의 강해법에 소홀해질 수 있다. 본문을 통해 말씀하고자 하는 하나님의 의도의 상세한 부분들은 놓칠 수 있다. 때로 본문 연구를 소홀히 할 위험성이 있다.

물론 이 방법도 본문 연구에 대한 훈련이 필요하다. 본문에서 주 메시지와 부 메시지를 뽑아 낼 수 있는 연습 등이 그것이다. 가급적 자의적인 해석은 삼가야 한다. 자의적인가, 본문 중심적인가에 대한 판별의 기준은 해석 데이타가 본문의 맥락과 맞아야 하고, 본문이 주는 정보들을 종합할 때의 결과와 방향에 있어 일치하는가 하는 것이다. 마이크로-매크로 해석 설교에 비해 본문 해석의 자의성이 증가될 가능성이 있다. 그러므로 마이크로-매크로 개념과 연구가 있어야(기초가 되어야) 하는 이유가 된다.

장점은 본문 연구 후에 설교자의 자의적 방법 활용이 가능해진다는 점이다. 설교 형식의 운신이 자유롭다. 설교의 틀을 설교자가 좀더 자유롭게 정할 수 있다. 이런 경우에는 본문 연구를 통해 본문의 메시지를 열거하고, 그것을 다시 조직화하여 설교의 개요로 삼아야 한다.[51]

2-2 장르-문체 설교(Genre-Style Preaching)

본문의 내용(메시지)만 아니라, 그 표현 방식도 영감되었다는 것은 본문의 형식을 살리는 설교로 나아갈 수 있게 해준다.[52]

이 부분은 범위와 관련하여 크게 둘로 나눌 수 있을 것이다. 하나는 장르에 대한 것이다. 또 하나는 좀더 작은 단위의 본문 내 저자 기록의 구조와 문체(스타일)이다. 물론 특정 본문을 크게, 특정 장르로 표현하여 전달하게 하신 분은 하나님이셨고, 또 작게, 인간 저자로 하여금 특정 구조와 스타일의 본문으로 표현하게 하신 분도 하나님이셨다는 본문의 영감된 사실에 대한 믿음에 기초한다. 물론 하나님께서 저자를 통해 그렇게 하셨다. 적어도 그렇게 허락하셨다.

장르를 살린다면, 내래티브(사건기록체) 스타일, 강화체(담화체) 스타일, 운문(시가서) 스타일, 지혜 문헌적 스타일, 예언서적 스타일이 반영된 설교가 가능하다는 것을 의미한다.[53] 장르라 인정된다는 것은 이 역시 하나님의 의도와 무관하지 않다.[54]

전체적인 장르는 아니지만, 특정 본문의 구조와 세부적인 문체 스타일 연구는 본문을 하나님의 말씀으로 인정할 때 매우 중요한 부분이다. 구조와 문체도 영감된 것으로 받아들여야 하기 때문이다. 해석자가 면밀히 연구하고도 그 구성이나 문체를 다 발견하지 못하는 것은 그렇다 해도, 아예 발견하지 않으려 하는 것은 그런 문체를 사용하여 독자들에게 그의 메시지를 전달하려고 하는 하나님의 의도에 어긋난다.[55]

그런데 어떻게 본문의 구조와 스타일을 설교에 반영할 수 있는가? 예컨대, 병행법의 경우, 병행법의 의도가 제대로 알려져야 한다. 병행법을 소개할 필요는 없어도 병행법이 갖고 있는 목적성, 예를 들어 반복적 강조, 연계적 이해 등의 본 뜻이 제대로 해석에 반영이 되어야 하고, 또 당연히 설교의 메시지에서도 그런 부분이 강조될 필요가 있는 것이다.

이 방식의 장점은 본문의 장르로 스타일의 이해가 설교에 반영될 때, 본문의 강조점이 좀더 드러나고, 내용의 우선순위가 제대로 이해되고 전달된다는 것이다. 이 때 다양한 설교 방식에 대한 접근이 훨씬 가능해질 것으로 보인다. 반면에 단점은 장르나 문체를 제대로 고려하여 설교하는 것이 그렇게 쉽지 않다는 것이다. 제대로 되지 않으면 사용하지 않느니만 못할 수 있다. 그래도 본문에 대한 영감적 확신에 근거한 설교 유형의 다양성의 문을 열어줄 수 있다는 점은 앞으로 주목해야 할 부분이다.

만전 영감의 축(Z축)

3-1 **통합 주제 설교**(Integrated Topical Preaching)

성경 전체가 영감되었다는 관점을 따를 때, 성경 전체를 체계적으로 연구하려는 마음을 해석자로 갖게 한다. 그런 연구 후에 이에 따른 연구 결과를 설교로 변환하려는 것은 너무도 당연한 것이다.

이런 방식의 해석 노력에는 성경신학적 주제 연구나 조직신학적 주제 연구가 있을 것이다. 다만, 이런 연구는 신학적 훈련이 상당 수준 되지 않고는 스스로 본문을 연구하여 행할 수 없다는 어려움이 있다. 따라서 일반 설교자는 이미 연구된 자료를 활용하여 설교하는 것이 바람직하다.[56] 이런 유형의 설교가 개혁주의 설교를 대표하는 것이라 할 수는 없어도, 만전 영감론에 근거한 개혁주의 관점의 설교의 한 유형이라 할 수 있다는 점이 중요하다.

때로 조직신학적 관점의 설교를 할 때, 예컨대 개혁주의 입장에서 웨스트민스터 신앙고백을 설교화하는 경우에 교회에 매우 유익을 줄 수 있다. 성경신학적 관점의 설교도 그와 같다. 하나님 나라에 대해 시리즈로 설교한다면 이런 설교가 교인들의 성경 이해에 도움을 줄 수 있을 것은 분명하다.[57]

단지 이런 유형의 설교를 할 때의 유의점이 있다. 지나치게 많은 분량을 한꺼번에 설교하려고 하지 않는 것이 필요하고, 또 너무 오랜 기간 같은 유형의 설교가 지속되지 않도록 하는 것이 좋고, 설교가 강의식으로 지루해지지 않도록 조심해야 하며, 또 듣는 회중들이 말씀을 실제적으로 적용할 수 있도록 설교에 있어 늘 주의해야 한다는 점 등이다.

설교를 너무 이런 방식으로 오래 지속될 때 폐단이 있을 가능성도 있다. 설교가 주로 교리적 강의가 되고, 성경 말씀이 직접 회중에게 와 닿지 않는 경우가 생긴다. 따라서 이런 설교는 다른 유형의 설교와 함께 사용되는 것이 필요하다.

그 외에, 통합적 주제 해석에 따른 설교도 가능하다.[58] 통합적 주제 해석은 성경신학적 방식을 활용한 해석 방식이다. 어떤 주제에 대해, 성경 전체에서 구절들을 모으고, 이들을 해당 주제의 관점에서 분석한 후에, 그 분석한 결과들을 다시 종합하고 분류하고, 그리고 조직화하여, 그 주제에 대한 성경의 전체적인 가르침을 정리해 내놓는 것이다.

이런 해석은 조금만 훈련해도 가능하다. 예전의 주제 해석이 해석자나 설교자가 선호하는 관련 구절들을 뽑아내 활용한 것이라면 통합적 주제 해석은 그런 방식을 탈피했다. 성경 전체에서 하나님께서 그 주제에 대해 다양하게 말씀하신 것들을 취합해서 이들을 다시 재배열, 또는 재정렬하여 활용한다. 이런 연구를 설교로 변환하는 것은 그렇게 어렵지 않다.

이 같은 해석과 설교가 만전 영감론에 근거한 것이라는 점은 분명하다. 성경 전체가 영감되어 있지 않다면 어떤 주제에 대해 성경 전체에서 그 사용례와 의미를 찾는 것은 무의미하다. 영감의 범위가 전체적(만전적)이므로 가능한 해석 방법이고 그래서 할 수 있는 설교 방식이다.

이런 설교 방식도 자체적으로 설교화가 가능하고, 다른 형식의 설교에 보완되는 방식으로도 가능하다. 특정 주제에 대한 통합적 내용을 갖게 된다. 주제의 풍부함을 알 수 있게 한다. 그런 점에서 이점이 있다.

반면에 단점은, 해당 주제에 대해 지나치게 많은 구절들이 성경에 나타날 때일 것이다. 이럴 때는 구절들을 주제 각도에 따라 나눠서 한다. 또 문맥을 벗어난 구절들의 활용이 있을 수 있다. 가급적 문맥을 찾아 해석하도록 노력한다. 약간의 훈련이 필요하다. 그냥 되지는 않는다. 특히 설교로 만들었을 때, 산만할 수 있는데, 이럴 때 지나치게 많은 구절들이 열거되지 않도록 조심하는 것이 필요하다. 필요하다면, 대표 구절 중심으로 전개된 말씀을 전할 수 있다.

3-2 **특정**(한정된) **이슈 설교**(Specific [Limited] Issue Preaching)

성경 전체가 영감되어 있다면 그것은 부분적인 것도 영감되었다는 점을 전제한다. 그래서 한정된 범위의 연구도 진지할 수 있다. 한정된 범위 내에서의 성경적 주제 연구는 그 나름대로의 의미가 있다. 예컨대, 공관복음서 내에서의 하나님 나라 연구나, 바울 서신에서의 율법과 믿음의 주제나, 요한 문헌 안에서의 기독론이나 이런 유의 주제 연구와 이에 대한 설교적 활용은 해석자와 설교자뿐 아니라, 듣는 회중들에게도 특별한 의미를 줄 수 있다. 이 같은 주제 중심적 이해를 통해 해당 본문 내의 말씀을 꿰뚫어 이해할 수 있다. 앞의 통합 주제 연구는 성경 전체와 관련된 것이지만, 특정(한정) 이슈 설교는 범위가 제한된다는 점이 다르다. 오히려 성경의 부분적인 주제도 연구되어야 하고 설교로 들려져야 한다는 점이 강조된 것이다. 이 역시 만전 영감에 근거한 관점이다.

만전 영감론에 근거한 설교는 이런 점에서 매우 다양해 질 수 있다. 한정된 범위의 본문에 나타난 특정 주제에 대한 해석(해설) 데이터를 활용한 설교는 실제 우리 설교자들이 현장에서 사용하고 있는 설교 유형이다.[59] 성경신학적인 연구 자료들이 도움이 될 수 있다.

개혁주의 설교의 측면에서 세 가지 축과 이에 따른 여섯 가지 설교 유형을 그림으로 그리면 다음과 같다.

그림 1. 개혁주의 설교 유형

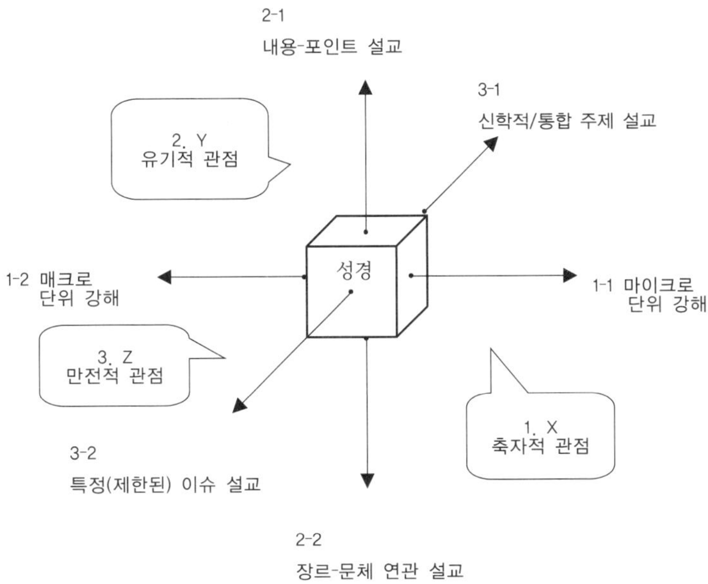

이들 여섯 유형의 설교들은 단독으로 설교될 수도 있지만, 때론 서로 조합(결합)을 이룬 설교의 유형을 만들어갈 수도 있다. 하나의 방법이 아니라, 다른 방법으로 보완될 때, 좀더 풍성한 설교적 결과를 얻을 수도 있을 것으로 본다. 이들 여섯 유형들 가운데 가장 많이 서로 결합될 수 있는 것들을 그림과 표로 나타내면 다음과 같다.[60]

그림 2. 개혁주의 설교 유형들의 조합 가능성

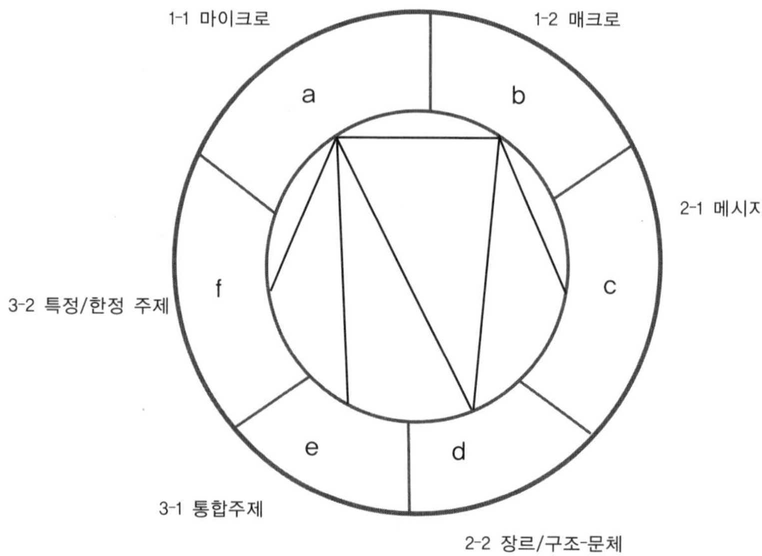

조합	유형	내용
a-b	마이크로-매크로	마이크로 분석 내용에 매크로적인 개념이 보완된 설교이다.
a-d	마이크로-장르/구조-문체	마이크로 분석에 근거한 설교이지만, 구조와 문체 스타일의 연구 결과가 강조된다.
a-e	마이크로-통합주제	마이크로 중심의 내용에 통합 주제 연구 결과를 함께 활용하여 쓴다.
a-f	마이크로-한정주제	마이크로 본문 연구에 해당 성경 내의 특정 주제 연구가 병행된다.
b-c	매크로-메시지	본문의 메시지에 초점을 두되, 매크로적인 전체 시각(맥락)도 반영한다.
b-d	매크로-장르/문체	단락간의 맥락에 주목하면서 해당 성경의 장르가 어떻게 말씀에 영향을 주는지 살핀다.

위의 그림과 표를 보면, 매우 다양한 설교 형식이 가능하다는 점을 알 수

있다. 두 개 이상 서로 조합된 설교 유형을 가질 수 있다. 그러나 이론상으로는 그 이상의 조합도 가능하다. 또 그림 2에서 나타내고 있지 않은 다른 유형들과의 조합도 가능하다.

특히 마이크로(a)와 매크로(b)가 이들 결합 설교의 중심적인 역할을 한다. 마이크로는 4회, 매크로는 3회 다른 유형과 결합된다. 그 외에 장르-문체(d) 형식은 마이크로와 매크로와 한 번씩 결합한다. 반면에 메시지(c), 통합주제(e), 한정주제(f) 등은 각기 마이크로 또는 매크로와 결합한다.

이것은 마이크로와 매크로 형식의 설교의 유용성이 다른 형식 보다 높다는 것을 의미한다. 강해 형식의 설교가 개혁주의 설교에 기반이 될 수 있다는 점도 지적할 수 있다. 물론 여러 형식의 설교(독자적이든, 결합적인 형태이든)가 개혁주의 설교로 가능하다는 것을 말해준다.

나가며

개혁주의 설교라면, 왜 개혁주의 설교라 말할 수 있는가? 개혁주의 성경관과 개혁주의 해석에 근거한 설교라면 개혁주의 설교라 할 수 있을 것이다. 앞서 언급했듯이, 특정 주제나 신조의 설교만이 개혁주의 설교는 아니다.[61] 또한 구속사적 설교나 그리스도 이슈의 설교만이 개혁주의 설교는 아니다.[62] 개혁주의 설교는 개혁주의 성경관에 근거하여, 개혁주의 해석 연구를 통해 준비된다면 개혁주의 설교라 할 수 있는 것이다. 그렇게 본다면 개혁주의 설교 형식의 폭은 매우 넓다.

그렇다고 성경을 기초로 한 설교는 모두 개혁주의 설교인가? 그것은 아니다. 개혁주의는 개혁주의 신학이 기초가 되기 때문이다. 개혁주의 신학과 신조는 뼈대를 이룬다. 성경 전체가 전달될 때 귀결되는 목표와 전제가 된다. 그러나 그 목표와 틀만을 전하고 마는 것은 골격만으로 몸을 대신(대체)하는 것이다. 골격은 몸과 함께 숨쉬며 호흡한다. 서로 배타적이지 않다. 서로 연계되어 있다. 뼈대를 전제로 하되, 살이 붙은 몸(성경)의 다양한 측면을 적절하게 전달하는 것은 개혁주의 설교의 몫이다.

개혁주의 해석은 본문 연구에 더 충실할 것을 해석자와 설교자에 요구한다.

성경은 영감된 성경이므로 설교자의 주관보다는 성경이 주고자 하는 메시지를 전하라 강하게 요구한다. 영감된 성경이 소홀히 취급될 수 없고, 영감된 사실이 한시적인 것처럼 취급될 수 없다.

필자는 한국 교회의 설교의 가장 큰 문제를 건실한 본문 연구를 소홀히 하는 데에서 찾는다. 본문 연구에 집중하지 못하는 이유는 해석학적 전제가 소홀히 되고 있기 때문이다. 본문이 하나님의 영감된 말씀이라면, 본문이 그렇게 소홀히 다뤄질 수 없다. 하나님의 말씀이라 믿지 못하는 것이 아니라, 믿는 바가 제대로 해석과 설교 현장에 활용되지 못한다. 신념과 실제의 분리 현상이다. 그래서 바른 해석학적 계발과 이에 대한 적절한 강조가 제대로 이뤄져야 한다. 이것이 한국 설교자들에게 필요하다.

본문에 대한 성실한 연구 없이, 단지 현장에 대한 표면적인 관심만이 설교에 접목될 때, 설교는 일견 매우 현장적인 것 같지만, 말씀을 통한 하나님의 의도가 충실히 드러나지 못한다는 설교의 본질적인 문제에 걸린다.

따라서 개혁주의 설교는 다음과 같은 과정을 밟아야 한다.

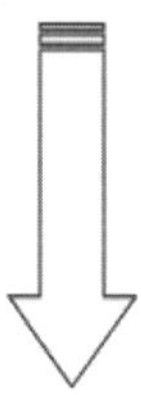

● **해석 관점**	개혁주의 영감론에 근거한 해석적 관점
● **해석 과정(실제)**	개혁주의 해석 관점에 따른 해석의 실제
● **해석 결과**	본문 해석을 통한 결과 데이터
● **설교 작업**	해석 데이터의 설교화, 현장 이해의 접목
● **설교 자세와 확신**	본문을 설교할 때 필요한 설교자의 신학적 자세와 확신

개혁주의의 설교가 칼빈주의적 교리의 반복 강조나, 성경에 대한 기독론적 해석에만 제한될 이유는 없다. 개혁주의 영감론(축자, 유기, 만전)과 이에 기초한 개혁주의 해석에 근거할 때, 그 이상의 풍요한 설교적 관점과 자료를 대변해 줄 수 있다고 본다. 철저히 성경에 근거한 풍부한 설교, 그것은 성경적 개혁주의만이 누릴 수 있는 은혜와 축복이다.

미주

1) Beals, *A People for His Name: A Church-Based Missions Strategy*, 200-201.
2) Beals, *A People for His Name*, 202.
3) Bosch, [변화하고 있는 선교: 선교 신학의 패러다임 변천] 등의 책을 보라.
4) 각 분야의 연구와 이해에 대한 배분과 균형의 강조는 있으나 통합적, 연계적, 상호 협력적 노력이 더 필요하다고 본다. 물론 특정한 신학을 소유한 신학대학원은 그 신학적 시각과 틀로 전체를 묶으려는 노력이 있다. (총신 신대원의 경우도 칼빈주의와 개혁주의의 신학적 입장으로 모든 분야를 통합하려는 노력이 있어왔다.) 그것은 무척 바람직하다. 그렇지만 아직은 각 분야가 유기적으로 서로 연계를 갖고 충분히 협력하고 있다고 보기에는 아직 이르다고 판단된다.
5) 교회나 기관의 실천적, 실제적 사역을 통해 실천신학 이론이 정립되고 발전되어 왔다는 면은 유럽에서 보다도 미국 교회에서 더 강하게 나타난다. 그런 점에서 미국의 실천신학은 훨씬 실용적인 형태를 띤다. 미국 Fuller 신학원을 중심으로 하는 교회 성장학파의 특징을 보거나, 미국에서 비롯된 목회 전문 학위, 즉 목회학 박사(D.Min)의 경우를 봐도 그렇다.
6) 특히 선교와 관련해서, Thomas는 '선교는 진지한 모든 신학 교수들에 의해 가르쳐져야 한다'고 강조한다. 우리의 지성(사고의 능력)을 신앙의 섬김 수행(the service of faith)에 두려는 노력이 '그리스도를 통한 하나님의 최상의 계시'를 다루는 일이기 때문이라는 것이다. Thomas, "Notes on Missions in the Curriculum," 326-329.
7) 이런 점은 이론신학간의 상호 연계성에도 그럴 것이다. 이 논문을 통해 이론신학에서 실천신학으로의 접목을 시도하려 한다. 실천적 분야(선교학 등)의 전문가로부터의 피드백을 기대한다.
8) 에베소서와 짝이 되는 골로새서는 각각 다음과 같다(엡 vs. 골): 1:1-2 vs. 1:1-2; 1:3-23 vs. 1:3-14; 2:11-22 vs. 1:21-23; 4:15-16 vs. 2:19; 4:17-5:20 vs. 3:5-17; 5:22-6:9 vs. 3:18-4:1; 6:18-20 vs. 4:2-4; 6:21-22 vs. 4:7-9; 6:23-24 vs. 4:18. O'Brien의 *The Letter to the Ephesians*, 8-13을 참고하라. 특별히 그리스도론에서 교회론으로의 발전적 개념에 대한 소개는 19쪽을 참조하라.
9) '에베소에 있는'(ἐν Ἐφέσῳ)이란 말이 주요 사본(papyrus 46, codex Sinaiticus, codex Vaticanus 등)에서 발견할 수 없다. 후대에 첨가되었을 가능성이 많다. 에베소서에는 다른 바울 서신과 달리 특정인에 대한 개인 문안이 없다. 만일 에베소에 보낸 편지였다고 가정한다면 대단히 이례적이다.
10) Best는 에베소서의 기록보다 골로새서의 기록이 먼저 되었다고 강조하는 '골로새서 우선설'이

에베소서의 바울 저작권을 부인하는 주석가들의 공통된 입장이라고 주장했다. Best, *A Critical and Exegetical Commentary on Ephesians*, 22를 보라. 그들은 골로새서와 에베소서의 공통점이 있을 때, 그 부분을 에베소서가 골로새서를 수정하여 사용한 것으로 이해하기 때문이다. 그러나 공통점이 한 쪽(에베소서)이 한 쪽(골로새서)을 모방 때문이라는 주장은 설득력이 없다. 오히려 한 저자(바울)에 의한 개정 확대로 이해하는 것이 자연스럽다.

11) 실제로 바울 서신에 있어 바울의 최종적인 사상이 드러난 서신이라 할 수 있기 때문이다. 그 후에 기록된 것으로 받아들여지고 있는 디모데전후서 등은 목회서신으로 사실상 제한된 주제를 다루고 있다는 점을 기억하자.

12) 에베소서는 골로새서 보다 훨씬 더 교회론이 신학적 진술의 중심이 되어 있을 뿐 아니라, 골로새서의 개념을 넘어서 중대한 진전을 이뤘다는 점을 Hahn도 지적한 바 있다. Hahn, *Mission in the New Testament*, 148. 그런데 이 교회론의 진전된 내용 때문에 에베소서에 대한 바울의 저작권이 의심되곤 했다. Houlden, *Paul's Letters from Prison*, 241-242, 248을 보라. 바울의 저작권에 대한 Houlden의 의심은, 에베소서는 바울이 골로새서를 보낸 이후 확대 개정(expanded revision)되어 회람용 서신으로 보냈으므로 앞서 한 지역에 보내진 골로새서의 신학사상(특히 교회론)을 넘어설 수 밖에 없다는 점을 그가 간과한 데서 비롯되었을 것이다. Puskas도 Houlden과 같은 입장이다. Puskas, *The Letters of Paul: Introduction*, 115-143. 바울의 저작권을 옹호하는 가치 있는 글 중 최근의 것은 O'Brien의 *The Letter to the* Ephesians(특히 1-47쪽을 보라)이다. 반면에 M. Barth는 저작권에 대해 애매한 입장에 선다. Barth, *Ephesians 1-3*, 49-50.

13) 이 부분 내용 외의 것이라도 사실상 교회론과 무관한 것이라 보기는 어렵다. 기본적으로 그리스도와 그의 교회와 무관한 본문은 찾을 수 없을 것이다. 에베소서의 중심 주제가 그리스도의 교회론이라는 사실을 통해 그 외의 주제들도 이 교회론에 연계되는 것이다.

14) '통일되게 (하려) 하심'(ἀνακεφαλαιώσασθαι)의 개념은 '가까워짐'(2:13), '하나'(2:14), '한 새 사람'(2:15), '한 몸'(2:16), '둘이 한 성령 안에서 아버지께 나아감'(2:18), '서로 연결됨'(2:20), '함께 지어져 감'(2:22), '함께 후사가 되고 함께 지체가 되고 함께 약속에 참예하는 자가 됨'(3:6), '하나되게 하심'(4:1-6), '아는 것과 믿는 것에 하나가 됨'(4:13) 등의 어구를 통해 반복되고 있다. 이들 용어들은 실제로 유사한 '의미론적 영역'(Louw-Nida의 용어)을 소유하고 있으면서 '통일' 또는 '하나 됨'의 사상을 반복 강조하고 있다. Louw and Nida, *Greek-English Lexicon of the New Testament Based on Semantic Domains*.

15) 그리스도가 만물을 충만하게 하시는 사역이 무엇이다 하고 에베소서에서 뚜렷하게 나타난 있는 것은 아니다. 그러나 이 사역은 그리스도께서 세상을 향해 행하시는 사역(구속, 죄사함 등)과 교회와 성도를 통해 이루시는 사랑과 빛의 사역(특히 4:17-14에서 세상의 빛으로 나타나는 사역)을 통해 나타난다.

16) 세상을 변화시키는 일과 자신(공동체)을 변화시키는 일은 언제나 함께 한다. 먼저 교회와 신앙 공동체의 갱신과 변화가 없이 세계를 변화시킬 수 없는 것은 당연하다. 요한복음을 선교적 목적을 띈 복음서라 할 때, 1-12장에서 그리스도의 선교적 사역, 그리고 13-17장에서 특히 서로에 대한 사랑이 강조되는 이유가 있다. 그리스도 안에서 사랑의 공동체가 되지 않고는 그리스도를 전하는 선교 사역이 순조롭지 않기 때문일 것이다. 이 두 가지가 분리될 수 없다.

17) 채은수 교수는 구약의 '오라' 선교를 '구심력 선교'로 신약의 '가라' 선교를 '원심력 선교'로 강조하고 있다. 채은수, [선교학원론], 169-184. 이는 신구약 성경을 거시적으로 구분하고 있는 선교학적 견해이다. 반면에 본인의 글에서는 조금 더 세분하여 신약(특히 에베소서에 나타난) 사역에서의 이중적(구심적-원심적) 특성을 강조하고자 한다.

18) Scharlemann은 ekklesia와 diaspora에 대해 필자와 비슷한 형태의 그림을 소개해준다. Scharlemann, "Secret of God's Plan IV," 417. 그러나 같은 개념이라 보기 어렵다.

19) Bosch는 이렇게 강조한다. "교회가 세상 속에 있으면서도 동시에 세상과 다른 존재가 될 때에만 교회는 선교적이 될 수 있다는 것이 추론된다......정확하게 세상을 위하여 교회는 세상에 속함이 없이 세상 속에서 독특한 존재가 되어야 한다." Bosch, [변화하는 선교], 572.

20) Lewis, *World Mission: An Analysis of the World Christian Movement*, 6-7. 이와 비슷한 견해를 피력하는 Shenk는 하나님의 전략을 세 가지로 요약했다. 첫째, 아브라함을 선택하고 보내심, 그를 통해 땅의 모든 족속들이 복을 받게 하려 하심(창12:3), 또한 모든 나라의 구원의 도구가 되도록 이스라엘을 언약으로 묶으심. 둘째, 예수 그리스도를 보내서 메시야로 세우심(요1:14), 그래서 전체적인 전략을 지속하게 하심. 셋째, 교회를 이 땅에 세우셔서 예수 그리스도의 사역을 확장하심(요17:18; 20:21). Shenk, "Mission Strategies," 220-221.

21) Newbigin, "The Logic of Mission," 18.

22) Newbigin, "The Logic of Mission," 18.

23) Newbigin, "The Logic of Mission," 18-19. Calvin은 특별히 인간의 노력보다는 하나님의 주권과 사랑으로 하나님의 통치의 영역이 확장되는 것을 강조한 바 있다. Calvin, "Sermon on "David's Dealings with the Jebusites and Hiram" (1562)," 40.

24) Dayton and Fraser, *Planning Strategies for World Evangelization*, 16.

25) 본래 사도행전에는 선교(해외, 타민족)와 복음전도(국내, 자민족)가 구분되지 않는다. 그리스도로부터 특별히 보냄 받은 자, '사도'와 그들의 동역자들은 보냄 받는 곳이면 어디든지 가서 그곳에서 복음을 증거했던 것이다. 참고, 김상훈, "사도행전을 통해서 본 그리스도의 목회," 64. 본래 '선교'(mission)란 용어는 신약에 없다. 이 용어가 사용되기 시작한 것은 16세기 예수회에 의해서였다고 한다. 예수회 신부들이 개신교인들이나 이교도들을 회심(재회심)시키기 위해 먼 지역에 보내진 그들 회원들의 사역을 묘사하는데 쓰인 것이라 한다. Bosch, "Reflections on Biblical Models of Mission," 176.

26) Hesselgrave, *Planting Churches Cross-Culturally*, 321-336.

27) 알렌, [바울의 선교방법론], 33-38

28) 알렌, [바울의 선교방법론], 37.

29) 그러나 신학적 입장과 차이를 고려하지 않고 제한 없는 하나, 불문하고의 통합을 강조하는 타입의 선교는 아니다. 에베소서를 선교에 접목한 Katongole은 그런 입장이다. Katongole, "Mission and the Ephesian Moment of World Christianity," 183-200. 그리스도의 사역에 근거한 통합과 통일이 필요하다.

30) 여기서 선교의 측면에서 기존 교회론의 재검토 또는 보완을 요구한 사람은 Van Engen이다. 그는 조직신학에 의해 수립된 기존의 교회론에서 보다 적극적인 의미에서의 '선교하는 교회'(the church in mission)의 교회론을 정립하길 원한다. Van Engen, "The Impact of Modern Ecclesiology on the Local Church," 55-63. 특히 55-57을 보라. 이와 함께 김의환, "선교의 성경적 근거," 31-32를 참고하라.

31) '성경적 선교학은 지역 교회의 중심성에 근거한다'는 Slack의 말을 생각하자. Slack, "Strategies for Church Development," 502. 그러나 그 말이 반드시 '교회 중심주의 선교'(mission as church-centeredness)를 강조하는 것은 아니다. 교회 중심주의 선교는 하나님 나라가 중심에 있지 않고 교회가 그 중심의 자리에 서 있는 것이다(채은수, [선교학원론] 80). 그것은 위험하다. Fuller도

이와 관련된 위험성에 대해 여러 가지를 지적했는데 특히 다음의 내용을 주목해 볼 필요가 있다: (1) 지역 교회가 선교의 목적 그 자체가 되면 교회 사역의 역할에 대한 비전 보다 존재 그 자체에 대한 자만심이 있을 수 있다; (2) 지역 교회가 독점적 기구가 되어 교회 병행체의 사역 등을 인정하지 않게 될 수 있다; (3) 교회가 그 자체의 관심으로 인해 선교에 대한 관심이 억눌러질 수 있다. Fuller, *Mission-Church Dynamics*, 73-80.

32) Calvin은 1562년 사무엘하 5:6-12을 설교하면서 다윗 왕이 예루살렘을 얻고자 하는 것과 교회의 하나님 나라 확장 사역을 비교한 바 있다. 그에 의하면 하나님의 주권과 사랑으로 하나님의 나라는 마땅히 계속 성장해야 한다는 것이다. Thomas, *Classic Texts in Mission and World Christianity*, 39-40에서 인용.

33) McGavran은 이렇게 강조한다. "선교의 우선적인 목표는 교회를 세우는 것이다." McGavran, [하나님의 선교전략], 84. 그러나 김성태 교수는 이와 관련해서 다음과 같이 문제를 제기한다, '지금까지의 선교는 교회를 설립하는 차원에만 머물렀고 현지 교회가 성장하여 선교하는 교회가 되게 하는 데에는 큰 관심이 없었다.' 김성태, [세계선교전략: 교회사 속에 나타난 선교 전략과 사례 연구], 147. 본인의 관심은 단지 교회 설립에 있는 것이 아니라, 그 이후의 연속될 교회의 바른 성장과 성숙에 있다.

34) 만일 어떤 단계에 문제가 있다면 무엇이 문제인지 살펴야 할 것이다. 그리고 그 문제를 푸는 일을 위해 노력해야 할 것이다. 약한 부분을 일으켜 세우는 최선을 다하는 사역이 필요하다. 연합과 관련하여 교회들의 연합을 생각할 수 있다. 그러나 교회들의 연합은 '불구하고'의 연합이 아니다. '연합'(2:11-22) 이전에 바른 '복음과 구원'(2:1-10)의 필요가 전제되어야 한다.

35) 이 부분은 복음전도(선교), 그리고 양육(제자훈련 사역)이다. 특히 교회 세우기에 있어 복음전도는 가장 기본적인 것이다. 이와 관련해서 신홍식 선교사는 복음전도를 pre-condition으로 교회성장을 post-condition으로 규정한다. Shin, *Principles of Chruch Planting as Illustrated in Thai Theravada Buddhist Context*, 48-53.

36) 에베소서의 교회론의 핵심 주제는 그리스도 안에서 성도의 하나됨(통일)이라 할 수 있다. 그 내용이 2장과 4장의 많은 부분에서 반복, 강조되고 있다. 그 하나됨은 그리스도께서 이미 직접 이루셨다는 것이다(특히 2:14-15을 보라). 우리는 이것을 깨닫고 인정하며 계속 지켜나가도록 부르심을 받는다(4:1-3).

37) 에베소서의 특별한 교훈 가운데 하나는, 나뉘었던 둘이 그리스도로 말미암아 하나가 되어 한 성령 안에서 하나님 아버지께 나아가는 것이다(2:18). 그리스도와의 개별적 연합(2:1-10)이 첫 단계라면, 그리스도 안에서 둘이 하나가 되는 것(2:11-17, 19-20)이 두 번째 단계로, 그리고 이 둘이 다시 성령 안에서 성부 하나님께 나아가는 것(2:18, 21-22)이 세 번째 단계로 제시되어 있다. 하나님과의 더 깊은 영적 교통이 이런 단계를 걸쳐 일어날 수 있다는 것으로 해석할 수 있다.

38) 하나님께서 먼저 모든 충만으로 그리스도 안에 거하게 하셨다(골1:19). 이제 이 충만이 교회에 채워져야 한다(엡3:19; 4:13).

39) 그럴 때에 주님의 말씀처럼(마11장 등), 때로 조롱이나 핍박으로 나타나기도 할 것이다. 그것은 너무도 당연하다. 세상은 성도가 빛과 사랑의 나라에 속한 사실을 싫어하기 때문이다(참고, 요15:18-19; 17:14; 요일3:13).

40) Winter의 개념과 비교하라. 그는 교회 성장학의 선교 개념을 중심으로 E0, E1, E2, E3의 선교 용어를 만들었다. E0(교회의 갱생과 부흥을 의미하는 것으로 영적인 생명력을 의미); E1(교회가 지역사회를 향하여 복음을 전함으로써 민족 복음화의 사역을 감당하는 일); E2(교회가 같은 동족에게뿐 아니라

유사한 문화권에 살고 있는 타국인을 대상으로 한 타문화권 선교); E3(모국 문화와는 전혀 다른 이질적인 타문화권의 사람들에게 복음을 전하는 일). 여기서 선교하는 교회가 되는 과정은 먼저 E0, E1의 단계에서, E2, E3의 결과를 낳아야 한다. Winter, "The Highest Priority: Cross-Cultural Evangelism," 213-241, 김성태, [세계선교전략], 341-342에서 재인용.

41) 이런 지역적 범주를 만드는 일은 얼마든지 탄력적으로 할 수 있다. 얼마든지 위의 예보다 그 지역적 범위를 더 세분화할 수 있을 것이다.

42) 여기서 사용된 데이터는 Johnstone의 Operation World, 605-608를 참고한 것이다.

43) 선교 전문가가 아닌 본인의 전략적 제안은 지극히 원론적이고 제한적일 수 밖에 없다. 보다 전문적인 전략 수립과 시행은 전문 선교사, 또는 선교 전문가들의 몫이다.

44) 구문 분석 방식과 관련하여 Stuart, Fee, Mounce, Kaiser, Guthrie and Duvall 등은 주목해야 할 학자들이다. Stuart, *Old Testament Exegesis: A Handbook for Student and Pastors*; Fee, *New Testament Exegesis: A Handbook for Students and Pastors*; Mounce, *A Graded Reader of Biblical Greek*; Kaiser, *Toward An Exegetical Theology*; Guthrie, and Duvall, *Biblical Greek Exegesis, A Graded Approach to Learning Intermediate and Advanced Greek*.

45) 이런 설교만이 개혁주의 설교라 하는 것은 아니다. 그러나 강해 설교는 영감된 성경을 존중하는 정신이 매우 잘 드러나는 설교 유형이다.

46) 만일 본문의 한 부분(주제)만-여러 부분 중에서-을 전달하려 한다면, #2-1의 방법의 영역에 들어갈 것 같다.

47) 필자의 책 [숲의 해석 마태복음]은 마태복음을 매크로적인 측면에서 해석한 것이다.

48) 다윗의 죄와 그 결과는 삼하 11-12장에 나오지만, 그 배경과 또 그 이후의 결과를 다루려면 최소한 10장에서 시작하여 최대 24장까지를 본문으로 해야 한다.

49) 엘리야가 낙담한 상태는 왕상19:1-8에 있지만, 그 배경과 그 후속 결과에 대해 설교하려면 최소한 왕상 18-19장을 모두 다뤄야 할 것이다.

50) 본문을 설교할 때, 꼭 어구 하나, 하나에 집중해야만 하는 것은 아니다. 특히 모든 어구를 풀이해야만 설교할 수 있는 것은 아니다. 본문을 세밀히 다루는 방식이 정통 강해 설교 방식인 것은 분명하고, 따라서 설교자는 이런 부분의 훈련을 강도 높게 받아야 하는 것은 맞다. 그러나 그 방법만이 성경을 영감된 말씀으로 다루는 방법이라 할 수는 없다.

51) 개요를 구성하는 방법에 대한 인식이 필요하다.

52) 이런 방식은 대부분 독자적인 설교로 만들어지긴 어렵다. 장르에 대한 것은 특히 그렇다. 다른 방법과 결합하여 설교가 될 것이다. 다른 설교의 보완적 역할을 하겠다. 그러나 특정 본문에 나타난 저자의 문체(스타일)에 대한 연구 결과는 설교로 변환하는 것이 충분히 가능하다. 이때 작은 단위의 본문을 다루기 때문에, 마이크로 해석과 유사한 특징을 가진다. 마이크로 해석이 구문론적이라면, 문체 연구는 병행법이나 어구 관계에 좀더 초점을 둔다.

53) 기존의 내래티브(narrative) 해석과 설교 등이 새로운 문학적 접근(서사 비평)의 해석법에 근거했고 때론 성경에 대한 영감된 사실의 전제 보다는 일반 문학적 전제를 가지고 접근한 것으로 문제 제기가 되곤 했다. 이제는 전제된 패러다임을 바꾸어야 한다. 본문의 장르와 문체의 영감성은 장르-문체적 연구를 해석자에게 촉구한다. 영감적 전제에 기초하되, 장르-문체의 전문적 연구가 가능하고 필요하다.

54) 물론 해석이 아니라, 설교에까지 장르가 엄격히 존중되어야 한다는 것은 지나치다고 본다. 예컨대, 시에 대한 해설이 꼭 시적이어야 하는 것은 아니다. 그러나 장르에 관심을 갖는 것은

매우 자연스럽다. 하나님과 인간 저자가 어떤 형식의 장르로 그 같은 말씀을 전달하기를 원했는가 라는 저자 중심적 측면이 고려돼야 하기 때문이다.

55) 바울서신과 요한문헌의 경우 치밀한 병행법적 구성을 많이 보게 되는데, 이런 이해가 있을 때 저자의 의미가 더 깊이 와 닿게 된다. 이런 병행법을 설교에 그대로 살리기는 어려워도 저자적 의미를 살린 설교는 충분히 가능하다.

56) 이 때는 어떤 자료를 선택할 것인지가 중요하다. 신학적으로 건실하게 연구된 자료가 필요하다는 것은 두말할 필요가 없다.

57) 그것은 설교가 아니다 할지 모르는데, 설교가 무엇인가? 설교는 하나님의 뜻을 밝혀 회중으로 하나님께 반응하게 하는 것이 아닌가? 그렇다면 설교의 유형은 다양할 수 있다는 점을 잊지 말아야 한다.

58) 통합적 주제 해석은 본인이 이미 제안한 바 있다. 김상훈, [해석 매뉴얼], 182-208을 보라.

59) 본인의 일이 새로운 설교 유형을 계발하는 것이 아니라, 여러 설교 유형들을 영감론에 근거하여 통합해 나가는 것이다. 또한 영감론에 근거된 해석학적 방법론, 그리고 이에 기초한 설교적 활용의 지평을 넓히려 하는 것이다.

60) 해석 과정에 있어 이들 여섯 방향의 해석 방법론의 결합이 가능하다면, 이들 해석 결과들을 활용하는 설교에 있어서 결과적으로 결합된 형태의 설교가 가능해질 수 있는 것이다.

61) 마28:19-20의 주님 명령과 반대된다. 주님은 '내가 분부한 모든 것'을 가르쳐 지키게 하라고 하셨다. 개혁주의는 가장 주님의 뜻과 의도에 민감하고 그것을 드러내는 관심과 열정이 있지 않은가?

62) 만일 그렇다면, 야고보서나 바울 서신의 권면 부분의 많은 단락들이 설교로 다뤄지기 어려울 것이다.

Ⅳ

부 록

1. 신약 헬라어 구문 배열

구문(헬) 배열의 도식화

도식화(diagramming) 된 구문 배열(또는 "어구 나누기," phrasing[1])을 통한 해석은 본문에 접근하는 방식에 있어 전통적인 문법적-역사적 해석법과 차이가 있다. 본문이 시각화(visualization)를 위한 목적으로 배열되어, 독자로 하여금 각 어구(phrase)의 문법적 기능과 연계성을 통해 본문을 더욱 분명하게 볼 수 있게 한다. 시각화 된 배열 그 자체는 현대 언어학의 구문론과 의미론을 적용한 것이다.

다시 말해, 이 방법은 해석자가 본문의 구문적 구조를 시각화하여 볼 수 있게 돕는다. 어구들과 절(clause)들의 관계, 본문에 나타난 논지의 주요 흐름 등이 시각화된다.[2] 이런 배열은 마운스(Mounce), 피(Fee), 코터렐(Peter Cotterell)과 터너(Max Turner)[3]에게서 볼 수 있는데, 여러 단어들, 어구들의 구문 관계를 명료하게 하고 문장과 단락[4] 내의 의미의 흐름을 발견하기 쉽다. 이를 위해 어절의 특징을 감안하여 본문을 어구별로 나누는 일이 필요하다.

마운스에 따르면,[5] 구문 도식은 독자로 하여금 주요 의미(사상)와 부차적 의미를 분리하도록 돕고, 어구들간의 관계, 예컨대 병렬로 배열된 의미들이 어떤 것인지 파악하도록 돕는다. 거쓰리와 두발[6]은 이런 방법의 장점을 헬라어 연구와 관련하여 다음과 같이 지적한다. (1) 본문 연구의 관심이 헬라어 연구의 영역으로 확대될 수 있다. (2) 효과적으로 분석하게 됨으로써 더 큰 단위의 본문을 이해하기가 쉽다. (3) 헬라어 연구와 신약 메시지의 활용(특히 주해 작업에서)간의 통합이라는 측면에서 총체적 접근이 가능하다.

"도식화"의 이점은 "본문의 각 단어를 문법적으로 규명하게"[7]하고, 문장의 구조와 논지의 흐름을 시각적으로 볼 수 있게 한다. 상호 의존적인 구문 요소들의 통합적이고 복합적인 특성이 어떤지를 결정하여 본문 내의 단위들의 위계적 관계(hierarchy)를 인식할 수 있게 한다.

도식화 배열의 강점을 정리하면 다음과 같다. (1) 문장 구성 요소들간의 관계,

예컨대 "주절과 종속절", "주어와 술어" 등이 도식에서 명료하게 드러나기 때문에, 해석자는 좀더 분명한 본문의 의미 흐름에 대한 그림을 얻을 수 있다. (2) 본문의 구문 구조(또는 흐름)에 대해 이해하게 되므로, 주된 내용(ideas)과 종속적인 것들의 연계성이 더 쉽게 보인다. (3) 본문의 구문 구조의 짜임새 있는 흐름을 파악하게 되므로, 분석의 결과를 강해 설교와 성경 공부(예컨대 그룹 성경 공부, GBS) 자료를 만드는데 유익하게 활용할 수 있다.

문장들을 어구로 나눌 때 특정한 규칙이 있다. 이런 규칙을 엄밀하고 일관성 있게 지키는 것은 쉽지 않지만,[8] 본문의 배열을 가급적 세워진 원칙에 따라 진행될 필요가 있다.

구문 배열 규칙

1) 문장의 구문을 문법적 기능에 따라 다음과 같이 배열한다.

<u>주어</u>
　　<u>술어</u>
　　　　목적어
　　　　(또는 보어)
　　　　　　전치사구

주어가 왼쪽 첫 자리에 위치한다. 술어는 그 다음 칸(한 줄 내리고 탭 하나 우로 이동)에 위치한다.

2) 어구 배열의 구문 순서는 다음과 같다.

<u>주어의 주격 명사 (N)</u>
　　N의 수식어
　　<u>술어 동사 (V)</u>
　　　　V의 부사구
　　　　목적어 (O)
　　　　　　O의 수식어

보어 (C)
C의 수식어
전치사구 (P)
P의 수식어

주어에서 주격 명사는 가장 왼쪽에 위치한다. 주동사는 주어보다 한 칸 들여 위치하게 한다.

3) 주절은 왼쪽에, 종속절은 주절보다 한 칸(탭) 들여 놓는다.

주절
(N1 + V1)
종속절
(N2 + V2)

4) 병행이 되는 어구들은 왼쪽으로부터 같은 위치(거리)에 병치해 놓는다.

<u>주격 명사 (N)</u>
N의 수식어 1
N의 수식어 2
<u>술어 동사 (V)</u>
V의 부사구
목적어 (O)
O의 수식어 1
O의 수식어 2

5) 주어에서 핵심이 되는 주격 명사와 술어 동사는 주절이든 종속절이든 모두 밑줄을 긋고 굵게 처리한다.

[주절]

주어의 주격 명사 (N)
술어 동사 (V)
[종속절]
주어의 주격 명사 (N)
술어 동사 (V)

6) 어떤 어구(복합된 어구)는 더 작은 단위로 구분될 수 있다. 이 때 그 어구는 문법적 기능을 보존할 수 있어야 한다. 수식어(수식하는 어구)는 한 칸 들여 아래 줄에 놓아 수식되는 어구와 구분한다.

주어의 주격 명사 (N)
N의 수식어
앞 어구의 수식어
앞 어구의 수식어
술어 동사 (V)
V의 부사구

7) 등위접속사, 종속접속사는 따로 두지 않고 뒤따르는 어구와 합쳐 배열한다.

[주절]
접속사 1 + 주어의 주격 명사 (N)
술어 동사 (V)
[종속절]
접속사 2 + 주어의 주격 명사 (N)
술어 동사 (V)

2. 에베소서 어휘(출현순, 단락별)

1:1-2

1.	θέλημα, ατος, τό	will.

1:3-14

2.	εὐλογητός, ή, όν	blessed, praised.
3.	εὐλογέω	speak well of, praise, extol.
4.	εὐλογία, ας, ἡ	praise.
5.	πνευματικός, ή, όν	pertaining to the spirit, spiritual.
6.	ἐπουράνιος, ον	heavenly, celestial.
7.	ἐκλέγομαι	choose, select.
8.	καταβολή, ῆς, ἡ	foundation, beginning.
9.	ἄμωμος, ον	unblemished.
10.	προορίζω	decide upon beforehand, predestine.
11.	υἱοθεσία, ας, ἡ	adoption (of children).
12.	εὐδοκία, ας, ἡ	good will, favor, good pleasure.
13.	ἔπαινος, ου, ὁ	praise, approval, recognition.
14.	χάρις, ιτος, ἡ	graciousness, attractiveness, favor, grace, gracious care or help, goodwill.
15.	χαριτόω	bestow favor on, favor highly, bless.
16.	ἀγαπάω	to love, have affection for.
17.	ἀπολύτρωσις, εως, ἡ	release, redemption (lit. 'buying back'), deliverance, acquittal, ransoming.
18.	αἷμα, ατος, τό	blood.
19.	ἄφεσις, έσεως, ἡ	release, cancellation of an obligation, a punishment, or guilt.
20.	παράπτωμα, ατος, τό	false step, transgression, sin.
21.	πλοῦτος, τό	wealth, riches.
22.	περισσεύω	be more than enough, be left over, cause to abound, make extremely rich.
23.	φρόνησις, εως, ἡ	way of thinking, (frame of) mind.
24.	γνωρίζω	make known, reveal.
25.	μυστήριον, ου, τό	secret, secret teaching.
26.	προτίθημι	mid. display publicly, plan, purpose, intend.

* 어휘의 설명(뜻)은 Gingrich Greek Lexicon에서 기본적으로 발췌했다.

27. οἰκονομία, ας, ἡ	management of a household, administration, office, commission, stewardship.
28. πλήρωμα, ατος, τό	that which fills (up), content or contents; that which is full of something.
29. ἀνακεφαλαιόω	sum up, recapitulate.
30. κληρόω	act. appoint by lot; pass. be appointed by lot
31. ἐνεργέω	intrans. work, be at work, operate, be effective act; transitive work, produce, effect
32. βουλή, ῆς, ἡ	plan, purpose.
33. προελπίζω	hope before, be the first to hope, or be in the first stage of expectation.
34. σωτηρία, ας, ἡ	salvation, deliverance, preservation.
35. σφραγίζω	(provide with a) seal, mark to identify, certify.
36. ἀρραβών, ῶνος, ὁ	first installment, deposit, down payment, pledge.
37. κληρονομία, ας, ἡ	inheritance.
38. περιποίησις, εως, ἡ	saving, gaining, possession, property.

1:15-23

39. παύω	stop, cause to stop, hinder, keep, cease.
40. εὐχαριστέω	give thanks, render or return thanks.
41. μνεία, ας, ἡ	remembrance, memory, mention.
42. ἐπίγνωσις, εως, ἡ	insight, knowledge.
43. ἀποκάλυψις, εως, ἡ	revelation, disclosure.
44. φωτίζω	intrans. shine; trans. give light to, light (up), illuminate.
45. ὀφθαλμός, οῦ, ὁ	eye.
46. κλῆσις, εως, ἡ	call, calling, invitation.
47. ὑπερβάλλω	go beyond, surpass.
48. ἐνέργεια, ας, ἡ	working, operation, activity.
49. κράτος, ους, τό	power, might, sovereignty.
50. ἰσχύς, ύος, ἡ	strength, power, might.
51. καθίζω	cause to sit down, seat, set; set down.
52. κυριότης, ητος, ἡ	ruling power, lordship, dominion.
53. ὀνομάζω	give a name, call, name.
54. μέλλω	be about to, be on the point of.
55. ὑποτάσσω	subject, subordinate.
56. κεφαλή, ῆς, ἡ	head.

2:1-10

57. ἁμαρτία, ας, ἡ — sin: a sinful deed.
58. περιπατέω — go about, walk around.
59. αἰών, αἰῶνος, ὁ — very long time, eternity; age, era; world, material universe.
60. ἀπείθεια, ας, ἡ — disobedience, disbelief.
61. ἀναστρέφω — overturn, upset; return, come back; mid. and pass. turn here and there, stay, live in a place.
62. ἐπιθυμία, ας, ἡ — desire, longing.
63. διάνοια, ας, ἡ — mind, understanding, intelligence.
64. φύσις, εως, ἡ — nature, natural endowment or condition.
65. ὀργή, ῆς, ἡ — anger, wrath, indignation.
66. λοιπός, ή, όν — remaining, left; other.
67. πλούσιος, ία, ιον — rich, wealthy.
68. συζωοποιέω — make alive together with someone.
69. σῴζω — rescue, liberate, keep from harm, heal, preserve.
70. συνεγείρω — cause someone to rise up with another.
71. συγκαθίζω — cause to sit down with; sit down with others.
72. ἐνδείκνυμι — show, demonstrate.
73. ἐπέρχομαι — come, come along, appear.
74. χρηστότης, ητος, ἡ — goodness, uprightness.
75. καυχάομαι — boast, glory, pride oneself.
76. ποίημα, ατος, τό — what is made, creation.
77. κτίζω — create.
78. προετοιμάζω — prepare beforehand.

2:11-22

79. μνημονεύω — remember, keep in mind, think of, mention.
80. ἀκροβυστία, ας, ἡ — foreskin, uncircumcision.
81. χειροποίητος, ον — made by human hands.
82. ἀπαλλοτριόω — pass. be estranged, alienated.
83. πολιτεία, ας, ἡ — citizenship.
84. ξένος, η, ον — strange, foreign; the stranger, alien.
85. διαθήκη, ης, ἡ — last will and testament.
86. ἄθεος, ον — without God.
87. γίνομαι — be born or produced; be made or created; happen, take place; become.
88. ἀμφότεροι, αι, α — both.
89. μεσότοιχον, ου, τό — dividing wall.

90. φραγμός, οῦ, ὁ	fence, wall, hedge.
91. ἔχθρα, ας, ἡ	enmity.
92. δόγμα, ατος, τό	decree, commandment, ordinance, requirement.
93. καταργέω	make ineffective, powerless; abolish, set aside, do away with, bring to an end.
94. ἀποκαταλλάσσω	reconcile.
95. ἀποκτείνω	kill.
96. εὐαγγελίζω	act. and mid. bring or announce good news.
97. προσαγωγή, ῆς, ἡ	approach, access.
98. πάροικος, ον	strange.
99. συμπολίτης, οῦ, ὁ	fellow citizen.
100. οἰκεῖος, (α), ον	belonging to the house.
101. ἐποικοδομέω	build (on, upon).
102. θεμέλιος, ου, ὁ	foundation.
103. ἀκρογωνιαῖος, α, ον	lying at the extreme corner.
104. οἰκοδομή, ῆς, ἡ	building, edifice.
105. συναρμολογέω	fit or join together.
106. αὐξάνω and αὔξω	grow, cause to grow or increase; increase.
107. συνοικοδομέω	build together with; pass. be built up.
108. κατοικητήριον, ου, τό	dwelling place.

3:1-13

109. δέσμιος, ου, ὁ	prisoner.
110. προγράφω	write before(hand).
111. ἀναγινώσκω	read.
112. νοέω	perceive, understand,consider, think, imagine.
113. σύνεσις, εως, ἡ	the faculty of comprehension, intelligence, shrewdness; insight, understanding.
114. γενεά, ᾶς, ἡ	clan, race, kind, generation, contemporaries.
115. ἀποκαλύπτω	reveal, disclose.
116. συγκληρονόμος, ον	inheriting together with or jointly.
117. σύσσωμος, ον	belonging to the same body.
118. συμμέτοχος, ον	sharing with someone.
119. ἐλάχιστος, ίστη, ον	used as superlative of μικρός: smallest, least.
120. ἀνεξιχνίαστος, ον	inscrutable, mysterious, fathomless, inexhaustible.
121. ἀποκρύπτω	hide, conceal.

122. πολυποίκιλος, ον — (very) many-sided.
123. πρόθεσις, εως, ἡ — setting forth, putting out, presentation, plan, purpose, resove, will.
124. παρρησία, ας, ἡ — outspokenness, frankness, plainness of speech, openness to the public, boldness.
125. πεποίθησις, εως, ἡ — trust, confidence.
126. ἐγκακέω — become weary, tired, lose heart, despair.
127. θλῖψις, εως, ἡ — oppression, affliction, tribulation.

3:14-21

128. κάμπτω — bend, bow.
129. γόνυ, γόνατος, τό — knee.
130. κραταιόω — strengthen; pass. become or be strong.
131. κατοικέω — live, reside, settle, inhabit, dwell in.
132. ῥιζόω — cause to take root fig., pass. be or become firmly rooted.
133. θεμελιόω — found, establish, strengthen.
134. ἐξισχύω — be able, be strong enough, be in a position.
135. πλάτος, ους, τό — breadth, width.
136. μῆκος, ους, τό — length.
137. ὕψος, ους, τό — height.
138. βάθος, ους, τό — depth.
139. ὑπερεκπερισσοῦ — quite beyond all measure, as earnestly as possible.
140. αἰτέω — ask, ask for, request.

4:1-16

141. παρακαλέω — call to one's side, summon, invite, urge, exhort, request, entreat, comfort.
142. καλέω — call, name, address.
143. ταπεινοφροσύνη, ης, ἡ — humility, modesty.
144. πραΰτης, ητος, ἡ and πραότης, ητος, ἡ — gentleness, humility, courtesy, considerateness.
145. μακροθυμία, ας, ἡ — patience, steadfastness, endurance, forbearance.
146. ἀνέχω — mid. endure (patiently), put up with, bear with; accept as valid, listen to.
147. σπουδάζω — hasten, hurry, be zealous or eager, make every effort.
148. ἑνότης, ητος, ἡ — unity.
149. σύνδεσμος, ου, ὁ — that which binds together, bond that holds something together; lit., of sinews
150. μέτρον, ου, τό — measure.
151. δωρεά, ᾶς, ἡ — gift, bounty.

152. αἰχμαλωτεύω	take captive.
153. αἰχμαλωσία, ας, ἡ	captivity.
154. ἀναβαίνω	go up.
155. καταβαίνω	come down, go down, climb down.
156. κατώτερος, α, ον	lower.
157. εὐαγγελιστής, οῦ, ὁ	preacher of the gospel, evangelist.
158. ποιμήν, ένος, ὁ	shepherd.
159. καταρτισμός, οῦ, ὁ	equipping or training.
160. καταντάω	come (to), arrive (at).
161. τέλειος, α, ον	having attained the end or purpose, complete, perfect.
162. ἡλικία, ας, ἡ	age, time of life; bodily stature.
163. νήπιος, ία, ιον	infant, minor.
164. κλυδωνίζομαι	be tossed here and there by waves.
165. περιφέρω	carry about, carry here and there.
166. ἄνεμος, ου, ὁ	wind.
167. κυβεία, ας, ἡ	craftiness, trickery, lit. 'dice-playing.'
168. πανουργία, ας, ἡ	cunning, craftiness, trickery.
169. μεθοδεία, ας, ἡ	scheming, craftiness.
170. πλάνη, ης, ἡ	wandering from the path of truth, error, delusion, deception.
171. ἀληθεύω	be truthful, tell the truth.
172. συμβιβάζω	bring together, unite, hold together.
173. ἐπιχορηγία, ας, ἡ	support.
174. αὔξησις, εως, ἡ	growth, increase.

4:17-24

175. μαρτύρομαι	testify, bear witness.
176. ματαιότης, ητος, ἡ	emptiness, futility, frustration, transitoriness.
177. σκοτόω	pass. be or become darkened.
178. ἄγνοια, ας, ἡ	ignorance, excusable.
179. πώρωσις, εως, ἡ	dullness, insensibility, obstinacy, being of closed mind.
180. ἀπαλγέω	become callous.
181. παραδίδωμι	hand over, give (over), deliver, give up, commend, hand down, pass on.
182. ἀσέλγεια, ας, ἡ	licentiousness, debauchery, sensuality.
183. ἀκαθαρσία, ας, ἡ	impurity, refuse, immorality, viciousness.
184. πλεονεξία, ας, ἡ	greediness, insatiableness, avarice, covetousness.

185. μανθάνω	learn.
186. διδάσκω	teach.
187. ἀποτίθημι	take off and lay down.
188. ἀναστροφή, ῆς, ἡ	way of life, conduct, behavior.
189. φθείρω	ruin, corrupt, spoil.
190. ἀνανεόομαι	be renewed.
191. ἐνδύω	dress, clothe.
192. δικαιοσύνη, ης, ἡ	righteousness, uprightness.
193. ὁσιότης, τητος, ἡ	holiness of life.

4:25-31

194. ψεῦδος, ους, τό	lie, falsehood, lying.
195. μέλος, ους, τό	member, part, limb.
196. ὀργίζω	pass. be angry.
197. ἥλιος, ου, ὁ	the sun.
198. ἐπιδύω	set.
199. παροργισμός, οῦ, ὁ	angry mood, anger.
200. κλέπτω	steal.
201. κοπιάω	become weary, tired, work hard, toil, strive, struggle.
202. μεταδίδωμι	impart, share, give.
203. σαπρός, ά, όν	decayed, rotten, bad, evil, unwholesome.
204. ἐκπορεύομαι	come or go out, proceed.
205. λυπέω	grieve, pain act. vex, irritate, offend, insult; pass. become sad, sorrowful, distressed.
206. πικρία, ας, ἡ	bitterness.
207. θυμός, οῦ, ὁ	anger, wrath, rage.
208. κραυγή, ῆς, ἡ	shout(ing), clamor.
209. βλασφημία, ας, ἡ	slander, abusive speech, blasphemy.
210. αἴρω	raise, lift, take up, pick up, take or carry away, remove.

4:32-5:2

211. χρηστός, ή, όν	useful, worthy, good.
212. εὔσπλαγχνος, ον	tenderhearted, compassionate.
213. χαρίζομαι	give or grant freely as a favor, remit, forgive, show oneself to be gracious.
214. μιμητής, οῦ, ὁ	imitator.
215. προσφορά, ας, ἡ	presenting, offering, sacrificing, gift, offering.
216. θυσία, ας, ἡ	sacrifice, offering.

217. ὀσμή, ῆς, ἡ	fragrance, odor.
218. εὐωδία, ας, ἡ	aroma, fragrance.

5:3-14

219. πορνεία, ας, ἡ	unchastity, prostitution, fornication, of various kinds of unlawful sexual intercourse.
220. πρέπω	be fitting, be seemly or suitable.
221. αἰσχρότης, ητος, ἡ	indecency.
222. μωρολογία, ας, ἡ	foolish, silly talk.
223. εὐτραπελία, ας, ἡ	coarse jesting, buffoonery.
224. ἀνήκω	be proper or fitting.
225. εὐχαριστία, ας, ἡ	thankfulness, gratitude, the rendering of thanks, thanksgiving.
226. πόρνος, ου, ὁ	one who practices sexual immorality, a fornicator.
227. ἀκάθαρτος, ον	impure, unclean.
228. πλεονέκτης, ου, ὁ	one who is greedy, a covetous person.
229. εἰδωλολάτρης, ου, ὁ	idolater.
230. ἀπατάω	deceive, cheat, mislead.
231. κενός, ή, όν	empty.
232. καρπός, οῦ, ὁ	fruit.
233. ἀγαθωσύνη, ης, ἡ	goodness, uprightness.
234. δοκιμάζω	put to the test, examine, prove by testing.
235. εὐάρεστος, ον	pleasing, acceptable.
236. συγκοινωνέω	participate in with someone, be connected with.
237. ἄκαρπος, ον	unfruitful, useless, unproductive.
238. ἐλέγχω	bring to light, expose, set forth, convict, point out, reprove, correct.
239. κρυφῇ	in secret.
240. αἰσχρός, ά, όν	shameful, disgraceful.
241. φανερόω	reveal, make known, show.
242. καθεύδω	sleep.
243. ἀνίστημι	raise, erect, raise up; rise, stand up.
244. ἐπιφαύσκω	arise, appear, shine.

5:15-21

245. ἄσοφος, ον	unwise, foolish.
246. ἐξαγοράζω	redeem (lit. 'buy back'), deliver.
247. ἄφρων, ον, gen. ονος	foolish, ignorant.

248. συνίημι or συνίω	understand, comprehend, gain an insight into.
249. μεθύσκω	cause to become intoxicated; pass. become intoxicated, get drunk.
250. οἶνος, ου, ὁ	wine.
251. ἀσωτία, ας, ἡ	debauchery, dissipation.
252. ψαλμός, οῦ, ὁ	song of praise, psalm.
253. ὕμνος, ου, ὁ	hymn or song of praise.
254. ᾠδή, ῆς, ἡ	song.
255. ᾄδω	sing.
256. ψάλλω	sing, sing praise.
257. φόβος, ου, ὁ	the causing of fear, that which arouses fear, a terror, fear, fright, reverence.

5:22-23

258. γυνή, αικός, ἡ	woman.
259. ἴδιος, ία, ον	one's own, private, peculiar to oneself.
260. ἁγιάζω	make holy, sanctify, consecrate, dedicate, purify.
261. καθαρίζω	make clean, cleanse, purify.
262. λουτρόν, οῦ, τό	bath, washing of baptism.
263. παρίστημι	place beside, put at someone's disposal, present, offer, render, approach, stand before.
264. ἔνδοξος, ον	honored, distinguished.
265. σπίλος, ου, ὁ	spot fig. stain, blemish.
266. ῥυτίς, ίδος, ἡ	wrinkle.
267. μισέω	hate detest, abhor.
268. ἐκτρέφω	feed, nourish.
269. θάλπω	cherish, comfort.
270. καταλείπω	leave (behind), abandon, give up.
271. προσκολλάω	pass. adhere closely to, be devoted to, join.
272. φοβέω	only pass. be afraid; aor. often become frightened.

6:1-9

273. ὑπακούω	listen to—1. obey, follow, be subject to, open or answer.
274. γονεύς, έως, ὁ	only pl. parents.
275. τιμάω	set a price on, estimate, value, honor, revere.
276. μακροχρόνιος, ον	long-lived.
277. παροργίζω	make angry.

278. παιδεία, ας, ἡ	training, discipline.
279. νουθεσία, ας, ἡ	admonition, instruction, warning.
280. τρόμος, ου, ὁ	trembling.
281. ἁπλότης, ητος, ἡ	simplicity, sincerity, frankness.
282. ὀφθαλμοδουλία, ας, ἡ	eye-service, service performed merely to attract attention.
283. ἀνθρωπάρεσκος, ον	one who tries to please people by sacrificing principle.
284. εὔνοια, ας, ἡ	good will, enthusiasm.
285. δουλεύω	be a slave, be subjected.
286. κομίζω	act. bring; mid. carry off, get, receive, obtain.
287. ἐλεύθερος, έρα, ον	free, independent.
288. ἀνίημι	unfasten, untie, abandon, give up, stop.
289. ἀπειλή, ῆς, ἡ	threat.
290. προσωπολημψία, ας, ἡ	partiality.

6:10-20

291. ἐνδυναμόω	strengthen.
292. πανοπλία, ας, ἡ	full armor of a heavy-armed soldier, panoply.
293. πάλη, ης, ἡ	struggle.
294. κοσμοκράτωρ, ορος, ὁ	world-ruler.
295. ἀναλαμβάνω	take up.
296. ἀνθίστημι	set oneself against, oppose, resist, withstand.
297. κατεργάζομαι	achieve, accomplish, do, bring about, produce, subdue, conquer.
298. περιζώννυμι	gird about.
299. ὀσφῦς, ύος, ἡ	waist, loins.
300. θώραξ, ακος, ὁ	breastplate.
301. ὑποδέω	mid. tie or bind beneath, put on (footwear).
302. ἑτοιμασία, ας, ἡ	readiness, preparation, equipment.
303. θυρεός, οῦ, ὁ	a long, oblong shield.
304. βέλος, ους, τό	arrow.
305. πυρόω	set on fire, burn up.
306. σβέννυμι	extinguish, put out, quench, suppress.
307. περικεφαλαία, ας, ἡ	helmet.
308. δέχομαι	take, receive, approve.
309. μάχαιρα, ης, ἡ	sword, saber.
310. προσευχή, ῆς, ἡ	prayer.
311. δέησις, εως, ἡ	entreaty, supplication, prayer.

312. προσεύχομαι	pray.
313. ἀγρυπνέω	keep oneself awake, fig. be on the alert.
314. προσκαρτέρησις, εως, ἡ	perseverance, patience.
315. ἄνοιξις, εως, ἡ	the act of opening.
316. πρεσβεύω	be an ambassador, travel or work as an ambassador.
317. ἅλυσις, εως, ἡ	chain, also handcuffs.
318. παρρησιάζομαι	speak freely, openly, fearlessly; express oneself freely, have the courage, venture.

6:21-24

319. πράσσω	do, accomplish, act.
320. πέμπω	send.
321. ἀφθαρσία, ας, ἡ	incorruptibility

3. 에베소서 어형변화 약자표

1장

1

Παῦλος 명.주.남단
ἀπόστολος 명.주.남단
Χριστός 명.소.남단, Ἰησοῦς 명.소.남단
διά 전.소, θέλημα 명.소.중단
θεός 명.소.남단
ὁ 관.여.남복, ἅγιος 형일반.여.남복
ὁ 관.여.남복, εἰμί 동분.현능.여.남복
ἐν 전.여, Ἔφεσος 명.여.여단
καί 접.등/부, πιστός 형일반.여.남복
ἐν 전.여, Χριστός 명.여.남단, Ἰησοῦς 명.여.남단

2

χάρις 명.주.여단
σύ 대인칭.여.-복
καί 접.등, εἰρήνη 명.주.여단
ἀπό 전.소
θεός 명.소.남단, πατήρ 명.소.남단
ἐγώ 대인칭.소.-복
καί 접.등, κύριος 명.소.남단, Ἰησοῦς 명.소.남단, Χριστός 명.소.남단

3

εὐλογητός 형일반.주.남단
ὁ 관.주.남단, θεός 명.주.남단
καί 접.등, πατήρ 명.주.남단
ὁ 관.소.남단, κύριος 명.소.남단
ἐγώ 대인칭.소.-복
Ἰησοῦς 명.소.남단, Χριστός 명.소.남단
ὁ 관.주.남단, εὐλογέω 동분.과능.주.남단
ἐγώ 대인칭.목.-복

* BGM을 참고했으나, 그 구분과 번역은 독자적이다.

ἐν 전.여, πᾶς 형부정.여.여단, εὐλογία 명.여.여단
πνευματικός 형일반.여.여단
ἐν 진.여, ὁ 관.여.중복, ἐπουράνιος 형일반.여.중복
ἐν 전.여, Χριστός 명.여.남단

4

καθώς 접.종, ἐκλέγω 동직.과중.3단
ἐγώ 대인칭.목.-복
ἐν 전.여, αὐτός 대인칭.여.남단
πρό 전.소, καταβολή 명.소.여단
κόσμος 명.소.남단
εἰμί 동부.현능
ἐγώ 대인칭.목.-복
ἅγιος 형일반.목.남복
καί 접.등, ἄμωμος 형일반.목.남복
κατενώπιον 전.소, αὐτός 대인칭.소.남단
ἐν 전.여, ἀγάπη 명.여.여단

5

προορίζω 동분.과능.주.남단
ἐγώ 대인칭.목.-복
εἰς 전.목, υἱοθεσία 명.목.여단
διά 전.소, Ἰησοῦς 명.소.남단, Χριστός 명.소.남단
εἰς 전.목, αὐτός 대인칭.목.남단
κατά 전.목, ὁ 관.목.여단, εὐδοκία 명.목.여단
ὁ 관.소.중단, θέλημα 명.소.중단
αὐτός 대인칭.소.남단

6

εἰς 전.목, ἔπαινος 명.목.남단
δόξα 명.소.여단
ὁ 관.소.여단, χάρις 명.소.여단
αὐτός 대인칭.소.남단
ὅς 대관계.소.여단
χαριτόω 동직.과능.3단

ἐγώ 대인칭.목.-복
ἐν 전.여, ὁ 관.여.남단, ἀγαπάω 동분.완수.여.남단

7
ἐν 전.여, ὅς 대관계.여.남단
ἔχω 동직.현능.1단
ὁ 관.목.여단, ἀπολύτρωσις 명.목.여단
διά 전.소, ὁ 관.소.중단, αἷμα 명.소.중단
αὐτός 대인칭.소.남단
ὁ 관.목.여단, ἄφεσις 명.목.여단
ὁ 관.소.중복, παράπτωμα 명.소.중복
κατά 전.목, ὁ 관.목.중단, πλοῦτος 명.목.중단
ὁ 관.소.여단, χάρις 명.소.여단
αὐτός 대인칭.소.남단

8
ὅς 대관계.소.여단
περισσεύω 동직.과능.3단
εἰς 전.목, ἐγώ 대인칭.목.-복
ἐν 전.여, πᾶς 형부정.여.여단
σοφία 명.여.여단
καί 접.등, φρόνησις 명.여.여단

9
γνωρίζω 동분.과능.주.남단
ἐγώ 대인칭.여.-복
ὁ 관.목.중단, μυστήριον 명.목.중단
ὁ 관.소.중단, θέλημα 명.소.중단
αὐτός 대인칭.소.남단
κατά 전.목, ὁ 관.목.여단, εὐδοκία 명.목.여단
αὐτός 대인칭.소.남단
ὅς 대관계.목.여단, προτίθημι 동직.과중.3단
ἐν 전.여, αὐτός 대인칭.여.남단

10
εἰς 전.목, οἰκονομία 명.목.여단
ὁ 관.소.중단, πλήρωμα 명.소.중단
ὁ 관.소.남복, καιρός 명.소.남복
ἀνακεφαλαιόω 동부.과중
ὁ 관.목.중복, πᾶς 형부정.목.중복
ἐν 전.여, ὁ 관.여.남단, Χριστός 명.여.남단
ὁ 관.목.중복, ἐπί 전.여, ὁ 관.여.남복, οὐρανός 명.여.남복
καί 접.등, ὁ 관.목.중복, ἐπί 전.소, ὁ 관.소.여단, γῆ 명.소.여단
ἐν 전.여, αὐτός 대인칭.여.남단

11
ἐν 전.여, ὅς 대관계.여.남단
καί 부, κληρόω 동직.과수.1복
προορίζω 동분.과수.주.남복
κατά 전.목, πρόθεσις 명.목.여단
ὁ 관.소.남단, ὁ 관.목.중복, πᾶς 형부정.목.중복, ἐνεργέω 동분.현능.소.남단
κατά 전.목, ὁ 관.목.여단, βουλή 명.목.여단
ὁ 관.소.중단, θέλημα 명.소.중단
αὐτός 대인칭.소.남단

12
εἰς 전.목, ὁ 관.목.중단, εἰμί 동부.현능
ἐγώ 대인칭.목.-복
εἰς 전.목, ἔπαινος 명.목.남단
δόξα 명.소.여단
αὐτός 대인칭.소.남단
ὁ 관.목.남복, προελπίζω 동분.완능.목.남복
ἐν 전.여, ὁ 관.여.남단, Χριστός 명.여.남단

13
ἐν 전.여, ὅς 대관계.여.남단
καί 부, σύ 대인칭.주.-복
ἀκούω 동분.과능.주.남복
ὁ 관.목.남단, λόγος 명.목.남단
ὁ 관.소.여단, ἀλήθεια 명.소.여단
ὁ 관.목.중단, εὐαγγέλιον 명.목.중단
ὁ 관.소.여단, σωτηρία 명.소.여단
σύ 대인칭.소.-복
ἐν 전.여, ὅς 대관계.여.남단
καί 부, πιστεύω 동분.과능.주.남복
σφραγίζω 동직.과수.2복

ὁ 관.여.중단, πνεῦμα 명.여.중단
ὁ 관.소.여단, ἐπαγγελία 명.소.여단
ὁ 관.여.중단, ἅγιος 형일반.여.중단

14
ὅς 대관계.주.중단, εἰμί 동직.현능.3단
ἀρραβών 명.주.남단
ὁ 관.소.여단, κληρονομία 명.소.여단
ἐγώ 대인칭.소.-복
εἰς 전.목, ἀπολύτρωσις 명.목.여단
ὁ 관.소.여단, περιποίησις 명.소.여단
εἰς 전.목, ἔπαινος 명.목.남단
ὁ 관.소.여단, δόξα 명.소.여단
αὐτός 대인칭.소.남단

15
διά 전.목, οὗτος 대지시.목.중단
καί+ἐγώ 부&대인칭.주.-단
ἀκούω 동분.과능.주.남단
ὁ 관.목.여단, κατά 전.목, σύ 대인칭.목.-복, πίστις 명.목.여단
ἐν 전.여, ὁ 관.여.남단, κύριος 명.여.남단, Ἰησοῦς 명.여.남단
καί 접.등, ὁ 관.목.여단, ἀγάπη 명.목.여단
ὁ 관.목.여단, εἰς 전.목, πᾶς 형부정.목.남복, ὁ 관.목.남복, ἅγιος 형일반.목.남복

16
οὐ 부, παύω 동직.현중.1단
εὐχαριστέω 동분.현능.주.남단
ὑπέρ 전.소, σύ 대인칭.소.-복
μνεία 명.목.여단
ποιέω 동분.현중.주.남단
ἐπί 전.소, ὁ 관.소.여복, προσευχή 명.소.여복
ἐγώ 대인칭.소.-단

17
ἵνα 접.종
ὁ 관.주.남단, θεός 명.주.남단
ὁ 관.소.남단, κύριος 명.소.남단
ἐγώ 대인칭.소.-복
Ἰησοῦς 명.소.남단, Χριστός 명.소.남단
ὁ 관.주.남단, πατήρ 명.주.남단
ὁ 관.소.여단, δόξα 명.소.여단
δίδωμι 동가.과능.3단
σύ 대인칭.여.-복
πνεῦμα 명.목.중단
σοφία 명.소.여단
καί 접.등, ἀποκάλυψις 명.소.여단
ἐν 전.여, ἐπίγνωσις 명.여.여단
αὐτός 대인칭.소.남단

18
φωτίζω 동분.완수.목.남복
ὁ 관.목.남복, ὀφθαλμός 명.목.남복
ὁ 관.소.여단, καρδία 명.소.여단
σύ 대인칭.소.-복
εἰς 전.목, ὁ 관.목.중단, οἶδα 동부.완능
σύ 대인칭.목.-복
τίς 대의문.주.여단/형의문.주.여단, εἰμί 동직.현능.3단
ὁ 관.주.여단, ἐλπίς 명.주.여단
ὁ 관.소.여단, κλῆσις 명.소.여단
αὐτός 대인칭.소.남단
τίς 대의문.주.남단/형의문.주.남단
ὁ 관.주.남단, πλοῦτος 명.주.남단
ὁ 관.소.여단, δόξα 명.소.여단
ὁ 관.소.여단, κληρονομία 명.소.여단
αὐτός 대인칭.소.남단
ἐν 전.여, ὁ 관.여.남복, ἅγιος 형일반.여.남복

19
καί 접.등, τίς 대의문.주.중단
ὁ 관.주.중단, ὑπερβάλλω 동분.현능.주.중단, μέγεθος 명.주.중단
ὁ 관.소.여단, δύναμις 명.소.여단
αὐτός 대인칭.소.남단
εἰς 전.목
ἐγώ 대인칭.목.-복

ὁ 관.목.남복, πιστεύω 동분.현능.목.남복
κατά 전.목, ὁ 관.목.여단, ἐνέργεια 명.목.여단
ὁ 관.소.중단, κράτος 명.소.중단
ὁ 관.소.여단, ἰσχύς 명.소.여단
αὐτός 대인칭.소.남단

20

ὅς 대관계.목.여단, ἐνεργέω 동직.과능.3단
ἐν 전.여, ὁ 관.여.남단, Χριστός 명.여.남단
ἐγείρω 동분.과능.주.남단
αὐτός 대인칭.목.남단
ἐκ 전.소, νεκρός 형일반.소.남복
καί 접.등, καθίζω 동분.과능.주.남단
ἐν 전.여, δεξιός 형일반.여.여단
αὐτός 대인칭.소.남단
ἐν 전.여, ὁ 관.여.중복, ἐπουράνιος 형일반.여.중복

21

ὑπεράνω 전.소
πᾶς 형부정.소.여단, ἀρχή 명.소.여단
καί 접.등, ἐξουσία 명.소.여단
καί 접.등, δύναμις 명.소.여단
καί 접.등, κυριότης 명.소.여단
καί 접.등, πᾶς 형부정.소.중단, ὄνομα 명.소.중단
ὀνομάζω 동분.현수.소.중단
οὐ 부, μόνος 부, ἐν 전.여, ὁ 관.여.남단, αἰών 명.여.남단
οὗτος 대지시.여.남단
ἀλλά 접.등, καί 부, ἐν 전.여, ὁ 관.여.남단, μέλλω 동분.현능.여.남단

22

καί 접.등, πᾶς 형부정.목.중복
ὑποτάσσω 동직.과능.3단
ὑπό 전.목, ὁ 관.목.남복, πούς 명.목.남복
αὐτός 대인칭.소.남단
καί 접.등, αὐτός 대인칭.목.남단
δίδωμι 동직.과능.3단
κεφαλή 명.목.여단
ὑπέρ 전.목, πᾶς 형부정.목.중복
ὁ 관.여.여단, ἐκκλησία 명.여.여단

23

ὅστις 대관계.주.여단, εἰμί 동직.현능.3단
ὁ 관.주.중단, σῶμα 명.주.중단
αὐτός 대인칭.소.남단
ὁ 관.주.중단, πλήρωμα 명.주.중단
ὁ 관.소.남단
ὁ 관.목.중복, πᾶς 형부정.목.중복
ἐν 전.여, πᾶς 형부정.여.중복
πληρόω 동분.현중.소.남단

2장

1

καί 접.등/부, σύ 대인칭.목.-복
εἰμί 동분.현능.목.남복
νεκρός 형일반.목.남복
ὁ 관.여.중복, παράπτωμα 명.여.중복
καί 접.등, ὁ 관.여.여복, ἁμαρτία 명.여.여복
σύ 대인칭.소.-복

2

ἐν 전.여, ὅς 대관계.여.여복
ποτέ 부
περιπατέω 동직.과능.2복
κατά 전.목, ὁ 관.목.남단, αἰών 명.목.남단
ὁ 관.소.남단, κόσμος 명.소.남단
οὗτος 대지시.소.남단
κατά 전.목, ὁ 관.목.남단, ἄρχων 명.목.남단
ὁ 관.소.여단, ἐξουσία 명.소.여단
ὁ 관.소.남단, ἀήρ 명.소.남단
ὁ 관.소.중단, πνεῦμα 명.소.중단
ὁ 관.소.중단, νῦν 부, ἐνεργέω 동분.현능.소.중단
ἐν 전.여, ὁ 관.여.남복, υἱός 명.여.남복
ὁ 관.소.여단, ἀπείθεια 명.소.여단

3

ἐν 전.여, ὅς 대관계.여.남복
καί 부, ἐγώ 대인칭.주.-복
πᾶς 형부정.주.남복
ἀναστρέφω 동직.과수.1단
ποτέ 부
ἐν 전.여, ὁ 관.여.여복, ἐπιθυμία 명.여.여복
ὁ 관.소.여단, σάρξ 명.소.여단
ἐγώ 대인칭.소.-복
ποιέω 동분.현능.주.남복
ὁ 관.목.중복, θέλημα 명.목.중복
ὁ 관.소.여단, σάρξ 명.소.여단
καί 접.등, ὁ 관.소.여복, διάνοια 명.소.여복
καί 접.등, εἰμί 동직.미완중.1단
τέκνον 명.주.중복
φύσις 명.여.여단
ὀργή 명.소.여단
ὡς 접.종, καί 부, ὁ 관.주.남복, λοιπός 형일반.주.남복

4

ὁ 관.주.남단, δέ 접.등, θεός 명.주.남단
πλούσιος 형일반.주.남단
εἰμί 동분.현능.주.남단
ἐν 전.여, ἔλεος 명.여.중단
διά 전.목, ὁ 관.목.여단, πολύς 형일반.목.여단, ἀγάπη 명.목.여단
αὐτός 대인칭.소.남단
ὅς 대관계.목.여단, ἀγαπάω 동직.과능.3단
ἐγώ 대인칭.목.-복

5

καί 부, εἰμί 동분.현능.목.남복
ἐγώ 대인칭.목.-복
νεκρός 형일반.목.남복
ὁ 관.여.중복, παραπτωμα 명.여.중복
συζωοποιέω 동직.과능.3단
ὁ 관.여.남단, Χριστός 명.여.남단
χάρις 명.여.여단
εἰμί 동직.현능.2복
σῴζω 동분.완수.주.남복

6

καί 접.등, συνεγείρω 동직.과능.3단
καί 접.등, συγκαθίζω 동직.과능.3단
ἐν 전.여, ὁ 관.여.중복, ἐπουράνιος 형일반.여.중복
ἐν 전.여, Χριστός 명.여.남단, Ἰησοῦς 명.여.남단

7

ἵνα 접.종, ἐνδείκνυμι 동가.과중.3단
ἐν 전.여, ὁ 관.여.남복, αἰών 명.여.남복
ὁ 관.여.남복, ἐπέρχομαι 동분.현중.여.남복
ὁ 관.목.중단, ὑπερβάλλω 동분.현능.목.중단, πλοῦτος 명.목.중단
ὁ 관.소.여단, χάρις 명.소.여단
αὐτός 대인칭.소.남단
ἐν 전.여, χρηστότης 명.여.여단
ἐπί 전.목, ἐγώ 대인칭.목.-복
ἐν 전.여, Χριστός 명.여.남단, Ἰησοῦς 명.여.남단

8

ὁ 관.여.여단, γάρ 접.등, χάρις 명.여.여단
εἰμί 동직.현능.2복
σῴζω 동분.완수.주.남복
διά 전.소, πίστις 명.소.여단
καί 접.등/부, οὗτος 대지시.명.중단
οὐ 부, ἐκ 전.소, σύ 대인칭.소.-복
θεός 명.소.남단
ὁ 관.주.중단, δῶρον 명.주.중단

9

οὐ 부, ἐκ 전.소, ἔργον 명.소.중복
ἵνα 접.종, μή 조사, τὶς 대부정.주.남단
καυχάομαι 동가.과중.3단

10

αὐτός 대인칭.소.남단, γάρ 접.등
εἰμί 동직.현능.1단
ποίημα 명.주.중단
κτίζω 동분.과수.주.남복
ἐν 전.여, Χριστός 명.여.남단, Ἰησοῦς 명.여.남단

ἐπί 전.여, ἔργον 명.여.중복
ἀγαθός 형일반.여.중복
ὅς 대관계.여.중복
προετοιμάζω 동직.과능.3단
ὁ 관.주.남단, θεός 명.주.남단
ἵνα 접.종
ἐν 전.여, αὐτός 대인칭.여.중복
περιπατέω 동가.과능.1단

11

διό 접.등
μνημονεύω 동명.현능.2복
ὅτι 접.종
ποτέ 부
σύ 대인칭.주.-복
ὁ 관.주.중복, ἔθνος 명.주.중복
ἐν 전.여, σάρξ 명.여.여단
ὁ 관.주.남복, λέγω 동분.현수.주.남복
ἀκροβυστία 명.주.여단
ὑπό 전.소, ὁ 관.소.여단, λέγω 동분.현수.소.여단
περιτομή 명.소.여단
ἐν 전.여, σάρξ 명.여.여단
χειροποίητος 형일반.소.여단

12

ὅτι 접.종, εἰμί 동직.미완능.2복
ὁ 관.여.남단, καιρός 명.여.남단
ἐκεῖνος 대지시.여.남단
χωρίς 전.소, Χριστός 명.소.남단
ἀπαλλοτριόω 동분.완수.주.남복
ὁ 관.소.여단, πολιτεία 명.소.여단
ὁ 관.소.남단, Ἰσραήλ 명.소.남단
καί 접.등, ξένος 형일반.주.남복
ὁ 관.소.여복, διαθήκη 명.소.여복
ὁ 관.소.여단, ἐπαγγελία 명.소.여단
ἐλπίς 명.목.여단
μή 조사, ἔχω 동분.현능.주.남복
καί 접.등, ἄθεος 형일반.주.남복
ἐν 전.여, ὁ 관.여.남단, κόσμος 명.여.남단

13

νυνί 부, δέ 접.등
ἐν 전.여, Χριστός 명.여.남단, Ἰησοῦς 명.여.남단
σύ 대인칭.주.-복
ὁ 관.주.남복, ποτέ 부, εἰμί 동분.현능.주.남복,
μακράν 부
γίνομαι 동직.과수.2복
ἐγγύς 부
ἐν 전.여, ὁ 관.여.중단, αἷμα 명.여.중단
ὁ 관.소.남단, Χριστός 명.소.남단

14

αὐτός 대강조.주.남단, γάρ 접.등
εἰμί 동직.현능.3단
ὁ 관.주.여단, εἰρήνη 명.주.여단
ἐγώ 대인칭.소.-복
ὁ 관.주.남단, ποιέω 동분.과능.주.남단
ὁ 관.목.중복, ἀμφότεροι 형일반.목.중복
εἷς 형기수.목.중단
καί 접.등, ὁ 관.목.중단, μεσότοιχον 명.목.중단
ὁ 관.소.남단, φραγμός 명.소.남단
λύω 동분.과능.주.남단
ὁ 관.목.여단, ἔχθρα 명.목.여단
ἐν 전.여, ὁ 관.여.여단, σάρξ 명.여.여단
αὐτός 대인칭.소.남단

15

ὁ 관.목.남단, νόμος 명.목.남단
ὁ 관.소.여복, ἐντολή 명.소.여복
ἐν 전.여, δόγμα 명.여.중복
καταργέω 동분.과능.주.남단
ἵνα 접.종
ὁ 관.목.남복, δύο 형기수.목.남복
κτίζω 동가.과능.3단
ἐν 전.여, αὐτός 대인칭.여.남단
εἰς 전.목, εἷς 형기수.목.남단, καινός 형일반.목.남단,
ἄνθρωπος 명.목.남단
ποιέω 동분.현능.주.남단
εἰρήνη 명.목.여단

16

καὶ 접.등, ἀποκαταλλάσσω 동가.과능.3단
ὁ 관.목.남복, ἀμφότεροι 형일반.목.남복
ἐν 전.여, εἷς 형기수.여.중단, σῶμα 명.여.중단
ὁ 관.여.남단, θεός 명.여.남단
διά 전.소, ὁ 관.소.남단, σταυρός 명.소.남단
ἀποκτείνω 동분.과능.주.남단
ὁ 관.목.여단, ἔχθρα 명.목.여단
ἐν 전.여, αὐτός 대인칭.여.남단

17

καί 접.등, ἔρχομαι 동분.과능.주.남단
εὐαγγελίζω 동직.과중.3단
εἰρήνη 명.목.여단
σύ 대인칭.여.-복
ὁ 관.여.남복, μακράν 부
καί 접.등, εἰρήνη 명.목.여단
ὁ 관.여.남복, ἐγγύς 부

18

ὅτι 접.종, διά 전.소, αὐτός 대인칭.소.남단
ἔχω 동직.현능.1단
ὁ 관.목.여단, προσαγωγή 명.목.여단
ὁ 관.주.남복, ἀμφότεροι 형일반.주.남복
ἐν 전.여, εἷς 형기수.여.중단, πνεῦμα 명.여.중단
πρός 전.목, ὁ 관.목.남단, πατήρ 명.목.남단

19

ἄρα 조사, οὖν 접.등
οὐκέτι 부, εἰμί 동직.현능.2복
ξένος 형일반.주.남복
καί 접.등, πάροικος 형일반.주.남복
ἀλλά 접.등, εἰμί 동직.현능.2복
συμπολίτης 명.주.남복
ὁ 관.소.남복, ἅγιος 형일반.소.남복
καί 접.등, οἰκεῖος 형일반.주.남복
ὁ 관.소.남단, θεός 명.소.남단

20

ἐποικοδομέω 동분.과수.주.남복
ἐπί 전.여, ὁ 관.여.남단, θεμέλιος 명.여.남단
ὁ 관.소.남복, ἀπόστολος 명.소.남복
καί 접.등, προφήτης 명.소.남복
εἰμί 동분.현능.소.남단
ἀκρογωνιαῖος 형일반.소.남단
αὐτός 대인칭.소.남단
Χριστός 명.소.남단, Ἰησοῦς 명.소.남단

21

ἐν 전.여, ὅς 대관계.여.남단
πᾶς 형부정.주.여단, οἰκοδομή 명.주.여단
συναρμολογέω 동분.현수.주.여단
αὐξάνω 동직.현능.3단
εἰς 전.목, ναός 명.목.남단
ἅγιος 형일반.목.남단
ἐν 전.여, κύριος 명.여.남단

22

ἐν 전.여, ὅς 대관계.여.남단
καί 부, σύ 대인칭.주.-복
συνοικοδομέω 동직.현수.2복
εἰς 전.목, κατοικητήριον 명.목.중단
ὁ 관.소.남단, θεός 명.소.남단
ἐν 전.여, πνεῦμα 명.여.중단

3장

1

οὗτος 대지시.소.중단, χάριν 전.소
ἐγώ 대인칭.주.-단
Παῦλος 명.주.남단
ὁ 관.주.남단, δέσμιος 형일반.주.남단
ὁ 관.소.남단, Χριστός 명.소.남단
Ἰησοῦς 명.소.남단
ὑπέρ 전.소
σύ 대인칭.소.-복
ὁ 관.소.중복, ἔθνος 명.소.중복

2

εἰ 접.종, γέ 조사, ἀκούω 동직.과능.2복

ὁ 관.목.여단, οἰκονομία 명.목.여단

ὁ 관.소.여단, χάρις 명.소.여단

ὁ 관.소.남단, θεός 명.소.남단

ὁ 관.소.여단, δίδωμι 동분.과수.소.여단

ἐγώ 대인칭.여.-단

εἰς 전.목, σύ 대인칭.목.-복

3

ὅτι 접.종

κατά 전.목, ἀποκάλυψις 명.목.여단

γνωρίζω 동직.과수.3단

ἐγώ 대인칭.여.-단

ὁ 관.주.중단, μυστήριον 명.주.중단

καθώς 접.종, προγράφω 동직.과능.1단

ἐν 전.여, ὀλίγος 형일반.여.중단

4

πρός 전.목, ὅς 대관계.목.중단

δύναμαι 동직.현중.2복

ἀναγινώσκω 동분.현능.주.남복

νοέω 동부.과능

ὁ 관.목.여단, σύνεσις 명.목.여단

ἐγώ 대인칭.소.-단

ἐν 전.여, ὁ 관.여.중단, μυστήριον 명.여.중단

ὁ 관.소.남단, Χριστός 명.소.남단

5

ὅς 대관계.주.중단

ἕτερος 형부정.여.여복, γενεά 명.여.여복

οὐ 부, γνωρίζω 동직.과수.3단

ὁ 관.여.남복, υἱός 명.여.남복

ὁ 관.소.남복, ἄνθρωπος 명.소.남복

ὡς 접.종, νῦν 부

ἀποκαλύπτω 동직.과수.3단

ὁ 관.여.남복, ἅγιος 형일반.여.남복, ἀπόστολος 명.여.남복

αὐτός 대인칭.소.남단

καί 접.등, προφήτης 명.여.남복

ἐν 전.여, πνεῦμα 명.여.중단

6

εἰμί 동부.현능

ὁ 관.목.중복, ἔθνος 명.목.중복

συγκληρονόμος 형일반.목.중복

καί 접.등, σύσσωμος 형일반.목.중복

καί 접.등, συμμέτοχος 형일반.목.중복

ὁ 관.소.여단, ἐπαγγελία 명.소.여단

ἐν 전.여, Χριστός 명.여.남단, Ἰησοῦς 명.여.남단

διά 전.소, ὁ 관.소.중단, εὐαγγέλιον 명.소.중단

7

ὅς 대관계.소.중단

γίνομαι 동직.과수.1단

διάκονος 명.주.남단

κατά 전.목, ὁ 관.목.여단, δωρεά 명.목.여단

ὁ 관.소.여단, χάρις 명.소.여단

ὁ 관.소.남단, θεός 명.소.남단

ὁ 관.소.여단, δίδωμι 동분.과수.소.여단

ἐγώ 대인칭.여.-단

κατά 전.목, ὁ 관.목.여단, ἐνέργεια 명.목.여단

ὁ 관.소.여단, δύναμις 명.소.여단

αὐτός 대인칭.소.남단

8

ἐγώ 대인칭.여.-단

ὁ 관.여.남단, ἐλαχύς 형일반.여.남단&형일반.여.남단

πᾶς 형부정.소.남복, ἅγιος 형일반.소.남복

δίδωμι 동직.과수.3단

ὁ 관.주.여단, χάρις 명.주.여단

ου-τος 대지시.주.여단

ὁ 관.여.중복, ἔθνος 명.여.중복

εὐαγγελίζω 동부.과중

ὁ 관, ἀνεξιχνίαστος 형일반.목.중단, πλοῦτος 명.목.중단

ὁ 관.소.남단, Χριστός 명.소.남단

9
καί 접.등, φωτίζω 동부.과능
πᾶς 형부정.목.남복
τίς 대의문.주.여단/형의문.주.여단, ὁ 관.주.여단, οἰκονομία 명.주.여단
ὁ 관.소.중단, μυστήριον 명.소.중단
ὁ 관.소.중단, ἀποκρύπτω 동분.완수.소.중단
ἀπό 전.소, ὁ 관.소.남복, αἰών 명.소.남복
ἐν 전.여, ὁ 관.여.남단, θεός 명.여.남단
ὁ 관.여.남단, ὁ 관.목.중복, πᾶς 형부정.목.중복, κτίζω 동분.과능.여.남단

10
ἵνα 접.종.
γνωρίζω 동가.과수.3단
νῦν 부
ὁ 관.여.여복, ἀρχή 명.여.여복
καί 접.등, ὁ 관.여.여복, ἐξουσία 명.여.여복
ἐν 전.여, ὁ 관.여.중복, ἐπουράνιος 형일반.여.중복
διά 전.소, ὁ 관.소.여단, ἐκκλησία 명.소.여단
ὁ 관.주.여단, πολυποίκιλος 형일반.주.여단, σοφία 명.주.여단
ὁ 관.소.남단, θεός 명.소.남단

11
κατά 전.목, πρόθεσις 명.목.여단
ὁ 관.소.남복, αἰών 명.소.남복
ὅς 대관계.목.여단, ποιέω 동직.과능.3단
ἐν 전.여
ὁ 관.여.남단, Χριστός 명.여.남단, Ἰησοῦς 명.여.남단
ὁ 관.여.남단, κύριος 명.여.남단
ἐγώ 대인칭.소.-복

12
ἐν 전.여, ὅς 대관계.여.남단
ἔχω 동직.현능.1단
ὁ 관.목.여단, παρρησία 명.목.여단
καί 접.등, προσαγωγή 명.목.여단
ἐν 전.여, πεποίθησις 명.여.여단
διά 전.소, ὁ 관.소.여단, πίστις 명.소.여단
αὐτός 대인칭.소.남단

13
διό 접.등
αἰτέω 동직.현중.1단
μή 조사, ἐγκακέω 동부.현능
ἐν 전.여, ὁ 관.여.여복, θλῖψις 명.여.여복
ἐγώ 대인칭.소.-단
ὑπέρ 전.소, σύ 대인칭.소.-복
ὅστις 대관계.주.여단, εἰμί 동직.현능.3단
δόξα 명.주.여단
σύ 대인칭.소.-복

14
οὗτος 대지시.소.중단, χάριν 전.소
κάμπτω 동직.현능.1단
ὁ 관.목.중복, γόνυ 명.목.중복
ἐγώ 대인칭.소.-단
πρός 전.목, ὁ 관.목.남단, πατήρ 명.목.남단

15
ἐκ 전.소, ὅς 대관계.소.남단
πᾶς 형부정.주.여단, πατριά 명.주.여단
ἐν 전.여, οὐρανός 명.여.남복
καί 접.등, ἐπί 전.소, γῆ 명.소.여단
ὀνομάζω 동직.현수.3단

16
ἵνα 접.종, δίδωμι 동가.과능.3단
σύ 대인칭.여.-복
κατά 전.목, ὁ 관.목.중단, πλοῦτος 명.목.중단
ὁ 관.소.여단, δόξα 명.소.여단
αὐτός 대인칭.소.남단
δύναμις 명.여.여단
κραταιόω 동부.과수
διά 전.소. ὁ 관.소.중단, πνεῦμα 명.소.중단
αὐτός 대인칭.소.남단
εἰς 전.목, ὁ 관.목.남단, ἔσω 부, ἄνθρωπος 명.목.남단

17
κατοικέω 동부.과능
ὁ 관.목.남단, Χριστός 명.목.남단
διά 전.소, ὁ 관.소.여단, πίστις 명.소.여단
ἐν 전.여, ὁ 관.여.여복, καρδία 명.여.여복
σύ 대인칭.소.-복
ἐν 전.여, ἀγάπη 명.여.여단
ῥιζόω 동분.완수.주.남복
καί 접.등, θεμελιόω 동분.완수.주.남복

18
ἵνα 접.종, ἐξισχύω 동가.과능.2복
καταλαμβάνω 동부.과중
σύν 전.여, πᾶς 형부정.여.남복, ὁ 관.여.남복, ἅγιος 형일반.여.남복
τίς 대의문.주.중단
ὁ 관.주.중단, πλάτος 명.주.중단
καί 접.등, μῆκος 명.주.중단
καί 접.등, ὕψος 명.주.중단
καί 접.등, βάθος 명.주.중단

19
γινώσκω 동부.과능
τέ 접.등, ὁ 관.목.여단, ὑπερβάλλω 동분.현능.목.여단
ὁ 관.소.여단, γνῶσις 명.소.여단
ἀγάπη 명.목.여단
ὁ 관.소.남단, Χριστός 명.소.남단
ἵνα 접.종, πληρόω 동가.과수.2복
εἰς 전.목, πᾶς 형부정.목.중단, ὁ 관.목.중단, πλήρωμα 명.목.중단
ὁ 관.소.남단, θεός 명.소.남단

20
ὁ 관.여.남단, δέ 접.등, δύναμαι 동분.현중.여.남단
ὑπέρ 전.목, πᾶς 형부정.목.중복
ποιέω 동부.과능
ὑπερεκπερισσοῦ 부, ὅς 대관계.소.중복
αἰτέω 동직.현중.1단
ἤ 접.등, νοέω 동직.현능.1단
κατά 전.목, ὁ 관.목.여단, δύναμις 명.목.여단
ὁ 관.목.여단, ἐνεργέω 동분.현중.목.여단
ἐν 전.여, ἐγώ 대인칭.여.-복

21
αὐτός 대인칭.여.남단
ὁ 관.주.여단, δόξα 명.주.여단
ἐν 전.여, ὁ 관.여.여단, ἐκκλησία 명.여.여단
καί 접.등, ἐν 전.여, Χριστός 명.여.남단, Ἰησοῦς 명.여.남단
εἰς 전.목, πᾶς 형부정.목.여복, ὁ 관.목.여복, γενεά 명.목.여복
ὁ 관.소.남단, αἰών 명.소.남단, ὁ 관.소.남복, αἰών 명.소.남복
ἀμήν 불

4장

1
παρακαλέω 동직.현능.1단, οὖν 접.등
σύ 대인칭.목.-복
ἐγώ 대인칭.주.-단
ὁ 관.주.남단, δέσμιος 형일반.주.남단
ἐν 전.여, κύριος 명.여.남단
ἀξίως 부
περιπατέω 동부.과능
ὁ 관.소.여단, κλῆσις 명.소.여단
ὅς 대관계.소.여단, καλέω 동직.과수.2복

2
μετά 전.소, πᾶς 형부정.소.여단
ταπεινοφροσύνη 명.소.여단
καί 접.등, πραΰτης 명.소.여단
μετά 전.소, μακροθυμία 명.소.여단
ἀνέχω 동분.현중.주.남복
ἀλλήλων 대상호.소.남복
ἐν 전.여, ἀγάπη 명.여.여단

3

σπουδάζω 동분.현능.주.남복
τηρέω 동부.현능
ὁ 관.목.여단, ἑνότης 명.목.여단
ὁ 관.소.중단, πνεῦμα 명.소.중단
ἐν 전.여, ὁ 관.여.남단, σύνδεσμος 명.여.남단
ὁ 관.소.여단, εἰρήνη 명.소.여단

4

εἷς 형기수.주.중단, σῶμα 명.주.중단
καί 접.등, εἷς 형기수.주.중단, πνεῦμα 명.주.중단
καθώς 접.종, καί 부, καλέω 동직.과수.2복
ἐν 전.여, εἷς 형기수.여.여단, ἐλπίς 명.여.여단
ὁ 관.소.여단, κλῆσις 명.소.여단
σύ 대인칭.소.-복

5

εἷς 형기수.주.남단, κύριος 명.주.남단
εἷς 형기수.주.여단, πίστις 명.주.여단
εἷς 형기수.주.중단, βάπτισμα 명.주.중단

6

εἷς 형기수.주.남단, θεός 명.주.남단
καί 접.등, πατήρ 명.주.남단
πᾶς 형부정.소.남복
ὁ 관.주.남단
ἐπί 전.소, πᾶς 형부정.소.남복/대부정.소.중복
καί 접.등, διά 전.소, πᾶς
형부정.소.남복/대부정.소.중복
καί 접.등, ἐν 전.여, πᾶς
형부정.여.남복/대부정.여.중복

7

εἷς 형기수.여.남단, δέ 접.등, ἕκαστος 형부정.여.남단
ἐγώ 대인칭.소.-복
δίδωμι 동직.과수.3단
ὁ 관.주.여단, χάρις 명.주.여단
κατά 전.목, ὁ 관.목.중단, μέτρον 명.목.중단
ὁ 관.소.여단, δωρεά 명.소.여단
ὁ 관.소.남단, Χριστός 명.소.남단

8

διό 접.등, λέγω 동직.현능.3단
ἀναβαίνω 동분.과능.주.남단
εἰς 전.목, ὕψος 명.목.중단
αἰχμαλωτεύω 동직.과능.3단
αἰχμαλωσία 명.목.여단
δίδωμι 동직.과능.3단
δόμα 명.목.중복
ὁ 관.여.남복, ἄνθρωπος 명.여.남복

9

ὁ 관.주.중단, δέ 접.등, ἀναβαίνω 동직.과능.3단
τίς 대의문.주.중단
εἰμί 동직.현능.3단
εἰ 접.종, μή 조사, ὅτι 접.종, καί 부, καταβαίνω
동직.과능.3단
εἰς 전.목, ὁ 관.목.중복, κατώτερος 형일반.목.중복,
μέρος 명.목.중복
ὁ 관.소.여단, γῆ 명.소.여단

10

ὁ 관.주.남단, καταβαίνω 동분.과능.주.남단
αὐτός 대강조.주.남단
εἰμί 동직.현능.3단
καί 부, ὁ 관.주.남단, ἀναβαίνω 동분.과능.주.남단
ὑπεράνω 전.소, πᾶς 형부정.소.남복, ὁ 관.소.남복,
οὐρανός 명.소.남복
ἵνα 접.종, πληρόω 동가.과능.3단
ὁ 관.목.중복, πᾶς 형부정.목.중복

11

καί 접.등, αὐτός 대강조.주.남단
δίδωμι 동직.과능.3단
ὁ 관.목.남복, μέν 조사, ἀπόστολος 명.목.남복
ὁ 관.목.남복, δέ 접.등, προφήτης 명.목.남복
ὁ 관.목.남복, δέ 접.등, εὐαγγελιστής 명.목.남복
ὁ 관.목.남복, δέ 접.등, ποιμήν 명.목.남복

καί 접.등, διδάσκαλος 명.목.남복

12

πρός 전.목, ὁ 관.목.남단, καταρτισμός 명.목.남단
ὁ 관.소.남복, ἅγιος 형일반.소.남복
εἰς 전.목, ἔργον 명.목.중단
διακονία 명.소.여단
εἰς 전.목, οἰκοδομή 명.목.여단
ὁ 관.소.중단, σῶμα 명.소.중단
ὁ 관.소.남단, Χριστός 명.소.남단

13

μέχρι 접.종.
καταντάω 동가.과능.1단
ὁ 관.주.남복, πᾶς 형부정.주.남복
εἰς 전.목, ὁ 관.목.여단, ἑνότης 명.목.여단
ὁ 관.소.여단, πίστις 명.소.여단
καί 접.등, ὁ 관.소.여단, ἐπίγνωσις 명.소.여단
ὁ 관.소.남단, υἱός 명.소.남단
ὁ 관.소.남단, θεός 명.소.남단
εἰς 전.목, ἀνήρ 명.목.남단
τέλειος 형일반.목.남단
εἰς 전.목, μέτρον 명.목.중단
ἡλικία 명.소.여단
ὁ 관.소.중단, πλήρωμα 명.소.중단
ὁ 관.소.남단, Χριστός 명.소.남단

14

ἵνα 접.종, μηκέτι 부, εἰμί 동가.현능.1단
νήπιος 형일반.주.남복
κλυδωνίζομαι 동분.현수.주.남복
καί 접.등, περιφέρω 동분.현수.주.남복
πᾶς 형부정.여.남단, ἄνεμος 명.여.남단
ὁ 관.소.여단, διδασκαλία 명.소.여단
ἐν 전.여, ὁ 관.여.여단, κυβεία 명.여.여단
ὁ 관.소.남복, ἄνθρωπος 명.소.남복
ἐν 전.여, πανουργία 명.여.여단
πρός 전.목, ὁ 관.목.여단, μεθοδεία 명.목.여단
ὁ 관.소.여단, πλάνη 명.소.여단

15

ἀληθεύω 동분.현능.주.남복, δέ 접.등
ἐν 전.여, ἀγάπη 명.여.여단
αὐξάνω 동가.과능.1복
εἰς 전.목, αὐτός 대인칭.목.남단
ὁ 관.목.중복, πᾶς 형부정.목.중복
ὅς 대관계.주.남단, εἰμί 동직.현능.3단
ὁ 관.주.여단, κεφαλή 명.주.여단
Χριστός 명.주.남단

16

ἐκ 전.소, ὅς 대관계.소.남단
πᾶς 형부정.주.중단, ὁ 관.주.중단, σῶμα 명.주.중단
συναρμολογέω 동분.현수.주.중단
καί 접.등, συμβιβάζω 동분.현수.주.중단,
διά 전.소, πᾶς 형부정.소.여단, ἁφή 명.소.여단
ὁ 관.소.여단, ἐπιχορηγία 명.소.여단
κατά 전.목, ἐνέργεια 명.목.여단
ἐν 전.여, μέτρον 명.여.중단
εἷς 형기수.소.중단, ἕκαστος 형부정.소.중단, μέρος 명.소.중단
ὁ 관.목.여단, αὔξησις 명.목.여단
ὁ 관.소.중단, σῶμα 명.소.중단
ποιέω 동직.현중.3단
εἰς 전.목, οἰκοδομή 명.목.여단
ἑαυτοῦ 대재귀.소.중단
ἐν 전.여, ἀγάπη 명.여.여단

17

οὗτος 대지시.목.중단, οὖν 접.등
λέγω 동직.현능.1단
καί 접.등, μαρτύρομαι 동직.현중.1단
ἐν 전.여, κύριος 명.여.남단
μηκέτι 부, σύ 대인칭.목.-복
περιπατέω 동부.현능
καθώς 접.종, καί 부, ὁ 관.주.중복, ἔθνος 명.주.중복
περιπατέω 동직.현능.3단
ἐν 전.여, ματαιότης 명.여.여단
ὁ 관.소.남단, νοῦς 명.소.남단
αὐτός 대인칭.소.중복

18

σκοτόω 동분.완수.주.남복
ὁ 관.여.여단, διάνοια 명.여.여단
εἰμί 동분.현능.주.남복
ἀπαλλοτριόω 동분.완수.주.남복
ὁ 관.소.여단, ζωή 명.소.여단
ὁ 관.소.남단, θεός 명.소.남단,
διά 전.목, ὁ 관.목.여단, ἄγνοια 명.목.여단
ὁ 관.목.여단, εἰμί 동분.현능.목.여단
ἐν 전.여, αὐτός 대인칭.여.중복
διά 전.목, ὁ 관.목.여단, πώρωσις 명.목.여단
ὁ 관.소.여단, καρδία 명.소.여단
αὐτός 대인칭.소.중복

19

ὅστις 대관계.주.남복
ἀπαλγέω 동분.완능.주.남복
ἑαυτοῦ 대재귀목.남복
παραδίδωμι 동직.과능.3복
ὁ 관.여.여단, ἀσέλγεια 명.여.여단
εἰς 전.목, ἐργασία 명.목.여단
ἀκαθαρσία 명.소.여단, πᾶς 형부정.소.여단
ἐν 전.여, πλεονεξία 명.여.여단

20

σύ 대인칭.주.-복, δέ 접.등
οὐ 부, οὕτω 부
μανθάνω 동직.과능.2복
ὁ 관.목.남단, Χριστός 명.목.남단

21

εἰ 접.종, γέ 조사
αὐτός 대인칭.목.남단
ἀκούω 동직.과능.2복
καί 접.등, ἐν 전.여, αὐτός 대인칭.여.남단
διδάσκω 동직.과수.2복
καθώς 접.종
εἰμί 동직.현능.3단
ἀλήθεια 명.주.여단
ἐν 전.여, ὁ 관.여.남단, Ἰησοῦς 명.여.남단

22

ἀποτίθημι 동부.과중
σύ 대인칭.목.-복
κατά 전.목, ὁ 관.목.여단, πρότερος 형일반.목.여단,
ἀναστροφή 명.목.여단
ὁ 관.목.남단, παλαιός 형일반.목.남단, ἄνθρωπος
명.목.남단
ὁ 관.목.남단, φθείρω 동분.현수.목.남단
κατά 전.목, ὁ 관.목.여복, ἐπιθυμία 명.목.여복
ὁ 관.소.여단, ἀπάτη 명.소.여단

23

ἀνανεόω 동부.현수, δέ 접.등
ὁ 관.여.중단, πνεῦμα 명.여.중단
ὁ 관.소.남단, νοῦς 명.소.남단
σύ 대인칭.소.-복

24

καί 접.등, ἐνδύω 동부.과중
ὁ 관.목.남단, καινός 형일반.목.남단, ἄνθρωπος
명.목.남단
ὁ 관.목.남단, κατά 전.목, θεός 명.목.남단, κτίζω
동분.과수.목.남단
ἐν 전.여, δικαιοσύνη 명.여.여단
καί 접.등, ὁσιότης 명.여.여단
ὁ 관.소.여단, ἀλήθεια 명.소.여단

25

διό 접.등, ἀποτίθημι 동분.과중.주.남복
ὁ 관.목.중단, ψεῦδος 명.목.중단
λαλέω 동명.현능.2복
ἀλήθεια 명.목.여단
ἕκαστος 형부정.주.남단
μετά 전.소, ὁ 관.소.남단, πλησίον 부
αὐτός 대인칭.소.남단
ὅτι 접.종, εἰμί 동직.현능.1단
ἀλλήλων 대상호.소.남복

μέλος 명.주.중복

26

ὀργίζω 동명.현수.2복
καί 접.등, μή 조사, ἁμαρτάνω 동명.현능.2복
ὁ 관.주.남단, ἥλιος 명.주.남단
μή 조사, ἐπιδύω 동명.현능.3단
ἐπί 전.여, ὁ 관.여.남단, παροργισμός 명.여.남단
σύ 대인칭.소.-복

27

μηδέ 조사, δίδωμι 동명.현능.2복
τόπος 명.목.남단
ὁ 관.여.남단, διάβολος 명.여.남단

28

ὁ 관.주.남단, κλέπτω 동분.현능.주.남단
μηκέτι 부, κλέπτω 동명.현능.3단
μᾶλλον 부, δέ 접.등, κοπιάω 동명.현능.3단
ἐργάζομαι 동분.현중.주.남단
ὁ 관.여.여복, ἴδιος 형일반.여.여복, χείρ 명.여.여복
ὁ 관.목.중단, ἀγαθός 형일반.목.중단
ἵνα 접.종, ἔχω 동가.현능.3단
μεταδίδωμι 동부.현능
ὁ 관.여.남단, χρεία 명.목.여단, ἔχω
동분.현능.여.남단

29

πᾶς 형부정.주.남단, λόγος 명.주.남단
σαπρός 형일반.주.남단
ἐκ 전.소, ὁ 관.소.중단, στόμα 명.소.중단
σύ 대인칭.소.-복
μή 조사, ἐκπορεύομαι 동명.현중.3단
ἀλλά 접.등, εἰ 접.종, τὶς 대부정주.남단
ἀγαθός 형일반.주.남단
πρός 전.목, οἰκοδομή 명.목.여단
ὁ 관.소.여단, χρεία 명.소.여단
ἵνα 접.종, δίδωμι 동가.과능.3단
χάρις 명.목.여단

ὁ 관.여.남복, ἀκούω 동분.현능.여.남복

30

καί 접.등, μή 조사, λυπέω 동명.현능.2복
ὁ 관.목.중단, πνεῦμα 명.목.중단, ὁ 관.목.중단, ἅγιος
형일반.목.중단
ὁ 관.소.남단, θεός 명.소.남단
ἐν 전.여, ὅς 대관계.여.중단
σφραγίζω 동직.과수.2복
εἰς 전.목, ἡμέρα 명.목.여단
ἀπολύτρωσις 명.소.여단

31

πᾶς 형부정.주.여단, πικρία 명.주.여단
καί 접.등, θυμός 명.주.남단
καί 접.등, ὀργή 명.주.여단
καί 접.등, κραυγή 명.주.여단
καί 접.등, βλασφημία 명.주.여단
αἴρω 동명.과수.3단
ἀπό 전.소, σύ 대인칭.소.-복
σύν 전.여, πᾶς 형부정.여.여단, κακία 명.여.여단

32

γίνομαι 동명.현중.2복, δέ 접.등
εἰς 전.목, ἀλλήλων 대상호.목.남복
χρηστός 형일반.주.남복
εὔσπλαγχνος 형일반.주.남복
χαρίζομαι 동분.현중.주.남복
ἑαυτοῦ 대재귀여.남복
καθώς 접.종, καί 부, ὁ 관.주.남단, θεός 명.주.남단
ἐν 전.여, Χριστός 명.여.남단
χαρίζομαι 동직.과중.3단
σύ 대인칭.여.-복

5장

1

γίνομαι 동명.현중.2복, οὖν 접.등
μιμητής 명.주.남복

ὁ 관.소.남단, θεός 명.소.남단
ὡς 접.종, τέκνον 명.주.중복
ἀγαπητός 형일반.주.중복

2

καί 접.등, περιπατέω 동명.현능.2복
ἐν 전.여, ἀγάπη 명.여.여단
καθώς 접.종, καί 부, ὁ 관.주.남단, Χριστός 명.주.남단
ἀγαπάω 동직.과능.3단
ἐγώ 대인칭.목.-복
καί 접.등, παραδίδωμι 동직.과능.3단
ἑαυτοῦ 대재귀목.남단
ὑπέρ 전.소, ἐγώ 대인칭.소.-복
προσφορά 명.목.여단
καί 접.등, θυσία 명.목.여단
ὁ 관.여.남단, θεός 명.여.남단
εἰς 전.목, ὀσμή 명.목.여단
εὐωδία 명.소.여단

3

πορνεία 명.주.여단, δέ 접.등
καί 접.등, ἀκαθαρσία 명.주.여단, πᾶς 형부정.주.여단
ἤ 접.등, πλεονεξία 명.주.여단
μηδέ 조사, ὀνομάζω 동명.현수.3단
ἐν 전.여, σύ 대인칭.여.-복
καθώς 접.종, πρέπω 동직.현능.3단
ἅγιος 형일반.여.남복

4

καί 접.등, αἰσχρότης 명.주.여단
καί 접.등, μωρολογία 명.주.여단
ἤ 접.등, εὐτραπελία 명.주.여단
ὅς 대관계.주.중복, οὐ 부, ἀνήκω 동직.미완능.3단
ἀλλά 접.등, μᾶλλον 부, εὐχαριστία 명.주.여단

5

οὗτος 대지시.목.중단, γάρ 접.등
οἶδα 동명.완능.2복/동직.완능.2복
γινώσκω 동분.현능.주.남복
ὅτι 접.종
πᾶς 형부정.주.남단, πόρνος 명.주.남단
ἤ 접.등, ἀκάθαρτος 형일반.주.남단
ἤ 접.등, πλεονέκτης 명.주.남단
ὅς 대관계.주.중단, εἰμί 동직.현능.3단, εἰδωλολάτρης 명.주.남단
οὐ 부, ἔχω 동직.현능.3단, κληρονομία 명.목.여단
ἐν 전.여, ὁ 관.여.여단, βασιλεία 명.여.여단
ὁ 관.소.남단, Χριστός 명.소.남단
καί 접.등, θεός 명.소.남단

6

μηδείς 대부정주.남단
σύ 대인칭.목.-복
ἀπατάω 동명.현능.3단
κενός 형일반.여.남복, λόγος 명.여.남복
διά 전.목, οὗτος 대지시.목.중복, γάρ 접.등
ἔρχομαι 동직.현중.3단
ὁ 관.주.여단, ὀργή 명.주.여단
ὁ 관.소.남단, θεός 명.소.남단
ἐπί 전.목, ὁ 관.목.남복, υἱός 명.목.남복
ὁ 관.소.여단, ἀπείθεια 명.소.여단

7

μή 조사, οὖν 접.등, γίνομαι 동명.현중.2복
συμμέτοχος 형일반.주.남복
αὐτός 대인칭.소.남복

8

εἰμί 동직.미완능.2복, γάρ 접.등
ποτέ 부
σκότος 명.주.중단
νῦν 부, δέ 접.등
φῶς 명.주.중단
ἐν 전.여, κύριος 명.여.남단
ὡς 접.종, τέκνον 명.주.중복
φῶς 명.소.중단
περιπατέω 동명.현능.2복

9

ὁ 관.주.남단, γάρ 접.등, καρπός 명.주.남단

ὁ 관.소.중단, φῶς 명.소.중단

ἐν 전.여, πᾶς 형부정.여.여단

ἀγαθωσύνη 명.여.여단

καί 접.등, δικαιοσύνη 명.여.여단

καί 접.등, ἀλήθεια 명.여.여단

10

δοκιμάζω 동분.현능.주.남복

τίς 대의문.주.중단, εἰμί 동직.현능.3단

εὐάρεστος 형일반.주.중단

ὁ 관.여.남단, κύριος 명.여.남단

11

καί 접.등, μή 조사, συγκοινωνέω 동명.현능.2복

ὁ 관.여.중복, ἔργον 명.여.중복

ὁ 관.여.중복, ἄκαρπος 형일반.여.중복

ὁ 관.소.중단, σκότος 명.소.중단

μᾶλλον 부, δέ 접.등, καί 부, ἐλέγχω 동명.현능.2복

12

ὁ 관.목.중복, γάρ 접.등, κρυφῇ 부

γίνομαι 동분.현중.목.중복

ὑπό 전.소, αὐτός 대인칭.소.남복

αἰσχρός 형일반.주.중단

εἰμί 동직.현능.3단

καί 부, λέγω 동부.현능

13

ὁ 관.주.중복, δέ 접.등, πᾶς 형부정.주.중복, ἐλέγχω 동분.현수.주.중복

ὑπό 전.소, ὁ 관.소.중단, φῶς 명.소.중단

φανερόω 동직.현수.3단

14

πᾶς 형부정.주.중단, γάρ 접.등, ὁ 관.주.중단, φανερόω 동분.현수.주.중단

φῶς 명.주.중단

εἰμί 동직.현능.3단

διό 접.등, λέγω 동직.현능.3단

ἐγείρω 동명.현능.2단

ὁ 관.주.남단, καθεύδω 동분.현능.주.남단

καί 접.등, ἀνίστημι 동명.과능.2단

ἐκ 전.소, ὁ 관.소.남복, νεκρός 형일반.소.남복

καί 접.등, ἐπιφαύσκω 동직.미능.3단

σύ 대인칭.여.-단

ὁ 관.주.남단, Χριστός 명.주.남단

15

βλέπω 동명.현능.2복, οὖν 접.등

ἀκριβῶς 부

πῶς 부, περιπατέω 동직.현능.2복

μή 조사, ὡς 접.종, ἄσοφος 형일반.주.남복

ἀλλά 접.등, ὡς 접.종, σοφός 형일반.주.남복

16

ἐξαγοράζω 동분.현중.주.남복

ὁ 관.목.남단, καιρός 명.목.남단

ὅτι 접.종, ὁ 관.주.여복, ἡμέρα 명.주.여복

πονηρός 형일반.주.여복

εἰμί 동직.현능.3복

17

διά 전.목, οὗτος 대지시.목.중단

μή 조사, γίνομαι 동명.현중.2복

ἄφρων 형일반.주.남복

ἀλλά 접.등, συνίημι 동명.현능.2복

τίς 대의문.주.중단

ὁ 관.주.중단, θέλημα 명.주.중단

ὁ 관.소.남단, κύριος 명.소.남단

18

καί 접.등, μή 조사, μεθύσκω 동명.현수.2복

οἶνος 명.여.남단

ἐν 전.여, ὅς 대관계.여.남단, εἰμί 동직.현능.3단

ἀσωτία 명.주.여단,

ἀλλά 접.등, πληρόω 동명.현수.2복

ἐν 전.여, πνεῦμα 명.여.중단

19

λαλέω 동분.현능.주.남복
ἑαυτοῦ 대재귀.여.남복
ἐν 전.여, ψαλμός 명.여.남복
καί 접.등, ὕμνος 명.여.남복
καί 접.등, ᾠδή 명.여.여복
πνευματικός 형일반.여.여복
ᾄδω 동분.현능.주.남복
καί 접.등, ψάλλω 동분.현능.주.남복
ὁ 관.여.여단, καρδία 명.여.여단
σύ 대인칭.소.-복
ὁ 관.여.남단, κύριος 명.여.남단

20

εὐχαριστέω 동분.현능.주.남복
πάντοτε 부
ὑπέρ 전.소, πᾶς 형부정.소.남복/형부정.소.중복
ἐν 전.여, ὄνομα 명.여.중단
ὁ 관.소.남단, κύριος 명.소.남단
ἐγώ 대인칭.소.-복
Ἰησοῦς 명.소.남단, Χριστός 명.소.남단
ὁ 관.여.남단, θεός 명.여.남단
καί 접.등/부, πατήρ 명.여.남단

21

ὑποτάσσω 동분.현수.주.남복
ἀλλήλων 대상호.여.남복
ἐν 전.여, φόβος 명.여.남단
Χριστός 명.소.남단

22

ὁ 관.주.여복, γυνή 명.주.여복
ὁ 관.여.남복, ἴδιος 형일반.여.남복, ἀνήρ 명.여.남복
ὡς 접.종, ὁ 관.여.남단, κύριος 명.여.남단

23

ὅτι 접.종, ἀνήρ 명.주.남단
εἰμί 동직.현능.3단
κεφαλή 명.주.여단
ὁ 관.소.여단, γυνή 명.소.여단
ὡς 접.종, καί 부, ὁ 관.주.남단, Χριστός 명.주.남단
κεφαλή 명.주.여단
ὁ 관.소.여단, ἐκκλησία 명.소.여단
αὐτός 대강조.주.남단
σωτήρ 명.주.남단
ὁ 관.소.중단, σῶμα 명.소.중단

24

ἀλλά 접.등, ὡς 접.종, ὁ 관.주.여단, ἐκκλησία 명.주.여단
ὑποτάσσω 동직.현수.3단
ὁ 관.여.남단, Χριστός 명.여.남단
οὕτω 부
καί 부, ὁ 관.주.여복, γυνή 명.주.여복
ὁ 관.여.남복, ἀνήρ 명.여.남복
ἐν 전.여, πᾶς 형부정.여.중단

25

ὁ 관.주.남복, ἀνήρ 명.주.남복
ἀγαπάω 동명.현능.2복
ὁ 관.목.여복, γυνή 명.목.여복
καθώς 접.종, καί 부, ὁ 관.주.남단, Χριστός 명.주.남단
ἀγαπάω 동직.과능.3단
ὁ 관.목.여단, ἐκκλησία 명.목.여단
καί 접.등, ἑαυτοῦ 대재귀.목.남단
παραδίδωμι 동직.과능.3단
ὑπέρ 전.소, αὐτός 대인칭.소.여단

26

ἵνα 접.종
αὐτός 대인칭.목.여단
ἁγιάζω 동가.과능.3단
καθαρίζω 동분.과능.주.남단
ὁ 관.여.중단, λουτρόν 명.여.중단
ὁ 관.소.중단, ὕδωρ 명.소.중단
ἐν 전.여, ῥῆμα 명.여.중단

27

ἵνα 접.종

παρίστημι 동가.과능.3단

αὐτός 대강조.주.남단

ἑαυτοῦ 대재귀.여.남단

ἔνδοξος 형일반.목.여단

ὁ 관.목.여단, ἐκκλησία 명.목.여단

μή 조사, ἔχω 동분.현능.목.여단

σπίλος 명.목.남단

ἤ 접.등, ῥυτίς 명.목.여단

ἤ 접.등, τὶς 대부정.목.중단

ὁ 관.소.중복, τοιοῦτος 형지시.소.중복

ἀλλά 접.등, ἵνα 접.종, εἰμί 동가.현능.3단

ἅγιος 형일반.주.여단

καί 접.등, ἄμωμος 형일반.주.여단

28

οὕτω 부

ὀφείλω 동직.현능.3복

καί 부, ὁ 관.주.남복, ἀνήρ 명.주.남복

ἀγαπάω 동부.현능

ὁ 관.목.여복, ἑαυτοῦ 대재귀.소.남복, γυνή 명.목.여복

ὡς 접.종, ὁ 관.목.중복, ἑαυτοῦ 대재귀.소.남복, σῶμα 명.목.중복

ὁ 관.주.남단, ἀγαπάω 동분.현능.주.남단

ὁ 관.목.여단, ἑαυτοῦ 대재귀.목.남단, γυνή 명.목.여단

ἑαυτοῦ 대재귀.목.남단

ἀγαπάω 동직.현능.3단

29

οὐδείς 대부정.주.남단, γάρ 접.등

ποτέ 부

ὁ 관.목.여단, ἑαυτοῦ 대재귀.소.남단, σάρξ 명.목.여단

μισέω 동직.과능.3단

ἀλλά 접.등, ἐκτρέφω 동직.현능.3단

καί 접.등, θάλπω 동직.현능.3단

αὐτός 대인칭.목.여단

καθώς 접.종, καί 부, ὁ 관.주.남단, Χριστός 명.주.남단

ὁ 관.목.여단, ἐκκλησία 명.목.여단

30

ὅτι 접.종

μέλος 명.주.중복

εἰμί 동직.현능.1단

ὁ 관.소.중단, σῶμα 명.소.중단

αὐτός 대인칭.소.남단

31

ἀντί 전.소, οὗτος 대지시.소.중단

καταλείπω 동직.미능.3단

ἄνθρωπος 명.주.남단

ὁ 관.목.남단, πατήρ 명.목.남단

καί 접.등, ὁ 관.목.여단, μήτηρ 명.목.여단

καί 접.등, προσκολλάω 동직.여복.3단

πρός 전.목, ὁ 관.목.여단, γυνή 명.목.여단

αὐτός 대인칭.소.남단

καί 접.등, εἰμί 동직.미중.3복

ὁ 관.주.남복, δύο 형기수.주.남복

εἰς 전.목, σάρξ 명.목.여단

εἷς 형기수.목.여단

32

ὁ 관.주.중단, μυστήριον 명.주.중단

οὗτος 대지시.주.중단

μέγας 형일반.주.중단

εἰμί 동직.현능.3단

ἐγώ 대인칭.주.-단, δέ 접.등

λέγω 동직.현능.1단

εἰς 전.목, Χριστός 명.목.남단

καί 접.등, εἰς 전.목, ὁ 관.목.여단, ἐκκλησία 명.목.여단

33

πλήν 접.등, καί 부, σύ 대인칭.주.-복

ὁ 관.주.남복, κατά 전.목, εἷς 형기수.목.남단

ἕκαστος 형부정.주.남단

ὁ 관.목.여단, ἑαυτοῦ 대재귀.소.남단, γυνή 명.목.여단

οὕτω 부

ἀγαπάω 동명.현능.3단

ὡς 접.종, ἑαυτοῦ 대재귀.목.남단
ὁ 관.주.여단, δέ 접.등, γυνή 명.주.여단
ἵνα 접.종, φοβέω 동가.현중.3단
ὁ 관.목.남단, ἀνήρ 명.목.남단

6장

1

ὁ 관.주.중복, τέκνον 명.주.중복
ὑπακούω 동명.현능.2복
ὁ 관.여.남복, γονεύς 명.여.남복
σύ 대인칭.소.-복
ἐν 전.여, κύριος 명.여.남단
οὗτος 대지시.주.중단, γάρ 접.등
εἰμί 동직.현능.3단
δίκαιος 형일반.주.중단

2

τιμάω 동명.현능.2단
ὁ 관.목.남단, πατήρ 명.목.남단
σύ 대인칭.소.-단
καί 접.등, ὁ 관.목.여단, μήτηρ 명.목.여단
ὅστις 대관계.주.여단, εἰμί 동직.현능.3단
ἐντολή 명.주.여단
πρῶτος 형서수주.여단
ἐν 전.여, ἐπαγγελία 명.여.여단

3

ἵνα 접.종
εὖ 부
σύ 대인칭.여.-단
γίνομαι 동가.과중.3단
καί 접.등, εἰμί 동직.미중.2단
μακροχρόνιος 형일반.주.남단
ἐπί 전.소, ὁ 관.소.여단, γῆ 명.소.여단

4

καί 접.등, ὁ 관.주.남복, πατήρ 명.주.남복
μή 조사, παροργίζω 동명.현능.2복
ὁ 관.목.중복, τέκνον 명.목.중복
σύ 대인칭.소.-복
ἀλλά 접.등, ἐκτρέφω 동명.현능.2복
αὐτός 대인칭.목.중복
ἐν 전.여, παιδεία 명.여.여단
καί 접.등, νουθεσία 명.여.여단
κύριος 명.소.남단

5

ὁ 관.주.남복, δοῦλος 명.주.남복
ὑπακούω 동명.현능.2복
ὁ 관.여.남복, κατά 전.목, σάρξ 명.목.여단, κύριος 명.여.남복
μετά 전.소
φόβος 명.소.남단
καί 접.등, τρόμος 명.소.남단
ἐν 전.여, ἁπλότης 명.여.여단
ὁ 관.소.여단 , καρδία 명.소.여단
σύ 대인칭.소.-복
ὡς 접.종, ὁ 관.여.남단, Χριστός 명.여.남단

6

μή 조사, κατά 전.목, ὀφθαλμοδουλία 명.목.여단
ὡς 접.종, ἀνθρωπάρεσκος 형일반.주.남복
ἀλλά 접.등, ὡς 접.종, δοῦλος 명.주.남복
Χριστός 명.소.남단
ποιέω 동분.현능.주.남복
ὁ 관.목.중단, θέλημα 명.목.중단
ὁ 관.소.남단, θεός 명.소.남단
ἐκ 전.소, ψυχή 명.소.여단

7

μετά 전.소, εὔνοια 명.소.여단
δουλεύω 동분.현능.주.남복
ὡς 접.종, ὁ 관.여.남단, κύριος 명.여.남단
καί 접.등, οὐ 부, ἄνθρωπος 명.여.남복

8

οἶδα 동분.완능.주.남복
ὅτι 접.종
ἕκαστος 형부정.주.남단
ἐάν 접.종, τὶς 대부정.목.중단
ποιέω 동가.과능.3단
ἀγαθός 형일반.목.중단
οὗτος 대지시.목.중단
κομίζω 동직.미중.3단
παρά 전.소, κύριος 명.소.남단
εἴτε 접.등, δοῦλος 명.주.남단
εἴτε 접.등, ἐλεύθερος 형일반.주.남단

9

καί 접.등, ὁ 관.주.남복, κύριος 명.주.남복
ὁ 관.목.중복, αὐτός 대인칭.목.중복
ποιέω 동명.현능.2복
πρός 전.목, αὐτός 대인칭.목.남복
ἀνίημι 동분.현능.주.남복
ὁ 관.목.여단, ἀπειλή 명.목.여단
οἶδα 동분.완능.주.남복
ὅτι 접.종
καί 접.등, αὐτός 대인칭.소.남복
καί 접.등, σύ 대인칭.소.-복
ὁ 관.주.남단, κύριος 명.주.남단
εἰμί 동직.현능.3단
ἐν 전.여, οὐρανός 명.여.남복
καί 접.등, προσωπολημψία 명.주.여단
οὐ 부, εἰμί 동직.현능.3단
παρά 전.여, αὐτός 대인칭.여.남단

10

ὁ 관.소.중단, λοιπός 형일반.소.중단
ἐνδυναμόω 동명.현수.2복
ἐν 전.여, κύριος 명.여.남단
καί 접.등, ἐν 전.여, ὁ 관.여.중단, κράτος 명.여.중단
ὁ 관.소.여단, ἰσχύς 명.소.여단
αὐτός 대인칭.소.남단

11

ἐνδύω 동명.과중.2복
ὁ 관.목.여단, πανοπλία 명.목.여단
ὁ 관.소.남단, θεός 명.소.남단
πρός 전.목, ὁ 관.목.중단
δύναμαι 동부.현중
σύ 대인칭.목.-복
ἵστημι 동부.과능
πρός 전.목, ὁ 관.목.여복, μεθοδεία 명.목.여복
ὁ 관.소.남단, διάβολος 명.소.남단

12

ὅτι 접.종
οὐ 부, εἰμί 동직.현능.3단
ἐγώ 대인칭.여.-복
ὁ 관.주.여단, πάλη 명.주.여단
πρός 전.목
αἷμα 명.목.중단
καί 접.등, σάρξ 명.목.여단
ἀλλά 접.등, πρός 전.목, ὁ 관.목.여복, ἀρχή 명.목.여복
πρός 전.목, ὁ 관.목.여복, ἐξουσία 명.목.여복
πρός 전.목, ὁ 관.목.남복, κοσμοκράτωρ 명.목.남복
ὁ 관.소.중단, σκότος 명.소.중단, οὗτος
대지시.소.중단
πρός 전.목, ὁ 관.목.중복, πνευματικός
형일반.목.중복
ὁ 관.소.여단, πονηρία 명.소.여단
ἐν 전.여, ὁ 관.여.중복, ἐπουράνιος 형일반.여.중복

13

διά 전.목, οὗτος 대지시.목.중단
ἀναλαμβάνω 동명.과능.2복
ὁ 관.목.여단, πανοπλία 명.목.여단
ὁ 관.소.남단, θεός 명.소.남단
ἵνα 접.종, δύναμαι 동가.과수.2복
ἀνθίστημι 동부.과능
ἐν 전.여, ὁ 관.여.여단, ἡμέρα 명.여.여단
ὁ 관.여.여단, πονηρός 형일반.여.여단
καί 접.등, ἅπας 형일반.목.중복
κατεργάζομαι 동분.과중.주.남복

ἵστημι 동부.과능

14

ἵστημι 동명.과능.2복, οὖν 접.등
περιζώννυμι 동분.과중.주.남복
ὁ 관.목.여단, ὀσφύς 명.목.여단
σύ 대인칭.소.-복
ἐν 전.여, ἀλήθεια 명.여.여단
καί 접.등, ἐνδύω 동분.과중.주.남복
ὁ 관.목.남단, θώραξ 명.목.남단
ὁ 관.소.여단, δικαιοσύνη 명.소.여단

15

καί 접.등, ὑποδέω 동분.과중.주.남복
ὁ 관.목.남복, πούς 명.목.남복
ἐν 전.여, ἑτοιμασία 명.여.여단
ὁ 관.소.중단, εὐαγγέλιον 명.소.중단
ὁ 관.소.여단, εἰρήνη 명.소.여단

16

ἐν 전.여, πᾶς 형부정.여.중복
ἀναλαμβάνω 동분.과능.주.남복
ὁ 관.목.남단, θυρεός 명.목.남단
ὁ 관.소.여단, πίστις 명.소.여단
ἐν 전.여, ὅς 대관계.여.남단
δύναμαι 동직.미중.2복
πᾶς 형부정.목.중복, ὁ 관.목.중복, βέλος 명.목.중복
ὁ 관.소.남단, πονηρός 형일반.소.남단
ὁ 관.목.중복, πυρόω 동분.완수.목.중복
σβέννυμι 동부.과능

17

καί 접.등, ὁ 관.목.여단, περικεφαλαία 명.목.여단
ὁ 관.소.중단, σωτήριον 명.소.중단
δέχομαι 동명.과중.2복
καί 접.등, ὁ 관.목.여단, μάχαιρα 명.목.여단
ὁ 관.소.중단, πνεῦμα 명.소.중단
ὅς 대관계.주.중단, εἰμί 동직.현능.3단
ῥῆμα 명.주.중단
θεός 명.소.남단

18

διά 전.소, πᾶς 형부정.소.여단
προσευχή 명.소.여단
καί 접.등, δέησις 명.소.여단
προσεύχομαι 동분.현중.주.남복
ἐν 전.여, πᾶς 형부정.여.남단, καιρός 명.여.남단
ἐν 전.여, πνεῦμα 명.여.중단
καί 접.등, εἰς 전.목, αὐτός 대인칭.목.중단
ἀγρυπνέω 동분.현능.주.남복
ἐν 전.여, πᾶς 형부정.여.여단
προσκαρτέρησις 명.여.여단
καί 접.등, δέησις 명.여.여단
περί 전.소, πᾶς 형부정.소.남복, ὁ 관.소.남복, ἅγιος 형일반.소.남복

19

καί 접.등, ὑπέρ 전.소, ἐγώ 대인칭.소.-단
ἵνα 접.종
ἐγώ 대인칭.여.-단
δίδωμι 동가.과수.3단
λόγος 명.주.남단
ἐν 전.여, ἄνοιξις 명.여.여단
ὁ 관.소.중단, στόμα 명.소.중단
ἐγώ 대인칭.소.-단
ἐν 전.여, παρρησία 명.여.여단
γνωρίζω 동부.과능
ὁ 관.목.중단, μυστήριον 명.목.중단
ὁ 관.소.중단, εὐαγγέλιον 명.소.중단

20

ὑπέρ 전.소, ὅς 대관계.소.중단
πρεσβεύω 동직.현능.1단
ἐν 전.여, ἅλυσις 명.여.여단
ἵνα 접.종
ἐν 전.여, αὐτός 대인칭.여.중단
παρρησιάζομαι 동가.과중.1단
ὡς 접.종, δεῖ 동직.현능.3단

ἐγώ 대인칭.목.-단
λαλέω 동부.과능

21

ἵνα 접.종, δέ 접.등
οἶδα 동가.완능.2복
καί 부, σύ 대인칭.주.-복
ὁ 관.목.중복, κατά 전.목, ἐγώ 대인칭.목.-단
τίς 대의문.목.중단, πράσσω 동직.현능.1단
πᾶς 형부정.목.중복
γνωρίζω 동직.미능.3단
σύ 대인칭.여.-복
Τυχικός 명.주.남단
ὁ 관.주.남단
ἀγαπητός 형일반.주.남단, ἀδελφός 명.주.남단
καί 접.등, πιστός 형일반.주.남단, διάκονος 명.주.남단
ἐν 전.여, κύριος 명.여.남단

22

ὅς 대관계.목.남단
πέμπω 동직.과능.1단
πρός 전.목, σύ 대인칭.목.-복
εἰς 전.목, αὐτός 대인칭.목.중단, οὗτος 대지시.목.중단
ἵνα 접.종
γινώσκω 동가.과능.2복
ὁ 관.목.중복, περί 전.소, ἐγώ 대인칭.소.-복
καί 접.등, παρακαλέω 동가.과능.3단
ὁ 관.목.여복, καρδία 명.목.여복
σύ 대인칭.소.-복

23

εἰρήνη 명.주.여단
ὁ 관.여.남복, ἀδελφός 명.여.남복
καί 접.등, ἀγάπη 명.주.여단
μετά 전.소, πίστις 명.소.여단
ἀπό 전.소
θεός 명.소.남단, πατήρ 명.소.남단
καί 접.등, κύριος 명.소.남단, Ἰησοῦς 명.소.남단, Χριστός 명.소.남단

24

ὁ 관.주.여단, χάρις 명.주.여단
μετά 전.소, πᾶς 형부정.소.남복, ὁ 관.소.남복,
ἀγαπάω 동분.현능.소.남복
ὁ 관.목.남단, κύριος 명.목.남단
ἐγώ 대인칭.소.-복
Ἰησοῦς 명.목.남단, Χριστός 명.목.남단
ἐν 전.여, ἀφθαρσια 명.여.여단

4. 헬라어 패러다임표

명사		격		1. 성		수			
	명	주 주격 소 소유격 여 여격 목 목적격 호 호격	nominative genitive dative accusative vocative	남 남성 여 여성 중 중성	masculine feminine neuter	단 단수 복 복수	singular plural		
대명사		유형		격		2. 성		수	
	대	인칭 인칭대명사 관계 관계대명사 지시 지시대명사 의문 의문대명사 부정 부정대명사 강조 강조대명사 재귀 재귀대명사 상호 상호대명사	personal relative demonstrative interrogative indefinite intensive reflexive reciprocal	주 주격 소 소유격 여 여격 목 목적격 호 호격	nominative genitive dative accusative vocative	남 남성 여 여성 중 중성	masculine feminine neuter	단 단수 복 복수	singular plural
관사		격		3. 성		수		4.	
	관	주 주격 소 소유격 여 여격 목 목적격 호 호격	nominative genitive dative accusative vocative	남 남성 여 여성 중 중성	masculine feminine neuter	단 단수 복 복수	singular plural		

동사									
	법		시제		태		격	성	수
동	분 분사		현 현재 미 미래 과 과거 미완 미완료 완 완료 과완 과거완료 미래완 미래완료	present future aorist imperfect perfect pluperfect future perfect	능 능동태 중 중간태 수 수동태 중수 중수동태	active middle passive middle/ passive	주 주격 소 소유격 여 여격 목 목적격 호 호격	남 남성 여 여성 중 중성	단 단수 복 복수
동	법		시제		태				
	부 부정사		현 현재 미 미래 과 과거 미완 미완료 완 완료 과완 과거완료 미래완 미래완료	present future aorist imperfect perfect pluperfect future perfect	능 능동태 중 중간태 수 수동태 중수 중수동태	active middle passive middle/ passive			
동	법		시제		태		5. 인칭	수	
	직 직설법 명 명령법 가 가정법 희 희구법	indicative imperative subjunctive optative	현 현재 미 미래 과 과거 미완 미완료 완 완료 과완 과거완료 미래완 미래완료	present future aorist imperfect perfect pluperfect future perfect	능 능동태 중 중간태 수 수동태 중수 중수동태	active middle passive middle/ passive	1 1 2 2 3 3	단수 복수	

6. 형용사		유형		격	성	수
	형	**일반** 일반형용사 **소유** 소유형용사 **지시** 지시형용사 **의문** 의문형용사 **부정** 부정형용사 **강조** 강조형용사 **기수** 기수형용사 **서수** 서수형용사 **수** 수형용사	normal possessive demonstrative interrogative indefinite intensive cardinal number ordinal number numeral	**주** 주격 **소** 소유격 **여** 여격 **목** 목적격 **호** 호격	**남** 남성 **여** 여성 **중** 중성	**단** 단수 **복** 복수
부사	부사					
접속사	접	유형				
		종 종속접속사 **등** 등위접속사	subordinate coordinate			
전치사	전	격				
		소 소유격 **여** 여격 **목** 목적격 **미정**	genitive dative accusative indeterminate			
7. 조사	조사					
불변화사	불변					
감탄사	감탄					
미지	미지					

5. 헬라어 변화표

[1] 동사 1시상

		a.현재능	b.현재중수	1) c미래능	d.미래중	e.미래수	f.완료능	g완료중수	h.과거완료
1. 직설법	1단	λύω	λύομαι	λύσω	λύσομαι	λυθήσομαι	λέλυκα	λέλυμαι	λελύκειν
	2단	λύεις	λύῃ	λύσεις	λύσῃ	λυθήσῃ	λέλυκας	λέλυσαι	λελύκεις
	3단	λύει	λύεται	λύσει	λύσεται	λυθήσεται	λέλυκε(ν)	λέλυται	λελύκει
	1복	λύομεν	λυόμεθα	λύσομεν	λυσόμεθα	λυθησόμεθα	λελύκαμεν	λελύμεθα	λελύκειμεν
	2복	λύετε	λύεσθε	λύσετε	λύσεσθε	λυθήσεσθε	λελύκατε	λέλυσθε	λελύκειτε
	3복	λύουσι	λύονται	λύσουσι(ν)	λύσονται	λυθήσονται	λελύκασι(ν)	λέλυνται	λελύκεισαν
2. 가정법	1단	λύω	λύωμαι						
	2단	λύῃς	λύῃ						
	3단	λύῃ	λύηται						
	1복	λύωμεν	λυώμεθα						
	2복	λύητε	λύησθε						
	3복	λύωσι(ν)	λύωνται						
3. 명령법	2단	λῦε	λύου						
	2복	λυέτε	λύεσθε						
	3단	λυέτω	λυέσθω						
	3복	λυέτωσαν	λυέσθωσαν						
4부정사		λύειν	λύεσθαι	λύσειν	λύσεσθαι	λυθήσεσθαι	λελυκέναι	λελύσθαι	

[2] 동사 2시상

		a미완능	b미완중수	c.제1과능	d.제1과중	e.제1과수	f.제2과능	g.제2과중	h.제2과수
1. 직설법	1단	ἔλυον	ἐλυόμην	ἔλυσα	ἐλυσάμην	ἐλύθην	ἔλαβον	ἐγενόμην	ἐγράφην
	2단	ἔλυες	ἐλύου	ἔλυσας	ἐλύσω	ἐλύθης	ἔλαβες	ἐγένου	ἐγράφης
	3단	ἔλυε(ν)	ἐλύετο	ἔλυσε	ἐλύσατο	ἐλύθη	ἔλαβε(ν)	ἐγένετο	ἐγράφη
	1복	ἐλύομεν	ἐλυόμεθα	ἐλύσαμεν	ἐλυσάμεθα	ἐλύθημεν	ἐλάβομεν	ἐγενόμεθα	ἐγράφημεν
	2복	ἐλύετε	ἐλύεσθε	ἐλύσατε	ἐλύσασθε	ἐλύθητε	ἐλάβετε	ἐγένεσθε	ἐγράφητε
	3복	ἔλυον	ἐλύοντο	ἔλυσαν	ἐλύσαντο	ἐλύθησαν	ἔλαβον	ἐγένοντο	ἐγράφησαν
2. 가정법	1단			λύσω	λύσωμαι	λυθῶ		γένωμαι	γραφῶ
	2단			λύσῃς	λύσῃ	λυθῇς		γένῃ	γραφῇς
	3단			λύσῃ	λύσηται	λυθῇ		γένηται	γραφῃ
	1복			λύσωμεν	λυσώμεθα	λυθῶμεν		γενώμεθα	γραφῶμεν
	2복			λύσητε	λύσησθε	λυθῆτε		γένησθε	γραφῆτε
	3복			λύσωσι(ν)	λύσωνται	λυθῶσι(ν)		γένωνται	γραφῶσι(ν)
3. 명령법	2단			λῦσον	λῦσαι	λύθητι	λίπε	λιποῦ	γράφηθι
	2복			λύσατε	λύσασθε	λύθητε	λίπετε	λίπεσθε	γράφητε
	3단			λυσάτω	λυσάσθω	λυθήτω	λιπέτω	λιπέσθω	γραφήτω
	3복			λυσάτωσαν	λυσάσθωσαν	λυθήτωσαν	λιπέτωσαν	λιπέσθωσαν	γραφήτωσαν
4. 부정사				λῦσαι	λύσασθαι	λυθῆναι	λιπεῖν	λιμέσθαι	γραφῆναι

[3] 동사 EIMI와 OIDA

		a.현재	b.미완	c.미래	d.가정법	e.명령법	f.부정사	g.완료	h.과거완	i.가정법	j.명령법		
1. εἰμί 변화	1단	εἰμί	ἤμην	ἔσομαι	ὦ		εἶναι	οἶδα	ᾔδειν	εἰδῶ		1단	2. οἶδα 변화
	2단	εἶ	ἦς	ἔσῃ	ᾖς	ἴσθι		οἶδας	ᾔδεις	εἰδῇς	ἴσθι	2단	
	3단	ἐστί(ν)	ἦν	ἔσται	ᾖ	ἔστω		οἶδε	ᾔδει	εἰδῇ	ἴστω	3단	
	1복	ἐσμέν	ἦμεν	ἐσόμεθα	ὦμεν			οἴδαμεν	ᾔδειμεν	εἰδῶμεν		1복	
	2복	ἐστέ	ἦτε	ἔσεσθε	ἦτε	ἔστε		οἴδατε	ᾔδειτε	εἰδῆτε	ἴστε	2복	
	3복	εἰσί(ν)	ἦσαν	ἔσονται	ὦσι(ν)	ἔστωσαν	εἰδέναι	οἴδασι	ᾔδεισαν	εἰδῶσι	ἴστωσαν	3복	

[4] 명사, 형용사, 관사, 관계대명사

		a.남단	b.남복	c.여단	d.여복	e.중단	f.중복
1. 명사 1-2변화 I	주격	λόγος	λόγοι	γραφή	γραφαί	δῶρον	δῶρα
	소유격	λόγου	λόγων	γραφῆς	γραφῶν	δώρου	δώρων
	여격	λόγῳ	λόγοις	γραφῇ	γραφαῖς	δώρῳ	δώροις
	목적격	λόγον	λόγους	γραφήν	γραφάς	δῶρον	δῶρα
	호격	λόγε					
2. 명사 1-2변화 II	주격	προφήτης	προφῆται	ἀλήθεια	ἀλήθειαι		
	소유격	προφήτου	προφητῶν	ἀληθείας	ἀληθειῶν		
	여격	προφήτῃ	προφήταις	ἀληθείᾳ	ἀληθείαις		
	목적격	προφήτην	προφήτας	ἀλήθειαν	ἀληθείας		
	호격	προφῆτα					
3. 명사 3변화 I	주격	ἄρχων	ἄρχοντες	σάρξ	σάρκες	ὄνομα	ὀνόματα
	소유격	ἄρχοντος	ἀρχόντων	σαρκός	σαρκῶν	ὀνόματος	ὀνομάτων
	여격	ἄρχοντι	ἄρχουσι(ν)	σαρκί	σαρξί(ν)	ὀνόματι	ὀνόματι(ν)
	목적격	ἄρχοντα	ἄρχοντας	σάρκα	σάρκας	ὄνομα	ὀνόματα
	호격						
4. 명사 3변화 II	주격	ἰχθύς	ἰχθύες,-ῦς	χάρις	χάριτες		
	소유격	ἰχθύος	ἰχθύων	χάριτος	χαρίτων		
	여격	ἰχθύϊ	ἰχθύσι	χάριτι	χάρισι(ν)		
	목적격	ἰχθύν	ἰχθύας,-ῦς	χάριν	χάριτας		
	호격	ἰχθύ					
5. 명사 3변화 III	주격	βασιλεύς	βασιλεῖς	πίστις	πίστεις	γένος	γένη
	소유격	βασιλέως	βασιλέων	πίστεως	πίστεων	γένους	γενῶν
	여격	βασιλεῖ	βασιλεῦσι(ν)	πίστει	πίστεσι(ν)	γένει	γένεσι(ν)
	목적격	βασιλέα	βασιλεῖς	πίστιν	πίστεις	γένος	γένη
	호격	βασιλεῦ		πίστι			
6. 명사 3변화 IV	주격	πατήρ	πατέρες	χείρ	χεῖρες		
	소유격	πατρός	πατέρων	χειρός	χειρῶν		
	여격	πατρί	πατράσι(ν)	χειρί	χερσί(ν)		
	목적격	πατέρα	πατέρας	χεῖρα	χεῖρας		
	호격	πάτερ		χείρ			
7. 형용사 변화	주격	ἀγαθός	ἀγαθοί	ἀγαθή	ἀγαθαί	ἀγαθόν	ἀγαθά
	소유격	ἀγαθοῦ	ἀγαθῶν	ἀγαθῆς	ἀγαθῶν	ἀγαθοῦ	ἀγαθῶν
	여격	ἀγαθῷ	ἀγαθοῖς	ἀγαθῇ	ἀγαθαῖς	ἀγαθῷ	ἀγαθοῖς
	목적격	ἀγαθόν	ἀγαθούς	ἀγαθήν	ἀγαθάς	ἀγαθόν	ἀγαθά
	호격	ἀγαθέ					
8. πᾶς 변화	주격	πᾶς	πάντες	πᾶσα	πᾶσαι	πᾶν	πάντα
	소유격	παντός	πάντων	πάσης	πασῶν	παντός	πάντων
	여격	παντί	πᾶσι(ν)	πάσῃ	πάσαις	παντί	πᾶσι(ν)
	목적격	πάντα	πάντας	πᾶσαν	πάσας	πᾶν	πάντα
9. 관사	주격	ὁ	οἱ	ἡ	αἱ	τό	τά
	소유격	τοῦ	τῶν	τῆς	τῶν	τοῦ	τῶν
	여격	τῷ	τοῖς	τῇ	ταῖς	τῷ	τοῖς
	목적격	τόν	τούς	τήν	τάς	τό	τά
10. 관계대명사	주격	ὅς	οἵ	ἥ	αἵ	ὅ	ἅ
	소유격	οὗ	ὧν	ἧς	ὧν	οὗ	ὧν
	여격	ᾧ	οἷς	ᾗ	αἷς	ᾧ	οἷς
	목적격	ὅν	οὕς	ἥν	ἅς	ὅ	ἅ
11. 의문대명사	주격	τίς	τίνες	τίς	τίνες	τί	τίνα
	소유격	τίνος	τίνων	τίνος	τίνων	τίνος	τίνων
	여격	τίνι	τίσι	τίνι	τίσι	τίνι	τίσι
	목적격	τίνα	τινας	τίνα	τινας	τί	τίνα

[5] 인칭대명사, 지시대명사

		a.1인칭-단	b.1인칭-복	c.2인칭-단	d.2인칭-복		
1. 1-2인칭 대명사	주격	ἐγώ	ἡμεῖς	σύ	ὑμεῖς		
	소유격	ἐμοῦ	ἡμῶν	σοῦ	ὑμῶν		
	여격	ἐμοί	ἡμῖν	σοί	ὑμῖν		
	목적격	ἐμέ	ἡμᾶς	σέ	ὑμᾶς		
		a.남단	**b.남복**	**c.여단**	**d.여복**	**e.중단**	**f.중복**
2. 3인칭 대명사	주격	αὐτός	αὐτοί	αὐτή	αὐταί	αὐτό	αὐτά
	소유격	αὐτοῦ	αὐτῶν	αὐτῆς	αὐτῶν	αὐτοῦ	αὐτῶν
	여격	αὐτῷ	αὐτοῖς	αὐτῇ	αὐταῖς	αὐτῷ	αὐτοῖς
	목적격	αὐτόν	αὐτούς	αὐτήν	αὐτάς	αὐτό	αὐτά
3. 지시대명사 this	주격	οὗτος	οὗτοι	αὕτη	αὗται	τοῦτο	ταῦτα
	소유격	τούτου	τούτων	ταύτης	τούτων	τούτου	τούτων
	여격	τούτῳ	τούτοις	ταύτῃ	ταύταις	τούτῳ	τούτοις
	목적격	τοῦτον	τούτους	ταύτην	ταύτας	τοῦτο	ταῦτα
4. 지시대명사 that	주격	ἐκεῖνος	ἐκεῖνοι	ἐκείνη	ἐκεῖναι	ἐκεῖνο	ἐκεῖνα
	소유격	ἐκείνου	ἐκείνων	ἐκείνης	ἐκείνων	ἐκείνου	εκείνων
	여격	ἐκείνῳ	ἐκείνοις	ἐκείνῃ	ἐκείναις	ἐκείνῳ	ἐκείνοις
	목적격	ἐκεῖνον	ἐκείνους	ἐκείνην	ἐκείνας	ἐκεῖνο	ἐκεῖνα

[6] 분사

		a.남단	b.남복	c.여단	d.여복	e.중단	f.중복
1. 현재 능동	주격	λύων	λύοντες	λύουσα	λύουσαι	λῦον	λύοντα
	소유격	λύοντος	λυόντων	λυούσης	λυουσῶν	λύοντος	λυόντων
	여격	λύοντι	λύουσι(ν)	λυούσῃ	λυούσαις	λύοντι	λύουσι(ν)
	목적격	λύοντα	λύοντας	λύουσαν	λυούσας	λῦον	λύοντα
2. 현재 중간/수동	주격	λυόμενος	λυόμενοι	λυομένη	λυόμεναι	λυόμενον	λυόμενα
	소유격	λυομένου	λυομένων	λυομένης	λυομένων	λυομένου	λυομένων
	여격	λυομένῳ	λυομένοις	λυομένῃ	λυομέναις	λυομένῳ	λυομένοις
	목적격	λυόμενον	λυομένους	λυομένην	λυομένας	λυόμενον	λυόμενα
3. 제1과거 능동	주격	λύσας	λύσαντες	λύσασα	λύσασαι	λῦσαν	λύσαντα
	소유격	λύσαντος	λυσάντων	λυσάσης	λυσασῶν	λύσαντος	λυσάντων
	여격	λύσαντι	λύσασι(ν)	λυσάσῃ	λυσάσαις	λύσαντι	λύσασι(ν)
	목적격	λύσαντα	λύσαντας	λύσασαν	λυσάσας	λῦσαν	λύσαντα
4. 제1과거 중간	주격	λυσάμενος	λυσάμενοι	λυσαμένη	λυσάμεναι	λυσάμενον	λυσάμενα
	소유격	λυσαμένου	λυσαμένων	λυσαμένης	λυσαμένων	λυσαμένου	λυσαμένων
	여격	λυσαμένῳ	λυσαμένοις	λυσαμένῃ	λυσαμέναις	λυσαμένῳ	λυσαμένοις
	목적격	λυσάμενον	λυσαμένους	λυσαμένην	λυσαμένας	λυσάμενον	λυσάμενα
5. 제1과거 수동	주격	λυθείς	λυθέντες	λυθεῖσα	λυθεῖσαι	λυθέν	λυθέντα
	소유격	λυθέντος	λυθέντων	λυθείσης	λυθεισῶν	λυθέντος	λυθέντων
	여격	λυθέντι	λυθεῖσι(ν)	λυθείσῃ	λυθείσαις	λυθέντι	λυθεῖσι(ν)
	목적격	λυθέντα	λυθέντας	λυθεῖσαν	λυθείσας	λυθέν	λυθέντα
6. 완료 능동	주격	λελυκώς	λελυκότες	λελυκυῖα	λελυκυῖαι	λελυκός	λελυκότα
	소유격	λελυκότος	λελυκότων	λελυκυίας	λελυκυιῶν	λελυκότος	λελυκότων
	여격	λελυκότι	λελυκόσι(ν)	λελυκυίᾳ	λελυκυίαις	λελυκότι	λελυκόσι(ν)
	목적격	λελυκότα	λελυκότας	λελυκυῖαν	λελυκυίας	λελυκός	λελυκότα
7. 완료 중간/수동	주격	λελυμένος	λελυμένοι	λελυμένη	λελυμέναι	λελυμένον	λελυμένα
	소유격	λελυμένου	λελυμένων	λελυμένης	λελυμένων	λελυμένου	λελυμένων
	여격	λελυμένῳ	λελυμένοις	λελυμένῃ	λελυμέναις	λελυμένῳ	λελυμένοις
	목적격	λελυμένον	λελυμένους	λελυμένην	λελυμένας	λελυμένον	λελυμένα
8. εἰμί 현재분사	주격	ὤν	ὄντες	οὖσα	οὖσαι	ὄν	ὄντα
	소유격	ὄντος	ὄντων	οὔσης	οὐσῶν	ὄντος	ὄντων
	여격	ὄντι	οὖσι(ν)	οὔσῃ	οὔσαις	ὄντι	οὖσι(ν)
	목적격	ὄντα	ὄντας	οὖσαν	οὔσας	ὄν	ὄντα

[7] 단축동사, 유음동사

단축		a.-αω능	b.-αω중수	c.-εω능	d.-αω중수	e.-οω능	f.-οω중수	유음		g.능동
1. 직설법 현재	1단	ἀγαπῶ	ἀγαπῶμαι	φιλῶ	φιλοῦμαι	δηλῶ	δηλοῦμαι	1. 직설법 미래	1단	κρινῶ
	2단	ἀγαπᾷς	ἀγαπᾷ	φιλεῖς	φιλῇ	δηλοῖς	δηλοῖ		2단	κρινεῖς
	3단	ἀγαπᾷ	ἀγαπᾶται	φιλεῖ	φιλεῖται	δηλοῖ	δηλοῦται		3단	κρινεῖ
	1복	ἀγαπῶμεν	ἀγαπώμεθα	φιλοῦμεν	φιλοῦμεθα	δηλοῦμεν	δηλούμεθα		1복	κρινοῦμεν
	2복	ἀγαπᾶτε	ἀγαπᾶσθε	φιλεῖτε	φιλεῖσθε	δηλοῦτε	δηλοῦσθε		2복	κρινεῖτε
	3복	ἀγαπῶσι	ἀγαπῶνται	φιλοῦσι	φιλοῦνται	δηλοῦσι	δηλοῦνται		3복	κρινοῦσι
2. 가정법	1단	ἀγαπῶ	ἀγαπῶμαι	φιλῶ	φιλῶμαι	δηλῶ	δηλῶμαι	2. 직설법 과거	1단	ἔκρινα
	2단	ἀγαπᾷς	ἀγαπᾷ	φιλῇς	φιλῇ	δηλοῖς	δηλοῖ		2단	ἔκρινας
	3단	ἀγαπᾷ	ἀγαπᾶται	φιλῇ	φιλῆται	δηλοῖ	δηλῶται		3단	ἔκρινε
	1복	ἀγαπῶμεν	ἀγαπώμεθα	φιλῶμεν	φιλώμεθα	δηλῶμεν	δηλώμεθα		1복	ἐκρίναμεν
	2복	ἀγαπᾶτε	ἀγαπᾶσθε	φιλῆτε	φιλῆσθε	δηλῶτε	δηλῶσθε		2복	ἐκρίνατε
	3복	ἀγαπῶσι	ἀγαπῶνται	φιλῶσι	φιλῶνται	δηλῶσι	δηλῶνται		3복	ἔκριναν
3. 명령법	2단	ἀγάπα	ἀγαπῶ	φίλει	φιλοῦ	δήλου	δηλοῦ	3. 명령법 과거	2단	κρῖνον
	2복	ἀγαπᾶτε	ἀγαπάσθε	φιλεῖτε	φιλεῖσθε	δηλοῦτε	δηλοῦσθε		2복	κρίνατε
	3단	ἀγαπάτω	ἀγαπάσθω	φιλείτω	φιλείσθω	δηλούτω	δηλούσθω		3단	κρινάτω
	3복	ἀγαπάτωσαν	ἀγαπάσθωσαν	φιλείτωσαν	φιλείσθωσαν	δηλούτωσαν	δηλούσθωσαν		3복	κρινάτωσαν
4.부정사		ἀγαπᾶν	ἀγαπᾶσθαι	φιλεῖν	φιλεῖσθαι	δηλοῦν	δηλοῦσθαι	4.과거부정사		κρῖναι

[8] -MI 동사

		*δο		*θε		*δεικνυ		*στα	
		a.능동	b.중(수)	c.능동	d.중(수)	e.능동	f.중(수)	g.능동	h.중(수)
1. 직설법 현재	1단	δίδωμι	δίδομαι	τίθημι	τίθεμαι	δείκνυμι	δείκνυμαι	ἵστημι	ἵσταμαι
	2단	δίδως	δίδοσαι	τίθης	τίθεσαι	δεικνύεις	δείκνυσαι	ἵστης	ἵστασαι
	3단	δίδωσι	δίδοται	τίθησι	τίθεται	δείκνυσι	δείκνυται	ἵστησι	ἵσταται
	1복	δίδομεν	διδόμεθα	τίθεμεν	τιθέμεθα	δείκνυμεν	δεικνύμεθα	ἵσταμεν	ἱστάμεθα
	2복	δίδοτε	δίδοσθε	τίθετε	τίθεσθε	δείκνυτε	δείκνυσθε	ἵστατε	ἵστασθε
	3복	διδόασι	δίδονται	τιθέασι	τίθενται	δεικνύασι	δείκνυνται	ἱστᾶσι	ἵστανται
2.부정사		διδόναι	δίδοσθαι	τιθέναι	τίθεσθαι	δεικνύναι	δείκνυσθαι	ἱστάναι	ἵστασθαι
3. 직설법 미래 (능,중)	1단	δώσω	δώσομαι	θήσω	θήσομαι	δείξω	δείξομαι	στήσω	στήσομαι
	2단	δώσεις	δόσῃ	θήσεις	θήσῃ	δείξεις	δείξῃ	στήσεις	στήσῃ
	3단	δώσει	δώσεται	θήσει	θήσεται	δείξει	δείξεται	στήσει	στήσεται
	1복	δώσομεν	δωσόμεθα	θήσομεν	θησόμεθα	δείξομεν	δειξόμεθα	στήσομεν	στησόμεθα
	2복	δώσετε	δώσεσθε	θήσετε	θήσεσθε	δείξετε	δείξεσθε	στήσετε	στήσεσθε
	3복	δώσουσι	δώσονται	θήσουσι	θήσονται	δείξουσι	δείξονται	στήσουσι	στήσονται
4. 직설법 과거 (능,중)	1단	ἔδωκα	ἐδόμην	ἔθηκα	ἐθέμην	ἔδειξα	ἐδειξάμην	ἔστησα	ἐστάμην
	2단	ἔδωκας	ἔδου	ἔθηκας	ἔθου	ἔδειξας	ἐδείξω	ἔστησας	ἔστω
	3단	ἔωκε	ἔδοτο	ἔθηκε	ἔθετο	ἔδειξε	ἐδείξατο	ἔστησε	ἔστη
	1복	ἐδώκαμεν	ἐδόμεθα	ἐθήκαμεν	ἐθέμεθα	ἔδείξαμεν	ἐδειξάμεθα	ἐστήσαμεν	ἐστάμεθα
	2복	ἐδώκατε	ἔδοσθε	ἐθήκατε	ἔθεσθε	ἐδείξατε	ἐδείξασθε	ἐστήσατε	ἔστασθε
	3복	ἔδωκαν	ἔδοντο	ἔθηκαν	ἔθεντο	ἔδειξαν	ἐδείξαντο	ἔστησαν	ἔσταντο
5.부정사		διδοῦναι	δόσθαι	θεῖναι	θέσθαι	δεῖξαι	δείξασθαι	ἱστάναι	ἵστασθαι
		a.현재능	b.과거능	c.현재능	d.과거능	g.현재능	h.과거능	e.현재능	f.과거능
6. 가정법 현재/과거 능동	1단	διδῶ	δῶ	τιθῶ	θῶ	δεικνύω	δείξω	ἱστῶ	Στῶ
	2단	διδῷς	δῷς	τιθῇς	θῇς	δεικνύῃς	δείξῃς	ἱστῇς	στῇς
	3단	διδῷ	δῷ	τιθῇ	θῇ	δεικνύῃ	δείξῃ	ἱστῇ	στῇ
	1복	διδῶμεν	δῶμεν	τιθῶμεν	θῶμεν	δεικνύωμεν	δείξωμεν	ἱστῶμεν	στῶμεν
	2복	διδῶτε	δῶτε	τιθῆτε	θῆτε	δεικνύητε	δείξητε	ἱστῆτε	στῆτε
	3복	διδῶσι	δῶσι(ν)	τιθῶσι	θῶσι	δεικνύωσι	δείξωσι	ἱστῶσι	στῶσι
7.현재완	1단	δέδωκα	δέδομαι	τέθεικα	τέθειμαι	δέδειχα	δέδειγμαι	ἕστηκα	ἕσταμαι
8.명령법	능 중	δίδου δίδοσο	δός δοῦ	τίθει τίθεσο	θές θοῦ	δείκνυ δείκνυσο	δεῖξον δεῖξαι	ἵστη ἵστασο	στῆθι στῆτε

미주

1) "구문 나누기"(phrasing)는 Mounce의 용어이다. Mounce, A Graded Reader.

2) Mounce, A *Graded Reader*, xv.

3) Cotterell and Turner, *Linguistics and Biblical Interpretation*.

4) 본문 내에서 하나의 의미적인 내용을 설명하는 데 가장 적절한 단위는 단락이다. 단락은 동일하고 일관성 있는 의미적 요소들을 드러낸다. Paduceva, "On the Structure of the Paragraph," 50; Louw, *Semantics*, 98, 116.

5) Mounce, A *Graded Reader*, xv.

6) Guthrie and Duvall, *Biblical Greek Exegesis*, 12 - 13.

7) Fee, *Exegesis*, 39.

8) Mounce는 "어구를 배열할 때 구조를 보여주는 방식으로 하되, 그것이 "옳지" 않은지에 대해 너무 염려하지 말라."고 한다. Mounce, A Graded Reader, xxiii을 보라.

V

참고문헌

참고문헌

김상훈, [숲의 해석 마태복음] 서울: 총신대학교출판부, 2006.

_______ [해석 매뉴얼, 성경 해석법의 이론과 실제] 서울: 그리심, 2006[2003].

_______ "A Pauline Chiastic Structure in Romans 3:19-31," [신약연구] 12/29 (2013.3), 54-83.

_______ "개혁주의 해석학에 근거한 개혁주의 설교의 가능성 연구" [개혁논총] 6 (2007.4), 45-80.

_______ "개혁주의 해석학을 세우기 위한 영감 해석의 제안" [신학지남] 278 (2004년 봄), 257-258.

_______ "로마서 6:1-15의 이중 역교차 구조와 병행 문체 연구," [신약논단] 17/4 (2012.12), 949-984.

_______ "사도행전을 통해서 본 그리스도의 목회", [교회와 신앙] (2001.4).

_______ "신약 헬라어 보문 분석 방식의 새로운 연구" [신약연구] 6/1 (2007.6), 181-202.

_______, "에베소서의 교회론에 근거한 선교전략 제안" [신학지남] 272 (2002년 가을), 381-400.

_______ "영감 해석의 방법론, 평면적 관점에서 입체적 관점으로의 전환", [신학지남] 284 (2005년 가을), 183-200.

김성태, [세계선교전략: 교회사 속에 나타난 선교 전략과 사례 연구] 생명의 말씀사, 1994,

김의환, "선교의 성경적 근거." [한국교회선교의 비전과 협력, 2000년대를 향한 민족과 세계 복음화 회의] 한국세계선교협의회 편저, 1992: 31-32.

박윤선, [성경주석 바울서신: 갈라디아서, 에베소서, 빌립보서, 골로새서, 데살로니가 전후서, 디모데 전후서, 디도서, 빌레몬서] 서울: 영음사, 1985.

박형룡, [교의신학 서론] 한국기독교교육연구원, 1977.

배종열, [문맥에 따라 읽는 에베소서] 서울: CLC, 2005.

안인섭, "칼빈의 에베소서 설교에 비춰어 본 한국 교회의 설교 방향, 에베소서 4장11절의 "목사"와 설교 이해를 중심으로," [한국개혁신학] 26 (2009): 137-170.

알렌, 롤앙. 김남식 역, [바울의 선교방법론] 서울: 베다니, 1993.

채은수, [선교학원론] 총신대출판사, 2002.

Abbott, T.K. A *Critical and Exegetical Commentary on the Epistles to the Ephesians and to the Colossians*. New York: Scribner, 1916.

Allen, Thomas G. "Exaltation and solidarity with Christ: Ephesians 1:20 and 2:6." *JSNT* 28 (O 1986): 103-120.

Arnold, Clinton E. "Introducing Ephesians: Establishing Believers In Christ."*SJT* 39/1

(Fall 1996): 4-13.

________ "The 'Exorcism' of Ephesians 6:12 in Recent Research: a Critique of Wesley Carr's View of the Role of Evil Powers in First Century AD Belief." *JSNT* 30 (Je 1987): 71-87.

________ *Ephesians, Zondervan Exegetical Commentary on the New Testament*. Grand Rapids: Zondervan, 2010.

________ *Ephesians: Power and Magic, The Concept of Power in Ephesians in Light of Its Historical Setting*. Grand Rapids: Baker Book House, 1989.

Asher, Jeffrey R. "An Unworthy Foe: Heroic Ethē, Trickery, and an Insult in Ephesians 6:11." *JBL* 130/4 (Wint 2011): 729-748.

Avishur, Yitzhak. *Stylistic Studies of Word-Pairs in Biblical and Ancient Semitic Literatures*. Neukirchen-Vluyn: Verlag Butzon & Bercher Kevelaer, 1984.

Baker, Nathan L. "Living the Dream: Ethics in Ephesians." *SJT* 22/1 (Fall 1979): 39-55.

Balch, David L. *Let Wives Be Submissive The Domestic Code in 1 Peter*. SBLMS 26. Chico: Scholars Press, 1981.

Bales, William. "The Descent of Christ in Ephesians 4:9." *CBQ* 72/1 (Ja 2010): 84-100.

Bantum, Brian. ""To those who were Distant and those who were Near": Atonement, Identity, and Identification." *Ex auditu* 26 (2010): 128-144.

Barth, Markus. "Conversion and Conversation: Israel and the Church in Paul's Epistle to the Ephesians." *Int* 17/1 (Ja 1963): 3-24.

________ *Ephesians: Introduction, Translation, and Commentary on Chapters 1-3*, AB. New York: Doubleday & Company, 1960.

________ *Ephesians: Translation and Commentary on Chapters 4-6*. AB. New York: Doubleday & Company, 1960.

________ *The People of God*. JSNTSup 5. Sheffield: Sheffield JSOT, 1983.

Beals, Paul A. *A People for His Name: A Church-Based Missions Strategy*. Pasadena: William Carey Library, 1995[1985].

Beck, James R. "Mutuality in Marriage." *JPT* 6/2 (Spr 1978): 141-148.

Benoit, Pierre. "Pauline Angelology and Demonology: Reflexions on Designations of Heavenly Powers and on Origin of Angelic Evil According to Paul." *RSB* 3/1 (Ja 1983): 1-18.

Berkhof, Louis. *Principles of Biblical Interpretation (Sacred Hermeneutics)* Grand Rapids: Baker Book House, 1950.

Best, Ernest. *One Body in Christ*. London: SPCK, 1955.

________ "Ephesians: Two Types of Existence." *Int* 47/1 (Ja 1993): 39-51.

________ *A Critical and Exegetical Commentary on Ephesians*. Edinburgh: T&T Clark, 1998.

________ *Ephesians: A Shorter Commentary*. London: T&T Clark, 2003.

________ *Essays on Ephesians*. Edinburgh: T&T Clark, 1997.

Bingham, D Jeffrey. "Himself within Himself: the Father and his Hands in Early Christianity." *SJT* 47/2 (Spr 2005): 137-151.

Bock, Zuck, ed. A *Biblical Theology of the New Testament*. Chicago: Moody, 1994.

Boice, James Montgomery and Wood, A. Skevington, Galatians, Ephesians, The Expositor's Bible Commentary with the New International Version. Grand Rapids: Zondervan, 1995.

Bosch, David J. "Reflections on Biblical Models of Mission." *Toward the 21st Century in Christian Mission*. Phillips, James M and Coote, Robert T, ed. Grand Rapids: Eerdmans, 1993: 175-192.

________ 김병길, 장훈태 역, [변화하고 있는 선교: 선교 신학의 패러다임 변천] 기독교문서선교회, 2000.

Brannon, M. Jeff. The Heavenlies in Ephesians: A Lexical, Exegetical, and Conceptual Analysis. London: T & T Clark, 2011.

Bray, Gerald L. ed. Galatians, Ephesians, Reformation Commentary on Scripture, New Testmanet X. Downers Grove: IVP Academic, 2011.

Brinks, C L. ""Great is Artemis of the Ephesians.": Acts 19:23-41 in Light of Goddess Worship in Ephesus." *CBQ* 71/4 (O 2009): 776-794.

Bristow, John Temple. "St Paul's Radical Model for Christian Marriage." Impact 20 (1988): 28-40.

Brown, Dale W. "Revolutionary Subordination: A Bible Study of the Haustafeln." Brethren Life and Thought, 20/3 (Sum 1975): 159-164.

Brown, Raymond Bryan. "Ephesians among the Letters of Paul." *RevExp* 60/4 (Fall 1963): 373-379.

Bruce, F.F. *Paul: Apostle of the Heart Free*. Grand Rapids: Eerdmans, 1999.

________ *The Epistle to the Ephesians: A Verse-by-Verse Exposition*. London: Pickering & Inglis, 1968.

Brueggermann, Walter. *Interpretation and Obedience from Faithful Reading to Faithful Living*. Minneapolis: Fortress Press, 1991.

Butting, Klara; McNeil, Brian (Trans). "Pauline Variations on Genesis 2.24: Speaking of the Body of Christ in the Bontext of the Discussion of Lifestyles." *JSNT* 79 (S 2000): 79-90.

Caird, G. B. *New Testament Theology*. Clarendon Press, 1994.

________ "The Descent of Christ in Ephesians 4, 7-11," *Studia Evangelica II*. Cross, F.L. ed. Berlin: Akademie, 1964: 535-545.

________ *Paul's Letters From Prison*. Oxford: Oxford Univ. Press, 1976.

Calvin, John. "Sermon on "David's Dealings with the Jebusites and Hiram" (1562)", *Sermons on 2 Samuel, Chapters 1-13*. Edinburgh: Banner of Truth Trust, 1992: 193-195.

________ *Institutes of Christian Religion*. McNeill, J.T. and Battles, F.L. (ed.) Library of Christian Classics, vols. 20-21. Philadephia: Westminster, 2006[1960].

________ *Sermon on the Epistle to the Ephesians*. Edinburgh: The Banner of Truth Trust, 1973[1562].

Campbell-Reed, Eileen R. "Should Wives "Submit Graciously"? A Feminist Approach to Interpreting Ephesians 5:21-33." *RevExp* 98/2 (Spr 2001): 263-276.

Capes, David B. "Interpreting Ephesians 1-3: "God's People in the Mystery of His Will." *SJT* 39/1 (Fall 1996): 20-31.

Carr, Wesley, *Angels and Principalities: The Background, Meaning and Development of the Pauline Phrase Hai Archai Kai Hai Exousiai*. SNTSMS 42. Cambridge: Cambridge Univ. Press, 2005.

Chapell, Bryan. *Ephesians*. Phillipsburg: P&R Publishing, 2009.

Collins, C John. "Ephesians 5:18: What does Plērousthe en pneumati mean?" *Presbyterion* 33/1 (Spr 2007): 12-30.

Combrink, H.J.B. "Perspektiewe uit die Skrif", *Die NG Kerk en Apartheid*, Kingorn, J. (ed.) Johannnesburg: Macmillan Suid-Afrika, 1986, 211-234.

Corley, Bruce C. "A Teaching Outline of Ephesians." *SJT* 39/1 (Fall 1996): 51-55.

________ "The Theology of Ephesians." *SJT* 22/1 (Fall 1979): 24-38.

Cotterell, Peter and Turner, Max. *Linguistics and Biblical Interpretation*. Illinois: InterVarsity Press, 1989.

Couch, Beatriz Melano. "Blessed be He who has blessed: Ephesians 1:3-14." *IRM* 77 /306 (Ap 1988): 213-220.

Crawford, Leslie James. "Ephesians 1:3-4 and the Nature of Election." *MSJ* 11/1 (Spr 2000): 75-91.

Crowther, C. "Works, Work and Good Works," *EXpTim* 81 (1969-70), 166-171.

Culpepper, R Alan. "Ethical Dualism and Church Discipline, Ephesians 4:25-5:20." *RevExp* 76/4 (Fall 1979): 529-539.

Dahl, Nils Alstrup. "Gentiles, Christians, and Israelites in the Epistle to the Ephesians." *HTR* 79/1-3 (Ja-Jl 1986): 31-39.

Darko, Daniel. "No Longer Living as the Gentiles: Differentation and Shared Ethical Values in Ephesians 4:17-6:9." *TynBul* 59 /2 (2008): 317-320.

Dayton, Edward R. and Fraser, David A. *Planning Strategies for World Evangelization*. Grand Rapids: Eerdmans, 1980.

Dockery, David S. "Ephesians 4:1-6." *RevExp* 88/1 (Wint 1991): 79-82.

Du Plessis, J. G. "Speech Act Theory and New Testament Interpretation with Special Reference to G H Leech's Pragmatic Principles", *Text and Interpretation: New Approaches in the Criticism of the New Testament*. Hartin & Petzer, ed. Leiden: EJ Brill, 1991, 129-142.

Dudrey, Russ. ""Submit Yourselves to One Another" : A Socio-Historical Look at the Household Code of Ephesians 5:15-6:9." *ResQ* 41/1 (1999): 27-44.

Dunning, Benjamin. "Strangers and Aliens no longer: Negotiating Identity and Difference in Ephesians 2." *HTR* 99/1 (Ja 2006): 1-16.

Eckel, Paul T. "Ephesians 6:10-20." *Int* 45/3 *(Jl 1991): 288-293.*

Eedman, Charles R. *An Exposition: The Epistle of Paul to the Ephesians*. Philadelphia: The Westminster Press, 1931.

Enns, Elaine and Myers, Ched. ""Ambassadors in Chains": Evangelizing the Powers: Ephesians 2-3 and M.L. King's Letter from Birmingham City Jail" *CGR* 27/3 (Fall 2009): 4-27.

Evanson, Edward. *A New Testament: or the New Covenant According to Luke, Paul, and John.* London: Richard Phillips, 1807.

Everding, H Edward; Snelling, Clarence H, Jr; Wilcox, Mary M. "A Shaping Vision of Community for Teaching in an Individualistic World: Ephesians 4:1-16 and Developmental Interpretation." *Religious Education* 83/3 (Sum 1988): 423-437.

Exell, Joseph. *The Biblical Illustrator: Ephesians*. Grand Rapids: Baker Book House, 1952.

Fee, Gordon D. *New Testament Exegesis: A Handbook for Students and Pastors*. Louisville: Westminster/JKP, 1993[1983].

Feine, Paul and Behm, Johannes and Kümmel, W.G. *Introduction to the New Testament.* Mattill A.J. Jr., trans. 14th ed.Nashville:Abigndon,1966.

Fiore, Benjamin. "Household Rules at Ephesus: Good News, Bad News, No News." *Proceedings* 18 (1998): 157-172.

Fong, Bruce W. "Addressing the Issue of Racial Reconciliation According to the Principles of Eph 2:11-22." *JETS* 38/4 (D 1995): 565-580.

Foster, Paul. "The First Contribution to the Pistis Chrstou Debate: a Study of Ephesians 3.12." *JSNT* 85 (Mr 2002): 75-96.

Foster, Robert L. ""A temple in the Lord Filled to the Fullness of God": Context and Intertextuality. (Eph 3:19)" *NovT* 49/ 1 (2007): 85-96.

Foulkes, Francis. *Ephesians*. Tyndale New Testament Commentaries. Leicester: Inter-Varsity Press, 1983[1956].

Fowl, Stephen E. *Ephesians: A Commentary*. Louisville: WJK, 2012.

Fuller, Harold. *Mission-Church Dynamics*. Pasadena: William Carey Library, 1980.

Gaffin, R.B. Jr. *Perspectives on Pentecost: New Testament Teaching on the Gifts of the Holy Spirit*. Phillipsburg: Presbyterian and Reformed, 1979.

Garland, David E. "A Life Worthy of the Calling: Unity and Holiness, Ephesians 4:1-24." *RevExp* 76/4 (Fall 1979): 517-527.

Gerstner, John H. "Jonathan Edwards and the Bible," *Inerrancy and the Church*. Hannah, John D. ed. Chicago: Moody Press, 1984.

Gibson, Jack J. "Ephesians 5:21-33 and the Lack of Marital Unity in the Roman Empire." *BSac* 168/670 (Ap-Je 2011): 162-177.

Gombis, Timothy G. "Being the Fullness of God in Christ by the Spirit: Ephesians 5:18 in its Epistolary setting." *TynBul* 53/2 (2002): 259-271.

________"A Radically New Humanity: the Function of the Haustafel in Ephesians." *JETS* 48 /2 (Je 2005): 317-330.

Gombis, Timothy G. "Cosmic Lordship and Divine Gift-giving: Psalm 68 in Ephesians 4:8." *NovT* 47/4 (2005): 367-380.

________ "Ephesians 3:2-13: Pointless Digression, or Epitome of the Triumph of God in Christ?" *WTJ* 66/2 (Fall 2004): 313-323.

________ *The Drama of Ephesians: Participating in the Triumph of God*. Downers Grove: IVP Academic, 2010.

Goodspeed, E.J. *The Meaning of Ephesians*. Chicago: Univ. of Chicago, 1933.

Gordon, T David. ""Equipping" Ministry in Ephesians 4." *JETS* 37/1 (Mr 1994): 69-78.

Gore, Charles. *St. Paul's Epistle to the Ephesians: A Practical Exposition*. London: John Murray, 1902.

Gosnell, Peter W. "Ephesians 5:18-20 and Mealtime Propriety." *TynBul* 44/2 (N 1993): 363-371.

Grider, J Kenneth. "Predestination as Temporal Only." *WeslTJ* 22/2 (Fall 1987): 56-64.

Grudem, Wayne A. "Does Kephalē ("head") Mean "Source" or "Authority over" in Greek Literature: A Survey of 2,336 Examples." *TrinJ* 6/1 (Spr 1985): 38-59.

________ "The Meaning of Kephalē ("Head"): a Response to Recent Studies." *TrinJ* 11/1 (Spr 1990): 3-72.

________ *Bible Doctrine: Essential Teachings of the Christian Faith*. Leicester, England: Inter-Varsity Press, 1999.

________ *The Gift of Prophecy in 1 Corinthians*. Washington: Univ. Press of America, 1982.

Gudorf, Michael E. "The Use of Palē in Ephesians 6:12." *JBL* 117/2 (Sum 1998): 331-335.

Guthrie, George H. and Duvall, J. Scott. *Biblical Greek Exegesis, A Graded Approach to Learning Intermediate and Advanced Greek*. Grand Rapids: Zondervan, 1998.

Hafemann, Scott J. ed. *Biblical Theology: Retrospect & Prospect*. Downers Grove: InterVarsity Press, 2002.

Hahn, Ferdinand. *Mission in the New Testament, Studies in Biblical Theology* 47. London: SCM Press Ltd, 1965.

Hamann, Henry Paul. "The Translation of Ephesians 4:12 - A Necessary Revision." *ConJ* 14/1 (Ja 1988): 42-49.

Hammer, Paul L. "Comparison of Klēronomia in Paul and Ephesians." *JBL* 79/3 (S 1960): 267-272.

Harris, W Hall, III. ""The Heavenlies" Reconsidered: Ouranos and Epouranios in Ephesians." *BSac* 148/589 (Ja-Mr 1991): 72-89.

________ "The Ascent and Descent of Christ in Ephesians 4:9-10." *BSac* 151/602 (Ap-Je 1994): 198-214.

________ *The Descent of Christ: Ephesians 4:7-11 and Traditional Hebrew Imagery*. Leiden: Brill, 1996.

Hatt, Frank. *The Reading Process: A Framework for Analysis and Description*. London: Clive Bingley, 1976

Hayes, Bobby. "The Evangelical Doctrine of Inspiration—Restated", *ConTJ* 1/2 (Aug. 1997): 163-180.

Heil, John Paul. "Ephesians 5:18b: "But be Filled in the Spirit."" *CBQ* 69/3 (Jl 2007): 506-516.

________ *Ephesians: Empowerment to Walk in Love for the Unity of All in Christ*. Atlanta: SBL, 2007.

Helton, Stanley N. "Ephesians 5:21: a Longer Translation Note." *ResQ* 48/1 (2006): 33-41.

Hendrix, Holland Lee. "On the Form and Ethos of Ephesians." *USQR* 42/4 (1988): 3-15.

Hesselgrave, David J. *Planting Churches Cross-Culturally*. Grand Rapids: Baker Book House, 1980.

Hiebert, D Edmond. "God's Creative Masterpiece." *Direction* 23/1 (Spr 1994): 116-124.

Hoch, Carl B. "The Significance of the Syn-compounds for Jew-Gentile Relationships in the Body of Christ." *JETS* 25/2 (Je 1982): 175-183.

Hoehner, Harold W. *Ephesians: An Exegetical Commentary*. Grand Rapids: Baker Academic, 2002.

Houlden, J.L. *Paul's Letters from Prison: Philippians, Colossians, Philemon, and Ephesians*.

London: Penguin, 1970.

Howard, Fred D. "An Introduction to Ephesians." *SJT* 22/1 (Fall 1979): 7-23.

Hunter, A.M. *Galatians, Ephesians, Philippians, Colossians*, LBC. London: SCM Press, 1959.

Janzen, Gerald Herbert. "Divine Warfare and Nonresistance." *Direction* 32/1 (Spr 2003): 21-31.

Johnstone, Patrick. *Operation World.* Grand Rapids: Zondervan, 2010.

Kaiser, Walter. *Toward An Exegetical Theology*. Grand Rapids: Baker Book House, 1981.

Katongole, Emmanuel M. "Mission and the Ephesian Moment of World Christianity: Pilgrimages of Pain and Hope and the Economics of Eating Together." *Mission Studies* 29/2 (2012): 183-200.

Keathley, Naymond H. "To the Praise of his Glory: Ephesians 1." *RevExp* 76/ 4 (Fall 1979): 485-493.

Keener, Craig S. "Some New Testament Invitations to Ethnic Reconciliation" *EvQ* 75/3 (Jl 2003): 195-213.

________ "The Gospel and Racial Reconciliation." *The Gospel in Black & White: Theological Resources for Racial Reconciliation.* Ockholm, Dennis L. ed. Downers Grove: Inter-Varsity, 1997: 118-122.

________ "One New Temple in Christ. (Ephesians 2:11-22; Acts 21:27-29; Mark 11:17; John 4:20-24)" *AJPS* 12/1 (Ja 2009): 75-92.

Kim, Sang-Hoon and Kim, Kyu Seop, "Re-Structuring Romans 6:1-23 and Its Implication: A Study in the Duplex Chiastic Structure and Parallelism." [신약연구] (2013.9):575-604

Kim, Sang-Hoon, "A Biblical Interpretation Attempt Based on the Inspiration Theories of the Bible," *CTJ* 8/1 (2003.2): 231-245.

Kirby, J.C. *Ephesians, Baptism and Pentecost*. London: SPCK, 1968.

Kitchen, Martin. *Ephesians*. London: Routledge, 1994.

Klein, W.W. *The New Chosen People: A Corporate View of Election.* Grand Rapids: Zondervan, 1990.

Know, J. *Chapters in a Life of Paul.* New York: Abingdon-Cokesbury, 1950.

Kreitzer, L Joseph. ""Crude Language" and "Shameful Things Done in Secret" (Ephesians 5.4, 12): Allusions to the Cult of Demeter/Cybele in Hierapolis?" *JSNT* 71 (S 1998): 51-77.

________ *Hierapolis in the Heavens: Studies in the Letter to the Ephesians*, LNTS. London: T&T International, 2008.

Ladd, G. E. A *Theology of the New Testament*. Grand Rapids: Eerdmans, 1993.

Lash, Christopher J A. "Where Do Devils Live: a Problem in the Textual Criticism of

Ephesians 6:12." *Vigiliae Christianae* 30/3 (S 1976): 161-174.

Leech, Geoffrey *The Principles of Pragmatics*. Longman: London and New York, 1983.

Lefkowitz, Mary R. and Fant, Maureen B. *Women's Life in Greece and Rome: A Sourcebook in Translation*. Baltimore: John Hopkins Univ. Press, 2005.

Leigh, Allen W. "A Look at Ephesians 2:8-9." *Dialogue 27/4 (Wint 1994): 163-164.*

Letham, Robert. "Ternary Patterns in Paul's Letter to the Ephesians." *Mid-America Journal of Theology* 13 (2002): 57-69.

Lewis, Jonathan, ed. *World Mission: An Analysis of the World Christian Movement, 2nd Edition Part2: The Strategic Dimension*. Pasadena: William Carey Library, 1994.

Liefeld, Walter L. *Ephesians*, The IVP New Testament Commentary Series. Downers Grove: InterVarsity Press, 1997.

Lincoln, Andrew T. ""Stand Therefore...": Ephesians 6:10-20 as Peroratio." *BibInt* 3/1 (Mr 1995): 99-114.

________ "The Church and Israel in Ephesians 2." *CBQ* 49/4 (O 1987): 605-624.

________ "The Use of the OT in Ephesians." *JSNT* 14 (F 1982): 16-57.

________ *Ephesians*, WBC V. 42. Dallas: Word Books, 1990.

Lindemann, A. *Die Aufhebung der Zeit*. SNT 12. Gutersloh Mohn, 1975.

López, René. "A Study of Pauline Passages on Inheriting the Kingdom." *BSac* 168/672 (O-D 2011): 443-459.

________ "Paul's Vice List in Ephesians 5:3-5." *BSac*169 / 674 (Ap-Je 2012): 203-218.

Louw, Johannes P. and Nida, Eugene A. *Greek-English Lexicon of the New Testament Based on Semantic Domains, 2 Vols*. Bible Society of South Africa, 1989.

Louw, Johannes P. *Semantics of New Testament Greek*. Philadelphia: Fortress, 1982.

Lund, *chiasmus in the New Testament: A Study in the Form and Function of Chiastic Structures*. Peabody: Hendrickson, 1970[1942].

MacDonald, Margaret Y. "The Politics of Identity in Ephesians." *JSNT*26/4 (Je 2004): 419-444.

Mare, W Harold. "Paul's mystery in Ephesians 3." *Bulletin of the Evangelical Theological Society* 8/2 (Spr 1965): 77-84.

Martin, Ralph P. "Reconciliation and Unity in Ephesians." *RevExp* 93/2 (Spr 1996): 203-235.

________ *Ephesians, Colossians, and Philemon, Interpretation: A Bible Commentary for Teaching and Preaching*. Atlanta: John Knox Press, 1992.

________ *Reconciliation: A Study of Paul's Theology*. Atlanta: John Knox, 1981.

Matthews, B J. "Christian Maturity in Ephesians and Colossians: Distinctly Masculine or Gender-Relativized in Christ?" *LTQ* 42/1 (Spr 2007): 1-17.

McGavran, Donald A. 이광순 역, [하나님의 선교전략] 한국장로교출판사, 1993.
McMahan, Craig Thomas. "The Wall Is Gone." *RevExp* 93/2 (Spr 1996): 261-266.
Melbourne, Bertram L. "Ephesians 2:13-16: are the Barriers Still Broken Down?" *JRT* 57-58 2-1/2 (2001-2005): 107-119.
Merz, Annette; McNeil, Brian (Translator). "Why did the Pure Bride of Christ (2 Cor. 11.2) Become a Wedded Wife (Eph. 5:22-33)? Theses about the Intertextual Transformation of an Ecclesiological Metaphor." *JSNT* 79 (S 2000): 131-147.
Meyer, Heinrich August Wilhelm. *Critical and Exegetical Handbook to the Epistle to the Ephesians and the Epistle to Philemon*. Edinburgh: T&T Clark, 1880.
Miles, Carrie A. "Patriarchy or Gender Equality? the Letter to the Ephesians on Submission, Headship, and Slavery." *Dialogue* 39/2 (Sum 2006): 70-95.
Miller, J David. "Translating Paul's words about Women." *Stone-Campbell Journal* 12/1 (Spr 2009): 61-71.
Milton, C.L. *The Ephesians to the Ephesians: Its Authorship Origin, and Purpose*. Oxford: Clarendon Press, 1951.
________ *Ephesians*. NCB. London: Oliphants, 1976.
________ *The Epistle to the Ephesians*. Oxford: Clarendon Press, 1951.
Morgenthaler, Robert. *Statistik der neutestamentlichen Wortschatzes*. 4th ed.Zürich: Gotthelf, 1992.
Moritz, Thorsten. "The Use of Israel's Scriptures in Ephesians." *TynBul* 46/2 (N 1995): 393-396.
Moulton, E. "(Re)describing Reality? The Transformative Potential of Ephesians Across Toiems and Cultures", A.-J. Levine (ed.) London: T&T Clark International, 59-87.
Mounce, William D. A *Graded Reader of Biblical Greek*. Grand Rapids: Zondervan, 1996.
Mouton, Elna, *Reading a New Testament Document Ethically*. Atlanta: SBL, 2002.
________ "The Transformative Potential of Ephesians in a Situation of Transition." *Semeia* 78 (1997): 121-143.
Muddiman, John. *The Epistle to the Ephesians*, BNTC, Hooker, Morna D. ed. London: Hndrickson, 2001.
Nelson, Randy A." Exegeting Forgiveness." *American Theological Inquiry (Online)* 5/2 (Jl 15 2012).
Newbigin, Lesslie L. "The Logic of Mission", *New Directions in Mission & Evangelization 2: Theological Foundations*. Scherer, James A and Bevans, Stephen B, ed. New York: Orbis Books, 1994: 16-25.
Newman, Carey C. "An Annotated Bibliography of Ephesians." *RevExp* 93/2 (Spr 1996):

271-275.

________ "Election and Predestination in Ephesians 1:4-6a: An Exegetical-Theological Study of the Historical, Christological Realization of God's Purpose." *RevExp* 93/2 (Spr 1996): 237-247.

________ "Ephesians 1:3-A Primer to Paul's Grammar of God." *RevExp* 95/1 (Wint 1998): 89-101.

O'Brien, Peter T. "Principalities and Powers," *Biblical Interpretation and the Church: Text and Context*. Carson, D.A., ed. Exeter: Paternoster, 1984: 110-150.

________ *The Letter to the Ephesians*. Grand Rapids: Eerdmans, 1999.

Odeberg, Hugo. *The View of the Universe in the Epistle to the Ephesians*. Lund: C.W.K. Gleerup, 1934.

Packer, J. I. "Theology and Bible Reading," A *Multi-disciplinary Approach to Biblical Interpretation*. Elmer Dyck, ed. Downers Grove: Inter-Varsity Press, 1996, 65-87.

Paduceva, E. V. "On the Structure of the Paragraph", *Linguistics 131* (1974), 49-58.

Patzia, Arthur G. *Ephesians, Colossians, Philemon*, NIBC. Peabody: Hendrickson, 1990.

Pauw, Amy Plantinga. "Theological Meditations on Ephesians 2:11-22." *Theology Today* 62/1 (Ap 2005): 78-83.

Penner, Erwin. "The Enthronement of Christ in Ephesians." *Direction* 12/3 (Jl 1983): 12-19.

Perkins, Pheme, *Ephesians*, ANTC. Nashville: Abingdon Press, 1997.

Polhill, John B. "A Study Ooutline of Ephesians." *RevExp*76/4 (Fall 1979): 481-483.

________ "An Introduction to Ephesians." *RevExp*76/4 (Fall 1979): 465-479.

________ "Relationship Between Ephesians and Colossians." *RevExp* 70/4 (Fall 1973): 439-450.

Porter, S.E. 1990. "i;ste ginw,skontej in Ephesians 5.5: Does Chiasm Solve a Problem?," ZNW 81/3-4, 270-276.

Poythress, Vern S. "What Does God Say Through Human Authors?", *Inerrancy and Hermeneutic*. Conn, H. M. Grand Rapids: Baker, 1988: 81-99.

Puskas, Charles B. Jr. *The Letters of Paul: Introduction*. Collegeville: The Liturgical Press, 1993.

Qualls, Paula Fontana; Watts, John D W. "Isaiah in Ephesians." *RevExp* 93/2 (Spr 1996): 249-259.

Reed, Jeffrey. A *Discourse Analysis of Philippians: Method and Rhetoric in the Debate over Literary Integrity*. Sheffield Academic Press, 1997.

Reinhard, Donna R. "Ephesians 6:10-18: a Call to Personal Piety or Another Way of Describing Union with Christ?"*JETS* 48/3 (S 2005): 521-532.

Roark, C Mack. "Interpreting Ephesians 4-6: God's People in a Walk Worthy of His Calling." *SJT* 39/1 (Fall 1996): 32-42.

Robbins, Charles J. "The Composition of Eph 1:3-14." *JBL* 105/4 (D 1986): 677-687.

Roberts, J.H. *The Letter to the Ephesians*. Cape Town: Lux Verbi, 1991.

Robertson, A C. ""Hope" in Ephesians 1:18: a Contextual Approach." *JTSA* 55 (Je 1986): 62-63.

Robinson, J.A.T. *The Body*. London: SCM, 1952.

Rogers, Cleon L, Jr. "The Dionysian Background of Ephesians 5:18." *BSac*136/543 (Jl-S 1979): 249-257.

Rojas, Juan Manuel Granados. "Ephesians 4,12: A Revised Reading." *Biblica* 92/1 (2011): 81-96.

Rosscup, James E. "A Catalyst for the Church to Pray." *MSJ* 22/2 (Fall 2011): 179-200.

________ "The Importance of Prayer in Ephesians." *MSJ*6/1 (Spr 1995): 57-78.

Rubinkiewicz, Ryszard. "Ps 68:19 (Eph 4:8) Another Textual Tradition or Targum." *NovT* 17/3 (Jl 1975): 219-224.

Ruthven, Jon. "The 'Foundational Gifts' of Ephesians 2.20." *Journal of Pentecostal Theology* 10/2 (Ap 2002): 28-43.

Ryrie, Charles Caldwell. "Mystery in Ephesians 3." *BSac* 123/489 (Ja-Mr 1966): 24-31.

Sabourin, Leopold. "Paul and his Thought in Recent Research III" *RSB* 3/2 (My 1983): 90-100.

Sampley, J. Paul. 'And the Two Shall Become One Flesh': A Study of Traditions in Ephesians 5:21-33 (Cambridge: Cambridge Univ. Press, 1971).

Sanders, J.N. "The Case for Pauline Authorship", Studies in Ephesians, ed. F.L. Cross (London: Mowbray, 1956), 9-20.

Scharlemann, Martin H. "Secret of God's Plan: Studies in Ephesians IV." *CTM* 41/7 (Jl-Ag 1970): 410-420.

________ "Secret of God's Plan: Studies in Ephesians II." *CTM* 41/3 (Mr 1970): 155-164.

________ "Secret of God's Plan: Studies in Ephesians III." *CTM 41/6 (Je 1970): 338-346.*

Schnackenburg, *Epistle to the Ephesians: A Commentary*. Trans. Heron, Helen. London: T&T Clark, 1991.

Scott, E.F. *The Epistles of Paul: To the Colossians, to Philemon and to the Ephesians*. London: Hodder & Stoughton, 1936.

Setyawan, Yusak Budi. ""Be Subject to your Husband as you are to the Lord"in Ephesians 5:21-33: illuminated by an Indonesian (Javanese)." *AJT* 21/1 (Ap 2007):

50-68.

Shank, Robert. *Elect in the Son: A Study in the doctrine of Election*. Minneapolis: Bethany House, 1989.

Shenk, Wilbert R. "Mission Strategies", *Toward the 21st Centrury in Christian Mission*. Phillips, James M and Coote, Robert T. ed. Grand Rapids: Eerdmans, 1993: 218-234.

Sherwood, Aaron. "Paul's imprisonment as the glory of the Ethnē: a discourse analysis of Ephesians 3:1-13." *BBR* 22/1 (2012): 97-111.

Shille, Gottfired. *Liturgishes Gut im Epheserbrief*. Unpublished Doctoral Dissertation. Göttingen, 1952.

Shin, Hong-Shik. *Principles of Chruch Planting as Illustrated in Thai Theravada Buddhist Context*. Bangkok: Kanok Bannasan, OMF Publishers, 1989.

Shkul, Minna, *Reading Ephesians: Exploring Social Entrepreneurship in the Text*, LNTS 408, Goodacre, Mark ed. London: T&T Clark, 2009.

Simpson, E.K. and Bruce, F.F. *Commentary on the Epistles to the Ephesians and the Colossians: The English Text with Introduction, Exposition and Notes*. Grand Rapids: Eerdmans, 1979[1957].

Slack, Jim. "Strategies for Church Development." *Missiology: An Introduction to the Foundations, History, and Strategies of World Missions*. Terry, John Mark and Smith, Ebbie and Anderson, Justice, ed. Nashville: Broadman & Holman Publishers, 1998.

Smillie, Gene R. "Ephesians 6:19-20: A Mystery for the Sake of Which the Apostle is an Ambassador in Chains." *TrinJ* 18/2 (Fall 1997): 199-222.

Smith, Gary V. "Paul's use of Psalm 68:18 in Ephesians 4:8." *JETS* 18/3 (Sum 1975): 181-189.

Spykman, G.J. *Reformational Theology: A New Paradigm for Doing Dogmatics* (Grand Rapids, MI: Eerdmans, 1992)

Stagg, Frank. "The Domestic Code and Final Appeal, Ephesians 5:21-6:24." *RevExp* 76/4 (Fall 1979): 541-552.

Stewart, Don H. "The New Community in the Purpose of God (Eph 4:17-5:21)" *TheEd* 54 (Fall 1996): 75-81.

Stirrup, Andy. "From Whom Every Family in Heaven and on Earth Is Named." *JFM* 1/1 (Fall-Wint 2010): 28-35.

Stott, John R.W. God's New Society: The Message of Ephesians. Leicester: Inter-Varsity Press, 1979.

Strauss, Lehman. *Devotional Studies in Galatians and Ephesians*. New York: Loizeaux

Brothers, 1957.

Stuart, Douglas K. *Old Testament Exegesis: A Handbook for Student and Pastors*. Philadelphia: Westminster John Knox, 2001[1980].

Suh, Robert H. "The Use of Ezekiel 37 in Ephesians 2." *JETS* 50/4 (D 2007): 715-733.

Talbert, Charles H. *Ephesians and Colossians*. Grand Rapids: Baker Academic, 2007.

Taylor, Richard A. "The Use of Psalm 68:18 in Ephesians 4:8 in Light of the Ancient Versions." *BSac* 148/591 (Jl-S 1991): 319-336.

Thielman, Frank, *Ephesians*, BECNT. Grand Rapids: Baker Academic, 2010.

Thomas, Norman. *Classic Texts in Mission and World Christianity*. New York: Orbis Books, 1995.

Thomas, Rodney. 'The Seal of the Spirit and the Religious Climate of Ephesus." *ResQ* 43/3 (2001): 155-166.

Thomas, Winburn T. "Notes on Missions in the Curriculum." *Basileia: Water Freytag zum 60. Geburtstag*. Hermelink, Von Jan and Margull, Hans Jochen, ed. Stuttgart: Evang. Missionsverlag, 1959: 326-329.

Toews, John E. "Paul's Radical Vision for the Family." *Direction* 19/1 (Spr 1990): 29-38.

Trites, Allison A. "Proclaiming Ephesians : God's Order in a Needy World." *SJT* 39/1 (Fall 1996): 43-50.

Trull, Joe E. "Is the Head of the House at Home?" *TheEd* 54 (Fall 1996): 83-94.

Turner, Max. "Approaching 'Personhood' in the New Testament, with Special Reference to Ephesians." *EvQ* 77/3 (Jl 2005): 211-233.

________ "Human Reconciliation in the New Testament with Special Reference to Philemon, Colossians and Ephesians." *European Journal of Theology* 16/1 (2007): 37-47.

Van Engen, Charles. "The Impact of Modern Ecclesiology on the Local Church." *New Directions in Mission & Evangelization 2: Theological Foundations*. Scherer, James A. and Bevans, Stephen B. ed. New York: Orbis Books, 1994), 55-63.

Van Ryn, August. *Ephesians: The Glories of His Grace*. New York: Loizeaux Brothers, 1946.

Verhey, Allen and Harvard, Joseph. *Ephesians*. Lousville: WJK, 2011.

Vooys, John. "No Clergy or Laity: All Christians are Ministers in the Body of Christ, Ephesians 4:11-13." *Direction* 20/1 (Spr 1991"): 87-95.

Walden, Wayne. "Ephesians 5:21: A Translation Note." *ResQ* 45/4 (2003): 254.

________ "Translating Ephesians 5:21." *ResQ* 47/3 (2005): 179-182.

Wallace, Daniel B. "Orgizesthe in Ephesians 4:26: Command or Condition?" *Criswell Theological Review3* (Spr 1989): 353-372.

________ *Greek Grammar Beyond the Basics: An Exegetical Syntax of the New Testament.*

Grand Rapids: Zondervan, 1996.

Weber-Han, Cindy. "Sexual Equality According to Paul: An Exegetical Study of 1 Corinthians 11:1-16 and Ephesians 5:21-33." *BLT* 22/3 (Sum 1977): 167-170.

Westcott, Brooke Foss. Saint Paul's Epistle to the Ephesians: The Greek Text with Notes and Addenda. Grand Rapids: Eerdmans, 1906.

White, L Michael. "Social Authority in the House Church Setting and Ephesians 4:1-16." *ResQ* 29/4 (1987): 209-228.

White, R Fowler. "Gaffin and Grudem on Eph 2:20: in Defense of Gaffin's Cessationist Exegesis." *WTJ* 54/2 (Fall 1992): 303-320.

Whitlark, Jason. "Enabling Xaris: Transformation of the Convention of Reciprocity by Philo and in Ephesians." *Perspectives in Religious Studies* 30/3 (Fall 2003): 325-357.

Wild, R.A. "The Warrior and the Prisoner: Some Reflections on Ephesians 6.10-20," *CBQ* 46 (1984), 284-285.

Wilder, William N. "The Use (or Abuse) of Power in High Places: Gifts Given and Received in Isaiah, Psalm 68, and Ephesians 4:8." *BBR* 20/2 (2010): 185-199.

Wink, Walter. *Naming the Powers.* Philadelphia: Fortress, 1984.

Winter, Ralph. "The Highest Priority: Cross-Cultural Evangelism," *Let the Earth Hear His Voice.* Douglas, J.D., ed. Minneapolis: World Wide Publications, 1975: 213-241.

Wintle, Brian and Gnanakan, Ken, Ephesians, Asia Bible Commentary Series, Nichollas, Bruce J. and Wintle, Brian, ed. (Singapore: Asia Theological Association, 2006).

Witherington, Ben III. *New Testament Rhetoric: An Introductory Guide to the Art of Persuasion in and of the New Testament.* Eugene: Cascade Books, 2009.

Wold, Benjamin G, "Family ethics in 4QInstruction and the New Testament." *NovT* 50/3 (2008): 286-300.

Woodcock, Eldon. "The Seal of the Holy Spirit." *BSac* 155/618 (Ap-Je 1998): 139-163.

Yee, Tet-Lim. *Jews, Gentiles and Ethnic Reconciliation: Paul's Jewish Identity and Ephesians.* Cambridge: Cambridge Univ. Press, 2005.

York, Gosnell L.O.R. "Hearing the Politics of Peace in Ephesians: a Proposal from an African Postcolonial Perspective." *JSNT* 30/1 (S 2007): 113-127

Zerwick, Max. The Epistle to the Ephesians. London: Burns and Oates, 1969.

Zuck, Roy B. ed. A Biblical Theology of the Old Testament. Chicago. Moody, 1989.

개혁주의 해석 에베소서
하나님의 경륜, 그리스도의 교회

저 자 ● 김 상 훈
발행인 ● 정 일 웅
발행처 ● 총신대학교 출판부

서울시 동작구 사당로 143 총신대학교
전 화 02-3479-0247
팩 스 02-3479-0249
등록번호 제 14-24호(1976. 4. 12)

2013년 10월 25일 1판 1쇄 발행

값 23,000 원

ISBN 978-89-8169-225-4 93230

이 도서의 국립중앙도서관 출판시도서목록(CIP)은 서지정보유통지원시스템 홈페이지(http://seoji.nl.go.kr)와 국가자료공동목록시스템(http://www.nl.go.kr/kolisnet)에서 이용하실 수 있습니다.
(CIP제어번호: CIP2013020564)